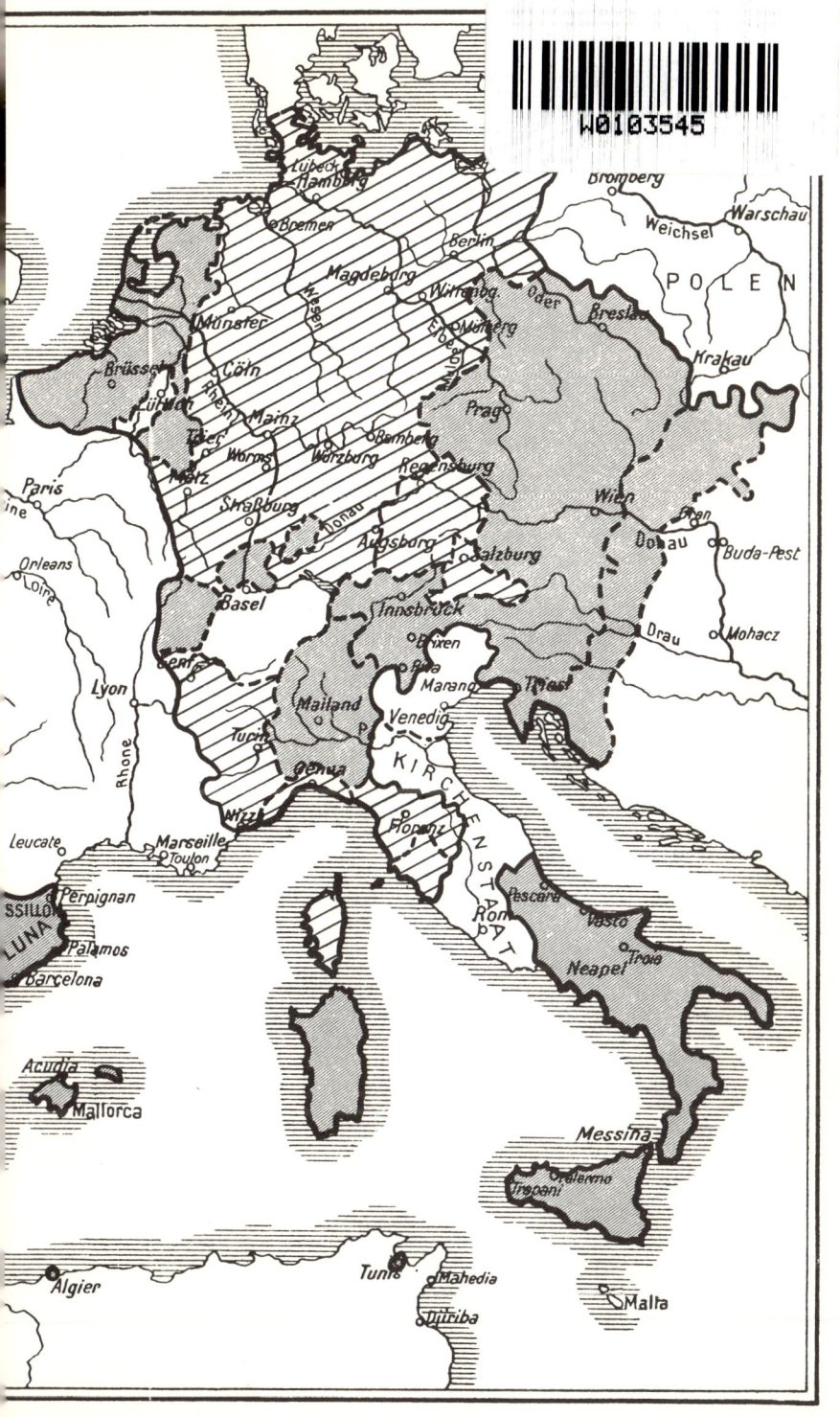

KARL BRANDI

Kaiser Karl V.

*Werden und Schicksal
einer Persönlichkeit
und eines Weltreiches*

Societäts-Verlag

Titelbild: »Karl V« (Ausschnitt)
nach einem Gemälde von Tizian 1548
(München, Alte Pinakothek)

8. Auflage 1986

Alle Rechte vorbehalten · Societäts-Verlag
© 1937 Verlag F. Bruckmann KG, München
© 1979 Frankfurter Societäts-Druckerei GmbH
Ausstattung Heinrich Müller
Druck und buchbinderische Verarbeitung May & Co., Darmstadt
Printed in Germany
ISBN 3 7973 0286 X

*Den Akademien der Wissenschaften
von Berlin, Budapest, Kopenhagen, München
und Wien*

INHALT

Karls Persönlichkeit und weltgeschichtliche Stellung 11

I. DYNASTIE, LÄNDER UND REICHE. JUGENDZEIT DES KAISERS 15

1. *Der Herzog von Burgund* 17

   Die Niederlande und Burgund 18
   Die höfische Kultur 20
   Marie von Burgund und Maximilian 26
   Philipp der Schöne und Juana von Castilien. Geburt Karls 1500 32
   Die Erzherzogin Margarete 37
   Regierungsantritt Karls. Chièvres 1515 44

2. *König von Castilien und Aragon* 51

   Die spanischen Königreiche 52
   Vom Tode Isabellas (1504) bis zum Tode Ferdinands (1516)
   Kardinal Ximenez 55
   Regentschaften und europäische Politik. Noyon 1516 . . . 59
   Karl in Spanien. Versammlungen der Cortes 1517/18 . . . 66
   Spanische oder Universalpolitik? 74

3. *Erzherzog von Österreich und römisch-deutscher Kaiser* . . 79

   Maximilian. Die Erblande und das Reich 80
   Die Nachfolge im Kaisertum 1519 82
   Umgruppierung der Mächte. Fürstentage am Kanal 1520 . . 94
   Erwerb Württembergs. Krönung in Aachen 98
   Deutschland und die Lutherfrage. Reichstag in Worms 1521 . 102

4. *Erbidee und Weltreich* 110

Erbteilung mit Ferdinand. Marie in Ungarn. Isabella in
Dänemark 111
Aufstieg und Zusammenbruch der Comuneros und der
Germania 117
Bündnis Karls mit Leo X 1521 122
Erster Zusammenstoß mit Franz I 127
Wolseys Verhandlungen in Calais und Brügge 1521 . . . 131
Wahl Hadrians VI 1522. Karls Rückfahrt nach Spanien . . 136
Die Neuen Indien. Magelhaens Weltumsegelung. Hernando
Cortes in Mexico 139

II. Behauptung der ererbten Macht. Jahre der Entwicklung 147

5. *Das Reich, die europäischen Staaten und der Kampf um Italien* 149

Formen der Kriegführung 150
Reichsstände und Regiment. Soziale Kämpfe. Dänische Wirren 152
Der Kaiser in Spanien 161
Hadrian und Italien 1523 165
Das Abenteuer Karls von Bourbon. Politische Erziehung des
Kaisers. Papst Clemens VII 172
Provence und Mailand. Karls Reflexionen vor Pavia 1525 . 179
Der verhängnisvolle Weg zum Frieden von Madrid. Die Versuchung des Pescara 184

6. *Kaisertum und Papsttum 1526—1530* 196

Isabella 196
Vertragsbruch des Königs von Frankreich. Neuer Auftakt
in Italien 198
Reichstag zu Speyer 1526. Ferdinand in Böhmen und Ungarn 203
Anklage des Papstes. Sacco di Roma 1527 206
Gattinaras Reise und Ratschläge. Spanische Publizistik . . 210
Kriegserklärungen Englands und Frankreichs. Kampf um Mailand und Neapel 1528 218
Die Friedensschlüsse von Barcelona und Cambrai 1529 . . 228
Der Kaiser in Italien. Krönung in Bologna 1530 235

7. Die deutschen Protestanten 243

    Deutscher Staat, Reformation und Bekenntnisbildung . . 244
    Der Augsburger Reichstag 1530 252
    Erfolge und Sorgen des Hauses Habsburg 1531 263
    Religionsfriede und Türkenabwehr. Aufstieg des Protestantismus 270
    Der Verlust Württembergs 1534 273

8. *Weltpolitik* 277

    Westindien. Venezuela. Peru 278
    Leitende Ideen 284
    Die Welt um die Nordsee 292
    Das Mittelmeer, Asien und Afrika. Türken und Franzosen . 296
    Tunis, Sizilien und Neapel 1535 303
    In Rom vor Papst und Kardinälen 1536 308
    Waffenruhe. Nizza und Aiguesmortes 1538 317

III. DER KAMPF UM DEUTSCHLAND. HÖHE DES
    LEBENS UND ALTER 327

9. *Scheitern des Ausgleichs* 329

    Verhandlungen mit den deutschen Ständen. Mission Helds 1537 331
    Abenteuerliche Pläne in Deutschland, England und gegen die
    Türken. Frankfurter Anstand 341
    Erste Regentschaft Philipps in Spanien. Karls Reise durch
    Frankreich 1539 351
    Der Kaiser in Gent. Scheitern der französischen Freundschaft 355
    Die Religionsgespräche von 1540 und der Fall des Landgrafen
    von Hessen 363
    Regensburg 1541 370
    Der Zug vor Algier 377

10. *Der Große Plan von 1543* 381

    Spanien und die kaiserlichen Finanzen 383
    Kaiser, Papst, Frankreich und die Türken 388
    Das Heraufziehen des clevischen und französischen Krieges . 393
    Sturm über den Niederlanden 1542 396

Zweite Regentschaft Philipps. Die politischen Testamente
von 1543 401
Busseto und Nürnberg 1543 412
Triumph über Cleve. Landrecy und Cambrai 418
Papst und Kaiser. Der Reichstag zu Speyer 1544 . . . 422
Der Marnefeldzug und der Friede von Crépy 429

11. *Der Schmalkaldische Krieg, das Reich und das Konzil* . . 436

Protestantenkrieg, Reichstag oder Konzil? 437
Weltliche und geistliche Rüstungen 1545 445
Regensburg 1546 453
Der Donaufeldzug 458
Der Kaiser als Sieger. Vom Krieg in Kursachsen. Spannungen
   mit der Kurie 464
Mühlberg, Wittenberg, Halle 1547 473
Die Reichsverfassung und die Niederlande. Der Streit um das
   Konzil und das kaiserliche Interim 1548 478
Die Dynastie und das politische Testament von 1548 . . . 485

12. *Enttäuschungen und Abschied vom Leben* 490

Prinz Philipp und die spanische Sukzession 1550 492
Wetterzeichen. Interim und Konzil 1551/52. Der Fürstenbund
   und Heinrich II von Frankreich 1551 500
Linz und Passau. Moritz, Ferdinand und der Kaiser 1552 . 505
Der Kaiser vor Metz 1552/53 512
Lösung vom Reich 1554/55 518
Die Abdankung des Kaisers und seine Rückkehr nach
   Spanien 1555/56 524
San Jeronimo de Yuste 1557 531

Register 539
Stammtafeln der Häuser von Frankreich, Burgund, Österreich,
   Spanien und England
Kartenbeilage 1. Deutsch-französisches Grenzgebiet
Kartenbeilage 2. Die Länder der Habsburger und das Reich

KARLS PERSÖNLICHKEIT
UND WELTGESCHICHTLICHE STELLUNG

Es gibt historische Persönlichkeiten von übermenschlicher Schöpferkraft, die aus elementarer eigener Energie gestalten und Jahrhunderten die Gesetze des Denkens oder des Handelns vorschreiben. Von dieser Art war Karl V nicht. Er gehörte vielmehr zu den anderen, die deshalb groß genannt werden müssen, weil sie in der Geschlossenheit ihrer Persönlichkeit ältere historische Kräfte verdichteten, überkommene Ideen von Macht, Glauben und Lebenshaltung zu neuen Einheiten verbanden und damit auch überzeitliche Gegensätzlichkeiten auf sich nahmen.

Insofern wurde auch er zum Gestalter.

Karl V führte das Haus Habsburg zur Höhe der Macht. Er verband die Länder und rundete sie ab; er gab seinem Hause die neue repräsentative Haltung aus der ritterlichen Lebensform des burgundischen Hofes, aus der gewissenhaften niederländischen Frömmigkeit, aus spanischer Gemessenheit und den universalen Traditionen des alten römisch-deutschen Kaisertums. Er bildete zugleich aus der Summe der von ihm ererbten Herrschaftstitel einen neuen europäischen und in gewissem Sinne überseeischen Imperialismus, ein Weltreich, das zum ersten Male nicht auf Eroberung, noch weniger auf einer zusammenhängenden Ländermasse aufgebaut war, sondern auf der dynastischen Idee und der Einheit des Glaubens.

Diesem Imperium gab der Kaiser mit seinen neuen Grundlagen auch neue Spannungen, sowohl im Kampfe um die Niederlande, wie in Deutschland, Italien und Spanien.

Durch die Abfindung der jüngeren Linie seines Hauses mit den alten Rechtstiteln, den bedeutenden Möglichkeiten, aber nicht minder großen Gefahren des Donauraumes und durch die Verlegung des Schwergewichtes seiner eigenen Herrschaft aus Deutschland und Burgund in das werdende und wachsende Spanien begründete er innerhalb der Familie die Vormacht der spanischen Habsburger für anderthalb Jahrhunderte. Nicht von Deutschland, aber von Spanien aus konnte er seiner Herrschaft die alten Reichslande Mailand und Toskana, erst recht Neapel wieder sichern und damit die Achse des Kaisertums aus der nordsüdlichen Richtung auf die Linie Madrid-Rom verlagern, Italien auf geraume Zeit dem französischen Zugriff entziehen. Aus seiner auf Spanien gestützten Kaiseridee gewann er zugleich im Rahmen des europäischen Staatensystems für sich und für seinen Sohn das alte Verhältnis der Kaiserzeit zum Papsttum als italienischer Macht. Aus noch tieferen Gründen der deutschen Geschichte wurde auch sein Verhältnis zu den Protestanten mindestens ebensosehr ein staatspolitisches wie ein kirchliches. In seinem universalen Kampfe für die alte Kirche sah sich der Kaiser von der politischen Macht des italienischen Papsttums am peinlichsten verlassen, von dem katholischen Frankreich im Bunde mit den Türken am leidenschaftlichsten gestört. Amt und Politik der Päpste traten für ihn wieder, wie in den Tagen der Hohenstaufen, weit auseinander; das wurde wegen der Intensität so gut seiner politischen wie seiner kirchlichen Anschauungen der Grund zu den großartigsten Konflikten.

Auch innenpolitisch gab es fruchtbare Spannungen. Die unvermeidlich überterritoriale Kabinettspolitik Karls führte seine Reiche aus den veralteten Staatsformen des aufgelösten Ritter- und Städtestaates mit ihren Privilegien, lokalen Fehden und Machtverschiebungen zu einer höheren Stufe der Staatsidee. Der Altburgunder Commines läßt uns in seinem Realismus den ganzen Abstand empfinden zwischen dem persönlich gefärbten Gezänk der großen Herren seiner Zeit zu den wieder von allgemeineren Ideen getragenen humanistischen Staatsvorstellungen im Kabinett Karls V. Die letzte Wirkung der dynastischen Weltmachtpolitik Karls lag deshalb überraschend genug doch wieder in der Richtung der beherrschenden Idee des Jahrhunderts aufsteigender moderner europäischer Staaten.

Für Spanien wurde der vom Glanz des Kaisertums umstrahlte Herrscher, nicht ohne Mitwirkung dieser überterritorialen Idee, zum Begründer des Nationalstaates, den Ferdinand und Isabella nur erst vorbereitet hatten; Karl vollendete ihn. Und wenn er auch noch mit Eigenwilligkeiten der alten Reiche zu kämpfen hatte, so ergriff er durch seine Heiratspolitik doch auch schon die spätere zeitweilige Verbindung mit Portugal, die Einheit der iberischen Halbinsel, der Heimat aller Weltumsegelung.

Für Deutschland und Italien hat er umgekehrt durch seine universale Politik den Aufstieg der so lange im Reichsgefüge und im politischen Denken gebundenen Territorialstaaten zu europäischen Mächten ermöglicht und den Größeren unter ihnen sehr wider Willen geradezu die Wege dahin gewiesen durch ihre Begegnung mit den Machtmitteln eines Weltreiches. So trägt er, der dem deutschen Kaisertum noch einmal den weitesten Inhalt verlieh, gleichwohl an der Auflösung des Reiches die größte

Schuld. Er entzog ihm die Niederlande, obwohl gerade er in der Lage gewesen wäre, sie ihm zurückzugeben. Er gefährdete das Elsaß; er lenkte Frankreich von Italien ab auf Lothringen. Als Herr der Niederlande war er auch zum Gegner der deutschen Hanse geworden, die nun, nicht ohne Zusammenhang mit dem Versagen seines Schwagers Christian von Dänemark, endgültig aus der Reihe der nordischen Mächte ausschied. Nicht nur das protestantische Reichsfürstentum, das ein neues Lebenselement gefunden hatte, sondern auch das katholische hinterließ er gestärkt, da er den österreichischen Habsburgern zwar die Glaubensspaltung und die Türkennot, nicht aber Spanien, Mailand und Burgund vermachte und sie deshalb mehr als je auf die Hilfe ihrer Glaubensverwandten im Reiche anwies.

Endlich, durch die Niederlande und Dänemark in das System des Nordens verstrickt, blieb doch sein Verhältnis zu den aufsteigenden Handelsmächten England und Schottland sonderbar labil, schwankend zwischen dem engsten Anschluß und der tiefsten Gegensätzlichkeit, beides sowohl infolge der wechselnden persönlichen Verbindungen wie der politischen Ideen. Die Rückwirkung lag auch hier überall in der Stärkung der Nationalstaatsidee.

Karls V spannungsreiches Leben wurde trotz alledem innerlich zur Einheit gebracht durch den dynastischen Gedanken, der in ihm stärker als irgendwo in der Weltgeschichte lebendig und wirksam geworden ist, ihm selbst als Mensch und Herrscher die tiefsten sittlichen Antriebe gab, aber auch die schwersten Versuchungen bereitete. Der Kaiser hat in ganz großem Stil die Lehre von der verpflichtenden Verbindung der Generationen, die Verantwortung vor Vergangenheit und Zukunft der eigenen Familie in sich verwirklicht. Der dynastische Glaube bedeutete ihm nicht nur die Idee der monarchischen Erbpersönlichkeit zu überzeitlicher Sicherstellung des Staates, sondern zugleich eine tiefe sittliche, fast religiöse Bindung. Den Fürsten seiner Zeit blieb Karl gewiß in dem üblichen Lebensgenuß vergleichbar. Aber er übertraf sie alle in der fast politischen Heilighaltung seiner Ehe, in der höfischen und zugleich hochfürstlichen Verehrung seiner Gemahlin, der Durchlauchtigsten Kaiserin. Und kein Vater konnte ängstlicher und besorgter um das geistige und leibliche Wohl seiner Kinder gewesen sein als dieser durch eine vierzigjährige Regierung unruhvoll vom häuslichen Herde ferngehaltene, von Land zu Land, von Krieg zu Kriegen, von Verhandlungen zu Verhandlungen gejagte Kaiser. Das alles erleben wir mit ihm ganz unmittelbar.

Daß wir so tiefe Einblicke in Persönlichkeit und Lebensanschauungen dieses Herrschers tun dürfen, verdanken wir noch einem besonderen Umstand. Seine niederländische Heimat war das nachdenkliche Land der geistlichen Lehrer und Schulhumanisten. Seine ganze Zeit sah außerdem das Aufsteigen ideenreicher gelehrter Räte in die leitenden politischen Stellen. Das Selbstgefühl seiner Herrscherwürde wehrte sich nach den Eindrücken seiner unfreien Jugend gegen den Einfluß des Hochadels und der Granden auf die Staatsgeschäfte. Dafür duldete er die Intelligenz, den geistigen Schwung und die Gestaltungskraft der gelehrten Bildung in seiner persönlichen Umgebung. Diese Umgebung aber erzog ihn, der von Haus aus am liebsten nur Edelmann und höfischer Ritter gewesen wäre, nach und nach zum schriftbeflissenen Arbeiter, zum pflichteifrigsten Brief- und Memoirenschreiber, beizeiten sogar zur Selbstbeobachtung und Reflexion. Wiederum auf Jahrhunderte kennen wir kaum einen Fürsten, von dem so viele und so intime eigenhändige Dokumente vorliegen. Wir haben eitle Skribenten, wie Jacob I von England, wir haben auch fürstliche Theologen und Dichter, aber wir haben bis auf Friedrich II von Preußen keinen, dem die Staatsgeschäfte selbst so zur ungezwungenen Literatur geworden wären wie Karl V. Die Zahl der Briefe, die seine Unterschrift tragen, beläuft sich auf viele Zehntausende, wobei die eigenhändigen einen nicht unbeträchtlichen Teil ausmachen. Mit Aufzeichnungen von grundsätzlicher Bedeutung, mit Testamenten und Überlegungen setzt schon der jugendliche Herrscher von einigen zwanzig Jahren ein. Auf der Höhe seines Lebens schreibt er einen trockenen, aber nachdenklichen Rückblick darauf, der ihn ebenso wie die Instruktionen für seinen Sohn in der peinlichen Gewissenhaftigkeit seines Wesens, auch in seinen kleinen und kleinlichen Zügen grell und ergreifend spiegelt. Familienkorrespondenzen, selbst die mit der Kaiserin, waren ihm Staatsbriefe, und väterliche Ermahnungen wurden unter seinen Händen zu politischen Testamenten.

In Handlungen und Bekenntnissen, in den Inhalten und Zielen seiner Politik wie seines inneren Lebens, sehen wir diesen Mann von den Jünglingsjahren bis zu einem frühen Greisenalter vor unseren Augen sich entfalten und vertiefen, so daß er, der weltgeschichtliche Repräsentant eines ganzen Zeitalters, für uns zugleich ein Mensch von Fleisch und Blut geblieben ist. Dabei erscheint als das Merkwürdigste, daß bei allem Wachsen und Reifen, fast bis zur Überreife hin, sein Alter noch erfüllt blieb von bezeichnenden Begehrlichkeiten seiner Jugend; wie diese wieder, beängstigend genug, schon früh berührt schien von den Ahnungen des Alters, von träumerischem Ruhebedürfnis und Gedanken des Todes — ein Lebensring von sonderbarer innerer Geschlossenheit.

I
Dynastie, Länder und Reiche
Jugendzeit des Kaisers

1. DER HERZOG VON BURGUND

Das Haus Habsburg stammte vom Oberrhein. Es war in Österreich zu fürstlicher Macht gelangt, hatte von hier aus schon in den Tagen Rudolfs von Habsburg die größeren Möglichkeiten des Donauraumes mit den natürlichen Bindungen an Böhmen und Ungarn ins Auge gefaßt, um in der Folge zunächst doch wieder dem Schicksal aller dieser deutschen Fürstenhäuser von den Merovingern bis zu den Wittelsbachern und Welfen zu verfallen, der Selbstzerrüttung durch Erbteilungen. Der König und Kaiser Friedrich III, ohnmächtig im Reich, zumal er sich in die habsburgischen Länder mit seinem Vetter Sigismund von Tirol teilen mußte, verlor zeitweilig auch das Kernland Österreich an den König Matthias Corvinus von Ungarn, der 1485 in seine Residenz Wien einzog und diese Machtstellung bis zum Tode 1490 behauptete. Friedrichs einziger Sohn Maximilian, der Großvater Karls V, hätte deshalb noch lange nur einer bescheidenen Zukunft entgegengesehen, wenn ihm nicht mit Marie von Burgund die Hand der reichsten Erbin des damaligen Europa zuteil geworden wäre.

Zwar die Macht ihres Vaters, Karls des Kühnen, war begrenzt, sein Fürstentum zerrissen und uneinheitlich. Indessen das dynastische und raumpolitische Verhältnis zu Frankreich und England, die Lage am Kanal, die wirtschaftliche Blüte seiner Länder und der Reichtum seines Hauses an Schätzen aller Art schienen ihm und seinen Erben den höchsten Glanz der Herrschaft und ungemessene Aussichten auch auf die große Politik zu gewähren. Nirgends in Europa gab es um die Mitte des 15. Jahrhunderts, als die Medici sich erst erhoben, die Päpste noch um ihre Residenzstadt kämpften, Frankreich sich mühsam aus dem englischen Krieg erholte und England selbst den Kämpfen der York und Lancaster entgegenging, derartige Schätze an Barmitteln, an Edelsteinen, Gold- und Silbergeschirren, Prunkstücken und Kunstwerken aller Art wie am Hofe von Burgund.

Die Familie bildete die jüngere Linie des französischen Königshauses. Sie besaß das Kronlehen des Herzogtums Burgund mit Dijon und den berühmten, heute zerstörten Grabstätten des Geschlechts in der nahe gelegenen Karthause, sowie andere französische Lehen in den Küstenlandschaften von Flandern, Artois und Picardie mit Arras, Lille, Ypern, Gent und Brügge. Sie besaß dazu als deutsche Reichslehen die Freigrafschaft Burgund, die sogenannte Franche Comté mit Dôle und Besançon, sowie, an Flandern östlich anschließend, das nicht minder reiche Brabant mit Brüssel, Löwen, Mecheln und Antwerpen, weit nach Norden ausgreifend bis Hertogenbosch an der Maasniederung. Südlich davon den Hennegau mit Mons und Valenciennes; dann Namur an der Maas und weiter östlich die zu Herzogtümern gewordenen alten Grafschaften Luxemburg und Limburg. Endlich die weiten Schiffer- und Händlerlandschaften im Rheindelta und nördlich davon; insbesondere die einstweilen noch bescheidenen, wasserdurchspülten Flächen von Holland und Seeland mit Amsterdam, 'sGravenhage, Leiden und Delft nebst Vere und Middelburg auf den südlichen Inseln. Alle diese Lande waren seit 1369 nach und nach durch Heirat oder Kauf von den letzten Dynastien der Grafen von Flandern und Luxemburg, der Herzöge von Brabant und Limburg, sowie den wittelsbachischen Erben im Hennegau, in Holland und Seeland erworben. Ein lockeres Gefüge von Herrschaften, wie überall auf dem Boden dieses fränkisch-deutschen Reiches; bewohnt von einem Adel auf Grundherrschaften und Schlössern über Bauern und Knechten, von einer vielfach längst nach Norden, Süden und Osten im Weltverkehr stehenden selbstbewußten Bürgerschaft; durchsetzt von geistlichen Gebieten, vor allen den großen Hochstiften von Cambrai an der Grenze von Deutschland und Frankreich, — von Lüttich, das sich in weitem Bogen zwischen Hennegau und Luxemburg nördlich bis Maaseyk erstreckte, — und von Utrecht, dessen östliches Oberstift von dem westlichen Niederstift durch die große, noch reichsunmittelbare Grafschaft Geldern getrennt wurde. Die Stifte, besonders das Oberstift Utrecht (Overyssel), und Friesland mit Groningen waren einstweilen noch freie Reichsstände, wenn auch gleich Geldern längst in die politischen Kombinationen Burgunds hineingezogen. Hatte doch sogar Cleve am Niederrhein mit seiner Dynastie wenigstens den höfischen Anschluß an Burgund gefunden.

Die Niederlande und Burgund

Nach Bevölkerung, Sprache und Wirtschaftsformen waren alle diese Länder ebenso uneinheitlich wie nach ihrer politischen Vergangenheit. Aber es lag darin auch ein Teil des Reichtums ihrer Kultur, wie eine reizvolle Fülle staatlicher Aufgaben. Von Flandern und Artois bis Brabant alte Industriegebiete, durch die Seehäfen in Verbindung mit der weiten Welt, getragen von bedeutendem Import und Export, vor allem an Wolle und an Tuchen. Von Süden her berührte sich hier der italienische Handel mit dem englisch-schottischen und dem hanseatischen des Nordens. Nach Portugal und Castilien ging es westwärts, wie auf den Schiffen der Hanse tief in den baltischen Osten. An dem östlichen Handel beteiligten sich längst auch auf eigenen Schiffen die holländischen und friesischen Landschaften; die overysselschen Städte Kampen, Zwolle und Deventer in alter Verbundenheit mit der Hanse, die aufstrebenden Holländer und Seeländer gegen sie. Die Fischer und Schiffer brauchten Salz und Holz, und das ganze flache viehreiche Land bedurfte längst auch eines Zuschusses an Getreide.

Staatspolitisch gehörten die gewichtigsten Teile der Herrschaft allerdings zum Deutschen Reiche. Flandern hatte sich wenigstens von Frankreich freigekämpft, ohne zunächst noch aus der Gerichtsbarkeit des Parlaments von Paris ausgelöst zu sein. Aber der Vertrag von Arras zur Sühne des Mordes an Johann ohne Furcht und zur Herstellung des Friedens mit Karl VII (1435) hatte umgekehrt dem Herzog in Frankreich eine ganz außerordentliche Stellung verbrieft. Ihm waren nicht nur Boulogne, Artois und die Landschaften an der Somme ausdrücklich zugestanden, sondern für alle seine Lehen auch die Freiheit von der Huldigung. Das war wie eine Auslösung aus dem französischen Reiche. Gleichwohl beanspruchte die burgundische Dynastie nach wie vor in Frankreich den ersten Platz neben der Krone. Orléans und Bourguignons, später Ludwig XI und der Herzog von Burgund, standen auf gleicher Stufe mit den Königen von England, die ja noch die Krone von Frankreich im Titel führten. Von hier aus ist das wechselnde Verhältnis Burgunds zu den beiden Kronen ursprünglich als eine innerstaatliche Angelegenheit zu betrachten, die aber unmerklich in ein außenpolitisches Verhältnis überging. „Majestät", sagte der Herzog von Burgund zum König von Frankreich, wenn sie zusammen waren; aber eben deshalb träumte Karl der Kühne von einem unabhängigen Königtum Großburgund, von einer dauernden Festsetzung in Geldern, einer breiten Verbindung der Niederlande mit der Franche Comté und Burgund durch das Herzogtum Lothringen, und Erwerb einer Machtstellung an den Vogesen und am Jura durch Übergreifen in das habsburgische Elsaß und in den Bereich der noch vorwiegend bäuerlichen Schweizer Eidgenossen. Eben das Verlangen nach Rangerhöhung und europäischer Anerkennung hatte Karl den Kühnen dem Kaiser Friedrich genähert und schließlich in das Verlöbnis seiner Tochter mit Maximilian willigen lassen.

Das alles war auch für die innere Entwicklung seines Staates wichtig. Mußte das Streben einer kühnen Staatsführung zunächst auf die räumliche Abrundung des Herrschaftsgebietes gerichtet sein, so galt es für den Herzog nicht minder, die Lande innerlich zu vereinheitlichen, sowohl durch festere Zugehörigkeit zur Dynastie wie durch die Anbahnung geschlossener Verwaltungseinrichtungen für Rechtspflege und Finanzen. Beides lag im Sinne hervorragender Diener der Herzöge und in den Traditionen ihres Hauses.

Der aufstrebende Staat war gewiß in vielen Zügen modern, weil die gemischte Wirtschaft und ein lebhafter Verkehr entwickelte Formen des Handels und eine Weiträumigkeit der Interessen mit sich brachten, vergleichbar denjenigen der damaligen italienischen Stadtstaaten. Aber im Gegensatz zu deren historisch bedingter, wenn auch unerfüllter Nationalitätsidee und im Gegensatz erst recht zu den wirklich schon auf dem Wege zu Nationalstaaten befindlichen Reichen von England und Frankreich stellte Burgund noch ein recht mittelalterliches Machtgebilde dar. Je mehr dieser sprachlich gemischte Staat nicht nur das kirchliche Gefüge, sondern auch ein gut Teil der historischen Traditionen und der städtischen wie der ritterlichen Kultur seiner Nachbargebiete diesseits und jenseits des Kanals teilte, um so mehr lag in der dynastischen Idee das entscheidende Moment der Einheit. Es wurde verstärkt durch ein Beamtentum, das auch später noch zu einem beträchtlichen Teil aus der Franche Comté stammte und jedenfalls den einzelnen Landschaften fremd war. Der studierte Nachwuchs kam aus der einzigen Universität des Landes, aus Löwen, aber auch aus dem ferneren Ausland. Römischrechtlich geschult brachte er eine höhere Staatsidee allgemeiner Art mit, ohne sie voll durchsetzen zu können.

Denn stärker wirkte vorerst der ritterliche Dienst bei Hofe, der die Führer des Landadels sowohl mit der Dynastie wie untereinander verknüpfte, vielfach freilich auch noch mit dem Auslande. Überall die weitesten politischen Verbindungen und zugleich die Tendenz auf Zusammenschluß der Länder zu einem Staat.

Die höfische Kultur

So gelang die Vereinheitlichung der burgundischen Herrschaft am ehesten durch den Hof und seine ritterliche Kultur. Noch waren und blieben ja für geraume Zeit alle diese deutschen wie französischen Länder durch den Adel regiert. Städte und Bürgerschaften waren erwünscht und wurden gefördert, weil sie Geld ins Land brachten und den Wohlstand trugen und mehrten; auch weil sie als Burgen und Besatzungen allein wirklich militärische Widerstandskraft besaßen. Aber sie hatten bei weitgehender, wenn auch oft umstrittener Selbstverwaltung, abgesehen von Zeiten innerer Unruhen, keinen Anteil am politischen Regiment. Dieses lag ausschließlich bei den Herren. Auch die Geistlichkeit hatte hier zu Lande geringere Bedeutung. Die Abteien waren alle landsässig geworden und die großen Stifte in zunehmende Anlehnung an die Dynastie gebracht. Nicht, daß sie schon gänzlich abhängig gewesen wären und nicht Herde von Aufspaltungen werden konnten wie Lüttich und Utrecht. Aber wenn man liest, wie Bastarde von Burgund, selbst wieder mit stattlicher Kinderschar, die Bischofssitze innehatten, so erkennt man die Wege, auf denen sich die Einfügung in das Herzogtum vorbereitete. Jean de Bourgogne, der Bruder des Herzogs, war Bischof von Cambrai trotz seiner siebzehn Kinder; die Söhne Philipps des Guten, David und Philipp de Bourgogne, Bischöfe von Utrecht.

Nur in der geistigen Kultur behielten die Kleriker ihre Führerstellung aus älteren Kräften, und wenn unter den Prälaten die ritterliche Lebensart nach den Traditionen ihrer Familien überwog, so schufen umgekehrt die niederen Schichten der kleinen Klöster und Häuser, nicht ohne Zusammenhang mit dem aus Italien übernommenen und vertieften Schulhumanismus, eine neue Kulturschicht von geistiger Sauberkeit und gedanklicher Verinnerlichung, aus der auch das religiöse Leben Schutz gegen Entartung und die Möglichkeit höheren Auftriebs gewann. Aus der Tiefe des Volkstums brachte die Laienfrömmigkeit in Beginentum, in Schulerziehung und in dem Schrifttum von der Nachfolge Christi tieffarbige Blüten von herber Schönheit hervor. Die Heimat dieser religiösen Kultur war vor allem der Osten des alten Bistums Utrecht, niederfränkisch-sächsische Landschaften.

Indessen, so sehr der Hof durch seine Kapelle, seine kirchliche Betätigung, sowie durch seine Kanzlei in Fühlung blieb mit den Möglichkeiten dieser geistigen Haltung, so beherrschte ihn doch in erster Linie jene ritterliche Kultur, die uns neuerdings in ihrer herbstlich bunten, etwas überständigen Art von einem späten Sprossen der schönen Geistigkeit dieser Lande sehr nahegebracht worden ist. „Herbst des Mittelalters" ist kaum ein allgemeiner Begriff und schon auf die Städte nur bedingt anwendbar. Aber die ritterliche Gesellschaft stellt sich uns in der Tat in dieser Überreife dar. Man wird nur darauf zu achten haben, woher die Triebe ihre Nahrung zogen, die unter dem absterbenden Laube doch wieder strotzend aufschießen sollten.

Die literarische Mode der burgundischen Gesellschaft war der „letzte Ausklang der großen mittelalterlichen Literatur Frankreichs", in Gedanken und Formen konventionell und verbraucht, wenn auch stellenweise noch immer nicht ohne Bravour. Noch immer dieselbe Freude an der

Allegorie. Wie die Heiligen in Tugenden, so wurden die Tugenden und Laster in lebendigen Figuren dargestellt und phantastisch ausstaffiert. In dasselbe Ritterkostüm steckte man die Herkules, Jason, Paris und Alexander; nicht minder die Josua, David, Cäsar, Artus, Lanzelot und Karl den Großen. Ehre, Abenteuer und Ruhm in ermüdender und doch zum inneren Besitz gewordener Verherrlichung. Die Damen distanziert, wie die ängstlich umhegten hochfürstlichen Töchter und Schwestern; Dichtung und höfisches Leben auch hier in greifbarer Wechselwirkung. Neben Hofkaplänen und Sekretären waren die Ritter selbst Träger dieser Literatur, vom Oberhofmeister Olivier de la Marche bis zum Junker von der Art des Claude Bouton, der noch um 1520 den *Miroir des dames* schrieb. Dem entsprachen die berühmten Bibliotheken dieser Herren, des Grand Bâtard Antoine de Bourgogne, Herrn de la Roche in den Ardennen, des Bischofs Philipp von Utrecht, des Lodewijk von Gruthuys, ersten Kämmerers der Maria von Burgund, nicht zu vergessen die Bibliothek der Herzöge am Hofe von Brüssel selbst. Das Französische herrschte so gut wie ausschließlich. Selbst der Vlame Chastellain schrieb nur in französischer Sprache, der sich auch die deutschen Fürsten, die in diese Kultur eintraten, wie die jüngeren Herren von Cleve, Baden und der Pfalz, sogar der Kaisersohn selbst, Maximilian, mit seinen Kindern und Enkeln wie selbstverständlich bedienen sollten.

Ein besonderes Kleinod des Landes war die neue Kunst der Tafelmalerei, die gewiß auch von der nordfranzösischen Miniaturkunst ihren Ausgang genommen hatte. Andachtsbücher aller Art kamen jetzt vorwiegend aus diesen Landschaften. Prachtstücke unserer Bibliotheken sind die „Stundenbücher" mit auserlesenem Buchschmuck, und man hat das Gefühl, daß die Intimität dieser Andachtsmittel nicht ohne inneres Verhältnis gewesen sei zu dem religiösen Bedürfnis — wenn auch nicht immer ihrer Benutzer. Nun gewann diese verinnerlichte Kunst in den Gebrüdern van Eyck und ihren Nachfolgern eine Größe und Leuchtkraft, in der die menschliche Seele selbst wie nie zuvor in der Geschichte der Kunst ihre innere Wärme mitzuteilen schien. Hier war wie in der religiösen Vertiefung der Brüder vom gemeinsamen Leben der Anteil der eigentlich deutschen Landschaften von der Maas bis nach Flandern ganz unverkennbar. Gleich den eindringlichen humanistischen Lehrern derselben Landschaften strebte man nach einer unerhörten Sauberkeit in der Beobachtung und Wiedergabe des geistig Aufgenommenen; — auch in der Malerei ein fast philologisches Sichversenken in das Einzelne. Gent, Brüssel und Brügge haben noch heute die Perlen dieser Kunst in ihren Kirchen und Spitälern. Daß sie auch aus dem Rheinland die besten Kräfte an sich zogen, lehrt Hans Memling, dessen Werke aus den siebziger und achtziger

Jahren des Jahrhunderts im Johannesspital von Brügge vielleicht die letzte Höhe dieser burgundischen Kunst darstellen. Hier wird etwas von der deutschen Unterwanderung in der französisch-burgundischen Kultur wirklich sichtbar, deren Auswirkungen sich im Verlauf des 16. Jahrhunderts noch steigerten.

Diese Meister und ihr Einfluß sind auch nicht wegzudenken aus den Fabriken der durch alle Lande verbreiteten Gobelins, in die jene ritterlich kostümierte Mythologie und Romanwelt gestaltungsfroh ausströmte. Sie sind auch nicht wegzudenken aus den Figuren und farbigen Aufzügen, Schaustellungen und Festen der Fürsten.

Nichts gibt uns ein so anschauliches und sprechendes Bild vom Hofe wie sein höchster Schmuck, der Orden vom Goldenen Vlies — ein Nachkömmling der Ritterorden aus der Kreuzzugszeit und zugleich die erste europäische Form höfischer Dekoration. An seinem Hochzeitstage, dem 11. Januar 1430, hatte Philipp der Gute den Orden gestiftet „aus Liebe zum Rittertum, zum Schutz und zur Ausbreitung des christlichen Glaubens". Der Herzog versammelte um sich die Herren von Geblüt und den höchsten Adel seiner Lande; einzeln auch auswärtige Souveraine. Symbol war das Goldene Vlies der Argonauten, von Jason und dem Kreis der mittelalterlichen Trojaner-Sagen her geläufig, ausgedeutet auf Abenteuer und Ritterruhm, auf sprühende Tatenlust, gleich den Schlageisen und Feuersteinen, den *fusils* und *cailloux* der Ordenskette — oder, in das Christliche umgedeutet, als das Vlies Gideons, in das sich der Tau des Himmels herabsenkte. In scharlachroten, mit Zobelpelz gefütterten Mänteln schritten sie einher; darüber die schwere goldene Kette. Sie hielten ihre Kapitel in den Chorräumen der Kathedralen, und man findet noch heute, etwa in Notre Dame zu Brügge oder in St. Rombaut zu Mecheln, die Wappenschilder der erlauchten Herren über dem Chorgestühl oder an den Wänden in langen Reihen. Ausgeschlossen von dem Orden blieben „Ketzer, Verräter und Feiglinge vor dem Feinde". Der Orden sollte auch das sittliche Leben der Ordensbrüder überwachen und verband mit jedem Kapitel die allgemeine Rüge, der alle unterstanden, auch der Souverain. Einzeln mußten sie abtreten und nachher durch den Kanzler des Ordens in Lob und Tadel die Meinung des Kapitels geziemend entgegennehmen. Die gleichzeitigen Protokolle ergeben, daß man mehr als ein Jahrhundert lang danach verfuhr. Die Ritter waren auch die ersten Berater ihres Fürsten; ohne Rat der Ritter, die ihre eigene Gerichtsbarkeit hatten, durfte er keine Kriege führen.

Dem förmlichen Ideal des Ordenslebens entsprach das Verhältnis der Herzöge zu Religion und Sittlichkeit. Theologie hat daran geringen Anteil. Auch gegenüber den himmlischen Mächten verhielt man sich höfisch, förmlich und korrekt. Man hielt die Fasten und Gebetszeiten; man gab

Almosen und ließ in derselben Noblesse für die Angehörigen des Hofes vom Edelmann bis zum Küchenjungen je nach dem Range 500, 300 oder 100 Messen zu ihrem Seelenheile lesen. Der Geschichtsschreiber Philipps des Guten zog einmal die Bilanz zwischen den tugendhaften Eigenschaften seines Fürsten und den Fehlern, und er fand am Ende, daß sein Herr für die Hölle doch zu gut gewesen sei. Denn wie im Kapitel des Goldenen Vlieses, so durften auch sonst die geistlichen Herren ihr Rügerecht freimütig spielen lassen. An einem Andreastage predigte der Bischof von Chalons im Schlosse von Hesdin vor dem Herzog und der Herzogin inmitten des Hofes. Er wollte einer Dame, genannt „Fürstenehre", begegnet sein, die aus dem Reich und Frankreich, auch aus Burgund verjagt sei durch vier rohe Burschen, welche die Schwächen der Herzöge und ihrer Umgebung in drastischer Symbolik repräsentierten, Faulheit, Sinnlichkeit, Schmeichelei und Erpressung.

Den engen Kulturzusammenhang dieses burgundischen Rittertums mit der altfranzösischen Ideenwelt der letzten Jahrhunderte spiegelte halb großartig, halb grotesk das Fasanenfest von 1454. Das war gleich nach dem Fall von Konstantinopel, im letzten Jahre Nikolaus V, als ganz Europa erfüllt war von Kreuzzugsgedanken. Auch der Herzog von Burgund wollte seine Ritterschaft dazu aufbieten, nachdem schon sein Vater Herzog Johann bei Nikopolis unter König Sigismund von Ungarn das Opfer der Freiheit gebracht hatte. Jetzt sollte eine Folge großer Hoffeste die Ritterschaft begeistern für neue Taten im Dienste der Christenheit. Der Festkranz ging von Hand zu Hand, vom Herzog von Cleve an Johann von Burgund, Grafen von Etampes; dann an den Herzog Philipp selbst. Tagelang wurde in Turnieren und Festessen geschwelgt unter Aufgebot kostbarer Kostüme und Aufzüge. Adolf von Cleve, Herr von Ravestein, trat auch einmal als Schwanenritter in schneeweißem Anzuge hervor, Sammet und Seide, kostbarer Brokat, goldene und silberne Glöckchen, Federn, Pelze aller Art und Edelsteine wurden in einem Maße verwertet und verbraucht, von denen uns die Porträts der Zeit nur eine matte Vorstellung geben. Die Tafelfreuden wurden durch Schaustellungen imposanter Art unterbrochen und gewürzt. Da gab es auch eine Verherrlichung des Goldenen Vlieses mit Jason auf Kolchis; da gab es vor allem das Gelübde auf einen edlen Vogel — dieses Mal statt über einem gebratenen Pfau über einem lebenden Fasan; eben davon erhielt das Fest seinen Namen. Die Wände waren mit Teppichen behängt, auf denen man die Taten des Herkules sah, die Tafeln prachtvoll mit Seidendamast gedeckt. Über dem Sitz des Herzogs ein Thronhimmel. Daneben ein Schautisch mit Gold- und Silbergerät, Kristall und Glas. An der Schmalseite des Raumes eine nackte Frauengestalt, von einem lebendigen Löwen bewacht. Am Ende der Tafel ein in Edelsteinen glänzender Springbrunnen kunstvollster Art. Die Speisen teils in pomphaften Aufzügen aufgetragen, teils von der Decke herabgelassen. Ununterbrochen unendliche Augenweide. Drolliges und Symbolisches durcheinander. Ein feuriger Drache durchschwebte den Raum; ein Reiher folgte ihm. Nach einer schließlich fast ermüdenden Folge von Darbietungen das Hauptstück, die Klage und Ermahnung der Kirche, die Olivier de la Marche selbst von einem hohen Elefanten herab spielte. Er rief jedem Ritter des Ordens zu:

> Geliebter Sohn, ergreife Du das Schwert,
> Zum Ruhme Gottes und zu Deiner Ehre.

Der Herold des Goldenen Vlieses verlas das Gelübde zum Kreuzzug, von jedem Ritter abzugeben, gegenüber „Gott, der Jungfrau Maria, seiner Dame und dem Fasan"! Der Herzog selbst gelobte sehr großartig sogar den persönlichen Zweikampf mit dem Sultan. Daraufhin erschien dann zum Schluß eine wunderbare Jungfrau als „Gottes Gnade" mit zwölf Tugenden zum Dank und zur Ermahnung. Die Tugenden blieben auch zum Tanz, der alsbald anhob.

Nicht alle Tage gab es dergleichen Feste. Aber der Hof lebte doch in dieser unwirklichen Welt phantastischer Bilder, tönender Phrasen und prahlerischen Großtuns; dazu in einem ungeheuerlichen Übermaß von Zeremoniell und Etikette. Eine Ordnung der spätburgundischen Zeit aus der Feder des Olivier de la Marche kehrt noch 1545 in spanischer Sprache wieder, beherrschte also das Hofleben bis tief in das 16. Jahrhundert. Die Hofämter der großen und kleinen Kapelle, mit dem Großalmosenier, zahlreichen Kaplänen, einem geschulten Knabenchor und Orgelmeistern,— das Kämmereramt und der persönliche Dienst am Monarchen vom Aufstehen bis zum Zubettegehen mit all den erlauchten Vorrechten, das Hemd zu reichen oder die Kette des Goldenen Vlieses, — die Küche und der Keller mit den peinlichsten Vorschriften über das Tragen der Serviette, das Vorschneiden und das Servieren des Brotes, — das Marschallamt mit dem Troß, und dazu die Bestimmungen über Geschirr und Beheizung und Beleuchtung und Verpflegung dieses ganzen Apparates von vielen Hunderten von Personen, das alles stellt die wunderbare, glänzende und zugleich nichtige Hülle dar, in der das Leben des Herzogs und seiner Umgebung sich abspielen mußte.

Wie aber fanden die Wirklichkeit und Härte des Lebens ihren Zugang zu dieser Scheinwelt?

Wenn man von der spätmittelalterlichen Religiosität weiter Kreise sagen konnte, sie spielte mit dem goldenen Schein, der von dem Allerheiligsten ausstrahlte, so war gewiß auch dies Turnieren ein Kampfspiel mit viel lautem Schall und äußerlichem Gepränge. Vor der elementaren Wucht wirklicher Schlachten, wie bei Nikopolis, versagte dieses Rittertum. Indessen würde man sich doch täuschen, wenn man nicht schon im Spiel die Erziehung zu Haltung und Mut beachtete. Auch in den landläufigen Fehden ging es rauher und brutaler her, als man es von diesen mit wallenden Federn, Edelsteinen und Damast geschmückten Herren erwarten sollte. Philipp de Commines berichtet in seinen Memoiren häufig, daß die Herren absaßen und Ruhm ernteten, wenn sie sich in das Handgemenge mischten. Er läßt auch die schlecht verhüllte Grausamkeit dieser zügellosen Herren ahnen, die Dörfer und Städte unbedenklich einäschern ließen, Gefangene zu Hunderten ertränkten, armen Teufeln die Hände abhackten und ihre Willkür in noch heute erregendem Maße spielen ließen. In Karl dem Kühnen von Burgund erscheint dies geräuschvoll eitle, aber auch tollkühne Rittertum in ungehemmter Aktivität und Phantastik zugleich. Brennender Ehrgeiz und höfisch gesteiftes Herrengefühl nahmen in ihm Formen an von zerstörender Wucht.

Und doch stand hinter allen diesen Burgunderkriegen um den Streifen der fünf Sommestädte von Amiens bis St. Quentin, um den Besitz von Lüttich, um die lothringische Brücke nach der Franche Comté, um den Einfluß am Oberrhein und gegenüber den Schweizern das Streben nach der räumlichen Geschlossenheit, Abrundung und Macht eines wirklichen Staates; stand auch hinter den Taten dieser Edelleute, die „absaßen" und in Reih und Glied kämpften, die Einordnung eines eigenwilligen Adels in die höhere Idee und Ehre dieses Staates.

Marie von Burgund und Maximilian

Man hat das Gefühl, daß Karl der Kühne, als er im Kampf um das schon eroberte Lothringen 1477 vor den Mauern von Nancy fiel, seinen Staat am Ende mehr erschüttert als aufgebaut habe. Die Geschichte ist uns die letzte Antwort in bezug auf seine Person schuldig geblieben.

Nicht in bezug auf seinen Staat.

Die wünschenswerten Daseinsbedingungen waren von ihm umschrieben. Ausgedehnt über Bresse und Savoyen hätte dieser Staat das natürliche Durchgangsland gebildet von Süd- nach Nordeuropa. Aber auch in seiner unvollkommenen Gestalt hat er nicht nur die Gewalttätigkeiten Karls des Kühnen, sondern die noch schwereren Prüfungen eines Wechsels der Dynastie und mehrfacher Regentschaften überstanden. Er blieb die Wiege großer europäischer Kombinationen, und seine Erben, die romanischen und die germanischen Niederlande, bestehen noch heute. Das Hin und Her der fast vierzigjährigen Kämpfe, in denen sich der Staat behauptete, können wir hier nicht erzählen. Nur soweit dabei die inneren Kräfte und Nöte dieses Staatsgebildes und damit die entscheidenden Voraussetzungen für Leben und Wirken seiner späteren Herrscher greller in die Erscheinung getreten sind als in den friedlichen Tagen Philipps des Guten oder in der kurzen Regierung Karls des Kühnen, müssen wir dabei verweilen. Wir wollen freilich nicht übersehen, wie oft das eigenwillig persönliche Moment und das täuschende Spiel der großen Politik die inneren Notwendigkeiten dieser Länder auch für die Zeitgenossen durchkreuzten oder überdeckten.

Das neunzehnjährige Fräulein von Burgund saß ungeschützt mit ihrer Stiefmutter Margarete von York und den Räten ihres Vaters in Gent, als sich die Nachricht von seinem Tode bestätigte, und sein Todfeind Ludwig XI von Frankreich alsbald in unverhohlener Freude begann, sich in den „erledigten" französischen Lehnsgebieten huldigen zu lassen, auch schon einen täppischen Versuch geschehen ließ, sich Flandern in die Hand zu spielen. Daß die entlegene Bourgogne sich nicht halten ließ, daß Lothringen sogleich an seinen alten Herrn zurückfiel, war selbstverständlich. Auch in Geldern, das Karl der Kühne von seinem Vetter Arnold erworben hatte, und das für die Abrundung des Nordostens so wichtig war, traten alsbald, unter Frankreichs Begünstigung, zuerst Johann von Cleve, später Arnolds Enkel, der unternehmende Karl von Egmont, gegen die burgundische Besetzung auf. Im übrigen war es ein herzzerreißender Anfang für Marie, zu erleben, wie das brutale Zunftregiment von Gent ihr die väterlichen Räte Hugonet und Humbercourt in empörender Rechtsverletzung verhaftete und trotz ihrer flehentlichen Fürbitte hinrichtete.

Als dann aber die vornehme Gesandtschaft ihres Verlobten erschien und bald danach der achtzehnjährige Erzherzog selbst wie ein Prinz im Märchen, da hellte sich der Himmel für Marie auf. Die Genter errichteten Ehrenpforten und das Volk schrie auf den Straßen „Kaiser und aber Kaiser". Auch sonst hielten Adel und Städte zur Dynastie; die Idee der Staatseinheit schien sich zu bewähren. In den französischen Grenzgebieten gab es neben Verrätern, wie d'Esquerdes, Herrn von Crevecoeur, auch tapfere Verteidiger, und das Schicksal von Artois wurde vielfach mehr von der persönlichen Haltung der Herren und Bürger bestimmt als vom alten Staatsrecht. Maximilian trat mit Glück ins Feld. Bei Guinegate, südlich Thérouanne, (1479) und weiterhin verteidigte er wenigstens das größere niederländische Erbe seiner Gemahlin und sicherte es für die Kinder.

Diese Kinder waren Philipp, geboren 1478, und Margarete, geboren 1480. Sie traten vollends in den Vordergrund, als ihre Mutter, die Herzogin, schon am 27. März 1482 in dem blühenden Alter von 24 Jahren durch einen Unfall beim Reiten dahingerafft wurde; „beweint, beklagt, bejammert von ihren Untertanen und allen anderen, die sie kannten, wie nur je eine Fürstin" — heißt es auf dem wundervollen Grabmal, das einst auf dem hohen Chor von *Onze lieven Frowen Kerk* in Brügge stand, als sei die ganze Herrlichkeit des gotischen Domes nur ein Riesenschrein für dies Juwel.

Der immer noch sehr junge Maximilian war nun nur noch Vormund und Regent, und damit begannen die ernstlicheren Schwierigkeiten. Er war Fremder, nicht angestammt. Er bedurfte auch fremder Hilfstruppen, um sich zu behaupten, und wer herrschen will, ist allemal unbequem.

Worauf es Maximilian ankommen mußte, war erstens die Behauptung gegen Frankreich und zweitens die einheitliche Beherrschung dieser Lande, so wie sie Karl der Kühne hinterlassen hatte. Schon hier gab es eine entscheidende Hemmung, insofern Marie im „großen Privileg" von 1477 die eben begonnene verfassungsmäßige Verschmelzung der Länder notgedrungen wieder aufgegeben hatte. Die staatliche Einheit aber mußte unbedingt wieder angestrebt werden, wenn nicht alles nach Art deutscher Reichsstände auseinanderfallen sollte.

Das aber war gerade die kurzsinnige Meinung der führenden Städte, vor allem der „drei Glieder von Flandern", das heißt der alten Industrie- und Handelsstädte Gent, Ypern und Brügge. Auch Brüssel und Löwen hielten es mit ihnen. Anders die Städte des Südens und die übrigen Städte Brabants, vor allem das auf Kosten Brügges aufsteigende Antwerpen. Es war also keineswegs eine Scheidung nach Stamm und Sprache, die sich hier zeigte, sondern vorwiegend eine solche nach wirtschaftlichen Interessen. Denn gerade die Genter verlangten einmal für den Hof die flämische Sprache, während sie sich politisch von den französischen Königen privilegieren und beschützen ließen. Umgekehrt stand neben den nördlichen, vorwiegend niederdeutschen Landschaften der wallonische Hennegau am treuesten zu Maximilian. Daß die Zünfte von Brügge den gutgläubig in ihre Mauern gekommenen, inzwischen gekrönten römischen König 1488 kurzerhand gefangensetzten, war ebensosehr ein Zeichen des sinkenden Zutrauens dieser im Reichtum altgewordenen Stadt zur eigenen Zukunft, wie ein frecher Zugriff kleiner Volksführer. Tiefer bedingt war die wirtschaftliche Haltung der Grafschaft; das alte Flandern war gegenüber der englischen Industrie protektionistisch; die Konkurrenz von Antwerpen, wenn man so sagen darf, freihändlerisch.

Über dem Wechsel der Dynastie stieg naturgemäß wieder die Bedeutung des Adels. Daß er einigermaßen geschlossen von Maximilian zur französischen Partei abgerückt wäre, ist eine Übertreibung. Richtig ist, daß große Teile des Adels ihre Kulturverbundenheit mit Frankreich empfanden. Aber man darf auch nicht vergessen, daß Maximilian dauernd von tausend anderen Händeln im Reich und in den Erblanden in Anspruch genommen wurde, und daß gerade er sehr menschliche Schwächen hatte; daß er sich nicht begnügte, das Land innerlich und äußerlich zusammenzuhalten; daß er vielmehr, behende und sprunghaft wie er war, allen Versuchungen seines raschen Temperaments nur zu leicht verfiel. Wie manchem reichbegabten Menschen war ihm die innere Zuverlässigkeit des Wesens versagt. Daß er den zu seiner Befreiung in Brügge geschworenen Frieden alsbald, angeblich in kaiserlichem Auftrage, brach, hat ihm auch bisher zurückhaltende Glieder des Adels entfremdet; vor allem Philipp von Cleve, Herrn von Ravestein, der als Neffe Philipps des Guten durch seine Mutter der Vornehmste unter den Herren von Geblüt war, also derjenigen, die irgendwie von den alten Herzögen abstammten. Bezeichnend für das alte Verhältnis Flanderns zur Dynastie, daß gerade hier die Herren von Geblüt als die geborenen Vormünder und Regenten betrachtet wurden, wogegen man die übrigen Landschaften Maximilian zu überlassen geneigt war.

Es ist nötig, bei der Zusammensetzung und geistigen Art des burgundischen Adels der maximilianischen Zeit noch einen Augenblick zu verweilen. Befand er sich deutlich in der Sammlung auf Hof und Staat, so waren doch die Züge alter Eigenständigkeit, kraft deren sich der Edelmann dem Fürsten nebengeordnet fühlte, noch keineswegs verschwunden. Und wie der Herzog, obwohl von Frankreich und vom Deutschen Reiche lehnsrührig, zur vollen Souveränität aufstrebte, so hatten auch die Adeligen zu lange in den englisch-burgundischen Kämpfen um die Krone Frankreichs gestanden, als daß sie nicht notwendig in gewissem Sinne international geworden wären.

Die Frondeure gegen Maximilian verließen zum Teil das Land und gingen zum französischen Könige, wie zu ihrem anderen legitimen Herrn. Philipp von Cleve schwankte mehrfach, gelangte schließlich ebenfalls nach Frankreich, wurde Gouverneur von Genua, befehligte eine französische Flotte auf dem Mittelmeer und landete einmal auf Lesbos. Da er auch in Flandern selbst mitgekämpft hatte, so konnte er später, in die Heimat zurückgekehrt, aus wirklicher Erfahrung ein Buch schreiben von der Kriegskunst zu Wasser und zu Lande — ein sprechendes Denkmal dieser weitgespannten Kultur. Sein neuerdings restauriertes Palais ist heute eigentlich das einzige Denkmal des altburgundischen Adels in Brüssel.

Indessen, wie der Adel halb international, halb um den Hof versammelt war, so wurde er unter Mitwirkung des Hofes auch wieder im Lande selbst dezentralisiert. Die Herren von Geblüt heirateten in die ersten Familien und erbten sie auf; in der zweiten Generation verloren sie den Ehrentitel der Bastarde und nannten sich, wie andere, nach ihren Besitzungen. Der gesamte Adel aber war nicht nur in den Landschaften begütert und großenteils altangesessen, sondern er nahm längst die hohen Landesämter eines *Gouverneur, Statthouder, Grandbailli* oder *Seneschall* aus den Händen des Herzogs an. Als solche erschienen sie, auch vor Hof und Herzog, wie die geborenen Repräsentanten der Provinzen. Was später die Stellung der Oranien, Egmont und Horn so wichtig machen sollte, kennzeichnete schon jetzt nicht wenige Vertreter des hohen Adels; sie waren aus Vertrauen des Herzogs oder eigenem Anspruch im Besitz der höchsten Hofämter, Mitglieder des Rates und des Ordens und zugleich Führer ihrer Lande.

Als solche erschienen in Holland die Wassenaer, in Seeland die Borsele, Herren von Vere, die mit Wolfart 1487 ausstarben. Im nördlichen Brabant die Hoogstraeten, und die Berghes, Herren von Walhain und Zevenbergen; Johann von Berghes wurde der erste Kämmerer des jungen Philipp und Gouverneur von Namur. In die Güter und Titel der Hoogstraeten rückten von Süden her die Lalaing ein; Antoine Lalaing, Herr von Montigny wurde durch seine Frau, Isabeau von Culembourg, Herr von Hoogstraeten und Borsele; sein Reisetagebuch aus Spanien im Gefolge Philipps zeigt den Zweiundzwanzigjährigen als einen Mann von Blick und Bildung.

Am Niederrhein saß Cleve-Ravestein. In Brabant hatte sich das Haus Nassau reich und mächtig gemacht. Aus den Händen Engelberts von Nassau-Breda, der schon bei Guinegate mitsiegte, ging 1504 das Amt des Seneschall in Brabant auf seinen Neffen Heinrich von Nassau-Dillenburg über. An der Grenze Limburgs saßen die Horn, von denen ein Sproß als Bischof von Lüttich fürstlich wurde, wie später Cornelius von Berghes. Aus Flandern ist nur noch das Geschlecht zu nennen, das als einziges gleich dem italienischen Stadtadel seinen Sitz in den Mauern hatte, die Herren von Gruthuys und zum Steenhuys in Brügge, berühmt durch ihren noch erhaltenen Hof, ihre Bücher und ihren Reichtum.

Die eigentliche Wiege des hohen burgundischen Adels war aber das wallonische Gebiet, Hennegau, Artois und Picardie. Hier saßen die Luxemburg, die von einer Seitenlinie Kaiser Heinrichs VII abstammten, teils in Frankreich, teils in Burgund groß geworden. Aus diesen Gebieten stammte auch Claude Bouton, Gardehauptmann und dann Haushofmeister bei Maximilians Sohn Philipp, später bei Ferdinand von Österreich, habsburgisch und englisch gesinnt, trotz seines *Miroir* nicht französisch. Die stärksten Stützen aber des neuen Regiments wurden die auch früher schon einflußreichen Geschlechter Croy und Lannoy.

Jean de Croy, als *Bouteillier de France* bei Azincourt 1415 gefallen, hinterließ Ehre und Gut an Antoine Graf Porcean, ersten Kämmerer Philipps des Guten, und Jean, Herrn von Chimay. Ihre Schwester war Jeanne de Lannoy, Mutter und Großmutter der ritterlichen Glieder dieses Hauses. Der Sohn Antoines aber heiratete Jacqueline von Luxemburg, die Tochter des 1475 in Paris hingerichteten früheren Connétable, Grafen von St. Pol, gegen den sich Burgund und Frankreich vereinigt hatten! Ihr Sohn wurde Wilhelm von Croy, Herr von Chièvres, auf den sich bald die höchsten Pflichten und Ehren häufen sollten.

Maximilian verfügte außer über so starken Anhang im Lande, noch mehr als Karl der Kühne, über fremde Hilfskräfte, deutsche Reichsmittel und deutsche Fürsten. Da waren Herzog Albrecht von Sachsen, Markgraf Christoph von Baden und sein Neffe, der Graf von Werdenberg. Dem Herzog Albrecht sollte Maximilian die größten militärischen Erfolge verdanken, wofür er ihn mit Friesland ausstattete, das nach ihm sein Sohn Georg der Bärtige erbte. Markgraf Christoph von Baden aber, ebenfalls durch seine habsburgische Mutter ein Vetter Maximilians, setzte sich und seine Familie im Herzogtum Luxemburg fest — Stützen der Dynastie, aber noch lange auch Träger ererbter Eigenwilligkeiten.

Alle diese Hilfen haben Maximilian schwere Niederlagen nicht erspart; sie haben ihn auch nicht bewahrt vor den Versuchungen, die für ihn in der alten Verbindung Burgunds mit Frankreich lagen. Auf den Tiefpunkt seiner Macht sank er alsbald nach dem Verlust seiner Gemahlin. Die von Gent geführten Stände einigten sich damals über seinen Kopf weg mit Frankreich in einem zweiten Frieden von Arras (Dezember 1482), wonach Maximilian es dulden mußte, daß seine einzige, kaum dreijährige Tochter als Preis des Friedens, wenn auch als Braut des Dauphin zur Erziehung nach Frankreich gegeben wurde. Unmittelbar danach starb Ludwig XI. Sein Nachfolger Karl VIII war noch minderjährig. Nun bekämpfte Maximilian, als hätte es so sein müssen, wieder in altburgundischer Tradition die Krone Frankreichs im Bunde mit anderen Kronvasallen. Wie einstmals Karl der Kühne mit Guyenne und Bretagne verbunden war, so jetzt Maximilian erneut mit dem Herzog der Bretagne, aus dessen Händen er mit der Erbtochter Anna fast das letzte große Kronlehen zu gewinnen dachte. Dann wäre auch der habsburgische Herzog von Burgund, nur noch tiefer als seine Vorgänger, in die innere französische Reichspolitik hineingezogen worden. Bekanntlich ist der phantastische Gedanke nie verwirklicht. Die schon versprochene Braut wurde ihm vielmehr 1491 von dem jungen Könige von Frankreich selbst weggenommen, unter schmählicher Preisgabe seines Verlöbnisses mit Maximilians Tochter, Madame Margarete, die sich schon als kleine Königin von Frankreich zu betrachten gewohnt war — für ein Mädchen von nunmehr 13 Jahren eine tiefe Demütigung.

Indessen, da Albert von Sachsen inzwischen Brügge und Gent unterworfen, Philipp von Cleve kapituliert hatte (1492), auch die Franche Comté behauptet wurde, steuerte man allerseits einem Frieden zu, der über diese Peinlichkeit hinweghalf, indem er den Besitzstand anerkannte, also auch Artois und Charolais in den Händen Maximilians beließ. Er wurde zu Senlis am 23. Mai 1493 verbrieft.

Philipp der Schöne und Juana von Castilien
Geburt Karls

Frankreich hatte sich so sehr auf diesen Frieden bedacht gezeigt, weil Karl VIII ganz erfüllt war von dem neuen Unternehmen, das Epoche machen sollte in der Geschichte der französischen wie der europäischen Politik: dem Zuge nach Italien. An sich unnötig, ihn mit Kreuzzugsplänen herauszuputzen; denn es war ganz folgerichtig, daß nach Verbindung der Bretagne mit der Krone, nach Rückgewinnung der Bourgogne und Einziehung aller Lehen des soeben ausgestorbenen Hauses Anjou der König von Frankreich auch Neapel als angiovinisches Erbteil beanspruchte. Und doch handelte es sich zugleich um die Wiederaufnahme einer universalen Politik durch die Franzosen. Erst 1443 hatte Alfons von Aragon dem verlotterten angiovinischen Regiment in Neapel ein Ende bereitet. Frankreich trat also mit seinem Erbanspruch nicht nur in das Labyrinth italienischer Politik, sondern erst recht in offenen Gegensatz zu der Mittelmeermacht des Hauses Aragon, dessen Nebenlinie jetzt in Neapel regierte.

Wir folgen der weiteren Entwicklung dieser Dinge hier noch nicht, sondern bleiben in den Niederlanden, wo Maximilian kurz nach Übernahme des Kaisertums (1493) seinen sechzehnjährigen Sohn großjährig machte und ihm die durch die französische Ablenkung nach Italien spürbar entlastete Regierung überließ. Philipp der Schöne, wie man ihn nannte, trat sie nach altem Brauch an mit der *Joyeuse entrée* in Löwen, der alten Hauptstadt von Brabant, am 9. September 1494. Er wurde wirklich freudig begrüßt als angestammter Herr und verdankte es den letzten Erfolgen seines Vaters, daß er den Ständen nicht das große Privileg von 1477 zu bestätigen brauchte, sondern auf Formulierungen der älteren Zeit zurückgreifen durfte. In der Tat wurden wesentliche Züge der Gesamtstaatsverfassung wieder hergestellt. Auch außenpolitisch hatte man Erfolg; mit England wurde nach einem kurzen Handelskrieg der für die Niederlande vorteilhafte Handelsvertrag des *Intercursus magnus* von 1496 zustande gebracht, ohne daß es über der englischen Freundschaft zur Spannung mit Frankreich gekommen wäre. Einer solchen wünschte man unter allen Umständen auszuweichen.

Der Träger aber dieser Politik, die Frankreich bis zur Selbstverleugnung, auch in Geldern, entgegenkam, war weniger der junge Fürst, als der Adel, der die Geschicke des Landes in die Hand nahm. Es gab auch schlechte Elemente am Hofe, die den bedenklichen Neigungen des Herzogs schmeichelten, als müsse man durchaus für eine neue Generation der *Bâtards de Bourgogne* sorgen. Aber die Regierung selbst lag bei ernsthaften Männern, Herren von Geblüt und Angehörigen der Familien Berghes, Croy und Lalaing.

Und doch war Maximilian keineswegs ausgeschieden. War er nicht mehr Vormund und Regent, so blieb er Senior des Hauses Habsburg und Kaiser. Die gute Verheiratung seiner Nachkommen wurde mehr und mehr ein Hauptzug seiner dynastisch gerichteten Politik. Und eben dabei suchte und fand er die bedeutendsten weltpolitischen Verknüpfungen. Unter den großen Häusern stand damals neben den Habsburgern das spanische Königshaus im Vordergrund. Die Thronerben von Portugal und bald auch von England holten ihre Frauen aus diesem töchterreichen Hause. Weder England noch Frankreich noch sonst eine Macht kam für die eheliche Verbindung von Maximilians Kindern in Frage. Eine Verbindung zwischen Maximilian und Aragon lag aber angesichts der Wendung der französischen Politik nach Italien erst recht nahe. Eine entsprechende Abrede wurde schon am 5. November 1495 getroffen und im nächsten Jahre durch Philipps Besuch in Innsbruck im Sinne seines Vaters bekräftigt. So kam die denkwürdigste dynastische Verbindung der Neuzeit zustande, durch die auch die Niederlande, weit über den Kanal hinaus, ihr Gesicht von Deutschland weg der Welt des Ozeans zukehren sollten.

Die Verbindung mit der spanischen Halbinsel war nicht neu. Handelsverkehr und dynastische Beziehungen bestanden seit Generationen. Die Gemahlin Philipps des Guten, Maries Großmutter, war Isabella von Portugal, Maximilians eigene Mutter nicht minder eine portugiesische Prinzessin gewesen. Nun sollte Philipp der Schöne die jüngere Tochter der katholischen Könige, Juana, ehelichen, seine Schwester Margarete deren einzigen Bruder Don Juan. Am 21. Oktober 1496 wurde in den Niederlanden die erste dieser Ehen vollzogen; im Frühjahr 1497 die zweite in Spanien. Don Juan war jung und sinnlich. Das allzu jugendliche Paar gab sich einander so über alles Maß hin, daß man die Königin Isabella warnte. Allein sie wehrte ab; wie uns Petrus Martyr Anglerius überliefert, meinte sie: Was Gott verbunden habe, dürften die Menschen nicht trennen. Nach einem halben Jahr starb der Infant, wie man sagte, an der Auszehrung. In der Familie blieb die Erinnerung als warnendes Beispiel.

Doña Juana wurde damit noch nicht zur Erbin der spanischen Reiche. Als aber auch ihre ältere Schwester, die Königin von Portugal, und bald danach deren einziges Kind, Don Miguel, verstarben (Juli 1500), da tat sich für den Herzog und die Herzogin von Burgund wider Erwarten die Weite der Welt auf.

Bis dahin hatte das fürstliche Paar in den Niederlanden gelebt, zunächst in Brüssel im Herzoghof. Hier war ihnen am 15. November 1498 das erste Kind geboren, eine Tochter, die nach Maximilians Mutter Eleonore genannt wurde. Jean Molinet erzählt uns von dem prachtvollen Tauffest, bei dem sich der prunkvolle Zug vom Schloß zur Kathedrale St. Gudule bewegte, und alle Pracht altburgundischen Zeremoniells, alle Farbenfreudigkeit, aller Lichterglanz dieses Jahrhunderts der unersättlichen Augen sich entfalteten. Im Schein von endlosen Kerzen und Fackeln kam man gegen Abend zurück; nur ein Rembrandt hätte das darstellen können, hat man gesagt. Bald erhielt die kleine Prinzessin ihren eigenen Hof, und es ist ebenso bezeichnend für die nun immer weiter getriebene Überhöhung der fürstlichen Personen wie lehrreich für unsere Kenntnis der neuen spanisch-burgundischen Gesellschaft, welche Damen für die Leitung dieses Wiegenhaushalts in Betracht gezogen wurden. Es stritten sich um die Würde Madame Halluvin, geborene Commines, also eine Altburgunderin, und Doña Maria Manuel, die den Gesandten Maximilians in Spanien, den Bastard Balduin von Burgund geheiratet hatte. Schließlich wählte man eine dritte, Anne de Beaumont, aus dem Geschlecht der Könige von Navarra, Französin, aber von der spanischen Partei des Landes.

Der Hof verlegte im nächsten Jahre seine Residenz nach Gent. Das bedeutete, in die alte Hauptstadt des Landes, die Führerin von Flandern durch Jahrhunderte. Noch heute überragt die Ruine des *Gravensteen* wie ein mächtiger Klotz das Gewirre der Großstadthäuser, die daneben wie die Zellen oder Waben eines emsigen, aber kleinen Geschlechts erscheinen. So trotzig liegt nicht einmal das Kastell der Este in Ferrara oder das der Gonzaga in Mantua. Vom Hofe wurde die Burg freilich schon lange nicht mehr bewohnt. In behaglicher Breite hatte man unterhalb des Grafensteins einen modernen Fürstenhof angelegt, von dem heute nichts mehr zu erkennen ist, als der Straßenname *Prinsenhof* und ein paar verbaute Mauerstücke. Es hat schon etwas Großartiges, daß sich der Hof doch wieder in Gent niederließ, der unbändigen, oft so feindseligen, immer tapferen

Stadt. Und so hat es auch etwas Symbolisches, daß eben hier, im Herzen der alten Macht, im Schatten der stolzen Grafenburg, der Fürst geboren werden sollte, der alle altburgundische Tradition vollendete und abschloß — der in den ersten fünfundzwanzig Jahren seines Lebens eigentlich nichts anderes sein wollte als ein burgundischer Edelmann. Am 24. Februar, dem Matthiastage 1500, genas die Infantin des Knaben, dem man den Namen des letzten burgundischen Herzogs gab, Karl.

In der Tat, ein Habsburger war dieser Knabe, der die habsburgische Macht zur höchsten Blüte bringen sollte, kaum noch. Man hat ausgerechnet, daß es unter seinen 32 Ahnen nur eine einzige Linie gab aus deutschem Blut, die des Großvaters Maximilian und seiner Vorfahren, Kaiser Friedrichs III, der Erzherzöge Ernst und Leopolds, der bei Sempach gefallen war. Alle anderen Ahnen waren nicht deutschen Geblüts, wie Herzog Ernsts Gemahlin Cimbarka von Masovien, Friedrichs III Gemahlin Eleonore von Portugal und Maximilians Gemahlin Marie von Burgund, sowie die Infantin Doña Juana — alle diese wieder mit ihren Vorfahren aus den Häusern von Castilien und Aragon, Portugal, Visconti, Bourbon und Valois.

Aber an die Frage des Blutes schließt sich noch ein weiteres Kapitel der Genealogie von sehr viel düsterer Art.

Karls Mutter Juana gebar in den Niederlanden noch ein drittes Kind, Isabella, im Juli 1501. Dann begab sie sich mit ihrem Gemahl quer durch Frankreich, wo Philipp zu Paris als erster Pair von Frankreich einer Sitzung des Parlaments präsidierte, zurück in ihre spanische Heimat, wo sie als Thronerbin in Castilien und Aragon feierlich anerkannt wurde. Nach Jahresfrist eilte Philipp wieder nach dem Norden, nach Österreich und nach Flandern. Juana sah einer neuen Geburt entgegen und kam am 10. März 1503 zu Alcala mit ihrem zweiten Sohne nieder, der nach dem spanischen Großvater Ferdinand genannt wurde. Man mußte Juana schonen, aber sie verging vor Sehnsucht nach ihrem Gatten. Da man sie zurückhielt, bereitete sie im Schloß la Mota bei Medina del Campo ihrer Umgebung furchtbare Szenen, verbrachte Nächte an dem niedergelassenen Fallgatter, unzugänglich für jeden Zuspruch. So fand sie ihre Mutter Isabella in völliger Auflösung und fast sinnloser Wut; für die große Königin, die nur sie als Erbin zurückließ, unaussprechlich schmerzlich und sorgenvoll. Mit allen Vorsichtsmaßregeln ließ man die junge Frau nun doch in die Niederlande ziehen. Dort gebar sie ihre dritte Tochter, Marie, wieder zu Brüssel. Aber mehr noch als die Anstrengungen der rasch aufeinanderfolgenden Geburten, die Aufregungen und Reisen verwundete sie in ihrem überempfindlichen Herzen der Leichtsinn ihres Mannes. Freilich machte sie auch ihrerseits ihm das Leben längst sehr schwer durch

Sonderbarkeiten und grenzenlose Eifersucht. Sie begehrte ihn nur für sich, und als eine schöne Niederländerin ihr nur verdächtig schien, zerkratzte und verletzte sie ihr mit einer Schere das Gesicht bis zur Verunstaltung. Ihr letztes Kind, Katharina, brachte sie wieder in Spanien zur Welt, in Torquemada, am 14. Januar 1507; Katharina war wie alle anderen gesund an Leib und Seele und wurde 70 Jahre alt. Aber die Mutter war zur Zeit der Geburt bereits in tiefen Trübsinn verfallen.

An dieser Tatsache ist gar nicht zu zweifeln, und weder die Versuche der castilischen Comuñeros in den kommenden Jahren, sie gegen den Sohn als legitime Königin auszurufen, noch die Rettungen moderner Historiker vermögen daran etwas zu ändern. Juana war von zarter Gemütsart, nicht ohne erbliche Belastung. Ihre portugiesische Großmutter Isabella war als geisteskrank gestorben. Vielleicht hätte ein ruhiges Leben das zarte Seelengewebe der Juana nicht so früh zerreißen lassen, aber nach den angedeuteten Erlebnissen hatte der völlig überraschende Tod ihres Gatten am 25. September 1506 ihr den letzten Stoß gegeben. Sie führte den Leichnam lange mit sich herum in schaurigen Nachtfahrten bei Fackelschein, ließ den Sarg wiederholt öffnen, um sich von der Gegenwart des Toten zu überzeugen, und wurde nur schwer durch ihren Vater zur vorläufigen Beisetzung und für ihre Person zu dauerndem Aufenthalt in dem schön gelegenen Tordesillas bei Valladolid bewogen. Da lebte sie nun, umgeben von einem bescheidenen Hofstaat, sich selbst zunehmend vernachlässigend und abwehrend auch gegen jeden kirchlichen Zuspruch.

So hat Karl seine Mutter erst in späten Jahren als König wiedergesehen. Seinen Vater hat er kaum gekannt. Als Waisenkinder wuchsen Ferdinand und Katharina in Spanien auf, Karl, Eleonore, Isabella und Marie in den Niederlanden. Sie hatten ihren kleinen Hof und ihren eigenen Etat. Im Brüsseler Archiv liegen unter vielen ähnlichen Hof- und Finanzpapieren einige Zettel über die Ausgaben für den Haushalt „des Erzherzogs Karl, Herzogs von Luxemburg (das war zuerst sein Titel), und der Madame Lienor und der Madame Isabeau, seiner Schwestern, in Mecheln vom 27. Januar 1503" — also für diese Kinder von 4, 3 und 1 Jahr. Mehr noch ergeben die Rechnungen von Lille, wo wir von einem Abc-Buch, einem Puppenbett für Isabella und einem Clavikord für Karl und die herangewachsene Eleonore hören. Aus demselben Jahre haben wir die ersten Porträts der Kinder. Hohe Würdenträger und sorgfältig ausgewähltes Personal vertraten die Eltern.

Nach dem Tode Philipps des Schönen aber baten die Stände schon am 16. November 1506 den Kaiser um Übernahme der Regentschaft, und Maximilian fand zugleich eine Regentin und eine Pflegemutter für die Enkel in seiner Tochter Margarete.

Die Erzherzogin Margarete

Diese früh geprüfte Frau hatte sich nach dem Tode des Infanten und der Geburt eines toten Kindes wieder in ihre Heimat begeben, dann nach ein paar Jahren eine zweite Ehe geschlossen mit dem Herzog Philibert von Savoyen. Eine Zeit vollkommenen Glückes, in der Erinnerung für sie erst recht vergoldet. Sie war für dieses Glück reif geworden, sie fand sich geliebt und in sorgenlosem Dasein inmitten der frischesten und großartigsten Landschaft. Dann war ihr auch dieser Gemahl in der Blüte seiner Jugend entrissen (1504). Die Vierundzwanzigjährige war zum zweiten Male Witwe, ohne Kinder. Ihr Witwengut lag zum Teil in Faucigny, südlich vom Genfer See, am Fuß des Montblanc. Aber sie verbrachte ihre Tage in Bourg en Bresse, an der Grenze von Savoyen und der Franche Comté, in der Sorge für die Gruftkirche in Brou. Umgeben von Baumeistern, Künstlern und Literaten, wandte sie auch später noch alle Liebe und alle ihr zuströmenden Ideen an den Schmuck dieses Denkmals für den verstorbenen Geliebten. Durch die unsterblichen Bildwerke des Konrad Meit aus Worms hat sie selbst ewigen Ruhm gewonnen. *Fortune infortune'fort une* war eine ihrer gedankenvollen Devisen, bezogen auf den Wechsel des Glücks; gern auch ausgedeutet auf den Sinn, daß gerade das vergangene Glück sie so todunglücklich mache.

Vater und Bruder legten ihr nahe, sich wieder zu verheiraten. Heinrich VII von England gab sich große Mühe; später bestürmte der Herzog von Suffolk die ungewöhnliche Frau einmal in fast peinlicher Weise. Sie wehrte immer ab, — „so gut, klug, reich und vornehm auch ein Bewerber sein möge":

Tant que je vive, mon cueur non changera
Pour nul vivant, tant soit il bon ou saige,
Fort et prudent, de haut lignaige.
Mon choix est fait; autre se ne fera.
Tant que je vive —.

Wir wissen viel von dieser Frau, und alle Verherrlichung von den Zeitgenossen bis zu den modernen Historikern hat ihr anziehendes Bild nicht trüben können. Über ihrem Grabmal in Brou ist sie zweimal porträtiert, als Herzogin mit der Krone, und als Frau im langwallenden Lockenhaar. Aber weder der weiße Stein noch die einfarbigen Reproduktionen ihres bekannten Ölporträts in der Musselinhaube der Zeit geben eine Vorstellung von dem Zauber ihres goldblonden Haares, das durch die Haube leuchtet, und der Lebendigkeit ihrer hellbraunen Augen. Sie war in ihren rundlichen Zügen nicht schön, aber durchgeistigt. Wir haben ihre Schriften, ihre Briefe in ungeheurer Fülle, insbesondere die inhaltreiche Korrespondenz mit ihrem kaiserlichen Vater. Der Austausch von Vater und Tochter ist ganz vorwiegend politisch. Es fehlt nicht an Meinungsverschiedenheiten, und bei Maximilian gibt es öfter überspannte Forderungen. Aber der Vater scherzt auch. Er war erneut verwitwet und meinte, „nun könne er Kleriker werden und Papst (was ihn wirklich beschäftigte) und dann wohl gar ein Heiliger, und dann müsse sie nach seinem Tode zu ihm beten, und das würde ihm sehr wohltun". In der politischen Welt sollte sich Margarete später als eine der großen Regentinnen des Jahrhunderts erweisen, voll Urteil und Menschenkenntnis und von fast männlicher Energie.

Diese Frau wurde die häusliche Erzieherin der fürstlichen Kinder.

Nachdem Maximilian sie im Frühjahr 1507 berufen hatte, erbaute sie in Mecheln gegenüber dem altmodischen Herzogshof, wo die Kinder wohnten, ein modernes Palais, das sie nach Ausweis ihrer Inventare sehr vornehm, sehr geschmackvoll einrichtete und bewohnte; das Palais in seinem Straßenflügel der erste Renaissancebau dieses Landes, auch in den noch halb gotischen Höfen offen und licht. Hier umgab sie sich mit Kunstwerken und Büchern, mit höfischer Form und hervorragenden Persönlichkeiten. Barend van Orley gilt als ihr Hofmaler. Durchreisende Künstler, wie Albrecht Dürer, führte sie selbst durch ihre Räume und Sammlungen. Einige Räte hohen geistigen Ranges hatte sie aus Savoyen und der Franche Comté mitgebracht, wie den Herrn von Marnix, den auch Dürer zeichnete, und Laurent de Gorrevod, später einflußreich am Hofe Karls; vor allem Mercurino Gattinara, ihren alten Rechtsberater in Savoyen, einen Mann von tiefer Bildung, ungeheurer Arbeitskraft und weitgespanntem Idealismus in Staatsangelegenheiten. So blieb sie gerüstet für die Aufgaben der Regentschaft, wie für die Führung eines großen Hauses. Die Kinder werden bei ihr die Liebe und das unendlich wertvolle Vorbild einer wahrhaft fürstlichen Dame gefunden haben. Sie redeten sie an als ihre „Frau Tante und gute Mutter", und von der kleinen Eleonore liegt in Wien noch ein undatiertes Briefchen in höfischem Französisch: „Da unsere Freuden Euere Freuden sind, so lasse ich Euch wissen, daß uns der Großvater besucht hat, was uns eine ganz besondere Freude war." Der englische Gesandte sah die Kinder einmal beim Johannisfeuer in ungezwungener Fröhlichkeit. Auch sonst hört man von Festen, Ausflügen, Jagden. Alles doch in dem bescheidenen Rahmen des kleinen stillen Mecheln, das schon damals der prachtvolle Klotz des Turms von St. Rombaut wie eine Verheißung großer Zukunft überragte.

Genauer bestimmen zu wollen, was Karl seiner Tante verdankte, geht über die Möglichkeiten des Historikers. Es fehlt dafür an besonderen Quellen; aber was man ahnt, ist schon viel.

Ähnlich steht es um die Bedeutung der zweiten großen Figur, die in Karls Knabenjahre hineinwirkte. Adrian von Utrecht war damals Dekan von St. Peter in Löwen und Vertreter des Rektors der Universität; ein Theologe von innerem Beruf, schwer, ernst, aber gütig und auch im Kleinen gewissenhaft. Wir müssen schon aus seiner geistigen Vergangenheit und aus seiner und seines Zöglings späterer Entwicklung Schlüsse ziehen auf das, was der Lehrer in diesen Jahren an Keimen in die noch unentwickelte Seele seines Zöglings legte. Adrian stammte aus jener religiösen Welt, die in den Brüdern vom gemeinsamen Leben ihre Formung erhielt und über das konventionell Kirchliche zu einem wirklich frommen Leben anleitete. Karls wesenhafte Frömmigkeit kann wohl nur hier ihre Wurzeln haben.

Der eigentliche Unterricht lag von der Kinderzeit an bei Niederländern und Spaniern, Robert von Gent, Adrian Wiele, Juan de Anchiata und dem sehr gebildeten Spanier Luis Vaca, dem Karl auch später seine Dankbarkeit bewahrte. Im Unterricht wird man auch die Geschichtserzählungen gepflegt haben, die Beschäftigung mit den Chroniken des Landes und mit den Taten der Vorfahren.

Wenn aber nicht alles täuscht, hat der fürstliche Knabe selbst sich trotz seiner zarten Gesundheit mehr zu den körperlichen Übungen hingezogen gefühlt als zu den Büchern und den Sprachen. Die Ehrenknaben, die mit ihm erzogen wurden, der junge Balançon, Johann von Sachsen, der vor dem Vater verstorbene Sohn Herzog Georgs, Friedrich von Fürstenberg, zeitweilig Maximilian Sforza und natürlich mehrere Niederländer, werden ihn darin bestärkt haben. Reiten, Jagen und bald auch alles, was zum Turnieren gehört, das Lanzenbrechen ohne aus dem Sattel zu fallen und alle Art von Schießen und Fechten trieb er zur Freude des Großvaters mit Hingebung und Glück. Von solchen Dingen war ja ringsum die Rede; die sah und pries man. Und wenn an Karl, noch durch Jahre hin, etwas gerühmt wurde, so war es stets die Geschicklichkeit im Reiten und im Kampfspiel. Sein Wille beherrschte den zarten Körper. Als Lehrmeister wird unter anderen Charles de Poupet, Herr von La Chaulx genannt, dem Karl später einen Sitz im engsten Staatsrat und wichtige Missionen anvertraute. Denn Ritterübung, Hofdienst und Diplomatie lagen hier noch in denselben Händen.

So verdankte Karl auch die Einführung in das höhere höfische und politische Leben einem altburgundischen Edelmann, seinem Gouverneur und ersten Kämmerer, Wilhelm von Croy, Herrn von Chièvres, dessen kluges Auge noch aus dem guten Porträt blickt, das im Brüsseler Museum sinnvoll als Gegenstück zu demjenigen Margaretes hängt. Es ist wohl eine richtige Beobachtung, daß Karl gerade unter dem Eindruck der öfter mit dem Adel in Widerspruch stehenden wechselnden Haltung seiner Tante Margarete sich von der eindeutig burgundischen Lebens- und Staatsauffassung Chièvres angezogen gefühlt haben müsse. Niemand wird in der Tat erwarten, daß ein derartig höfisch erzogener Junge (bei aller Würdigung späterer Nachwirkungen) den Umgang mit den vornehmen Damen und dem ernsten Adrian der weltläufigen und stolzen Haltung des Herrn von Chièvres vorgezogen hätte.

Die Familie Croy kennen wir. Chièvres selbst wurde noch in Maximilians erster Zeit Ritter des Goldenen Vlieses, Rat und Kammerherr; auch in Kriegen trat er gelegentlich hervor. Tieferer Neigung entsprach es, wenn er im Jahre 1500 zuerst für viele Monate als Gesandter nach Frankreich ging, 1501 auch zusammen mit Busleyden, dem Erzieher und Vertreter Philipps des Schönen, in Lyon tätig war. Im übrigen hielt er sich an sein hohes Landesamt im Hennegau, bis er 1504 an den Hof gezogen wurde, 1505 durch Philipp sogar für die Zeit seiner Abwesenheit in Spanien zum Gouverneur bestellt. Er hatte gleichzeitig das Vertrauen der Habsburger und Frankreichs. 1509 berief ihn Maximilian zur Leitung Karls. Bis dahin war das Amt des Gouverneurs in den Händen des Fürsten von Chimay nur ein Hofdienst gewesen. Jetzt wurde die Führung des Knaben, der in sein zehntes Lebensjahr trat, eine politische Angelegenheit, um so wirksamer, als sich Chièvres an Karls Seite bis zu seinem Tode behauptete.

Gleichzeitig wurden zwei Spanier, Dr. Mota als Karls Almosenier und bald nach ihm der Bischof von Badajoz, Alonso Manrique, in die Kapelle berufen; Michel Pavye wurde Beichtvater; denn auf Drängen Margaretes organisierte man den ganzen Hof neu. Der unmittelbare Einfluß des Herrn von Chièvres auf Karl blieb aber unzweifelhaft viel größer als derjenige irgendeiner anderen Persönlichkeit, und man fragt erneut, worin die Anziehungskraft und der Grund zu dem hohen Ansehen dieses Mannes gelegen habe. Daß er machtbegierig und gewiß auch empfänglich für hohe Einnahmen gewesen ist, teilte er mit den Besten seiner Zeit; niemand war in diesem Sinne so „käuflich" wie Kaiser Maximilian. Aber was Chièvres wirklich auszeichnete, war offenbar eine ganz klare Lebensrichtung im Sinne desjenigen altburgundischen Adels, der nun einmal den Anschluß an diese Dynastie gefunden hatte. Immer bedacht auf Fernhaltung der kostspieligen und zerstörenden Kämpfe mit Frankreich oder in Geldern und Lüttich; vorsichtig gegen Margarete und ihren auch von wirtschaftlichen Interessen getragenen Anhang, der zu England neigte. Klug in der Behandlung Maximilians. Klug wohl überhaupt in der Einschätzung aller jeweils in seinen Gesichtskreis tretenden innen- und außenpolitischen Kräfte. Noch Jahre nach seinem Tode sagte Karl zu Contarini, er habe früh erfahren, daß

Chièvres klug sei, und sich ihm deshalb ganz hingegeben. Kein Wunder, dieser erste Kämmerer, der das Schlafgemach mit dem Fürsten teilte und jederzeit sein Ohr hatte, besaß bei seiner Art ungemessenen Einfluß. Bald mehren sich die Berichte auswärtiger Vertreter über den jungen Fürsten. Sehr ergiebig sind sie nicht. Für uns ist wichtiger im Auge zu behalten, wie in seinem Namen regiert und wie über seine Person schon von der Geburt an verfügt wurde. Denn damit wurden die letzten unmittelbaren Voraussetzungen für seine eigene Regierung festgelegt.

Bei jener Besprechung in Lyon im Sommer 1501, an der schon Chièvres mitwirkte, wurde eine Verbindung Karls mit Claudia, der Tochter Ludwigs XII verabredet. Damals mußte Karl bereits als Erbe der spanischen Königreiche gelten. Deshalb stellte Frankreich auch als Mitgift die Bretagne, Mailand und Neapel in Aussicht, also einen hohen Preis. Doch war eine derartige scheinbar zweiseitige Lösung schwebender Streitfragen im Grunde nur ein Entwurf möglicher Kombinationen. Immerhin hielt man ein paar Jahre daran fest. Noch 1505 empfing der Kardinal Amboise in Hagenau durch Maximilian die Belehnung mit Mailand und Pavia für seinen König, aber auch für Madame Claudia und Karl, ihren Verlobten. Angesichts der spanischen Erbschaft wünschte man auf allen Seiten Freunde zu haben. Nachdem dann freilich Ludwig XII auf Wunsch seiner Stände seine Tochter Claudia dem Herzog Franz von Angoulême, seinem Erben, zur Frau gegeben und das burgundische Verlöbnis gelöst hatte, neigte man in Burgund wieder zu England, bewilligte 1506 sogar den ungünstigen Handelsvertrag des *Intercursus malus* und trat auch einer dynastischen Verbindung nahe. Es ist bezeichnend, daß Margarete in denselben Dezembertagen 1508, da sie in Cambrai den Vertrag zwischen ihrem Vater und Frankreich zustande brachte, doch auch die Heiratsabrede mit Mary bestätigte, der Schwester des Prinzen, der selbst im Mai 1509 als Heinrich VIII König werden sollte.

Das Verhältnis der Niederlande zu Frankreich besserte sich erneut über der spanischen Politik. Denn in dem Ringen um die Regentschaft in Castilien zwischen den Habsburgern und der überwiegenden Menge des Adels einerseits und dem König von Aragon andererseits lag es für Maximilian nahe, sich auf das angrenzende Frankreich zu stützen, das sich ja mit demselben Ferdinand um Neapel stritt. Immerhin bemühte sich die eigentlich niederländische Regierung, formell neutral zu bleiben; auch noch, als in der Heiligen Liga von 1511 eine fast überraschende Sammlung aller an der italienischen Politik beteiligten Mächte gegen Frankreich erfolgte. England, das sich immer und eben jetzt aufs neue des schottischen Verbündeten der Krone Frankreichs zu erwehren hatte, beteiligte sich sogar mit Truppen am Kriege um Navarra.

Ja, Heinrich VIII gefiel es, in altenglischer Tradition selbst über den Kanal zu ziehen und auch in Artois mit gutbezahlten deutschen Truppen gegen Frankreich zu kämpfen. Da sah man diesen König, der für die nächsten Jahrzehnte so viel bedeuten sollte, zum ersten Male in deutscher Umgebung, stattlich und jovial, fast gönnerhaft auch vor den Fürsten. Denn an der Spitze deutscher Söldner erschien am Tage des entscheidenden Gefechts, als Feldhauptmann jubelnd begrüßt, der Kaiser selbst im Solde Englands zu hundert Dukaten jeden Tag. So war es Maximilian, der zum zweiten Male bei Guinegate siegte, am 16. August 1513. Die Niederlande waren Nutznießer dieses Krieges, in dem sie selbst neutral geblieben waren. Die Stimmung von Dynastie zu Dynastie aber brachte Maximilian in einem Brief an seinen Enkel vom Anfang September 1513 zum Ausdruck, worin er die Franzosen „die Erbfeinde unseres Hauses" nannte, *anchiens et encoires naturelz ennemis de nostre maison de Bourgogne*. Umgekehrt hatte Ludwig XII vor Beginn der Feindseligkeiten den jungen Karl als seinen Lehnsmann aufgemahnt und ihn nur wegen seines knabenhaften Alters entbunden. Die Engländer nahmen damals die beiden Bischofsstädte des Landes, Tournai und Thérouanne für sich.

Nicht diese sonderbare englische Erwerbung auf französischem Boden, eingeschlossen von Artois, sondern die Szenen des Hintergrundes sind das, was den Historiker Karls V an den Vorgängen in diesen Herbsttagen des Jahres 1513 fesselt. Sie brachten den Prinzen zum ersten Male in das kämpfende politische Leben. Die beiden Mächte, die längst um ihn rangen, traten auf die offene Bühne. Die französische Partei hatte Zuzug bekommen durch die alten Anhänger Philipps des Schönen aus Castilien, die von jener Zeit her entschlossene Gegner Ferdinands von Aragon geblieben waren. Dazu gehörten, wie schon bemerkt, sogar Persönlichkeiten der engsten Umgebung Karls. Je mehr sich nun Ferdinand und Maximilian genähert hatten, um so dringender und möglicher erschien es dem Aragonesen, seinen Gegnern am burgundischen Hof das Spiel zu verderben. Er sandte als Beobachter und Gegenspieler den Juan de Lanuza und den Sohn eines Bastards, Juan d'Aragon. Diese standen natürlich in Front gegen Chièvres und seinen Anhang. Umgekehrt wurden Zettelein der Castilianer und ihrer Freunde mit Frankreich aufgedeckt, und der Träger dieser Wühlereien, Diego de Castro, verhaftet. Nun zögerte auch Margarete, die sich bedroht fühlte, nicht länger. Sie traf sich mit ihrem Vater; sie besprach sich gründlicher noch mit dem Könige von England. Dann faßte sie das Ergebnis dieser Besprechungen am 19. Oktober in der deutlich gegen den burgundischen Adel gerichteten Ordonnanz von Lille dahin zusammen, daß die beiden Großväter und der König von England je durch einen Vertreter die oberste Leitung

Karls übernehmen sollten. Der Kaiser bestellte den Pfalzgrafen Friedrich, Ferdinand den Herrn von Lanuza, Heinrich VIII den Floris Egmont, Herrn von Isselstein. Die Rechnungsbücher lehren, daß man diese Neuordnung mit dem maßgebenden Einfluß des Pfalzgrafen zunächst verwirklichte. Welche Möglichkeiten für das deutsche Element am Hofe, auch politisch! Margarete hatte an den Knaben Karl einen sehr schmeichelhaften Brief geschrieben, gerühmt, wie herrlich es am englischen Hofe sei und daß nur er noch fehle. So war denn Karl unter den merkwürdigsten Umständen zu seinem ersten Staatsbesuch bei dem (wie man jetzt erst recht annahm) zukünftigen Schwager und zur ersten Reise ins Ausland gekommen. So schmächtig seine Erscheinung, so zurückhaltend sein Wesen — in seiner Haltung machte er doch Eindruck. Der Besuch ist das erste eigene Erlebnis, von dem später seine Memoiren erzählten.

Gestützt auf diese Lage, wagte Margarete noch mehr. Um Ferdinand von Aragon einen unzweifelhaften Beweis ihrer Gesinnung zu geben, beschloß sie, den bedeutendsten Führer der castilianischen Emigranten, Don Juan Manuel, einst Hauptstütze ihres verstorbenen Bruders, festzusetzen. Sie gewann auch dafür die Zustimmung ihres Vaters, und am 17. Januar 1514 wurde der spanische Grande in das Schloß Vilvorde nördlich Brüssel abgeführt. Ein Sturm der Entrüstung folgte dieser Tat. Und nun mag es für Margarete allerdings am schmerzlichsten gewesen sein, zu erleben, daß die feierliche Deputation der Ritter des Goldenen Vlieses, die für ihren Ordensbruder Don Manuel eintraten, geführt wurde von dem jungen Karl. Er zeigte sich im Schmuck des Ordens, wie einst sein Vater, fest in der Hand des Adels. Die hohen Herren protestierten gegen die Verletzung der Ordenssatzung. Große Szene und erregte Reden. Margarete wandte sich zuerst an den Neffen, berief sich auf den Kaiser und verwies ihm sein Auftreten. Dann sprach sie fast höhnend zu den Rittern, „wenn sie ein Mann wäre, statt ein Weib, so würde sie die Herren ihre Satzung singen lassen!" Sie ließ sich nicht einschüchtern, aber sie verlor an Boden.

In diesem Einzelfalle fand man eine Lösung durch Übergabe Manuels an den Kaiser; insofern behielt Margarete recht. Aber ihre Stellung war nicht nur durch ihre abweichende politische Auffassung gefährdet, sondern inzwischen auch durch den Gang der Dinge. Ihr Vater hatte ihr seine Verhandlungen wegen Verheiratung der Enkel mit französischen und ungarischen Erben und Erbinnen verheimlicht — während man sogar in England davon wußte und deshalb keine Bedenken trug, Karls Braut, die heiratsfähige Prinzeß Mary, mit dem eben verwitweten Ludwig XII zu verbinden. Lauter Unwille überall in den Niederlanden, wo man die englische Verbindung gewünscht hatte. Überdies hatte der englische Krieg

43

um Tournai bei den niederländischen Herren in Heinrichs Diensten nur Verstimmungen zurückgelassen. Von einer Durchführung der Abrede von Lille war bald keine Rede mehr. Man erwog vielmehr sehr ernstlich die Erklärung der Mündigkeit für Karl.

Bei Hofe gab es eingreifende Veränderungen. Die jüngeren Prinzessinnen mußten den weitausschauenden dynastischen Plänen Maximilians dienen, während Chièvres, viel klüger und auf die nächsten Interessen des Landes eingestellt, die eine mit Karl von Egmont zur Lösung der geldrischen Frage, die andere mit dem Herzog von Lothringen zu verbinden dachte. Vergebens. Am 2. Mai 1514 verließ die erst achtjährige Prinzessin Marie Mecheln, um zum Großvater nach Österreich zu ziehen, von wo aus sie eines Tages dem Königssohn von Ungarn vermählt werden sollte. Einen guten Monat später erfolgte die Trauung der Prinzessin Isabella durch Prokuration mit dem König Christian II von Dänemark in Brüssel. Mit ihren 14 Jahren folgte das junge Mädchen im nächsten Sommer der dänischen Gesandtschaft in ihre neue Heimat, — richtiger in eine dornenvolle Ehe, die uns noch beschäftigen wird. Karl hatte sich bei diesen Hochzeitsfeierlichkeiten ein Fieber zugezogen, und Margarete fiel noch einmal die Pflicht einer Krankenpflegerin zu. Im ganzen aber war doch ihre häusliche Aufgabe als Pflegemutter der verwaisten Kinder erfüllt.

Sie war auch als Regentin am Ende ihrer Kräfte. Schon früher hatte sie ihrem Vater verzweifelte Briefe geschrieben. 1511 meinte sie einmal in einem wieder durchgestrichenen Konzept, sie wisse nicht aus noch ein, für seinen Dienst habe sie alles geopfert; jetzt möchte sie am liebsten gar nicht geboren sein. Neuerdings mischten sich Unwillen und verletzter Stolz in ihre Klagen. Maximilian gab ohne Verhandlung mit ihr sein Einverständnis zur „Emanzipation" Karls, als ihm — außer einer stattlichen „Verehrung" — die Weiterzahlung seiner bisherigen Pension zugesichert wurde. Mit der Mündigkeit Karls aber war die Regentschaft zu Ende, Margaretes politische Rolle einstweilen ausgespielt.

Regierungsantritt Karls. Chièvres

Am 5. Januar 1515 erfolgte wirklich im Ständesaal des Hofes zu Brüssel die feierliche Proklamation der Großjährigkeit des Herzogs Karl von Burgund, der freilich in Castilien nach den Verträgen bis zu seinem 25. Lebensjahre noch durch seinen Großvater Ferdinand vertreten werden sollte.

Von der Emanzipation ging es zu Huldigungsfahrten durch die Niederlande. Wir können sie verfolgen, denn die fremden Gesandten, die nun auch zuströmten, ließen sich bald hier, bald dort empfangen und berichteten so aus den verschiedensten Städten des Landes. Die Niederländer freuten sich, Feste zu feiern, wie vor 20 Jahren bei der *Joyeuse entrée* Philipps des Schönen und früher so oft. Das höfische Leben, jetzt vorwiegend in Brüssel, gewann wieder Mittelpunkt und Stil. In dem heute verschwundenen Herzogshof bezogen Karl und Eleonore getrennte Quartiere mit ihren Hofstaaten.

Je ausschließlicher der hohe Adel wie in den Zeiten Philipps die Regierung beherrschte, um so mehr traten auch seine Lebensformen in die Erscheinung. Man feierte Feste, Turniere und Jagden. Heinrich von Nassau gab seine fürstlichen Einladungen. Chièvres lud zu Jagddiners auf sein Schloß Heverle an der Dyle, der Pfalzgraf Friedrich und Charles de Lannoy brachen Lanzen — auch einmal zur Entscheidung über die am Hof erörterte Frage, ob die Beschäftigung mit der Musik verweichliche oder nicht. Der Pfalzgraf trat für die Musik ein und stellte für den Austrag des Streites die besonders harten Bedingungen des „deutschen Turniers"; das wollte sagen, nicht die gewöhnliche Form mit den schwanken, leicht aufgesplitterten Speeren, die an ihren Enden Krönchen trugen, und die man dem Gegner auf den Harnisch rannte, sondern mit starren Lanzen und in so tiefen Sätteln, daß es um Roß und Reiter ging. Der Pfalzgraf blieb Sieger, aber auch sein Pferd kam schließlich zum Sturz, und er trug noch lange an den Folgen dieser Verletzung.

Der ganze Apparat von Hof- und Oberhofchargen wurde neu aufgezogen, und nach der Hofordnung von 1515, den Hoflisten von 1517 und den Gehaltsordnungen können wir uns ein Bild machen von dem Umfange und den Kosten dieser ungeheuren, schwerfälligen und zeremoniösen Hülle, die das Leben des jungen Herrn umschloß. Sie ziehen an uns vorüber, die Almoseniere und Kapläne, Musiker und Chorknaben; die Großkämmerer Wilhelm von Croy und Anton Lalaing, Herr von Montigny, mit den Kammerherren Gorrevod, Gaesbeck, Graf Egmont, Beaurain und Sempy aus dem Hause Croy, Molembais und Maingoval aus dem Hause Lannoy; die gelehrten Räte, an der Spitze Jean de Sauvage, Herr von Escaubeque in Flandern, Adrian von Utrecht, Professor in Loewen, Philibert Naturel, Kanzler des Ordens, Carondelet, Dekan von Besançon und Gerard de Pleine, Herr von La Roche, auch *Maître des requêtes*, das heißt juristischer Rat. Sodann die Haus- und Hofmeister mit den Junkern in der Paneterie, in dem Schenkenamt und dem Marstall; auch hier die später viel genannten Namen des Oberstallmeisters Ferry de Croy, Seigneur de Roeulx, und der Stallmeister Guillaume Carondelet und Charles de Lannoy; unter den Junkern der aufstrebende Nachwuchs der im Dienst stehenden Familien Gorrevod, Rye, St. Pol, Courrières, Sauvage, Lannoy und Montfort; neben Burgundern und Niederländern zahlreiche Spanier in Erwartung der kommenden Dinge, wie Guevara, Juan de Zuñiga und Diego Manuel, der Sohn des Juan. Zum Stabe des Kämmerers gehörten auch die Ärzte, und der bekannteste von ihnen aus der ersten Zeit, der Humanist Marliano war es, der für Karl die stolze Devise erfand *Plus oultre* — in symbolischem Sinne: „Weit hinaus" über das gewöhnliche Maß, über die Säulen des Herkules, die im Bilde neben dem PLUS ULTRA zu stehen pflegen.

Von den Kosten des personenreichen und üppigen Hofes eine zutreffende Vorstellung zu gewinnen, ist schwer. Da es neben den täglichen Besoldungen in vielen Fällen noch Jahrespensionen gab und überall in weitem Umfange Naturalverpflegung, sind alle Zahlen nur mit erheblichen Einschränkungen brauchbar. Auch die Umrechnung in die heutige Kaufkraft des Geldes, die allein eine wirkliche Anschauung geben kann, unterliegt vielen Bedenken. Rechnet man aber auch nur die fünffache Kaufkraft des Metallwertes nach dem Münzgewicht, so kommt man auf Ausgaben von rund 10 000 Goldmark für den Tag und auf mehr als 3½ Millionen für das Jahr, lediglich an Gehältern und Verpflegung. Dazu treten noch alle anderen laufenden Ausgaben. Allein für seine Kleidung hat Karl nach genauen Belegen binnen acht Monaten nicht weniger als 300 000 Goldmark ausgegeben. Weiter muß man in Rechnung stellen die unsagbar kostbare Ausstattung aller Feste, Aufzüge und Reisen des Souverains; auch die Kosten des Goldenen Vlieses mit seinen Banketten und Turnieren. So kommt man schätzungsweise zu der für das kleine Land märchenhaften Jahressumme von vielen Millionen bloß für den Hof.

Neben wirklichen Kunstwerken und zauberhaftem Schmuck der Personen und der Räume gab es, vielleicht vorherrschend, einen massigen Prunk, eine Häufung von Kostbarkeiten, Veranstaltungen und Genüssen ohne rechtes Maß. Das *Diner magnifique* bei dem ersten von Karl abgehaltenen Kapitel des Goldenen Vlieses war so schwer, daß die meisten Ritter nachher die Vesper versäumten, teils weil sie unwohl waren, teils weil sie noch immer bei Tische saßen. Dabei hatte dieser Hof noch ein gutes Ansehen; er galt für prächtig, aber streng.

Die Erzherzogin Margarete in Mecheln war nicht mehr Regentin, doch blieb sie mit ihrem Hof natürlich die erste Dame des Landes, Tochter des Kaisers und der Marie von Burgund; immer noch zugänglich für das politische Spiel, immer noch gewogen ihren alten Freunden, insbesondere der englischen Partei und den englischen Gesandten.

Chièvres dagegen, der bisher vielfach in der Opposition gestanden hatte, mußte jetzt die volle Verantwortung tragen. Indessen zeigte er sich auch der neuen Aufgabe gewachsen. Zusammen mit Sauvage und etwa noch Adrian von Utrecht bildete er den engsten Rat, während zum weiteren Rat des Fürsten von jeher alle Ritter des Ordens und die höchsten Würdenträger des Hofes gehörten. Chièvres konnte über ausgiebige Bewilligungen der Stände verfügen, denn diese waren es vor allem gewesen, die Karls selbständige Regierung gewünscht hatten. Er mochte in den Landschaften bei dem Besuch des jungen Fürsten auch alle Stimmungen und Hoffnungen eines solchen Regierungsantritts ausnutzen. Andererseits hatte er nicht nur mit Schwierigkeiten von seiten des Kaisers zu rechnen, sondern stand gerade nach den letzten Ereignissen ziemlich offen zwischen Frankreich und Aragon.

Nun traf es sich, daß eben in den Tagen, da man die Emanzipation Karls rüstete, in Frankreich durch den Tod Ludwigs XII am 1. Januar 1515 der junge Fürst zum Thron gelangte, der für Karls Leben fortan entscheidende Bedeutung gewinnen sollte, Franz I. Er hatte Karl als Herzog von Burgund und vornehmsten „Vasallen" zur Krönungsfeier eingeladen. Karl entschuldigte sich, sandte aber als Vertreter Heinrich von Nassau und Michel de Sempy nebst anderen Herren, auch zur Erörterung der politischen Beziehungen zwischen beiden Ländern. Es sollte von der Lehnsmutung für Flandern und Artois die Rede sein; auch von der Bourgogne und den daran hängenden Rechten Karls. Ebenso vorsichtig von einer Verbindung Karls mit Renée, der zweiten Tochter Ludwigs XII, also der Schwägerin Franz I. Als Mitgift dachte man sich (doch wohl unter Maximilians Einfluß) vor allem Mailand — außer Geldzahlungen und Erbansprüchen. Die Gesandtschaft kam zur Krönung zu spät und mußte über die Brautwerbung und die Freundschaft noch wochenlang mühsam verhandeln. Wir haben darüber höchst anschauliche Berichte. Franz war aufgeräumt, aber zähe. Auf einem Ball bei der Herzogin von Vendôme sprach er lange mit Nassau und Sempy. Sie sagten ihm: „Majestät, Sie sind jung wie unser Fürst. Sie sind beide unbeschriebene Blätter und könnten zusammen einen segensreichen Anfang machen für die ganze Christenheit." Franz gab nicht etwa obenhin, sondern auf sein Ritterwort die Versicherung, daß ihm ebensosehr daran liege wie Karl. Die Damen des Hofes, die unter Franz I zunehmend eine gesellschaftliche und auch schon eine politische Rolle spielen sollten, bestürmten Nassau mit Fragen nach seinem Herrn und dessen Titeln und Reichen. Nassau gab vorsichtig, aber deutlich Bescheid, da er zu wissen glaubte, daß gleichzeitig der König von Aragon um die Hand der Renée für seinen zweiten Enkel, den Infanten Ferdinand, warb. In der Tat gewann man diesem das Feld ab.

Das war keineswegs bedeutungslos, denn der alte Ferdinand von Aragon sann auf alle Weise, seinem gleichnamigen und bei ihm erzogenen Lieblingsenkel eine große Zukunft zu sichern. So hatte er den, schon vor Jahren wohl durch die Regentin Anna von Beaujeu, Tochter Ludwigs XI, angeregten Gedanken einer Verbindung mit dem französischen Königshause lebhaft aufgegriffen und auch Maximilian durch kluges Eingehen auf dessen oberitalienische Neigungen für eine Förderung des Infanten gewonnen. Merkwürdig, wie die Unersättlichkeit der Großväter Frankreich die Karten zuspielte.

Eben deshalb war der sonstige Ertrag der Pariser Verhandlungen für die Niederländer mager. Wir erfahren einiges über die letzten Streitpunkte, wenn für den Fall der Vertragsverletzung durch Frankreich die Grafschaft Ponthieu und die Somme-Städte an Karl fallen sollten, der auch die Hauptleute schon in Pflicht nehmen durfte, wie er denn sogleich als französische Verleihung auch die alte Composition d'Artois erhielt; umgekehrt sollten für den Fall der Vertragsverletzung durch die Niederlande Artois und Charolais heimfallen. Der Erzherzogin Margarete, deren Interessen Gattinara vertrat, wurden die beschlagnahmten Einnahmen aus Charolais und Zubehör gesichert. Ein Instrument vom 31. März nennt auch die beiderseitigen Freunde; viele decken sich; nur auf französischer Seite werden genannt Schottland, Venedig und andere italienische Staaten, Geldern und die Stände des Niederstifts Utrecht, sowie der Herr von Sedan. Nur auf burgundischer Seite Aragon (durch Geheimvertrag eingeschränkt), Cleve, Bischof und Stadt Cambrai, Bischof und Stadt Utrecht, die Schweizer und die Anhänger Karls in Geldern. Man sieht, wie wenig geschlossen sich noch diese Staaten fühlten. Im übrigen wurde der Vertrag über die zukünftige Heirat am Palmsonntag, dem 2. April, in Notre-Dame feierlich beschworen, nachdem noch eine Einwirkung auf den König von Aragon zur Rückgabe Navarras verabredet war.

Die Niederlande frohlockten über den Pariser Frieden, der ihrem Handel zugute kommen sollte. Heinrich von Nassau aber, ein Witwer von 32 Jahren, hatte, unterstützt durch verwandtschaftliche Beziehungen in Paris, die Hand der Claudine von Chalon gewonnen, der späteren Erbin der Herrschaft Orange. Noch in demselben Sommer, nach dem Tode Johanns von Egmont, übertrug Karl an ihn auch die Statthalterschaft in Holland, Seeland und Friesland — alles dieses folgenschwer für das später souveräne Haus Nassau-Oranien.

Angesichts der ungelösten Spannung zum Könige von Aragon, der sich auch nach dem Testament von 1515 doch wieder mit dem Gedanken trug, für den Fall seines Todes wenigstens die einstweilige Regentschaft und die drei großen Ritterorden dem Infanten Ferdinand zu übertragen, schien es der burgundischen Regierung nötig, nach Spanien eine Persönlichkeit zu senden, die ganz besonders von dem Vertrauen Karls getragen war. Man wählte Adrian von Utrecht, dessen Mission um so schwerer war, als er nicht nur zu Karls Gunsten werben, sondern nötigenfalls in dem ihm völlig unbekannten Land sogar die vorläufige Regentschaft übernehmen sollte. Sicherlich gab es damals in den Niederlanden niemand, der dieser heiklen Doppelaufgabe wirklich gewachsen gewesen wäre. Die Anregung wegen Navarra gab man entsprechend der Pariser Abrede, aber wohl nur formell, durch einen Herrn von Marsilles nach Aragon weiter.

Neben den vorbeugenden Maßregeln in Frankreich und Spanien bedurften die Niederlande dauernd eines guten Verhältnisses zu England. Das wurde gewonnen in einem neuen Handelsvertrage von 1516. Kein geringerer als Thomas Morus, der damals längere Zeit bei Erasmus in den Niederlanden weilte, spielte dabei eine Rolle. Daß man auch sonst mannigfache Rücksichten nehmen mußte, lehrt der Empfang der Venezianer, die im Hinblick auf den Kaiser ostentativ unfreundlich behandelt, unter der Hand aber um so mehr hofiert wurden.

Ein gutes Jahr nach der Emanzipation Karls sammelte sich der Hof zu einer neuen, noch großartigeren Feierlichkeit, zu dem Trauergottesdienst für den am 23. Januar 1516 verstorbenen Großvater Karls, den König Ferdinand von Aragon. Ein grandioser Trauerzug bewegte sich am 13. März vom Herzogshof nach St. Gudule durch ein Spalier von 2000 Fackeln tragenden Bürgern. Die Kirche, mit den kostbarsten Teppichen und Gobelins geschmückt, im Schein unzähliger Kerzen. Von der Kanzel hielt Michel Pavye die Trauerrede — „in diesen Totentanz treten sie alle ein, König und Fürsten, das ist das unerbittliche Gesetz des Lebens! Szepter und Kronen werden zerschlagen. Gedenken wir, gedenken wir dieser Wendung unserer Freuden und Feste in Trauer und Wehklagen!" Der junge Fürst saß gegenüber in Trauergewändern. Danach trat der Herold des Goldenen Vlieses auf, rief zweimal laut in die Kirche: „Don Ferdinand!" — und dreimal die Antwort: „Er ist gestorben." Alsbald sank die Königsstandarte von Aragon zu Boden. Abermals erhob sich der Herold und rief: „Es leben Doña Juana und Don Carlos, die katholischen Könige". Karl, der das Trauergewand abgelegt hatte, erschien auf einer Estrade, nahm einen am Altar geweihten Degen aus der Hand des Bischofs von Badajoz und schwang ihn in der Luft, die ein vieltausendstimmiges Hoch auf den König durchzitterte.

Das bedeutete das Ende der altburgundischen Zeit. Karl war nun König von Spanien neben seiner kranken Mutter. Vor seinen Blicken tat sich die Welt auf, und die Niederlande waren bald nicht viel mehr als ein Stückchen in dem Weltreich, das er regieren sollte. Das Land seiner Geburt und seiner Jugend hatte ihm seine eigentümlichen Bildungsmöglichkeiten gegeben, eine ernste Lebensgrundlage und viel mehr noch eine höfische Haltung und hochfürstliche Ansprüche. Die Begriffe der Ehre und des Kampfes für den christlichen Glauben, wie sie der Orden verkündete, waren tief in ihn eingesenkt. Die Formen aber, in denen man sich bewegte, waren die einer absterbenden Zeit. Aus einer politisch und geistig altmodischen Gesellschaft trat Karl, noch erfüllt von ihren Idealen, in die große Welt. Sonderbar, wie hier Altes und Junges zusammenstießen; aber vielleicht ist auch das, wie so vieles in diesem ungeheuren Leben, allgemein menschlich. Jede Generation muß durch die Vermächtnisse der Vorzeit zu dem Eigenen.

2. KÖNIG VON CASTILIEN UND ARAGON

Die mannigfachen Rückwirkungen der spanischen Politik auf die Niederlande vermochten bisher der burgundischen Regierung das Gesetz des Handelns nicht zu entwinden. Vielmehr hatte sie sich klug behauptet und sogar allen Wünschen Ferdinands von Aragon in bezug auf die Erziehung seines Enkels in Spanien kühl widerstanden. Damit war natürlich die schon angedeutete Gefahr verbunden gewesen, daß man in Spanien, sei es in Aragon am Hofe König Ferdinands, sei es in Castilien in der Umgebung des Infanten Ferdinand, versuchte, diesen gegen seinen älteren Bruder auszuspielen. Ganz hat es daran nicht gefehlt, und die Erzieher des Infanten, Pedro Nuñez de Guzman und Alvaro Osorio, Bischof von Astorga, durften auf die Königin-Witwe von Aragon rechnen. Ernsten Charakter hat diese Gefahr nicht angenommen.

Wenn man aber bedenkt, welche erschütternden Spannungen die spanischen Reiche vom Tode der Königin Isabella (1504) bis zum Tode Ferdinands von Aragon (1516) bereits ausgehalten hatten — den Sreit um die Regentschaft Philipps als Gemahl der Juana, was altcastilischem Recht entsprach, oder Ferdinands, wie es das Testament der Isabella wollte; dann das Hineinzerren der Regierungsunfähigkeit oder Geisteskrankheit der Juana in diese Frage; weiter die Aufspaltung des castilischen Adels, der schließlich aus ererbtem Eigenwillen gegen Aragon fast ausnahmslos zu Philipp übergegangen war; endlich den frühen Tod Philipps und die nun unbestreitbare Regentschaft Ferdinands für seine Tochter mit ihrer Rückwirkung auf das Verhalten der alten Gegner und deren Hinüberströmen nach den Niederlanden — so muß man sich wundern, daß nach dem Tode Ferdinands das Gefüge der vereinigten Reiche nicht noch stärker gelockert erschien, als es ohnehin der Fall war.

Der Grund für den Bestand der Herrschaft lag ganz wesentlich in der Haltung des Regenten von Castilien, Ximenes de Cisneros, Erzbischofs von Toledo. Jede neue Beschäftigung mit der spanischen Geschichte dieser Zeit läßt die scharf umrissene hohe Gestalt dieses einzigartigen Mannes nur noch mächtiger hervortreten. Wir dürfen sein Wesen als Inbegriff der

Kräfte betrachten, aus denen während seiner Generation ein neues Spanien geboren wurde. Gerade er freilich sollte zeitlebens an der Sorge um dieses Spanien schwer tragen.

Die spanischen Königreiche

Das alte Spanien war nie eine Einheit gewesen. So geschlossen die geographische Figur der Halbinsel ist, so zerrissen und spannungsreich war seit Jahrhunderten ihr politisches Gefüge. Weit entfernt, sich selbst zu genügen, sprengten die Reiche ihre natürlichen Grenzen und drängten auseinander in entgegengesetzte Richtungen der Welt. Portugal hatte sein Antlitz ganz dem Meere zugekehrt und träumte nur von afrikanischen Küsten, von der Umfassung des ungeheuren südlichen Kontinents und von der Erschließung des Weges nach Indien. Der Erfolg kam riesengroß, zog aber das Land nun erst recht von der übrigen Halbinsel und von Europa ab. Die Könige von Castilien hatten, von den Bergländern Asturiens hinab bis hin zu den Säulen des Herkules, die Reconquista, die Rückgewinnung des Landes aus den Händen der Mauren durchgeführt. Von den alten Heiligtümern und Kathedralen von Santiago, Leon und Burgos über Estremadura und Neucastilien mit Toledo am Tajo, Badajoz am Guadiana waren sie vorgestoßen bis Sevilla, Cordoba und Jaën im Abschnitt des Guadalquivir. Schließlich erreichten sie nach der Eroberung von Granada 1492 auch die Küsten des südlichen Meeres und ließen sich nun gleichfalls in die unbekannten Fernen der Indienfahrt verlocken; von Palos, dem Hafen des Rio Tinto, aus segelten Anfang August 1492 die drei Fahrzeuge des Columbus nach Westen. Dringender empfand man freilich noch die Befriedung der Gewässer an den Malaga und Cartagena gegenüberliegenden afrikanischen Küsten. Auf das Mittelmeer aber waren lange vorher schon die Aragonesen hinausgezogen, selbst wieder Könige einer Gruppe von Reichen. Es war, als hätten sie dem Gefälle des Ebro, der ihr Land durchströmt, folgen müssen, um sich dann ganz durch die Küstenlandschaften von Cataluña und Valencia bestimmen zu lassen. Sie erwarben schon im 13. Jahrhundert Sizilien, im 15. Jahrhundert Neapel und standen eben wieder im Kampf darum; der große Alfonso hatte an der Seite Calixts III die Abwehr der Türken im Übergreifen nach Albanien betrieben und zur See bis tief in die Levante. In Italien aber spürten die Aragonesen erregend und ablenkend auch sonst den Pulsschlag der großen abendländischen Welt.

In den langen Kämpfen aller dieser Reiche, besonders gegen die Mauren, war, wie meistens in Eroberungskriegen, ein waffen- und besitzfroher

Herrenstand groß geworden, der ähnlich dem burgundischen in den heranwachsenden Reichen durch mannigfache freundliche und feindselige Beziehungen seiner Einheit bewußt wurde, ohne doch aufzuhören, sich in landschaftlichen Fehden zu bekriegen und der Unterordnung unter eine feste Staatsgewalt zu widerstreben. Wir müssen auch hier einige der großen Geschlechter, deren Namen uns fortan immer wieder begegnen werden, in ihren Landschaften aufsuchen.

Da saßen in Altcastilien, dem Königsgeschlecht selbst verwandt, die uns schon bekannten Manuel und wir finden ganz entsprechend Angehörige des Hauses auf den Bischofssitzen von Santiago, Leon und Zamora. In derselben Landschaft die Enriquez, nördlich vom Duero, westlich Valladolid; sie besaßen den Ehrentitel eines Admirals von Castilien; eine Tochter des älteren Fadrique Enriquez († 1473) war die Mutter Ferdinands von Aragon gewesen; das Heimatbistum der Familie war Osma. Mehr im Osten von Altcastilien, um den oberen Ebro herum lagen die Güter der Velasco, Grafen von Haro und Herzöge von Frias — denn alle diese Geschlechter hatten, wie in Burgund, für ihre Linien vielerlei Besitztitel, nur im Range noch prunkender als die Niederländer. Die Velasco führten das Amt des Connétable, und Bernardino war obendrein mit einer natürlichen Tochter Ferdinands von Aragon vermählt. Längs der aragonischen Grenze saßen auch die Hurtado de Mendoza, Herzöge von Infantado und Markgrafen von Mondejar, Grafen von Tendilla in Guadalajara; finden wir auch sie als Bischöfe von Oviedo, Burgos, Zamora und Palencia, so sind sie als typischer Reichsadel doch bald auch auf die Bischofssitze von Toledo und Jaén gekommen. Ähnliches gilt von dem altcastilischen Hause der Manrique de Lara, die man nach dem Herzogstitel von Nájera zunächst nahe Burgos suchen muß; schon 1499 war Alonso Manrique Bischof von Badajoz; wir fanden ihn bereits am Hofe des jungen Herrschers; er sollte auch Cordoba und Sevilla erhalten. Die Astorga, Herren von Osorio und Grafen von Lemos, finden sich natürlich auch im Bistum ihrer Heimat. Die Benavente stammen aus der Gegend von Zamora; die de la Cueva, Herzöge von Albuquerque, schon vor der portugiesischen Grenze nördlich Badajoz.

In den Tajo-Abschnitt führen die Silva, Grafen von Cifuentes, und die Alvarez von Toledo, Herzöge von Alba, die auf Bischofssitzen von Burgos bis Granada begegnen. Mit ihnen maßen sich gelegentlich die aus dem Norden zugezogenen Zuñiga, in einer Linie Herzöge von Bejar. Weiter östlich saßen die Pacheco, Markgrafen von Villena, Herzöge von Escalona, verschwägert mit den Acuña und Puertocarrero. In den reichen andalusischen Süden gelangen wir mit der bedeutenden Familie der Cordoba, aus der Gonzalo Hernandez stammte, der Gran Capitan, erster

Feldherr und Organisator der Heere Ferdinands von Aragon, verschwägert den Puertocarrero; auch Alfonso Aguilar, der Vater des Markgrafen von Priego, gehörte zur Sippe. Der Titel des Herzogs von Sessa ging von dem Gran Capitan auf den Gemahl seiner Erbtochter, Don Luis de Cordoba, über. Im Süden weiter die Figueroa, Grafen von Feria, und die Guzmán, Herzöge von Medina Sidonia, östlich Cadix, Grafen von Niebla, im Gebiet von Sevilla — im Besitz des Herzogstitels von Medina Sidonia durch Pedro Giron aus dem Hause Acuña angegriffen.

Es war nötig, diese Familien als Stücke des Landes zu erkennen und doch nicht zu vergessen, daß sie im Kirchen- und Kriegsdienst eben auch ein Reichsadel geworden sind und in ihren vornehmsten Vertretern später zum Goldenen Vlies gelangten. Sie blieben noch lange unbändig und ließen sich ähnlich den deutschen Fürsten und Herren von den neuen Gerichten nichts sagen. So mußten die Könige, wenn sie einen Staat schaffen wollten, ihnen auch mit Machtmitteln begegnen und diese hatten sie, wie überall in Europa, zuerst bei den Städten gefunden. Die Städte boten als Burgen gewaltige Stützpunkte mit Menschen und Reichtum. Wenn stellenweise der Hochadel seinen Einfluß auf die Städte behauptete, mehr noch der Kleinadel der Hidalgos, so war ihr allgemein beherrschendes Element doch die gewerbliche und handeltreibende Bevölkerung, von deren wirtschaftlichen Stimmungen wir noch hören werden. Diese Städte übten ihre politische Macht in den Cortes, ihre militärische gelegentlich in einer Hermandad, einer Landfriedenseinung ähnlich den deutschen Städtebünden.

Betont man, daß die Krone sich auch auf die Kirche stützte, so ist das in erster Linie im Sinne einer unmittelbaren Ausbeutung der wirtschaftlichen Mittel der Kirche zu verstehen. Natürlich lockte die Aussicht auf hohe Pfründen, über die der König verfügte, in seinen Dienst. Wichtiger wurde allgemein die Besteuerung der toten Hand unter Mitwirkung des Papstes und die Verfügung der Krone über die sehr erheblichen Reichtümer der drei Ritterorden von Santiago, Alcantara und Calatrava.

Das wichtigste halbkirchliche Machtmittel aber wurde die Inquisition. Das Wort bedarf der Erläuterung, denn Inquisition als Untersuchungsverfahren kennt schon das altfränkische Recht. Eine besondere Inquisition gegen Ketzer legten die Päpste des 13. Jahrhunderts in die Hände der Dominikaner. Das Inquisitionsprivileg der spanischen Könige vom 1. November 1478 steht dagegen in unmittelbarer Beziehung zu dem Glaubens- und Rassenkampf, der sich damals in Spanien aufs äußerste zugespitzt hatte. Der volkstümliche Judenhaß des hohen Mittelalters war eine Begleiterscheinung der Kreuzzüge gewesen; er wandte sich gegen die Feinde des Glaubens, zunehmend freilich auch gegen den Reichtum und die wirtschaftliche Konkurrenz der Juden. Spanien war ja die einzige Stelle, an der sich das Abendland breit mit dem Orient berührte. Die überaus zahlreichen Juden wichen aus oder bekehrten sich, doch glaubte man zu wissen, daß sie vielfach nur zum Schein getauft seien und nun um so verderblicher in die christlichen Familien einheirateten. Gegen das Scheinchristentum sollte die neue Inquisition eine staatliche Gerichtsorganisation sein. Blut- und Glaubensreinheit, *limpieza*, verwuchsen zu einer eigentümlichen Grundforderung des Spaniers, und jede Verdächtigung des einen oder des anderen gaben der in Anklage und Verfahren undurchsichtigen Inquisition ihre eigentümliche Furchtbarkeit. Dabei lieferte die Strafe der Vermögenskonfiskation dem Staate auch noch eine materiell überaus gefährliche Waffe in die Hand.

Der Staat war aber in zunehmendem Maße die Königliche Regierung, und so wurde das letzte und entscheidende Instrument der Krone das gelehrte Beamtentum. Diese *Letrados* waren, trotz vielfacher Beziehungen zu kirchlichen Pfründen, von der Kirche so unabhängig wie von den Städten und vom Adel. Man spricht gern von allgemeinen Tendenzen der Entwicklung, etwa dem Übergang der Rechtspflege, der Staatsverwaltung, ja der Staatsleitung in die Hände gebildeter Juristen und Humanisten. Ein Staatsgefüge, das auf einem sich selbst ergänzenden Berufsbeamtentum aufgebaut ist, besitzt gewiß, so lange seine Grundlagen nicht angetastet werden, eine ungeheure Widerstandskraft, weil es seine eigene Idee, sein eigenes Ethos hervorbringt und aus dieser inneren Kraft die Wechselfälle der klugen und unklugen Regenten überdauert. Allein, weitverbreitete oder ähnliche Entwicklungen erhalten ihre besonderen Formen immer erst durch das, was die verantwortlichen Herrscher daraus machen, und einmal mußte auch in Spanien das alles doch erst begründet werden.

Vom Tode Isabellas (1504) bis zum Tode Ferdinands (1516)
Kardinal Ximenez

Kein Zweifel, daß der neue Staat in Spanien innerlich und äußerlich in seiner Einheit und Geschlossenheit aufgebaut worden ist in den Tagen der Isabella von Castilien und unter ihrer ganz persönlichen Mitwirkung. Indem die zugleich von Portugal und von einer unechten Nichte, der Beltraneja, und deren Anhang bedrängte Thronerbin unter den schwierigsten Umständen dem jungen Ferdinand von Aragon die Hand reichte (1469) und in seinem Schutz nach dem Tode ihres verlotterten Bruders Heinrich

(1474) das aus Rand und Band geratene Reich, gestützt auf die Tradition der Dynastie und ihre eigene mutige Haltung, behauptete, strömten ihr auch die Helfer zu; und sie hatte die Größe, sich beraten zu lassen. Die Klugheit und die tiefere Gebundenheit der Frau wurden ergänzt von der Tatkraft des Mannes; die spätere Vereinigung der beiden Reiche Castilien und Aragon zu der Krone Spanien zeichnete sich in ihrer gemeinsamen Regierung und in ihren Unternehmungen schon ab.

Ferdinand von Aragon hat das Unglück gehabt, von Machiavelli bewundert zu werden, und deshalb ist er allzusehr in den Geruch des Bösewichts geraten. Man tut ihm wie dem großen Florentiner damit Unrecht. Allerdings sagt Machiavelli von ihm im 21. Kapitel des Principe: „Man muß König Ferdinand wohl zu den Emporkömmlingen rechnen, weil er aus einem machtlosen Herrscher zum ersten Könige der Christenheit aufgestiegen ist. Wenn Ihr seine Taten betrachtet, werdet Ihr sie alle sehr groß und einige außerordentlich finden. Zu Beginn seiner Regierung griff er Granada an und diese Unternehmung wurde der Grund seiner Staatsmacht. Er hielt den Sinn der Barone von Castilien beschäftigt, die durch die Art seiner Unternehmungen ihre Ansprüche im Innern vergaßen. Er konnte seine Heere ernähren mit den Geldern der Kirche und des Volkes und im Laufe dieses langen Krieges den Grund zu einem Heere legen, das ihn später so berühmt gemacht hat. Überdies, um noch größere Dinge — immer im Dienste der Religion — durchzuführen, wandte er sich seiner frommen Grausamkeit zu, indem er die Marranen (wie man die Orientalen benannte) aus seinem Reich vertrieb. Unter demselben Vorwand griff er Afrika an, machte die Unternehmungen in Italien und bekämpfte zuletzt Frankreich. So hat er immer große Dinge angepackt und seine Untertanen dauernd in Spannung und Bewunderung gehalten."

Das alles zeigt den Eindruck Ferdinands in Italien, ist aber nur halb richtig. Das Verdienst eines kriegerischen und umsichtigen Fürsten wird man Ferdinand nicht bestreiten. Seiner Gemahlin war er ein Ehemann mit allen Schwächen seiner Zeit, und wie nur je in Burgund saßen auf dem Erzstuhl von Saragossa Generationen von Bastarden. Die militärischen Erfolge verdankte er seinen Generalen, dem großen Capitan und dem weniger sicheren Pedro Navarro. Die Durchführung der inneren Politik aber kommt ganz wesentlich auf Rechnung der Isabella und — des Kardinals Ximenez. Dieser nimmt Ferdinand auch einen Teil der Verantwortung ab für die Vertreibung und Unterdrückung der Marranen, die Machiavelli die befremdendste und außerordentlichste unter den Handlungen Ferdinands genannt hat. Für Isabella gibt es keine höhere Ehre, als daß sie Ximenez als Beichtvater gewann und aus dem Beichtvater den Staatsmann großen Stils werden ließ.

Francisco Ximenez de Cisneros ist eine von den Persönlichkeiten der Weltgeschichte, die wider Willen aus einer ihnen genügenden geistigen Welt in das politische Leben fast mit Gewalt hineingezogen wurden und ihre Genialität deshalb in einer ungeheuren Weltüberlegenheit auswirken ließen. Wie sich der junge Gelehrte, der in Rom Priester geworden war, in dem Anspruch auf eine ihm hier bewilligte Pfründe daheim gegen seinen Bischof durchzusetzen wagte, freilich auch Jahre lang gefangen saß, dann, in seinen reichen Gaben erkannt, gesucht, geehrt, doch wieder das Leben floh, um in einem Franziskanerkloster die grenzenlose Befriedigung völliger Hingebung und Weltüberwindung zu empfinden, läßt schon eine starke und leidenschaftliche Seele vermuten. Kein Wunder, daß man erneut um ihn warb, daß sein Bischof Don Pedro Gonzalez de Mendoza ihn von Siguenza nach Toledo nachzog und ihn hier der Königin empfahl. An ihrer Seite fand er seine eigentliche Berufung. Das Entschlossene und Unbekümmerte seiner Lebenshaltung begleitete ihn auch in die Politik. Nirgends wollte oder tat er etwas Halbes. Als er 1495, vom Papst gezwungen, das Erzbistum Toledo angenommen hatte, begann er die umfassendste Reform der spanischen Kirche. Schon berührt von der Philologie des Humanismus, sorgte er für die Drucklegung der Heiligen Schrift in den drei Sprachen und für Predigt oder Erklärung des Evangeliums in jeder Messe. Er verlangte durchgreifende Reformen des Pfarrhauses, Führung von Tauf- und Beichtregistern, Residenz der Bischöfe an ihren Kathedralen — lauter Maßregeln einer Gegenreformation lange vor der Reformation.

So entschied Ximenez auch in der Lebensfrage Spaniens, der Einheit des Glaubens in der Auseinandersetzung mit Juden und Mauren. Es kann sein, daß er das Steuer falsch gestellt hat, daß die moralischen und wirtschaftlichen Folgen Spanien später ruiniert haben, aber er handelte nicht nur als religiöser Eiferer, sondern zugleich als nationaler Staatsmann und im Sinne weiter Schichten der Bevölkerung. Der Kampf gegen das jüdische Element war durch das Dekret der katholischen Könige vom 30. März 1492 in furchtbarstem Ausmaß zum Abschluß gebracht, insofern auf einmal alle noch nicht bekehrten oder taufwilligen Juden des Landes verwiesen wurden. An die 36 000 Juden sollen ausgewandert sein.

Nun entstand die neue Frage, ob man die bei der Unterwerfung Granadas zunächst noch gewährte Toleranz gegenüber der maurisch-mohammedanischen Bevölkerung weiterbestehen lassen dürfe oder nicht. In dieser Beziehung neigte die alte Zeit zur Toleranz; der Adel lebte von dem Fleiß und der Anspruchslosigkeit der Mudejares, und noch nach dreißig Jahren sollte sich im Königreich Valencia, dem südlichsten Teil von Aragon, das Problem erneut ergeben, ob diese maurische Bevölkerung, so wie sie war, nicht doch eine wirtschaftliche Lebensnotwendigkeit des Landes darstellte. Nur der Mittelstand der Städte, der unter der erfolgreichen Konkurrenz der nichtchristlichen Elemente litt, wünschte ein schärferes Vorgehen. Ximenez zögerte nicht einen Augenblick, jene Frage nach der Toleranz zu verneinen. Aber er machte sich in seiner echten und positiven Leidenschaft alsbald daran, die Nichtchristen durch Predigt, Lehre und Disputation zu gewinnen. Wie früher der franziskanische Geist des 13. Jahrhunderts, so kam jetzt über ihn der dominikanische. Als sein stürmisches Vorgehen, insbesondere die Vernichtung der arabischen Literatur, gellende Klagen und Aufstände hervorrief, lautete sein Rat auf rücksichtsloses Niederschlagen, und er drang durch. War eine friedliche Einschmelzung der fremden Elemente nicht möglich, dann rechtfertigte in seinen Augen die Idee des Einheitsstaates auch die Gewalt.

Ximenez hatte von Jugend auf gezeigt, daß er keine Menschenfurcht kannte. So schroff er gegen die Mudejares und Marranen vorging, so energisch setzte er die Staatsgewalt auch gegen den Adel ein, gegen das Fehdewesen und die Unsicherheit der Straßen. Nicht, daß sich seine Regierung in Abhängigkeit befunden hätte von dem bürgerlichen Mittelstand; vielmehr handelte er auch hier aus der Idee des nur dem Weltenrichter verantwortlichen Christenstaates. Den Städten gab auch er königliche Stadtdirektoren, *Corregidores*.

Und doch hat dieser Staatsmann einen Augenblick (ebenso wie der König) das äußere Vermächtnis der Isabella, den spanischen Einheitsstaat, wieder aufs Spiel gesetzt.

Im Zorn über die gegen Isabellas Testament verstoßenden Ansprüche Philipps des Schönen konnte sich Ferdinand genau so gut, wie die burgundische Regierung gegen ihn, auf Frankreich stützen. Im Vertrag von Blois, Oktober 1505, war er eine zweite Ehe eingegangen mit Germaine de Foix, der Nichte Ludwigs XII. Ja, er hatte ihr sogar Teile Neapels abgetreten zum Rückfall an Frankreich für den Fall ihrer Kinderlosigkeit. Wäre der von ihr geborene Sohn lebensfähig gewesen, wäre die Einheit des spanischen Staates zerstört worden. Ximenez scheint in seiner innerpolitischen Einstellung gegen den widerstrebenden Adel auch jetzt noch Ferdinand zugestimmt zu haben. Vollends schwierig wurde die Lage für ihn nach dem Tode Philipps von Burgund.

Allerdings wählten die Granden von Castilien den Kardinal zum vorläufigen Regenten, weil auch die Radikalsten unter ihnen keinen anderen Ausweg wußten. Bezüglich aller weiteren Schritte gingen die Meinungen völlig auseinander; die wenigsten wollten Ferdinand. Ximenez ergriff mit Energie die Zügel. Aus den hohen Einnahmen seines Erzstiftes stellte er selbst eine Truppe auf und hielt Ordnung. Wenn auch er die unglückliche

Juana nicht zu klaren Entschließungen bestimmen konnte, so bereitete er doch alles für seinen abwesenden König vor, dem er unter den schwierigsten Verhältnissen die Treue hielt, gleich den alten Anhängern Ferdinands, Alba und Cifuentes. Ferdinand kehrte 1507 aus Neapel zurück und brachte dem Erzbischof persönlich aus Rom den Kardinalshut mit. Beide stellten nun den alten Zustand des einigen Reiches her. Der katholische König regierte, an seiner Seite der Kardinal.

Es kamen die Zeiten der heiligen Liga von 1511, als sich Ferdinand, sein Schwiegersohn Heinrich VIII und später Maximilian mit dem Papste gegen Frankreich vereinigten; als die Spanier, „eben im Begriff ihren Krieg gegen die Ungläubigen fortzuführen", wie sie sagten, durch den Papst zum Schutz Italiens und der Kirche gegen die französischen Eindringlinge und ihr schismatisches Konzil aufgerufen, das mit Frankreich verbündete Navarra besetzten (1512), unterstützt von England. Dabei handelte es sich nicht bloß um den kleinen nördlich der Pyrenäen gelegenen, also geographisch zu Frankreich gehörigen Teil, sondern um die Einfügung des ganzen stattlichen Reiches von Pamplona bis Tudela am Ebro, das die Verbindung von Altcastilien mit Aragon beherrschte, in den spanischen Gesamtstaat. In Spanien lebte die Vorstellung fort, daß man damals das Papsttum gerettet habe, während man in Wahrheit nicht nur das die Reiche verbindende Navarra erwarb, sondern zum ersten Male eine unbestrittene Vormachtstellung in Italien gewann. Die beiden Großväter blieben einander alliiert; Rückwirkungen ihres Bundes auf Burgund haben uns schon beschäftigt. Aber eben in diese habsburgische Stimmung war auch der Kardinal hineingewachsen.

Der Krieg gegen die Ungläubigen, auf den sich Ferdinand in seinem Manifest wegen Navarra vom 30. Juli 1512 bezog, spielte sich an der afrikanischen Küste ab. Er lag noch unmittelbar in der Richtung des Ximenez. Sein persönliches Eingreifen brachte den Sturm auf Oran zum Gelingen. Er förderte den Pedro Navarro, der in Algier Raum gewann, freilich auch wieder Einbuße erlitt. Im ganzen aber konnte der inzwischen zum Greise gewordene Kardinal bei Ferdinands Tode (1516) unter aufsteigenden Zeichen der Zukunft Spaniens und dem jungen Erben seiner Kronen entgegensehen.

REGENTSCHAFTEN UND EUROPÄISCHE POLITIK

Ximenez war nun Regent von Castilien, der Erzbischof von Saragossa Regent von Aragon nach dem Testamente Ferdinands; Adrian von Utrecht Regent nach dem Willen Karls; er hatte den Takt, sich mit den spanischen

Prälaten zu vertragen; mit Ximenez verband ihn die Gemeinsamkeit theologischer Interessen. Nachdem Karls Proklamation zum König am 13. März in Brüssel erfolgt war, verlangte seine Regierung sie am 21. März auch in Spanien. Man empfand das hier als unzulässig, da die Königin Juana, seine Mutter, durch keinerlei Erklärung ihre königlichen Rechte aufgegeben hatte, Karl zur Zeit auch nicht in der Lage war, den üblichen Regierungsantritt vor den Cortes zu vollziehen. Der Kardinal aber ließ durch Carvajal in einer Sitzung der geheimen Räte und Granden eine Begründung geben und kümmerte sich nicht um Einwände. Er hatte volles Verständnis dafür, daß man Zweifel an der Eindeutigkeit der Regierungsgewalt nicht aufkommen lassen dürfe. Stillschweigende Voraussetzung war freilich, daß der junge König sich bald in seinen Reichen zeigte und daß bis dahin die Regenten sein uneingeschränktes Vertrauen vor aller Augen genossen.

Denn Zündstoff gab es allenthalben. Als sich das Erscheinen des Königs immer mehr hinausschob, züngelten die beiden Feuer der Unruhe ineinander, das alte, das immer beim Regierungsantritt eines fremden Herrschers aufgeht; und das neue, das ihm erst recht den Luftstrom zuführen mußte, sobald Zweifel bestanden, von wem man regiert wurde, von dem einheimischen Regenten oder von Fremden im Ausland. Mißgriffe in der Verleihung von Stellen und Gnaden verstärkten die Unsicherheit. In der Korrespondenz des Ximenez mit seinem Vertreter in den Niederlanden, Diego Lopez de Ayala, tritt uns das alles lebhaft entgegen.

In Neapel behauptete Ramon de Cardona die Ruhe, aber aus Sizilien wurden Unruhen gemeldet; der Vizekönig Ugo de Moncada mußte aus Palermo fliehen. Ximenez sandte Schiffe und Truppen. Seine Sorge für die Flotte wurde erst recht angespornt dadurch, daß sich an der afrikanischen Küste neuerdings zwei Renegaten, Horudsch und Chair-ed-Din, genannt Barbarossa, eingenistet hatten, die im Schutz der großtürkischen Macht deren Ausbreitung nach dem Westen vorzubereiten drohten. In Algier konnte nicht einmal ein spanischer Entsatz gegen die Piraten helfen. Ximenez wandte ungeheure Mittel an den Aufbau der Flotte; es ist von 53 000 Dukaten monatlich die Rede. An seinen Vertreter in Brüssel schrieb er am 22. September 1516: „Niemand kann auf dem Lande mächtig sein, wenn er es nicht auf dem Meere ist." Vom Papste erbat er die alte Kreuzzugssteuer vom Kirchengut, die Cruzada, die jetzt wirklich um so mehr gerechtfertigt war, als die Ungläubigen frech bis in die spanischen Häfen hinein vorstießen und die besonders für die Getreidezufuhr lebenswichtige Verbindung Spaniens mit Sizilien gefährdeten. Mittlerweile rückte Jean d'Albret in Navarra ein, kam freilich nicht über den Paß von Roncesval und wurde auch aus St. Jean Pied de Port nördlich der Pyrenäen wieder verdrängt. So energisch hatte der Kardinal das Land verteidigen lassen. Der Regent erreichte seine Erfolge vielfach trotz der burgundischen Regierung. Er meinte es gut, als er am 6. Dezember 1516 die Cortes der 18 Städte von Castilien berief und auf einen Wink von Brüssel wieder absagte. Ein eigenmächtiges Zusammentreten der Cortes hinderte er im März 1517. Aber als eine Hermandad von Burgos, Leon, Valladolid und Zamora nun doch im Sommer 1517 vier Vertreter an Karl sandte mit den allgemeinen Forderungen, daß der junge König kommen möge, daß man keine Edelmetalle aus dem Reiche ausführe und keine Ämter an Nichtspanier vergäbe, da wurden diese Boten in den Niederlanden freundlich empfangen und vertröstet, statt daß man ihnen ihr eigenmächtiges Auftreten verwies.

Bald fühlten sich alle Stände verletzt; die Granden, weil sie selten Grund hatten, die Politik des Kardinals zu loben, wenn auch einige ihren Streit mit ihm beglichen; die Städte, weil sie zwar erregt, aber nicht befriedigt waren und von den Niederlanden anderes erwarteten; schließlich auch die Geistlichkeit wegen der Steuern. Um dieselbe Zeit vernahm man in Spanien ernsthafte Klagen über die Konquistadoren in den Neuen Indien. 1516 erhob Las Casas zuerst seine Stimme, und Palacios Rubios trat mit ihm ein für den Schutz der Indianer. Nur einer konnte helfen. Und der war fern.

Warum zögerten Karl und seine Regierung? Seit dem Tode Ferdinands von Aragon war nun schon mehr als ein Jahr vergangen.

Die Regierung Chièvres' ließ sich offenbar weder von der guten noch von der schlechten spanischen Post aus dem Gleichgewicht bringen. Sie hatte einstweilen genug zu tun mit der eigenen neuen Lage zwischen den Mächten. Die bequeme Neutralität von 1513, wo England, der Kaiser und Aragon sich gegen Frankreich verbunden hielten, kam nicht wieder. Frankreich selbst hatte durch den Sieg des jungen Königs bei Marignano am 13. und 14. September 1515 gewaltig an Ansehen gewonnen. Würde seine bedeutende Stellung in Italien nicht auch auf Neapel zurückwirken? Darin lag ebenso viel Mahnung zur Rücksicht auf seine starke Macht, wie zur Vorsicht gegenüber seinem drohenden Übergewicht. England, der Papst und der Kaiser empfanden vorzüglich das letztere. Aber sich von Maximilian in die italienischen Wirren hineinziehen zu lassen, hatten die Niederlande gar keine Veranlassung. Natürlich kümmerte sich der Kaiser auch in den Niederlanden noch immer um alles. Sein undurchsichtiges Spiel mit Heinrich VIII von England, wobei er bald den Condottiere abgab, bald großartig mit der Kaiserkrone winkte, konnte die vorsichtigen Politiker des burgundischen Hofes nicht mehr verlocken. Dabei hatten die Reibereien in den Niederlanden selbst, die von den französischen Parteigängern, Karl von Egmont in Geldern und Robert von der Mark an der Grenze von Lüttich, ausgingen, seit dem Pariser Frieden von 1515 keineswegs aufgehört.

Von Geldern aus wurden Friesland und Utrecht fortgesetzt beunruhigt; außer Edzard von Ostfriesland griffen auch andere Nachbarn und Parteigänger ein. Der Herzog Georg von Sachsen hatte die von seinem Vater Albrecht ererbten Rechte auf Friesland am 19. Mai 1515 für 100 000 fl. an Karl abgetreten. Der Herr von Isselstein war Statthalter in Friesland geworden. Hier und im Bereich des Herrn von Sedan konnte man versuchen, den Unruhestiftern ihren Rückhalt an Frankreich zu nehmen und sie im übrigen militärisch möglichst lahmzulegen. Man blieb nicht ohne Erfolg. Nassau, Isselstein und Wassenaer gewannen die Oberhand, freilich ohne Geldern völlig unschädlich zu machen.

Chièvres aber erstrebte mit der ihm eigenen Gradlinigkeit, nicht so sehr aus sentimentalen Neigungen zu Frankreich als aus der Überzeugung, daß hier für ihn zunächst der Schlüssel zur Lage liege, die Sammlung aller an der burgundischen Politik beteiligten Mächte auf die Stärkung des guten Verhältnisses zu Frankreich. Er gewann in umsichtigem Vorgehen, wobei er auch Familienverbindungen mit ins Spiel brachte, nicht nur die alten englandfreundlichen Gegner seiner Politik, sondern nach und nach auch Margarete und den Kaiser. Es spricht für die Richtigkeit seiner Zielsetzung, daß er sie fast alle überzeugte und zu Mitarbeitern gewann. Es gab für ihn auch Entlastungen. Der Gegensatz der Castilianer und Aragonesen am Hof hatte seine Bedeutung verloren.

So war die Bahn frei für die überaus schwierigen, aber ebenso geschickt durchgeführten gleichzeitigen Verhandlungen mit England und mit Frankreich. In England knüpfte man an die Erneuerung des Handelsvertrages an, um nach den ersten Ergebnissen die Verhandlungen mit Frankreich in Noyon aufzunehmen. Auch diese mußten zwischendurch unterbrochen werden, kamen aber am 13. August 1516 zu dem erwünschten Abschluß. Die Niederländer hatten dabei immerhin die Stellung ihres Herrn zu der englisch-schweizerisch-kaiserlichen Koalition, die von Neapel aus noch unterstützt wurde, in die Waagschale zu werfen. Der Vertrag von Noyon enthielt die Abrede einer Verbindung Karls mit Madame Louise, der noch nicht einjährigen Tochter Franz I, die ihm als Mitgift Neapel zubringen sollte. Dafür nahm man die Befriedigung der Königin-Witwe von Navarra für den Zeitpunkt in Aussicht, da Karl in Spanien angekommen sein würde. Zur Vorsicht wurde für den Fall des frühzeitigen Todes der Prinzessin als Ersatz ihre noch ungeborene Schwester versprochen; für den

Fall, daß auch dieser Plan versage, wollte man auf die Verbindung mit Renée von Frankreich zurückgreifen.

Es liegt auf der Hand, daß der Vertrag „ein täuschender Schein" war. Denn daß der siebzehnjährige König allen Ernstes auf die jetzt einjährige Prinzessin warten sollte, daß man, im sicheren, wenn auch mit Tribut belasteten Besitz von Neapel, dieses von Frankreich als Mitgift erhalten und obendrein Navarra, das man ebenfalls fest in Händen hatte, zurückgeben sollte, war nicht zu erwarten. Aber die Franzosen begnügten sich offenbar mit diesem Scheinerfolg, dem die ergebenen Briefe Karls an seinen zukünftigen Schwiegervater und gegenwärtigen Lehnsherrn voll zu entsprechen schienen. Entrüstung gab es nur in Spanien. Wie Ximenez, so kleidete Badajoz seine Enttäuschung in Warnungen vor Frankreich: „Die Franzosen achten weder Wahrheit noch Freundschaft, und es ist zu vermuten, daß sie es gegen unsern Herrn noch weniger tun, weil sie eifersüchtig sind, daß er ein noch größerer und mächtigerer Herr ist als ihr König." Der spanische Stolz wehrte sich gegen jede Form der Lehnsabhängigkeit ihres Königs von Frankreich, während sich die Burgunder gewöhnt hatten, darin zugleich den Anspruch auf eine Stellung in Frankreich zu erblicken.

Gleichzeitig mit den französischen Verhandlungen näherten sich auch diejenigen mit England ihrem Abschluß. Es war der glänzende Erfolg des jungen Jacques de Luxembourg, Herrn von Auxy, daß nicht nur die Freundschaft mit England, sondern schließlich auch ein sehr namhaftes Darlehen zur Bestreitung der Reisekosten von den Niederlanden nach Spanien zugesichert wurde. England wollte offenbar Karl nicht ganz den Franzosen überlassen.

Der Abschluß aller Bündnisverhandlungen lag in den Abmachungen zwischen Karl, Heinrich VIII, dem Papst und dem Kaiser vom 29. Oktober 1516 und dem Anschluß Maximilians an den Vertrag von Noyon am 3. Dezember zu Brüssel. Eine allgemeine Verbrüderung also schien die Christenheit zusammenzufassen, und im Schutze dieses Zustandes wollte das Haus Habsburg die spanischen Königreiche antreten. Maximilian sagte im Frühjahr 1517 nach einer Audienz in seiner lebhaften und unvorsichtigen Weise zu seinem Enkel: „Mein Sohn, Ihr seid auf dem Wege, die Franzosen zu betrügen, ich werde die Engländer betrügen — oder (sich verbessernd) ich werde mein Bestes dazu tun." Die Durchführung der Verträge vertraute man der Zukunft an.

Wie sehr der burgundische Hof sich für seine neuen Aufgaben rüstete, lehrt auch das Ordensfest, das im Spätherbst 1516 in herkömmlicher Pracht begangen wurde. Man feierte vom 25. Oktober bis zum 5. November mit Unterbrechungen wegen der fortgesetzten Verhandlungen mit den französischen Gesandten. Feierlich wurde noch einmal der Friede bekräftigt. Karl nahm von Frankreich den Michaelsorden, Franz I das Goldene Vlies; gewisse Pflichten nach der Satzung wurden ihm dabei ausdrücklich erlassen. Die Prüfung der Ritter im Kapitel gab zu etlichen Rügen Anlaß; umgekehrt erfuhr Don Juan Manuel volle Rechtfertigung für die ihm widerfahrene Unbill. Am wichtigsten war, daß man beschloß, nicht nur die fünfzehn freien Plätze zu besetzen, sondern mit Rücksicht auf die „großartig erweiterte Macht des Hauses Burgund" den Papst um Zustimmung zur Vermehrung der Zahl der Ritter anzugehen. So wurden zehn Spanier für später in Aussicht genommen und für sofort zahlreiche Deutsche im Dienste der Habsburger. Mit Rücksicht auf Maximilian lehnte man seinen alten Gegner Philipp von Cleve, Herrn von Ravestein ab. Aber der Infant Ferdinand, der Pfalzgraf Friedrich, der Markgraf Hans von Brandenburg, der später Germaine de Foix heiratete, die Grafen von Werdenberg und Mansfeld wurden sofort gewählt. Von Burgundern Philipp und Anton von Croy, Herren von Porcean und Sempy, Anton Lalaing, Herr von Montigny, Charles de Lannoy, Herr von Sanzelles, Jacques de Luxembourg, jetzt Herr von Gavre, Adolf von Burgund, Herr von Beveren und Vere. Die neuen Plätze waren für Karls demnächstige Schwäger, die Könige von Portugal und Ungarn, bestimmt, weiter für die Herren von Rappoltstein und Wolkenstein, sowie für Niederländer aus den nördlichen Landschaften, die Gaesbeck, Wassenaer, Zevenbergen und Egmont. Man wahrte noch die altburgundische Tradition und sah doch viele neue Gesichter.

Die erste Hälfte des Jahres 1517 verging in ärgerlichem Zögern. Der geldrische Krieg, der dem Ende zuneigte, kostete zu guter Letzt doch noch beträchtliche Summen. Erst im Herbst schien alles zur Ausfahrt nach Spanien bereit. Da mußte man wochenlang auf günstigen Wind warten.

Man lebte in der Nähe der See in den Dünen bei Middelburg, und hier spielte sich der letzte Akt eines kleinen Dramas ab, das schon eine längere Vorgeschichte hatte. Karl verfügte sehr vorsichtig nicht nur über seine eigene Hand, sondern als majorennes Haupt seines Hauses auch über diejenige seiner ältesten Schwester Eleonore, die man noch immer als kostbare Reserve zurückbehalten hatte. Sie zählte nun 18 Jahre, und es waren bereits ebenso viele Fürsten als Bewerber aufgetreten, wie man in Brüssel und in Wien Möglichkeiten für sie erwogen hatte. Aber es schien, als wollte die Prinzessin alle politischen Berechnungen durchkreuzen durch das, was man eine Liebesheirat zu nennen pflegt.

Der Pfalzgraf Friedrich, früher am burgundischen Hofe erzogen, lebte seit 1513 aufs neue mit ihm in naher Verbindung. Er war Regent gewesen, wiederholt mit wichtigen Aufträgen versehen und Ritter des Goldenen

Vlieses geworden. Maximilian fand ihn zwar politisch wenig brauchbar; aber er war ein liebenswürdiger Gesellschafter und, wie wir erfahren haben, ein kühner Freund der Kampfspiele. Die spärlichen Gelegenheiten, die sich bei Hoffesten und Jagden boten, muß der Pfalzgraf benutzt haben, sich der Prinzessin zu nähern. Schließlich drängte er bei ihr auf Entscheidung durch einen Brief, bei dessen Empfang Eleonore überrascht wurde. Sie verbarg ihn im Busen. Aber ihr königlicher Bruder, alsbald verständigt, verlangte von ihr die Herausgabe und nahm ihn an sich. Merkwürdiger Brief, der von der Empfängerin nie gelesen wurde, dafür aber heute offen bei den Akten liegt und uns einen Einblick gewährt in den wirklichen Liebesstil der Zeit und in dies hochfürstliche Verhältnis. Er sagt alles, nennt die Prinzessin *ma mie, ma mignonne,* ist zum letzten bereit und will nichts anderes, „als daß ich Euch gehöre und Ihr mir". Er bittet Gott und die heilige Jungfrau um Hilfe. Alles umsonst. Der Brief wurde Beweisstück und geriet unter die Notariatsinstrumente, in denen die beiden Liebenden vor Zeugen erklärten, daß sie keine heimliche Ehe geschlossen hätten und daß sie verzichteten. Der Pfalzgraf wurde trotz aller Fürbitten vom Hofe verwiesen, und die fremden Gesandten berichten, daß man Karl seine unerbittliche Festigkeit hoch anrechnete. Denn in dieser Familiensache stand allerdings die Entscheidung allein bei ihm. Eleonore fügte sich, als man ihr die Ehe mit ihrem Onkel, dem Könige von Portugal, zumutete.

In dieser Zeit ist es, daß Karl auch sonst mit seinem eigenen Willen deutlicher hervortrat. Margarete fand, er sei ein anderer Mensch geworden. Damals vor allem entschloß sich, soviel wir wissen, Karl ausdrücklich, in Deutschland als Bewerber um die Kaiserkrone, also als Nachfolger Maximilians aufzutreten. Der Großvater hatte eben noch längere Zeit in den Niederlanden geweilt; Karl sollte ihn nicht wiedersehen.

Am 8. September, als der widrige Wind endlich einer günstigen Brise gewichen war, ging man mit 40 Schiffen von Vlissingen aus in See: Karl und seine Schwester Eleonore, ein großes Gefolge und der ganze kostbare Apparat des burgundischen Hofes. Die Fahrt war unbehaglich, und als man nach zehn Tagen der spanischen Küste überraschend nahe kam, hatte man den Hafen verfehlt. Man sah sich gezwungen, bei schlechtem Wetter an der steilen Küste, nicht weit von dem Flecken Villaviciosa, zu landen. Die bestürzten Küstenbewohner hatten sich bereits mit Waffen gegen die unbekannten Ankömmlinge bereit gemacht.

KARL IN SPANIEN. VERSAMMLUNGEN DER CORTES

Wir sind aus unseren Büchern an den pathetischen Schritt der Weltgeschichte gewöhnt und nehmen an, daß im Leben der Fürsten wenigstens die Feste und Einzüge diesem Stile entsprechen. Karls Einzug in das Land seiner Mutter war völlig verunglückt. Mag der siebzehnjährige Fürst die Seefahrt leidlich überstanden haben, die Unwirtlichkeit der Küstenlandschaft, an die er mit einem Teil seines Gefolges geraten war, der Mangel an brauchbaren Quartieren, die mühselige Reise entlang der Küste über Berge und Klippen, das alles bei völligem Mangel jeder Bequemlichkeit hat seiner Gesundheit sichtlich zugesetzt. Man mußte mehrfach inmitten der Berge tagelang rasten. Allerdings bleibt es befremdend, daß man nicht zeitig auf eine der Hauptstraßen gelangte, daß man nicht das schließlich nahe gelegene Santander oder im weiteren Verlauf die auch nicht entfernten Städte Leon, Burgos, Palencia aufsuchte, am Ende sogar an Valladolid vorbeizog.

Eben deshalb sind an diese Hinzögerung zeitig mehr als scharfsinnige Vermutungen geknüpft worden; insbesondere sei es das Streben des Herrn von Chièvres gewesen, Karl ja nicht in Berührung kommen zu lassen mit dem Kardinal Ximenez, der als Statthalter seinem Herrn entgegengezogen war, unterwegs erkrankte und in Roa, nicht weit von Valladolid, im Fieber daniederlag. Gewiß war es der sehnlichste Wunsch des Achtzigjährigen, seinen König noch zu sehen, noch zu beraten. Gewiß hat man dafür und für die Bedeutung des ausgezeichneten Mannes in der Adelsgesellschaft des burgundischen Hofes kein richtiges Gefühl gehabt. Aber aus Furcht vor ihm die Gesundheit des Königs durch lange Gebirgsfahrten zu gefährden, den ganzen Hof wochenlang den größten Widerwärtigkeiten auszusetzen, wäre ein zu hoher Preis für ein so unnötiges Vorgehen gewesen. Der wahre Tatbestand ist einfacher und natürlicher, mag immer das Mißtrauen die Stimmung beiderseits vergiftet haben. Nachdem man den richtigen Hafen verfehlt hatte, herrschte angesichts der Nachrichten über die Verbreitung ansteckender Krankheiten im Lande eine ziemliche Ratlosigkeit; dann steigerten sich die Beschwerden und ihre Folgen gegenseitig. Auch mußten die Teile des Hofes sich wieder zusammenfinden, da die Schiffe an verschiedenen Stellen gelandet waren.

Vor allem sagte offenbar Karl und seiner Schwester ihr natürliches Gefühl, daß sie zuerst und vor den offiziellen Huldigungen des Landes die Königin-Mutter in Tordesillas aufsuchen mußten. Karl mußte sich vor Ausübung jeder königlichen Handlung auf spanischem Boden von dem Zustand seiner ihm bis dahin unbekannten Mutter persönlich überzeugen. Es war am 4. November, daß die fürstlichen Kinder bei der Mutter und der zehnjährigen Schwester auf dem hoch gelegenen Schloß erschienen. Der Chronist Vital begleitet uns bis an die Schwelle der königlichen Zimmer; als er neugierig Licht hineinbringen wollte, wehrte Karl ihn ab. Karl hat die Besuche öfter wiederholt. Wir erfahren nicht, was er dabei empfand. Nur, daß er in dem inneren Stolz seines Wesens dieser kranken Frau, die noch bis 1555 leben sollte, stets die gleiche Ehrerbietung und Fürsorge widmete. Für die Regierung des Landes kam sie nicht mehr in Betracht. Ebensowenig eine Änderung ihrer Lebenshaltung. Dagegen versuchten die Geschwister, die kleine Katharina aus der Krankenhausluft des Schlosses zu entfernen. Zuschauer bemerkten, daß neben der „fabelhaft" geputzten Eleonore die kleine Katharina wie ein Beginchen erschien; sie sollte fürstlicher gehalten werden. Als aber die Mutter eine Trennung gar zu schwer nahm, gab man der Prinzessin wenigstens einen kleinen Hof neben ihr.

Vier Tage nach diesem Besuch, am 8. November, verschied der Kardinal in Roa. Er war nicht mehr imstande gewesen, nach dem zur Zusammenkunft in Aussicht genommenen Mojados südlich Valladolid zu ziehen. Dafür erschien hier, vom Kardinal seit dem Tode des Königs von Aragon sorgfältigst gehütet, der Infant Don Ferdinand. Auf das erste Erblicken der eigenen Mutter folgte für Karl das erste Zusammensein mit dem noch nie gesehenen, nun schon fast fünfzehnjährigen Bruder. Dieser stieg vom Pferd, um den König zu begrüßen. Karl gab sich, wie schon brieflich, alle Mühe, ihn seiner brüderlichen Gesinnung zu versichern. Daß Ferdinand bald danach vor Tisch beim Händewaschen Karl das Handtuch hielt, war keine Demütigung, sondern höfisch gesehen, die Ausübung eines hohen Vorrechts. Er nahm auch in gebührender Ehre teil an dem prunkvollen Einzuge in Valladolid, bei dem sich für die Spanier die Augenweide der Tage Philipps des Schönen wiederholte. Der König in glänzender Rüstung mit kostbaren Gewändern darüber, edelsteingeschmückt, auf einem kecken Reitpferd fest und eindrucksvoll wie immer; soviel innere Zucht hatte er.

Im übrigen war es eine alte Abrede, daß Ferdinand Spanien verlassen sollte, sobald Karl dort eingetroffen war. In Spanien durfte keine Parteinahme für den hier angestammten und erzogenen Infanten möglich bleiben; aber aus der Fülle des ausgebreiteten habsburgischen Erbes sollte er eine angemessene Versorgung finden. Er rüstete sich bald zur Einschiffung und gelangte ungefährdet in die Niederlande, wo die Tante Margarete, deren Haus leer geworden war, den in Spanien verwöhnten, offenbar liebenswürdigen Prinzen freundlich aufnahm.

Bezeichnend für Stimmung und Verhalten der Burgunder wurde mehr noch als der prunkende Einzug in Valladolid das erste Turnier, das sie in betonter Selbstgefälligkeit dort veranstalteten „um den Spaniern die große Kühnheit dieser Herren zu zeigen". Die Herren von Beaurain und Sanzelles, von Porcean und Fiennes, also Sprossen der Familien Croy, Lannoy und Luxemburg ließen unter ihrer Führung auf jeder Seite dreißig Ritter antreten, „jeder Ritter wie ein heiliger Georg"; sie selbst vollends in den kostbarsten Gold- und Silberstoffen mit Federn und Helmzieren, die bis auf die Kruppe der Pferde hinabwallten. Erst Gruppen von je drei, dann das ganze Aufgebot mit blanker Waffe. Als die Lanzen zersplittert waren, drangen sie mit den Schwertern aufeinander ein. Es gab verwundete Ritter und Pferde; bald lagen zehn Pferde tot; die Ritter kämpften zu Fuß. Als das Blut schon in Strömen floß und die Zuschauer, besonders die Damen „Jesus, Jesus" schrien, verbot Karl die Fortsetzung. Die Kämpfenden waren aber so sehr in Wut geraten, daß sie mit Gewalt getrennt werden mußten. Gleichwohl folgte großer Empfang und Tanz bei Hofe, und man sprach noch lange von dem „wunderbaren Turnier".

Vielleicht nicht mehr mit blanker Waffe, was der König verboten hatte, aber als Schaustellung und Reiterspiel gab man noch manches Turnier zum besten, immer mit ungeheurem Aufwand und erregendem Luxus. Auch Karl selbst trat öfter auf in reichster burgundischer Tracht mit einem riesigen Aufgebot von Trommlern, Pfeifern, Paukern und einem stattlichen Gefolge von Edelknaben in seinen Farben. Eines Tages trug er einen Schild mit der Aufschrift *Nondum* — „Noch nicht". Das war die jugendliche Ausdeutung des stolzeren *Plus ultra*. Schon fühlte er in sich zukünftige große Möglichkeiten und berauschte sich daran. Denn er war jung und übermütig, ganz erfüllt von aller sinnlichen Schönheit des höfischen Lebens. Sehnsüchtig blickte er zurück nach den Fleischtöpfen der Niederlande und den alten Freunden. Aus Tordesillas schrieb er im Januar 1518 an Heinrich von Nassau in einer ganz ungezwungenen persönlichen Art. Er wolle ihm eigenhändig „mit seiner schönen Hand" nur auf den letzten „tollen" Brief antworten. Allerlei Anspielungen auf Lalaing und Schlittenfahrten brachten ihn auf die Damen, die ihm hier wenig gefielen, bis auf eine, die sich aber leider furchtbar schminkte. Wenn er „mit seinem lieben Heinrich" nicht öfter schwätze, werde er noch weise wie Salomon; das könnte er freilich brauchen bei all den Überklugen, die hier auf ihn einredeten. So sah er noch die Welt. Im gewohnten höfischen Stil fühlte er sich zu Haus und frei.

Wie aber stand es um seine Tätigkeit als Regent?

Unsere Darstellung muß sich allmählich aus der höfisch festlichen Welt, in der sich dieser königliche Jüngling mit einiger Sicherheit bewegte, lösen und nach seinem Anteil an den Geschäften fragen, in denen später sein Leben aufgehen sollte. Schon für die letzte niederländische Zeit erfahren wir von Karls Teilnahme an den Ratssitzungen. Es wird berichtet, daß man ihm alle Briefe vorlegte, was natürlich nur die wichtigsten bedeuten kann, daß er sich selbst im Rate dazu äußerte.

Die bisherige Haltung seiner Regierung, die vorsichtige Stellungnahme zu allen Mächten lag im Interesse des ungestörten Regierungsantritts in Spanien. Es war bei den verwandtschaftlichen Beziehungen zum Kaiser und zu England, bei der ziemlich ausgesprochenen Gegensätzlichkeit aller Mächte zu Frankreich eine verhältnismäßig einfache Lage gewesen. Doch begann die Regierung in Spanien bald zu spüren, daß sie sich mit Frankreich zu tief eingelassen hatte. In bezug auf Neapel und Navarra war sie nicht mehr in der Lage, die Versprechungen von Noyon zu halten; für Neapel empfand man insbesondere den einstweilen übernommenen Tribut an Frankreich als zu hoch. Ehe aber diese Fragen der Außenpolitik wirklich zu Entschließungen und zum Handeln zwangen, drängten sich Karl und seiner Regierung die ihnen bis dahin völlig fremden Angelegenheiten der inneren Politik Castiliens und Aragons auf. Und zwar unter erschwerenden Umständen.

Von den beiderseits gereizten Stimmungen war schon die Rede. Die modernen Darstellungen haben sich die Klagen der Spanier über den Hochmut und mangelnden Takt der Burgunder, ihre Habgier und eigennützige Personalpolitik ohne weiteres zu eigen gemacht. Die Klagen stammen wesentlich von Humanisten und gelehrten Räten und den in ihrer Gedankenwelt lebenden Chronisten, also von Petrus Martyr, Carvajal, Zurita und ihren Nachschreibern. Dazu gesellt sich heute mit gleicher Stimmung die Chronik des Santa Cruz, der neben Chièvres und Sauvage vor allem Lannoy belastet. Die wenigen Burgunder, die in althöfischem Stil schrieben, kommen dagegen nicht auf; sie teilten die rückständige feudale Staatsauffassung ihrer Herren, ohne klare Vertreter einer neuen notwendigen Einheit der Regierung zu sein. Eben hier liegt überhaupt das Problem. Die dynastische Vereinigung völlig verschiedener Staaten und Völker mußte zu kaum lösbaren Schwierigkeiten führen. Die Burgunder aber konnten nur aus der Form ihres Wesens handeln; erst nach und nach vermochte der Fürst selbst diejenige Anpassung an die besonderen Bedürfnisse seiner Lande zu gewinnen, die ihm ohne Verletzung seiner bisherigen Lebensrichtung möglich war. Auf der anderen Seite erklärt sich die Schärfe der begreiflichen Zornesausbrüche der Spanier über die Fremden auch aus der Natur des zerklüfteten Bodens ihres zuletzt so stark erschütterten Staatswesens. Zur Kritik und Parteinahme geradezu erzogen, wandten sie sich gegen alles Fremde, und wenn nicht gegen alles Feudale und Höfische, so sicher gegen alles Franzosenfreundliche. Karls Berater hatten ihn nicht nur von Ximenez, sondern auch von den übrigen

Trägern der bisherigen Regierung fern gehalten; diese klagten darüber, nicht empfangen oder abbestellt zu sein.

Bezüglich der viel besprochenen Konfiskation des Nachlasses des Kardinals sehen wir nicht ganz klar; sein Erzbistum wurde einem Neffen des kinderlosen Herrn von Chièvres verliehen; gewiß eine Torheit, auch wenn man die Einnahmen dem auswärtigen jungen Herrn nur zum Teil beließ. Sieht man aber ab von der Verleihung Tortosas an Adrian von Utrecht und von der Bestellung des Humanisten Lodovico Marliano zum Bischof von Tuy, so sind kaum Vergabungen spanischer Bistümer an Fremde erfolgt. Daß ein paar Bistümer in Händen von Kardinälen und Kurialen lagen, wie zeitweilig Orense, Leon, Cuenca, Valencia, Huesca und Pamplona, war ein alter Übelstand römischer Kirchenverwaltung, bleibt aber angesichts der etwa dreißig castilischen und vierzehn aragonesischen Bistümer doch eine fast verschwindende Erscheinung; erst 1521 kam Cartagena an den Kardinal von Salzburg, Valencia an den Kardinal von Lüttich. Aber jene Ernennungen Adrians, Croys und Marlianos erfolgten gleich am Anfang und wurden begleitet von den Beförderungen gerade derjenigen Spanier, die schon in den Niederlanden am Hofe gelebt hatten, wie Manrique und Dr. Mota. Mißgriffe und Verfehlen der Stimmung gab es auch weiterhin.

Wir machen uns am besten ein Bild von der Lage an der Hand der ersten Cortes, die im Winter 1517/18 in Valladolid tagten. Schon vorher, im Winter 1516/17, war der Regierung Karls von einem alten Rat des Obergerichts in Valladolid, dem mehr als siebzigjährigen Lizentiaten Pedro Ruiz von Villena, eine Denkschrift überreicht worden, die auch uns als Einführung dienen kann. Ihr fehlt die Schärfe und ostensible Zuspitzung, die politische Körperschaften geben; außerdem handelt es sich um längst bestehende Übelstände und um die sehr ernsthaften Ratschläge eines erfahrenen königstreuen Mannes. Die moderne, von den gelehrten Beamten getragene Staatsauffassung, die in Spanien im Gegensatz zu Burgund schon zum Durchbruch gekommen war, spricht hier bereits ihre eigene klare Sprache. „Gott vor Augen zu halten", mit dieser Mahnung beginnt der Fürstenspiegel. Er stellt seinem jungen Könige jenen Herrscher zum Vorbild, der täglich zwei Stunden dem Gebet, zwei Stunden den Studien, zwei der Rechtspflege und zwei den militärischen Dingen widmete. Er empfiehlt, Gerechtigkeit und Milde zu paaren nach dem Vorbild des Königs der Könige; auch mit dem Freispruch sei der Justiz genügt. Falsche Ankläger sollten die gleichen Strafen treffen wie die Schuldigen. Zu pflegen auch die Inquisition, doch nur in Händen von erfahrenen Richtern. Güterkonfiskation sollte am besten ganz unterbleiben; wenn aber nicht, so doch nur nach Überführung durch vier

Augenzeugen und Geständnis ohne Tortur. Die Künste der Richter in bezug auf die Gebühren seien unerschöpflich; man sollte sie abschaffen. Vor allem, den Richtern keinen Anteil lassen an konfisziertem Vermögen; selbst wenn sie reine Hände behielten, bleibe der Verdacht; im übrigen sei bekannt, daß höchstens ein Drittel der eingezogenen Güter an den Staat gelangten. Appellationen in unbedeutenden Sachen müßten erschwert, in großen Sachen durch neue Richter gesichert werden. Bei Gnadenverleihungen aus verkauften Ämtern sollte ein Teil des Erlöses der Staatskasse zufallen.

Pedro Ruiz bleibt nicht bei den Mißständen des Gerichtswesens stehen. Er greift weit aus auf die mangelnde soziale Gerechtigkeit, die ungleiche Verteilung der Lasten. Aus Anlaß der Vermögensschätzung für die Steuern ist von der ungeheuren Entwertung der Rechnungsmünze des Maravedi die Rede; ursprünglich ein Goldstück, dann ein Silberling, bald ein Drittel Real, dann ein Siebtel, ein Vierzehntel, sei sie jetzt nur ein Vierunddreißigstel davon. Er wünschte auch Verordnungen gegen die Reichen, die für ihr Vieh weite Teile des Gemeindelandes in Anspruch nähmen; er klagt, daß es unter fünfzig Bauern kaum einen oder zwei gäbe, denen es gut ginge. Die Quartierlasten seien neu zu ordnen; früher habe der Hof ein Drittel, neuerdings die Hälfte in Anspruch genommen; bei längerer Dauer sei Bezahlung nötig. Alle Finanzpolitik müsse auf Senkung der Steuern zum Wohle der Kleinen hinwirken. Für die stehenden Truppen, etwa 1000 schwere Reiter, 500 leichte und 2000 Fußsoldaten, genügten 190 000 Dukaten im Jahre; für weitere 9000 Leute auf Wartegeld 90 000. Für ein Hofgesinde von 500 Personen müßte man mit 100 000 Dukaten unter entsprechenden Abstufungen auskommen. Alle diese Zahlen sind keineswegs utopisch; sie gehen einzeln über die Ausgaben der Catolicos noch hinaus — sollten freilich von dem burgundischen Hofe längst stark übertroffen werden. Immer wieder betont der Verfasser, jene Dinge belasteten nicht nur die Untertanen, sondern vor allem das Gewissen des Fürsten.

Besonders interessant sind seine kirchenrechtlichen Forderungen. Die Hoheitsrechte der Prälaten möchten durch den Papst auf den König übertragen werden; er werde dazu bereit sein, da neulich „so viele Spanier für den Papst Julius geblutet hätten, zu schweigen von den Geldopfern". Kleriker (außer den geweihten Priestern) nicht der weltlichen Justiz zu entziehen, weil dadurch viele Verbrechen ungesühnt blieben; Priester nicht zu weihen, wenn nicht ihr Unterhalt gesichert sei. Er geht noch weiter, klagt über die vielen Feiertage, regt an, den vollkommenen Ablaß einmal im Jahr und auf dem Todesbett schon allen denen zukommen zu lassen, die wirklich ihre kirchlichen Pflichten erfüllen. Die Verhängung des Interdikts zu überwachen, überhaupt einen königlichen Gerichtshof zu bestellen für kirchliche Angelegenheiten unter Ausschluß der Appellation nach Rom, wo bekanntlich allzu viele stürben (deren Pfründen dann der Kurie heimfielen). Die Annaten zum Kriege gegen die Ungläubigen und zur Entlastung der Armen von den Steuern zu verwenden. Statt der unseligen Parteiungen und Zwiste im Lande alle Kräfte zu sammeln gegen die Ungläubigen.

Der Ratschlag zeugt von einsichtsvoller Gesinnung, entwirft aber kein günstiges Bild von den allgemeinen Zuständen in Stadt und Land. Was davon an den König gelangt ist, ahnen wir nicht. Daß Karls spätere eigene Denkschriften in einigen Punkten daran anklingen, teilt das Schriftstück mit manchem ähnlichen. Von dem ernsten reformwilligen Katholizismus vornehmer Räte bekommt man ein gutes Bild.

Dagegen war die königliche Regierung genötigt, zu den präzisen Forderungen der Cortes im Februar 1518 ebenso bestimmt Stellung zu nehmen. Einer der Prokuratoren von Burgos, Dr. Zumel, vertrat trotz aller Einschüchterungsversuche tapfer die Rechte der Cortes, zunächst durch Ablehnung des Kanzlers Sauvage als ihres Vorsitzenden, sodann durch Forderungen in bezug auf die Huldigung von seiten der Cortes und die Eidesleistung durch den König. Sie drangen damit wirklich durch. Am 5. Februar fand die feierliche Handlung statt, am 7. folgte die Huldigung durch die Granden und den Klerus.

Ihre Bitten aber übergaben die Cortes in 88 Artikeln, von denen einige Gedankengut früherer Cortes nur wiederholten, wie die Ausführungen von 1469 über den König als Beauftragten des Volkes und allerlei Wirtschaftliches, etwa das Verbot der Ausfuhr von Gold, Silber und Pferden, oder der Veräußerung von Krongütern. Anderes berührt sich mit den Klagen des Pedro Ruiz, insofern Mißstände im Gerichtswesen abgestellt werden, die Inquisition gut gehandhabt, der König täglich Audienz geben und die Räte regelmäßig tagen sollen. Dahin gehören weiter die Einschränkung der Ablaßpredigten, die Bedenken gegen die Taxen der geistlichen Gerichte und gegen die Provisionen von Pfründen an Fremde durch den Papst. Der Rest bezieht sich unmittelbar auf die Sorgen des Tages. Die Cortes begehrten würdige Behandlung der Königin, baten den König, sich bald zu verheiraten und den Infanten bis zur Geburt eines Thronfolgers im Lande zu lassen. Das alles war streng dynastisch gedacht. Aber die Cortes erneuerten auch das schon in den Tagen des Ximenez vorgebrachte Verlangen, daß der König keine Ämter und Pfründen an Fremde geben möge, daß der neue Erzbischof von Toledo nach Spanien komme, daß am Hofe nur Spanier bedienstet sein sollten. An den König persönlich richtete sich die Bitte, er möge spanisch sprechen. Peinlicher wirkte die Erinnerung an die Hinterlassenschaft und den letzten Willen des Kardinals Ximenez. Günstiger die starke Betonung des Festhaltens an Navarra; es sei der Schlüssel des Reiches. Daß die Steuern durch die Städte selbst erhoben würden, nicht durch Steuerpächter, war ihr dringender Wunsch entsprechend der Bewilligung eines außerordentlichen Servicio von 600 000 Dukaten, verteilt auf drei Jahre. Die königliche Regierung antwortete in allen Punkten entgegenkommend; wo es nicht anders ging, ausweichend, wie in bezug auf die längst beschlossene Abreise des Infanten. Der Protest gegen die Eingriffe der römischen Kurie in die spanische Kirche und ihr Vermögen lag in der Richtung der erstarkenden spanischen Staatskirche. Das Bekenntnis zur Verteidigung Navarras mußte der Regierung doppelt erwünscht sein; nun war sie durch das Land selbst gebunden.

Am 22. März 1518 verließ Karl Valladolid, um die gleichen Feste, Zeremonien, Schwierigkeiten, aber auch Erfolge in Aragon und Cataluña zu erleben. Wenn in Saragossa für das engere Aragon 200 000 Dukaten und später in Barcelona 100 000 Dukaten von den catalanischen Cortes bewilligt wurden, so war das bei den Größenverhältnissen der Reiche gegenüber Castilien eher mehr als weniger. Allerdings waren die Aragonesen erheblich schwieriger, ihre Verhandlungen viel zeitraubender und die Behandlung von Formfragen viel kleinlicher als in Castilien. So machte es in Castilien erst recht böses Blut, daß der Hof nur vier Monate in Valladolid geweilt und keine andere Stadt des ausgedehnten Königreiches zu besuchen für gut befunden hatte, während er den Rest des Jahres in Saragossa verbrachte und fast das ganze Jahr 1519 in Barcelona, seine Einkünfte also in Aragon verzehrte.

Indessen auch in Aragon gab es allerlei Verstimmung. So war der Erzbischof von Saragossa in Tordesillas gar nicht zu seiner Halbschwester, der Königin zugelassen, was willkürlich ausgedeutet wurde. Die Klagen über die Habsucht der Fremden begleiteten auch hier den Zug des Hofes wie weithin sichtbare Staubwolken. Begreiflicherweise benahmen die schleppenden Verhandlungen besonders in Barcelona der Regierung jede Neigung, sich nun auch noch in dem dritten Kronland von Aragon, in Valencia, denselben Ärgerlichkeiten auszusetzen, was freilich andere und noch gefährlichere Folgen haben sollte.

Bei allen diesen Verhandlungen tritt nirgends ein stärkerer persönlicher Anteil des Königs in die Erscheinung. Nur wieder auf höfischem Gebiet. Auf dem Kapitel des Goldenen Vlieses zu Barcelona, wo nun wirklich acht Castilianer aus den ersten Familien, ein Aragonese und ein Neapolitaner zu Rittern gewählt wurden, verhielt sich Karl nach Ausweis der Ordensprotokolle wiederholt gegenüber den Meinungen oder

Wünschen Chièvres' ablehnend. Aber in der politischen Welt begann er erst an der Verantwortung mitzutragen. Er leistete seine Eide, empfing die Huldigungen, stand am Ende hinter allen Handlungen seiner Regierung. Aber so sehr er damit dieser Regierung die Einheitlichkeit des Handelns verbürgte, so wenig zog er noch auf seine Person den Unwillen und die Kritik. Wenn immer die Zurückhaltung eine der wichtigsten Tugenden der Fürsten ist, so übte sie Karl, vielleicht notgedrungen, zum Nutzen seiner Zukunft.

Spanische oder Universalpolitik?

Ziel aller Angriffe und Klagen waren nach wie vor die verantwortlichen Leiter seiner Regierung, Chièvres und Sauvage. So mochte es als eine gewisse Erleichterung betrachtet werden, daß der Großkanzler am 7. Juni 1518 ziemlich plötzlich verstarb und einen Teil des Hasses der Spanier mit sich ins Grab nahm. Sein Nachfolger wurde eine Persönlichkeit, die mit der Zeit ein besseres Verhältnis zu den Spaniern gewinnen sollte, im übrigen aber wie geschaffen war, aus der begrenzt burgundischen oder spanischen Welt in die universale hinüberzuführen und in wirklich großem Stile die Zentralregierung Karls zu organisieren, Mercurino Gattinara. Sein Eintritt in die Geschäfte und die unmittelbare Umgebung Karls ist unendlich viel wichtiger geworden als alle Einzelheiten dieser Cortesverhandlungen, in denen sich allerdings die Schwierigkeiten des Augenblicks und die Wurzeln kommender Ereignisse erkennen lassen. Gattinara sollte nicht nur die große Politik, sondern mehr noch die Persönlichkeit Karls in einer Weise beeinflussen wie vor ihm nur Chièvres, nach ihm niemand wieder.

Es war ein Zufall, und doch fehlte es nicht an innerer Beziehung, daß der Piemontese Gattinara zu dem Zeitpunkt als „Großkanzler aller Reiche und Länder des Königs" in die Regierung eintrat, wo schon die Verhandlungen über die Nachfolge im Kaisertum heraufzogen. Denn gerade er war im Gegensatz zu allen bisherigen Beratern Karls ein ausgesprochen universaler Mensch. Wir besitzen von ihm seit einigen Jahren seine Autobiographie und eine Fülle gedruckter und ungedruckter Denkschriften. So durchsichtig und sauber seine feine Humanistenschrift erscheint, so klar und systematisch war sein ganzes Wesen. Geschult in der Logik der Rechtswissenschaft und erfüllt zugleich von dem Geiste antiker Staatsbegriffe wie von der christlichen Pflichtenlehre, atmet seine ganze Persönlichkeit eine über den Dingen und Personen stehende Gesinnung.

Wenn Karl in der burgundisch-dynastischen Tradition groß geworden war und sich nur mühsam in die säkularisierte spanische Staatsidee hineinlebte, sollte ihm Gattinara in seinem humanistischen Kaiser- und Reichsgedanken erst die wirklich brauchbare Form für die einheitliche Leitung aller seiner Länder und Völker geben. In der Verschmelzung der dynastischen Idee mit der imperialistischen lag für Karl schließlich die Lösung seines Lebensproblems. Er sammelte und steigerte die Ehren aller seiner Ahnen und gab jedem seiner Reiche etwas von dem Glanz des Ganzen. Freilich darf man nicht übersehen, daß sowohl in der Überspannung des Dynastischen, wie in dem Primat des Universalen das genaue Gegenteil von dem Ideal der werdenden westeuropäischen Nationalstaaten lag. Diese Gegensätzlichkeit begleitete sein Leben und sein Werk über seine Tage hinaus.

Mercurino Gattinara war 1465 zu Vercelli aus einer Familie des kleinen Adels geboren, emporgekommen als Rechtsgelehrter, zeitig im Dienste des Herzogs von Savoyen, von Margarete als ihr juristischer Berater in die Franche Comté und in die Niederlande mitgenommen. Als Präsident des Parlaments von Dôle hatte er in einer persönlichen Sache, die er mit einer an Ximenez gemahnenden Hartnäckigkeit des Rechtsbewußtseins verfolgte, am Ende doch dem von dem Marschall Vergy geführten Adel weichen müssen. Aber in dem Vertrauen Margaretes war er geblieben, und auch Maximilian hatte ihm wichtige Missionen übertragen, die ihn schon einmal (1510) für ein ganzes Jahr an den Hof König Ferdinands nach Spanien geführt hatten. Nun zeugt es von dem immer noch großen Einfluß Margaretes und von der Klugheit des Herrn von Chièvres, daß man nach dem Tode Sauvages offenbar ohne Zögern auf Gattinara zurückgriff. Am 8. Oktober traf er in Spanien ein, am 15. übernahm er die Siegel.

Die Entlastung, die er brachte, wurde wettgemacht durch seinen Zug in das Universale, der nur zu bald Nahrung erhielt.

Die Linien der großen Politik lagen zunächst fest, und Gattinara konnte weder an den Verstimmungen in Spanien, noch an dem Verhältnis zu Frankreich etwas ändern. Nachdem der Hof mit der Post vom 28./29. Januar 1519 in Lerida die Nachricht vom Tode Maximilians erhalten hatte, türmten sich erneut die außenpolitischen Schwierigkeiten riesengroß auf. Man erfuhr alsbald von den Bemühungen des französischen Königs um die Kaiserkrone, und die durch den plötzlichen Tod des ersten französischen Delegierten Artus Gouffier, Grandmaître de France, vorzeitig abgebrochenen Verhandlungen von Montpellier über die Durchführung des Vertrages von Noyon im Mai 1519, waren schon der Natur der Sache nach zum Scheitern verurteilt.

Die Größe der Regierung Karls bestand deshalb im Augenblick darin, daß sie sich durch alle Ärgerlichkeiten und Gefahren in den spanischen Königreichen nicht beirren ließ in ihrer Neuorientierung auf dem Felde der europäischen Politik. Ganz gewiß hätte ein anderes Verhalten des Hofes während dieser zweieinhalb spanischen Jahre vieles abmildern können, niemals aber die inneren Schwierigkeiten aus der Welt schaffen. Es war ein Fehler der alten pragmatischen Geschichtsschreibung, von den Zeitgenossen an, in erster Linie in den Einzelhandlungen und der persönlichen Haltung der Leitenden die Gründe für Erregungen zu sehen, die sehr viel tiefer bedingt waren.

Natürlich verschärften persönliche Momente wie immer die allgemeinen. Die Regentschaft eines an die Nutznießung von Ämtern gewöhnten burgundischen Hofmannes an der Seite eines weder mit Land und Leuten, noch mit den Geschäften vertrauten jungen Königs, zu Lebzeiten einer nicht regierungsfähigen Königin-Mutter, in scheinbarer, aber von Tag zu Tag mehr brüchig gewordener Freundschaft zu Frankreich; die Zurückdrängung der vornehmsten einheimischen Kräfte, die man halb scheute, halb nicht zu beurteilen in der Lage war; die Zerrüttungen und Eifersüchteleien in und zwischen diesen Königreichen und ihren Ständen; die Bewilligung eines hohen Servicio für einen König, der sich notgedrungen anschickte, das Land, das schon seit sechzehn Jahren keine unbestrittene Regierung mehr gehabt hatte, ohne Sicherstellung eines Erben wieder zu verlassen — das alles mußte die politisch ihrer selbst bewußten Elemente Spaniens aufs tiefste beunruhigen. Unter diesen aber standen in der vordersten Reihe, wenn auch keineswegs ausschließlich, die in den Cortes organisierten Städte von Castilien.

Und so ging denn von diesen Städten und ihren eigenen inneren Spannungen die Revolution aus, deren Anfänge bereits deutlich hervortraten, als sich der Hof nach Empfang der Nachricht von der Wahl Karls zum römischen Könige in peinlicher Eile, unter Verzicht auf die Huldigung in Valencia, durch Castilien wieder an die Nordküste bewegte, mit der Absicht, über England und die Niederlande nach Deutschland zu ziehen. Daß man die Erregung der Städte durch die Art der Berufung neuer Cortes mehr anfachte als beilegte, daß man durch den Anspruch auf einen neuen Servicio vor Erledigung des alten die Stimmung zu lodernder Empörung ausschlagen ließ, scheint Gattinara beizeiten gesehen zu haben, ohne noch gegen Chièvres durchdringen zu können. Gegen alle Gewohnheit wurden die Cortes von Castilien zu einer Tagung nach dem entlegenen Santiago beschrieben, um endlich erst in der Hafenstadt Coruña, nicht immer mit schönen Mitteln, notdürftig zum Abschluß gebracht zu werden.

In Valencia aber war längst ein verheerender Streit zwischen dem Adel und einer kleinbürgerlichen Germania ausgebrochen, geschürt durch widersprechende Erlasse der Regierung. Denn wenn sich die Zünfte von Valencia gegen Seeräuber an der Küste im Mai 1519 auf königliche Ermahnung hin gerüstet hatten und an ihren Waffen, Fahnen und Umzügen eine vielleicht nicht immer ganz harmlose Freude empfanden, so lag eine Förderung dieser Zünfte und ihres Bundes, lag sogar der Erlaß von Fraga (31. Januar 1520) in der gleichen Richtung ihrer vom Könige vertrauensvoll gepflegten Wehrhaftigkeit. Denn sie sahen auch ihrerseits im Königtum nur die Quelle der Gerechtigkeit. Zudem hatten ihre Führer, der Tuchmacher Juan Lorenzo, der leidenschaftlichere Sorolla, der gewandte Zuckerbäcker Juan Caro und Jeronimo Coll ihre Sache auch am Hofe gut gemacht. Da sich aber inzwischen auch der Adel an den Hof gewandt und vom Könige „zur Entlastung des Gewissens Seiner Majestät" die Entgegennahme der persönlichen Huldigung gefordert hatte, erhielt er nicht minder freundlichen Bescheid. An die Zünfte erging die Weisung zur Zurückhaltung. Und doch lauteten schließlich die Instruktionen für Adrian und den Vizekönig wieder auf Förderung der Germania (oder Bruderschaft), die sich über das ganze Land ausbreitete und in Stadt und Land gegen den Adel Stellung nahm.

In Castilien wurde die ruchbar gewordene Abreise des Königs und das regierungsfreundliche Verhalten einzelner Prokuratoren in den Cortes das Signal zu Volkserhebungen, die sehr bald drastische Formen annahmen und schließlich alle Stände irgendwie in ihren Strudel zogen, selbst aus dem hohen Adel Führer gewannen. Eine Deputation Toledos unter Führung des Pedro Laso de la Vega war nicht empfangen worden. In Valladolid hatte man aus jener weitverbreiteten Stimmung, daß diese Lande ungesichert nur einer fremden Politik dienten, die Sturmglocken geläutet, als der Hof aufbrach; nur durch glückliche Zufälle gelangte er wirklich zum Tore hinaus. So standen schon die Cortesverhandlungen unter wachsender Spannung. Anfang April siegten in Toledo die Bürger und ihre Comunidad; der königliche Corregidor hatte die Stadt verlassen müssen. In Segovia und Zamora kam es zu noch schlimmeren Auftritten. Eines Tages vereinigten sich die vorzüglich beteiligten Städte in Avila zur heiligen Junta (29. Juni 1520). Der Hof war schon am 20. Mai von Coruña aus in See gegangen.

Da die Städte selbst geteilter Meinung waren, die Comuneros sich überall ebensosehr gegen den Adel wie gegen die königlichen Beamten wandten, so befand sich das aufgeregte Land bald in einem allgemeinen und zerstörenden Bürgerkrieg, dem der vom Könige zurückgelassene Regent, der Kardinal Adrian, von Anfang an und von Tag zu Tag mehr rat- und hilflos gegenüberstand. Für Chièvres war es allzu bequem gewesen, das tiefgegründete Verhältnis Karls zu seinem geistlichen Erzieher, ähnlich wie schon einmal in den letzten Monaten Ferdinands von Aragon, mit einer diesmal wirklich undurchführbaren Aufgabe zu belasten.

Wir aber müssen uns dem neuen Machttitel zuwenden, der nicht ohne Gattinaras Anteil längst auf den jungen Fürsten seine magische Anziehungskraft ausübte, dem Kaisertum. „Es ist", hieß es in der Instruktion an Adrian für die Spanier, „so groß und erhaben, daß es alle anderen Würden dieser Erde überstrahlt." Daraus leitete der Hof das Recht ab, diese Königreiche, die in voller Empörung standen, so hastig und wieder für drei lange Jahre zu verlassen.

3. ERZHERZOG VON ÖSTERREICH
UND RÖMISCH-DEUTSCHER KAISER

Daß der König von Castilien und Aragon als Sohn Philipps von Burgund und Enkel Maximilians von Österreich in erster Linie Erbe der althabsburgischen Länder war, konnte uns bisher kaum zum Bewußtsein kommen. Sein Vater hat, wie wir uns erinnern, kurz vor der spanischen Ehe einmal einen Besuch in Innsbruck gemacht. Karl aber hatte bis dahin weder den eigentlich deutschen Boden, noch viel weniger die österreichischen Erblande am Oberrhein oder an der Donau je betreten. Sie waren für ihn ebenso ferne Erbstücke wie die Neuen Indien, die Cortes soeben um Neu-Spanien erweiterte. Karl sprach auch noch nicht hochdeutsch. Nur die vielen fremden Namen seiner deutschen Lande nahm er in seinen großen Titel auf.

Das waren die habsburgischen Stammlande am Knie des Oberrheins, der Franche Comté benachbart, die Landgrafschaft im Elsaß mit ihrer Verwaltung in Ensisheim, die Herrschaften im Umkreis der erstarkenden Schweizer Eidgenossenschaft, die Grafschaften im Breisgau und in Schwaben, in Vorarlberg und in Tirol, wo das allen vorderösterreichischen Ländern übergeordnete Regiment in Innsbruck saß; endlich Österreich, Steiermark, Kärnten, Krain und die Windische Mark, regiert vom Regiment in Wiener Neustadt. Überall reiche Lande, und selbst in den Gebirgen wenigstens durch wertvolle Metalle und bereits ausgebaute Gruben nutzbar; bedeutend durch ihre länderverbindenden Pässe, den Arlberg, das Wormser Joch und den Brenner. Dazu das in Tirol verhaftete Bistum Brixen und das sich an diese Landesherrschaft anschließende Bistum Trient, das bis an den Fuß der Alpen reichte. Von hier aus und von Osten umfaßten die Alpenländer die *Terra ferma* von Venedig, altes Gebiet des Reiches, einst Mark Verona, das erst in den letzten hundert Jahren nach und nach von der Republik San Marco erworben war; dürftige Ergebnisse der letzten kostspieligen Kriege Maximilians blieben nach dem Verzicht auf Verona nur noch Riva und Rovereto nebst unbedeutenden Grenzbereinigungen.

Das eigentliche Österreich von Linz bis Wien mit der geopolitisch so wichtigen Donaustraße und der Lage zwischen den Königreichen Böhmen und Ungarn erhielt durch diese Nachbarschaft seine zugleich innerpolitischen wie außenpolitischen Aussichten und Gefahren. Nach vorübergehender reiner Adelsherrschaft, die auch in Österreich immer wieder drohte, waren die Nachbar-Königreiche neuerdings in die Hände der Jagiellonen gekommen; sie müssen also auch mit Polen in einer dynastischen Einheit gesehen werden.

Maximilian. Die Erblande und das Reich

Maximilian hatte von seinem Vater ein schlechtes Erbe übernommen. Der Kredit des Hauses war ebenso verwirtschaftet wie seine tatsächliche Macht. Maximilian hat aus der bankrotten Hinterlassenschaft wenigstens neue große Möglichkeiten gemacht, wenn auch die Erblande schwer belastet blieben. Er war unstet, hatte immer zu viele Pläne, selten viel Geduld und niemals Geld. Aber diejenigen machen sich desselben Fehlers schuldig, dessen sie Maximilian bezichtigen, die von ihm das Gelingen auf allen Gebieten erwarten oder verlangen.

Der Sohn Friedrichs III und einer portugiesischen Prinzessin, der Gemahl der Maria von Burgund, später der Blanca Maria Sforza von Mailand, gehörte in ganz anderem Sinne als die alten deutschen Kaiser der inzwischen erweiterten europäischen Welt an. Er spielte, zeitlebens froh des Mummenschanzes, jede Rolle, die der Tag von ihm verlangte, virtuos und hingebend; und es ist sehr bezeichnend, daß er, dessen Jünglingsjahre in der rauschenden höfischen Lebensluft des burgundischen Hofes gestanden hatten, sich mit derselben Romantik den humanistischen Stimmungen der Renaissance ergab. Aus beiden Wurzeln zog er seine Vorstellungen von einem universalen glanzvoll ritterlichen Kaisertum mit all den Unwirklichkeiten seiner Ansprüche und Kriege, die nur zu oft aller Vernunft spotteten und wie geräuschvolle Turniere anmuten. In der sonderbarsten Verwirrung wirbelten bei ihm die Gedanken vom Hause Habsburg und seiner Herrlichkeit, von dem damit verbundenen, über alles heiligen Kaisertum, seinen phantastischen Pflichten gegen die Ungläubigen und der ihm unklar vorschwebenden Übereinstimmung beider Begriffe mit der Ehre und dem Vorteil deutscher Nation durcheinander. Dazu waren ihm die englisch-niederländische so gut wie die modern italienische Welt zeitig nahe genug getreten, um für ihn Majestät, Ehre und Geld in eine peinlich notwendige Verbindung zu bringen. Wie das Jahrhundert zu seinem Beginn überhaupt reicher war an politischen Plänen als an Gestaltungen, so ergriff auch Maximilians Geist und Gemüt unendlich viel mehr, als er zu halten und zu ordnen vermochte.

Das spiegelt sich lehrreich und oft grotesk in seinen literarischen Liebhabereien und in seinem Anteil an der offiziellen Publizistik seiner Regierung. Er gefiel sich, die Stände des Heiligen Reiches als das „Christlich Corpus" anzusprechen und einen Reichsfürsten zum Kriege aufzubieten „bei Pflicht und Gehorsam, da mit Du Gott, unserem Schöpfer, auch seinem heiligen Glauben und Uns als dessen Vogt und Deinem natürlichen Herrn verbunden bist — daß Du uns mit Deiner Hülf, soviel Dich Deiner Seele Heil, auch Ehre und Pflicht weiset, von Stund an zuziehest".

So ist auch sein Nationalgefühl noch ein unklares Gemisch von religiöser Formel, Sprach- und Schicksalsgemeinschaft, von Burgund her vor allem gegen Frankreich orientiert. „Die Stände sollen bedenken", sagt er ihnen 1509, „daß wir als ein Herr von Österreich und Burgund lange Jahre her viel schwere Last und Bürde, Mühe und Kosten von Franzosen, Schweizern, Geldrischen, Ungarn und Türken getragen und gelitten." Aber derselbe Fürst, der die Schweizer „bei ihrer Gezung" gegen die Franzosen warb, der vorgab, in den Niederlanden dafür zu kämpfen, daß „keine fremden Zungen in deutsche Nation brechen mögen", sprach und schrieb sich mit seinen beiden einzigen Kindern nur in französischer Sprache. Er, der in einem offiziellen Mandat als erster gegen den „Erbfeind" Frankreich zu Felde zog und Karl den Großen nachdrücklich als Deutschen in Anspruch nahm, hatte jahrelang keinen größeren Ehrgeiz, als die Erbin der Bretagne zu heiraten und damit doppelt Kronvasall von Frankreich zu werden. Halb als Herr des Kaisertums, mehr noch gegen Frankreich nahm er Mailand in Anspruch; und auch gegen Venedig zog er teils um dieser Position willen, teils aus südöstlichen Grenzreibereien an der Adria.

Kein Wunder, daß die deutschen Stände ihm zwar bereitwillig die Reichsreform abrangen, aber wenig Neigung zeigten, seinen sprunghaft wechselnden, oft genialen, meist phantastischen, immer ungenügend begründeten Plänen zu folgen. Er hat es gegenüber der deutschen Nation gar sehr fehlen lassen, und es war von den Fürsten zuviel verlangt, daß sie mit ihm das Interesse der Erblande, des Hauses Habsburg und des Reiches schlechtweg in eins sehen sollten. Maximilian hat im Nordosten und in bezug auf den Orden in Preußen zuletzt völlig versagt, trotz des unsinnigen Planes, einmal König von Schweden zu werden. Er war unglücklich gegenüber den Erbfeinden seines Hauses, den Schweizern; meist auch in Italien. Aber über dem allen darf man nicht vergessen, daß er die überaus schwere Aufgabe in Burgund trotz mancher Überspannung schließlich mit seiner Art von Zähigkeit doch gelöst hat; daß er das Deutsche Reich, mochten immer diese Dinge ihm abgerungen sein, in einer gegen früher erstaunlich geordneten Verfassung hinterließ, mit dem ewigen Landfrieden, einem ständischen Kammergericht, den Reichskreisen und brauchbaren Ansätzen zur Geldbeschaffung, entweder durch den gemeinen Pfennig oder die Matrikel. Maximilian hat seine Dynastie nicht nur in den Besitz der spanischen Königreiche gebracht sondern darin, durch Verbindung kühner Ansprüche auf Mitwirkung bei der Regentschaft und kluge Anpassung an Ferdinand von Aragon, auch gesichert. So hat er nicht minder, anknüpfend an frühere Verhandlungen, in den festlichen Wiener Tagen vom Juli 1515 den letzten Grund gelegt zum Erwerb von Ungarn und Böhmen. Die Urkunde vom 20. Juli, mit der Maximilian Ladislaus' Sohn Ludwig von Böhmen zu seinem Sohn annahm und die Kurfürsten aufforderte, ihn zum Kaiser zu küren, bleibt freilich eine der sonderbarsten der deutschen Geschichte; noch befremdender der Heiratsvertrag, kraft dessen Ludwig mit der Habsburgerin Marie und seine Schwester Anna mit dem alten Maximilian selbst durch förmliches Eheversprechen verbunden wurden, dieser auch ermächtigt sein sollte, Anna bereits für das Haus Habsburg in Besitz zu nehmen. Daß sehr reale Folgen dieser phantastischen Abmachungen schon so früh eintreten sollten, konnte Maximilian nicht ahnen. Aber er befand sich im Zuge einer weltgeschichtlichen Entwicklung, wenn er alle Abwehrkräfte gegen die seit der Mitte des vorigen Jahrhunderts ungestüm vordringenden Türken dynastisch zusammenfaßte.

Gewiß war das alles andere als nationale Politik im Sinne des 19. Jahrhunderts. Indessen hat sein Vorgehen nicht nur auf Jahrhunderte nachgewirkt sondern auch Lösungen aufgezeigt, die als ewige Möglichkeiten für weite Teile Europas historisch gleichberechtigt neben der Nationalstaatsidee stehen. Durch Einordnung Ferdinands in diese Erbmöglichkeiten an seiner Statt bestimmte Maximilian schon vorweg die Karl später obliegende Bereinigung einer Länderteilung zwischen ihm und seinem Bruder.

Die Nachfolge im Kaisertum

Die Herrschaft in den österreichischen Landen und im Deutschen Reich war nach ihren politischen Bedingungen noch mehr als diejenige im Herzogtum Burgund oder gar in den spanischen Königreichen von sehr mittelalterlicher Art: ein lockeres Gefüge von Eigenbesitz und nutzbaren Hoheiten inmitten einer formell lehnsrührigen, tatsächlich unabhängigen Menge von Fürsten, Herren und städtischen Gemeinden neben ihnen und in ihren Gebieten. Die Titel der Herren als Herzöge, Markgrafen und Grafen waren rechtlich im Grunde so wenig unterschiedlich wie die gleichen Titel in Spanien oder Burgund. Selbst der Unterschied von Landsässigkeit und Reichsunmittelbarkeit sollte seine wirklich schwerwiegende Bedeutung erst in den Religions- und Kirchenkämpfen der nächsten Menschenalter gewinnen. Aber alle diese Territorien des hohen und niederen Adels waren bereits weit mehr geschlossen als etwa das Reich. Auch bescheidene Ahnungen einer höheren Staatsidee waren diesen Ständen teils auf dem Wege hausväterischer Landesverwaltung, teils durch die langen Kämpfe um eine Reichsreform aufgegangen und von gelehrten Räten in verschieden gut geprägte Formen gebracht. Klare Linien der Reichspolitik gab es dagegen so wenig wie eine deutsche Außenpolitik.

Nur die sieben Kurfürsten, die drei geistlichen von Mainz, Köln und Trier und die vier weltlichen von Böhmen, Pfalz, Brandenburg und Sachsen, besaßen, außer gewissen erhöhten Landesrechten gegenüber der Reichsregierung, in Zeiten des Thronwechsels eine weit über ihre territoriale Macht hinausragende Wichtigkeit. Da der Enkel Maximilians Herzog von Burgund und König von Spanien war, und mit ihm sogar die Könige von England und Frankreich in den Wettbewerb um die deutsche Krone eintraten, so war die Bedeutung der Kurfürsten in den letzen Jahren Maximilians eine durchaus europäische. Das wurde noch betont durch das Interesse, das die römische Kurie an jedem zukünftigen Kaiser und der Papst als Herr des Kirchenstaates ebenso an dem neuerdings in Oberitalien übermächtig gewordenen König von Frankreich wie an dem spanischen König von Neapel nehmen mußte. Für Franz I bedeutete das Kaisertum die rechtliche Unangreifbarkeit seiner Stellung in Italien, die vollkommenste Befriedigung seines Ehrgeizes und die eitle Genugtuung, daß der junge Karl damit doppelt sein Vasall werden mußte. Daß aber Heinrich VIII, gewiß in säkularem Gegensatz zu den französischen Valois, sich nicht nur in Burgund und Navarra sondern auch in Oberitalien durch Subsidien an den Koalitionen gegen Ludwig XII und Franz I beteiligt hatte, neuerdings zwar einlenkte und an eine Verbindung seiner Tochter mit dem Dauphin dachte, gleichwohl als Kandidat für das Kaisertum auftrat, zeigt, wie weit selbst England damals noch von nationaler Realpolitik entfernt war, wie universal mittelalterlich auch noch die ersten Tudors dachten.

Gewiß durfte man die Erblichkeit des deutschen Königtums infolge der luxemburgischen und der drei habsburgischen Regierungen wieder genauso wie im hohen Mittelalter als das übliche betrachten. Aber König Karl von Spanien war zwar Enkel Maximilians, und seine Werber bedienten sich aller Vorteile dieser Abstammung, aber er stand den deutschen Fürsten im Grunde so fern wie die beiden Könige von England und Frankreich.

Maximilian täuschte sich nicht darüber. Wenn er im Überschwang neuer Freundschaften oder in Spannung mit der burgundischen Regierung oder in seinen üblichen Geldverlegenheiten einmal dem unmündigen Könige von Böhmen und Ungarn, ein andermal Heinrich VIII. von England das Kaisertum versprach, so kann ernstlich doch kein Zweifel daran bestehen, daß er im Grunde stets nur an seine Dynastie dachte. Pfalzgraf Friedrich erinnerte sich gegenüber Veltwyk noch 1551 sehr lebendig an Maximilians unverhüllte Bemühungen von 1513. Mit vollendeter Naivität, wie das seine Art war, verlor er auch die praktischen Vorteile des Kaisertums und die Ausnutzung der Geldmittel Spaniens oder Burgunds für seine Erblande nie aus dem Auge. So war seine Kritik an den ersten Weisungen, mit denen Karls Regierung durch die Sendung des Herrn von Courteville in die Werbung um das Kaisertum eintrat, geschärft durch das eigene Interesse. Auf die Verwandtschaft sollte man nicht pochen, schrieb er am 18. Mai 1518; entscheidend sei allein „viel Geld". Da die Erblande durch das Kaisertum nur wertvoller würden, dürfte man nicht sparen. Aber freilich, mit Wechseln sei niemandem gedient; nur bar Geld wirke. Die Fürsten würden den klingenden Münzen der Franzosen mehr glauben als allen guten Worten. An Kurpfalz müsse die Entschädigung für die Vogtei Hagenau, die zwar dem Reiche gehöre, aber den Erblanden sehr nützlich sei, mit 80 000 Goldgulden wirklich bezahlt werden. Ebenso an den Herzog von Sachsen die ohnehin geringe Abstandssumme von 30 000 Goldgulden für Friesland. Die geistlichen Fürsten auf Pfründen zu vertrösten, verfange nicht. Auch für sie seien die für die weltlichen Kurfürsten angesetzen 4 000 Goldgulden das allermindeste, da einige von Frankreich längst viel mehr bekämen. Neben den Kurfürsten müsse man auch der Fürsten gedenken, namentlich des Markgrafen Casimir; und da dem Kurfürsten von Brandenburg für seinen Sohn von Frankreich bereits die (uns schon oft begegnete) Prinzessin Renée angetragen sei, könne man Ersatz nur durch Karls Schwester Katharina bieten. Auch für Sickingen brauche man nicht nur eine Pension sondern (so heißt es fast schamlos) auch Ersatz des von ihm den Wormsern zugefügten Schadens in Höhe von 20 000 Goldgulden. Da der Herzog Ludwig von Bayern die Verbindung mit der Königin Johanna von Neapel ausschlage, sollte man ihm die Tochter des Gonzalo Hernandez geben, seinem Bruder Wilhelm die Prinzessin Eleonore, deren Verbindung mit dem alten Könige von Portugal er nicht wünsche. Nur mit so großen Mitteln könne man den „schrecklichen Praktiken" der Franzosen im Reich entgegenwirken. Zu den Schweizern dürfe man, angesichts des großartigen Auftretens der Franzosen, Courteville nicht senden; da brauche man schon einen großen Herrn wie Zevenbergen.

Nach einigen Wochen trafen wirklich neue Anweisungen für Courteville ein, und im Sommer erlebte man, daß sich die Kurfürsten persönlich zu Augsburg um Maximilian scharten, bis auf den noch unmündigen König von Böhmen, der aber durch Bevollmächtigte seines nächsten Agnaten, des Königs von Polen, vertreten wurde. Am 7. August erklärten alle dem Kaiser ihre Bereitwilligkeit zur Wahl seines Enkels Karl, bis auf Trier und Sachsen. Der eine hatte sich mit Frankreich anscheinend zu tief eingelassen; der andere berief sich auf das Verbot der Goldenen Bulle. Indessen behielt der kaiserliche Hof die Hoffnung, beide noch zu gewinnen.

Der Tod Maximilians am 12. Januar 1519 hatte alle Abmachungen zwischen ihm und den Kurfürsten aufgehoben und den Kampf um das Kaisertum erst recht entfesselt.

In diesem Augenblick gab es außer dem Kabinett Karls noch zwei habsburgische Regierungen, in den Niederlanden und in Österreich. Beide erhielten ihre letzten Weisungen vom Hofe, waren aber bei dessen weiter Entfernung zu einer gewissen Selbständigkeit des Handelns gezwungen. Auf ihre Sachkenntnis und Rührigkeit kam viel an.

Die Regierung der österreichischen Erblande wurde geleitet von Matthaeus Lang, Bischof von Gurk, seit 1511 Kardinal, dann Erzbischof von Salzburg, wo er seit 1514 Koadjutor war. Jetzt und später galt er als ein harter, wenig umgänglicher Mann, und mehr als einer der burgundischen Räte erklärte ihn für ungeeignet zu den Verhandlungen über das Kaisertum. Neben ihm stand Michael von Wolkenstein, ein besonderer Günstling Maximilians, dessen Name und Gnade die Inschrift aufbewahrt, die noch heute am Eingang des Schlosses seiner Nachkommen oberhalb Brixen den Besucher grüßt. Kanzler war Cyprian von Serntein, alterprobt wie der Schatzmeister Villinger und Hans Renner. Verstärkt durch die Bischöfe von Triest und Trient, durch Dietrichstein, Roggendorf und einige weitere Räte wurde diese Regierung von Karl erneut bevollmächtigt. Zu den Vertrauenspersonen der Habsburger im Reich gehörten außerdem Pfalzgraf Friedrich, trotz seiner früheren unfreiwilligen Entfernung vom Hofe, und der auch schon genannte Markgraf Casimir; außerdem der Bischof von Sitten, Matthaeus Schinner, ebenfalls seit 1511 Kardinal.

Zur Unterstützung dieser deutschen Fürsten und Räte boten die Habsburger längst auch ihre burgundischen Kräfte auf; darunter vom deutschen Adel Graf Hugo von Mansfeld, von Niederländern zuerst Maximilian Berghes, Herrn von Zevenbergen, der mit Mansfeld und Wolkenstein zusammen soeben das Goldene Vlies erhalten hatte und deshalb sehr betreten war, als er sich der Innsbrucker Regierung unterstellt glaubte. Auf seine Vorstellungen hin wurde das alsbald eingerenkt und auch Nikolaus Ziegler wieder zu Ehren gebracht, den man sogar als Reichsvizekanzler in Aussicht nahm. Aus ihrer unmittelbaren Umgebung hatte Margarete außerdem Anfang Februar den Sekretär Marnix zu Zevenbergen nach Augsburg geschickt, um den französischen Werbungen entgegenzuwirken; jeden französischen Dukaten, sollte er sagen, würden die Deutschen später mit dem Vierfachen zurückzahlen müssen. Ein anderer hoher Rat, Hugo Marmier, ging ungefähr um dieselbe Zeit zu Trier und Mainz. Denn je näher der Wahltermin rückte, um so eifriger wurde die Erzherzogin. Ihr standen als Staatsrat zur Seite Philipp von Cleve, Karl von Croy, Fürst von Chimay, Heinrich von Nassau, Anton Lalaing, Herr von Hoogstraeten, und ihr alter Vertrauter Johann von Berghes. Diese Regierung stellte nach und nach ihre besten Männer in die Front; nach Zevenbergen zunächst Heinrich von Nassau, Karls nächsten Freund, der um die Grafen am Rhein warb, dann zusammen mit Gerard de Pleine, Herrn von La Roche, die Kurfürsten von Trier und Köln aufsuchte und später mit Johann von Armerstorf weiterzog nach Sachsen und Brandenburg. Armerstorf war schon bei Kurpfalz, Trier und Mainz gewesen. Endlich wollte Margarete auch den Bischof von Lüttich, Eberhard von der Mark, für den man den Kardinalshut erwartete, mit in Deutschland verwenden.

Alle diese Herren und ihre Sekretäre entwickelten eine fieberhafte Tätigkeit, und ihre oft täglichen Berichte enthüllen uns die aufgeregte Stimmung dieses denkwürdigen Frühlings 1519. Begründete Nachrichten von den Absichten der Franzosen mengten sich mit wilden Gerüchten. Der König spare nicht mit Geld und Truppen; er wolle mit bewaffneter Hand durch Lothringen an den Rhein ziehen und habe bereits Anknüpfungen im Lande. Die Kurfürsten am Rhein fühlten sich genötigt, ihrerseits zur Sicherung der Wahlfreiheit habsburgische Hilfe zu erbitten.

Greifbar erschien die französische Gefahr für die Niederlande und das Reich, als ruchbar wurde, daß der alte Schützling Frankreichs, Karl von Geldern, sich inzwischen mit der Tochter des Herzogs Heinrich des Mittleren von Lüneburg in Celle vermählt hatte und diesem Rückhalt bot. Denn Herzog Heinrich stand in schwerer Fehde an der Seite des Bischofs von Hildesheim, eines geborenen Herzogs von Sachsen-Lauenburg, gegen dessen aufsässigen Stiftsadel, namentlich die Familie von Saldern. Der Adel aber hatte seinerseits Anlehnung gefunden bei dem Herzog Erich von Calenberg und seinen Neffen, dem Herzog Heinrich dem Jüngeren von Wolfenbüttel und dem Herzog Franz, Bischof von Minden. War bis dahin die verwüstende Fehde hauptsächlich auf Kosten des Stiftes Hildesheim gegangen, so wandten sich nun die Freunde des Bischofs gegen Minden, das ihnen nach dem Fall der Landesfeste Petershagen bald ganz in die Hände geriet. Hier in Niedersachsen also, dem Lande der Bauern und der Pferde, das noch die folgenden Menschenalter hindurch ein bevorzugtes Rekrutierungsgebiet von Reitern und Knechten bleiben sollte, hatte die französische Partei sozusagen ein siegreiches Heer an der Hand.

Aber auch die Habsburger hatten ihre militärischen Stützen. Ein altes Organ ihrer Politik in den Oberlanden war der Schwäbische Bund, von Haus aus ein Schutzbund der kleinen Reichsstände, Ritter und Städte gegen die Landespolitik der Herren von Württemberg. Neuen Anlaß zur Mobilmachung des Bundes gab der Überfall des ohnehin durch die Ermordung des Hans von Hutten belasteten Herzogs auf Reutlingen. Zerfallen mit seiner Gemahlin hatte er auch deren Brüder, die Herzöge von Bayern, auf sich geladen. Seine Unterstützung durch Frankreich reichte nicht aus. Ein kurzer Feldzug führte zur Sequestrierung des Landes. Erneuter Zuzug der Schweizer zum Herzog wurde durch die geschickte Politik Zevenbergens in Zürich rückgängig gemacht; die Schweizer begriffen die Gefahr einer französischen Umfassung und verlangten deshalb nun auch ihrerseits die Wahl eines Königs aus deutschem Stamm. So konnten die freigewordenen Truppen des Schwäbischen Bundes Ende Mai 1519 unmittelbar von den Habsburgern in Sold genommen werden. Neben ihren ersten Vertretern bei den Bundestruppen hatte die österreichische Politik etwa gleichzeitig in Franz von Sickingen eine besonders gefürchtete militärische Kraft gewonnen und damit dem französischen Dienst entzogen.

So war im Frühjahr 1519 die Lage in Deutschland.

Aber alle klugen und tatkräftigen Maßnahmen der habsburgischen Politik hingen letzten Endes ab von dem Willen und von den Mitteln des jungen Souveräns in Spanien. Und nun sind wir zum dritten Male in der Lage, zu sehen, daß dieser sich in der Tat ganz persönlich für etwas einsetzte und damit auch die ungeheuren Aufwendungen seiner Kommissare und Agenten in bezug auf Gratifikationen, Entschädigungen und Pensionen deckte. Die Wahl hat schließlich fast eine Million Goldgulden gekostet, wovon annähernd die Hälfte auf Gratifikationen an die Kurfürsten und ihre Räte gekommen ist. Das Haus der Fugger machte den größten Teil der ungeheuren Summe flüssig, und ihre Rechenbücher zeugen noch heute von den Ausgaben; durch Erwerb immer neuer kaiserlicher und habsburgischer Besitz- und Hoheitsrechte in Schwaben und Tirol machten sie sich ihrerseits bezahlt.

Karl erhielt Veranlassung zur Stellungnahme, als eines Tages an dem ängstlich gewordenen Hof in den Niederlanden die schüchterne Erwägung auftauchte, ob nicht bei unüberwindlichen Schwierigkeiten in bezug auf seine Person als König von Spanien vielleicht doch eine Kandidatur des Erzherzogs Ferdinand vorgeschoben werden sollte oder diejenige eines anderen deutschen Fürsten, wobei auch von Sachsen oder Pfalz die Rede war. Margarete und ihre Berater dachten offenbar nur daran, unter allen Umständen eine Wahl des Königs von Frankreich zu durchkreuzen. Allein schon die leiseste Anspielung auf solche Möglichkeiten stieß bei Karl auf leidenschaftliche Abwehr. Am 5. März fertigte er eine Persönlichkeit seines besonderen Vertrauens, Adrian von Croy, Herrn von Beaurain, der eben jetzt das Goldene Vlies erhielt, mit einer sehr eingehenden Instruktion und einem Handschreiben an seine Tante ab. Der Enkel Maximilians begehrte das Erbe seiner Ahnen in eifersüchtiger Erregung.

Er denke nicht daran, ließ er sagen, angesichts so bedeutender Aufwendungen und Aussichten, insbesondere der früheren Bereitwilligkeit der Kurfürsten, die Wahl irgendeines anderen zuzulassen; die Kurfürsten könnten das Eintreten für Ferdinand als Geringschätzung und als Rückzug von den schon übernommenen Verpflichtungen betrachten. Seine Berater sollten wissen, daß er das Letzte daransetzen werde, da er nichts auf dieser Welt mehr begehre. Er habe seine Kommissare angewiesen, nichts zu sparen, denn es gehe bei ihm um Reputation und Ehre. Er gedenke auch zu zeigen, daß seine Freundschaft mindestens so viel wert sei wie diejenige des Königs von Frankreich. Schon das bloße Erscheinen Ferdinands in Deutschland zur Übernahme der habsburgischen Länder lehnte er schroff ab; der Gedanke möge löblichem Diensteifer entstammen, aber er müsse doch sein Erstaunen über so eigenmächtige Pläne aussprechen; sie hätten sich das alles besser überlegen sollen. Er habe für Truppen in Deutschland und Neapel Vorkehrungen getroffen und werde nach der glücklichen Wahl sofort zur Krönung kommen. Sei er aber einmal Kaiser, so habe er ganz andere Möglichkeiten, auch für seinen Bruder zu sorgen. Jetzt aber schon die habsburgische Macht aufzuspalten, wäre gerade das, was die Franzosen am heftigsten begehrten. Deshalb solle alles, was in Sachen der Wahl oder des Erscheinens Ferdinands in Deutschland angeordnet oder angedeutet sei, unverzüglich und ausdrücklich rückgängig gemacht werden. Ein eigenhändiger Zusatz betonte noch einmal, daß alles dieses sein entschiedener Wille sei. Eigenhändig schrieb er außerdem an seinen Bruder, um ihn gegen alle Einflüsterungen zu schützen und ihn seiner Bereitwilligkeit zu einer späteren vernünftigen Erbteilung zu versichern.

Eingehender noch als die Handschreiben war die Instruktion für Beaurain. Da wird zum ersten Male die Wahl Ferdinands zum römischen Könige nach der Kaiserwahl so bestimmt in Aussicht genommen. Freilich findet sich hier auch die Befürchtung, daß das Ganze nur eine Machenschaft Frankreichs sei, das wohl aufs neue durch eine französische Heirat den Bruder von ihm trennen wolle. Ferdinand würde gar nicht in der Lage sein, das Kaisertum zu halten, denn schon ihr Großvater Maximilian sei trotz aller seiner hohen Fähigkeiten und Erfolge nie aus den schweren Sorgen herausgekommen. Nur die Vereinigung aller ihrer Länder gebe dem Kaisertum die jeden Gegner abschreckende Machtstellung zum Heile des Glaubens, zur Verteidigung der Christenheit. Das waren im tiefsten Sinne programmatische Worte dieser Regierung.

Man spürt ganz deutlich das Zusammenwirken der dynastischen Ansprüche und der Kreuzzugsstimmung des burgundischen Ritters mit den höheren Vorstellungen vom Kaisertum, in denen man nicht nur die Ideen, sondern auch die Feder Gattinaras vermuten darf. Karls Neigung lag in der Berufung auf Ehre und Reputation, Gattinaras Gedankenführung in der machtpolitischen Einschätzung des Kaisertums als eines Friedensfaktors für die Christenheit.

Die Meinungen der habsburgischen Regierung waren in allen ihren Trägern, in Innsbruck, in Augsburg, an den deutschen Höfen, in den Niederlanden und in Spanien im Grunde einheitlich, wenn auch verschieden begründet und nach Temperament ungleich lebendig. So bleibt die Frage, wie sich ihre Pläne und Absichten im Rahmen der europäischen Politik durchführen ließen. War nicht Karl durch heilige Verträge an das Haus gebunden, das ihm jetzt in bezug auf das Kaisertum so hochmütig entgegentrat? Lagen nicht auch Anzeichen dafür vor, daß Frankreich eine neue Anlehnung an England finden würde, nachdem der kurze Waffengang von 1513 mit der Rückgabe Tournais an Frankreich sozusagen rückgängig gemacht war? War die Anlehnung des Papstes an Frankreich nicht längst erfolgt? Bei der Vergebung des deutschen Königtums aber hatte das Papsttum wegen der Kaiserkrone seit dem 13. Jahrhundert ein gewichtiges Wort mitzusprechen — trotz aller Erklärungen in den Tagen Ludwigs von Bayern. Die päpstliche Politik aber stellte sich immer zugleich universal und im Zusammenhange der italienischen Staaten dar.

Nachdem die Besprechungen von Montpellier durch den plötzlichen Tod des französischen Bevollmächtigten gescheitert waren, zeigte Paris wenig Neigung zu weiteren Verhandlungen. Vom Papst hörte man kaum etwas Freundliches, von England nichts Sicheres. Der Leiter der englischen Politik, der kluge, aber eitle Erzbischof von York, Kardinal Wolsey, gab nach allen Seiten schöne Worte und bezog dafür entsprechende Gaben. Er selbst wollte Schiedsrichter der Christenheit heißen und die kaiserliche Würde für seinen Herrn gewinnen. Leo X ließ ihm durch den Legaten Campegio sagen, er sei mit England darin einig, daß er weder den König von Spanien noch denjenigen von Frankreich als Kaiser wünsche, daß er aber nicht wie England die Wahl des Franzosen sondern die Wahl des Spaniers für die gefährlichere halte. Heinrich VIII war auf diese Einladung zur Betreibung der eigenen Wahl im Herzen längst eingegangen, betonte freilich seinerseits, daß er im Zweifelsfall die Wahl des Franzosen noch weniger wünsche als diejenige Karls. So einigten sie sich dahin, beiden Teilen Entgegenkommen zu zeigen, im Ernst aber beiden entgegenzuwirken. In diesem Sinne war die Instruktion für Richard Pace vom 30. Mai nach Deutschland abgefaßt. Man dachte wohl, mit dieser Politik den lachenden Dritten zu spielen.

Der Papst hielt sich nicht an die Abrede, versicherte vielmehr den König von Frankreich seiner wärmsten Unterstützung, stellte ihm auch den Kardinalshut für die Kurfürsten von Trier und Köln in Aussicht, und für den Kardinal von Mainz die dauernde Legatenwürde, falls diese Herren für ihn einträten; ja, er sandte den ganz französisch gesinnten Nuntius Orsini nach Deutschland, wo sich bereits Cajetan und Carracciolo befanden, und ließ auf dem Tag der rheinischen Kurfürsten zu Oberwesel schlechthin erklären: Karl sei als König von Neapel nicht wählbar, entsprechend einer von Ferdinand von Aragon einstmals eingegangenen Verpflichtung. Damit war der bisher über die päpstliche Politik gelegte Schleier zerrissen. Die Regierung Karls ließ alsbald in Rom protestieren, worauf der Papst nun auch dem spanischen Gesandten gegenüber mit seiner Abneigung gegen Karls Wahl nicht mehr zurückhielt.

So lagen im Mai die Karten offen. Scheinbar waren alle Mächte gegen Karl. Die deutschen Kurfürsten schwankten. In Wahrheit wirkte gerade diese Lage zu Karls Gunsten. Die überkluge englische Politik hatte sich selbst neutralisiert. Pace erreichte nichts, wußte nur von dem raschen Sinken der französischen Aussichten zu berichten. Das offene Zusammenarbeiten aber zwischen dem Papst und Frankreich war das sicherste Mittel, die Stimmen der Kurfürsten den Habsburgern zuzuwenden. Die prahlerische Art der Franzosen, die Betonung der Macht und Mittel ihres Herrn mußten die Deutschen kopfscheu machen, und der Kredit des Papstes war eben jetzt, in den ersten Jahren der lutherischen Bewegung, sichtlich im Schwinden. Dazu wurde die durch den aufsteigenden Humanismus entbundene nationale Stimmung, vor allem im Elsaß und am Rhein, sich ihres politischen Gehalts gegen Frankreich und für die Dynastie des letzten Kaisers von Tag zu Tag mehr bewußt. Die verbindliche, interessierte, joviale und ritterliche Art Maximilians hatte ihm Fürsten und Volk gewonnen. Was man an seiner Politik zu tadeln gehabt hatte, das war vergessen. Sein Bild, in unzähligen Blättern über das Land verbreitet, war lebendig geblieben; und sein junger Enkel, weder durch bedrohliche Macht noch durch persönliche Ansprüche gleich seinem französischen Nachbarn belastet, genoß unverdient das, was man Popularität nennt. Auch von ihm verbreitete man volkstümliche Bilder in Holzschnitten, und das Volkslied beteuerte:

> Ich hoff, die Sach soll werden gut,
> so Carolus, das edel Plut,
> die Sach tut für sich nehmen.

Ein deutscher Forscher hat vor einigen Jahren versucht, diese „habsburgische Legende" zu zerstören. Es ist ihm nicht gelungen, weil unsere Überlieferung selbst eine zu eindringliche Sprache redet.

Und so trat das ein, was eintreten mußte, nachdem die habsburgischen Regierungen die Wahl einträchtig und umfassend vorbereitet, auch die militärische Sicherung, ohne daß man den Druck spürte, behutsam in die Wege geleitet und mit Geld nicht gespart hatten. Was noch fehlte, schien die Haltung der Gegner zu besorgen.

In dieser Lage griff nämlich die päpstliche Politik zu einem letzten Mittel. Wenn sie schon die Wahl des Königs von Frankreich nicht mehr für möglich hielt, so wollte sie doch die Erhebung Karls noch verhindern. Sie lenkte zurück auf die Wahl eines deutschen Kurfürsten.

In Betracht kam nur der angesehenste unter ihnen, Friedrich der Weise von Sachsen. Sein Name war in diesem Zusammenhang vor Jahren schon einmal genannt worden, dann aber hinter den großen Potentaten völlig zurückgetreten. Außerdem stand dieser bedächtige und herbe Mann erst recht im Brennpunkt des Interesses als der Landsherr des Augustiners und Professors von Wittenberg, der das Unwesen des päpstlichen Ablasses mit so tiefem Ernst und so großer Gelehrsamkeit bekämpfte und sich neuerdings von dieser Einzelfrage vorwärtsgetrieben sah zum Sturm gegen das ganze geräuschvolle Kirchenwesen, das in fremden Händen lag, von Machtbegier geleitet war und mit dem Geist des Evangeliums als der frohen Botschaft von der inneren Versöhnung des sündigen Menschen mit Gott wenig mehr gemein zu haben schien.

Friedrich der Weise hatte sich den Werbungen Maximilians gegenüber spröde verhalten. Auch spätere Angebote der Habsburger waren auf seinen beharrlichen Widerstand gestoßen; es gebühre ihm nicht, wegen der Königswahl zu verhandeln. Der seinen Hof doch verlockende Gedanke einer habsburgischen Ehe für den Kurprinzen mit stattlicher Mitgift, Geschenke an die Räte und große Angebote für die kurfürstliche Kasse wurden ohne jede Beziehung auf die Wahlfrage betrachtet und Zahlungen nur als Begleichung einer „alten Schuld" behandelt. Kein Zweifel, daß sich in dieser Schämerlichkeit ein feineres Gewissen zeigte als in dem Verhalten der übrigen Kurfürsten, von denen Mainz für sich und die Räte 113 200 Goldgulden, Köln wenigstens 52 800, Pfalz einschließlich der Entschädigung für Hagenau und der Gratifikation an den Pfalzgrafen Friedrich 184 100 Goldgulden ohne Erröten annahmen, ja durch kluges Verhandeln erst auf diese Höhe gebracht hatten. Die Schlußsumme für Kursachsen betrug nach den Büchern der Fugger immerhin auch 70 000 Gulden. Alle also, einschließlich Trier und Kursachsen, erhielten ihre Gebühren; nur der unersättlichste, der Kurfürst von Brandenburg, ging leer aus, weil er bis zuletzt an Frankreich festhielt, obwohl er sich zwischendurch einmal an die habsburgische Politik so nahe angeschlossen hatte, daß die Ehe des Kurprinzen mit „Fräulein Katharina von Hispanien" durch Prokuration bereits vollzogen werden konnte.

Auf den Kurfürsten von Sachsen wirkten nun die Franzosen und die römische Kurie durch den geschäftigen Karl von Miltitz noch im letzten Augenblick, am 14. Juni, mit dem Ansinnen ein, er möge, falls die Wahl des Königs von Frankreich nicht zu erreichen sei, seine eigene Wahl zulassen; päpstliche Heiligkeit wolle seine Wahl schon als gültig betrachten, wenn er zur eigenen Stimme noch zwei weitere gewinne (wobei man irrtümlicherweise wohl nur mit sechs Kurfürsten rechnete). Nicht genug damit; der Papst würde auch ihm für den Fall seiner Bereitwilligkeit einen Kardinalshut zur Verfügung stellen. Man hat gemeint, daß sich dieses Angebot auf Luther bezogen habe — ein ganz unsinniger Gedanke für jeden, der die damalige römische Kurie und den bereits eingeleiteten Prozeß gegen Luther kennt. In Wahrheit scheiterte alles Liebeswerben an dem aufrechten Sinn des alten Herrn, der auf die französischen Heiratsangebote offen und ehrlich antwortete, er stehe bereits anderweitig in Verhandlung. So fehlte es an der ersten Voraussetzung für die angebliche Wahl Friedrichs des Weisen, seinem eigenen Einverständnis.

Ganz sicher ist es nie zu einer solchen Wahl gekommen. Wir wissen vielmehr sehr genau, daß die letzten Frankfurter Beratungen der Kurfürsten am 26. und 27. Juni nichts wesentlich Neues brachten. Am Abend des 27. kündigten sie die eigentliche Wahl für den nächsten Tag an. Der Rat der Stadt ließ dem Volke ansagen, niemand solle erschrecken, wenn die Sturmglocken dreimal geläutet würden; das sei Brauch; ein jeder solle dann Gott bitten, den Kurfürsten Seine Gnade zu verleihen, „daß sie einen König wählen, der Gott dem Allmächtigen, dem Heiligen Reich und uns allen Nutz sei". Die Wahl Karls erfolgte einstimmig. Nur der Brandenburger ließ sich notariell verbriefen, daß er die Wahl „aus rechter Furcht tue und nicht aus rechtem Wissen". Als aber die Wahl ausgerufen, „haben die 22 Trompeter des Pfalzgrafen und des Markgrafen von Brandenburg in die Trompeten gestoßen, dann hat man zur Orgel das große *Te Deum laudamus* angestimmt"; so erzählt der Frankfurter Stadtschreiber.

In der Reihe der deutschen Könige und Kaiser war dieser Karl der fünfte, und so lebt er in der Geschichte und in der Benennung aller Völker fort. Er trug den alten karolingischen Namen, den zwischendurch nur noch der Luxemburger Karl IV geführt hatte — auch aus derselben niederfränkischen Heimat Karls des Großen. Die deutsche und die abendländische Geschichte schienen zurückzulenken in ihre Anfänge und noch einmal die bedeutendsten Möglichkeiten zu eröffnen.

So urteilte jedenfalls der vornehmste Berater des Erwählten, sein Großkanzler Gattinara. Mit einer Denkschrift vom 12. Juli 1519, also unmittelbar nach Eintreffen der Wahlnachricht, begann er das große politische Erziehungswerk an seinem Herrn mit den Worten: „Sire, da Euch Gott diese ungeheure Gnade verliehen hat, Euch über alle Könige und Fürsten der Christenheit zu erhöhen zu einer Macht, die bisher nur Euer Vorgänger Karl der Große besessen hat, so seid Ihr auf dem Wege zur Weltmonarchie, zur Sammlung der Christenheit unter einem Hirten." Deshalb gebühre Seiner Majestät zuerst Gottesfurcht und Demut, Erfüllung der Testamente seiner Vorfahren, Sorge für die Königin-Mutter und hochherziges Verhalten gegen den Bruder. Sodann sei es seine Pflicht, die rechten Personen auszusuchen für Kirche und Staat, besonders für die Gerichte. Auswahl guter Räte, wie Moses geraten, Erlaß guter Gesetze wie durch Justinian, ihre Handhabung in Milde wie durch Titus; dazu Freigebigkeit nach Seneca und doch Mäßigung in allem. Besonders wichtig, Ordnung in den Finanzen zu halten, zumal im Heere; hundert gutbezahlte Krieger seien mehr wert als zweihundert schlechtbezahlte. Aber auch sonst Zusammenfassung und Kontrolle im ganzen Haushalt. Gattinara warnte vor der Bevorzugung der Niederländer, empfahl einen kleinen geheimen Rat und zum Schutz gegen die Verschleppung der Geschäfte die Erledigung des Wichtigsten an jedem Morgen, gleich nach dem Aufstehen, wenn nicht schon beim Anziehen. Er empfahl die Verselbständigung der Sekretäre zur Entlastung des Monarchen und des Kanzlers, vollends die Selbständigkeit aller Gerichte. Gegen Schluß der Denkschrift heißt es, nächst seinen Eltern verdanke der König am meisten dem Marquis von Arschot, Herrn von Chièvres, und dann noch einmal: Die Monarchie habe ihren Sinn in der Vereinigung aller Völker zum Dienste Gottes.

Am 30. November wurde die feierliche Begrüßung durch die Gesandtschaft der Kurfürsten in Molins del Rey von Gattinara ebenso stilvoll beantwortet; einige Wochen nach dem Empfang die Botschaft der österreichischen Stände. Der Kanzler entwarf ein vorteilhaftes Bild von dem neuen König, nahm ihn auch im Privatgespräch in Schutz gegen ungünstige Gerüchte. Dabei war es sichtlich mehr Wunsch als Wirklichkeit, wenn er den Fleiß seines Herrn rühmte, der schon morgens im Bett die wichtigsten Geschäfte erledige und mit seiner hohen Einsicht oft die Alten beschäme.

Wieder einige Wochen später legte der Kanzler sein aufschlußreiches Gutachten vor über Titel, Wappen, Siegel und Münzen des neuen Kaisers. Er meinte, an die Spitze jedes Titels gehöre nun „König der Römer, erwählter römischer Kaiser, immer Augustus". Dann könnten die anderen Titel folgen. Um Verstimmungen zu begegnen, sollte man in Castilien und Aragon verkünden, das sei keine Beeinträchtigung der Ehre und Würde dieser Königreiche, sondern ihre Erhöhung. Auch müßte der Name der Königin Juana zwar nach dem Kaisertitel, aber vor dem Königstitel Karls eingesetzt bleiben. Für Deutschland sollte der Titel lauten: „Römischer König, künftiger Kaiser, immer Augustus, König von Spanien, Sizilien, Jerusalem, der Balearen, der kanarischen und indianischen Inseln, sowie des Festlandes jenseits des Ozeans, Erzherzog von Österreich, Herzog von Burgund, Brabant, Steier, Kärnten, Krain, Luxemburg, Limburg, Athen und Neopatria, Graf von Habsburg, Flandern, Tirol, Pfalzgraf von Burgund, Hennegau, Pfirt, Roussillon, Landgraf im Elsaß, Fürst in Schwaben, Herr in Asien und Afrika." Ich denke, man muß sich diese Gruppierung der Titel lediglich nach ihrer Rangstufe, nicht nach Ländern oder Völkern, vergegenwärtigen, um die Gedankenrichtung zu verstehen, aus der sich das neue Weltreich bildete.

Die Unterschrift sollte nach Meinung Gattinaras nur im Namen bestehen, nicht wie in Spanien *Yo el rey*, „Ich der König". Als Wappen komme nur der zweiköpfige Adler in Betracht, wie bei dem verstorbenen Kaiser, mit Herz- oder Nebenschilden. Das Siegel möge nach den Ländern und den deutschen Erzkanzlerämtern verschieden sein, aber ein größeres Kaisersiegel stets beim Kaiser gehalten werden, für alle bedeutenden und geheimen Sachen. Dieses Siegel müsse ein Majestätssiegel sein, der thronende Kaiser mit Szepter und Weltkugel, das Kaiserwappen zur Rechten, das Königswappen zur Linken. Handsiegel je nach den Behörden; Sekret und Gegensiegel für Burgund aber mit Andreaskreuz und den Elementen der Ordenskette nebst der Devise *Plus oultre*, oder nur diese mit den Säulen des Herkules. Die spanischen Münzen sollten auf der einen Seite das Bild des Königs mit Reichsadler und Herzschild, auf der anderen Seite das Bild seiner Mutter tragen mit dem Landeswappen. Betreff der übrigen Länder bleibe zu erwägen, „ob Seine Majestät den Münzfuß nach spanischer Art mit Kurs durch alle seine Länder vereinfachen will".

Kein Zweifel, der Kanzler träumte von einer universalen, auch wirtschaftlichen Einheit.

Umgruppierung der Mächte. Fürstentage am Kanal

Die vollzogene Königswahl zwang ganz Europa zur Nachprüfung der gegenseitigen politischen Beziehungen. Franz I hatte sich zu laut gerühmt und in seinen doch unzulänglichen Maßnahmen zu sehr bloßgestellt, um nicht in seinem Ehrgeiz und in seinem politischen Ruf schwer getroffen zu sein. Auf der anderen Seite bestand noch das Eheversprechen Karls gegenüber seiner Tochter. Dementsprechend drückten die Räte des Königs ihre etwas betretene Freude über Karls Wahl aus, die, wie man höre, „unendlich viel mehr gekostet habe als die französischen Bemühungen". Franz I selbst überwand sich zunächst zu süß-sauren Tröstungen und bequemte sich zu einem Glückwunsch, den Karl voller Ergebenheit beantwortete. Auch England machte gute Miene zum verunglückten Spiel. Heinrich VIII besann sich auf „sein altes und freundschaftliches Verhältnis zu Burgund und Spanien". Wie Karl ihm in guter Haltung für seine „Wahlhilfe" dankte, so tat es erst recht Margarete aus Anlaß des Empfangs, den sie Richard Pace gewährte. Ihr mochte in der Tat bei der Niederlage Frankreichs und der wenigstens zur Schau getragenen Freundschaft Englands wahrhaft wohl sein.

Der Papst zeigte sich bei seiner im Grunde ängstlichen Persönlichkeit weniger sorglos als die beiden jungen weltlichen Monarchen. Leo X sah sich durch die französische Freundschaft in Italien mehr gefährdet als gestützt, und wenn er die Spanier fürchtete, so fühlte er sich eben dadurch in unbehaglicher Weise zu ihnen hingezogen. Er konnte doch auch die einstweilen nicht erschütterte Macht des französischen Herrn von Mailand kaum übersehen. Die häufigen und manchmal sensationellen Berichte der Gesandten, besonders der in ähnlicher Lage befindlichen Venezianer, lassen das sanguinische Schwanken des Papstes von unbeherrschten Erregungen zu salbungsvollen Anpassungen an die Lage fast zu drastisch hervortreten. Diese Berichte sind Tageszeitungen, nicht ausgeglichene Schriftstücke; man beachtete mit der Hellhörigkeit der Vorzimmer, daß bei den Gottesdiensten und Festen des Papstes aus Anlaß der Kaiserwahl die französischen, englischen und venezianischen Gesandten fern blieben. Der Papst äußerte wohl, diese drei Mächte und die Schweizer müßten zusammenhalten, um der aufsteigenden Macht des katholischen Königs ein Gegengewicht zu bieten. Seine Sorgen umfaßten ja nicht nur den Kirchenstaat, dem er gar zu gern auch Ferrara wieder einverleibt hätte, sondern erst recht das heimische Florenz, wo freilich sein durch Heirat an Frankreich gebundener Neffe Lorenzo Medici eben gestorben war. Ernstlich verhandelt wurde noch lange über die Belehnung des zukünftigen Kaisers mit Neapel, weil da ältere und jüngere Dekretalen im Wege standen, zu schweigen von dem Einspruch Frankreichs.

Die europäische Machtstellung der Schweizer datierte Commines seit den sechziger Jahren des vorigen Jahrhunderts. Sie war vollends anerkannt seit dem Einbruch der Franzosen in Oberitalien. Die Eidgenossen verfügten über die besten Soldtruppen in ihren eigenen Leuten und hatten seit dem Erwerb von Lugano und Locarno (1512) offenen Paß in das zwischen dem Kaiser, Venedig und Frankreich umstrittene Mailand, das ihnen übrigens längst auch wirtschaftlich wichtig war. Habsburgische und französische Botschaften begegneten oder folgten sich deshalb auf ihren Tagsatzungen in Zürich oder Baden. Einstweilen „behielten sie ihre Hand offen".

Im Augenblick entscheidend für Karl waren England und Frankreich wegen der Notwendigkeit seiner Rückkehr aus Spanien in die Niederlande und nach Deutschland. Die Verhandlungen mit England lagen in den Händen des Bischofs von Elne, Bernard de Mesa, und des Sekretärs le Sauch. Man erwartete in England Karls Besuch und schmeichelte sich, daß dieser Besuch der erste des gewählten Kaisers sein werde. Da die Regierung Karls angesichts der noch in den letzten Fäden hängenden Beziehungen zu Frankreich etwas zurückhielt, übte Wolsey einen stärkeren Druck aus. Er gab sich zu Beginn des Jahres 1520 seinerseits den französischen Werbungen vor aller Welt hin und verabredete endgültig die Zusammenkunft der Könige, die von den beiden temperamentvollen Herren je „auf ihren Bart" längst versprochen war. Die neue Lage spiegelte sich alsbald in der sehr anmaßenden Note, die Franz I am 20. Februar zu Burgos in bezug auf die Durchführung des Vertrages von Noyon überreichen ließ.

Das alles wirkte sofort in Spanien, mehr noch in den Niederlanden. Denn unter diesen Umständen mußte eine engere Verbindung Englands mit dem König von Frankreich der habsburgischen Politik sehr unerwünscht sein. Karl bestellte eine vornehme Botschaft, den alten Berghes, Gorrevod, La Roche und Haneton neben le Sauch und Mesa zu seiner außerordentlichen Vertretung in England, um seinen baldigen Besuch anzukündigen. Margarete genügte das noch nicht. Sie überbot das Entgegenkommen durch den unverzüglichen Befehl an le Sauch, vorauszufahren und unter Preisgabe des kaiserlichen Angebots eines Besuches auf der Insel Wight das von den Engländern vorgeschlagene Southampton anzunehmen; auch — fügte Margarete hinzu — solle er die Engländer ja nicht merken lassen, daß dieses Entgegenkommen unter dem Druck der letzten Ereignisse stehe; deshalb unterstrich sie dem Sekretär gewisse Stellen in der kaiserlichen Instruktion, die sie unterdrückt wissen wollte.

Sonderbar, wie sich nun das politische Spiel in einer Etikettenfrage zu verlieren schien. Denn alle Bemühungen der englischen, französischen und habsburgischen Politik drehten sich in den nächsten Wochen um die Reihenfolge und das Zeremoniell der Besuche. Von einem Besuche Karls in Frankreich war nicht die Rede. Es wurde vereinbart, daß Karl Mitte Mai in England eintreffe, also wirklich dort seinen ersten Besuch mache, dann weiterfahre in die Niederlande. Inzwischen wollte Heinrich VIII sich nach Calais begeben zum Besuch des Königs von Frankreich, um nach dieser Entrevue wiederum mit Karl zusammenzutreffen. Diese Fragen und alles darin liegende Mißtrauen, besonders in Frankreich, galt es glücklich zu bereinigen und die täuschenden Korrespondenzen so zu formulieren, daß nirgends das herzliche Verständnis getrübt würde.

Natürlich gab es in den Vorbesprechungen doch allerlei Mißtöne. Le Sauch empfand es mit Recht als taktlos, daß sich Wolsey mit seinen Ratschlägen in die inneren Angelegenheiten Karls einmischte, etwa mit dem Vorschlag, die Erzherzogin Margarete möge als Statthalterin nach Spanien gehen, damit Chièvres in den Niederlanden frei schalten könne. Aber die Falten glätteten sich wieder.

Man begreift nachträglich, daß der Hof in Spanien die Lösung von den Cortes kaum abwarten konnte, um einigermaßen rechtzeitig in England einzutreffen. Er hatte diesmal Wetterglück und kam in sieben Tagen bis Dover. Der Kardinal von York war zum Empfang herbeigeeilt; man hatte ihm vorsorglich in Spanien ein Bistum ganz, und von einem zweiten noch eine namhafte Rente verbrieft; man warb in Rom um die Genehmigung dafür. Am Pfingstsonntag, dem 27. Mai 1520, erfolgte von Dover aus der Einritt in Canterbury, wo die große fürstliche Familientagung stattfand. Da waren der König und die Königin Katharina; ihre Stiefmutter Germaine de Foix, jetzt Markgräfin von Brandenburg; ihre Schwägerin Mary, Königin-Witwe von Frankreich, jetzt Herzogin von Suffolk; dazu Karl mit seinem stattlichen spanischen und niederländischen Gefolge. Dem Anteil der Damen entsprach Art und Ton der gesellschaftlichen Veranstaltungen.

Allerlei Verträge waren schon vorher entworfen, insbesondere auch die Verlängerung des England günstigen Handelsvertrages mit den Niederlanden auf fünf Jahre. Das eigentliche Ergebnis der Verhandlungen von Canterbury war aber das enge Bündnis vom 29. Mai, das wir unlängst aus dem Original von Turin kennengelernt haben; Einzelheiten waren der Besprechung durch Wolsey und Chièvres vorbehalten; denn nach der Zusammenkunft des englischen Königs mit dem französischen sollten sich Heinrich und Karl in der Tat am 11. Juni zwischen Calais und Gravelingen noch einmal treffen.

Während Karl am 1. Juni wieder in Vlissingen landete, um noch am selben Tage über Brügge und Gent nach Brüssel zu ziehen, setzte Heinrich VIII mit einem Gefolge von einigen tausend Personen über den Kanal zu dem berühmten Besuch bei Franz I im „Güldenen Feld", das heißt in den aus golddurchwirkten Stoffen aufgespannten Zelten, ein Zeichen des unerhörten Luxus, mit dem beide Könige sich und den Ihrigen Eindruck zu machen beflissen waren. Wieder eine Fülle gesellschaftlicher Schaustellungen und täuschender, wenn nicht verlogener, gegenseitiger Liebeserklärungen, ganze drei Wochen lang. Man pries diese herrlichen Tage, dieses längst ersehnte Entzücken aneinander. Besonders die Mutter des Königs, Louise von Savoyen, tat ihr Schönstes in unerschöpflicher Courtoisie. Aber auch Franz selbst überraschte seinen königlichen Herzensfreund einmal ganz früh morgens, ließ ihn wecken und tat Dienst bei seinem *Lever* mit Darreichung des Hemdes. Aber was an praktisch politischen Fragen besprochen wurde, erfuhr, soweit wir sehen, keine Förderung. Man betäubte das tiefste gegenseitige Mißtrauen mit geräuschvollen Beweisen des Gegenteils. Wichtiger wurde die Schlußzusammenkunft Heinrichs VIII mit Karl zwischen Gravelingen und Calais. Sie strafte alles Lügen, was soeben noch in nächster Nähe zwischen Heinrich und Franz an Liebesworten ausgetauscht war. Der Sand am Meer hätte erröten müssen. Denn wenn nicht alles täuscht, ist schon hier unverblümt über eine englische Heirat Karls verhandelt worden. Daß Heinrich seinem französischen Freunde im Vertrauen schrieb, die Anregung dazu sei von Karl ausgegangen, von ihm aber unter Hinweis auf die älteren Pflichten seines Neffen zurückgewiesen, macht das Gegenteil erst recht wahrscheinlich. Allerdings gab es auch bei diesem Freundespaar Zweifel an der Ehrlichkeit der Gefühle. Die Engländer witterten bei Chièvres noch immer die alte Franzosenfreundschaft; die Niederländer vermuteten, daß doch von dem Goldfelde einiges hängengeblieben sein könnte. War nicht Karls Stellung wirklich noch sehr unsicher? Es gab Leute genug, die mit Übertreibung der ohnehin schlechten Nachrichten aus Spanien nicht kargten. Und was barg der Schoß Italiens? Was Deutschland?

Erwerb Württembergs. Krönung in Aachen

Den Hof drückte zunächst die ewige Finanznot. Ganz klar sehen wir noch immer nicht in die Bilanzen des Staatshaushaltes, der trotz Gattinaras Drängen nichts weniger als zentralisiert war. Die Masse der Finanzakten der Regierungen wie der Bankhäuser und aller Reichtum der Buchführungen im einzelnen bringen uns nicht hinweg über den entscheidenden Mangel unserer Überlieferung in bezug auf das laufende Verhältnis von Einnahmen und Ausgaben. Man bekam oft große Summen von den Banken gegen Verpfändung oder Veräußerung von Krongütern, aber der Urquell aller Verlegenheiten blieb, daß man niemals aus aufgespeichertem Vermögen sondern immer nur auf Kosten der Zukunft lebte, aus immer neuen Verpfändungen von Staatseinnahmen, Domänen und Bergwerken. Das ist leider bei den meisten Staaten aller Zeiten der Fall, aber das unternehmungslustige 16. Jahrhundert, das so tief in der Privatwirtschaft steckte, ließ die Spannung zwischen seinen Bedürfnissen und den viel zu kurzfristigen Anleihen noch als einen ganz persönlichen, auf Ehre und Kredit des Fürsten lastenden Druck empfinden. Von Bankhäusern, Ministern und Kriegsobristen konnten Vermögen gewonnen werden auf Kosten der Staaten. Die Staaten selbst litten Not. Denn die laufenden hohen Einnahmen wurden von den noch höheren Ausgaben dieser kostspieligen Höfe, ihren Reisen und Geschenken offenbar immer wieder sogleich verzehrt.

Während der letzten spanischen und der ersten niederländischen Monate schwebte eine Sache, die das höchst lehrreich veranschaulicht; das war der Erwerb Württembergs.

An und für sich haben gerade in dieser Sache die habsburgischen Kommissare an politischer Einsicht und Tatkraft ihr Meisterstück vollbracht. Aber der Hof hielt scheinbar ebenso stumpf zurück, wie die Innsbrucker Kammer aus Mangel an Geld von vornherein dem ganzen württembergischen Handel abgeneigt gewesen war; die reichen Tiroler Metallgruben waren längst an die Fugger verpfändet. Anders die burgundischen Räte. Schon bald nach den ersten Erfolgen des Schwäbischen Bundes gegen Herzog Ulrich, vollends nach dessen verunglücktem Versuch zurückzukehren, legten sie es darauf an, das Land für das Haus Österreich zu gewinnen. Die treibende Kraft war wieder Zevenbergen, der die Hauptberichte selbst diktiert haben muß, da er mehrfach in der eigenen Person spricht. Die Verhandlungen zogen sich hin bis zum 6. Februar 1520, wo der bindende Abschluß mit dem Bunde erfolgte. Erst hatte es sich nur um Ablehnung einer Zerstückelung des Herzogtums durch die Bundesstände gehandelt; dann um Erwerb des Ganzen gegen Erstattung der Kriegskosten; auch dies im Einvernehmen mit Bayern. Man sprach von 300 000 bis 400 000 Gulden. Aber selbst diese Summe schien dem vom Gelde entblößten Hofe unannehmbar. So wagten die kühnen Räte, von denen Zevenbergen schon bei der Kaiserwahl ein kleines Vermögen zugesetzt hatte, unter Überschreitung ihrer Vollmachten den Erwerb auf eigene Verantwortung; und eben diese Eigenmächtigkeit hat uns ihre überaus wichtigen Begründungen eingetragen — beiläufig die ersten großen Denkschriften der Regierung Karls V in deutscher Sprache und ein sprechendes Beispiel dafür, wie diese gebildeten Räte ihre Höfe und Fürsten mit sich rissen.

Die Schriftstücke sollten beim Kaiser, bei Chièvres und bei Margarete die Vorwürfe entkräften, die man den Räten machte. Sie wüßten wohl, daß sie hoch gespielt hätten, aber sie seien auch erfüllt von dem gewaltigen Gewinn, den sie der Dynastie zubrächten. Sie wüßten auch, daß es Leute gäbe, Fürsten und Herren, die dem Hause Österreich den Erfolg nicht gönnten und deshalb die Räte tadelten, „es möchte Seiner Majestät ein Krieg und Empörung daraus entstehen, einen Fürsten in Deutschland so von Land und Leuten zu vertreiben". Indessen, sagten sie, liege Württemberg so günstig zwischen den zerfetzten vorderösterreichischen Ländern von Tirol bis zum Breisgau und Sundgau, daß der Gesamtbesitz jetzt erst recht wertvoll werde; daß gerade er mit seinen Mitteln und seiner Menschenkraft dafür bürge, „daß die Fürsten und Stände Ihrer Majestät müßten gehorsam sein, und daß ein Herr von Österreich stets römischer König und Kaiser sein könne", wenn er wolle. Hätte man das Land, das drei Millionen wert sei, das man den „Brotkasten der Schweiz" nenne, fahren lassen und gar die Rückkehr des friedlosen Herzogs geduldet, so würde man statt dessen „einen anderen Herzog von Geldern" im Lande haben, einen Pensionär von Frankreich, während sich die schutzlosen Stände ihrerseits, wozu sie ohnehin Neigung hätten, ganz „zu den Eidgenossen schlagen würden und nachfolgends das Land Schwaben und der Rheinstrom bis gen Köln (das Land der Städtebünde) zu ihnen kommen und damit zuletzt das ganze deutsche Land all ein Commun sein und alle Oberkeit daraus vertrieben werden". Deshalb sei auch der Erwerb der Landvogtei Hagenau so wichtig gewesen, da die zehn Reichsstädte sich sonst ebenfalls „zu den Schweizern schlügen; und wie es alsdann mit der Stadt Straßburg stehen würde, ist wohl zu ermessen".

Die Habsburgischen Räte sahen also die Zeichen der Zeit merkwürdig klar. Sie bauten einen mächtigen Territorialstaat von der Mündung des Rheins bis zur oberen Donau planmäßig aus und stemmten sich zugleich der heraufziehenden demokratischen Flut ganz bewußt entgegen, als hätten sie das Erlebnis der spanischen Comuneros vor Augen gehabt und hellseherisch die kommenden Unruhen der Bauern und der kleinen Städte. Deshalb setzten sie sich auch unbedingt ein für die Verlängerung des Schwäbischen Bundes, in dem sie noch immer sehr richtig eine Stütze so gut des Reiches, wie der habsburgischen Macht sahen. Nebenbei lassen sie uns erkennen, wie sich diese hochadligen und gelehrten Räte eine Regierung und ihre Finanzierung dachten. Man solle einen „geborenen Herrn" als Statthalter bestellen, einen „Gelehrten als einen Kanzler", dazu sechs von der Ritterschaft und einige Finanzbeamte für die Renten und Gülten, die man gelegentlich verkaufen könnte, um von dem Erlös alle Lasten zu decken.

Wir sehen nicht, ob es bei Hofe wahre Einsicht oder nur die Billigung des nun einmal Geschehenen war; jedenfalls blieb Württemberg bis auf weiteres habsburgisch mit all den Möglichkeiten dieser Verbindung für eine geradezu hohenstaufische Reichspolitik.

Inzwischen füllte sich der Hof mit Deutschen, die bald neue, sehr viel tiefere Sorgen mitbrachten. Zunächst war alles auf die Krönung bedacht. Auf den 22. Oktober wurde der Einzug in Aachen angesetzt, eine *Joyeuse entrée* ins Reich.

Es war ein heiterer Herbsttag, an dem die Kurfürsten ihrem Könige vor die Stadt entgegenzogen. Bis dahin waren sie die umworbenen gnädigen Herren gewesen. Nun kehrte sich das Verhältnis langsam um. Der junge Herr sah zum ersten Male in größerer Zahl die Fürsten des Reiches, das ihm die entscheidenden Aufgaben seines Lebens stellen sollte. Er war in seinen spanischen Lehrjahren wohl herangereift, hatte auch einzelne Proben selbständiger Entschließungen gegeben; die englischen Zusammenkünfte konnten nicht ohne Eindruck geblieben sein. Von jeher besaß er Haltung, und der undurchdringliche, etwas hochmütige Ausdruck seines Antlitzes erweckte trotz seiner Jugend die Vorstellung eines unnahbaren Gebieters. Dazu kam die eindrucksvolle Pracht seiner Umgebung, kamen Titel und Möglichkeiten, die jeder Phantasie weitesten Spielraum ließen. Schweigend, das Haupt entblößt, nahm er die Huldigung der Kurfürsten entgegen. Durch den Kardinal von Salzburg ließ er antworten.

Der Einzug in die Stadt war von militärischem Gepränge: Reiterfähnlein, Grafen, Herren, dreihundert Knechte unter Franz von Castelalto, dann Ratsherren von Aachen mit ihren weißen Stäben, der Herzog von Jülich als Nachbar mit vierhundert Reitern, das Gefolge der Kurfürsten, der Hof mit allen seinen Dienern, Pagen und Herolden; sie warfen Münzen unters Volk. Zwischen Hellebardieren die höchsten Würdenträger, spanische Granden, Ritter des Goldenen Vlieses, Fürsten und Kurfürsten in Person. Vor dem Könige der Erbmarschall von Pappenheim mit dem Reichsschwert; der König selbst im Harnisch mit Brokatgewand, schimmernd und reich, sicher und gewandt in der Führung seines lebhaften Pferdes.

Noch am Abend beschwor er die längst schon am 3. Juli 1519 zu Barcelona vollzogene Wahlkapitulation. Wenn derartige Schriftstücke Regierungen binden können, dann hatten diese deutschen Kurfürsten das ihrige getan, das Reich zu schützen gegen die Gefahren einer Fremdherrschaft. Denn so las man es und so beschwor es nun der Erwählte, daß er die Kurfürsten und Fürsten bei dem ihrigen handhaben und sie gegen alle Erhebungen der Untertanen, seien es Adel oder gemeines Volk, beschirmen werde; auch gegen alle Bündnisse, unbeschadet ihrer eigenen kurfürstlichen Einigung und deren Mitwirkung an der Reichsregierung. Zu Reichs- und Hofämtern wolle Seine Majestät nur geborene Deutsche befördern, in allen Schriften und Reichshandlungen nur die deutsche oder lateinische Sprache gebrauchen, keinen Reichstag ausschreiben außerhalb der Grenzen des Reiches; auch kein fremdes Kriegsvolk einführen; das Reich nicht mindern, sondern mehren und Verlorenes zurückbringen.

Nicht nach Erbrecht und durch Geburt von Gott gesetzt, sondern durch Wahl erkoren und gebunden an den Vertrag der Wahlkapitulation trat der König seine Reichsregierung an. Kurfürstenkolleg und Bündniswesen hatten längst auch den Reichstag zu einem Verhandlungshof gemacht, dessen Mehrheit sich der König fügen mußte trotz allen Scheines Seiner Majestät.

Am 23. ganz früh begann das Krönungsfest in dem ehrwürdigen Münster Karls des Großen. Nach den *Ordines* vergangener Jahrhunderte erfolgten Gelöbnis, Salbung, Einkleidung, Krönung und Inthronisation. Der Gewählte gelobte durch ein oft wiederholtes *Volo* — „Ich will es" — die Erhaltung des überkommenen Glaubens, den Schutz der Kirche, eine gerechte Regierung, Wahrung der Rechte des Kaisertums, Schutz der Witwen und Waisen, Ergebenheit gegen den Heiligen Vater, den Papst. Der Erzbischof von Köln stellte die herkömmliche Frage an die Gemeinde als Symbol des deutschen Volkes, „ob sie diesem Fürsten und Herrn gehorsam sein wollten nach dem Worte des Apostels" — und das Volk rief laut und jubelnd sein *Fiat, Fiat, Fiat*.

Auf die Krönung durch die Hand der Erzbischöfe folgte das Besteigen des Thrones Karls des Großen, Ritterschlag und großes Te Deum laudamus; am Mittag das Krönungsmahl, abends Festbankett auf dem Rathause, alle diese Feste auch unter Mitwirkung der Erzherzogin Margarete, deren Herz höher schlagen mochte angesichts dieser Befestigung der Macht ihres Hauses. Drei Tage nachher erfolgte die Bekanntgabe der Einwilligung päpstlicher Heiligkeit zur Annahme des Titels eines „erwählten römischen Kaisers" durch Karl.

Deutschland und die Lutherfrage

Reichstag in Worms

Konnte es etwas Größeres und all diesem Würdigeres geben, als daß der junge Kaiser alsbald vor eine Kirchenfrage höchster Ordnung gestellt wurde, die zugleich das Schicksal der Nation in sich begriff? Es war ein Reichstag ausgeschrieben noch für den Winter nach Worms. Neben Verfassungsfragen und der Bewilligung von Mitteln für den Erwerb der Kaiserkrone in Rom mußte dort oder vorher von Reichs wegen auch zu der Frage des Augustinerpaters Martin Luther Stellung genommen werden. Für den Theologen meldeten sich längst sowohl die nationale Bewegung, die bis dahin diesen Habsburger so sichtbarlich getragen hatte, wie ein unverkennbares Interesse der Fürsten und Städte, von denen man Bewilligungen erwartete, während auf der anderen Seite Klage und Forderung gegen den erklärten Ketzer von derselben römischen Kurie ausgingen, die der Wahl des jungen Herrn ebenso deutlich entgegengewirkt hatte und ihm noch immer zum mindesten sehr zurückhaltend gegenüberstand. Hinter diesen offenen Gegensätzlichkeiten dehnten sich weltgeschichtliche Tiefengründe von Jahrhunderten.

Es wäre verwegen, hier ein Bild entwerfen zu wollen von dem damaligen Zustande des deutschen Volkes, das sich in jener zum Fieber gesteigerten Erregung befand, die ein gewaltiges, noch unbestimmtes, erst halb begriffenes Wollen umschloß. Die begierige Aneignung der neuen Bildung des Jahrhunderts, das Bewußtwerden der eigenen alten ruhmreichen Nation aus den geschichtlichen Hilfsmitteln, die diese Bildung bot; die Entdeckung des ersten Befreiers der Deutschen von den Römern und vieler späterer Kämpfe deutscher Kaiser mit den Päpsten; die Ausbreitung dieses neuen, historisch durchbluteten Lebensgefühls durch einen bis dahin unerhörten Anteil des ganzen Volkes an Bild- und Schriftwerken, die förmlich durch die Lande flogen; eine unerschöpfliche Gestaltungsgabe in der bildlichen Darstellung auch des Seelischen, und in der nun durchdringenden hochdeutschen Sprache eine packende Eindringlichkeit und bildhafte Volkstümlichkeit des Ausdrucks; vollends die leidenschaftliche Ergreifung der religiösen Welt in bald zartem, bald heftigem, immer hingebendem Mitempfinden, in Gesichten und Fragen, die den Himmel aufzureißen schienen — das alles war der Ausdruck eines ganz starken und naturhaften inneren Lebensverlangens, das nur noch der Führung bedurfte.

Die Führung konnte eine politische sein, und der Kaiserglaube hatte in den letzten Jahrzehnten der Reichsreform oft genug die Gestalten der größeren Vergangenheit heraufbeschworen. Denn zur Führung, zumal über vielfältig sich widerstreitende politische und materielle Interessen, bedarf es zu allen Zeiten nicht nur des starken Glaubens an die Möglichkeit eines Wandels, sondern erst recht einer ganz persönlichen Verkörperung des allgemeinen Verlangens. Maximilian war dieser Führer bei aller Genialität seiner Anlagen nicht gewesen. Noch weniger konnte es sein Enkel sein, mochte immer Martin Luther eben in diesem Herbste 1520 in seiner kühn die Nation bestürmenden Schrift „An den Christlichen Adel" als seine Hoffnung verkünden: „Gott hat uns ein junges, edles Blut zum Haupt gegeben und damit viel Herzen zu großer guter Hoffnung erweckt."

Erschütterndes Verhängnis unserer Geschichte! In diesem Augenblick, da die Nation eines Königs bedurfte, der ihr grenzenloses Können und Sehnen in sich zusammenfaßte, fand sie einen jungen Herrn, den nichts, aber auch gar nichts mit dem inneren Wesen der Nation verband, der sich vielmehr anschickte, gegen die Nationen, zu deren Führung er berufen war, nach Erbe und Pflicht der Idee eines rein dynastisch gearteten Weltreiches nachzutrachten, das, wenn überhaupt, nur in demselben Rom seinen Pol finden konnte, dem Martin Luther soeben Glauben und Gefolgschaft aufgesagt hatte.

So ergab sich denn für den jungen Herrscher, wie für sein Volk gleichmäßig, schicksalhaft die tragische Verwicklung gerade durch den historischen Aufbruch der Nation, die nun daran war, in dem leidenschaftlichen Kämpfer für das Heil der Seelen seiner lieben Deutschen wenigstens ihren geistigen Führer zu finden. Sie verstanden ihn halb in der gegenwärtigen Zeitlichkeit ihrer Nöte, von denen auch er jetzt hinreißend sprach, halb in der Unendlichkeit des Ewigen, um das sie noch mehr bangten. Sie begriffen auch aufhorchend die höchste Rechtfertigung aller ihrer Klagen oder Gravamina und in dieser wieder die Weisung zum Allumfassenden, in dem das Kleine versank. Sie schickten sich an, brüchige Formen einer religiössittlichen Konvention zu zerschlagen, versiegelte Briefe zu erbrechen, um das vergessene Testament der Gotteskindschaft an sich zu reißen. Das bedeutete ebensosehr eine neue Theologie, wie bewußt oder unbewußt die Entdeckung des göttlichen Sinnes dieses Lebens aus dem elementaren Drang innerlicher Berufung zur Idee des Daseins, der Arbeit, der Familie und des Staates; später sogar ein Verzicht auf die so dringende politische Selbstdarstellung, auf Einheit und Macht — um der Wahrheit willen, die man im Worte doppelt suchte.

Aber eben deshalb war es doch auch Theologie. Denn es gibt nichts wahrhaft Heiliges ohne Tradition. Und auch die Theologie ist in erster Linie ausdeutende Bewahrung. So bewegte man sich in ihrem Gewande. Man sprach von Wahrheit und Recht. Von Wahrheit im Sinne der Gelehrten als etwas Beweisbarem; vom Recht im Sinne der Kirche und des Reiches als den Formen der öffentlichen Ordnung. Gegen den in Rom, zuletzt in der Bulle *Exsurge Domine* vom 15. Juni 1520, mit 41 seiner Sätze verdammten Ketzer wandte sich fordernd der päpstliche Nuntius. Als solcher erschien am Hofe Karls V, neben Carracciolo, in besonderem Auftrage Hieronymus Aleander, ein kluger, rühriger, auch gebildeter Theologe. In der vorletzten Septemberwoche wurde er zu Antwerpen erstmals empfangen und wohl aufgenommen. Er erhielt, offenbar wider Erwarten, von dem jungen Herrn das Bild vollendeter Kirchlichkeit und bemerkenswerter Einsicht. Auch in der Umgebung des Fürsten fand er Hilfe; er rühmte den Humanisten Marliano, Bischof von Tuy, der selbst gegen Luther geschrieben hatte. In Löwen erfolgte die erste förmliche Verbrennung von lutherischen Schriften. Karl bestellte auch seinen Erzkapellan Alonso Manrique de Lara ausdrücklich zu einer Prüfung der niederländischen Kirche in bezug auf die lutherische Häresie, und ließ sich von ihm bald sehr ernste Worte sagen.

Ganz anders aber wurden die Eindrücke, als Aleander über Aachen im Gefolge des gekrönten Kaisers nach Köln und tiefer in die Rheinlande kam. Nun bringen die berühmten Depeschen des Nuntius jene wechselnden Stimmungen der Sorge, des Ärgers, der Angst zum Ausdruck, die im Grunde weniger die oft berufene Furchtsamkeit des Kurialen als die stürmisch aufwogende Erregung des Volkes, der Ritter und Bürger und Fürsten für Luther erkennen lassen. Der Bischof von Lüttich gab ihm das vom Kaiser vertraulich erhaltene herausfordernde Sendschreiben Huttens, das ihn entsetzte. Die weitere Fahrt wurde vollends für ihn ein Weg der Bitternis und der Gefahren.

In Köln traf man die Kurfürsten. Pfalz und Sachsen galten zeitig für schwierig. Zu Friedrich dem Weisen gewannen die Nuntien erst Zutritt während einer Messe im Franziskanerkloster. Aleander fand ihn gut und fromm, aber seine Umgebung lutherischer als Luther. Er begrüßte den alten Herrn ehrerbietig und mit zeitgemäßen Schmeicheleien, weil er sein Ansehen im Reiche kannte. Er forderte von ihm Verbrennung der Schriften Luthers, seine Gefangennahme und Auslieferung nach Rom. Der Kurfürst ließ erst nach einigen Stunden eine wohlgesetzte, gänzlich ausweichende Antwort erteilen. In seinem Lande seien allerlei ungeschickte Angriffe erfolgt, die man nicht verdient habe. Mit Luther sei er keineswegs verbunden; aber dieser habe sich zu allem Billigen erboten, und so werde auch er sich unverweislich halten, falls Luther vor gerechten und gelehrten Richtern überführt würde.

Das entsprach einem Gutachten, das Tags vorher Desiderius Erasmus von Rotterdam dem Kurfürsten mündlich gegeben hatte: Luther scheine allen billig Denkenden Billiges zu verlangen, wenn er sich zu einer öffentlichen Disputation vor unvoreingenommenen Richtern zur Verfügung stelle. Eben diese öffentliche Verhandlung wurde die Parole des Tages, entsprechend der Wahlkapitulation, keinen Deutschen ungehört zu richten.

Die Forderung des Kurfürsten gelangte durch Chièvres und Nassau an den Kaiser, und dieser, den man nun wirklich ganz persönlich beteiligt findet, stellte in Abwesenheit Aleanders dem Kurfürsten anheim, „Du wöllest den obbestimmten Luther mit Dir auf nächstkünftigen Reichstag gen Worms bringen". Aber Karl widerrief dieses Entgegenkommen, als ihm vorgestellt wurde, die in der päpstlichen Bulle gesteckte Frist von 60 Tagen sei, auch seit ihrer Bekanntgabe in Wittenberg, inzwischen verstrichen. Aleanders Briefe spiegeln die wechselnden Stimmungen des Hofes unter den Einwirkungen ständischer Forderungen, politischer Nachrichten aus dem Auslande, wohl auch gut formulierter Argumentationen Aleanders. So wurde in einer Sitzung der vereinigten Räte des Kaisers, nicht nur der deutschen Räte, ein Mandat nach Aleanders Entwurf beschlossen und vom Kaiser gebilligt, aber nicht ausgefertigt — wie der Nuntius meinte, mit Rücksicht auf Friedrich den Weisen. Chièvres schien zeitweilig verständnisvoller gegenüber dem Nuntius, Gattinara mehr der Meinung des von ihm verehrten Erasmus.

Inzwischen war am 27. Januar die Eröffnung des Reichstages zu Worms mit einer Proposition erfolgt, der Karl einige Worte in deutscher Sprache hinzufügte. Man kam sichtlich mit gutem Willen; dem Herzog von Alba wurde als Spanier sogar die Teilnahme verwehrt. Die Stände wollten dem Kaiser sogleich erwidern, berieten auch einen Wortlaut, ließen ihn aber wieder liegen und gaben schließlich nur Teilantworten. Gegenstände ihrer Beratungen waren die Bewilligung von Mitteln zur Romfahrt, die Bestellung eines Reichsregiments und dessen, wie des Reichskammergerichts Besoldung; weiter Sachen der Polizei, das heißt wirtschaftliche Fragen, Landfrieden, Exekution und Halsgerichtsordnung. Nebenher liefen Verhandlungen mit Schweizern und Franzosen. Alles dies kreuzte und verflocht sich mit bewegten Auseinandersetzungen über die Gravamina deutscher Nation und die Luthersache. Im ganzen kam man in rund vier Monaten sehr viel weiter als in den jahrelangen Verhandlungen mit den spanischen Cortes, obwohl die hohen Herren auch hier viele Tage mit „Rennen und Stechen" im Turnier verbrachten. In der Frage des Reichsregiments siegte die kaiserliche Auffassung insofern vollkommen, als kein ständiges Regiment mit eigenem Präsidenten, wie öfter schon unter Maximilian gefordert war, sondern nur ein Regiment für die Zeit von Karls Abwesenheit, und zwar unter einem kaiserlichen Statthalter, dem Erzherzog Ferdinand oder Pfalzgraf Friedrich als Vertreter, vom Herbst 1521 ab in Aussicht genommen wurde. Karls Auffassung von seiner monarchischen Gewalt im Reiche wurde unverhüllt formuliert und von den Ständen hingenommen; er hatte ihnen vorstellen lassen, daß „unser Ehr und Würde Euer aller Ehr und Würde ist, und so stehet unser Gemüt und Wille nicht dahin, daß man viel Herren, sondern einen allein habe, wie des Heiligen Reiches Herkommen ist".

Aber auf der anderen Seite kamen Karl und seine Regierungen den Ständen in der Luthersache Schritt für Schritt entgegen.

Im Grunde genommen gehörte sie gar nicht zu den Reichstagsangelegenheiten, und Aleander bestritt Kaiser und Reich ausdrücklich ihre Zuständigkeit. Er wünschte nur kaiserliche Mandate; der Hof seinerseits die Mitwirkung der Stände dabei; diese widerstrebten einer Verurteilung Luthers, ohne daß man ihn gehört hätte. So kam es zu höchst merkwürdigen Zwischenverhandlungen, an denen besonders der kaiserliche Beichtvater Glapion beteiligt war. Nicht daß der Kaiser in seiner Grundauffassung geschwankt hätte; ihn beherrschten die ihm anerzogenen Begriffe von Kirche und Ketzer. Aber er ließ seinen Räten freie Hand zu den verschiedensten Versuchen, entweder die Stände oder wenigstens Friedrich den Weisen zu gewinnen und zugleich den Nuntius zu befriedigen. Dieser scheute aus grundsätzlichen, wie aus praktischen Erwägungen Luthers Auftreten vor dem Reichstage. Und gerade dieses begehrten die Stände. Glapion stellte dem kursächsischen Kanzler Brück beredt und verführerisch vor, daß er selbst lange an Luthers reinste Reformabsichten geglaubt habe, „denn ich wollt selbst nichts liebers, dann die Reformierung der Kirchen, dazu wir itzund ein löblich Haupt haben" — wie Brück ihn wiedergab. Aber Luthers Schrift „Über die babylonische Gefangenschaft" habe ihn irre gemacht. Wenigstens diese solle Luther widerrufen; dann lasse sich über das andere reden. Aus der Bibel könne man vieles herauslesen, beweisen und widerlegen. Brück nahm es zur Kenntnis.

Der Großkanzler Gattinara, Glapion und Aleander versuchten es auf eine neue Art; auch Nassau wurde wieder hineingezogen. Später sollten diese Verhandlungen an einem dritten Ort, etwa auf der Ebernburg, im Schutze Sickingens, auf den man militärisch den größten Wert legte, weitergeführt werden. Glapion ging so weit, zu behaupten, er habe dem Kaiser immer gesagt, Gott werde ihn züchtigen, wenn er nicht zur Reformation der Kirche schreite. Brück dagegen berief sich ebenso hartnäckig auf die Zusage, die der Kaiser seinem Kurfürsten gegeben habe, er werde Luther nicht ungehört verurteilen. Man werde nie Richter finden, entgegnete Glapion, die beiden Teilen genehm seien.

Auf Veranlassung des Kaisers hielt Aleander am 13. Februar eine sehr eindrucksvolle Rede vor den Ständen; der Kaiser war jetzt auf Vortrag seiner Räte schon zu einem Edikt entschlossen. Indessen mit dieser Rede war die Sache grundsätzlich doch vor die Stände gebracht. In dem Augenblicke, wo Aleander geschickt und gelehrt gegen die Zuständigkeit eben dieser Stände kämpfte, stand er schon mitten in der neuen Ordnung der Dinge. Es gab in diesen Tagen erregte Debatten; die Kurfürsten sollen fast handgemein geworden sein. Am 19. Februar beharrten die Stände darauf, daß Luther unter sicherem Geleit vorgeladen werde, „der deutschen Nation, unserem christlichen Glauben und allen Ständen und Gliedern zu Not, Nutz und Gutem". Das war der entscheidende Tag. Wirklich, am 6. März zitierte Karl V den Augustinermönch unter Zusicherung freien Geleites vor Kaiser und Reich. Ungeheure Wendung, epochemachend für die dogmatischen und kirchenpolitischen Auseinandersetzungen der nächsten Menschenalter!

Was zunächst erfolgte, ist allgemein bekannt. Der Kanzler Brück legte Luther schriftlich Gründe und Gegengründe für und wider sein Erscheinen in Worms dar. Luther wies alle Regungen der Furcht von der Hand, auch die in ihm selbst sehr lebendige Erinnerung an Huß. In wahrhaft kühnem Mut machte er sich auf die Fahrt, die für ihn zum Triumph werden sollte. Am Vormittag des 16. April traf Luther in Worms ein unter dem Gedränge des Volkes. Man erwartete sich etwas Außerordentliches von den nächsten Tagen. Allein, das erste Erscheinen vor Kaiser und Reich enttäuschte. Er bat „mit sehr niedergelassener" Stimme um Bedenkzeit. Das gefürchtete

Spiel schien für Aleander gewonnen. Dann kam der 18. April mit Luthers wohlaufgebauter, inhaltreicher und ganz eindeutiger Rede; auf ihr beharrte er auch, als nun mit ihm noch einmal wohlmeinende Verhandlungen angeknüpft wurden von der Art der früheren mit Brück, unerschütterlich. Er hatte die Stände gewarnt, „das hoffnungsvolle Regiment des jungen Kaisers nicht zu belasten mit der Verfolgung des Wortes", und seine entscheidende Antwort hatte schon am 18. gelautet: „Solange ich nicht durch die Heilige Schrift oder klare Vernunft widerlegt werde, kann und will ich nichts widerrufen, da gegen das Gewissen zu handeln beschwerlich und gefährlich ist. Gott helfe mir, Amen."

Das mutige Auftreten Luthers trägt seine überwältigende Größe in sich. Aber der weltgeschichtliche Augenblick wurde erst recht herausgestellt dadurch, daß auch der junge Kaiser seine Stunde wahrnahm. Er konnte aus seiner burgundisch kirchlich-ritterlichen Welt dem, was sich vor ihm abspielte, bis dahin nur von außen folgen; zudem wurde er eben jetzt von entgegengesetzten Kräften und Ratschlägen umdrängt. Nun trat er mit dem ersten Schriftstück, das, wie wir zuverlässig wissen, ganz eigenhändig und im wesentlichen sein eigenes Bekenntnis war, vor die Welt. Er ließ das französische Original verlesen und es dann übersetzen. Was er an diesem 19. April sagte, wurde die gewichtigste Äußerung seiner Jugend. „Ihr wißt, daß ich abstamme von den allerchristlichsten Kaisern der edlen deutschen Nation, von den katholischen Königen von Spanien, den Erzherzögen von Österreich, den Herzögen von Burgund, die alle bis zum Tode getreue Söhne der römischen Kirche gewesen sind, Verteidiger des katholischen Glaubens, der geheiligten Bräuche, Dekrete und Gewohnheiten des Gottesdienstes, die das alles mir nach ihrem Tode als Vermächtnis hinterlassen haben und nach deren Beispiel ich bislang auch gelebt habe. So bin ich entschlossen, festzuhalten an allem, was seit dem Konstanzer Konzil geschehen ist. Denn es ist sicher, daß ein einzelner Bruder irrt, wenn er gegen die Meinung der ganzen Christenheit steht, da sonst die Christenheit tausend Jahre oder mehr geirrt haben müßte. Deshalb bin ich entschlossen, meine Königreiche und Herrschaften, Freunde, Leib und Blut, Leben und Seele einzusetzen. Denn das wäre eine Schande für uns und für Euch, Ihr Glieder der edlen deutschen Nation, wenn in unserer Zeit" — und nun bedient er sich fast der Worte, mit denen sein oberster Hofkaplan ihm ins Gewissen geredet hatte — „durch unsere Nachlässigkeit auch nur ein Schein der Häresie und Beeinträchtigung der christlichen Religion in die Herzen der Menschen einzöge. Nachdem wir gestern die Rede Luthers hier gehört haben, sage ich Euch, daß ich bedaure, so lange gezögert zu haben, gegen ihn vorzugehen. Ich werde ihn nie wieder hören; er habe sein Geleit; aber ich werde ihn

fortan als notorischen Ketzer betrachten und hoffe, daß Ihr als gute Christen gleichfalls das Eure tut."
   Die Erklärung wurde in alle Sprachen übersetzt und alsbald gedruckt. In Rom legte sie der Papst im Konsistorium der Kardinäle vor, und auch der kaiserliche Botschafter Don Juan Manuel zeigte sich tief befriedigt.
   Damit waren die weltgeschichtlichen Positionen bezogen; der eben Einundzwanzigjährige atmete den Stolz auf die erlauchten Ahnen und die Gebundenheit aus dynastischer Verpflichtung. Ihm gegenüber stand die Macht des Gewissens, die auch ihrerseits nach dem Ererbten griff. Zwischen der ahnenstolz kirchlichen und scheinbar allmächtigen Fürstlichkeit, der es durchaus Ernst war, und der viel tieferen einsamen Not des gottesmächtigen Theologen gab es keine Verständigung.
   Am 8. Mai billigte das Kabinett das Edikt gegen Luther, das dieses Datum behielt. Aber noch am 12. Mai verweigerte der Kaiser dem Nuntius die Unterschrift; erst nach Schluß des Reichstages am 25. Mai wurde es von den sehr zusammengeschmolzenen Ständen durch den Mund des Kurfürsten von Brandenburg endgültig angenommen, am 26. unterzeichnet und dann durch den Druck verbreitet.
   Der Chor der antiken Tragödie pflegte seherisch die Zukunft vorwegzunehmen. Er würde in dieser Stunde der deutschen Geschichte sein Antlitz verhüllt haben vor dem Grauen und dem Blut, das die nächsten anderthalb Jahrhunderte über die deutsche Erde bringen sollten. Die Zeitgenossen ahnten das nicht; erstaunlicherweise blieb es anfangs auch ruhig im Lande, bis sich eines Tages die aufgestaute Flut zerstörend Bahn brach, erst in einem Vorspiel, dann in wachsenden, immer furchtbareren Stößen.
   Der Kaiser und der Reformator hatten die deutsche Öffentlichkeit verlassen. Karl stürzte sich in seine ersten Kriege. Martin Luther, von seinem Landesherrn in Sicherheit gebracht, sammelte seine Kraft für die kommenden, unendlich schweren Zeiten.
   Vor dem halb erschlossenen Auge des jungen Kaisers lagen alle seine Reiche mit ihren Sorgen und Nöten. Zögernd griff er fortan selbst in ihre Verhältnisse ein, denn seinen vornehmsten Ratgeber, Wilhelm von Croy, Herrn von Chièvres, hatte er am 28. Mai in Worms an der allgemeinen Seuche verloren, die auch Marliano, den Bischof von Tuy, Diego Manuel und andere dahinraffte. Chièvres hatte an dem politischen Wesen seines Herrn entscheidend mitgeformt; sie verstanden sich in einer Sprache. Nun begann das Ringen des jungen Fürsten mit einem Fremden, einem sehr geistigen, durchaus universalen Menschen, mit Gattinara.

4. ERBIDEE UND WELTREICH

Wir nennen die Herrschaft Karls V ein Weltreich wegen ihrer übernationalen, christlich universalen Art, auch wegen ihrer räumlichen Ausdehnung über die Alte und die Neue Welt. Aber sie war von Haus aus nicht imperialistisch im Sinne der Eroberung. Vielmehr baute sie sich auf der denkbar friedlichsten Grundlage auf, dem Familienrecht. Das war das Erbe Maximilians, das Vermächtnis des Hauses Österreich. Darum wurden in diesem Hause Familienverbindungen und Eheschließungen noch immer so unendlich umständlich behandelt; darum konnten sich die Verwicklungen der Regierung auch im Leben Karls bisher vorzüglich in Eheverträgen und ihren Lösungen darstellen. Wie oft war nicht Karl selbst von seiner Geburt an verlobt; wie besorgt war schon Maximilian gewesen, mit den Händen von Karls Schwestern die im nächsten Bereich liegenden nordischen und jagiellonischen Kronen zu gewinnen; wie verletzend ängstlich hatte Karl über der Hand seiner ältesten Schwester Eleonore gewacht! Sie war inzwischen Königin von Portugal geworden, von wo aus man die andere Hälfte der Neuen Welt beherrschte. Die jüngste Schwester Katharina, die wir in Tordesillas bei der Mutter gefunden haben, war in den Wahlverhandlungen Karls erst dem Kurprinzen von Brandenburg in aller Form versprochen; dann dem Erbprinzen von Kursachsen, dem Neffen Friedrichs des Weisen. Der alte Herr mußte sich über all den hinhaltenden Worten schließlich dareinfinden, daß man auch dies Juwel für eine Krone, nicht für einen Kurhut aufsparte.

Wirklich hat das Haus Spanien-Habsburg im Laufe der nächsten Jahre alle Kronen Europas in Besitz genommen: Karls Tante Katharina war Königin von England, seine Schwestern waren oder wurden Königinnen von Dänemark, Norwegen und Schweden, von Böhmen und Ungarn, von Portugal und von Frankreich. Überall war die leitende Idee offenbar, nicht nur Allianzen oder Friedensschlüsse zu befestigen, sondern gegebenenfalls auch Erbaussichten in irgendeiner nahen oder fernen Zukunft zu erwerben. So ist doch der sinnfälligste Ausdruck dieser dynastischen Weltbeherrschung die Folge wundervoller Glasgemälde, auf denen einige Jahre später Karl sich und seine Familie in der Kapelle vom Allerheiligsten Sakrament in St. Gudule zu Brüssel darstellen ließ; Fenster auf Fenster, wie zwischen Himmel und Erde gestellt, in leuchtenden Farben und rauschender Pracht je ein Königspaar nach dem anderen, kniend vor dem höchsten Mysterium der mittelalterlich christlichen Welt. Wer anders konnte Derartiges anordnen oder zulassen als der Kaiser? Wer anders als er sah darin bei jedem Besuch seine eigene höchste Berufung?

Erbteilung mit Ferdinand. Marie in Ungarn Isabella in Dänemark

Dieser alles beherrschenden Familienidee entsprechen auch die gewiß von inneren Hemmungen nicht freien, ängstlich vorsichtigen, aber doch gewissenhaften und schließlich auch großartigen Erbauseinandersetzungen Karls mit seiner Tante Margarete und mit seinem einzigen Bruder Ferdinand, die mit allen damit zusammenhängenden Erkundigungen, Schreibereien und Beratungen viele Monate der Jahre 1520 und 1521 in Anspruch genommen haben. Wir erinnern uns der gegen die Wünsche der Cortes erfolgten Entfernung Ferdinands aus Spanien, auch der heftigen Ablehnung von Ferdinands Kandidatur für das Kaisertum; ja, selbst schon seines Erscheinens in Deutschland vor Karls Wahl. Karl war dabei in seinem Sinne gut beraten gewesen und hatte augenscheinlich in diesen Familienfragen zeitig sich erneut persönlich eingesetzt.

Der Ratgeber war Gattinara. Wir erkennen seine erste große Denkschrift nach der Kaiserwahl. Sie begann mit der Furcht Gottes, forderte gleich danach Ehrerbietung gegen die Königin-Mutter, Erfüllung der Testamente aller Vorfahren und hochherzige Haltung gegenüber dem fürstlichen Bruder. Ich finde nach alledem in dem Verhalten Karls gegen Ferdinand weder politische Unklugheit noch Hinterhältigkeit sondern nur die Spannungen zwischen idealen Forderungen und dem für einen Fürsten nun einmal sehr berechtigten Eigennutz oder Machtbegehren. Auch die umfassenden Erhebungen über die letztwilligen Verfügungen des Vaters und der Großväter, über den Umfang und die Belastung der Erblande, sowie über das Erbrecht in den einzelnen Gebieten stellen sich nicht als ein unaufrichtiges Hinhalten sondern als das Mindestmaß dessen dar, was ein verantwortlicher Fürst, der vor ganz neuen und ungeheuren Aufgaben stand, ins Auge fassen mußte. Denn die Abfindung Ferdinands im ersten Jahre nach Karls Königskrönung ist schließlich rasch und weitherzig durchgeführt worden, obwohl hinter ihr keinerlei Druck stand; die unhöflichen Forderungen der wieder einmal aufsässigen Wiener, die ihr bald zum Bürgermeister erhobener Führer Siebenbürger vertrat, bedeuteten weder eine Empfehlung noch eine ernstliche Macht.

Vergegenwärtigen wir uns noch einmal die Ereignisse der ersten Monate des Jahres 1521, die immer bedrohlicher steigende Spannung mit Frankreich, die sich in der Verabschiedung des französischen Gesandten in Worms am 22. Mai unmißverständlich löste, die schwierigen Verhandlungen mit der römischen Kurie, die Wirkungen der lange genug doch überaus niederdrückenden Nachrichten aus dem aufständischen Spanien, das noch keineswegs endgültig geklärte Verhältnis zu England, die Besprechungen mit den deutschen Kurfürsten und Ständen, und nicht zuletzt die Lutherfrage in ihrer Verquickung mit den ständischen Forderungen — so verstehen wir, daß Karl die Angelegenheiten des Infanten wenigstens bis zum April zurückstellen mußte. Am 2. April ist Ferdinand feierlich in Worms eingeritten.

Ihn erwarteten die ungarische Gesandtschaft Ludwigs II, der Propst Hieronymus Balbi und Stephan Verböczy als ungeduldige Mahner. Denn die Vollziehung der Doppelehe der habsburgischen und der ungarischen Geschwister miteinander mußte nun endlich festgelegt werden. Es hatte zwischendurch eine kleine Störung gegeben, insofern Maximilian früher durch die Adoption Ludwigs und durch das Winken mit der Kaiserkrone den ungarischen Ehrgeiz übermäßig erregt hatte, und Ludwig deshalb die Hand seiner Schwester Anna lieber dem Kaiser als dem noch länderlosen Infanten gegeben hätte; aber man fügte sich in Ofen längst in das Unvermeidliche; die durch die Riesenschatten der Gerüchte besonders düster heraufziehende Türkengefahr mahnte zur Bescheidenheit. Am 11. Dezember hatte Anna von Ungarn, die mit Marie von Österreich zusammen in dem sicheren und schönen Innsbruck Hof hielt, die Ringe getauscht mit Ferdinands Bevollmächtigtem.

Dabei aber erschien nun im höchsten Grade erwünscht, daß der Infant irgendwie auch als Landesherr zu eigenem Recht befestigt wäre, wenn er die ungarisch-böhmische Königstochter heimführe. Das konnte nur in Deutschland sein. Denn in Spanien hatte selbst die ausgesprochene Vorliebe seines Großvaters Ferdinand von Aragon für ihn nicht mehr als höchstens die Regentschaft während Karls Abwesenheit in Anspruch genommen. Aus den Niederlanden, wo Ferdinand inzwischen in guter humanistischer Schule, nicht ohne unmittelbaren Einfluß des Erasmus seine letzte Erziehung erhalten hatte, lautete auch die Auskunft, etwa von Brabant, daß Erbteilungen dort nicht Rechtens seien. So blieben nur die österreichischen Länder, die man sich anschickte, wie so oft vorher, zu teilen. Sie waren durch Württemberg außerordentlich verstärkt, aber ebenso bedeutend weiter belastet worden. Außerdem lagen auf dem Gesamthause noch ältere Schulden Maximilians; die Ablösung eines Teils hatte man mit den Wahlgeldern irgendwie verquickt; andere waren völlig ungedeckt, wie die Ansprüche Herzog Georgs von Sachsen aus dem Verkauf von Friesland durch seinen Vater. Diese Schuld übernahm Karl. Das Haus Fugger, das vor allem die Königswahl finanziert hatte, war unter anderem auf Tirol angewiesen worden; den Erwerb Württembergs behauptete Karl aus aragonischen Mitteln bestritten zu haben, was nur halb richtig war; jedenfalls lagen Lasten und Aufwendungen der einzelnen Länder sonderbar durcheinander.

Manches blieb offen, manche Schuld wurde prolongiert. Über „ehrliche" Teilung wurde lange verhandelt. Aber so viel wurde doch noch in Worms abgemacht, daß die ungarische Ehe Ferdinands zu Pfingsten, und zwar in Linz an der Donau, vollzogen werden sollte, und daß Karl an seinen Bruder schon jetzt die fünf österreichischen Herzogtümer, Ober- und Niederösterreich, Steiermark, Kärnten und Krain, mit allen landesherrlichen Rechten abtrat (28. April). Krain sollte nur beschnitten werden um die für die Herrschaft an der Adria, also auch wegen Neapel und gegebenenfalls gegen Venedig, so wichtigen Gebiete vom Pustertal bis Istrien und Triest.

Noch im Mai fanden Einritt und Hochzeit in Linz statt. Im Gefolge Ferdinands sah man außer stattlichen Botschaften die Herzöge Otto von Lüneburg, Ludwig von Bayern und drei Markgrafen von Brandenburg. Den üppigen Hochzeitsfesten folgten die Huldigungen der österreichischen Länder zu Ybbs an der Donau im Juni und zu Graz in der Steiermark im Juli.

Daß es alsbald nicht an Schwierigkeiten im Lande fehlte, begreift sich angesichts der Ungebärdigkeit dieser selbstbewußten Landstände, des Mangels einer unmittelbaren Verständigung mit dem des Deutschen kaum mächtigen achtzehnjährigen Herrn und der Anforderungen, die seine Regierung stellen mußte. Die Völker unterschätzen immer die Staatsnotwendigkeiten und überschätzen die Verwendung ihrer Pfennige in einem zur Schau getragenen Aufwand der Regierenden. Noch im Herbst ordnete Ferdinand seine Behörden, bestellte einen eigenen Hofrat und rüstete auch bescheiden zur Unterstützung seines ungarischen Schwagers gegen die Türken. Dann machte er sich noch einmal auf den Weg zu den letzten Verhandlungen mit seinem kaiserlichen Bruder in den Niederlanden. Im Dezember 1521 weilte Ferdinand in Gent, im Januar und Februar 1522 kam es zu den entscheidenden Verträgen, die über die Wormser Abmachungen weit hinausgingen.

Diese Brüsseler Verträge, zum Teil in doppelter Überlieferung aus Karls und Ferdinands Besitz erhalten, scheiden sich in ostensible und Geheimverträge. Auf den ersten Blick befremdend, sind sie bisher gern in dem oben angedeuteten Sinn einer Verdächtigung Karls ausgewertet; doch scheinen sie mir nach ihren tieferen Gründen vollkommen durchsichtig. Karl konnte erst nach seiner Wahl und Krönung, nach dem ersten großen Reichstag seine Stellung im Reich rechtlich als einigermaßen gefestigt ansehen. Dazu diente ihm auch, daß sein Bruder als sein Statthalter das Reichsregiment führen sollte; daß dieser Statthalter nicht ohnmächtig erscheine, lag durchaus im Interesse des Kaisers. Deshalb die Erweiterung der bisherigen Abmachungen durch Herstellung der ganzen Ländermasse der fünf Herzogtümer einschließlich der in Worms noch zurückgehaltenen Gebiete im Pustertal, Ortemburg und Cilli, Istrien, am Karst, in Möttling, Mitterburg, Triest, St. Veit, Gradisca, Tolmein und dessen, was Maximilian sonst von Friaul erworben hatte. Deshalb auch die Ernennung Ferdinands zum Statthalter in allen übrigen Gebieten, also auch in den vorderösterreichischen Ländern, von Tirol über Vorarlberg bis zum Oberrhein, einschließlich Württembergs. Andererseits schien es dem Kaiser offenbar nicht ratsam, vor aller Welt schon jetzt ganz aus der Regierung der österreichischen Länder auszuscheiden, wie er es zur Beruhigung seines Bruders, der dafür von allen Ansprüchen auf die burgundisch-spanischen Erblande abstand, in dem Geheimvertrag vom 7. Februar tat. In diesem Vertrag überließ Karl an Ferdinand die erbliche Landesherrschaft in allen deutsch-habsburgischen Ländern — bis auf das Elsaß, Pfirt und Hagenau, die zwar auch Ferdinand auf Lebenszeit zugestanden wurden, nach seinem Tode jedoch an Burgund fallen sollten; das war eine Wiederaufnahme der Politik Karls des Kühnen auf Kosten des Reiches, wie sie im Dreißigjährigen Kriege von seiten der spanischen Habsburger unter Einschluß der Pfalz noch erweitert werden sollte, um die strategisch wichtige Verbindung von Mailand nach den Niederlanden zu sichern. Im übrigen gibt für die Erwägungen Karls oder seiner Berater bei Abfassung des Gesamtvertrages von 1522 die Klausel einen Fingerzeig, daß dieser Vertrag auf sechs Jahre oder bis zur Kaiserkrönung geheim bleiben sollte. Erst in der förmlichen Kaiserkrönung auf dem Boden Italiens mochten sie die allerletzte Sicherung von Karls reichsrechtlicher Stellung erblicken. Nach der Kaiserkrönung ließ sich die Erhebung Ferdinands zum römischen Könige erreichen. Diese aber bedeutete wieder eine neue Verkettung Ferdinands mit der universalen Machtstellung des Gesamthauses, wie sie Karl später in der sogenannten spanischen Sukzession weiter auszubauen suchte.

Außer den Ländern verbriefte Karl seinem Bruder noch die von ihrem Großvater ausgesetzte Rente aus dem Königreich Neapel in Höhe von 50 000 Dukaten, und als Gegenleistung für den Verzicht auf sonstige Rechte weitere 10 000 jährlich. Die Teilung des beweglichen Nachlasses, sowie der noch ungedeckten Schulden Maximilians war einer späteren Vereinbarung vorbehalten.

Mit dieser Erbteilung schied Karl selbst als Landesherr aus Deutschland wieder aus. Was er abgesehen von den niederländischen Lehen oder dem burgundischen Reichskreis behielt, waren die Hoheitsrechte des Reiches und die Ehre der kaiserlichen Stellung; also nicht viel mehr als einst Richard von Cornwallis oder Alfons von Castilien besaßen. Deutschland als Raum gehörte fortan der österreichischen Linie, und ihr sollten deshalb auch nach Maximilians Vermächtnis die verwandtschaftlichen Anlehnungen an die nordische Union und im Süden an Böhmen und Ungarn zugute kommen. In Wirklichkeit freilich wuchs sich die Beziehung zum Donauraume zu einer zwar bedeutenden, aber teuer erkauften Verbindung aus, während die dänische Verwandtschaft, für Deutschland ohne Nutzen, nur die Niederlande belasten sollte.

Vierzehn Tage nach der Hochzeit Annas mit dem Erzherzog Ferdinand hatte die Vermählung ihrer Innsbrucker Gespielin Marie mit Annas Bruder Ludwig von Ungarn und Böhmen stattgefunden (8. Juli 1521). Das junge Paar spürte schon in den Tagen der Vermählung die Vorzeichen seiner drohenden Zukunft. Die Nachrichten von dem Vorrücken der Türken zu Land und zur See beunruhigten den Hof, wie die gemeine Christenheit; aber die Verzögerung der Einnahme von Belgrad bestimmte Suleiman wider Erwarten zur Umkehr, und vollends zur Zeit des Falles von Rhodos (am 21. Dezember 1522) ließ der Druck auf Ungarn vorübergehend wieder nach. Immerhin kehrten König und Königin zu einem Türkenreichstag im April 1523 aus Böhmen nach Ofen zurück. Sie waren beide sehr jung und lebenslustig; der König gebildet, ritterlich, liebenswürdig, aber leichtsinnig und verschwenderisch. Die Königin erschien erfahrenen Staatsmännern klüger und energischer; ihr Porträt von 1524 in München zeigt bei feinen und gewinnenden Zügen eine gewisse männliche Herbheit, die ihr bleiben sollte; aber was konnte die im Herbst 1505 geborene, noch lange nicht zwanzigjährige Fürstin ausrichten? In dem Gewirr der geistlichen und weltlichen Magnaten Ungarns und Böhmens, die den Adel von Burgund und Spanien an Eigennutz und Eigenwillen noch weit übertrafen, hatte das Königspaar an dem Kanzler, dem Bischof von Erlau, Ladislaus Szalkay, und an dem Erzbischof-Primas von Gran, Georg Szakmáry, nur ungenügende Stützen. Um so wertvoller der Gesandte des Kaisers Andrea da Burgo und der ebenfalls schon unter Maximilian erprobte österreichische Staatsmann Sigismund von Herberstein, die sich freilich auch auf diesem Boden den Gegenbemühungen eines französischen Gesandten ausgesetzt sahen. Einstweilen brachte also die dynastische Politik Maximilians im Donauraum für das Haus Habsburg nur Sorgen.

Nicht besser stand es im Norden, wohin Karls zweite königliche Schwester Isabella verheiratet war. Der vierunddreißigjährige König Christian von Dänemark, Norwegen und Schweden hatte zu Lebzeiten seines Vaters als Statthalter in Norwegen schon Gelegenheit gehabt, unter schwierigen Verhältnissen sich zu behaupten, dabei aber seine jäh zugreifende Art ungünstig entwickelt. Von Norwegen hatte er außerdem eine Begleitung mit nach Kopenhagen gebracht, die so ziemlich das Schlimmste bedeutete, was einer jungen Königin zugemutet werden konnte. In Bergen waren dem Prinzen die schlaue holländische Wirtin Sigbritt Willems und ihre hübsche Tochter, „dat Düweken", nahegetreten; er nahm sie nach Oslo und nach Kopenhagen mit. Man sagt, die junge Königin habe die halbgebildete Landsmännin zunächst als ein Stück Heimat fast tröstlich empfunden, aber das offene Verhältnis ihres Gemahls blieb für sie um so verletzender, als Derbheit und Rohheit es begleiteten. Der Schloßhauptmann Torben Oxe sollte sich einmal sehr unpassend mit dem „Täubchen" vergnügt haben; er wurde dafür nach deren Tode(1517) blutig prozessiert. Ähnlich ging es einem Junker der Königin. Die Sigbritt aber blieb des Königs rechte Hand. Er hatte auch sonst kein Glück mit den Leuten seines Vertrauens. Sie trieben ihn in seinem Kampfe gegen die Adelsopposition des Sten Sture in Schweden zu kaum verhüllten Rechtsbrüchen und blutigen Vollstreckungen.

In den Niederlanden verstimmte es vollends, daß dieser übrigens ansehnliche und, wenn er wollte, bestrickende König sehr herrisch den Rest der Mitgift seiner Frau und dazu noch Hilfe gegen Schweden begehrte, gerade als man wegen der Kaiserwahl tief in Schulden steckte. Er scheute sich nicht, sein Glück unmittelbar danach bei Frankreich zu versuchen und erhielt von dort in der Tat auch brauchbare Söldner. Mit stattlichem Aufgebot und sechs niederländischen Kriegsschiffen zog er gegen Schweden. Im Frühjahr 1520 schien die kalmarische Union der drei Reiche wieder allgemein befestigt. Aber statt der erwarteten Amnestie ließ Christian weltliche und geistliche Prozesse spielen; zwei Bischöfe, dreizehn Ritter, darunter Gustav Wasas Vater, drei Bürgermeister und sechsundzwanzig Bürger wurden hingerichtet — ohne Sakramente, erzählte man sich schaudernd.

Daß die Versuche einer lutherischen Reformation in den Händen eines so unbeherrschten Fürsten nicht gediehen, versteht sich doppelt; man nahm schon das, was von ihm kam, mit wachsendem Mißtrauen. Gleichwohl hatte er die Keckheit, seinen kaiserlichen Schwager im Sommer 1521 in den Niederlanden persönlich aufzusuchen. Als Ritter des Goldenen Vlieses festlich empfangen, ergab er sich an Karls Seite den gesellschaftlichen Freuden des reichen Landes. Damals zeichnete ihn Dürer, der selbst einmal mit zur Hoftafel geladen wurde, als König Christian seinen Schwager bewirtete. Man willfahrte dem König auch in der Belehnung mit Holstein, schlug ihm freilich den Besitz Lübecks, sowie die Hilfe gegen Schweden und die Hanse ab. Margarete und ihre Räte hatten die Gefahren eines nordischen Krieges für den niederländischen Handel mit Recht stark betont. Wiederum bezeichnend für seine derbe Art, daß Christian seine Wut über den kühlen Abschied daheim an seiner königlichen Gemahlin ausließ, so daß nun öfter bewegliche Klagen von ihr in die Niederlande gingen. Alles das hinderte ihn aber keineswegs, sich weiter auf die Hilfe von dort zu verlassen und seine Erwartungen nur noch zu steigern. Von dem Fortgang dieser Tragödie werden wir noch zu berichten haben.

Aufstieg und Zusammenbruch der Comuneros und der Germania

Karl weilte seit dem Sommer 1521 in den Niederlanden und mochte hier in einer Lebenspause, vor der Rückkehr nach Spanien, trotz aller Wetterzeichen und heraufziehenden Sorgen, der zunehmenden Befestigung seiner Machtstellung und ihrer Rückwirkung auf das Staatenkonzert zusehen.

Im Hintergrunde aller Entschließungen der letzten Jahre standen die lange Zeit sehr aufregenden Nachrichten aus Spanien. Karl hatte das Land in einer ungehemmt ausbrechenden Revolution verlassen. Man mag die Gemütsruhe bewundern, mit der Chièvres seinen jungen Herrn über die heimischen Niederlande zu den großen Möglichkeiten des deutschen Königtums und Kaisertums ziehen ließ und die spanischen Reiche ohne Machtmittel einem schwachen Prälaten anvertraute. Chièvres besaß offenbar keine Nerven. Indessen hatte gerade er die Reiche weit mehr gefährdet, als ihm bewußt geworden sein kann. Der Hochmut und die naiv-habgierige Stellenjägerei der Fremden, die betonte Hast des Hofes selbst, nach möglichst stattlichen Bewilligungen tunlichst bald aus den einzelnen Königreichen, ja aus dem ganzen Lande wieder fortzukommen, hatten unter den stolzen, schon von staatlichen und völkischen Ideen getragenen Spaniern jene Erhebung ausgelöst, die am 29. Juli zur heiligen Junta und zu deren Ansprüchen auf eine eigene Regierung des Landes führte. Daß die lange Gewöhnung an Spaltungen und Gegensätze in und zwischen den Reichen diese Erhebung erleichtern mußte, haben wir früher betont.

Die sozialen Gegensätze zwischen den Granden und den meist von kleinen Adligen geführten Städten verschärften die Kämpfe — entlasteten freilich insofern wieder die Krone, als die Parteien sich ihr gegenüber neutralisierten. Außerdem hielten sich wichtige Städte Castiliens und fast der ganze Süden von der Bewegung frei. Nicht minder Aragon, das dafür im

Königreich Valencia seine eigene weniger politische als sozialrevolutionäre Revolte der Germania erlebte, von deren Anfängen auch schon die Rede war. Eine Verbindung zwischen den beiden Herden der Unruhe ist nicht zustande gekommen, wie ja weitsichtiges Handeln nicht die Stärke der Revolutionen zu sein pflegt. Auch Verbindungen mit dem Auslande sind ernstlich nicht wirksam geworden. Der König von Portugal sandte zwar der verlassenen und mittellosen Regierung einmal eine stattliche Summe Geld, aber dabei blieb es. Umgekehrt hätte die französische Regierung gern die Glut geschürt und ihr Erlöschen aufgehalten. Aber weder die Flotte, die um Mallorca kreuzte, noch der Krieg, den Frankreich aufs neue in Navarra erregte, haben irgendeine Stärkung der Revolution zuwege gebracht. In Navarra kamen die Franzosen zu spät.

Doch wollen wir nicht vorgreifen. Die Erstarkung der Königlichen in Castilien hatte innere und äußere Gründe. So wenig wie später die Masse der Bauern in Deutschland, waren die Aufständischen in der Lage, eine andere als die überkommene Autorität zu denken. Sie forderten das „alte Recht". Sie bedienten sich des königlichen Siegels. Sie riefen nach dem Könige gegen die Königliche Regierung. Sie versuchten es mit der Königin.

Gewiß war es ein kritischer Augenblick in der Geschichte der Comuneros, als ihr Führer Padilla die Feste Tordesillas im Handstreich nahm, vor der kranken Königin in alter Ehrerbietung ein Knie beugte und ihre Hilfe erwartete. Da man den ihr begreiflicherweise unbequemen und deshalb verhaßten Marques von Denia entfernte, mochten die Ereignisse der armen Frau in einem halblichten Augenblick wie eine Befreiung aus Träumen und als die Rückkehr in eine längst versunkene Wirklichkeit erscheinen. Sie nickte freundlich zu und hörte anscheinend geduldig die Reden der Männer an. Aber jeder Versuch, sie zum Handeln zu bewegen, ja auch nur eine Unterschrift von ihr zu erlangen, zerbrach an ihrem Zustand. Sie fiel bald in das hoffnungslose eigene Dunkel zurück.

Ganz so wie das Werben um Juana wurden auch die sachlichen Forderungen der Aufständischen zu einer ungewollten Stärkung des königlichen Ansehens. „Castilien ist es nicht gewohnt, ohne König zu sein", klagte man begehrend in den *Capitulos del reyno* vom 20. Oktober 1520 dem abwesenden Könige. Indem man wirkliche Übelstände oder Mißgriffe der Regierung sozusagen mit den königlichen Augen sah und formulierte, gab man der Regierung die Mittel zu ihrer Restauration. „Kehrt der König zurück", so sagten sie, „kann er von diesen seinen Königreichen aus die Welt beherrschen, wie seine Vorfahren." Und wie streng dynastisch war es nicht gedacht, daß gleich im ersten Artikel die flehentliche Bitte ausgesprochen wurde, der König möge sich doch verheiraten! „Nach dem Wunsche seiner Reiche", fügten sie hinzu — alle wußten, daß damit nicht die französische, noch auch die englische, sondern die portugiesische Heirat gemeint war. Sie wünschten im Königlichen Hofstaat nur Einheimische zu sehen, wie zu den Zeiten der „glorreichen Vorfahren" Ferdinand und Isabella; freilich auch deren Einfachheit und nicht die prunkhaften Ausgaben der Gegenwart. Sollte der König abwesend sein müssen, baten sie um einheimische Statthalter. Sie baten weiter um Steuersenkung, baten um Reformen in Verwaltung und Justiz, wie wir sie in früheren Forderungen der Cortes und in den Ratschlägen erfahrener Räte kennengelernt haben. Man sieht deutlich: es sind alte Requisiten, einschließlich der Forderung guter königlicher Münze und der Klagen über die Mißstände in den Neuen Indien. Weder dort, noch hier im Lande wollen sie die Vergabung aus Königsgut zu privatem Nutzen, die viel begehrten und zugleich berüchtigten *Mercedes*. An Forderungen des Tages hatten sie nur wenige, wie die Wahl der Abgeordneten zu den Cortes nach Ständen und ihre festen Bezüge, dazu periodische Tagungen und Verhandlungsfreiheit. Allerdings forderten sie strenge Bestrafung des Antonio de Fonseca, des Licenciado Ronquillo und des Gutierre Quixada, die sie der Zerstörung von Medina del Campo beschuldigten — damals, als man dort zuerst handgemein geworden und die kostbaren Warenlager in Rauch aufgegangen waren. Von den Boten, die dem Kaiser die Capitulos überbringen sollten, gelangte nur Antonio Vasquez aus Avila bis Worms; er wurde nach vorläufiger Gefangensetzung zwar wieder freigelassen, blieb aber ohne Erfolg. Die anderen wagten gar nicht, über die Niederlande hinauszuziehen. Karl verhielt sich, selbst den Empfehlungen Adrians gegenüber, völlig ablehnend.

Und doch, in der Ideologie jener Klagen lagen im Grunde lauter Verbeugungen vor der als groß, rein und gerecht gedachten königlichen Gewalt. Das bedeutete eine günstige Bedingung. Freilich, die Taten der neuen Machthaber waren rauher als der Ton ihrer Briefe und Artikel. Im Stil der in sich unsicheren Revolutionen erschienen ihnen nicht nur die königlichen Beamten, sondern alle möglichen Personen verdächtig, und sie verschmähten nicht ein sehr brutales Vorgehen. Auf der anderen Seite gab es starke Schwankungen, auch heftige Streitigkeiten im eigenen Lager zwischen Städten und Personen. Vorübergehend wurde Padilla durch Pedro Giron ersetzt; aber die Launen wechselten, und der Grande machte seinen Weg wieder zurück, wie Pedro Laso und andere. Padilla dagegen wurde in Valladolid empfangen, „als sei der liebe Gott vom Himmel gekommen".

Inzwischen hatte Karl unter dem 29. September den Connétable von Castilien, Don Iñigo Velasco und den Admiral Don Fadrique Enriquez neben Adrian zu Regenten bestellt. Besonders der Connétable entwickelte bald große Energie. Die Truppen der Granden und der Regierung ordneten und verstärkten sich; der Connétable machte seinen Frieden mit Burgos im November; am 5. Dezember gewannen sie Tordesillas zurück. Allein die Junta siedelte nach Valladolid über, und die schlimmsten Zeiten schienen noch kommen zu sollen. Denn eben jetzt warf sich ein ehrgeiziger Grande geistlichen Standes, Antonio de Acuña, Bischof von Zamora, zum Führer auf, um wenigstens das Erzbistum Toledo, also den durch den Tod des jungen Croy wieder erledigten Sitz des großen Kardinals, zu gewinnen. Sonderbar ungereimter und unheimlicher Maskenzug der Geschichte, wie hier ein geistlicher Würdenträger alten Geblüts, gefolgt von Bettelmönchen und Volkshaufen das Land verwüstete, Klöster plünderte, und dann solenne Gottesdienste abhielt. Im Grunde genommen doch nur ein Ausdruck der allgemein gelösten Ordnung, was auch den hochgeborenen und hochgestiegenen Verbrecher entfesselte. Auf Klagen Adrians mischte sich die römische Kurie mit der Bestellung geistlicher Richter ein. In sonderbarer Verkennung der Persönlichkeiten, aber offenbar in gleichem Abscheu, sprach man in Rom von dem „spanischen Luther". Die Energie der Kurie ließ freilich nach, als der Bischof durch gute Freunde, auch durch Frankreich allerlei Gegenminen legte.

Die Entscheidung fiel nicht in Toledo, sondern in der altcastalischen Heimat der Erhebung. Der Connétable zog von allen Seiten Verstärkungen an sich und wurde so den Truppen des Padilla überlegen. Am 23. April siegte er über ihn auf dem Felde von Villalar unweit Toro am Duero, wesentlich durch das Übergewicht seiner Reiter. Padilla wurde gefangen und schon am nächsten Tage gerichtet. Am 27. April zogen die Sieger in Valladolid ein. Im Herbst folgte Toledo, aus dem der Bischof geflohen war, während Padillas tapferes Weib, die Schwester der großen Mendoza, die Stadt noch leidenschaftlich verteidigt hatte, — bis auch ihre Kraft versiegte und sie als elender Flüchtling über die portugiesische Grenze entwich. Zamora wurde auf dem Weg nach Frankreich ergriffen und einstweilen auf der Burg von Simancas in Gewahrsam genommen.

Es war die höchste Zeit gewesen, denn mittlerweile hatten die französischen Truppen in Navarra doch gewaltig Raum gewonnen. Ihr Führer war André de Foix, Herr von Esparre, neben Lautrec und Lescun einer der drei Brüder der Françoise, Frau von Chateaubriand, die damals als die vornehmste Geliebte Franz I galt. Er drang über die Pyrenäen vor, nahm am 19. Mai Pamplona, am 29. Tudela am Ebro und begann die Belagerung von Logroño. Es wird berichtet, daß diese Hiobsposten den fernen Kaiser völlig niedergeschlagen hätten. In der Tat bedeutete eine unmittelbare französische Herrschaft bis in den Südzipfel von Navarra hinein fast ein Aufschlitzen der spanischen Reiche an ihrer schmalen Naht im oberen Ebrotal. Aber bevor Karl noch Weiteres erfuhr, war ihm am 31. Mai schon der Sieg von Villalar gemeldet worden, der die Truppen und die Herzen der Castilianer gegen die Franzosen frei machte. Auch die Aragonesen beschlossen eilige Hilfe. Esparre mußte um seine Rückzugslinie fürchten, brach die Belagerung von Logroño ab, wurde aber in seinen rückwärtigen Bewegungen noch erreicht und hart südlich von Pamplona, bei Noain, in sehr blutigen Kämpfen am 29. Juni völlig geschlagen. Ganz Navarra war aufs neue für Spanien gesichert. Daran änderte auch nichts, daß bald nachher der Admiral Bonnivet sich überraschend des Grenzortes Fuenterabbia an der Mündung der Bidassoa bemächtigte und dieser gewiß nicht unbedeutende Ort lange umstritten blieb. Navarra behielt als Ganzes seinen Bestand als spanisches Königreich, mit eigenen Cortes und Vizekönigen; auf Nájera folgte Graf Miranda.

Um dieselbe Zeit kam auch die Bewegung im Königreich Valencia zum Stehen. Wenn sie durch das Unterbleiben des königlichen Besuches und durch widersprechende Bescheide der Regierung gefördert sein mochte, so lagen doch hier stärker, als bei der vorwiegend politisch bürgerlichen Bewegung Castiliens, ständische Gegensätze zugrunde, die an die Kämpfe der Zünfte mit dem Adel in den italienischen Städten des 13. Jahrhunderts erinnern. Man denke, daß in Valencia schon die Zahl der Zünfte sich dem halben Hundert näherte. Die königlichen Erlasse schienen die Germania tatsächlich zu legalisieren, und sie selbst hatte sich nach dem Vorbild der um Christus gescharten zwölf Apostel einen Rat der Dreizehn bestellt. Aber auch der Adel war organisiert, hatte vom Könige Entgegenkommen erfahren, allerdings statt seines persönlichen Besuches nur die Regierungsübernahme durch den Vizekönig Don Diego Mendoza erlebt. Mendoza gab den Zünften gute Worte, trat aber schließlich doch im Sinne des Adels für die alten Ordnungen ein, während die selbstbewußte Germania nicht gewillt war, in politischer Rechtlosigkeit zu verharren; sie begehrte Anteil am Stadtrat. Diego Mendoza und auch sein in Valencia begüterter und deshalb im Lande mehr populärer Bruder Rodrigo, Marques von Zenete, vermochten die Autorität nicht zu halten. Der Vizekönig wurde in einer dramatisch inszenierten Revolte verdrängt und zog von Valencia erst südwärts nach Jativa, dann an die Küste nach Denia und Gandia, während die Germania das ganze Land zu ergreifen schien. Jativa wurde von den Haufen des Vicente Periz genommen, der unter dem Titel eines *Capitan general* auch ins Innere vordrang und die auf den adligen Gütern arbeitenden Moriscos in einer Mischung von kirchlichem und demokratischem Fanatismus schwer bedrängte; seine Leute tauften oder töteten. Nun wurde aus dem ursprünglich nur auf Selbstschutz gestellten Gefüge der Germania eine den ganzen Staat erfassende Forderung. „Die Begriffe des Adels und der Heiden", lehrten sie, „gehören der Vergangenheit an; das ganze Reich soll eine Brüderschaft sein in Frieden und Gerechtigkeit unter einem König und einem Gesetz." Solche Töne haben auch hier die Granden vollends erbittert und zur Gegenwehr gesammelt. An schweren Kämpfen hat es nicht gefehlt; sie zogen sich bis zum Frühjahr 1522 hin. Schließlich wurde im März auch Vicente Periz gefangen und gerichtet.

Ähnliche Verhältnisse und Vorgänge wie in Valencia gab es auf den Balearen, insbesondere auf Mallorca. Ja, hier schien es am ausgesprochensten der scharfe Klassengegensatz zwischen den Bauern, Arbeitern und Handwerkern auf der einen Seite, der Bürgerschaft und dem Adel auf der anderen, der sich in blutigen Zusammenstößen und Überfällen äußerte. Don Miguel de Gurrea, Statthalter der Krone Aragon, mußte dem Gutsherrn Don Pedro Pachs weichen, der selbst aber wieder ein Opfer der erregten Massen wurde. Nur die zur See offen gebliebene, wohlbefestigte Stadt Alcudia blieb Stützpunkt des Adels und der Bürgerlichen, die ihren Gegnern in tapferen Ausfällen aus der Stadt wiederholt erheblich zusetzten. Nach Karls Heimkehr konnte der Gouverneur mit vier Galeeren und entsprechender Mannschaft von Alcudia aus die Insel zurückgewinnen.

Blickt man zurück auf die innerlich und äußerlich verzweifelte Lage des größten Teils der spanischen Königreiche zu dem Zeitpunkt von Karls Abreise und dann während des Herbstes und Winters 1520/21, auf die fast hoffnungslosen Hilferufe Adrians aus seiner ohnmächtigen Lage in Castilien, auf die noch größeren Gefahren, die sich bei besserer Führung und rechtzeitigem Zusammenwirken mit Frankreich ergeben hätten, so kann man in der Seele Karls das Hochgefühl der Erleichterung verstehen, mit dem er sich im Sommer 1522 seinen spanischen Reichen wieder zuwandte.

Bündnis Karls mit Leo X

Mittlerweile waren an den entscheidenden Stellen der europäischen Politik, an der römischen Kurie und in England, gleichermaßen günstige Wendungen für ihn erfolgt. Beide Mächte standen zwischen ihm und Frankreich; beide sah er sich nach und nach in festen Bündnissen gegen Frankreich verbunden.

Das Verhältnis des Kaisers zu Leo X war im Wahlkampf schwer belastet. Der Papst hatte so offen die Partei des ihm seit dem Siege von Marignano eng befreundeten Königs Franz genommen, daß schon darin nach allen Seiten Hemmungen lagen. War es nicht auch gefährlich für die römische Kurie, entgegen einer Jahrhunderte alten Tradition die Vereinigung der Krone Neapel mit dem Kaisertum wirklich zuzugestehen, dazu noch in den Händen eines Kaisers, der über ganz Spanien und die neue

Welt, und in den Niederlanden über ein reicheres Fürstentum verfügte als je ein Kaiser zuvor? Und was hatte sich auf der französischen Seite geändert? Lag nicht hier außer der alten Freundschaft das einzig wirklich brauchbare Gegengewicht gegen die Übermacht des Kaisers? Die Politik Leos X in diesen Jahren ist deshalb von jeher mit besonderer Aufmerksamkeit studiert worden, ohne daß man überall in die letzten Falten zu blicken vermöchte. Etwas klarer werden wir vielleicht sehen, wenn einmal die ganze Korrespondenz des spanischen Gesandten in Rom, Don Juan Manuel, im Wortlaut vorliegt. Dieser merkwürdige Vertreter des hohen castilischen Adels ist uns ein alter Bekannter. Unscheinbar von Statur und Aussehen, war er stets gefürchtet wegen seiner Klugheit und seiner Willenskraft. Der alte Ferdinand von Aragon hatte ihn gehaßt, und den Niederländern war er sichtlich unbequem. Sandte Chièvres ihn als Botschafter nach Rom, um ihn los zu werden oder weil er die Bedeutung des Postens und des Mannes gleichmäßig hoch einschätzte? Jedenfalls bewährte sich Manuel in Rom, seitdem er dort am 11. April 1520 feierlich eingezogen war.

Der mediceische Papst hatte 1516 das Konkordat von Bologna mit Franz I zum Teil aus Furcht vor der neuen Macht abgeschlossen. Und Furcht vor der neuen spanischen Macht wird auch jetzt mitgespielt haben. Zudem hatte sein Haus gegen die Franzosen 1512 nur durch spanische Hilfe seine Restauration in Florenz erwirkt. In allerlei territorialen Fragen, wegen Parma und Piacenza, auch gegenüber den päpstlichen Ansprüchen auf Ferrara, verhielt sich der neue französische Herr von Mailand spröde. Dabei stellte er unablässig an die Kurie Anforderungen, als hätte diese nur auf Paris und sonst keinerlei Rücksicht zu nehmen. Es grenzte an Unverschämtheit, wenn Franz die Erhebung des Bischofs von Lüttich, Eberhard von der Mark, zum Kardinal hartnäckig bekämpfte, weil dieser sich zeitweise mit, zeitweise im Gegensatz zu seinem Bruder Robert von der Mark der französischen Partei wieder entzogen hatte. Und dann, wenn es dem Papst, auch als Herrn des Kirchenstaates, mit der Sorge vor den Türken ernst war, — bot nicht der König von Neapel und Spanien aus seinem eigensten Interesse den sichersten Schutz und die zuverlässigste Abwehr? Im Mai 1520 hatte Ugo de Moncada einen großen Erfolg gegen die Barbaresken davongetragen; seither freilich war die Küste Neapels schon wieder geplündert worden. Endlich aber — so wenig man es zumeist in unseren Darstellungen wahr haben will, — war es nicht für den Papst durchaus das Gegebene, angesichts der übermächtigen lutherischen Bewegung in Deutschland, von der ihm Aleander in seinen Depeschen ein nur zu schreckhaftes Bild entwarf, nach Möglichkeit mit dem doch persönlich offenbar gutwilligen Kaiser zusammenzugehen? Der volle Wortlaut einiger

Berichte Manuels läßt unzweifelhaft erkennen, welche Rolle diese „Hauptsache" in Rom wirklich spielte, — auch im politischen Tauschgeschäft. Zu dem schmeichelhaften Breve auf Karls Erklärung vom 19. April meinte der nüchterne Manuel, es werde darauf wohl auch noch in anderer Münze zu zahlen sein. Befürchtungen vor der übergroßen Macht des Kaisers mochten aufgewogen werden durch die anscheinende Fügsamkeit des jungen Herrn; das Wort von dem „braven Kind, dem Kaiser", ist im Munde Leos X gut verbürgt. Manuel hielt es sogar für erwünscht, dem Papste etwas mehr Respekt vor der kaiserlichen Macht beizubringen.

Wenn der schlaue Castilianer die Lage richtig ausnutzte, mußte es ihm gelingen, den Papst von Frankreich weg zu seinem Herrn hinüberzuziehen. Allerdings lauteten die Nachrichten aus Spanien oft genug sehr ungünstig, und Rom mochte sich fragen, ob es geraten sei, sich mit einer zerbröckelnden Macht zu alliieren. Auf der anderen Seite nahm der König von Frankreich eine so herausfordernde Haltung an, sprach so offen von seinen Absichten eines Zuges nach Neapel, daß die Kurie von seiten des Kaisers schon sehr weitgehender Garantien bedurfte, um offen seine Partei zu ergreifen. Am meisten beirrte den Papst, daß ihm und seinen Vertretern im Norden das Spiel Frankreich-Burgund-England seit dem Frühjahr 1520, also seit jenen überaus widerspruchsvollen Zusammenkünften, so gut wie undurchsichtig blieb. Wenn nicht alles täuscht, gefiel sich der kluge Leiter der englischen Politik, Wolsey, in dessen Zukunftsträumen der Erwerb des Papsttums eine ihn selbst belastende Rolle spielte, in dieser Geheimtuerei. Er sah sich wirklich nun auch von der Kurie umworben, wie einflußreiche Kurienkardinäle ihrerseits von den konkurrierenden Mächten. Die Idee der englischen Ehe Karls aber führte den ängstlich gewissenhaften jungen Fürsten selbst auf die abenteuerliche Zumutung an den Papst, ihm für eine „etwaige spätere Sünde", nämlich die Lösung seines französischen Verlöbnisses, im voraus Absolution zu erteilen, da er, auch politisch überängstlich, den wahren Grund nicht anzugeben wagte. Alle diese Möglichkeiten und Bedenken wirkten auf Manuel, und es gab Zeiten, da er mit seinen Hoffnungen und Forderungen merkwürdig bescheiden wurde.

Im ganzen sehen wir den Papst beizeiten zur kaiserlichen Seite hinüberneigen. Zeitweilig war er es, der das Offensivbündnis gegen Frankreich geradezu begehrte, während der Kaiserhof, zumal zu Lebzeiten Chièvres', davor noch zurückschreckte. Aber der Papst blieb unsicher; er machte einmal Anstalten, auf die französischen Angebote von St. Marceau und Graf Carpi einzugehen, mindestens demonstrativ. Auf der anderen Seite drängte England den Kaiser, den es auch jetzt unbedingt von Frankreich trennen wollte, wenigstens auf förmliche Entscheidung zugunsten der englischen Ehe — ohne allzu starke Verpflichtungen für die Zukunft zu verlangen.

Denn es kam der englischen Politik in erster Linie darauf an, den Kaiser Frankreich gegenüber vollkommen bloßzustellen und unmöglich zu machen. Man kann sich des Eindrucks nicht erwehren, daß die etwas nervös gewordene Unsicherheit des Papstes in seiner Zwangslage zwischen Karl und Franz nicht wenig dazu beigetragen hat, beiderseits den Kriegseifer, den er zur Klärung der Lage gebrauchte, zu schüren. Je günstiger im Frühjahr 1521 sich die Lage des Kaisers in Deutschland und in Spanien gestaltete, um so mehr sanken die Aussichten für Frankreich, stiegen auch in Rom die Möglichkeiten für den Kaiser. Franz hatte mit den Schweizern Soldverträge abgeschlossen; darin hatten diese das Haus Österreich und Neapel ausgenommen; er dagegen Ferrara, was dem Papst durchaus widerwärtig war. Vielleicht gab dieses Beharren Frankreichs auf der Freundschaft mit Ferrara für den Papst den Ausschlag. Jedenfalls konnte Manuel am 29. Mai dem Kaiser endgültig melden, daß ihm der Papst durch Raphael Medici das unterschriebene Bündnis zugestellt und der Sekretär Giovanni Matteo Giberti in seiner Gegenwart das Siegel daraufgedrückt habe. Es trägt in dem Wiener Original das Datum des 28. Mai und den eigenhändigen Vermerk des Papstes: „So versprechen wir es."

Dieser Monat Mai, der sich in Worms zunächst noch so düster ansah, überschüttete an seinem Ausgang den Kaiser mit Erfolgen.

Das Bündnis zwischen Papst und Kaiser war in der Tat sehr weittragend, mochte es immer zunächst allein auf die italienische Staatenwelt zugeschnitten erscheinen. Es enthielt die Verpflichtung zur Herstellung der Herrschaft des Francesco Sforza in Mailand und des Dogen Antonio Adorno in Genua, die ihrerseits die Kriegskosten erstatten sollten. Zur Durchführung des Krieges wollten Papst und Kaiser zusammen 16 000 Schweizer annehmen. Weiter sollte der Kaiser dem Papst Parma und Piacenza zurückgeben, ihm auch in bezug auf Ferrara helfen, nicht minder seinen Wünschen wegen Florenz und Siena entsprechen, das ganze Haus Medici in Schutz nehmen, den Papst auch in geistlichen Dingen. Dafür heißt der Papst den Kaiser zur Krönung in Italien willkommen, verspricht auch Hilfe gegen Venedig. Beiderseits werden die Schweizer und England einbegriffen. Wenige Tage nachher meldete Manuel die Bewilligung der Investitur mit Neapel gegen 7 000 Dukaten Zins und Getreidehilfe für den Kirchenstaat im Falle der Not. Das Original der Investitur wurde am 28. Juni ausgefertigt. Wir verweilen nicht bei den 10 000 Dukaten aus Neapel für Alessandro Medici, Lorenzos Sohn, und den 10 000 Dukaten für den Kardinal Medici, aus den Renten des Erzbistums Toledo.

Es ist gewiß sehr beschämend, den Papst so ausschließlich als Haupt des Hauses Medici und Fürsten des Kirchenstaates zu finden. Doch vollzog sich in dem engen Rahmen dieser Interessen eine entscheidende Schwenkung in der großen Politik, die letzten Endes auf eine ungeheure Stärkung der Stellung des Kaisers hinauslief. Was bedeutete nicht die moralische Unterstützung des Papstes, wenn nun wirklich diese beiden Valois, der König von Frankreich und der Herzog von Burgund, ihren Lebenskampf antraten! Was bedeutete nicht diese Allianz auch für die Beherrschung der spanischen Kirche! Auf dem Boden Italiens hatte sich in längst vergangenen Jahrhunderten der Kampf um die Vorherrschaft im Abendland abgespielt. Auch in den Tagen Ferdinands des Katholischen, Ludwigs XII und Maximilians galt das Staatensystem, an dem der geistliche Vater der Christenheit als Landesfürst beteiligt war, mit Recht als die Schlüsselstellung für die europäische Politik.

Fragt man aber nach den treibenden Kräften innerhalb des kaiserlichen Kabinetts zur Hinwendung nach Italien, so kann man wieder nur Gattinara nennen. Schon vor Jahr und Tag hatte der englische Gesandte Tunstal sein vorwiegendes Interesse an Italien betont. Bis zu seinem Tode ist Gattinara nicht müde geworden, im Gegensatz zu dem burgundischen Adel, zum Teil auch gegen die spanischen Granden, die Befriedigung Italiens und den Kampf gegen Frankreich zu vertreten. Wir haben von ihm das Konzept einer dritten großen, leider undatierten Denkschrift im Familienarchiv zu Albano bei Vercelli, in der sich der Großkanzler Gedanken macht über die Erfordernisse an Truppen für den Krieg. Er beginnt mit den Worten, die an frühere Formulierungen anklingen: Da Gott Karl in so jungen Jahren zum ersten Fürsten der Christenheit und zum römischen Kaiser gemacht habe, mächtiger als Karl den Großen, gebühre es ihm vor allem, seine Aufmerksamkeit Italien zuzuwenden. „Wer immer Euch raten würde, von Italien abzusehen, um Euch anderswo hinzuwenden, würde Euch Euer eigenes Unheil in Schimpf und Schande anraten." Die Kosten würden nicht übermäßig sein. Immerhin bedürfte man 6 000 leichter Reiter für alle Zwecke der Erkundung, der Transporte und Requisitionen; 2000 schwerer Reiter als Kampftruppe und 30 000 Knechte als der entscheidenden Masse; außerdem 50 Stück Geschütze nebst Kanonieren, Pulver und je 200 Kugeln, sowie der nötigen Pioniere.

Aus dem Spiel der Diplomatie waren die Mächte mit innerer Notwendigkeit zum Ernst der Waffen gekommen. Die erste Hälfte von Karls großen Lebenskämpfen sollte sich wirklich auf dem Boden Italiens abspielen. Wir werden sie später im Zusammenhange darzustellen haben.

Indessen, die französisch-burgundische Politik hatte ihre ältere Reibungsfläche an den Grenzen der Niederlande, wo England eine ähnliche Stellung einnahm wie der Papst in Italien.

Erster Zusammenstoss mit Franz I

Gattinara schließt in seinen Memoiren an die Überlegungen zum Zuge nach Italien und das Bündnis mit dem Papste unmittelbar die Ablenkung der kaiserlichen Politik durch die Beunruhigung der Niederlande in Geldern und an der Grenze Luxemburgs. Er erzählt, England habe sich als Vermittler angeboten, Frankreich aber abgelehnt, da es angesichts der spanischen Revolution noch mit Erfolgen in Navarra rechnete; daß dann aber alles anders gekommen sei, als man fürchtete; daß man Spanien befriedigt, Navarra wieder befreit und daß an der niederländischen Grenze Heinrich von Nassau, von dem Grafen Werdenberg unterstützt, Mouzon genommen und Mézières belagert habe.

Der Krieg war von seiten Frankreichs zunächst durch Parteigänger eröffnet worden. Noch befand sich der französische Orator Barroys in Worms, als diese Feindseligkeiten schon im Gange waren. Am 22. April 1521 teilte Barroys dem Kaiser und den Kurfürsten im Auftrage seines Herrn mit, der kaiserliche Gesandte in Paris, Philibert Naturel, hätte sich darüber beklagt, daß Robert von der Mark, Herr von Sedan, und der Herzog von Geldern, sowie der Erbprinz von Navarra, gestützt auf Frankreich, zu den Waffen gegriffen hätten, was gegen die Verträge sei. Der König lasse betonen, daß ihm in Wahrheit der Friede aus Verwandtschaft, Nachbarschaft und um des Handels willen über alles lieb sei; daß er um des Friedens willen auf die Wiedergewinnung Neapels verzichtet habe, so leicht sie ihm bei seinen dortigen Verbindungen gewesen wäre; er habe auch in bezug auf die Leistungen aus dem Artois seine Pflichten nach dem Frieden von Noyon erfüllt — im Gegensatz zu Karl. Er werde also mit Unrecht als Angreifer bezeichnet, zumal er sich ausdrücklich gegen die Unternehmung Roberts von der Mark gewandt und sie in keiner Weise unterstützt habe, auch den Schweizern mitgeteilt, daß er mit der Sache nichts zu tun haben wolle. Robert vertrete seine eigene Sache gegen den Seigneur d'Aimeries. Mit Geldern habe er noch weniger zu tun. Wenn aber der Erbe von Navarra sich um das Reich seiner Eltern bemühe, so habe er recht, da der Kaiser sein Versprechen auch in diesem Punkte nicht gehalten habe. Karls Vorstellungen betrachte er als Herausforderung und werde sich demgemäß verteidigen.

Franz fand bei den deutschen Fürsten kein Gehör; sie mahnten zum Frieden. Er hatte zudem das Unglück, daß einige Monate nachher ein Brief von ihm an den Grafen Carpi durch die Kaiserlichen aufgegriffen wurde, der in schreiendem Gegensatz zu seinen Ableugnungen stand. Denn hier betonte er ganz unverhohlen, daß er Robert von der Mark unterstütze, um Karl in den Niederlanden zu fesseln und von Italien fernzuhalten; daß er eine Armee in Navarra, zwei in der Picardie und an der Maas unterhalte. Das alles möge Carpi dem Papste darlegen, von dessen letzten Abmachungen mit dem Kaiser er damals offenbar noch nichts wußte. Der Kaiser war als König von Neapel in derselben Lage wie sein Großvater Ferdinand von Aragon im Jahre der Heiligen Liga. Damals wurde Navarra zum ersten Male gewonnen und gleichzeitig die Machtstellung der Spanier in Italien gegen die Franzosen begründet. Jetzt standen die Parteien und ihre Hilfskräfte genauso wie 1511; auch England hielt im Grunde wieder mit gegen Frankreich. Nur daß damals Burgund neutral bleiben konnte, während es jetzt die ersten Stöße des Kampfes um Italien auszuhalten hatte. Und eben dieses meint man, wenn man sagt, daß Karl durch seine Macht belastet wurde; sie war an zu vielen Stellen verwundbar; als Teil des Weltreiches konnten auch die Niederlande nicht mehr neutral bleiben.

So war der Krieg da, den Chièvres zeitlebens verhüten wollte. Er war schon da, als Chièvres im Mai 1521 zu Worms die Augen schloß. Damals freilich nahm Karl auch bereits die englische Friedensvermittlung an. Und weil beide Teile diesen Krieg eigentlich nicht gewollt hatten, er vielmehr als Ablenkung gedacht und dann im Zusammenhang mit den Kämpfen um Italien und in Navarra aufgenommen und durchgeführt wurde, immer begleitet von hinhaltenden Verhandlungen, nahm er in Abwehr und Gegenstößen einen so schleppenden und recht eigentlich formlosen Verlauf.

Anders hätte es in Italien sein sollen. Hier gab es ein greifbares Ziel: die Vertreibung der Franzosen aus dem Herzogtum Mailand, den Erwerb von Parma und Piacenza für den Kirchenstaat, vielleicht auch Ferraras. Und hier waren sehr aktive Kräfte am Werke: der Papst, der seit Monaten um diesen Plan geworben hatte; Francesco Sforza, dem es um sein angestammtes Herzogtum ging, und an dessen Seite ein Politiker von der Rührigkeit Morones stand; sie konnten auch in Mailand auf Parteigänger hoffen; dazu auf spanische Truppen aus Neapel, Schweizer und deutsche Landsknechte. Zwar Schweizer befanden sich in beiden Lagern, und es entstand Aufenthalt und viel Ärger dadurch, daß die Eidgenossen den Kampf der Landsleute gegeneinander durch Botschaften und gemessene Befehle zu hindern suchten. Immerhin, die Gegner waren beiderseits in Rüstung und im ganzen ebenbürtig. Dem französischen General Lautrec und seinem Bruder Lescun standen Colonna als Führer der päpstlichen Truppen, Leyva und Pescara als die spanisch-neapolitanischen Generale einstweilen noch im Aufmarsch gegenüber.

Die Lage war also im Sommer 1521 überall noch ungeklärt.

Karl, vom Rhein in die Niederlande zurückgekehrt, weilte Anfang Juli in Brüssel, dann in Gent und Mitte August in Brügge. Gattinara hatte sich schon nach Dünkirchen begeben, um an dem Friedenskongreß teilzunehmen, den Wolsey in großer Aufmachung von Anfang August an in Calais abhielt. Der kaiserliche Großkanzler benutzte die letzten Tage der Muße, um angesichts der bevorstehenden Verhandlungen seinem Herrn in Form einer kontradiktorischen Denkschrift das eigene Herz zu öffnen. Es sei schwer, schrieb er, zwischen dem für viele erwünschten Frieden und dem Krieg gegen die Feinde diesseits und jenseits der Berge richtig zu wählen. Er bediente sich eines scholastisch allegorischen Aufbaues in dem Widerstreit der sieben Todsünden mit den zehn Geboten Gottes. Man könne sagen, so hebt die Reihe der sieben Sünden an, der Krieg sei ungewiß, man solle nicht alles aufs Spiel setzen. Man dürfe ihn nicht beginnen, ohne die Geldmittel zu seiner Durchführung in Händen zu haben; daß aber aus Neapel und Spanien nichts zu erwarten, auch die Niederlande erschöpft seien. Daß die Händel mit Mailand und Genua nicht nach Wunsch abliefen. Daß die Schweizer sich auf beiden Kriegsschauplätzen für die Franzosen erklären könnten. Daß die Spanier ihre Armee aus Navarra abgezogen hätten, schon um Toledos willen. Daß immerhin Navarra zurückgewonnen und damit die Ehre gewahrt, auch Robert von der Mark bereits gestraft sei, und die Franzosen nichts dabei gewonnen hätten, der Friede aber auf Anregung und Verantwortung der Engländer gehen werde. Endlich, daß die Zeit kurz und eine wirkliche Armee sobald nicht zur Stelle sei, daß mit dem September der Winter bevorstehe und man ohne Hoffnung auf Zuzug unnötig Kosten und Gefahren trage.

Dagegen sprächen für die Ablehnung des Friedens doch die folgenden Gebote. Das Bündnis mit dem Papst binde auch den Kaiser bei seiner Ehre. Ja, der Papst habe sich fast kühn zu einer Zeit für den Kaiser erklärt, da sich der König von Frankreich noch im Besitz von Navarra befand und bereit schien zu Größerem, zumal keine Armee Neapel verteidigte. Der enttäuschte Papst könnte die Investitur mit Neapel zurückziehen und das Reich in Gefahr bringen. Ein Bruch mit ihm würde alle Bewilligungen in den Reichen des Kaisers, auch Zehnten, Benefizien und Cruzada in Frage stellen. Er werde sofort Anschluß an Frankreich und Venedig finden, diese würden die Schweizer an sich ziehen und der Kaiser alle Freunde diesseits und jenseits der Berge verlieren. Die Armee sei doch fast mobil, und niemand werde es verstehen, wenn der Kaiser jetzt alles fahren lasse, da er auch Sickingen habe. Karl vertrete dazu eine gute Sache, Gott selbst sei sichtlich auf seiner Seite, und es heiße Gott versuchen, jetzt die Feinde zu entlasten. Alle, die schon für ihn gerüstet hätten, kämen nicht zum zweiten Male. Auch die opferbereiten Untertanen, die den Kaiser ausweichen sähen, müßten enttäuscht sein und schlecht von ihm denken. Endlich sei es des Kaisers Pflicht, Ruhm und Ehre zu gewinnen; alle Welt warte darauf, da Spanien befriedet sei, Italien nach dem Kaiser rufe, Deutschland ihn fürchte und liebe, die Schweizer sich nicht gegen ihn entscheiden wollten und selbst die Feinde den Mut verlören.

Natürlich ließ Gattinara seine zehn Gebote über die Versuchung der sieben Todsünden triumphieren; er wußte, daß er dem Kaiser nicht so sehr nach dem Munde redete, als aus der Seele sprach.

Karl bewegte sich sehr langsam im Durchbruch zum eigenen Willen, wenn auch, wie früher durch Chièvres, so jetzt durch Gattinaras ebenso fleißige und systematische wie großartige Haltung, ohne es zu wissen, innerlich geleitet. Er hörte nicht auf, sich prunkvoll zu kleiden und an ritterlichen Spielen Freude zu haben, aber es war jetzt mehr die Majestät, deren Gewand der burgundische Edelmann annahm. Er hörte nicht auf, sich den Freuden der Tafel und anderen Genüssen hinzugeben; das werden ihm noch später seine einsichtigen Beichtväter vorhalten, die damit die Rolle des Hausarztes spielten; aber der überwiegende Reiz des Lebens lag für ihn zunehmend schon in den Geschäften. Er war nun Tag für Tag von morgens bis abends im Rat. Er ließ sich fortan nichts mehr aus der Hand nehmen. Er schrieb einmal an Wolsey, sie würden im persönlichen Austausch an einem Tage mehr beschicken, als ihre Gesandten in Monaten. Er lernte zu schweigen, zuzuhören und zu urteilen. So kümmerte er sich auch um den Krieg; er ging zu den Truppen; er scheint sich auch einmal in die Operationen eingemischt zu haben; jedenfalls hörte er Alba und Fonseca über die Lage. Wie stark kontrastiert das alles zu seinem lebensfrohen und gewandten Gegner in Frankreich, der umgekehrt stets viele und große Worte machte, aber auch in den dringendsten Zeitläufen die Vergnügungen der Jagd und der Maskeraden den Geschäften vorzog; man nannte seine Mutter Louise von Savoyen allgemein die Regentin von Frankreich, wie später Maria Medici, die Mutter Ludwigs XIII.

Gattinara rückte seinem Herrn auch die rechte Haltung vor Augen, um Freunde zu behalten, Feinde zu schrecken, Soldaten zu fesseln, Feldherrn Hilfe zu geben. Die Franzosen seien Nassau nicht gewachsen; man könnte Tournai, Guise und Thérouanne leicht gewinnen. Man müsse irgendwelche Erfolge suchen, mittlerweile die Dinge in Italien reifen lassen und bei England zusehen, was die wahre Meinung Wolseys sei. Dem Papste werde sich vielleicht die Hoffnung ergeben, daß im nächsten Sommer auch England offen an ihrer Seite stehe.

Erstaunlich, wie richtig Gattinara den Kaiser und die Verhältnisse beurteilte. Natürlich war sein Ratschlag kühn und, wie man gesagt hat, finanztechnisch leichtsinnig. Aber über diesen Punkt haben wir uns schon früher geäußert. Die modernen Staatsanleihen nehmen vielfach noch erheblich weitere Termine der Staatseinnahmen vorweg. Im damaligen Augenblicke war jedenfalls, zumal mit Rücksicht auf Italien, ein Rückzug politisch unmöglich. Er hätte Frankreich in nicht wieder auszugleichendem Maße gestärkt.

Dabei darf freilich nicht verkannt werden, daß der nun breiter angelegte Krieg zunächst in den Grenzgebieten des Hennegau und von Artois furchtbare Opfer gefordert hat; daß die Niederlande durch die Störung des Handels mit Frankreich allgemein schwer litten, und daß sie nicht nur viel Geld aufzubringen hatten, sondern in den massenhaft, vor allem zur Einschließung Tournais aufgebotenen Milizen die eigenen Landeskinder den Gefahren, bald sogar den verheerenden Lagerkrankheiten jener Zeiten auslieferten.

Der Grenzkrieg spielte sich in zwei Räumen ab. Einmal in der Umgebung der Heimat Roberts von der Mark, also an der mittleren Maas, um Sedan, Bouillon, Mouzon und Mézières. Zum zweiten im Abschnitt der oberen Schelde, der sich von der alten burgundischen Kampflinie an der Somme nach Norden hinzieht, über Cambrai, Valenciennes, Tournai, Audenarde nach Gent. Hier war in der Tat in Anlehnung an einen schiffbaren Fluß die richtige Einbruchstelle in das Herz von Flandern; Tournai also nicht nur als Stadt und Landschaft, sondern als Sperre an der Schelde von entscheidender Bedeutung. So ergaben sich hier die Hauptbewegungen und auch der bescheidene Anteil beider Monarchen an den Operationen. Verhängnisvoll für den Kaiser wirkte, daß Sickingen und Nassau vor den Mauern des von dem Ritter Bayard tapfer verteidigten Mézières am 27. September 1521 endgültig abziehen mußten. Dafür scheiterte umgekehrt der Entsatz von Tournai durch den König von Frankreich; er blieb in den Niederungen der Scarpe und Schelde, in Grundwasser und Regen stecken. Die noch vor wenigen Jahren von Heinrich VIII wohl befestigte, inzwischen wieder französisch gewordene Stadt wurde am 1. Dezember den Kaiserlichen übergeben; zuletzt lagen hier die Herren von Nassau, Gavre, Wassenaer und Werdenberg, also die Blüte des niederländischen Adels mit ihren Truppen in der Belagerung. Den Franzosen und zwar dem Connétable von Bourbon, dessen Name uns hier zuerst begegnet, war inzwischen ein kleiner, aber eindrucksvoller Erfolg beschieden durch die Überrumpelung von Hesdin in Niederartois, nicht weit von der Küste, im alten Kampfgebiet von Crécy und Azincourt, südlich von dem gleichfalls noch lange umstrittenen Thérouanne.

Wolseys Verhandlungen in Calais und Brügge

Im Hintergrunde dieser im einzelnen natürlich sehr aufregenden militärischen Vorgänge fanden die merkwürdigen, uns durch sehr ausführliche

Protokolle bekannten und vielfach durchforschten Vermittlungsversuche Wolseys in den Besprechungen von Calais und Brügge statt. Worauf die englische Politik eigentlich hinauswollte, blieb den Beteiligten lange verborgen. Ich denke, daß es für uns trotz aller verhüllenden Worte und trotz des geräuschvollen Aufhebens, das Wolsey von sich machte, einigermaßen durchsichtig ist. Heinrich VIII hatte frühzeitig seinen Neffen begönnert; jetzt wünschte er ihn endgültig von der französischen Seite abzuziehen und seinem Hause womöglich durch Heirat zu verbinden. Mit Karl stand er auch kirchlich in einer Front. Soeben hatte er sein Buch gegen Luther geschrieben, das ihm vom Papst den Titel des *Defensor fidei* eintrug. Zu der beschwichtigenden Bemerkung Manuels, das solle nichts Besonderes sein, da ja alle Fürsten Verteidiger des Glaubens wären, bemerkte Gattinara spitzig: die Auszeichnung eines einzelnen erwecke vielmehr den Anschein, als hätten es die anderen fehlen lassen. Gattinara bäumte sich innerlich überhaupt nur zu oft gegen Wolsey auf. Aber die beiden Höfe fühlten sich gegenseitig zueinander hingezogen, und Margarete förderte das so gut sie konnte.

Darüber hinaus glaubte Wolsey offenbar auch an Ehren und Pensionen beim Kaiser und durch ihn in Rom mehr zu gewinnen als bloß im Ehrensolde Frankreichs. Vollends in der Rolle eines Schiedsrichters gefiel er sich ausnehmend, — im Interesse des Friedens und des Handels seiner Landsleute wohl auch ehrlicher als früher meist angenommen wurde. Sein König hatte ihn mit weitgehenden Vollmachten ausgestattet, und dementsprechend versuchte er bald nach seiner Ankunft in Calais (2. August 1521), von Frankreich wie vom Kaiser womöglich die schriftliche Unterwerfung unter seinen Spruch zu erlangen.

Dazu waren natürlich beide Teile nicht bereit. Aber auf die Verhandlungen einzugehen, bei denen man immer die Freundschaft Englands erhalten oder verscherzen konnte, hielten beide für gut. So erlebte Wolsey das Schauspiel, daß die beiden Kanzler Duprat und Gattinara je mit einem Stabe von Diplomaten und Räten vor ihm antraten, um ihre Redeturniere durchzufechten. Wolsey war klug genug, sich nicht zu früh zu demaskieren oder gar zu binden. Er erweckte den Anschein, als ob er bald des einen, bald des anderen weitgehende Forderung oder unhöfliche Rede mäßige oder mißbillige.

Das Problem der Kriegsschuld stand an der Spitze der Erörterungen. Duprat behauptete die völlige Unschuld seines Königs und setzte seinen Kopf dafür. Gattinara wies die aufgefangenen Briefe an Carpi vor und erklärte den Kopf des Franzosen für verfallen. Duprat machte neue Einwendungen, worauf Gattinara auf seinen Kopf großmütig verzichtete; es gäbe Besseres. Aber auch im Sachlichen ließen die Parteien nichts zu wünschen an historischen oder dialektischen Überraschungen. Die Frage war dann, ob Frieden oder Waffenruhe, auf Jahre oder auf Monate, und vor allem, auf welcher Grundlage. In dem Hin und Her dieser Disputationen fand Wolsey immer wieder Anhaltspunkte zu Pausen, zum Hinhalten, zu neuen Feststellungen.

Zwischendurch begab er sich feierlich nach Brügge, angeblich um den Kaiser für eine Lösung auch im Sinne der Franzosen zu gewinnen, in Wahrheit, um hier bereits das enge Bündnis und die Heiratsabrede mit Karl festzulegen. Er kam mit dem Pomp des römischen Kardinals, fand es nicht für gut, bei der Begrüßung mit dem Kaiser vom Pferde zu steigen, und ließ bei Besuchen Gesandte und Nuntien spürbar warten. Mit dem Könige von Dänemark traf er sich zur Vermeidung von Etiketteschwierigkeiten — in einem Garten. Margarete aber suchte ihn zuerst auf.

Beim Kaiser gab es geheime Staatsratssitzungen, über die genaue Protokolle vorliegen. Da erwog man die Notwendigkeit, wegen Spanien und Portugal die neue Eheabrede streng geheim zu halten; daß sie aber auch gebunden sein müßte an ein wirkliches Offensivbündnis. Die Räte waren meist für das Hinausschieben jeder Verpflichtung bis zur offenen Erklärung Englands, die bis zum nächsten Mai erstreckt werden könne, zumal die Reichshilfe auch erst im August 1522 fällig werde. So meinten La Roche und de Mesa. Der Bischof von Lüttich, Eberhard von der Mark, forderte die englische Erklärung für sogleich; bis zum Mai könne viel passieren. Berghes wünschte umgekehrt die Freiheit zu behalten. La Chaulx rechnete mit der Rückkehr des Kaisers nach Spanien erst für Ende April, und wenn es dort allerlei Aufenthalt gäbe, wäre es für das Jahr 1522 zu spät; deshalb wünschte er den Kriegsbeginn erst im Mai 1523. Haneton und Lannoy schlossen sich im allgemeinen an. Antoine Lalaing war für baldige Erklärung, wenn auch unter Geheimhaltung; im übrigen sprach er eingehender über die nächsten militärischen Operationen Sickingens und vor Tournai und Thérouanne; danach möge dann der Kardinal Waffenruhe geben; schließlich sei das Beste, daß Madame weiter mit dem Kardinal verhandle. Gattinara faßte alles auf seine Art kurz und klar zusammen; der Kardinal fürchte noch immer, man verhandele unter der Hand mit Frankreich; man müsse ihm Sicherheiten geben, damit er die Franzosen weiter „mit guter Miene amüsiere", — also betrüge; inzwischen solle man kräftig handeln.

Wirklich folgte man diesen Ratschlagen. Die allzeit englandfreundliche Erzherzogin fand sehr bald, am 25. August den festen Abschluß: Karl wird Mary zur Gemahlin erhalten, sobald sie 12 Jahre alt ist; zur Sicherung dieser Familienverbindung wird ein enges Bündnis verabredet. Der Inhalt dieses Bündnisses soll die Rückforderung alles dessen sein, was der König von Frankreich zu Unrecht von Karl besitze. Weiter sollte dieser über England nach Spanien zurückfahren, im Mai 1523 aber der gemeinsame Krieg beginnen. Wolsey wurde Ersatz der nun wohl in Wegfall kommenden französischen Pensionen versprochen, sowie die Hilfe des Kaisers bei der nächsten Papstwahl.

Was aber bedeutete die Rückforderung dessen, was Frankreich zu Unrecht besaß? Darüber wurde wieder in Calais von kaiserlicher Seite mit großer Unverfrorenheit gesprochen. Gattinara zählte eines Tages das burgundische Erbe auf: Bourgogne und Auxonne, Maconnais, Boulonais, die Sommestädte mit Péronne, Montdidier und Roye; Erfüllung des Vertrages von Arras und Schadenersatz für die Verluste der Herzogin Marie. Für Spanien: Narbonne, Montpellier, Toulouse, Languedoc; entsprechendes für Navarra. Für das Reich: das Arelat, die Provence, die Dauphiné, das Lyonnais, Beaujolais; endlich Mailand, Genua und Asti.

Duprat antwortete, das heiße nicht Frieden machen, sondern Krieg. Gattinara: der Kaiser bescheide sich bereits; sonst würde er auf Grund der Verleihung Bonifaz VIII an König Albrecht ganz Frankreich fordern. Duprat: wenn man mit dem Vertrag von Arras auf die Ermordung Johanns ohne Furcht zurückkomme, erhebe er alle Ansprüche aus der Ermordung des Herzogs von Orléans.

Man darf nicht sagen, daß diese Debatten lediglich dialektische Kunststücke und absichtsvolle Zeitverschwendung gewesen wären. Die Parteien erhoben Forderungen, die von der Gegenseite ernst genommen wurden, und in die sie sich selbst gefahrvoll hineinredeten. Bei Karl gewann der Erbanspruch auf das ganze alte Burgund immer verhängnisvoller Boden. Um aber diesen Unterhaltungen die rechte Schärfe und den Protokollen und Berichten ihre entsprechende Breite zu geben, dienten die jeweils eintreffenden Nachrichten von der niederländischen Front, aus Italien und von den Pyrenäen. Denn der Krieg war mittlerweile überall in Gang gekommen. Die Kaiserlichen selbst sahen sich gelegentlich genötigt, ihre Pflöcke zurückzustecken und etwa auf die Rückgabe von Fuenterrabbia zu verzichten. Am Hofe machte sich zeitweilig sogar eine geradezu verzweifelte Stimmung breit. Die Waffenstillstandsverhandlungen Wolseys erlangten darüber einen Augenblick fast schon den Wert einer letzten Hilfestellung für den Unterliegenden. Nur der Kaiser blieb hartnäckig. Darauf schien auch Wolsey mit dem Abbruch der Verhandlungen zu drohen.

Margarete sah mit Schrecken trotz aller aufgewandten Mühe das so weit geförderte, kunstvolle Werk doch wieder dem Scheitern zutreiben. Mitte November schrieb sie eigenhändig und in größter Erregung an ihren Vertrauten Berghes: „*Vous savez bien, que j'ai toujours esté et suis bonne Englese* —, daß ich über alles in der Welt die engste Freundschaft zwischen diesen Fürsten wünschte. Lange hatten wir so gute Hoffnung, aber jetzt könnte man verzweifeln. Unser Kaiser hat einen Kopf, wie andere, und dazu Leute, die auf ihn einreden. Heute sagte er geradezu: ‚Ich sehe wohl, dieser Kardinal will an mir handeln, wie er es meinen Gesandten geraten hat, gegenüber Frankreich zu tun; er fordert Dinge, die unsinnig sind und an meine Ehre gehen. Da ist er jedoch an den Rechten gekommen! Ich habe keinen Mangel an Bräuten, und er braucht mir die Seine nicht so teuer zu verkaufen.' Ich bitte Sie, Herr von Berghes, was soll das heißen? Es ist Gefahr im Verzuge, und ich möchte nur zwei Stunden mit dem Kardinal reden, um alles wieder in Ordnung zu bringen. Dann wird er sehen, daß er sich im Irrtum befindet. Wenn ich nicht fürchtete, etwas Unzulässiges zu tun, hätte ich ihm längst ein paar Zeilen eigenhändig geschrieben. So bitte ich Sie zu handeln, auch mit Haneton zu sprechen, was man tun kann."

Aber wie noch öfter (freilich nicht immer) im Verlauf seines Lebens behielt Karl recht mit seiner Art von starrer Hartnäckigkeit. Vielleicht hatte ihn jetzt Wolsey da, wo ihn sein kriegslustiger König haben wollte; vielleicht scheute Wolsey die Vergeblichkeit der monatelangen Verhandlungen; vielleicht wirkte die von Frankreich unterstützte Rückkehr des alten Gegners John Stuart, Herzog von Albany und Vormund des Königs Jacob V, nach Schottland maßgebend mit. Jedenfalls brach nun auch Wolsey mit Frankreich, kehrte in die alte Linie zurück und schloß am 22. November — da inzwischen die päpstliche Vollmacht dazu erlangt war — den Geheimvertrag zwischen dem Papst, dem Kaiser und Heinrich VIII, dessen Original vom 24. November sich in Lille befindet; die Vertragsschließenden wünschten in ihre Liga mit aufzunehmen die Könige von Portugal, Polen, Ungarn, Dänemark und den Herzog von Savoyen.

Überraschende Wendung! Schon die nächsten Tage sollten Karls Selbstvertrauen über Erwarten rechtfertigen und Wolsey entlasten. Denn am 25. November 1521 erhielt der Kardinal die Nachricht von dem Falle Mailands, das heißt vom Abzuge der französischen und vom Einmarsch der kaiserlichen und päpstlichen Truppen. Bald folgte die Kapitulation von Tournai.

Des jungen Kaisers, der bis zum Ende durchgehalten hatte, bemächtigte sich ein begreifliches Hochgefühl. Zum ersten Male in seinem Leben schien der Himmel über ihm rein gefegt von Sorgen und Gefahren. Um diese Zeit malte ihn Barend van Orley; das Bild hängt jetzt in Budapest. Es ist das einzige aus seinem Leben, das eine gewisse Keckheit atmet. Aus hochrotem Gewand unter Brokatmantel mit olivgrünem Pelz ragt noch ein Teil des goldbesäumten Hemdes heraus, das den Hals frei läßt; darüber das streng geformte Antlitz in Dreiviertel-Profil. Die blaugrauen, ins Grünliche spielenden Augen blicken in die Ferne. Das vorstehende Kinn ist fast herausfordernd gehoben, der Ausdruck sichtlich gesteigert. Über dem dicht gesträhnten Haar ein prächtiges schwarzes Barett. Auf dem Pelzmantel ruht die schwere Kette des Goldenen Vlieses. Die ringlose linke Hand ist deutlich belebt. Das ist das Bild des kaiserlichen Jünglings, den die Enttäuschungen des Lebens noch nicht geknickt haben.

Karl kehrte Mitte Dezember aus Audenarde, wo er sechs Wochen Quartier genommen hatte, nach Brüssel zurück. In diesen Wochen liegt auch sein Erlebnis mit Johanna van der Gheenst, dessen Frucht die spätere Herzogin von Parma gewesen ist. An sich nicht der Rede wert und mehr eine flüchtige Begegnung, als ein inneres Verhältnis. Aber als ein Glied in der langsamen Verselbständigung des jungen Fürsten, der begann aus sich herauszutreten, doch auch für den Historiker nicht ganz zu übersehen. Er sorgte von Anfang an für sein Blut so, wie seine Vorfahren für die männlichen und weiblichen Bastarde von Burgund. Das Kind trug Margaretes Namen, und wir wissen, daß sie sich seiner auch im kleinen annahm.

Wahl Hadrians VI. Karls Rückfahrt nach Spanien

Während der französische Krieg an der niederländischen Grenze, nicht zum wenigsten durch die unverkennbare Wendung der englischen Politik, sich zugunsten des Kaisers zu entwickeln schien, hatten die Nachrichten aus Italien geschwankt; sie beeinflußten günstig oder ungünstig schon die Verhandlungen von Calais. Nun aber kam eine Botschaft, die wenn irgend etwas in diesem Winter 1521/22 den Kaiser seiner wirklichen Berufung gewiß machen sollte: die Wahl seines Lehrers und Dieners Adrian von Utrecht zum Papst. Freilich, mit Leo X († 1. Dezember 1521) als Papst und als Herrn von Florenz war die eigentliche treibende Kraft der letzten Unternehmungen ausgeschieden. Adrian war von völlig anderer Art; er paßte in das Rom der Renaissance und der Künste so wenig wie in das Italien der Machiavelli und Guicciardini. Aber, daß Karls Vertrauter, sein Regent und Großinquisitor in Spanien, zur geistlichen Leitung der Christenheit auserwählt war — und das in dieser Zeit und eigentlich ohne des Kaisers Zutun — das grenzte an das Wunderbare.

Fehlte es uns bisher an intimen Äußerungen Adrians in seinem Verhältnis zu Karl, so werden wir nun auch in dieser Hinsicht reich entschädigt. Gerade während der ersten Monate seines Pontifikats blühte in der ungeheuren Fülle von Briefen, die das große Ereignis des Tages auslöste, auch der persönliche Gedankenaustausch zwischen dem geistlichen Lehrer und dem kaiserlichen Schüler aus dem Hochgefühl der Begnadung, das beide beseelte, stark und ergiebig. Es war nicht eben das Verhältnis Gerberts von

Reims zu Otto III, aber doch seit Jahrhunderten und wiederum in einer Zeit stärkster seelischer Spannung des Abendlandes das Mirakel eines deutschen Kaisers und eines deutschen Papstes von weltbewegender Richtung. Karl sandte einen nahen Vertrauten seiner niederländischen Jugendzeit, den Herrn von La Chaulx, zur Begrüßung an den Papst, und er wagte für den vorausgeschickten außerordentlichen Gesandten, Don Lope Hurtado Mendoza, gewiß aus Herzensgrunde das Wort: „Wir halten für gewiß, daß Gott selbst diese Wahl gemacht hat." Eigenhändig schrieb er an den Papst, in ihrer Eintracht würden sie nun die größten Dinge leisten können. Mendoza sollte dem Papst auch sagen, wessen er sich von seiner tiefen Bildung und angeborenen Güte alles versehe; wie es ihn beglücke, die Kaiserkrone empfangen zu sollen aus der Hand dieses Mannes, der noch dazu sein Landsmann sei, „der uns erzogen und unterrichtet hat von Kind auf".

Es gab eine kleine Trübung der Stimmung durch das Verhalten Juan Manuels. Aus dem Hochmut des spanischen Granden und des gewiegten Politikers gegenüber dem kleinbürgerlichen niederländischen Kleriker hatte Manuel den Papst mit einem unbescheiden lehrhaften, natürlich durchaus devoten, aber von unerbetenen Ratschlägen übervollen Briefe begrüßt. Darin auch geraten, im Gegensatz zu allen früheren Päpsten, seinen eigenen Namen Adrian beizubehalten. Insbesondere aber hatte er seine und des Kaisers Verdienste um die Wahl gebührend herausgestrichen. Adrian, dessen Feingefühl offenbar empfindlicher und stolzer war als derbere Menschen geistigen Naturen seiner Art zutrauen, war sichtlich verletzt und ließ sich auch durch alle Gegenvorstellungen nicht wieder beruhigen. Er antwortete klar und trocken, er wisse von dem Kardinal Santa Croce sehr genau, daß das Gegenteil wahr sei. Als auch der Kaiser sich einmischte, beteuerte er zwar immer wieder, daß er an des Kaisers Wohlmeinung nicht im geringsten zweifle, wohl aber an den Intentionen seiner Diener, deren politische Rücksichten er im übrigen durchaus zu verstehen schien. Ihm sei es gerade besonders lieb, schrieb er dem Kaiser eigenhändig, daß er durch keinerlei Nebenabsichten zu dieser Würde berufen sei, mit der sehr schönen Bemerkung „um der Reinheit und Lauterkeit willen, die göttliches und menschliches Recht in derartigen Dingen fordern".

Auch die großen Fragen wurden manchmal in einem fast familiären Ton behandelt. Karl erinnerte seinen Lehrer daran, daß er ihm selbst früher einmal, als er noch sein Schüler war, gesagt habe, die Worte der Franzosen seien schön und herzlich, aber wenn es darauf ankomme, suchten sie nur einen jeden zu täuschen und zu übervorteilen. Adrian gab zu, daß er das gesagt habe, ja er bekannte sich auch jetzt noch als einen schlechten Franzosen, um dann freilich in echt niederländischem Gerechtigkeitsgefühl hinzuzusetzen, gerade deshalb dürfe er es den König von Frankreich nicht merken lassen, ja auch nicht einmal so handeln, wie er es von sich aus möchte, nämlich ganz im Dienste des Kaisers. Darüber sollte es nach und nach doch zu einer Lockerung dieses von Haus aus so tiefen und wurzelechten Verhältnisses kommen.

Karl hat Adrian in Spanien nicht mehr angetroffen, und so sollten sie sich nie wiedersehen. Adrian ging am 7. August 1522 von Tarragona aus in See, landete am 28. in Ostia und zog am 29. in Rom ein. Karls Abfahrt aus den Niederlanden hatte sich schon in der üblichen Art hinausgezogen, und der Besuch des Hofes in England weiter das Seinige zur Verzögerung beigetragen. Die beiden Niederländer, Papst und Kaiser, rückten nun vollends in die große Welt ein.

Vor seiner Abreise aus den Erblanden löste Karl Flandern und Artois in aller Form aus der Abhängigkeit vom Pariser Parlament und gab ihnen den großen Rat von Mecheln als oberste Instanz. Dann bestellte er am 15. April 1522 seine Tante Margarete abermals zur Regentin, indem er ihr wie früher einen geheimen Rat, den *Conseil privé,* und einen Rat der Finanzen beigab. Zum Präsidenten des geheimen Rates bestellte er den geschäftserfahrenen Jean Carondelet, Herrn von Chapuans, geboren 1469 zu Dôle. Sein Vater stand schon im Dienste Karls des Kühnen und war Kanzler Maximilians; der Sohn besaß hohe Pfründen, seit 1520 sogar das Erzbistum Palermo. Aus den festen Zügen des etwas knochigen Kopfes seines Bildes in der Münchener Pinakothek sprechen Arbeit und klare Lebensrichtung; das Gepflegte der Gesamterscheinung fügt diesen mit Erasmus befreundeten Prälaten auch äußerlich in die geistig-höfische Welt der Erzherzogin. Sie wird mit ihren Ständen und Herren noch Kämpfe zu bestehen haben, wie schon früher; dabei wird ihr neben Carondelet vor allem Josse Lauwereys, Präsident des großen Rates von Mecheln, eine Stütze sein.

Der Kaiser nahm von den Generalständen Abschied und betrat zum zweiten Male den Boden Englands. Hier war inzwischen die außenpolitische Lage endgültig geklärt worden. Nach vergeblichen letzten Versuchen Wolseys, den englisch-französischen Krieg zu vermeiden, hatte der englische Herold am 28. Mai zu Lyon ein Ultimatum übergeben und den englischen Botschafter Cheney mit sich zurückgeführt. Die befreundeten Höfe traten in immer nähere Beziehung. Die Könige turnierten, die Kanzler verhandelten und kamen zum Abschluß im Vertrage von Windsor vom 16. Juni mit den Geheimartikeln vom 19. Inhaltlich hielt man sich in der Linie der Brügger Abmachungen, nur daß man nun den großen Einfall in Frankreich erst 1524 unternehmen wollte.

Nach England aber hatte der Kaiser die seltsamsten Dinge zum Anschauen und Bewundern mitgebracht: einen Teil der märchenhaften Schätze des Montezuma, die zunächst nach Spanien geleitet, dann in die Niederlande weitergesandt worden waren, wo sie auch Dürer sah und die „subtilen Ingenia der Menschen in fremden Landen" bestaunte.

DIE NEUEN INDIEN. MAGELHAENS WELTUMSEGLUNG
HERNANDO CORTES IN MEXICO

Damit weitet sich unser Blick zu guter Letzt über den Ozean auf die Gebiete dieses Weltreichs, die zwar noch für Jahre weder die Politik noch die Wirtschaft des Abendlandes nennenswert beeinflußten, deren paradiesische Fernen aber und scheinbar unerschöpfliche Kostbarkeiten dem ohnehin so wunderbaren Kaisertum des ersten spanischen Habsburgers für Zeit und Nachwelt noch einen sonderbar exotischen Nimbus gegeben haben.

Wann die Welt der Neuen Indien dem Kaiser zuerst näher getreten ist, vermögen wir nicht zu sagen. Es ist kaum anzunehmen, daß seine spanischen Lehrer nicht schon dem Knaben davon gesprochen haben sollten. Sicherlich ist die folgenschwere Zustimmung zur Expedition des nach Ablehnung durch die heimische Regierung in castilischen Schutz genommenen Portugiesen Magelhaens nicht ohne seine Mitwirkung denkbar. Sie erfolgte zu Valladolid am 22. März 1518 und bedeutete auch ideell schon eine sehr große Sache. Mag dabei immer der materielle Wert der duftenden Gewürze die stärkste Anziehungskraft für die finanziellen Interessen gehabt haben, so waren doch an der Idee, über den Westen zu den geheimnisvollen Gewürzinseln zu gelangen, auch die Kosmographen beteiligt; das tiefere geographische Interesse an dem Plan liegt ebenso zutage, wie die Gefahr eines politischen Zusammenstoßes mit den Portugiesen, die sich, wie man erwarten durfte, ihr junges überaus ertragreiches Gewürzmonopol gewiß nicht ohne weiteres aus der Hand nehmen lassen würden. Nach umfassenden Vorbereitungen verließ Magelhaens am 10. August 1519 mit fünf Schiffen Sevilla.

Magelhaens suchte die Molukken nicht auf dem Wege über Afrika und das Kap, sondern in entgegengesetzter Richtung. Der Ring um die Erde mußte sich also zum ersten Male in der Geschichte dieser Welt im Namen Karls V schließen, wenn das Wagnis glückte. Die Fahrt war kühn, entbehrungsreich, dramatisch in ihren inneren Konflikten, bunt und zugleich furchtbar in ihrem Ablauf. Die nüchterne Reihe der Ereignisse zusammen mit dem anschaulichen Bericht eines der wenigen Überlebenden der Fahrt schlägt noch heute den Leser dieser Überlieferung völlig in ihren Bann und berührt auch das Leben Karls V mit dem Schauer eines weltgeschichtlichen Ereignisses ersten Ranges.

Magelhaens hatte noch vor der Durchfahrt durch die Straße, die bis heute seinen Namen trägt, eine sehr gefährliche Meuterei seiner zusammengewürfelten Mannschaft zu bestehen; er wurde ihrer Herr mit der männlichen Entschlossenheit, die ihn auszeichnete. Im Oktober 1520 passierten sie die Straße, deren Schrecken sie unter grimmigen Stürmen durchkosteten; eines der Schiffe verzagte endgültig und kehrte zurück. Aber vier Schiffe gelangten im November vorwärts wieder in die offene See, die ihnen nun wirklich als ein „Pazific" erschien. Sie überquerten auch diesen Ozean und landeten an einem der südlichen Gestade der Philippinen, um von hier in den ersehnten ostindischen Archipel zu gelangen. Aufregende Szenen und Erfahrungen lagen hinter ihnen, Kämpfe, Verzweiflung, Hunger und Krankheit. Nun sahen sie die Erfüllung ganz nahe vor sich. Ja, die Eingeborenen schienen mit diesen neuen Ankömmlingen bereitwilliger Freundschaft zu schließen als mit den schon bekannten Portugiesen. Magelhaens erlebte die stolze Freude, daß sich der König von Cebu und seine Frau auf die Namen Don Carlos und Doña Juana taufen ließen. Die Spanier richteten das Kreuz auf und hielten Dankgottesdienste. Sie boten ihren neuen Freunden ritterliche Hilfe gegen feindselige Nachbarn.

Aber eben diese unvorsichtige Unternehmung endete mit dem herzzerreißenden Tode ihres Führers vor den Augen seiner Leute, die er bis zum letzten Mann noch in Sicherheit bringen wollte. Alle Abmachungen fielen nun in sich zusammen. Dafür trat die Entrüstung der Portugiesen über diese Eindringlinge in ihre Interessensphäre mit aller Schärfe hervor. Die Rückfahrt wurde fast noch schwerer als die Hinfahrt. Aus fünf Schiffen waren vier, aus vieren zwei geworden; nur eines kehrte nach entsetzlichen Mühseligkeiten und vielfältig feindseliger Behandlung, um Afrika herum, unter Sebastian del Cano nach Spanien zurück; mit ihm auch Pigafetta, der Chronist der Fahrt. Am 8. September 1522 landete die Victoria mit den Resten der Mannschaft und der Ausbeute endlich wieder in Sevilla. Von Karl empfangen, wurde del Cano ausgezeichnet für die unsterblichen Verdienste des Magelhaens. Frohlockend schrieb Karl seiner Tante Margarete am 31. Oktober 1522 von diesen Dingen, von der Umrundung der Erde, von den mitgebrachten Schätzen der Molukken an Gewürznelken, Pfeffer, Kaneel, Ingwer, Muskat und Sandelholz; auch daß er nun öfter diese Route einschlagen lassen werde. Das geschah, wie schon auf portugiesischer Seite, unter starker Beteiligung deutscher Reeder und Kaufleute; Karl lud am 14. Februar 1523 sogar ausdrücklich die Lübecker zur Teilnahme ein. Die Unternehmungen führten andererseits zu jahrelangen ärgerlichen Auseinandersetzungen mit den Portugiesen über die Demarkationslinie. Zunächst wurde in Badajoz eine gemischte spanisch-portugiesische Kommission aus Kosmographen und Navigationsleuten bestellt mit der Aufgabe, zu untersuchen, ob die Gewürzinseln westlich oder östlich jener 1493 durch Alexander VI auf 180 Grad von den Kapverdischen Inseln festgesetzten Demarkationslinie lägen.

Inzwischen begann sich das riesige amerikanische Festland mit seinen alten Reichen aus dem Ozean zu erheben. Das spanische „Indien" bestand bis dahin nur aus den Inseln, die von Santo Domingo aus verwaltet wurden — soweit davon die Rede sein kann. Denn nach der kühnen Tat der Entdeckung dieser Neuen Welt hatten sich Horden undisziplinierter Menschen mit der Überlegenheit europäischer Waffen und der Stoßkraft des Angriffs, in wachsender Habgier und mit hochmütiger Verachtung alles Nichtchristlichen auf diese Naturvölker gestürzt und sie schon fast ausgerottet. Die Ausbeutung der „entdeckten" und damit kurzerhand in Besitz genommenen Welt drohte mit den unglückseligen Völkern auch den Gewinn der Conquistadoren selbst zu vernichten, so daß die dürftigsten Regelungen von Besitz und Recht einfach aus der Not geboren wurden. Die Behandlung dieser erst allmählich in die Schicht der Hoheitsrechte hineinwachsenden Verhältnisse lag wirtschaftlich bei der *Casa de contratacion,* dem „Handelshof" in Sevilla, politisch mit der Zeit bei dem Indienrat, *Consejo de Indias*. Streitigkeiten und Klagen veranlaßten schon Ferdinand von Aragon, die Zahl der als *Repartimiento* in Besitz genommenen Indianerfamilien irgendwie einzuschränken. Aber die Verhältnisse dieser Privatherrschaften oder *Encomiendas* spotteten dauernd jeder Rechtlichkeit und Menschlichkeit, da sich offenbar alle Beteiligten gegenseitig ihre Sünden nachsahen, und die ohnehin den handfesten Conquistadoren verhaßten *Letrados* oder höheren Beamten über keine rechte Macht verfügten.

So blieb die Klage. Und wenigstens diese hat die Ehre Spaniens und seiner Könige, wenn nicht gerettet, so gedeckt, insofern es an Verordnungen und Maßregeln fortan nicht fehlen sollte. Aber den gigantischen Verhältnissen ganzer Erdteile mit ihren unbegrenzten Ausweichmöglichkeiten waren die Mittel eines Königs von Castilien und Aragon, selbst wenn er sich einen römischen Kaiser nannte, nicht entfernt gewachsen. Auch hier lastete auf der Regierung Karls die ungeheure Weite seiner Macht.

Im Jahre 1515 war der Weltgeistliche Bartolome de las Casas nach Spanien zurückgekommen, um die entsetzlichen, aller Sittlichkeit Hohn sprechenden Zustände zu brandmarken. Die furchtbare Wirklichkeit illustriert neben seinen Klagen am besten die ergreifende, wenn auch etwas jüngere Bilderchronik des Indianers Guaman Poma, jetzt in Kopenhagen, die ähnlich den italienischen Allegorien des 14. Jahrhunderts auch die Stimmungen im Bilde wiederzugeben sucht. Da sieht man den um Erbarmen flehenden Indianer umgeben von Drachen, Puma, Jaguar, Ratten, Fuchs und Katze; das sind der Corregidor, der Obercazike, der reisende Spanier, der Geistliche und der Schreiber, gegen die alle er sich verzweifelt wehrlos sieht. Sie nahmen ihm alles, Land und Haus und Gut und Frauen und Mädchen, Gesundheit und Leben. Las Casas wünschte, in diese Hölle auf Erden das Christentum und die christliche Gesittung zu tragen und das arme Volk durch fremde Sklaven zu entlasten. Anscheinend wirkte ihm der Leiter der indischen Angelegenheiten, der Bischof Juan Fonseca von Burgos bewußt entgegen. Aber das Problem war auch ohnedas unlösbar. Vergebens setzte selbst Ximenez seine starke Hand mit ein; die von ihm beauftragten drei Hieronymitenpatres versagten. So trat schon damals (1517) der gutgemeinte, aber zum Fluch gewordene Ratschlag hervor, zum Ersatz für die fast mutwillig ausgerotteten Indianer von fernher Negersklaven zu holen. Man machte Ernst damit. Das früheste Privileg der Negereinfuhr wurde eines der vielen, die in der ersten Zeit burgundischer Fremdherrschaft einem hohen Herrn bei Hofe, dem Laurent Gorrevod, verliehen wurden. Er säumte nicht, es den Genuesen zu verkaufen.

Nach Ximenez und Sauvage lieh Gattinara den Klagen des las Casas sein Ohr. Aber las Casas scheiterte auch seinerseits. So schleppten sich die Klagen hin; wir haben sie sogar in den Schriften der Comuneros wiederklingen gehört; alles vergebens. Las Casas endete bei den Dominikanern in Española. Sein Lebensbuch klingt mit dem Titel „Zugrundegerichtetes Indien" tief bitter aus.

Vielleicht war es in den neuentdeckten Gebieten des mittelamerikanischen Festlandes möglich, glücklicher zu beginnen und die alten Fehler zu vermeiden. Die Küste von Honduras trat zuerst ans Licht; bald öffnete sich kühnen Zugriffen das nördlich angrenzende Mexiko. Gebiete alter und hoher Kultur, denen ihr Eroberer Hernando Cortes den Namen Neuspanien gab. Indessen gerade die zahlreichen lebendigen und durch Denkmäler unterstützten Berichte dieser auch in persönlichem Einsatz großartigen Conquista lehren deutlicher als alles andere die unheimlichen Bedingungen, unter denen sich die Einbegreifung dieses Weltteils in die Geschichte der übrigen Menschheit vollziehen mußte. Cortes Berichte an Karl V gehören fast seit ihrem Eintreffen in Spanien zur Weltliteratur, da sie alsbald in Abschriften und Drucken verbreitet wurden. Sie lassen uns in ihrer Mischung von Verwegenheit, ja Heroismus, und beispielloser Brutalität gegenüber Menschen und menschlicher Gesittung oft das Blut in den Adern stokken. Selten ist die Sprache der Geschichte so hart und erschütternd.

Hernando Cortes (geb. 1485) erscheint als der glänzendste unter diesen Hidalgos, die von Natur die Waffen und den körperlichen Einsatz über alles liebten. Sein Vater war ein kleiner Truppenoffizier gewesen. Zu seiner Zeit aber hatten die Maurenkriege ein Ende genommen, und der Sohn sollte in Salamanca studieren. Das ererbte Blut revoltierte gegen diese Einfügung in die bürgerliche Ordnung der Letrados. Nach anderen Streichen machte sich der 19jährige auf einem Schiff nach Westindien davon. Hier bot man ihm Land. Er verachtete die Landarbeit. Er bekam eine kleine Stelle, eine größere Encomienda, schließlich Ansehen und Reichtum. Aber sein unruhiges Blut begehrte mehr. Diego Velasquez, der Gouverneur, hatte den kecken Burschen gefördert; jetzt vergalt ihm dieser mit verwegenen Unbotmäßigkeiten. Gerügt, bestraft, eingesperrt, entronnen — alles auf eine toll romantische Weise —, sollte er eine Expedition führen und wurde schließlich doch nicht berufen. Da raffte er selbst Waffen und Mannschaften und Schiffe zusammen und zog am 20. Februar 1519 auf eigene Faust hinaus zur Eroberung neuer Reiche.

Nun öffnet sich die große Szene einer Conquista. Die Entrüstung und Eifersucht der anerkannten Machthaber ringt mit dem stammverwandten Eigenwillen ihres Nachwuchses. Der Reiz der Unbotmäßigkeit, die eigene Erregung im Zuge des Außerordentlichen, die Schrankenlosigkeit der Räume und die fast plötzlich über ein solches Häuflein und ihren Führer hereinbrechenden Überraschungen steigerten die Geschlossenheit der Persönlichkeiten, ihren Wagemut, ihre Entschlußkraft und Ausdauer — aber auch die vorbeugende Gewalttätigkeit ins Unbegrenzte. Die ungeahnten Erfolge gegenüber schlechtbewaffneten, durch die Feuerwaffen eingeschüchterten, wenn auch an Zahl unendlich überlegenen Völkern, die vornehmen Gesandtschaften, devoten Huldigungen verängstigter Fürsten und Massen, die Geschenke an Gold und Kostbarkeiten, an Sklavinnen und Vorräten versetzten diese Männer unter dem tropischen Himmel offenbar in einen Rausch von Macht und Herrschbegier. Die „weißen Götter" überwältigten die ahnungslosen Kinder der Natur.

Wir steigen mit ihnen von Veracruz an der Küste hinauf in die mexikanischen Hochlande mit ihren Städten und ihren sich vielfach befehdenden Herrschaften. Nichts weniger als ein paradiesischer Zustand, aber immerhin ein geordnetes Wesen, das diese Eroberer erschütterten wie ein Erdbeben. Ratschläge der Eingeborenen über Wege und Freundschaften, manchmal zur Ablenkung, manchmal gutgläubig, nicht selten böswillig oder aus Todesangst gegeben, lösten Enttäuschung, Wut, Ingrimm und grausame Rache aus. Die Herren des Landes machten große Angebote, die ungebetenen Gäste fernzuhalten. Cortes läßt immer antworten, er komme im Namen des größten Herrschers dieser Welt, Don Carlos, und in seinem allerhöchsten Auftrage. Er hat Schreiber und Notare bei sich zur förmlichen Besitzergreifung, zur Annahme von Vasallen und zu sonstigen Verträgen in gravitätischen Formen. Er berichtete seinem Herrn selbst wie ein Vasall und gehorsamer Diener.

Unaufhaltsam drang Cortes vorwärts, ließ nebenher die Rauchsäule des Popocatepetl untersuchen, beschrieb höchst anschaulich die Städte, Tempel, Blumengärten und öffentlichen Anstalten dieser Völker. Aber wo nur Widerstand oder Mißtrauen sich einstellte, ließ er töten und verderben ohne jede Ehrfurcht vor Leben und Kultur. Sie durchzogen blühende Ortschaften, die sie zum Schauplatz furchtbarer Gemetzel machten, deren sie sich gar noch rühmten.

Endlich gelangten sie zur Hauptstadt selbst, wundersam in einem großen See gelegen, nur auf langen Dämmen zugänglich, von einer weither kommenden kunstvollen Wasserleitung gespeist, herrlich ausgebaut mit Türmen, Palästen und Höfen. Da residierte Montezuma. Sonderbar zeremonielle Begrüßung und dann das angebliche Geständnis des Montezuma, daß sein Volk auch erst in dieses Land gezogen, und daß gewiß der ferne große Kaiser sein echter alter Oberlehnsherr sei. Cortes und Montezuma tauschten Geschenke. Der Gast wurde fürstlich untergebracht, blieb aber auf seiner Hut. Die bei jedem Zusammenstoß mit den Eingeborenen ausgesprochene Forderung auf Annahme des Christentums und Zerstörung der angestammten Heiligtümer stieß hier auf unüberwindliche Schwierigkeiten. Eines Tages dünkte es Cortes am sichersten, sich der Person des Herrschers selbst zu bemächtigen. Durch seine Dolmetscher machte er ihn fügsam und führte ihn scheinbar in allen Ehren, aber offenbar schon unter unheimlicher Stimmung des Volkes, in das spanische Hauptquartier ab. Nun bediente er sich der geheiligten Person als Ratgeber, mehr noch zur Mahnung, vor allem als Geisel.

Da erscheint plötzlich die viel größere Gefahr im eigenen Rücken. Von der Küste her kommt die Nachricht von der Landung eines anderen spanischen Aufgebots unter Panfilo Narvaez, der im Auftrage des Diego Velasquez mit Schiffen und überlegener Mannschaft Rechenschaft forderte. Es wurde das Gerücht ausgesprengt und geflissentlich genährt, Cortes und seine Leute seien Betrüger, ihr eigener Herrscher gebe sie preis. In diesem Augenblick erreichte die Tatkraft des Conquistador ihre Höhe. Mit einer Handvoll Leuten zieht er dem weit überlegenen Narvaez entgegen, sendet ihm höfliche Botschaft, stürmt mit ein paar Verwegenen seinen Turm und nimmt ihn ohne weiteres als Rebellen gefangen. Mit einer unglaublichen Energie behauptete er sich zwischen den eigenen Landsleuten und den tief erregten, in ihrem Glauben an die übermenschlichen Kräfte der ersten Spanier erschütterten Eingeborenen. Die Mannschaften des Narvaez nahm er selbst in seinen Dienst.

Inzwischen aber war in der Hauptstadt, wo Cortes den seiner Aufgabe nicht gewachsenen Alvarado als Führer gelassen hatte, die Empörung ausgebrochen; die Priester erregten die Massen, nachdem die Spanier an ihre Götterbilder die Hand gelegt und unter den Wehrlosen brutal gewütet hatten. Die Mexikaner wehrten sich mit dem Mute der Verzweifelten, und selbst mit seinen Verstärkungen vermochte der zurückgekehrte Cortes die Lage nicht zu meistern. In der Inselstadt waren sie wie abgeschnitten, die Dämme wurden ihnen zerstört und unübersehbare Massen bedrängten sie von allen Seiten. Nun bediente man sich des Montezuma. Er sprach zu seinem Volke, wurde aber kaum gehört, vielmehr von einem Hagel von Steinen getroffen und endete bald danach, vielleicht an diesen Wunden, vielleicht von der Hand eines Spaniers, da er zu nichts mehr nutze war. Cortes faßte notgedrungen den schweren Entschluß, die Stadt zu räumen, mit allen Mitteln die Lücke in einem der Dämme zu schließen und mit seinen Schätzen und Mannschaften in der Nacht abzuziehen. Allein die Feinde waren viel zu sehr empört, als daß der Plan hätte gelingen können. Auch in der Nacht wurden die abziehenden Spanier von allen Seiten bedrängt; es gab ein unbeschreibliches Blutbad in dieser Nacht, die den Spaniern als *noche triste* unvergeßlich bleiben sollte. Nicht genug damit. Auf dem Rückzuge stellte sich ihnen bei Tage das ungeheuer überlegene Aufgebot des ganzen Volkes entgegen, geführt von einem neuen Herrn im prunkenden Schmuck von Federn, Gold und Silber. Stundenlang wogte der Kampf, und die Sache schien verzweifelt für die Spanier, bis wiederum Cortes ganz persönlich mit wenigen Entschlossenen die Reihen durchbrach, gerade auf den feindlichen Führer los, und mit dessen Tode die entscheidende Wendung herbeiführte. Aber sehr zusammengeschmolzen und vielfach verwundet, retteten sich Cortes und die Seinen nur mit Not in das treugebliebene Tlascala. In Verbindung mit der Küste rüstete er neu auf, um im Laufe der nächsten Monate alles Verlorene und noch mehr zurückzugewinnen.

Mitten aus diesen Ereignissen schrieb Cortes seinen Bericht vom 20. Oktober 1520, dem die Schätze des Montezuma als eindrucksvollster Ausweis seiner Taten und als Unterpfand seiner Zukunft vorausgeschickt waren.

Wir werden bald Näheres darüber erfahren, wie das alles auf Karl V gewirkt hat. Die Schätze machten dem Hofe einen starken Eindruck; das lehren gelegentliche Äußerungen und ihre Aufnahme in den Niederlanden. Teile schenkte Karl seinem Bruder Ferdinand, von denen noch heute das Museum für Völkerkunde in Wien ein paar Prachtstücke aus Gold, Edelsteinen und kunstvoller Federarbeit bewahrt. Im übrigen befand sich der Kaiser ja auf der Heimfahrt in seine spanischen Königreiche, wo ihn alle diese Dinge noch lange beschäftigen sollten. Nach vielem Hin und Her hat er später auch zwischen Velasquez und Cortes zugunsten des tollkühnen und erfolgreichen Eroberers von Mexiko entschieden.

Noch in den Niederlanden aber, in Brügge, hatte Karl am 22. Mai 1522 sein erstes Testament entworfen „angesichts der bevorstehenden gefahrvollen Fahrt". Es wurde erst in England mundiert und im Original bezeichnenderweise wiederum unmittelbar vor der Fortsetzung der Seefahrt auf Schloß Waltham bei Southampton am 3. Juli vollzogen. Als wollte der Kaiser an diesem Wendepunkte seines Lebens noch einmal die für ihn entscheidenden religiösen und dynastischen Ideen niederlegen, ergab er sich in den Schutz und die Fürbitte seiner heiligen Patrone, ordnete die gottesdienstlichen Handlungen und Stiftungen für den Fall seines Todes, bestellte zu Vollstreckern seines Willens die ihm nächststehenden hohen Herren von Nassau, Lannoy und Hoogstraeten neben dem Beichtvater Glapion und dem Greffier des Goldenen Vlieses, de Blioul. Endlich aber verfügte er überaus denkwürdig über den Ort seiner Beisetzung. Sollte er noch in den Niederlanden abberufen werden oder in ihrer Nähe, so will er ruhen in Notre Dame zu Brügge neben seiner Großmutter, Dame Marie, Herzogin von Burgund. Sollte er aber zur Zeit seines Todes das Herzogtum Burgund, wie er es durch sein letztes Bündnis anstrebte, zurückgewonnen haben, so will er beigesetzt werden in der Chartreuse bei „seiner" Stadt Dijon an der Seite seiner Vorfahren, Philipps des Kühnen, seines Sohnes Johann und Philipps des Guten. Sollte ihn der Tod auf der weiteren Reise oder in Spanien ereilen, dann will er bestattet sein in Granada bei den Großeltern Ferdinand und Isabella, den katholischen Königen, und seinem Vater, Don Philipp.

Begehrlich streckte er die Hand rückwärts in das Altburgundische, das er zurückerobern wollte. Aber seine Fahrt und seine Augen waren zugleich vorwärts gerichtet auf Spanien, wo ihn die Weltherrschaft erwartete und ein im Kampfe klug und treu gewordenes Volk, — Spanien, das ihm bald zur Heimat werden sollte und dessen er in diesem frühesten seiner *Memento mori* zum ersten Male so liebevoll gedachte.

II

Behauptung der ererbten Macht

Jahre der Entwicklung

5. DAS REICH, DIE EUROPÄISCHEN STAATEN UND DER KAMPF UM ITALIEN

Als Karl V am 16. Juli 1522 in Santander wieder spanischen Boden betrat, befand sich ganz Europa im tatsächlichen Kriegszustand.

Alle Bündnisse schienen nur die geflissentliche Erhaltung dieses Zustandes zu bezwecken und den zerstörenden Wirrwarr auf Kosten der bedrängten Untertanen, ihrer geistigen und leiblichen Kultur zu verewigen. Indessen wäre mit einer derartig oberflächlichen Beobachtung nur ein sehr allgemeines moralisches Urteil ausgesprochen, nicht eine Ausdeutung der Wirklichkeit, wie denn in der bequemen Verallgemeinerung des Geschehens immer die größte Gefahr für die historische Erkenntnis liegt. Sicherlich ließen sich in bezug auf die Art der Kriegführung jener Tage genau so viele verblüffende und sinnlose Züge zusammenbringen, wie man es getan hat für die hinter ihr stehenden diplomatischen Gepflogenheiten und Formen. Doch sind die unausrottbaren Lächerlichkeiten und Unzulänglichkeiten der Völker und der Regierenden zwar oft unterhaltend und belustigend, niemals aber das historisch Erhebliche. Man braucht deshalb auch nicht zu verweilen bei der Flüchtigkeit der Bündnisse, der naiven Unterschätzung der Gegner und all den Mittelchen der diplomatischen Kleinkunst; nicht bei dem Theater der Empfänge und Prunkreden, der Art und Höhe der zwecklosen Gratifikationen, die sich die Kanzler und Räte gegenseitig zuspielten, ohne daß man etwas von ihrer Auswirkung verspürte. So verbraucht wie diese Mittel, waren auch die hergebrachten Ideologien von der christlichen Völkerfamilie, von dem Kampf gegen die Ungläubigen und dem allgemeinen Kreuzzug als letztem Ziel aller Kämpfe. Das Wesentliche bleibt, daß zwischendurch sich doch wieder ein einzelner gläubig für diese Ideen einsetzen und das rationale politische System durchkreuzen konnte; daß auch in den scheinbar sinnlosen Kriegen gekämpft und gelitten worden ist; daß Worte und Ideen jeden Augenblick ihren ursprünglichen Sinn zurückzugewinnen vermögen.

Formen der Kriegführung

Der Krieg konnte mit seinen oft bizarren und kleinlichen Formen die Menschen dieser Übergangszeit erst recht mit furchtbarer Logik in seine Strudel ziehen, weil er sich im Zeitalter der Söldner, der zunehmenden Staatsmittel und der ersten Vorwegnahme späterer Einnahmen scheinbar beliebig mobilisieren und steigern ließ; und doch behielt er gerade wegen der technischen Schwierigkeiten der Geldbeschaffung noch lange etwas unerträglich Stockendes, Unterbrochenes und Zusammenhangloses. Nichts fehlte mehr als der „lange Atem", von dem auch Karl gerne redete. Man konnte im schönsten Anlauf stecken bleiben. Ja, hinter dem größten Erfolg lauerte immer schon wieder die noch größere Gefahr des Geldmangels. Denn weder die Bewilligungen der Stände, ohne die man kaum irgendwo auskam, noch die Darlehen der Finanzleute waren genügend prompt und langfristig.

Die in den Staatsnotwendigkeiten selbst wurzelnde Neigung der Fürsten zu absoluter Macht und das Mißtrauen der Stände hielten sich die Waage, auch wenn einmal die Einsicht in den Eigenwert kräftiger Landesverteidigung die natürliche Abgabenscheu der Menschen überwand. Die Stände von Flandern, Artois, Hennegau und Luxemburg sehnten sich so gut nach Frieden, wie die durch den Herzog von Geldern nach wie vor beunruhigten Landschaften von Utrecht, Overyssel und Friesland. Aber die Überwindung alten Eigenwillens und ererbter Herrschaftsansprüche war hier noch nirgends ohne Kämpfe möglich. Margarete stand zeitlebens mitten darin. Die endgültige Abgrenzung zwischen dem französischen und dem niederländischen Anteil an dem alten burgundischen Staat in Artois und Picardie, zwischen Frankreich und Spanien in Navarra und Roussillon, vor allem im Gesamtgebiet von Italien, wurde ebenso vergeblich angestrebt, wie die Verteidigung der Christenheit gegen die Türken im Mittelmeergebiet von Spanien, Neapel, Venedig und in Ungarn. Da nun auch die den Norden erfüllenden unbereinigten Macht- und Wirtschaftsgegensätze zwischen England und Schottland, sowie im ganzen Bereich der nordischen Union und der deutschen Hanse täglich Konflikte heraufzuführen drohten, so befanden sich im europäischen Staatskörper genug Fieberherde, die jeweils das Ganze ergreifen konnten.

Kleines und Großes spielten ineinander. Deshalb liefen auch noch die sonderbarsten altmodischen und in ihrer Art doch nicht unwirksamen Methoden der Kriegführung mit unter. Neben den Großformen des Kampfes der spanischen Infanterie und der geschlossenen Aufgebote oberdeutscher oder schweizerischer Landsknechte mit ihren Kriegsartikeln und festen taktischen Traditionen gab es lokale Bürgerwehren und Milizen; neben erprobten Kriegführern mit mehr oder weniger entwickelter Kriegskunst kleine Unternehmer aus der Welt des alten Fehdewesens. Man erlebte da und dort noch geräuschvolle Scharmützel und Überrumpelungen, in denen unbedeutende Burgen und Städtchen eine schwer begreifliche Rolle spielten, während gleich daneben um Königreiche gewürfelt wurde, ohne daß man das eine vom anderen lösen könnte. Der Anteil der unter- und überstaatlichen Mächte, dieser Herren, die in jedem Lande um so selbständiger waren, je eigenwilliger sie zugleich im öffentlichen Dienst standen, dieser Parteigänger, wirtschaftlichen Unternehmer und Machtgebilde aller Art bedingte eine ungeheure Labilität der möglichen Interessen und Verbindungen, zerkrümelte die Feldzüge und gefährdete alle Allianzen in ihrem Ernst und in ihrer Dauer. Dieselbe Zeit, die alte Rittertugend zur Landestreue und umgekehrt das neue Mannschaftsgefühl der Landsknechte zum Herrendienst umbilden konnte, löste doch wieder alle Bande, wenn der „Vertragsbruch des Geldmangels" den legalen Grund zur Meuterei abgab. Wenn nun vollends religiöse und kirchliche Spannungen, wie in der Schweiz, die Menschen auseinanderrissen, dann konnte allerdings die Verwirrung im europäischen Raume Formen annehmen, die der historischen Ergründung und Darstellung spotten. So gehen die Ansätze zu planvoll berechneter Kriegführung sonderbar einher mit tollen Einfällen, dilettantischen Unternehmungen und phantastischen Plänen.

In diesem kreisenden Spiel des Einzelnen und des Allgemeinen, des Sinnlosen und Bedeutenden, des Persönlichen und des wahrhaft Welthistorischen stand auch das Handeln des Kaisers, von dessen Standort aus das ganze Gefüge am ehesten überblickt und am nachhaltigsten beeinflußt werden konnte — wenn er es sah und wenn er danach handeln wollte.

Die Vereinigung so vieler Länder in den Händen des Habsburgers, der lange vorbereitete Zusammenstoß mit Frankreich auf dem Boden Italiens und seiner früh entwickelten Staatenwelt erwies sich dabei als ein bemerkenswertes Hilfsmittel der Weltgeschichte, die Fortentwicklung des noch immer in ungezählte Kleinherrschaften aufgelösten Europa zu einem seiner selbst bewußten System politischer Ordnungen zu erleichtern. Dabei gewannen die Staaten ebensoviel an innerem Gefüge wie in ihrem Verhältnis zueinander, ohne freilich bis zum heutigen Tage die letzten Formen der Befriedung gefunden zu haben. Denn sie alle hatten gleichzeitig ihre eigenen inneren, nicht minder weltgeschichtlichen Nöte zu durchkämpfen.

Die Reichsstände und das Regiment. Soziale Kämpfe. Dänische Wirren

Karl V hatte 1521 das Deutsche Reich der Statthalterschaft seines Bruders Ferdinand und einem Reichsregiment unter dem Vorsitz des Pfalzgrafen Friedrich überlassen; seinem Bruder außerdem den größten und wichtigsten Teil der österreichischen Erblande zu anerkanntem Besitz; den anderen, einschließlich Württembergs, wenigstens vor der Öffentlichkeit, nur zur Verwaltung. Ihm selbst war nichts verblieben als die Verschuldung gegenüber seinen Wahlfürsten und Ferdinand, sowie stattliche Reste der Schulden des Großvaters Maximilian. Die Reichsregistraturbücher enthalten für die nächsten Jahre nur monatlich rund ein Dutzend kaiserlicher Verfügungen ganz untergeordneter Art, zum größten Teile geistliche und weltliche Lehnssachen, vielfach zugunsten von Reichs- und Hofbeamten, oder nebensächliche Angelegenheiten der Reichsstädte. Natürlich bestanden immer Möglichkeiten einer Appellation von dem Regiment an den Kaiser, aber dieses selbst erhielt auf seine dringendsten Fragen und Klagen zumeist keine Antwort. Auch die Handlungen der Stände regelten sich wohl nach einer unsichtbaren Linie kaiserlicher Politik, die von den letzten Reichsordnungen hinüberwies zu dem, was man von einer einstweilen noch ganz unbestimmten Wiederkehr des Kaisers erwartete; mehr noch nach dem bescheidenen Maß ihrer landschaftlichen Notwendigkeiten und Einsichten.

Die für die deutsche Geschichte unendlich wichtige Haltung des Reichsregiments und einiger entschlossener ständischer Räte in Sachen Luthers wird uns in ihren Folgen noch beschäftigen. Papst Hadrian hatte zum Reichstage nach Nürnberg den Nuntius Chieregati entsandt, der selbstverständlich die Vollstreckung des Wormser Edikts und das Vorgehen gegen Luther forderte, aber gemäß seiner Instruktion zugleich eine gründliche Reform der römischen Kurie versprach unter offener Anerkennung ihrer Mitschuld an dem Verfall der Kirche. Wie wir den frommen Niederländer kennengelernt haben, war es ihm damit sicher furchtbarster Ernst. So häßlich sie in Rom von ihm sprachen, so großartig hat er der Kirche mit diesem weltgeschichtlichen Bekenntnis gedient; es war der erste Schritt zur Gegenreformation. Die Deutschen freilich mochten gerade aus diesem Geständnis den Mut entnehmen zur Ablehnung des Edikts, damit es nicht, wie sie sagten, scheine, „als wolle man evangelische Wahrheit vertrucken und unchristliche beschwerliche Mißbräuche handhaben". Noch in dem Entwurf des Abschieds vom 5. Februar 1523 und in dem Beschluß des Nürnberger Reichstages von 1524 klingt dieselbe Stimmung nach. Auf diesem zweiten

Reichstage war sogar ein Kardinallegat, Campegio, erschienen, der seinem Unwillen über die bisherige Haltung der Stände unverhohlen Ausdruck gab, es gleichwohl nicht verhindern konnte, daß die Stände am 18. April zwar nicht das gefürchtete Nationalkonzil, wohl aber eine auf den nächsten Martinstag nach Speyer einzuberufende „gemeine Versammlung deutscher Nation" beschlossen, um dort endgültig darüber befinden zu lassen, „wie es bis zu Anstellung eines gemeinen Concilii" gehalten werden solle. Gleich dem päpstlichen Legaten lehnte auch der Kaiser diese Nationalversammlung ausdrücklich ab. Sonst aber war er an allen diesen Dingen unbeteiligt.

Selbst Erzherzog Ferdinand, der es an Eifer nicht fehlen ließ und wenig Dank dafür hatte, war in seinem Alter von knapp zwanzig Jahren, lange Zeit ohne lebendige Beherrschung der deutschen Sprache und erst recht ohne Überblick über die deutschen Dinge, noch keine irgend entscheidende Figur. Er fühlte sich in den gebundenen Verhältnissen seiner Erblande genau so unbehaglich wie in seiner Reichsstatthalterschaft, und der Spanier Salamanca, dem er vor allem seine Finanzgeschäfte überließ, machte längst böses Blut in den Erblanden wie im Reich. Fürsten und Räte regten sich auf über den Emporkömmling aus Burgos, der es zum Freiherrn gebracht und in Innsbruck unlängst seine Hochzeit mit einer Gräfin Eberstein begangen hatte; „solang Innsbruck bestanden", heißt es in einem Bericht darüber, „ist söllich Köstlichkeit von Gold, gülden Ketten und Tüchern — auch mit Rennen, Stechen, Turnieren — nie gesehen worden".

In einer gewissen angeborenen Art sehnte sich Ferdinand nach kriegerischer Betätigung oder wenigstens nach freierer Bewegung. Mit dem Kaiserhof durch seine unbefriedigten Ansprüche auf die versprochenen Renten in unausgesetzter Verbindung, spannte er seine Forderungen über die Veröffentlichung des Geheimabkommens vom Februar 1522 zum offenen Verlangen nach seiner Wahl zum römischen Könige, ohne sich darüber klar zu werden, daß die kaum begründete Stellung seines kaiserlichen Bruders im Reich einen so weitgehenden Verzicht auf dessen Machttitel in Deutschland einstweilen weder aus persönlichen noch aus sachlichen Gründen vertrug. Seine Gesandten Hemricourt und Salinas, von denen der letztere noch Jahre lang aus Spanien anschaulich berichtete, sollten dem Kaiser seine üble Lage vorstellen; auch daß er dem Herzog Georg von Sachsen zur Abdeckung eines Teils der alten Schulden die schönsten Kleinodien geopfert habe. Gleichwohl versprach er allein für die Erfüllung seiner nächsten Wünsche schon 200 000 Gulden, die er nur leider nicht besaß. Der Bescheid des Kaisers an ihn war dürftig und hinhaltend. Doch muß betont werden, daß unter dem Mißvergnügen des Erzherzogs weder die Ergebenheit noch die Hilfsbereitschaft gegenüber seinem kaiserlichen Bruder gelitten hat. Durch Bredam machte er 1524 weitere freundliche Erbietungen.

Karl und seinen Beratern fehlte es nicht an reichlichen und guten Nachrichten aus Deutschland. Natürlich waren alle irgendwie gefärbt; in ihrer Art auch die ausführlichsten und am meisten habsburgisch gedachten Mitteilungen Ferdinands. Seitdem wir sie wenigstens für die ersten Jahre in der vollkommensten Ausgabe besitzen, überschauen wir in ihnen am bequemsten alle Reichs- und Hausangelegenheiten, ganz besonders aber das Verhältnis zwischen den Brüdern, das zeitlebens merkwürdig einheitlich und fest geblieben ist. Ferdinand ging zumal in diesen Jahren in den Fragen der universalen Politik innerlich gänzlich mit dem Kaiser. In Deutschland fühlte er sich noch nicht recht heimisch. Vom Luthertum sagte er in vulgärer Meinung und wohl nicht ohne Einfluß auf Karl, es habe zwar entschlossene Gegner unter den Gelehrten von tadellosem Lebenswandel, aber noch mehr Anhänger, denen die Masse folge, weil sie deutsch schrieben; sie verachteten die Sakramente und den Zölibat, zweifelten die göttliche Natur Christi an, schätzten alle Obrigkeit gering, Papst, Kaiser und Fürsten; sie begingen auch allerlei Gewaltsamkeit, obwohl sie den Frieden im Munde führten. Am meisten lag Ferdinand daran, in dem Kampf gegen Frankreich um Italien mitzuwirken; er riet, den Herzog von Mailand zu beseitigen, das Herzogtum zum Reiche zu ziehen und seiner Verwaltung mit zu unterstellen. Ebenso möchte er das Elsaß mit Hagenau in Erbbesitz haben, nachdem er so wichtige Grenzbezirke zur Befriedigung der Venezianer abgetreten; gern auch die Franche Comté. Diese jungen Habsburger waren offenbar belastet mit der Leidenschaft ihres Großvaters Maximilian, in das Weite zu gehen, statt wie die deutschen Territorialfürsten als gute Hausväter im Kleinen etwas gewissenhaft aufzubauen.

Die Kämpfe der Städteboten auf den Nürnberger Reichstagen um die wirtschaftlichen Projekte des Regiments und um die praktische Auswirkung ihrer Reichsstandschaft verliefen einigermaßen im Sande. Die wichtigste Einzelfrage, die aus diesen Verhandlungen bis an den Kaiserhof nach Spanien durchdrang, ob und wie man den Unterhalt von Regiment und Kammergericht durch einen Reichszoll bestreiten solle, und dann, ob es angezeigt sei, die aufsteigenden Gefahren eines unbegrenzten Kapitalismus in „Monopolien und Fürkauf" zu unterdrücken, wurden hier begreiflicherweise in städtefreundlichem Sinne betrachtet und behandelt. Wer sollte auch dem Kaiser seine Kriege finanzieren, wenn nicht die Städte und die großen Handelshäuser? Eine Kommission, bestehend aus Maximilian Transsilvanus, La Roche, Hannart und dem Propst von Waldkirch, verhandelte zu Valladolid im August 1523 mit den Städteboten, und der Propst gab im Namen des Kaisers entgegenkommenden Bescheid. Zu besonderen Bewilligungen erklärten sich die Boten freilich nicht beauftragt; aber es hat den Anschein, als seien die beteiligten Handelshäuser dem Kaiser trotz hoher schwebender Schulden gerade jetzt nochmals mit Wechseln zu Diensten gewesen. Bezeichnend für die im Grunde zeitlebens durchaus burgundische Einstellung des Kaisers zum Reich bleibt die Tatsache, daß er sich auf dem zweiten Nürnberger Reichstag durch einen dieser Niederländer, Jean Hannart, Herrn von Likerke, vertreten ließ, dessen Berichte vom Februar bis zum April 1524 entsprechend gleichzeitig an Margarete wie an den Kaiserhof gingen. Aus ihnen erfahren wir Näheres von der Unzufriedenheit der Kurfürsten und besonders des Pfalzgrafen Friedrich über das Ausbleiben der ihnen versprochenen Bezüge, sowie von der Einstellung der Stände zum Reichsregiment, das sie seit den Tagen Maximilians so begierig verlangt hatten und nun, wo sie es besaßen und es Anforderungen an sie selbst stellte, verwünschten. Hannart hatte dafür keine Weisung, glaubte aber im Sinne der habsburgischen Macht zu handeln, wenn er nun seinerseits zusammen mit Ferdinand an dem Regiment festhielt und sogar die Hälfte der Kosten für das Regiment und das Kammergericht auf den Kaiser nahm. Erzherzog Ferdinand schien ihm bei seiner Unerfahrenheit den Wünschen der Fürsten nach einem römischen Könige noch nicht zu entsprechen. Umgekehrt war Ferdinand sehr unzufrieden über Haltung und Ton Hannarts, beschwerte sich bei seinem Bruder in einem eigenhändigen Schreiben vom 11. Juli 1524 über die angebliche kaiserliche Instruktion, die in der Tat von Spanien aus verleugnet wurde, und erhielt das Versprechen genauer Untersuchung gegen Hannart.

Im übrigen lagen die wichtigsten Aufgaben Hannarts auf dem Gebiet der Außenpolitik, und hier hat Ferdinand, auch nachher noch, Hannart durchaus zu fördern gesucht. Als die Hauptsache erschien die Türkenhilfe für Ungarn. Denn Ende August 1521 waren Belgrad und Semlin türkisch geworden; der damals gefürchtete Fortgang des Vordringens nach Ungarn war vorübergehend aufgehalten durch die Sammlung aller Streitkräfte Suleimans auf die Eroberung von Rhodos, des letzten christlichen Stützpunktes in der türkischen Welt. Aber nach dem Fall der Johanniterfeste, kurz vor Weihnachten 1522, mußte man eine von steigender Geringschätzung der Christenheit getragene Wiederaufnahme des Vorstoßes an der Donau erwarten. So blieb die stattliche ungarische Gesandtschaft in Nürnberg nicht ohne Gehör. Das Verhältnis des Erzherzogs zu seiner ungarischen Schwester, die unmittelbare Gefährdung des letzten christlichen Königreiches vor der Reichsgrenze und damit die Bedrohung Österreichs konnten schon zu einer eifrigen Tätigkeit anregen. Aber nur nach vielem Ach und Weh verstanden sich die Stände zur Bereitstellung der Hälfte der von ihnen schon in Worms bewilligten Romhilfe. Der Kurfürst von Sachsen meinte, eines Tages werde der Kaiser die in Worms verheißene Hilfe doch begehren; in Wahrheit war das nur eine der vielen Ausreden.

Dieselbe engräumige Gesinnung und zugleich ein sonderbarer Mangel an Stolz verriet sich in der kurzsichtigen Idee der Stände, gleichzeitig an den König von Frankreich und an den Kaiser eine Gesandtschaft zum Zweck des Friedens und der Sammlung aller Kräfte gegen die Türken zu entsenden; wobei sie sich auf die entsprechenden Bemühungen des Papstes beriefen. Hannart und Ferdinand stellten ihnen im April lange vergeblich vor Augen, daß die beste Sammlung in der Unterstützung ihres Kaisers liege und daß der geplante Schritt sich genau im Gegensinne auswirken würde. Ferdinand ging eines Tages noch weiter. Er sagte einigen Fürsten in lateinischer Sprache, daß er aus Pflicht gegen den Kaiser schlimmstenfalls etwas tun müsse, was ihm nicht lieb sei. Die gereizten Fürsten gaben das weiter an die Stände, und diese protestierten schriftlich. Ferdinand antwortete auch seinerseits schriftlich, zeigte sich befremdet über die Indiskretion und erläuterte seine Worte nun allerdings dahin, daß er als Statthalter des Kaisers ihnen als den Vasallen eine solche Botschaft verbieten würde — was sie erst recht erregte, da sie sich, wie Hannart sagte, behandelt fühlten *à la façon d'Espaigne*. Wie oft sollte in späteren Jahren dieses Wort in Deutschland noch wieder klingen!

Hannart hatte nebenbei die delikate Mission, den kursächsischen Hof wissen zu lassen, daß man sich die früher versprochene Verbindung der Infantin Katharina mit dem Kurprinzen aus dem Kopfe schlagen möge. Ferdinand war in einer seiner Botschaften an den Kaiserhof seinerseits noch dafür eingetreten, die beiden Schwestern Eleonore und Katharina an deutsche Fürsten zu verheiraten. Dem Kaiserhof aber lagen nun schon spanisch-portugiesische Interessen näher.

Auch die Ehe der vierten Schwester spielte in die Nürnberger Verhandlungen hinein. Isabella von Dänemark erschien hier mit ihren drei Kindern für einige Wochen, Ende März bis Anfang April 1524, zu Besuch ihres Bruders mit der Bitte um Hilfe.

Christian II hatte es im Bereich der Nordischen Union bald mit allen verdorben. Mit den Schweden und Lübeck, wie wir schon gehört haben, zuerst. Dann mit den dänischen Ständen und entscheidend mit seinem Oheim Friedrich von Holstein, den er nach dessen Meinung um sein Erbteil bringen wollte unter Lösung Holsteins und Lübecks aus dem Reich. Ein letzter Versuch bei den Ständen in Jütland brachte dem Könige seine bereits hoffnungslose Lage vollends zum Bewußtsein. Er rüstete zwar noch Kopenhagen zur Verteidigung, ging aber selbst mit Frau und Kindern am 14. April 1523 als landflüchtiger Mann in See. Mit etwas mehr als einem Dutzend Schiffen und vier- bis fünfhundert Leuten begab er sich in die

Heimat Isabellas und landete unter Aufgabe des ersten Planes, in die Südersee einzulaufen, mit Zustimmung des Admirals Adolf von Burgund in Vere auf Walcheren — für die Familie seiner Frau und die Interessen der Niederländer ein unerwünschter Gast. Alle seine Bemühungen, hier für seine Heimkehr zu werben und zu rüsten, schlugen fehl. Der Statthalter von Holland, Hoogstraeten, lehnte ihn fast schroff ab. Auch Margarete, so rührend sie sich gegen die drei Kinder Hans, Dorothea und Christine erwies, blieb politisch notgedrungen reserviert, denn es fehlte gerade noch, daß der in der Ostsee zunehmend aufblühende Handel der Niederländer durch Verbindung mit der Sache des bankerotten Königs mutwillig wieder zerstört wurde. So gut wie alle Ostseemächte standen damals gegen ihn. Daß umgekehrt die Lübecker und ihre Verbündeten die Hilfe des Kaisers und der Niederländer für Christian II fürchteten, begreift sich; die Gefahr der niederländischen Konkurrenz wäre dann für sie in der Tat eine sehr große geworden. Aber sie täuschten sich über die Machtmittel des Kaisers und die bei allem Temperament doch sehr reale Klugheit der Regentin. Die Niederländer brauchten zu nötig Getreide und Holz von der Ostsee, als daß sie diese Dinge leicht genommen hätten. Dementsprechend fand der lübische Sekretär Paul vom Felde eine freundlichere Aufnahme als der König. Einzelne niederländische Häfen übten wohl Repressalien gegen die als Schutz der Blockade von Kopenhagen gedachte Schließung des Sundes. Aber das dauerte nicht lange.

Christian hatte auch mit England angeknüpft; er bekam nur schöne Worte. Noch weniger wurde etwas aus seiner Verbindung mit Schottland und Frankreich, von der man redete. Besseres erhoffte er von Norddeutschland, vielleicht von seinem Schwager, dem Kurfürsten von Brandenburg, oder seinen lutherischen Glaubensgenossen. Nach Hamburg war eine Tagung anberaumt, die auch der Papst und der Kaiser, Erzherzog Ferdinand und die Nachbarn beschicken sollten. Isabella versuchte es inzwischen, bei ihrem Bruder Ferdinand 20 000 Gulden aufzunehmen. Die Stimmung ihr gegenüber war zurückhaltend, wenn auch nicht ohne Teilnahme. Ihren Mann lehnte man ab. Die Stände waren durch die gegen ihn gerichteten Anklagen Friedrichs von Holstein vorbereitet. Am 8. Juni 1523 hatten die Dänen diesen in Roeskilde zum Könige gewählt; er selbst schrieb an die deutschen Reichsstände unter dem 6. Januar 1524. Hannart erzählt, daß die Königin auf Fragen nach den Schandtaten ihres Gemahls würdig geantwortet habe. Andere aber hatten die Klagen bestätigt. Ferdinand entsetzte sich auch darüber, daß seine Schwester in Nürnberg das Abendmahl unter beiderlei Gestalt mit beging. Von hier aus ist wohl auch Luthers Kritik an Christians Gegnern zu verstehen. Daß freilich deshalb die Nürnberger oder andere Glaubensgenossen der Königin das ersehnte Geld vorgestreckt hätten, vernimmt man nicht. Ein in seiner Persönlichkeit steckender Grundfehler Christians II war das Prahlen mit seinen Geldmitteln, was Fürsten und Kriegsobristen zeitweilig wirklich zu umfassenden Rüstungen veranlaßt hatte, und seine Gegner zu entsprechender Defension, an der holsteinischen Grenze wie in Lübeck. Aber alles brach um so haltloser zusammen, als offenbar wurde, daß der König in Wahrheit ein armer hilfsbedürftiger Mann geworden war.

Die Übergabe von Kopenhagen (6. Januar 1524) hatte sich nicht aufhalten lassen, und Christians II letzte Stütze in Dänemark war damit einstweilen zerbrochen. Als ein mißtrauisch betrachteter Emigrant lebte er mit seiner Familie in dem Städtchen Lier, in dem seither als „Hof von Dänemark" bezeichneten Anwesen. Einige seiner Diener, wie der vom Niederrhein stammende Johann von Weeze, erwählter Erzbischof von Lund, und der Sekretär Cornelius Schepper traten später in kaiserliche Dienste. Die vielgeprüfte Isabella erlebte noch die Freigabe des Sundes und den Frieden zwischen den Niederländern und Hanseaten (Ende 1524), aber keine Rückkehr nach Dänemark. Am 18. Januar 1526 ist sie gestorben. Ihre Tante Margarete übernahm zum zweiten Male ein Haus von Waisenkindern.

Auch für Karl blieb die dänische Sache eine neue große Sorge. Er wollte die dynastischen Ansprüche seiner Familie in irgendeiner Form festhalten und ließ schon auf dem Verhandlungstage von 1524 von kaiserlicher Oberlehnsherrschaft sprechen. Aber das machte nicht einmal den Hanseaten Eindruck, geschweige den Nordländern. Die Boten Margaretes verständigten sich im Interesse des niederländischen Handels noch „unter den Augen der kaiserlichen Vertreter" mit deren dänischen Gegnern, so daß schon jetzt mit peinlicher Deutlichkeit hervortrat, daß die wirtschaftlichen Wünsche der Erblande den Interessen der kaiserlichen Reichs- und Hansestädte unvereinbar gegenüberstanden.

Daß die deutschen Reichsstände die Wahl eines römischen Königs erwogen, ist angesichts der zunehmenden Beunruhigung der Lande nur zu verständlich. Denn es gärte in allen Ständen. Die Grafen, Herren und Ritter hatten den Reichstag mit ihren Eingaben und Klagen bestürmt. Franz von Sickingen, in mehrfacher Hinsicht die modernste Erscheinung unter ihnen, ein Condottiere fast italienischen Stils, dem nur die reichen Auftraggeber fehlten, war aus dem kaiserlichen Dienst wieder ausgeschieden, ohne in seinen namhaften Restforderungen befriedigt zu sein. Er zog einen Schwarm erregter Ritter an sich und dazu Haufen von Landsknechten, die ihm wie früher zuliefen. Mit Hutten zusammen beschäftigten ihn Pläne über die Einziehung des Kirchengutes zugunsten der wackeren Ritter.

Es war sehr überflüssig, dabei von den Interessen deutscher Nation zu reden, und sehr mißbräuchlich, unter dem Titel, „dem Evangelium eine Öffnung zu machen" zu einem wilden Pfaffenkriege auszuziehen, obwohl wir noch sehen werden, welche Rolle auch im formulierten Bekenntnis bald der Kampf gegen das geistliche Fürstentum spielen sollte. Nachdem Sickingen Herrn Richard von Greiffenklau, Erzbischof von Trier, im August 1522 die Fehde erklärt hatte, schlug er noch im September los. Nach der ersten Überraschung hielten sich die Bischöflichen. Dann kam Hilfe von den fürstlichen Genossen in Hessen und der Pfalz. Das Reichsregiment verurteilte die eine Selbsthilfe so gut wie die andere. Auch der Kaiser hatte Sickingen abgeschüttelt. Die Fürsten aber als die am meisten gesammelte Macht blieben siegreich. Die ritterlichen Häuser und Burgen wurden berannt und zerstört. Zuletzt der Landstuhl bei Kaiserslautern, wohin Sickingen sich zurückgezogen hatte. Als die Fürsten am 7. Mai 1523 die zur Ruine zertrümmerte und verbrannte Burg betraten, fanden sie den Sterbenden in einem Keller gebettet — das ergreifende Ende eines ganzen Standes, der sich in die Gegenwart nicht mehr finden konnte, soweit er sich nicht in den neuen fürstlichen Beamten- und Offiziersdienst einfügte.

Es ist hier nicht der Ort, die noch viel weiter um sich greifenden, unendlich vielgestaltigen, in ihren Wurzeln ebenso vielfältig genährten kleinbürgerlichen und bäuerlichen Bewegungen darzustellen, da der Kaiser sich nicht unmittelbar damit zu beschäftigen hatte; auch nicht anders von ihren Rückwirkungen betroffen wurde als durch die Verschärfung der Abwehrstimmung gegen die ketzerischen Bewegungen in den Niederlanden und in Österreich, sowie durch die Behinderung der Bewegungsfreiheit Ferdinands in Tirol, die den Venezianern nicht entging. Jede Formel, auf die man die Bewegung des sogenannten Bauernkrieges einseitig oder vorwiegend hat bringen wollen, ist unzulänglich. Es liegen wirtschaftliche, mehr noch soziale und gefühlsmäßige, in weitem Umfange auch politische Verhältnisse zugrunde. Die Auseinandersetzung mit den entstehenden Landesherrschaften übte auch hier einen nicht zu unterschätzenden Einfluß. Daß die allgemeine Stimmung der Nation, von der die Reformation als Ganzes so gut Folge wie Voraussetzung genannt werden kann, an der Verallgemeinerung der Bewegung und der Formulierung der bäuerlichen Forderungen auf das Stärkste beteiligt war, kann einem Zweifel nicht unterliegen. Der Vergleich des deutschen Bauernkrieges mit der etwas älteren, ganz vorwiegend politischen Bewegung der castilischen Comuneros und mit der noch schärferen Germania in Valencia, in die auch Rassengegensätze hineinspielten, ist sehr lehrreich für das immerhin vorwiegend agrarische und primitiv religiöse Wesen der Bewegung in Deutschland. Hörte man im Jahre 1522 aus dem Elsaß schon von dem „Aufgang des Bundschuhs", das heißt der

Bauernsache, die dies Symbol der Bauerntracht auf ihre Fahnen setzte, so züngelten im Oberland noch im Laufe der Jahre 1523 und 1524 an manchen Stellen kleinere Erhebungen auf, um im Winter 1524/25 in die ganz Südwest- und Mitteldeutschland ergreifenden Unruhen einzuströmen. Kriegsgewohnte Landsknechte in den Bauernhaufen machten diese zeitweise furchtbar. Aber der Mangel an Führung ließ auch diese Erhebung vor dem entschlossenen Auftreten der Fürsten im ganzen Bereich von der Donau bis zum Mittelrhein zusammenbrechen. Es ist für unseren Zusammenhang wichtig, erneut festzustellen, daß die alte Stütze der bayerischen und habsburgischen Macht, der Schwäbische Bund, sich dabei als überaus wirksames politisches Instrument, auch zur Behauptung Württembergs bewährte — wirksamer als der Regensburger Konvent süddeutscher Bischöfe mit Bayern vom Juli 1524, den Karl im Herbst durch Ferdinand belobte.

Niederdeutschland war zur Zeit weder von der dänischen Sache noch von dem Bauernkrieg ernstlich in Mitleidenschaft gezogen. Auch die kriegerischen Wirren in den Niederlanden, vor den Toren des Bistums Münster, zuckten höchstens nach Ostfriesland hinüber. Noch weniger die religiösen Erregungen, an denen es in den Niederlanden so wenig fehlte, wie in dem übrigen Reich. Allerdings wütete der innere Krieg in den nördlichen Gebieten jahrelang auf das Entsetzlichste, aber aus anderen Gründen. In Friesland mußte die ganze Arbeit Herzog Albrechts in den Tagen Maximilians noch einmal gemacht werden. Aber die Energie des Georg Schenk von Tautenburg und des Josse von Cruningen wurde endlich der Lage und der unaufhörlichen Quertreibereien der Geldrischen Herr. 1522 konnte Overyssel, 1524 Friesland befriedet den Niederlanden wirklich einverleibt werden. Ungünstiger stand es um den alten französisch-niederländischen Grenzkrieg in Artois. Diese Grenzgebiete waren seit mehr als einem Menschenalter ebensosehr der Schauplatz französisch-englischer Auseinandersetzungen wie ein umstrittenes Glied von Burgund.

Damit kehren wir zu den europäischen Dingen zurück.

Wolseys staatsmännische Einsicht hatte seinem Lande den Frieden erhalten wollen. Das war ihm, wie wir gesehen haben, nicht gelungen. Der Krieg sollte aber wenigstens bis 1523 oder gar bis 1524 hinausgeschoben werden; so wollte es ja auch jener Staatsrat von Brügge. Die höfischen Feste und persönlichen Besprechungen der Monarchen und ihrer Umgebung scheinen das alles aber wieder über den Haufen geworfen zu haben. Gereizt durch das englandfeindliche Auftreten des Herzogs von Albany in Schottland, mehr vielleicht noch durch die gehobenen eigenen Stimmungen, hatte man den Krieg in Artois und Picardie noch im Herbst 1522 recht eigentlich wieder vom Zaun gebrochen. Englische Truppen unter Graf Surrey, und niederländische unter Büren, drangen nach vergeblicher Belagerung von Hesdin tief in das wehrlose Land ein, bis der Winter, Krankheiten und Verbrauch der Mittel das Heer zu ruhmlosem Rückzug zwangen — wirklich einer jener zwecklosen, schlecht überlegten und darum erst recht kostspieligen Kriegszüge dieser Jahre. Margarete hatte ihre liebe Not bei den Verhandlungen über die Kriegskosten mit den Ländern und noch mehr mit den Generalstaaten im Frühjahr 1523 zu Mecheln. Ihre zornige Energie wollte die Stände, insbesondere die widerstrebenden Städte von Brabant, mit Gewalt zwingen und beging dazu noch die Unvorsichtigkeit, über die Köpfe der hohen Herren vom Staatsrat weg zu regieren, was ihr früher und später bittere Auseinandersetzungen eintrug. Wolsey aber suchte aus dem französischen Krieg um so rascher wieder herauszukommen, als schon im September 1522 auch von Schottland aus ein auf den ersten Blick ernsthafter Angriff auf England erfolgt war. Dieser kam dann zum Stehen. Aber die Kriegslust Heinrichs VIII flammte alsbald wieder mächtig auf, als sich die Anzeichen dafür mehrten, daß der erste Pair von Frankreich, der Eroberer von Hesdin, der Connétable Karl von Bourbon, sich gegen seinen König erheben werde, um an der Seite von England und Spanien die Krone Frankreichs zu zerbrechen.

Der Kaiser in Spanien

Karl hatte sich inzwischen ganz seinen spanischen Königreichen zugewandt. Er sollte nun volle sieben Jahre, vom Sommer 1522 bis zum Herbst 1529, in Spanien weilen, und man pflegt zu sagen, daß er in dieser Zeit zum Spanier geworden sei. Das ist nur bedingt richtig.

Denn auch Spanien war von der burgundischen wie von der italienischen Kultur berührt und erfuhr diesen Einfluß täglich. Der Chronist Santa Cruz gibt für den Anfang dieser spanischen Jahre eine sehr ausführliche Beschreibung von Karls äußerer Erscheinung, allen seinen Körperteilen in ihren Farben, Formen und Proportionen, das echte Erzeugnis dieses Zeitalters, das „die Welt und den Menschen" entdeckt hatte und sich, etwa in dem Buche des Firenzuola „Von der Frauenschönheit", nicht zum wenigsten an der formalen Wohlgestalt des menschlichen Körpers weidete und dabei mit einer überall bemerkbaren Wiederanknüpfung an die Gotik aus der sichtbaren Hülle auf die Seele zu schließen geneigt war. Karl war beim Betreten Spaniens von dem venezianischen Gesandten Gasparo Contarini mit der Hoffnung begrüßt worden, daß seine siegreichen Waffen eines Tages auch in Konstantinopel einziehen möchten; dieser nachdenkliche Renaissancemensch wurde später als Laientheologe und Kardinal einer der Wegbereiter der Gegenreformation. Ein noch glänzenderer Vertreter der eben damals ihren Scheitelpunkt erreichenden Hochrenaissance, Baldassare Castiglione, der Verfasser des *Cortegiano*, der sich so gut mit Firenzuola wie mit Contarini berührte, sollte bald als päpstlicher Nuntius am Kaiserhof weilen. Es dauerte auch nicht lange, daß Karl zwischen die feingliedrigen maurischen Bauten von Granada, die wie Teile der Natur anmuten, das selbstbewußte Menschenwerk eines Renaissancepalastes setzte.

Der burgundische Ritter wurde also nach Schicksal und Umgebung auf dem Boden Spaniens fast zu einer Art Träger der Renaissance, gewiß gar nicht berührt von ihrem Heidentum, wohl aber von ihrer Steigerung alles Menschlichen, die in den heroischen Stil der Gegenreformation hinüberleitete. Die höfisch ständische Distanzierung des burgundischen Zeremoniells wurde nach Spanien übernommen, aber seine fröhliche Buntheit wich langsam einer gemessenen Feierlichkeit, wie denn schon Castiglione dem schwarzen Kleid der Spanier den Vorzug der Vornehmheit gab. Karl war nun mehr als Ritter oder Herzog oder Kaiser in dem formlos romantischen Sinne Maximilians. Seine Minister sprachen ihn an als *Sacra Caesarea Majestas*, als „Eure geheiligte kaiserliche Majestät". Sie trugen selbst mit die Schuld an der Übersteigerung des monarchischen Selbstgefühls ihres Herrn, aber sie hatten noch soviel innere Freiheit, daß sie darüber klagten, ja, daß sie ihm selbst ins Gewissen redeten.

In seiner Umgebung hatte sich allerlei verändert. Der Hofstaat in seiner Umständlichkeit war geblieben, trotz des Wechsels der Personen. Nassau war noch da als erster Kämmerer an Stelle Chièvres'; aber daß er, zum zweiten Male Witwer, jetzt unter altburgundischem Prunk mit Banketten und Turnieren eine vornehme Spanierin heiratete, Mencia Mendoza, Marquesa von Zenete, deren Vater wir schon in Valencia kennengelernt haben, darf als symbolisch für die innere Umbildung von Karls nächstem Kreise angesehen werden. Auch dieser Kreis baute sich nun neu aus burgundischen und spanischen, kaiserlichen und Renaissancezügen auf. Der in gotischer Bildhaftigkeit und italienischer Kaiserherrlichkeit denkende Gattinara wurde erst recht die charakteristische Figur des bei allen spanisch-burgundischen Elementen doch universell gearteten Hofes. Die Spanier selbst begannen, sich im Glanz des Kaisertums zu sonnen; überall findet man noch heute das große kaiserliche Wappen an den spanischen Gebäuden und Denkmälern.

Noch ein Letztes ist bemerkenswert. Der alte Turnierfreund Lannoy war schon im April 1522 nach dem Tode Cardonas (10. März) als Vizekönig für Neapel bestimmt; die anderen vornehmen Burgunder aber sind in ihrem Lande geblieben. Die spanischen Granden, die Mitglieder des Hochadels, der nach eingehenden genealogischen Prüfungen durch Karl auf zwanzig castilische Familien mit etwa fünfundzwanzig Majoratstiteln

festgelegt wurde, standen in Ehren, wurden aber vom Rat ferngehalten.
Dafür sind nun in der Umgebung des Kaisers der weniger selbstbewußte,
aber viel leichter dem Fürstendienst und dem staatlichen Denken ergebene
Kleinadel und das alte vornehme Beamtentum vorherrschend geworden.
Wir werden bald einer geheimen Ratssitzung beiwohnen, in der uns außer
Nassau und Gattinara noch Charles de Poupet, Herr von La Chaulx, einer
der ältesten Diener Karls, Gérard de Pleine, Herr von La Roche, Enkel
eines altburgundischen Kanzlers, Laurent Gorrevod, den Margarete aus
der Franche Comté mitgebracht hatte, und als einziger Spanier Hernando
de Vega begegnen. Ein Deutscher war nicht darunter; überhaupt ist die angebliche
Vertretung aller Länder im Staatsrat ein Irrtum. Als Sekretäre
traten der Niederländer Lalemand, Seigneur de Bouclans, und der Spanier
Francisco de los Cobos, der allerdings eine Mendoza heiratete, immer
bedeutender hervor. Lalemand behauptete sich in seiner hohen Vertrauensstellung
bis zum Spätherbst 1528, wo er unter dem Verdacht der Schädigung
kaiserlicher Interessen plötzlich verhaftet wurde und ausschied. Cobos
dagegen stieg zum Staatssekretär für Spanien und ersten Berater Karls
in Finanzsachen auf.

Die Verfassungen von Castilien und Aragon waren, nicht nur im einzelnen,
mannigfach verschieden. Die Cortes von Aragon bestanden aus
vier Ständen und waren sogar nach den Teilreichen Aragon, Cataluña und
Valencia geschieden; Karl gewöhnte sich daran, sie nicht einzeln in den
Hauptstädten abzuhalten, sondern sie in Monzon an der Cinca, nordwestlich
von Lerida, zusammenzufassen. Ihre Verhandlungen drehten sich zumeist
um Geldbewilligungen und Gegenbitten der Stände; diese waren
voll von Wiederholungen und sind im allgemeinen weniger lehrreich als
umständlich, auch in ihrem schriftlichen Niederschlag. Die Cortes von Castilien,
die uns früher näher beschäftigt haben, bestanden nur aus den Vertretern
der 18 Cortesstädte, was dazu noch eine sehr ungleiche Beteiligung
der einzelnen Landschaften bedeutete. Aber ihre häufigen Tagungen, die
Bewilligung der schon früher gewünschten Tagegelder für die Abgeordneten,
die Bestellung einer *Deputacion* der Cortes am Hofe für die Pausen
zwischen den Cortestagungen hielten doch den König in immer engerer
Beziehung mit seinem Volke. Ihre Verhandlungen gaben Gelegenheit zur
Darlegung der Gesichtspunkte, die Karl leiteten, auch in der auswärtigen
Politik, und erfüllten die Spanier vollends mit den größten Vorstellungen
von ihrer Weltmission. Demgegenüber bleiben technische Einzelheiten, wie
die Ablösung der alten Alcabala durch die Kopfsteuer, das *Encabezamiento*
und deren wechselnde Regelung untergeordnet.

Die königliche Verwaltung im Sinne eines Innenministeriums lag je bei
dem Rat von Aragon und Castilien. Die Finanzverwaltung bei den *Conta-*

dores mayores, den Großzahlmeistern, und dem Consejo de la hacienda, dem Finanzministerium. Die auswärtigen Angelegenheiten verblieben dem Kabinett, also dem Großkanzler und dem Staatsrat, im Grunde dem Kaiser persönlich. Denn auch der Staatsrat war nicht ein Außenministerium sondern nur die engste Beratung des Monarchen, bei dem die Fäden des Gesamtreiches zusammenliefen. Dabei hatte sich Karl seit dem Tode Chièvres' angewöhnt, auch die kleinen Angelegenheiten des Dienstes selbst in der Hand zu behalten, was seine Umgebung oft genug zur Verzweiflung brachte, da er weder ein rascher Arbeiter noch ein leicht entschlossener Mensch war. Seine Vertrauten, besonders im Goldenen Vlies, sollten das später noch oft an ihm rügen.

Ein dringender Wunsch der Spanier war längst die portugiesische Heirat. Seit Jahren verhandelte der Sekretär Barroso darüber in Lissabon. Seine Berichte sind deshalb von einer ermüdenden Eintönigkeit, weil er seit Jahren immer dasselbe sagen mußte: daß der König von Portugal, Don Emanuel, die Verbindung seiner Tochter Isabella mit dem Kaiser sehr wünsche, daß er auch, von Barroso fortwährend getrieben, zu der stattlichen Mitgift von einer Million Dukaten bereit sei, einen Teil sogar vor der Hochzeit zahlen wolle, daß es nur der nötigen Vollmachten bedürfe, natürlich auch der Lösung von Frankreich — wofür später die Furcht vor der englischen Bindung eintrat —, endlich, daß der König auch bereit sei, mit dem Abschluß zu warten, bis Karl nach Castilien zurückgekehrt sein werde.

Von der Königin Eleonore wußte der Gesandte viel Freundliches zu berichten. Im Juni 1521 war ihr eine Tochter geboren, aber schon am 13. Dezember verwitwete sie. Neben die Sorge um die Verbindung Karls mit Isabella war darüber diejenige einer Verbindung des jungen Königs mit der Infantin Katharina getreten, obwohl Barroso zunächst mit erschrecklicher Nüchternheit bemerkte, daß eine Verbindung der Königin-Witwe mit ihrem Stiefsohn vom Standpunkt der Versorgung aus wohl das beste und billigste sei. Von französischen Intrigen und der Verbindung mit Savoyen wird beiläufig erzählt. Wie konnte Karl jetzt, wo die englische Freundschaft scheinbar ihre tiefste Glut erhalten hatte, das feierliche Verlöbnis mit der Prinzessin Mary ohne die allerdringendsten Gründe lösen? So wurde ein Hinausschieben in dieser wichtigsten dynastischen Frage zunächst die Losung.

Die große Instruktion für La Chaulx nach Portugal vom Frühjahr 1522 enthielt wohl die Bitte Karls an den jungen König, einstweilen nicht über seine Hand zu verfügen und womöglich in das große Bündnis mit England, Dänemark und den Jagiellonen gegen die Türken einzutreten; aber nur in der Entschuldigung für seine enge Bindung an England wegen Sicherung seiner Überfahrt lag eine leise Andeutung des Wunsches nach seiner eigenen

Verbindung mit Portugal. Außerdem ließ Karl seine Schwester Eleonore angelegentlichst empfehlen als diejenige, die er „am meisten auf dieser Welt liebe".

Das nächste Anliegen der spanischen Regierung mußte die Bereinigung der im wesentlichen überwundenen inneren Unruhen sein. Am 2. November 1522 verkündete Karl in Valladolid in pomphafter Schaustellung sein Urteil über die Vorkämpfer der Comuneros. Er lasse Milde walten, sagte er, aber 290 namentlich aufgeführte Schuldige seien noch dem Arm der Gerechtigkeit zu übergeben. Soeben waren in Palencia sieben Mitglieder der Heiligen Junta hingerichtet. Früher und später wurden jedoch dem Könige Milde und Gnade empfohlen, er machte auch davon Gebrauch, zeigte aber grundsätzlich auf dem Gebiete der Rechtspflege dieselbe Peinlichkeit, die wir an ihm in den Niederlanden bei anderen Dingen beobachtet haben.

Im übrigen redete man darüber, daß bei den vielen Vornehmen und Begüterten unter den Verurteilten der Staatsschatz aus den Konfiskationen einen ungeheuren Gewinn haben werde. Das Unheimlichste blieb, daß die Vollstreckung vielfach unbestimmt hinausgeschoben wurde; viele der *Exceptuados* weilten im Auslande; Barroso verhandelte darüber in Portugal; ein Kundschafter Gattinaras in Frankreich mußte nach Pedro Taxo, Hernando de Avalos und Juan de Mendoza fragen. Nach Jahr und Tag begann man aber, ihnen die Begleichung der politischen Schuld durch Abfindung zu gestatten. Aus Konfiskationen wurden im übrigen auch die Opfer der Unruhen entschädigt.

Im Aufstandsgebiet der Germania tauchte infolge der Zwangstaufen an den Moriscos die alte Frage der Rückfälle in den Irrglauben und somit die Notwendigkeit ihrer endgültigen Bekehrung wieder auf. Hier waren also so gut die Empörer wie ihre Opfer der Justiz zu überweisen. Diese Doppelaufgabe furchtbarer Art legte Karl nach langem Zögern im Dezember 1523 in die Hände der Königin-Witwe Germaine, die einst den Markgrafen von Brandenburg geheiratet hatte und nun Vizekönigin von Valencia wurde an der Seite ihres dritten Gemahls, Don Fernando de Aragon, Herzogs von Calabrien. Im Januar 1524 erfolgten hier wirklich ausgedehnte Verhaftungen und Hinrichtungen. Aber die Beilegung der Kämpfe mit den aufständisch gewordenen Moriscos, die sich zum Teil in unwirtliche Waldreviere zurückgezogen hatten, ging blutig und erregend noch durch Jahre.

Hadrian VI und Italien

Adrian von Utrecht hatte Spanien als Papst Hadrian VI verlassen. Wir erinnern uns an den herzlichen Gedankenaustausch zwischen Lehrer und

Schüler, der nunmehr Papst und Kaiser dauernd zu verbinden schien. Indessen erschwerte die Gewissenhaftigkeit des Kirchenfürsten das politische Zusammengehen mit dem Kaiser gegen andere Glieder der Christenheit. Es war zu fürchten, daß Hadrian einer Fortführung der italienischen Politik Leos X wenig Verständnis entgegenbringen würde, zumal angesichts der Türkennot.

In der Tat begann bald in der großen Politik ein eigentümliches Wechselspiel zwischen den Vordergrunds- und den Hintergrundsfiguren der Weltbühne. Im Vordergrunde agierten Papst und Kaiser in heroischer Haltung; der Papst sehr moralisch, auch der Kaiser im Vollgefühl seines Rechtes, da er sich in den italienischen Krieg gegen Frankreich recht eigentlich als Bundesgenosse des letzten Papstes mit hineingetrieben fühlte. Durch La Chaulx verlangte er die Erneuerung des Bündnisses; Hadrian glaubte das nicht verantworten zu können.

Im Hintergrunde der unruhige Kampf um Mailand und seine Rückwirkung auf das Kardinalskollegium und die Staaten. Wir haben bisher von den tieferen Zusammenhängen dieses Kampfes noch kaum gesprochen, müssen deshalb hier nachholen, daß der Kampf um Mailand mit demjenigen um Neapel vom Jahre 1494 an in unlöslichem Zusammenhange stand. Lodovico il Moro von Mailand hatte einst den Zug Karls VIII gegen Neapel so sehr gefördert, weil sein Neffe, der legitime Erbe von Mailand, als Schwiegersohn Alfonsos von Neapel gerade von hier aus Beistand erwarten durfte. Inzwischen hatte sich Ferdinand von Aragon als glücklicherer Konkurrent an der Abwicklung des neapolitanischen Bankerotts beteiligt, und Ludwig XII von Frankreich sich dafür als später Nachkomme einer Visconti durch Mailand entschädigt. Dieses aber war Lehen des Reichs und spielte deshalb in der französischen Politik Maximilians dauernd eine wichtige Rolle. Wir erinnern uns des Lehnsaktes von Hagenau 1505 für Ludwig XII, Karl und Claudia. Überdies war sich das ganze italienische Staatensystem durch die Einfälle der französischen Könige sowohl seiner Schwäche, wie seines natürlichen Zusammenhanges bewußt geworden; das Papsttum, Venedig und die kleineren Mächte begriffen, daß die erfolgreichen Einfälle großer Potentaten ihnen allen das Leben kosten konnten. Mehrfach wurden die Franzosen aus Italien wieder verdrängt, stets aber nur, nachdem man die andere Großmacht, Spanien, mit in das Bündnis gezogen hatte. Das war vor allem 1512 mit der Auswirkung geschehen, daß gegen die auf Frankreich gestützte Volksherrschaft in Florenz mit spanischer Hilfe das Haus Medici wiederhergestellt wurde.

Eben deshalb bedeutete es ein Abweichen von der natürlichen Gruppierung, daß Leo X Medici sich dem Sieger von Marignano 1515 ergeben hatte, und insofern war es nur natürlich, daß er nach der Kaiserwahl die

Möglichkeit eines Bündnisses mit Karl V ergriff, um die Franzosen wieder aus dem Besitz von Mailand zu verdrängen. Es bedeutete die letzte Freude seines Lebens, daß die alliierte Armee unter Colonna und Pescara am 19. November 1521 in Mailand einmarschierte — nicht nach besonderen Heldentaten, sondern weil sich die französischen Truppen demoralisiert zeigten, und die Mailänder ihrem angestammten Herrn, Francesco Sforza, zustrebten.

Nach dem Tode Leos X hörten aber die Geldzahlungen an die Armee auf, Lautrec faßte sich wieder, und die Schweizer, erregt über allerlei innere Vorgänge und von Frankreich sehr klug und großartig behandelt, rüsteten ein Heer zur Wiedergewinnung Mailands. Auch in Rom und sonst in Italien schien die Furcht vor einem an der Seite Hadrians übermächtigen spanischen Kaiser verbreitet. Zusammen mit seinen Schweizern und Venezianern zog Lautrec wieder vor Mailand. Aber auch deutsche Landsknechte unter Georg von Frundsberg waren im Anmarsch. Jetzt geschahen wirklich einige bedeutende Operationen zwischen Mailand und Pavia. In ihrem Verlauf gewann Colonna eine feste Position im Park von Bicocca. Die Schweizer unter Albrecht von Stein und Arnold Winkelried drängten ungestüm zum Angriff; „wir wöllint dran", schrien sie. Gegen die Überzeugung Lautrecs kam es am 27. April 1522 zum Sturm auf die Spanier und die deutschen Landsknechte. Von Mailand aus wurde rechtzeitig eingegriffen und der französische Ansturm vollends zum Erliegen gebracht. Es war die erste große und blutige Schlacht dieser Jahre, der erste ganz große Erfolg deutscher Landsknechte, sogar gegen die Schweizer. Lautrec zog sich nach Frankreich zurück, Lescun versuchte wenigstens einige Plätze im Mailändischen zu halten. Aber fast selbstverständlich war dem Ereignis von Bicocca auch die Einnahme von Genua durch Pescara und Colonna gefolgt, am 30. Mai 1522. Ein Entsatz durch Pedro Navarro mit französischen Schiffen scheiterte, er selbst und der Doge Fregoso wurden gefangen. Antonio Adorno wurde wieder Doge von Gnaden des Kaisers.

Was war natürlicher, als daß Karl im Sommer und Herbst 1522 gar nicht begreifen wollte, daß gerade jetzt sein alter Freund Hadrian keinen Anteil zu nehmen schien an seinen Triumphen, auch nicht an seinen Sorgen, während der Papst mit seinen im besten Sinne pastoralen Ermahnungen zum Frieden, zum Entgegenkommen in Navarra und in Italien, bei Karl nur immer bittere Enttäuschungen auslöste. In beweglichen Worten legte ihm der Papst seine Kümmernis wegen des Vordringens der Türken zu Wasser und zu Lande ans Herz, warb für die Freigabe des Pedro Navarro zur Vermittlung mit Frankreich, verteidigte sich gegen den Vorwurf, daß er den König von Frankreich so lieb habe wie den Kaiser, und wunderte sich über die angeblich unversöhnte Haltung von England. Als er dann im neuen Jahre von dem Fall von Rhodos erfuhr, kannte sein Ingrimm über die Haltung der Christenheit keine Grenzen mehr, und seine Vorwürfe wurden jetzt auch maßlos in der Form.

Der Kaiser schien immer betretener. Auf den letzten Tadel zu antworten, hielt er nicht für angemessen. Er beauftragte seinen Gesandten, den Herzog von Sessa, nur zu mündlicher Zurückweisung. Zwischendurch, am 10. Januar 1523, faßte er noch einmal seine Meinung eindrucksvoll dahin zusammen, daß nicht er, sondern Frankreich der Unruhestifter in der Christenheit sei, daß Frankreich höchstens zu Anfang dieses Pontifikats, als man allgemein erwartete, der neue Papst stehe auf seiten des Kaisers, ein gewisses Entgegenkommen gezeigt habe. Nachdem aber der Papst mit seinen Friedensvorschlägen hervorgetreten sei, vermute der König ganz natürlich, daß der Kaiser dergleichen brauche, und so werde er vollends überspannt in seinen Forderungen; ja, der König werde den Krieg in Italien gerade darum mit erneuter Kraft beginnen, und dieser Krieg werde schlimmer sein als alle früheren und den Türken die erwünschte Gelegenheit geben, weiter in die Christenheit einzubrechen. Er bedauere deshalb die angeborene Güte des Papstes, „denn es ist klar, daß, wenn Eure Heiligkeit dem Könige von Frankreich offen erklären würden, daß Sie sich auf keinen Fall von dem Kaiser trennen könnten, ja, daß die beiden höchsten Gewalten der Christenheit unter allen Umständen zusammengehörten, und daß man Eure Heiligkeit auch zur Verteidigung Italiens an unserer Seite finden werde, da Sie darin Ihre Pflicht als Hirt und Vater erfüllten, so ist kein Zweifel, daß dann der König von Frankreich, und nur dann, zu gerechten und vernünftigen Bedingungen bereit sein wird. Wir bitten Eure Heiligkeit in Ihrer großen Klugheit, das alles wohl zu bedenken, bevor es zu spät ist".

Es war zu spät. Denn zu allem Überfluß sollte der Papst an Frankreich eine herbe Enttäuschung erleben, aber erst einlenken, als schon viel verloren war. Franz I beteuerte im Gegensatz zum Kaiser neuerdings sehr laut seinen Friedenswillen. Während das Haupt der Kaiserlichen, der Kardinal Medici, grollend in Florenz saß, schien der Führer der französischen Kardinäle, Soderini, den entscheidenden Einfluß zu besitzen, bis eines Tages Medici in den Besitz von Briefen Soderinis gelangte, aus denen sich eindeutig ergab, daß dieser einflußreiche Kuriale unter trügerischem Schein der eigentliche Träger französischer Kriegspolitik war, daß er auf das persönliche Eingreifen Franz I in Oberitalien drängte und es durch eine Verschwörung in Sizilien unterstützen wollte. Hadrian war besonders erbost, daß ein Kardinal der römischen Kirche verräterisch seine heißen Friedensbemühungen so freventlich durchkreuzte und ihn, den Papst, trotz seiner geflissentlichen Neutralität noch als Parteigänger des Kaisers hinstellte. Er ließ den Kardinal sofort verhaften und in der Engelsburg festsetzen. Am 30. April verkündete er einen allgemeinen Waffenstillstand in der ganzen Christenheit auf drei Jahre. Karl, der mittlerweile, sei es in der Hoffnung auf verstärkte päpstliche Zuwendungen, sei es aus der Einsicht in die eigene Lage, auch seinerseits Friedenserbietungen gemacht hatte, trug den Gewinn davon. Die päpstliche Freundschaft wurde ihm nun wieder offen zugewandt, und er erhielt außer anderen Verleihungen am 3. Mai die sehr wichtige Vereinigung der drei Großmeisterschaften von Santiago, Alcantara und Calatrava mit der Krone.

Gleichwohl war die Lage des Kaisers nichts weniger als glücklich. Aus allen seinen Reichen kamen bedenkliche Nachrichten, und nirgends gab es Geld. Da er alles selber machen wollte, Finanzen, Kriegführung, Personalien und, wie La Roche im Januar 1523 der Erzherzogin Margarete klagte, von keiner Seite Rat annahm, sondern verfügte, „wie Gott es ihm gerade eingab", so blieb natürlich vieles liegen, anderes ohne die nötige Überlegung. Die Franzosen besaßen noch immer die Kastelle von Mailand, Cremona, von Fuenterrabbia und Hesdin. Nun schien es allerdings im Februar, daß wenigstens das Kastell von Mailand zur Übergabe reif wurde. Für diesen Fall erging an Colonna die Weisung, es möglichst in den Händen des Kaisers zu halten. Die Weisung kam glücklicherweise zu spät, und Colonna verhehlte dem Kaiser nicht, daß der Eindruck einer kaiserlichen Besetzung auf die Venezianer sehr ungünstig gewesen wäre, zumal man gerade sie gegen die Franzosen gewinnen wollte. Noch mehr hätte eine solche Besetzung Francesco Sforza stutzig machen müssen.

Die Frage der Besetzung Mailands sollte darüber hinaus ein Mittel zur politischen Erziehung des Kaisers werden, da sie Gattinara zu einer erstaunlich freimütigen Denkschrift anregte, die den Kaiser aus seinen Träumen erwecken und ihn bestimmen sollte, Italien nicht unmittelbar, sondern durch Anerkennung bestehender Rechte nur um so sicherer zu beherrschen. Der Kanzler sah im übrigen noch deutlicher, als es La Roche der Erzherzogin zu sagen wagte, in dem zur Schau getragenen Hochmut des Kaisers die noch nicht überwundene innere Unsicherheit.

In seiner Art begann er mit dem Worte des Psalmisten, die Sorgen um das Haus des Herrn verzehrten ihn. Eben deshalb leide er schwer unter der Unübersichtlichkeit der Geschäfte, zumal das einmal Beschlossene ja doch nie ausgeführt würde. Der Kaiser wolle offenbar seinem Großvater Maximilian nachfolgen, der bei aller seiner reichen Begabung so unschlüssig war, daß man ihn den schlechten Gärtner nannte, da er die Früchte nie zur rechten Zeit erntete. Gewiß bestand damals, gab der Kanzler zu, wie jetzt, der Mangel an Geld, aber eben hier sei deshalb einzusetzen, insofern nun endlich eine Übersicht über Einnahmen und Ausgaben gemacht werden müsse, wie es das Gutachten des Alonso Guttierrez vorsehe. Die Zentralisierung sei besonders in diesem Punkte unumgänglich. Neue Hilfsquellen würden vielleicht die Cortes erschließen, aber jede Versammlung der Cortes sei daneben auch dazu da, die Herzen der Untertanen zu gewinnen. Er wolle gern eine Proposition entwerfen, die, in gutem Castilianisch vorgetragen, von einigen freundlichen Worten des Kaisers selbst begleitet sein müsse. Im übrigen könne man große Politik auch treiben mit wenig Geld, wenn man nur den Glauben erwecke, daß man umfassende Rüstungen vorbereite. Genua und Mailand ließen sich außerdem ohne erhebliche Kosten halten. An ihnen hänge allerdings der Besitz von Neapel und Sizilien, sowie der Respekt der Venezianer. Von dieser festen Stellung in Italien aus aber könne man den Türkenkrieg großen Stils leisten.

„Nur, Sire, muß ich Euch um Gottes willen bitten, daß Ihr weder im Rat noch außerhalb, weder im Scherz noch im Ernst, überhaupt auf gar keine Weise vor Eurer Anwesenheit in Italien verlauten laßt, daß Ihr die Absicht habt, das Herzogtum Mailand in eigenen Besitz zu nehmen; deshalb auch die Kastelle nicht in die Hand der Spanier, überhaupt nicht aus dem Besitz des Herzogs gebt. Man darf von solchen Dingen, auch noch so geheim, nicht reden, denn die Wände haben Ohren, und die Diener reden weiter. Wenn Ihr später im Lande seid und alles überblickt, und es dann etwa doch für gut findet, das Herzogtum selbst in die Hand zu nehmen — dann, aber nicht eher, werde ich Euch Mittel und Wege dazu eröffnen. Man darf in diesen Fragen Don Juan Manuel nicht folgen, denn er versteht sich nun einmal nicht auf italienische Dinge." Wenn der Kaiser die Geschäfte gehen lasse wie bisher und täglich vom lieben Gott Wunder erwarte, dann müßte er bitten, ihn aus der Sorge um die Finanzen und die Kriege zu entlassen, damit er nicht die Mitschuld trage an dem Verkehrten, das täglich geschehe. Andernfalls freilich wolle er im Dienst ausharren, bis er eines Tages den gekrönten Kaiser auf seinem Thron erblicke und sagen könne: *Nunc dimittis servum tuum, domine.*

Gattinara arbeitete mit vorbildlicher Hingebung. Es ist erstaunlich zu sehen, daß die zum Teil sehr umfangreichen Konzepte in allen wichtigen Angelegenheiten von seiner eigenen feinen Humanistenhand stammen. Ob er als Herrscher nicht auch Fehler gemacht haben würde, läßt sich nicht beantworten. Sicherlich vermied er sehr viele Torheiten seiner Vorgänger in der Beratung des Fürsten und in der Führung der Geschäfte. Entsprechend dem Rat seiner Denkschrift entwarf er eine Proposition für die Cortes, die im Juli 1523 zu Valladolid zusammentraten, und leistete schon damit einen wesentlichen Beitrag zur inneren Verschmelzung der Politik seines Herrn mit den Stimmungen dieses Landes.

Die Thronrede anerkannte die Mißgriffe der früheren Regierung, schob sie auf die Jugend des Herrschers, auf die Landfremdheit und den Mangel an staatsmännischer Einsicht bei seinen Ministern. Echt humanistisch ließ er den Kaiser seine Vorbilder suchen bei Alexander, Cäsar, Trajan und Titus. Er erklärte den Frieden für das höchste Gut auf dieser Erde, unterließ es auch nicht, die Charakteristik der Gegner des Kaisers den spanischen Begriffen anzupassen. Der König von Frankreich begünstige die Lutheraner. Den Verlust von Fuenterrabbia empfinde der Kaiser als eine Kränkung der Ehre Spaniens und seiner selbst. Franz I begünstige auch die Türken, während doch in dem Eintreten für den reinen christlichen Glauben die vornehmste Aufgabe des Herrschers liege. Da nun Gott seiner Majestät die höchste Würde dieser Welt verliehen habe, das römische Kaisertum, so werde sie alles an die Verteidigung des heiligen Glaubens setzen, die eigene Person und alle Machtmittel; auch die christliche Religion und den Gottesdienst hier wie überall angelegentlich pflegen. Denn die spanischen Reiche seien nun einmal das Haupt und das vornehmste Glied aller seiner Herrschaften. Als Aufgabe der Cortes aber betrachte er im besonderen die Neuordnung des königlichen Rates, die Revision der höchsten Gerichte, die Tilgung der Schulden, die über eine Million Dukaten betrügen, den Rückgewinn von Fuenterrabbia, Vorkehrungen gegen Türken und Mauren — das Meer zu reinigen von diesen räuberischen Hunden und der ganzen Christenheit den Frieden zu geben. „Die Hand Gottes ist über Seiner Majestät, der er Reiche und Siege verliehen hat. Sie wird auch mit den Spaniern sein, ihnen Frieden und Ehre in dieser Welt zu gewinnen vor allen Nationen der Christenheit."

Der auf diesen Cortes als Prokuratoren der Städte hauptsächlich vertretene kleine Adel zeigte die größte Ergebenheit. Forderungen und Antworten spiegelten die Tagesfragen der Verwaltung, der Justiz und der Finanzen. In der gesamten Stimmung haben sich gerade diese waffenfrohen Schichten immer enger an das weltbeherrschende Königtum von Castilien angeschlossen, für sie selbst eine neue Vergewisserung ihrer höheren Berufung.

Im Hochsommer 1523 schienen die Dinge noch einmal unter der Führung von Kaiser und Papst wirklich diese gottgewollte Richtung nehmen zu sollen. Die Gefangensetzung des Kardinals Soderini hatte den König von Frankreich derartig erregt, daß er sich zu einem Pamphlet gegen den Papst hinreißen ließ, das in Jahrhunderten seinesgleichen suchte. Er bedrohte den Papst mit dem Schicksal, das sein Vorgänger Philipp IV dem Papste Bonifaz VIII bereitet hatte, unter Aufzählung aller Verdienste des französischen Königtums gegenüber den Päpsten seit den Tagen Pippins. Die Päpste hätten stets in Frankreich den Rückhalt gefunden gegen die Übermacht des Kaisers. Er rühmte seine stete Friedensbereitschaft, reklamierte freilich in demselben Atemzuge Mailand für Frankreich. Er spottete über den geplanten dreijährigen Waffenstillstand und über die gleichzeitigen Bewilligungen des Papstes an seine Gegner. Die Erinnerung aber an das Schicksal Bonifaz VIII begleitete er mit den frivolen Worten „Eure Heiligkeit werden sich in Ihrer Klugheit danach zu verhalten wissen".

Das Schriftstück ist einer jener Zornesausbrüche, die eine Lage unendlich zu verschlimmern pflegen. Trotzdem zögerte der Papst mit der Antwort noch aus Furcht vor einem Anschluß Frankreichs an die lutherische Ketzerei. Als aber Franz I alle Geldzahlungen nach Rom sperrte und damit wirklich die Politik Philipps IV erneuerte, riß auch dem übergewissenhaften Papst die Geduld. Es kam zu entscheidenden Besprechungen mit Charles de Lannoy in Rom.

Der Papst rief auch die Hilfe Heinrichs VIII an. Während der Kaiser, England, Erzherzog Ferdinand und Venedig am 29. Juli in aller Stille ihr Bündnis zum Abschluß brachten, kam am 3. August das Bündnis derselben Machtgruppe mit dem Papst, dem Herzog von Mailand, dem Kardinal Medici für Florenz, mit Genua, Siena und Lucca zur Abwehr der Franzosen zustande. Eine neue heilige Liga! Das gemeinsam aufgestellte Heer, für das allein der Papst monatlich 15 000 Dukaten zahlen wollte, wurde auf seinen Wunsch Charles de Lannoy unterstellt. Damit war man am Ende dieses Pontifikats idealer aber fruchtloser Bestrebungen wieder genau an dem Punkte, an dem man zu Ende der Regierung Julius' II und Leos X gestanden hatte.

Das Bündnis war die letzte politische Handlung Hadrians VI. Er kränkelte, und seine Nerven waren den Aufregungen des letzten halben Jahres nicht mehr gewachsen. Am 1. September empfing er den aus Rhodos verdrängten Großmeister des Johanniterordens, Lille d'Adam — es war wie ein Abschied von seinem irdischen Lieblingsgedanken. Vierzehn Tage später erlöste ihn der Tod.

DAS ABENTEUER KARLS VON BOURBON
POLITISCHE ERZIEHUNG DES KAISERS. PAPST CLEMENS VII

In die auf und ab wogenden Stimmungen des Kaiserhofes während dieses Frühjahrs und Sommers 1523, wo sich die tiefsten Sorgen mit den kühnsten Hoffnungen ablösten, fiel, ähnlich erregend wie in England, jene Nachricht von der geplanten Erhebung des Herzogs Karl von Bourbon gegen seinen König. Ein Vertrauter des Kaisers, Adrian von Croy, Herr von Beaurain, hatte mit ihm als Befehlshaber der französischen Truppen über die Freigabe seiner in Hesdin mitgefangenen Mutter verhandelt und dabei die tiefe Unzufriedenheit des Connétable über den König kennengelernt; es handelte sich um dessen Ansprüche auf die nach dem kinderlosen Tod von Bourbons Gemahlin Susanne de Beaujeu vertraglich der Krone, genauer Louise von Savoyen heimgefallenen Lehen. Der Connétable stand gegen seinen König. Man befand sich in Europa überall auf der Scheide zwischen den Zeiten, in denen der hohe Adel sich trotz aller Lehnsformen dem Landesherrn gleichberechtigt und handlungsfrei fühlte, und denen einer geschlossenen Staatsauffassung, die eine solche Felonie als gemeinen Landesverrat betrachtete.

Bourbon täuschte sich und seine Freunde darüber, daß diese Auffassung in Frankreich ganz offenbar schon im Durchdringen war. Die politische Haltung der alten Herzöge von Burgund mit ihrer starken Verwurzelung in den deutschen Reichslehen, oder die späteren Bündnisse protestantischer Reichsfürsten mit Frankreich, kann man mit diesem lediglich aus privaten Motiven genährten Verhalten Bourbons nicht vergleichen. Ihm lag höchstens jene unverwüstliche vorstaatliche Lebensanschauung ungezügelten Herrentums zugrunde, das sich einer in Rechtsform gegebenen Machtentscheidung nicht fügen wollte. Bei den Höfen aber, die ihm in erstaunlicher Weise so bereitwillig Gehör schenkten, wirkte wohl die Autorität der ererbten Titel, und auch diese so stark nur unter der ohnehin aufs äußerste gespannten Hoffnung, dem völlig umklammerten Königtum der Valois durch eine Empörung im eigenen Lande das Ende zu bereiten. Daß dieser verräterische Grandseigneur, losgelöst von seinem Heimatboden, sehr wenig bedeutete, daß dagegen zur Vernichtung eines Königreiches sehr viel mehr gehörte als ein solches Abenteuer, scheinen sich die klugen Staatsmänner dieser ritterlichen Fürsten nicht klargemacht zu haben; oder sie sind gegen die Turnierstimmung ihrer Herren nicht angekommen.

Die Verhandlungen mit Bourbon spielten länger als ein halbes Jahr, ehe sie zum Abschluß kamen, und waren ebensosehr begleitet von überschwenglichen Erwartungen wie von Maßregeln eines unausrottbaren Mißtrauens, auch zwischen den beiden Höfen von Madrid und London. Anfang August konnte Louis de Flandres, Herr de Praet, kaiserlicher Gesandter in England, den Abschluß melden. Nach einem Vertrage vom 4. August verbanden sich der Kaiser, England, Erzherzog Ferdinand und Bourbon; sie verpflichteten sich alle, nichts ohne einander zu tun. Der Anspruch Englands auf die Krone Frankreichs und auf die Lehnshulde Bourbons wurde erneut angemeldet, aber zu des Kaisers Entscheidung gestellt. Im übrigen soll Bourbon eine der Schwestern des Kaisers heiraten, in erster Linie Eleonore.

Der Kaiser wird spätestens bis Ende August mit einer starken Armee auf Narbonne marschieren; außerdem 10 000 deutsche Landsknechte aufbieten, die ausschließlich Bourbon zur Verfügung stehen werden; der König von England gleichfalls im Laufe des August mit guten Truppen an der Küste der Normandie landen. Der Kaiser und England zahlen 100 000 Dukaten für die Truppen. Bourbon schien zu nichts verpflichtet als zum Verrat. Die Vereinbarungen waren zunächst zwischen Beaurain und Bourbon formlos getroffen; jetzt sollten sie alle Beteiligten binden.

Für Frankreich ließ sich die Lage auf den ersten Blick sehr gefährlich an; ebenso hoffnungsvoll für die Alliierten, hinter denen gerade jetzt das italienische Doppelbündnis stand.

Indessen, der großartige Empörer saß einstweilen still auf seinen Gütern im Gebiet von Forez westlich der oberen Loire. Von irgendeiner starken Anhängerschaft im Lande war keine Rede. Der König von Frankreich, dem längst Gerüchte zugekommen waren von Bourbons lichtscheuen Verhandlungen, traf sich mit ihm ohne Erfolg. Bourbon stellte sich krank, gab vor, dem Könige nach Italien folgen zu wollen, und blieb zunächst unbehelligt. Erst als über seinen Verrat gar keine Zweifel mehr bestehen konnten, wurde sein Gebiet umstellt. Doch entkam er als einsamer Flüchtling in abenteuerlicher Vermummung. Aber auch sonst wurde nichts erreicht, da die gewaltigen Pläne ganz miserabel vorbereitet waren. Das deutsche Landsknechtsaufgebot unter den Grafen Felix Werdenberg und Wilhelm Fürstenberg war zeitig zur Stelle und stieß an der oberen Marne bis Chaumont vor — es war ein Stoß ins Leere, da ihnen wider Erwarten niemand die Hand reichte. Ebenso blieb der englisch-niederländische „Vorstoß auf Paris", der wirklich bis Compiègne gelangte, wie im Vorjahr, in einem sinnlosen Verwüstungsfeldzug stecken. Aus Karls spanischer Unternehmung gegen Südfrankreich ist ebensowenig etwas Rechtes geworden, es war unter diesen Umständen auch gleichgültig, daß er viel zu spät kam. Der Connétable von Castilien rückte nur eben die Grenze von Navarra bis Sauveterre in das Béarn vor, um dann nach Fuenterrabbia zurückzukehren.

Vielleicht war es die Beschämung über die Kläglichkeit dieser Leistung, die Karl noch im Oktober 1523 seinem „Bruder und Freund" Bourbon sehr gnädig schreiben und ihm durch Bissy 100 000 Kronen zukommen ließ. Man mußte es sich auch gefallen lassen, daß ein Diener Bourbons, Jean de l'Hospital, noch Ende Dezember genauso prahlerisch wie sein Herr von der Angst des Königs von Frankreich schrieb, der seine Truppen von allen Seiten ins Land gezogen habe; daß die Bevölkerung von Toulouse nur auf den fremden Herrn warte und daß die Landsknechte ruhig hätten auf Paris marschieren sollen, da ihnen kein Widerstand begegnet wäre.

Am Kaiserhofe in Pamplona, wo man der Pyrenäenarmee einigermaßen nahe war, herrschte denn auch in diesem Winter nach dem Tode Hadrians und bevor man noch von der Wahl und den Absichten des neuen Papstes Näheres wußte, eine ziemliche Niedergeschlagenheit. Gattinara benutzte sie, um die politische Erziehung seines Herrn fortzusetzen, an der Hand einiger wichtiger Punkte der inneren und äußeren Staatsregierung. Karl wünschte dazu weitere Ausführungen seiner geheimen Räte, die auch erfolgten, und uns nun wirklich die seelischen Hintergründe des Geschehens und die allgemeinen Nöte der Staatsleitung einigermaßen enthüllen. Die Räte gaben einzeln ihre Voten französisch, nur Hernando de Vega spanisch; am Rande stehen die meist kurzen Verfügungen des Kaisers.

Gattinara begann mit einer Verbeugung vor dem jungen Herrn: „Wenn Eure Majestät zu allen Ihren herrlichen Gaben auch noch die Weisheit Salomos besäßen, so könnten Sie doch nicht alles allein machen." Gott der Herr befahl Moses, zu seiner Entlastung Gehilfen anzunehmen, wieviel mehr muß das der Kaiser tun, da er nicht wie Moses mit Gott persönlich verkehrt, statt dessen aber noch viel größere Reiche zu verwalten hat. Unter dem Titel der „Fürstlichen Reputation" knüpfte der Großkanzler unmittelbar an die Zeitlage an. Man sollte niemals etwas unternehmen, was man doch nicht durchführen könne, sondern seine Mittel auf das Erreichbare zusammenfassen. Um seine Freunde festzuhalten — in diesem Augenblicke vor allem England und Bourbon —, müsse man getroffene Abmachungen peinlich befolgen, woran es dieses Mal gefehlt habe. Da die Armee noch in Feindesland stehe, sollte man sie pflegen, damit sie entweder weitere Erfolge habe oder in gutem Zustande zur Einnahme von Fuenterrabbia zurückgenommen werden könne. „Seit dies geschrieben wurde", votierte La Roche, „hat sich die Lage geändert." „Fuenterrabbia wird den König von Frankreich nicht hindern, nach Italien zu ziehen", meinte La Chaulx, doch wolle er zugeben, daß ein Erfolg vor dieser Grenzfeste sehr wesentlich sein würde. Gattinara: In der Tat liegt die Armee jetzt vor der Festung, und deshalb soll man darauf alle Kräfte sammeln.

Die beiden Hauptanliegen Gattinaras waren, wie früher, die Finanzen und die Befriedung Italiens. Die Finanzen sind der Nerv des Krieges, und es muß endlich eine Übersicht über Einnahmen und Ausgaben gewonnen werden; nicht minder über die Schulden, besonders über solche, die wegen ihrer Verzinsung täglich wachsen; auch sind die ordentlichen Einnahmen und Ausgaben streng von den außerordentlichen zu scheiden. Noch mehr. Angesichts der ihnen, den Räten, so genau bekannten Schwierigkeiten, in denen sich der Kaiser befinde, müsse man auf einen ehrenvollen Waffenstillstand drängen, bevor man in noch größere Nöte gerate, vielleicht auf Grundlage der Mission des Erzbischofs von Bari, den Hadrian noch in der

Friedenshoffnung des letzten Jahres zur Herstellung einer dreijährigen
Waffenruhe nach Frankreich gesandt habe.

Italien scheine von den Franzosen geräumt zu sein. Aber damit sei die
Gefahr für den Besitz des Landes, zu dem Mailand und Genua die Schlüssel sind, nicht beseitigt. Denn mit dem Abzuge der Franzosen hörten auch
die Zahlungen der Liga auf, während die Armee nötig bleibe. Der ruinierte
Staat Mailand könne sie nicht unterhalten. Deshalb sei von dem neuen
Papst nicht nur die Übernahme der von Hadrian eingegangenen Verpflichtungen zu fordern, sondern womöglich noch mehr. Ein außerordentlicher
Gesandter müßte die Obedienzerklärung für Neapel überbringen, aber erst
aushändigen, wenn der Papst die Investitur und die Liga erneuert habe
und bereit sei zu weiteren Zahlungen, wenigstens zur Bereitstellung des
Soldes für drei Monate, damit man im Falle der Not die Knechte sogleich
wieder haben könne. Weiter sei dringend, den Herzog von Mailand endlich mit dem Herzogtum zu belehnen, damit die Untertanen wüßten, woran sie sind, und das Land für ihren Herrn verteidigten; auch die Nachbarn keine Furcht behielten, daß der Kaiser das Herzogtum für sich nehmen wolle. La Roche und Gorrevod stimmten Gattinara lebhaft zu: Der
Kaiser dürfe Mailand keinesfalls selbst behalten; das sei auch gegen den
Vertrag mit Venedig. Nun verstärkte Gattinara noch seine Argumente:
Maximilian habe Mailand verloren, weil er dem Lande seinen angestammten Herrn nicht wieder gegeben habe. Der Apostolische Stuhl fürchte
immer die Verbindung von Neapel mit der Lombardei, und in dem Dispens
für das Kaisertum sei die Lombardei ausdrücklich ausgenommen. Kurzum,
so schloß Gattinara, er wiederhole seine Warnungen wie Kassandra, auch
wenn man ihm nicht glaube; die Streitigkeiten zwischen den Generalen
Lannoy, Colonna und Pescara zu beseitigen, sei sehr nötig; da sich einer
dem andern schwer unterordne, könnte man ihnen einen gemeinsamen
Oberbefehlshaber geben in der Person des Herzogs von Mailand oder des
Erzherzogs Ferdinand oder des Herzogs von Bourbon.

Für den Kaiser komme es überhaupt nicht darauf an, sagte zwischendurch Gattinara, Mailand zu besitzen oder andere Herrschaften dieser Welt,
sondern von den Königen, Herzögen und Fürsten dieser Welt geachtet zu
werden und mit ganz Italien den Schlüssel zur Weltherrschaft in der Hand
zu halten. Das führte ihn auf eine längere Erörterung über die Kunst der
Menschenbehandlung. Die Liebe der Untertanen sei nach Seneca eine uneinnehmbare Festung, man müsse sie pflegen, sie hören, ihnen Freundlichkeiten erweisen, Unangenehmes durch andere tun lassen (wie das auch
Machiavelli lehrte) und sie nicht mit Neuerungen überschütten, die stets
wirkten wie ein Tadel an den Vorfahren. La Roche bemerkte dazu, daß
hier in Spanien die Granden einen gar zu großen Appetit auf Krongüter

besäßen, und daß es böses Blut mache, gerade sie und ihre Kreaturen überall im Besitz der höchsten Staats- und Kirchenämter zu sehen. Man tadele den kostbaren Haushalt des Königs, den das Land wirklich nicht tragen könne, zumal angesichts seiner Lasten und Schulden.

Sehr eingehend verbreiteten sich die erfahrenen Räte erneut über die Reform der Staatsverwaltung, die Notwendigkeit, den Kaiser von den unzähligen Kleinigkeiten zu entlasten, über denen die großen Staatsgeschäfte verschleppt würden. Für formale Dinge sei weder Vortrag noch eigenhändige Ausfertigung vonnöten; da genüge ein Cachet, also ein Namensstempel in der Hand eines zuverlässigen Beamten. Aber Staats-, Finanz- und Kriegssachen sollten einheitlich bearbeitet und täglich erledigt werden, dazu auch der Rat in einem besonderen Zimmer in der Nähe des Kaisers von morgens 7 Uhr, im Sommer von 6 Uhr an zur Stelle sein, alles bearbeiten und dem Kaiser Vortrag halten, damit sich dieser nicht selbst „den Kopf zu zerbrechen" brauche. Zur Sicherung des Geschäftsganges würde auch ein geordnetes Protokoll der Staatsratsgeschäfte gehören.

Man bemerkt endlich, daß Gattinara und die Räte auch auf die persönlichen Neigungen ihres Herrn Rücksicht nahmen. Gattinara hatte sogar unter dem Stichwort „Gottesfurcht" alle Fragen an die Spitze seiner Darlegungen gestellt, die für den Kaiser Gewissenssachen waren. Daß man die Mauren und Ungläubigen nicht im Lande dulden dürfe, die Bewohner der westindischen Inseln und des Festlandes zum Christentum bringen, die Inquisition reformieren und die Testamente der Vorfahren ausführen müsse, auch wegen der bestimmungswidrig verwendeten Mittel der Cruzada, der Ablässe und der Zehnten entweder Rückzahlungen zu machen oder die Absolution des Papstes zu erwirken habe. La Roche, La Chaulx und Vega fanden die Frage der Mauren wichtig, aber nicht zu lösen ohne die Vizekönige und den Rat von Aragon und Valencia, zumal der Wohlstand des Landes und der Granden auf ihnen beruhe. Von den Indiern gestand La Roche, daß sie bis dahin überhaupt nicht als Menschen, sondern als Tiere behandelt seien. La Chaulx forderte, daß nicht bloß Spanier, sondern auch andere gute Untertanen des Kaisers nach den Indien ziehen dürften, was längst ausgiebig geschah. Gorrevod verlangte die Reform des Indienrates, und Gattinara schlug zum neuen Präsidenten den Beichtvater des Kaisers, Don Garcia de Loaysa, Bischof von Osma, vor, was der Kaiser sogleich verfügte. Die Räte der Inquisition sollten feste Bezüge haben, keinen Anteil an den Konfiskationen, sich nicht „nähren vom Blut der Menschen" und mehr für Besserung als für Vernichtung sorgen. La Roche erhob zwar Bedenken gegen die Belastung des Fiskus, und Vega forderte strengere Justiz, allein auch hier gab es nur eine einstweilige Verfügung an La Roche. In bezug auf die Kirchengelder meinte derselbe, sie stammten ja doch von den Untertanen und seien nur zu gerechten Kriegen verwandt, „weshalb auch der Papst ruhig zustimmen könnte".

Wo sehen wir sonst in dieser Zeit so tief in die Sorgen und Motive der Regierenden wie in diesen Gesprächen der höchsten Berater des Kaisers? Daß dieser junge Fürst in ihrer Mitte noch ein Werdender war, daß ihre Maßstäbe und Forderungen zu hoch gespannt sein dürften, ändert nichts an der Tatsache, daß ihr jugendlicher Herr selbst kaum eine bessere Führung zur Regierungskunst haben konnte als derartige Erörterungen. Es ist vielleicht am meisten bezeichnend, daß am Schlusse mehrere Räte nacheinander als die Hauptsache forderten, nach der Erkenntnis nun auch zu handeln.

Die persönlichen und innerpolitischen Mahnungen waren ihrer Natur nach auf lange Sicht gestellt, die außenpolitischen Vorschläge erfuhren nicht ohne Beziehung zu der Politik des neuen Papstes noch im Frühjahr 1524 ihre Verwirklichung. Einer der Nächstbeteiligten, Gérard de Pleine, Herr von La Roche, wurde am 14. Mai mit einer von Gattinara selbst entworfenen Instruktion zu Friedensverhandlungen an die Kurie gesandt; aus seinem späteren Bericht erfahren wir, daß ihm auch die geplante Obedienzerklärung mitgegeben wurde und daß man seine Gesandschaft durch ganz Italien hin als eine große kaiserliche Geste betrachtete.

Denn der im November 1523 erhobene neue Papst, Clemens VII Medici, dessen Regierung die Kaiserlichen ebensosehr enttäuschen sollte, wie er von ihnen gefördert worden war, hatte die Übernahme der zuletzt durch Hadrian eingegangenen Verpflichtungen abgelehnt und statt dessen seinerseits im April und Mai die Friedensgesandtschaft des Dominikaners Nikolaus von Schomberg, Erzbischof von Capua, nach Frankreich, Spanien und England ergehen lassen. Auf diese nahm die Instruktion für La Roche schon Bezug.

Sie stellte ihm neun Möglichkeiten für die Beilegung des Streites zwischen Karl und Franz unter Mitwirkung Englands und des Papstes zur Verfügung. Im Mittelpunkt stand der Austausch der Bourgogne gegen Mailand, das die Franzosen jetzt, im Frühjahr 1524, unter Führung Bonnivets vergebens wieder zu gewinnen trachteten. Durch die Verwundung des Admirals und den Tod Bayards am 30. April war ihr Unternehmen zum Stehen gekommen. Das Angebot von Mailand war also ernsthaft. Die Gegenforderung umfaßte freilich nicht nur Altburgund, sondern auch alle Ansprüche Bourbons, der Königin Germaine und anderer, lief also auf eine innere Auflösung Frankreichs hinaus. Im übrigen wurden La Roche eine ganze Reihe von Forderungen als abdingbar bezeichnet, wie etwa, daß Frankreich grundsätzlich auf Flandern, Artois und Neapel verzichten solle; zu den Kompromißmöglichkeiten sollte gehören, daß König Franz, falls seine Gemahlin wirklich stürbe, wie man fürchtete, mit der Hand Eleonores Mailand erhielte. Eine allgemeine Befriedigung Europas durch päpstliche Vermittlung wird auch in der Form erwogen, daß Karls Braut Mary von England den König von Schottland heirate zum Zweck der Vereinigung beider Reiche, und dafür die Tochter Franz I, Charlotte, Karl als Gemahlin die Bourgogne zubrächte. In diesem Falle könnte Sforza die so oft vergebene Renée von Frankreich zur Frau erhalten, die später den Herzog von Ferrara heiratete. Für Bourbon wird schlimmstenfalls nur die Auszahlung einer Rente von seinen Gütern gefordert. Vor allem aber — und das war doch wohl der springende Punkt — soll der Papst keinen Frieden schließen, so lange die Franzosen nicht gänzlich aus Italien vertrieben sind, und wenigsten so viel Mittel aufbringen, daß die spanischen Besatzungen bezahlt werden können, damit man durch einen französischen Gegenschlag nicht überrascht werde.

Die alternativen Heiraten und Ländertausche sollten Karl durch seine ganze Regierung begleiten. In diesem Sommer 1524 ist es jedoch überhaupt nicht zu ernsthaften Verhandlungen gekommen. La Roche berichtete dem Kaiser am 20. August von seiner Fahrt durch Italien und von seinem Einzuge in Rom mit all dem dafür aufgebotenen Zeremoniell und der ersten Audienz beim Papste. Elf Tage später erlag der Gesandte einer in Rom aufgetretenen Seuche (31. August); mit ihm schied eine der markantesten Figuren des alten Burgund aus der Umgebung des Kaisers.

PROVENCE UND MAILAND. KARLS REFLEXIONEN VOR PAVIA

Inzwischen war die Friedenspolitik längst wieder überrannt von den Ereignissen. Schon am 24. März 1524 hatten die Spanier das vor drei Jahren verlorene Fuenterrabbia wieder gewonnen, — nach wechselvollen Kämpfen, in denen die Festung einmal durch la Palisse gegen Beltran de la Cueva neu verproviantiert war. Dazu kamen die wiederholten Mißerfolge der Franzosen in der Lombardei, wie im November 1523, so im April 1524. In der Stimmung dieser eigentlich unerwarteten Triumphe der Kaiserlichen wurden alle Kriegsgelüste und alle verwegenen Hoffnungen der beteiligten Höfe wieder lebendig. Eigentlich war ja für 1524 der ganz große Schlag geplant. Sollte sich der junge Kaiser diesen Stimmungen entziehen, dem seine Räte soeben eindringlich klar gemacht hatten, man dürfe seine Freunde nicht verlassen? Es hatte freilich weder für die Engländer, noch für den Kaiser, sondern nur für Bourbon unmittelbare Bedeutung, wenn man jetzt mit den kriegsgeübten Truppen aus der Lombardei einen Einfall zur Eroberung der Provence machte. Aber hatten nicht auch die Räte betont, man müsse die Mittel an einer Stelle zusammenfassen? Zunächst war der Raumgewinn erheblich. Am 9. August 1524 zogen die Truppen in Aix ein. Indessen, vor Marseille lief die Unternehmung sich doch fest. Vom 14. August bis Ende September wurde die Hafenstadt nicht ohne Bravour belagert, aber freilich auch mit derselben Hartnäckigkeit verteidigt, so daß man schließlich schon aus diesem Grunde an den Rückzug nach Italien denken mußte; Pescara deckte ihn gegen den nachdrückenden jungen Montmorency und man gelangte in der Tat zwar ernüchtert aber nicht geschlagen, in die Lombardei zurück.

Es war die höchste Zeit. Denn dringender als das Stocken der Unternehmung im Feindesland mahnte die Gefahr, von der Lombardei abgeschnitten zu werden, da Franz I seinerseits Entschluß und Mittel gefunden hatte, trotz aller Mißerfolge seiner Generale noch einmal persönlich nach Italien zu ziehen. Er war durch das Tal der Durance über die Alpen geeilt, bedrohte die Rückzugslinie der Kaiserlichen und gewann ihnen mit seinen frischen Truppen so rasch das Übergewicht ab, daß er schon am 26. Dezember wieder Herr von Mailand war.

Unter solchen Umständen kam besonders viel an auf die Haltung der römischen Kurie. Clemens VII fühlte als Papst, wie sein Vorgänger, das Verlangen nach Unparteilichkeit, das bei ihm durch eine angeborene Schwäche besonders unterstützt wurde. Eben weil er viel labiler war als der in seiner Art wuchtige Hadrian, und weil auch die Lage gerade jetzt für die Kaiserlichen ungewöhnlich schwierig schien, kam es rasch zu offenen Konflikten. Im Herbst hatte er Schomberg nochmals an die Kriegführenden gesandt. Gattinara wollte den Nuntius festlich bewirten und scherzte schon mit dem Kabinettssekretär Lalemand über Eröffnungen, die er ihm wegen des Kardinalats machen werde. Aber die militärische Lage warf auch Clemens VII rasch um.

Der durch die scheinbar großen französischen Erfolge ganz überraschte Papst ließ sich schon am 12. Dezember zu Frieden und Bündnis mit Frankreich und Venedig gewinnen. Zwar ein Sturm der Franzosen auf das von Leyva verteidigte Pavia mißlang. Auch ein Handstreich des mit dem König Franz gezogenen schottischen Herzogs von Albany auf Neapel kam nicht weiter; aber wie früher, so wollte man hier wenigstens noch Unruhen erregen. „Ungern und gezwungen", schrieb der Papst sicherlich aus peinlichster Stimmung dem Kaiser am 5. Januar 1525, habe er sich den Franzosen ergeben müssen. Der Kaiser war über seine Lage und über die Unzuverlässigkeit des Papstes ganz verzweifelt, — wie man richtig bemerkt hat, wohl auch in dem noch nicht überwundenen „Mißtrauen gegen die eigene Einsicht". Er sagte zu Contarini, daß er nicht mehr, wie in den Tagen des Chièvres, von seinen Räten abhänge. Um so einsamer fühlte er sich.

180

In dieser Bedrängnis — als ahnte er die bevorstehende erste große Krisis seines Lebens — griff er zur Feder und vertiefte sich allein in seine Lage — ein paar flüchtig beschriebene Blätter des Wiener Archivs, bis vor kurzem unbeachtet. Soviel wir sehen zum ersten Male legte er sich schriftlich Rechenschaft ab von den Sorgen, die ihn bekümmerten, und von den Möglichkeiten, die ihm geblieben waren. Verglichen mit dem dialektischen Aufbau und den stilgewandten Darlegungen seiner Räte war es ein Gestammel und doch zugleich ein denkwürdiger Reflex davon. Nur in diesem Ringen mit sich selbst und mit dem Ausdruck konnte der Kaiser zu dem kommen, was er sich offenbar heiß ersehnte, wirklich sein eigener Herr und Führer zu werden.

Er begann: „Indem ich mich anschickte, meine Lage zu überdenken, schien mir das erste, das ich aussprechen müßte, und die beste Hülfe, wenn es Gott gefiele sie mir zu senden, der Friede. Das ist etwas Schönes auszusprechen, aber schlecht zu haben, denn jeder weiß, daß man ihn ohne Zustimmung des Feindes nicht haben kann. Also muß man eine große Anstrengung machen, was sehr leicht auszusprechen ist, aber schwer zu tun. Oft genug ist das Mittel schwer zu finden, und wenn ich mich bis auf die Knochen verzehre."

„Die Hülfe kann scheinen ein guter Krieg. Aber ich habe nichts, um davon mein Heer zu unterhalten, noch weniger es zu verstärken, wenn es nötig ist. Das Geld ist mir ausgeblieben in Neapel. Und dies Königreich hat genug zu tun, sich zu wehren, wenn man es angreift. Die Möglichkeiten, hierzulande Geld zu erlangen, sieht man täglich sich erschöpfen ohne Frucht, und zur Zeit möchte es scheinen, daß man nichts findet. Der König von England hilft mir nicht wie ein wahrer Freund, noch hilft er mir wie er verpflichtet wäre. Meine Freunde haben mich verlassen und in der Not betrogen; die einen wie die anderen tun alles, mich nicht mächtiger zu sehen und mich in der Notlage zu halten, in der ich bin."

„Und um zu beginnen: Nachdem die Heere sich so nahe sind und es den Anschein hat, daß sie jetzt gar nicht mehr vermeiden können zu siegen oder zu unterliegen, scheint mir, daß man in der Tat eine gute Summe Geldes mit aller Beschleunigung an den Vicekönig senden muß, sei es durch Wechsel oder sonst, zur Unterhaltung und Löhnung meiner Armee, und damit sie bei Mangel daran sich nicht auflöse. Es ist anzunehmen, daß, wenn sie erhalten wird, sie auch den König von Frankreich zwingen wird, sich zu schlagen, was nur zu ihrem großen Vorteil sein kann — oder sich aus Italien zurückzuziehen, was ihm zur Schande gereichen würde; in jedem dieser Fälle, nachdem der König von Frankreich unschädlich und seine Armee in Frankreich wäre und sicherlich das Herzogtum Mailand wieder zurückgewonnen, wären die Ausgaben zu mindern, die Soldaten, die bleiben, gut zu behandeln, und erst recht die, die entlassen werden, um sie wieder zu bekommen, wenn es nötig sein wird. Aber auf alle diese Aussichten möchte ich mich nicht sehr verlassen."

„In Anbetracht dieser Verhältnisse und daß es nicht geht mit dem Frieden, der, wie gesagt, nicht sein kann ohne den Willen des Feindes, noch mit dem Kriege, den zu führen ich schlechte Aussicht sehe und schlechtere, ihn wieder anzufangen — alles aus Mangel an dem Womit —, und indem ich sehe und fühle, daß die Zeit vergeht und daß wir bald vergehen mit ihr, und da ich nicht so vergehen möchte ohne eine rühmliche Erinnerung an mich zurückzulassen, und da das was heute verloren wird, morgen nicht zurückzugewinnen ist, und da ich bisher nichts geleistet habe, das zur Ehre meiner Person gereicht, was so lange hinausgeschoben zu haben ich recht zu tadeln wäre — aus all diesen Ursachen und vielen anderen würde ich keinen Grund sehen, der mich hinderte, etwas Großes zu tun, und ich sehe keinen dafür, daß ich das länger hinausschieben könnte, und daß es mir nicht gelingen sollte, mir zu helfen mit Gottes Gnade mich mächtiger zu machen und in Frieden und Ruhe das zu besitzen, was ihm gefallen hat mir zu schenken — alles dieses in Betracht gezogen und erwogen, kann ich mir kein Mittel denken, durch das ich so allgemein meine Angelegenheiten bessern könnte, wie durch meinen Zug nach Italien."

„Man könnte Bedenken erheben wegen des Geldes, wegen der Regentschaft im Lande und aus anderen Gründen. Um alledem abzuhelfen, sehe ich kein besseres Mittel, als daß man alsbald die Heirat der Infantin von Portugal und mir betreibe, und daß sie so beschleunigt wie möglich hierher komme. Und daß das Geld, das man mir mit ihr zur Verfügung stellte, eine möglichst große Summe Bargeld wäre (wobei zu überlegen, ob es gut wäre, gleichzeitig über die Gewürze zu sprechen oder nicht); daß man den König von England zufriedenstellte, und daß die Verträge in ihrer Kraft blieben, und daß er seine Tochter nicht nach Frankreich verheirate; dann aus diesen Königreichen eine gute Summe zu ziehen, unter demselben Titel dieser Heirat, und dafür und für anderes die Cortes zu versammeln und zu verabschieden, und in diesem Falle die Infantin von Portugal, die dann meine Frau sein würde, in der Regentschaft dieser Königreiche zu lassen, um sie wohl zu regieren nach den guten Weisungen derjenigen, die ich bei ihr lassen würde."

„So könnte ich meine Fahrt unternehmen, noch in diesem Winter, großartig und ehrenvoll. Ich müßte nach Neapel ziehen, wo ich mich auf das Königreich stützen könnte, meine Kronen empfangen und diesen Winter eine Armee ausrüsten, um im Frühjahr eine große Sache zu unternehmen, dem Könige von England anzubieten, den ‚großen Plan' auszuführen. Wenn der Friede ehrenvoll zu haben ist, ihn anzunehmen, und stets ihn zu suchen."

Um die Zeit, da der Kaiser in tiefster Niedergeschlagenheit diese und andere Sätze zu Papier brachte — ein denkwürdiger Versuch, Gattinaras Gedanken von der politischen Notwendigkeit des Italienzuges mit den in ihm selbst allein wirklich lebendigen Vorstellungen von Ehre und Ruhm irgendwie zu vereinigen — kämpfte sein Heer, wie einst in den Tagen von Bicocca, zwischen Mailand und Pavia. Es hat etwas Erregendes, sich vorzustellen, daß es in denselben Stunden gewesen sein könnte.

Und nun versetzen wir uns selbst nach Italien.

Genau wie vor Bicocca waren wieder deutsche Verstärkungen unter Frundsberg im Anzuge. Ferdinand hatte sich auf die erste Nachricht vom Verlust Mailands sofort an die Venezianer um Hilfe gewandt, auch seinem Regiment in Innsbruck aufgetragen, die Musterung von 10 000 Landsknechten zu beschleunigen; Bourbon holte einen Teil davon selbst über Berg. Ferdinand wäre gar zu gern mitgezogen, aber er besaß, wie er dem Bruder schrieb, zu seinem größten Leidwesen weder die Mittel, stärker in die Mailänder Kämpfe einzugreifen, noch die gewünschte Diversion von Pfirt aus gegen Burgund zu unternehmen. Aber er gab sich Mühe, französischen Umtrieben in Polen und Böhmen entgegenzutreten, und empfahl wiederholt dem Kaiser eine moskowitische Gesandtschaft in demselben Sinne.

Was in der Lombardei weiter geschah, berichtet uns der spanische Bevollmächtigte bei den Truppen, der Abt von Nájera. Es fehlte an Geld, aber Pescara fand zuerst bei den Spaniern, dann bei den Italienern, schließlich auch bei den Deutschen laute Zustimmung zu seinem Vorschlage, noch ein paar Tage ohne Sold zu dienen. Leyva lag in Pavia, König Franz stark verschanzt davor, wie man es zu machen pflegte. Die Kaiserlichen unter Pescara, Bourbon und Frundsberg waren von Norden herangerückt, vom 6. Februar an auf unmittelbare Nähe, fast wie im Stellungskrieg; die Generale stets dazwischen. Die Frist, zu der die Knechte Ausstand gegeben hatten, war schon überschritten, die Gefahr ihrer Beunruhigung riesengroß, als nach wiederholten Ausfällen Leyvas die kaiserlichen Generale beschlossen, statt eines Angriffs auf die feste französische Stellung, sich mit den Belagerten im Park von Mirabello, nördlich der Stadt, zu vereinigen.

Damit begann die Schlacht von Pavia.

Nun glaubte Franz I merkwürdigerweise, in dem nicht so rasch zur Verteidigung einzurichtenden Park auch seinerseits die günstigste Gelegenheit zu erhalten. Gegen dringende Warnungen erfahrener Offiziere verließ er seine Schanzen und griff die Kaiserlichen in ihrer allerdings noch keineswegs gesicherten und geordneten Stellung im Park an, zunächst wirklich mit vollem Erfolg. Allzu stürmisch, brachte er bald die eigene überlegene Artillerie zum Schweigen. Aber der Kampf wogte noch hin und her, bis nach Abzug eines Teils der Schweizer ein entschlossener Vorstoß Leyvas aus der Stadt die geschwächten französischen Truppen von der Seite fassen konnte und das Ringen des Tages zu einem kaiserlichen Siege machte. Franz I hatte sich selbst in das Handgemenge gestürzt, er kam zu Fall, geriet unter sein Streitroß, und erst ein Edelmann Bourbons erkannte in ihm seinen König. Er ergab sich Lannoy als Gefangenen. Sein Los teilte die Blüte der französischen Ritterschaft, soweit sie nicht gefallen war; das Verzeichnis ihrer edlen Namen geht in der Chronik des Santa Cruz über mehrere Seiten.

Der verhängnisvolle Weg zum Frieden von Madrid
Die Versuchung des Pescara

Der mit allerlei inneren Unsicherheiten, fast im Zwiespalt begonnene Krieg von 1524 war mit diesem völlig überraschenden Erfolg in ein paar Vormittagsstunden zum Stehen gekommen. Der Tag von Pavia, der 24. Februar 1525, war zugleich der fünfundzwanzigste Geburtstag des Kaisers. Die Gefangennahme des eben noch siegreichen französischen Königs übertraf alle früheren sichtbaren Begnadungen des jungen Fürsten. Welche Fügung und welcher Eindruck auf alle altburgundischen Kreise! Jetzt war wiederum, wie einst in Péronne, ein König von Frankreich Gefangener des Herzogs von Burgund. Aber den König hatte sein Schicksal getroffen ohne Einbuße an Ehre, nach ritterlichem Kampf, ja im Gewühl der Schlacht, in einem Augenblicke der Wehrlosigkeit. So bemühte sich denn auch Charles de Lannoy um den König jetzt und später so, wie es der ritterlich höfischen Sitte entsprach. Sie blieben zunächst im Lager des Königs, und von hier aus schrieb Lannoy am Tage nach der Schlacht ausführlich an den Kaiser. Gleichzeitig sandte er mit Geleit des Königs als eilenden Boten den Komtur Peñalosa zur Überbringung der wunderbaren Nachricht durch Frankreich nach Spanien.

„Gott hat Euch jetzt Eure Gelegenheit gegeben", schrieb Lannoy, „und niemals werdet Ihr besser Eure Kronen empfangen können als jetzt. Dies Land kann sich zur Zeit so wenig auf Frankreich stützen wie Navarra, dessen Erbe mitgefangen ist. Meine Meinung wäre, daß Ihr jetzt nach Italien kommen müßtet." Einstweilen lasse er die Flotte rüsten. Geld finde sich in Italien wie in Neapel, sicher auch in Spanien. „Sire, Ihr erinnert Euch, daß Herr von Berssele eines Tages sagte, Gott sende jedem Menschen einmal im

Leben einen guten Herbst. Wenn er da nicht ernte, so sei es vorbei." Der Kaiser möge also seine Zeit wahrnehmen. Lannoy schloß noch eine lange Reihe von Empfehlungen an, die sich ausnehmen, wie Auszeichnungslisten unserer Zeit. Pescara habe das Außerordentlichste geleistet, auch im Kampf, bei dreimaliger Verwundung; der Kaiser sei ihm tief verpflichtet. Bourbon, Alarcon, der Marchese del Vasto, Frundsberg, Marc Sittich von Hohenems und andere werden gerühmt. Antonio Leyva komme das Verdienst zu, durch seine Verteidigung von Pavia während dieser vier Monate den Sieg entscheidend vorbereitet zu haben.

In Madrid erhielt man die Nachricht am 10. März. Der Kaiser befand sich wieder in Gesellschaft von Gattinara, Gorrevod und La Chaulx, als er Contarini empfing zum Glückwunsch. Alle Gesandten bewunderten seine Haltung, sein Verbot lauten Jubels, seine Anordnungen über kirchliche Danksagungen. Die eigene innere Spannung der letzten Monate löste sich bei ihm im Gebet. Es war doch mehr und mehr etwas Ungewöhnliches um diesen Fürsten. Seine königliche Art priesen alle.

Aber was geschah politisch?

Wir besitzen ein umfangreiches Aktenstück aus diesen Tagen von der Hand des Sekretärs Perrenin über mehr als zwanzig Fragen, und dazu gutachtliche Äußerungen von der Hand des Kanzlers. Was mit dem Könige geschehen solle, welche Bedingungen man ihm stellen müsse, was gegenüber dem Könige von England zu tun; weiter, die Sorge für die Armee und für die italienischen Staaten, die Auswirkung der Lage auf die ganze Christenheit, auch Deutschland. Liest man diese wie gewöhnlich sehr weiten, klugen und in sich geschlossenen Erwägungen, so findet man doch auch Gattinara von dem Rausch des Tageserfolges ganz hingenommen. Man entbehrt außerdem unter den vielen guten Ratschlägen die Betonung des Nächsten, des Wesentlichsten, des Entscheidenden. Gattinara mit seinem Fleiß und seinem Gefühl der Verpflichtung, nichts zu übersehen, fehlte die großartige Unbekümmertheit, die Chièvres auf seine Art zum Politiker gemacht hatte. Er war zu umsichtig und zu reflektiert. Aber hören wir ihn selbst.

Man wüßte den König in Neapel sicher; solle er in der Lombardei bleiben, dann im Kastell von Mailand. Bei den Verhandlungen solle der Kaiser großmütig sein wie der Löwe, und gnädig wie Gott der Herr, nichts nachtragen, sondern sich begnügen mit dem, was ihm als Erbe gebühre, und was dem Herzoge von Bourbon zukomme. Würde die Königinwitwe Eleonore für den König von Frankreich erbeten werden, dürfe der Kaiser dem nicht entsprechen, denn er habe sie Bourbon zugesagt. Richtiger wäre die Verbindung ihrer Tochter Maria von Portugal mit dem Dauphin und damit die Zurückführung der Dauphiné in das alte Lehnsverhältnis zum Reich. Bourbon sollte man entgegenkommen und seine Heirat bald vollziehen. Wenn aber der König von England nunmehr entsprechend den alten Verträgen die Durchführung des „großen Planes" verlangen würde, so sollte der Gesandte de Praet dahin instruiert werden, daß der Kaiser ja seinerseits bereits aus eigener Macht die große Unternehmung ohne England durchgeführt habe, daß es jetzt seiner kaiserlichen Aufgabe mehr entspreche, die Waffen der Christenheit gegen die Türken zu sammeln, denn das Gemeinwohl gehe den Sonderinteressen vor. Es wäre auch nicht gut, fügte er hinzu, den König von England noch mächtiger zu machen.

Und nun das Entscheidende: Von Frankreich solle man nur das burgundische Erbe nach den Verträgen von Arras, Péronne und Conflans in Anspruch nehmen unter Verleihung der Provence an Bourbon von Reiches wegen. Also „nur Burgund"! Das wurde, lange vorbereitet, das verhängnisvolle Stichwort.

Gattinara ließ eine längere Intrige gegen Wolsey einfließen, der unablässig die kaiserlichen Interessen schädige und deshalb bei seinem Könige in ein schlechtes Licht gesetzt werden müsse. Im übrigen seien die Kosten für eine Besatzungsarmee in der Lombardei auf die Freunde der Franzosen und etwa auf Mailand abzuwälzen. Allgemein müßte der Kaiser gegen die italienischen Staaten und gegen den Papst Milde walten lassen, um wirklich alle Kräfte der Christenheit gegen die Feinde des Glaubens zu wenden, zur Ausrottung der lutherischen Sekte und zur Zurückdrängung der Türken. Auch zur Einberufung eines Generalkonzils; und zwar solle der Kaiser selbst als Vogt der Kirche sich um dieses Konzil kümmern, da der Papst Ausflüchte suchen werde. Es könne auch angesichts der Haltung des Papstes nicht schaden, in einem Geheimvertrage dem Herzog von Mailand freie Hand zu lassen, von sich aus Parma und Piacenza wieder zu besetzen; ein Einspruch des Papstes ließe sich mit einer Untersuchung über die Rechte des Reiches beantworten. Ebenso dürfte man „ein Auge zudrücken", wenn der Herzog von Ferrara Modena zurücknähme. Das alles mutet doch sehr machiavellistisch an.

Gegen Frankreich sollte man zur Zeit keinen Krieg führen und deshalb auch die deutschen Knechte in Roussillon entlassen; andererseits könnte man sie an der Hand behalten und damit einen Druck auf Frankreich ausüben, Languedoc freiwillig zu räumen, wenn die Titel dafür im Archiv von Barcelona zu finden wären. Denn der Landweg nach Italien durch Languedoc, Provence und Dauphiné wäre sicherer als der Seeweg; allerdings sollte auch die Flotte gehalten und gestärkt werden, vor allem gegen die Türken. Inzwischen wäre es erwünscht, durch eine Botschaft des Barroso und eine feierliche Gesandschaft von La Chaulx den Abschluß der portugiesischen Ehe zu beschleunigen, den Cortes entsprechende Vorlagen zu machen und unterdessen die Fahrt nach Italien bis in das einzelne vorzubereiten. Zu dieser Vorbereitung gehöre auch die Investitur des Herzogs Francesco Sforza mit Mailand, um den Ruf der Vertragstreue zu behalten — freilich gegen eine hohe Summe.

Daneben hielt Gattinara es für nötig, den Erzherzog Ferdinand von allem zu benachrichtigen und ihm zu danken für die Hilfe, die er dem Kaiser geboten; der Kaiser werde nun nach Italien zur Krönung ziehen und dann für die Wahl des Erzherzogs zum römischen Könige sorgen. Gleichzeitig sei die Verbindung mit den Schweizern aufzunehmen zum Wohle der Christenheit, vom Könige von Frankreich aber — noch einmal — nicht nur die Rückgabe der altburgundischen Lande, Verzicht auf Neapel und Mailand, sondern nicht minder Preisgabe Gelderns, Württembergs und anderer Feinde des Kaisers zu verlangen — für deren Förderung durch den König die Beute von Pavia neue Beweise erbracht hatte.

Zuletzt warf Gattinara die Frage auf, ob es besser sei, zwischen dem Könige von Frankreich und dem Vizekönig in Italien verhandeln zu lassen, oder an der spanisch-französischen Grenze. Er nannte es sicherer, mit Freien als mit Gefangenen zu verhandeln; der König müsse nur der Regentin Vollmacht geben, und der Kaiser seinerseits bevollmächtigte Gesandte ernennen; unter den Herren *de courte robe* käme am ehesten in Betracht Adrian von Croy, Herr von Roeulx, da La Chaulx nach Portugal gehe; unter denen *de longue robe* habe der Kaiser gewiß viele kluge Diener, aber kaum einen, fügte er mit durchsichtiger Selbstempfehlung hinzu, der sich so recht verstehe auf diese *maîtres Jehan de France*.

Es kam fast alles ganz anders.

Statt rasch und den Umständen gemäß zu handeln, überbot diesmal der Kaiser alles frühere Säumen durch Hartnäckigkeit und Zaudern. Er zeigte sich merkwürdig unempfindlich für die Gegenmächte, die alsbald in Frankreich, England und Italien hervortraten und setzte damit den unerhörten Erfolg von Pavia bald aufs Spiel.

Der gefangene König wies alle Zumutungen, die an den Bestand seines Reiches gestellt wurden, mit Entrüstung zurück. Damit Frankreich frei handle, überließ er seiner Mutter, Louise von Savoyen, zunächst alle weiteren Abmachungen. Mit der Zeit freilich grämte ihn seine Untätigkeit in dem kleinen Kastell Pizzighettone an der Adda, wo er unter Bewachung von Alarcon untergebracht war. Er gewann Lannoy für die Idee, ihn nicht in das Kastell von Mailand, auch nicht nach Neapel sondern zum Kaiser nach Spanien bringen zu lassen. Lannoy, der den tiefsten Wunsch des Kaisers als alter Freund erraten mochte, sich auch schwerlich verhehlte, wie vorteilhaft die Sache für ihn selbst wurde, beurlaubte den gefangenen Montmorency nach Frankreich zur Bereitstellung der erforderlichen Galeeren und aller sonstigen Sicherheiten. Unzweifelhaft ohne ausdrücklichen

Befehl, aber im richtigen Gefühl, kühn und vom Glück begünstigt, brachte er den König am 19. Juni nach Barcelona.

Die Rückwirkungen auf dem Boden Italiens waren sehr bedeutend. Eine Zeitlang schien alles wie gelähmt unter dem Eindruck des kaiserlichen Sieges. Bald aber ermannte sich die Sorge angesichts des Anspruchs auf das Kastell von Mailand und anderer Anzeichen heraufziehender spanischer Gewaltherrschaft wenigstens zu vorsichtig angesponnenen Verständnissen zwischen den ja erst vor kurzem für den Kaiser gewonnenen Venezianern, den französisch gesinnten Kreisen an der Kurie und anderen italienischen Mächten. Die zurückgebliebenen kaiserlichen Generale hatten den drohenden Gefahren nur den eigenen inneren Unmut entgegenzusetzen, da man ihnen die schwere Sorge um das unbezahlte Heer überließ, ihre Belohnungen aber vergaß. Leyva und Pescara, auch Bourbon waren entrüstet über das eigenmächtige Vorgehen des Vizekönigs, der sich mit seiner königlichen Beute sehr unberechtigterweise als den eigentlichen Sieger von Pavia darzustellen schien. Da auf alle ihre Mahnungen monatelang kein Geld kam, sahen sie sich zum Rückgriff auf ihr persönliches Vermögen gezwungen. Selbst die bescheidenen Vorschläge Lannoys, Pescara etwa mit Carpi zu belohnen, wurden nicht beachtet. Der Herzog von Mailand wartete noch immer auf seine Investitur. Die italienischen Mächte aber erfüllten sich um so gefährlicher mit der Furcht vor dem Kaiser, je wertloser dessen Armee von Tag zu Tage wurde. Pescara, verwundet und erschöpft, lag wochenlang krank in Novara. Er machte wohl auch seinem alten Kampfgenossen, dem Mailänder Girolamo Morone gegenüber kein Hehl aus seiner Verstimmung. Morone aber wurde ganz natürlich der vornehmste Träger aller Sorgen vor der spanischen Übermacht; war doch der Besitz des Kastells von Mailand schon lange ein Symbol aller weitergehenden Ansprüche der Fremden.

Was sollte aus diesen italienischen Staaten werden, wenn der spanische Kaiser wirklich eines Tages in Neapel und in Mailand unmittelbar herrschte, wohl gar einen gefügigen Herrn des Kirchenstaates fand, wie man es in den letzten Pontifikaten oft genug vor Augen zu sehen glaubte, und dann keine europäische Macht ihm mehr ein Gegengewicht bot? War es nicht würdig, sich dagegen zu wehren? Aus dem Schlußkapitel von Machiavellis Principe wissen wir, daß derartige Stimmungen unter diesen ihrer römischen Ahnen bewußt gewordenen Italienern sehr leidenschaftlich empfunden werden konnten. War nicht die Vertreibung der Barbaren aus dem Garten Italiens seit den ersten Franzoseneinfällen des vorigen Jahrhunderts ein immer wieder werbendes Schlagwort geworden? Kannten nicht auch andere die Verse des Petrarca, in die Machiavelli sein damals noch unveröffentlichtes Buch ausklingen ließ?

> Virtù contra furore
> prenderà l'arme, e fia 'l combatter corto;
> chè l'antico valore
> negl' italici cor' non è ancor morto,

— daß der angestammte Mut aus Italiens Herzen nicht entschwunden. Der mediceische Papst freilich schwankte wie immer; er ließ sich verspätet, am 1. April noch, zu einem Bündnis mit dem Kaiser und England herbei und bot Gattinara den Kardinalshut an. Aber sein ängstliches Zögern wurde wettgemacht durch den Eifer seines Datars Giberti. Dieser stand mit Morone in Fühlung, und beide rissen den Herzog mit, obwohl die kaiserliche Investitur nun doch eingetroffen war. Florenz durfte man stets vorwiegend französisch nennen, und in Genua fehlte es nicht an Sympathien. Frankreich selbst beeiferte sich überall zu schüren. Dasselbe gilt erstaunlicherweise auch von England, obwohl man es später nicht beweisen konnte. Die Überzeugung breitete sich aus, daß man von einem Sinken der Spanier nicht sogleich ein Wiederaufsteigen des tief getroffenen Frankreich zu befürchten habe.

Nur eines fürchtete man, die kriegserprobten kaiserlichen Generale. Was hatten nicht Leyva und besonders Pescara seit den Tagen von Ravenna und Bicocca geleistet! Ferrante Pescara war geborener Neapolitaner aus der spanischen Familie der Avalos; seine Großmutter war die Erbin von Pescara und Vasto an der Adria — Titeln, die er und sein Neffe jetzt trugen. Es bestanden verwandtschaftliche Beziehungen zum letzten Königshause und zu Cardona. Wie, wenn es gelang, Pescara selbst auf die italienische Seite zu ziehen!

Das unternahm Morone in einer Art, die so gut die Feinheit, wie die Grenzen der Psychologie und der Intrigen dieser Zeit offenbart. Die Lage konnte für die Kaiserlichen schon bald sehr schwierig werden, wenn alle anderen sich gegen ihre ungenügend gestützten Machtmittel zusammentaten. Das wußte Pescara nur zu gut. „Was dann wohl aus Neapel würde", fragte ihn Morone, „ob es nicht im Lande selbst jemanden gäbe, der Herr von Neapel werden könnte?" Später wurde er deutlicher.

Pescara schrieb darüber am 30. Juli dem Kaiser einen Brief, dessen Original man nicht ohne tiefe Bewegung wieder aus der Hand legt. Morone habe das Versprechen der Verschwiegenheit verlangt und erhalten. „Dann sprach er mir von der Unzufriedenheit in Italien und von der Möglichkeit einer Verbindung mit Frankreich, erinnerte mich an die mir widerfahrene Behandlung, wie man mich stets zurückgesetzt, daß ich doch geborener Italiener sei; ja, daß ich den größten Ruhm gewinnen könne als Befreier meines Vaterlandes, da es nur bei mir stehe, Haupt und Führer der

Bewegung zu werden, daß alle zusammenwirken würden, mir das Königreich Neapel zu verschaffen."

„Ich zweifelte einen Augenblick", fuhr Pescara fort, „ob ich ihn nicht auf der Stelle züchtigen sollte, daß er es wagte, mir derartige Dinge zu sagen. Dann überwog der Gedanke, daß es nützlicher sei, mehr zu erfahren. So antwortete ich ihm: Ja, ich habe Grund zur Unzufriedenheit; es sind große Dinge, die Ihr mir bietet; aber wenn ich mich vom Kaiser löse, so soll es in einer Form geschehen, die kein Edelmann würdiger finden könnte; ich würde das schon tun, um dem Kaiser zu zeigen, daß ich mehr wert bin als jene, die er höher schätzt!"

Morone war enttäuscht, aber nicht entmutigt. Er kam wieder. Er schrieb Briefe. Eben diese Briefe wanderten mit den weiteren Berichten des getreuen Pescara nach Spanien und liegen heute im Wiener Archiv als beredte Zeugen dieser „Versuchung des Pescara". Als die Dinge später wirklich gefährlich zu werden drohten, nahm Pescara den Versucher kurzerhand gefangen (15. Oktober), und seine Aussagen ergänzen unser Material. Pescara besetzte auch die wichtigsten Plätze des Herzogtums und — wartete bis zu seinem Tode, in der Nacht vom 2. zum 3. Dezember 1525, auf die kaiserliche Gnade. Sie leuchtete erst seiner Witwe, der berühmten Vittoria Colonna, der späteren Freundin Michelangelos, durch ein kaiserliches Kondolenzschreiben.

„Ich glaube nicht an das, was Pescara schreibt", hatte Gattinara in blinder Anhänglichkeit an seine Mailänder dem Kaiser vorgetragen; „in Morone ist mehr Zuverlässigkeit als in dem General, und am wenigsten dürfte man den Herzog verdächtigen, den Pescara selbst stets gelobt hat". Darum befürworte er, in die italienischen Dinge nicht einzugreifen, bis der Kaiser selbst im Lande sei. Indessen, schon in seiner Instruktion für Miguel de Herrara nach Italien erwog Karl gegenüber dem Papste, statt des Sforza den Herzog von Bourbon mit Mailand zu belehnen. Im übrigen kamen die Italiener über ihre Intrige nicht nennenswert hinaus. Ihre von gegenseitigem Mißtrauen gehemmte Verschwörung blieb der fahl schimmernde Hintergrund zu dem Fortgang des Spiels der großen Mächte, in dem noch immer das Ritterkostüm der alten Zeit getragen wurde.

Der König von Frankreich saß zunächst in Játiva, südlich von Valencia; seit dem 20. Juli in Madrid, ungeduldig, aber in starkem Bewußtsein seiner Heldenrolle. Der König von Spanien begehrte von ihm, außer vielem anderen, Verzicht auf Burgund als sein Erbe. Der König von England aber wollte, obwohl zwischendurch etwas ernüchtert, auf die Nachricht von Pavia hin am liebsten stracks zur Krönung nach Paris ziehen und von hier aus Frankreich verteilen; zur Not dachte er dafür auch noch zu kämpfen.

Diese Monarchen bildeten sich ein, daß sie durch Pavia der Erfüllung ihrer heißesten Wünsche nahe seien. Ihre vornehmsten Räte aber schlugen ihrerseits, statt zusammenzugehen, eine völlig entgegengesetzte Politik ein. Gattinara war schon in Calais Träger der weitestgehenden Forderungen an Frankreich gewesen. Es gibt eine unendlich lange Deduktion von ihm über die Rechte seines Herrn auf Burgund. Aber voll von berechtigtem Mißtrauen gegen Wolsey und die Franzosen, suchte er seine Politik von allen Seiten zu stützen, insbesondere durch geordnete Finanzen, gute Verwaltung, Befestigung von Karls Stellung in Spanien, sowie durch ein sehr weitherziges Entgegenkommen in Italien, wo ihm Karls persönliche Gegenwart immer dringender schien.

Wolsey dagegen glaubte gar nicht an die Durchführbarkeit der phantastischen Ideen dieser Ritterkönige. Um so mehr suchte er seinen Herrn durch Übertreibungen davon abzubringen. Außerdem, wie Gattinara jede Stärkung Englands widerriet, so wünschte Wolsey zu vermeiden, daß der Herr der Niederlande und von Spanien noch mächtiger würde. Das wirksamste Gegengewicht schien ihm nun doppelt bei Frankreich zu liegen, finanziell und politisch. Wozu war Frankreich damals nicht bereit!

Beide Staatsmänner steigerten ihren Gegensinn wider einander in der Einwirkung auf ihre Fürsten. Sie wußten ganz genau, daß die alten Grundlagen ihrer Bündnisse längst zerbröckelt waren. Man kannte in London so gut die portugiesischen Heiratspläne wie in Spanien die englisch-schottischen Verhandlungen. Ja, die sehr bedenklichen Seitensprünge der englischen Politik waren dem klugen kaiserlichen Gesandten de Praet so wenig entgangen, daß ihn Wolsey mit wachsendem Argwohn überwachte, eines Tages seinen Boten überfallen ließ und dem Gesandten seine erbrochenen Briefe unter den gröbsten Drohungen vorhielt, ihm auch jeden weiteren Verkehr mit dem Hofe verbot. Das war noch vor Pavia gewesen. Karl hatte damals diese Verletzung völkerrechtlicher Formen hingenommen, weil er sich von dem guten Willen Englands gar zu sehr abhängig fühlte. Als dann des Königs verwegenste Hoffnungen wieder hoch aufschossen, ließ Wolsey durch seine Gesandten Tunstal und Wingfield schon im Mai 1525 zu Toledo den „großen Plan" in den unsinnigsten Ausmaßen vortragen. In dem Augenblicke, wo in Spanien alles auf die portugiesische Ehe steuerte, ließ er geltend machen, daß Karl mit der Hand der Erbin Englands schließlich auch die Krone von Frankreich gewinne, wenn er jetzt mit dem Könige zugreife. In dem Augenblicke, wo die finanzielle Lage der kaiserlichen Regierung nichts mehr als einen vorteilhaften Frieden wünschen mußte, ließ er zum Kriege drängen und zugleich die alten Schulden einmahnen. Eine kaiserliche Gesandtschaft nach England brachte ihm erst recht Wasser auf seine Mühle, insofern er seinem Könige gegenüber erreichen mußte, daß ein Bruch der Verträge von Karl ausgehe. Denn er sah mit der Klarheit seiner Landsleute sehr deutlich, wie wenig bei der gegenwärtigen Lage vom Kaiser zu erwarten war, wie viel dagegen von Frankreich. Denn für Frankreich bedeutete es eine gar nicht zu ermessende Entlastung, gerade jetzt England vom Kaiser zu trennen. Also machte Wolsey, dem es gelang, die hilflosen Forderungen und Anerbietungen des Kaisers bei seinem Herrn in das rechte Licht zu setzen, beizeiten mit Frankreich einen Separatfrieden auf Zahlung von 1 700 000 Soleils und eines Geschenkes von 130 000 an ihn selbst. Am 14. August erfolgte der Waffenstillstand, am 30. die Unterzeichnung des Vertrages von Moore, der am 6. September veröffentlicht wurde. England verbesserte seine Stellung gegenüber Schottland, schied aus uferlosen Plänen, buchte einen großen klingenden Gewinn und — blieb von beiden Seiten umworben.

So wurde England dank Wolseys illusionsloser Politik zum ersten Nutznießer von Pavia.

Der Kaiser, den schlechte Nachrichten aus dem unruhigen Deutschland, besorgliche aus Italien bedrängten, konnte dank der Lösung von den englischen Verpflichtungen zwar seine Verhandlungen mit Portugal zum Abschluß bringen, verstrickte sich aber im übrigen immer hoffnungsloser in die eigenen Schlingen. Wie seine ersten Gesandten nach Frankreich von der Regentin zu Lyon, umgeben von ihren Großen, in stolzer Haltung beschieden worden waren, so scheiterten alle weiteren Verhandlungen an seiner eigenen unbiegsamen Forderung einer Abtretung der altburgundischen Lande und an der ebenso entschlossenen Ablehnung dieser Zumutung durch Frankreich. Es hat etwas Großartiges und erinnert an die Tage Philipps des Schönen, wie auch jetzt alle Stände des Landes aufgerufen wurden und einmütig diesem Rufe folgten.

Franz hatte sich freilich in seinen Erwartungen einer persönlichen Einwirkung auf Karl getäuscht. Dieser ignorierte ihn Monate lang, obwohl er seinen Gegner überhaupt noch nicht zu Gesicht bekommen hatte. Erst als durch einen Kurier an den auf der Jagd befindlichen Kaiser die Nachricht gebracht wurde, der erkrankte König liege im Sterben, jagte er in Eilritten zu ihm, bezeigte ihm mit einer gewissen Überschwenglichkeit seine Teilnahme, wiederholte auch seinen Besuch noch einmal, um sich dann wieder völlig zurückzuhalten. Im September traf auch die verwitwete Herzogin von Alençon, Franz liebende und geistig bedeutende Schwester, zum Besuch und zu Verhandlungen ein. Ihr kam Karl so ritterlich entgegen, daß sich schon Besorgnisse an diese Begegnung knüpften. Aber auch ihre Verhandlungen, vom 4. bis zum 13. Oktober in Toledo, blieben gänzlich ergebnislos. Ebenso die langen Gespräche, die der von England abberufene und nach Lyon gesandte de Praet mit der Regentin führte; nicht minder die von ernstester Friedenssehnsucht getragenen Einwirkungen Margaretes aus den Niederlanden, wobei zum ersten Male der später für Karl so wichtige Nicolaus Perrenot, Herr von Granvelle, als ihr Gesandter hervortrat.

Noch einmal müssen wir Gattinara hören, bevor er für uns aus diesen Verhandlungen ausscheidet. Denn seine bisher kaum benutzten Denkschriften führen doch viel tiefer in die Geheimnisse des kaiserlichen Kabinetts ein als all die klug kombinierenden Berichte fremder Gesandten, auf die sich unsere älteren Darstellungen vorzüglich stützten. Noch während die Herzogin von Alençon im Lande war und der König von Frankreich krank lag, erörterte Gattinara die Lage. Sein letztes Ziel blieb eine wahrhaft kaiserliche Politik gegen Häretiker und Ungläubige, ihr wichtigstes Mittel die Fahrt des Kaisers nach Italien unter Bereitstellung einer Flotte, was man mit dem Hinweis auf die Schwierigkeiten in Mexiko tarnen könne, inzwischen Abordnung einer wichtigen Persönlichkeit, am besten des Vizekönigs (den Gattinara offenbar entfernen wollte) an den Papst zur vorläufigen Regelung der Dinge in Italien. Dem Papst dürfe man noch nicht zu unvorsichtig von dem Konzile reden, das er selbst als Bastard und wegen der Unregelmäßigkeiten seiner Wahl fürchten werde; dafür solle man Geld von ihm fordern zur Bekämpfung der Lutheraner und der Türken. Die Sorge für die Finanzen erschien dem Kanzler noch immer als das Wichtigste; deshalb wollte er die Cortes gewinnen, die portugiesische Ehe vollziehen, die Mittel aus Neuspanien mit denen der Kirche vereinigen und ihre Verwaltung in die Hände des Alonso Guttierez und des Juan de Vozmediano legen; sie seien zwar reine Juden, aber bei der gegenwärtigen Lage bleibe keine Wahl. Nur so könne der Kaiser auch England befriedigen — das wurde offenbar geschrieben, als man von dem englischen Separatfrieden noch nichts wußte.

Vor allem drängte Gattinara darauf, baldigst die Personen zu bestimmen, die alle seine, die große Politik stützenden Maßregeln durchführen sollten. Es war umsonst. Der Kaiser blickte starr auf seine Forderung Burgund, erwartete die Entscheidung von einem Worte des französischen Königs und schien alles andere kaum zu beachten.

Die letzten Angebote der Franzosen waren: Völliger Verzicht auf Italien, auf Neapel, auf Mailand, auf Flandern und Artois einschließlich Hesdin und Thérouanne, dazu ein Lösegeld von drei Millionen Goldtalern.

Karl wollte kein Geld; er wollte nur sein Recht, Burgund. Man war nach neunmonatigen Verhandlungen auf dem alten toten Punkt. Ein verwegener Fluchtplan des Königs scheiterte; er war der Gefangenschaft sehr überdrüssig, zumal nach seiner Krankheit, die ihn, den Freund der Jagd und der Bewegung, sehr mitgenommen hatte. So schienen die Kaiserlichen ihren Zweck doch noch zu erreichen, als Franz Ende November erklärte, er sei nun zu allem bereit, aber die Übergabe Burgunds könne nur er selbst in Frankreich erwirken. Als Garantie bot er seine Ehe mit der Königin Eleonore und die Gestellung seiner Söhne als Geiseln. Eleonore war in der Tat durch Lannoy für den König gewonnen, gegen Bourbon; dieser sollte durch Mailand entschädigt werden. Franz aber hatte sich längst vorher zum ersten Male durch seinen notariellen Protest vom 16. August gesichert: Sollte er durch lange Gefangenschaft sich zu etwas bewegen lassen, das gegen Pflicht und Ehre sei, so erkläre er das von vornherein für null und nichtig. Im Dezember gingen die Verhandlungen endgültig aus den Händen des längst verzweifelten Gattinara in die Hände von Lannoy und Moncada über, denen der Kabinettssekretär Lalemand beigegeben wurde. Gattinara spottete über das blinde Vertrauen Lannoys zum Könige und weissagte den Mißerfolg. Als man ihn deshalb abergläubisch nannte, gab er die stolze Antwort, die Quellen seines „Aberglaubens" seien die geschichtliche Erfahrung und die Beobachtung der Gegenwart, woraus sich die Zukunft von selbst ergebe. Lannoy aber verhandelte nun in Madrid und kam am 19. Dezember zum Abschluß. Das umfangreiche Aktenstück mit seinen 50 Artikeln zählt alle Verzichtleistungen des Königs von Frankreich auf, und ebenso alle Pflichten, die er übernahm gegenüber den Gütern der Untertanen des Kaisers in Frankreich, der Oranien, Nassau, Croy, Fiennes und Vergy; er soll seine alten Verbündeten Navarra, Geldern, Württemberg und Robert von der Mark preisgeben, dem Kaiser zum Zuge nach Italien eine Flotte zur Verfügung stellen mit Geschütz und Matrosen, selbst auch 200 000 Soleils und 500 Gensdarmes bereithalten. Das Ganze gipfelt in dem gemeinsamen Kreuzzuge. Man befindet sich in uralten französisch-burgundischen Ideologien. Die Freigabe des Königs sollte erfolgen gegen Gestellung seiner beiden älteren Söhne als Geiseln, die Ratifikation sechs Wochen nach der Freigabe des Königs, die Zustimmung des Parlaments und der Stände binnen vier Monaten.

Der 14. Januar 1526 war für den Schlußakt angesetzt. Er begann mit einem Vorspiel am 13., wo Franz unter dem Siegel der Verschwiegenheit vor seinen Gesandten, dem Erzbischof von Embrun, dem Parlamentspräsidenten de Selve, dem Connétable Montmorency und anderen, in aller Form den Protest vom August wiederholte. Auch die Szenerie des Schlusses blieb das Gemach des Königs. Im Hintergrunde ein Altar mit den heiligen Evangelien. Anwesend die kaiserlichen Bevollmächtigten Lannoy, Moncada und Lalemand, der das Protokoll aufnahm, ihnen gegenüber der König und sein Gefolge. Franz beschwor den Vertrag mit einem feierlichen Eide und leistete durch Handschlag noch einmal Lannoy gegenüber das Versprechen des Edelmanns, in die Gefangenschaft zurückzukehren, wenn er seine Verpflichtungen nicht würde erfüllen können.

Das war der Friede von Madrid, der schon tot war, als er so feierlich beschworen und von den burgundischen Rittern so gutgläubig hingenommen wurde. Als Gattinara ihn siegeln sollte, weigerte er sich unter Berufung auf seine Pflicht gegenüber dem Kaiser.

Am 19. Januar wechselte Lannoy als Vertreter der Königin Eleonore das Eheversprechen mit dem Könige von Frankreich. Erst im Februar trafen sich die Herrscher selbst wieder für einige Tage, diesmal mit Eleonore, in Illescas. Wiederum tauschten sie die bündigsten Versicherungen. Karl beschwor seinen „Bruder" nochmals, ihn nicht zu betrügen, am wenigsten in seiner Schwester Eleonore. Als Brüder schieden sie voneinander.

Das Geleit bis zur Grenze gaben dem Könige Lannoy und Alarcon, die von Anfang an seine Wächter und Beschützer gewesen waren. Am 17. März erfolgte die Freigabe in San Sebastian nach den umständlichsten Sicherungen in allen Formen des Rechtes und des Zeremoniells unter Austausch mit den Prinzen. „Eure Hoheit sind nun frei", sagte Lannoy, „gedenken Sie Ihres Versprechens?" „Es soll nichts fehlen", sagte der König und setzte seinen Fuß auf den Boden Frankreichs.

6. KAISERTUM UND PAPSTTUM 1526—1530

Es ist einer der merkwürdigsten Züge echter Geschichte, mit dem die Logik des Dramatikers nichts anzufangen weiß, der aber der Komödie vertraut ist, daß schuldhafte Gegensätze hinüberspringen auf ursprünglich unbeteiligte Paare oder Gruppen, die sich dessen gar nicht versehen, aber von der ihnen zuströmenden Gegensätzlichkeit um so leidenschaftlicher ergriffen werden. Kaisertum und Papsttum hatten einander geschaffen wie Doppelsterne aus der gleichen Kraft. Sie gehörten zusammen auch in ihrer Spannung. Niemals mehr, sollte man meinen, als in diesen Jahren, da nach dem Fall von Rhodos die Lebensgefahr für den apostolischen König von Ungarn in aller Munde war, da die Ausbreitung der Ketzerei und Unbotmäßigkeit aus dem Schoße der lutherischen Bewegung dem Abendlande schreckhaft zum Bewußtsein kam; da die reichen Einkünfte der römischen Kurie aus Deutschland sehr ernstlich auf dem Spiele standen, und der regierende Papst obendrein dem Hause entstammte, das nur durch spanische Waffen wieder zur Herrschaft in Florenz gekommen war; er selbst alter Parteigänger des Kaisers, zweimal sein Kandidat bei der Papstwahl. Tragische Schuld hatte sich dagegen in dem längst unwahrhaftigen Intrigenspiel zwischen der englischen und der kaiserlichen Regierung aufgespeichert. Aber sie wurde nicht gesühnt oder gelöst, sondern umgesetzt in die kaiserlich-päpstliche Gegnerschaft. Tragische Schuld häufte sich von Tag zu Tag zwischen Frankreich und Bourbon, Frankreich und dem Kaiser, aber auch sie blieb zunächst ungesühnt, verschärfte vielmehr nur dieselbe Spannung, die sich schließlich auf das grauenvollste auswirken sollte.

ISABELLA

Indessen begann das verhängnisvolle Jahr 1526 mit heiteren, reichen, lebensfrohen Bildern. Der Kaiser und König von Spanien, der nach dem Frieden von Madrid auf die französische Krone für seine Schwester Eleonore hoffte, sobald die Formalitäten der Ratifikation in Frankreich erledigt sein würden, feierte die eigene, lange erstrebte Hochzeit mit der Infantin von Portugal in der Pracht des Frühlings von Andalusien, das auch er zum ersten Male betrat. Anfang Februar war die Braut an der Grenze in hohen Ehren von einer vornehmen Gesandtschaft in Empfang genommen worden. Die dreiundzwanzigjährige Prinzessin hatte es leichter als die meisten ihrer fürstlichen Schicksalsgenossinnen, die einsam in fremde Lande und Umgebungen zu unbekannten Prinzen zogen. Sie blieb nahe der Heimat, bei einem stamm- und schicksalsverwandten Volke. Der festliche, fast überschwengliche Empfang in der Hochzeitsstadt, dem reichen aufgeräumten Sevilla, wo Strom und Ufer, wie in ihrer Heimat, von Ladungen und Wimpeln der Überseefahrer, von dem bunten Getriebe der Kaufmannschaft wimmelten, wo nach arabischer Sitte das saubere Wasser auch durch Gärten, Höfe und Bäder rauschte, mochte sie ebenso fürstlich wie vertraut anmuten. Am 10. März zog der Kaiser ein, noch prunkhafter als sie selbst vor einer Woche. An demselben Tage war die Trauung und die Hochzeit. Karl brachte der Braut alle Ehrfurcht des Mannes und des Fürsten entgegen und fühlte sich selbst zeitlebens dieser kleinen, zarten, sehr weiblichen Isabella innerlich verbunden. Tizian hat sie später gemalt als Inbegriff der Vornehmheit, wie es Karl brauchte.

Als die Sommerhitze heraufzog, siedelte das junge Paar von Sevilla über Cordoba nach dem kühleren Granada hinüber, und Karl selbst mag in der paradiesischen Alhambra erst begriffen haben, welche Herrlichkeiten ihm das Leben bis dahin aufgespart hatte. Sein Wesen innerer Beharrung, äußerer Zurückhaltung und ehrerbietiger Scheu mochten der Infantin zugleich kaiserlich und liebenswert erscheinen. Seine kirchliche Haltung blieb, wie die ihrige, von strengster Form; vor der Brautnacht wurde noch die Messe gehört. Der Kardinal Salviati, der die Trauung vollzogen hatte, und der päpstliche Nuntius Baldassare Castiglione betonten immer wieder die ausgesprochene Ergebenheit des Kaisers gegen die heilige Kirche. Als der Kaiser einen hohen Prälaten, den Bischof von Zamora, einen der letzten Aufrührer aus den Tagen der Comuneros, der durch Totschlag an seinem Wächter vollends zum Verbrecher geworden war, von Rechts wegen hatte hinrichten lassen, nahm er es sich sehr zu Herzen, als er erfuhr, dadurch der Exkommunikation verfallen zu sein. Wochenlang hielt er sich vom Gottesdienste fern, um dann in dem stimmungsvollen Hieronymitenkloster bei Sevilla unter Myrten und Orangen das Glück der Wiederaussöhnung mit der heiligen Kirche zu genießen.

Vertragsbruch des Königs von Frankreich
Neuer Auftakt in Italien

In diesen Frieden klangen schrill die Nachrichten aus der großen Welt. Die Königin Eleonore und mit ihr Lannoy warteten vergebens auf die Erfüllung der französischen Versprechungen, zunächst also auf die Ratifikation des Madrider Vertrages. In Bayonne hatte Franz I seine Mutter wieder begrüßt; dann war der Hof langsam tiefer ins Land gezogen. Als nun der kaiserliche Gesandte de Praet mahnte, als der unruhig werdende Lannoy einen seiner Edelleute vorschickte, ließ ihnen der König am 2. April durch Robertet aus dem königlichen Rat schreiben, er habe vernommen, was Peñalosa überbracht; allein der Vertrag von Madrid, zu dem er seine Untertanen erst habe gewinnen wollen, sei wider Erwarten inzwischen in Antwerpen, Florenz und Rom gedruckt, so daß unter seinen Großen, zumal der Bourgogne, merkliche Erregung herrsche, und er sich nun erst recht mit ihnen verständigen müsse, was ihm mit Gottes Hilfe hoffentlich gelingen werde.

Lannoy, der mit der Königin in Vittoria weilte, schrieb sehr betreten an den Kaiser; er wünschte, die Königin und die Prinzen dem Connétable von Castilien anzuvertrauen und dem Kaiser anderweit zu dienen. Der Kaiser jedoch beauftragte auf Gattinaras Vorschlag alsbald Lannoy selbst mit dem letzten schweren Gang; er sollte den König von Frankreich, der ja ihm ganz persönlich sein Ehrenwort gegeben hatte, noch einmal mündlich aufmahnen.

Lannoy fand den Hof in Cognac, Franz Geburtsschloß, und hier war es, daß der Vizekönig den völligen Zusammenbruch der bisher von ihm vertretenen Politik erleben mußte. Am 16. Mai berichtete er dem Kaiser, daß der ständige Gesandte de Praet und er vor den königlichen Rat gebeten seien, und man ihnen hier mit dürren Worten eröffnet habe, der Vertrag von Madrid sei erzwungen und binde deshalb nicht. Von der Rückgabe der Bourgogne könne keine Rede sein; im übrigen würde man sich entsprechend verhalten. Wieder bat Lannoy um seine Abberufung.

Aber der Kaiser wünschte jetzt Zeit zu gewinnen und hieß ihn noch verweilen. So lebte der Vizekönig wochenlang am Hofe des Mannes, der ihm so viel verdankte. Kein Wunder, daß sich die Legende alsbald der Situation bemächtigte. Schon Macqueray erzählt, der König habe voll Verständnis für die unfreundliche Aufnahme, die Lannoy zu Hause erwarten müsse, ihm in aller Form Ehren und Besitzungen des Connétable von Bourbon angetragen; Lannoy habe das abgewiesen. Daß er sehr geehrt wurde, berichtet auch Granvelle, der mit Praet und Lannoy damals in

Cognac weilte. Des Kaisers ritterliche Gesinnung dachte nicht daran, die eigene Enttäuschung Lannoy entgelten zu lassen. Als dieser in seinem Brief vom 16. Mai einfließen ließ, daß Gattinara in einer persönlichen Sache nun wohl gegen ihn wirken werde, beeilte sich Karl, ihm die erbetene Huld sofort zu erweisen. Er empfing ihn auch freundlich in Granada und ließ ihn als seinen vornehmsten Vertrauensmann neben Ugo de Moncada und Francisco de los Angeles in die wieder überaus schwierig gewordenen Verhältnisse nach Italien zurückkehren. Die eigene Italienfahrt, im Februar noch für Johanni in Aussicht genommen, verzögerte sich, sehr zum Leidwesen Ferdinands, der Hilfe in Deutschland und Ungarn und, als vornehmsten Gewinn der Kaiserkrönung, seine Wahl zum römischen Könige erhoffte. Gattinara trieb und riet und bat vergebens. Eines Tages schien ihm der Kaiser „wie aus Träumen zu erwachen"; aber es geschah doch nichts.

Die am 22. Mai 1526 in Cognac, fast unter den Augen Lannoys, vollzogene neue Liga zwischen dem Papst, König Franz, dem Herzog Sforza, Florenz und Venedig war ebensosehr aus den uns bekannten Umständen natürlich gewachsen, wie durch die alten Eiferer an der Kurie und in Venedig betrieben worden. Das Entscheidende wurde, daß damit ohne jede Not gerade der Papst wieder unter die alten Feinde des Kaisers trat. Die Liga erfreute sich, wie man sagte, des Protektorats der Engländer, obwohl Heinrich VIII das Karl gegenüber einstweilen bestritt. Wichtiger war, daß sie die französische Auffassung von dem Vertrage von Madrid uneingeschränkt teilte, die Freigabe der Prinzen gegen Lösegeld verlangte, ebenso die Herstellung Sforzas, und es dem Papste anheimstellte zu bestimmen, mit welchem Gefolge der Kaiser zur Krönung nach Italien ziehen dürfe. Das klang gerade jetzt wie Spott und Hohn.

Gattinara sah deutlich den kirchenpolitischen Kampf heraufziehen und empfand richtig die Belastung, die ein solcher Kampf für die spanische Seele bedeuten würde. So sorgte er vor, wandte sich an den königlichen Rat von Castilien und ließ durch diesen für die Krone ausdrücklich das Recht in Anspruch nehmen, ihre Länder mit der Waffe zu verteidigen, auch gegen den Papst. Der Rat empfahl, die Waffen zu unterstützen durch Kirchengebete, wie in den Tagen der Catolicos; vor allem dem Papst zu erklären, daß der Kaiser in der heiligen Kirche leben und sterben wolle; ihn deshalb zu beschwören, die Waffen niederzulegen in einer Zeit, wo der Erzketzer Luther sich erhoben und jegliche Spaltung in der Christenheit ängstlich zu vermeiden sei. Auch bei dem Kollegium der Kardinäle solle man vorstellig werden, daß sie als die Säulen der Kirche den Papst abhielten vom Kampfe gegen den Kaiser, das vornehmste Glied der Kirche; endlich, die Cortes zu berufen, und zwar nicht nur die Prokuratoren der Städte, sondern auch Prälaten und Granden, um in derselben Sache ihren Rat zu erbitten. Von Gattinara war es klug, gerade in dieser Lage den Kaiser zu ermahnen, endlich die Eidesleistung vor den Cortes von Valencia nachzuholen, wo er sich nahe der Küste befinde und seine Überfahrt nach Italien unauffällig ins Werk setzen könne.

Der Kaiser fühlte sich durch die neue Lage vor allem persönlich getroffen.

Als ihm am 17. August eine französische Botschaft in Gegenwart des Nuntius Castiglione, der uns davon berichtet, und des venezianischen Gesandten die Auffassung der Liga unverblümt vortrug, übermannte der Zorn selbst seine sonst so gemessene Art. „Wenn Euer König sein Versprechen gehalten hätte", sagte er den Herren, „könnten wir uns diese Verhandlungen sparen. Ich will von ihm kein Geld, auch nicht für seine Kinder. Er hat mich betrogen, er hat nicht ritterlich, nicht wie ein Edelmann gehandelt, sondern niederträchtig. Ich fordere, daß der allerchristlichste König sein Wort hält und wieder mein Gefangener wird, wenn er seinen Vertrag nicht erfüllen kann. Besser wäre, diesen Streit zwischen uns persönlich auszufechten, als so viel Christenblut zu vergießen." Er redete zu tauben Ohren, denn die Franzosen fühlten sich getragen von der Zustimmung ihrer Landsleute und der heiligen Liga.

Gattinara hatte mit seinem Mißtrauen recht behalten. Aber er triumphierte nicht. „Lieber hätte ich geschwiegen", sagte er im geheimen Rat, als man seine Meinung begehrte. Aber da er gefragt sei, müsse er antworten. Die Wunde sei tödlich. Angesichts der hoffnungslosen Lage möchten doch diejenigen raten, die immer Frankreich vertraut und Italien vernachlässigt hätten. Er sehe, wie Susanna, keinen Ausweg. Der Fluch der unvermeidlichen Heimsuchung Italiens falle auf den Kaiser. Gott erbarme sich allerdings der Reumütigen; aber der Kaiser müsse seine Politik wirklich völlig ändern.

Ende Juli erwog man am Kaiserhof nochmals die so oft vorbereitete Fahrt Karls zur See nach Italien; wenn das nicht angehe, wenigstens das Eingreifen Ferdinands von Norden her. Um aber Ferdinand die Hände frei zu machen und zugleich deutsche Kräfte für dieses Unternehmen zu gewinnen, faßte man ganz überraschend die Idee eines Religionsfriedens ins Auge. Es war noch etwas sehr Bescheidenes, was man zugestehen wollte, aber es bleibt doch überaus bedeutsam, daß der Gedanke von Zugeständnissen in Deutschland zuerst um Italiens willen auftauchte. Wörtlich nach einem Entwurf Gattinaras schrieb Karl darüber am 27. Juli 1526 einen sehr intimen Brief an seinen Bruder. Die Gedanken dieses Briefes weisen weit vor auf die spätere Politik des Kaisers, wenn hier allen denen, die irgendwie durch Hinneigung zu der Sekte Luthers das Wormser Edikt verletzt und dadurch die Reichsacht auf sich gezogen hätten, Erlaß von Schuld und Strafe zugesichert werden soll, falls sie sich nur dem zukünftigen allgemeinen Konzil unterwürfen und sich inzwischen mit Personen und Streitkräften in den Dienst des Kaisers stellten. Darüber wollte der Kaiser sogar ein neues, wohlverklausuliertes, aber öffentliches Edikt ergehen lassen. Das alles freilich sollte in erster Linie dazu dienen, einen Druck auf den Papst auszuüben, wie der Kaiser ganz offen sagte; denn der Papst fürchte nichts so sehr wie das Konzil und könne nur so zur Vernunft gebracht werden.

Aber die Ereignisse in Italien selbst überholten die ausgeklügelten Feinheiten dieser Politik.

Weder die Botschaft Herreras noch die späteren Weisungen des Kaisers änderten etwas an dem schicksalhaften Zuge der italienischen Politik. Der Krieg sollte wieder beginnen, zu dem sich die verderblichste aller Verbindungen, Leidenschaft und Schwäche, die Hand gereicht hatten. Nochmals sollten die Spanier aus Mailand und Genua verjagt werden und über das alte Kampfgebiet von neuem alles das ergehen, was Gattinara in bitterer Erregung als Folge der unüberlegten Politik seines Hofes hinstellte: „Endloses Beutemachen, tägliche Räuberei, Erpressung und Vergewaltigung, Schande an Frauen und Mädchen, Brandstiftung und alles andere Abscheuliche und Verderbliche zur Verwüstung des schönsten Landes."

Noch lebte zu Florenz Niccolo Machiavelli. Seine Tage waren gezählt. Er hoffte bis zuletzt auf die Befreiung Italiens, das sich endlich ermannen sollte. Aber die Feder des großen Geschichtsdeuters hat seine letzten Erlebnisse nicht mehr festgehalten. Dagegen stand sein Landsmann Francesco Guicciardini als päpstlicher Gouverneur mitten in den Geschäften, die er sogar mitbestimmte, in denen seine klugen und drängenden Briefe dieselbe Klarheit des Geistes erkennen lassen, mit der er die Dinge in seiner Geschichte Italiens noch einmal darzustellen vermochte. Schmerzlich nur, daß diese klassische Darstellung von den eigenen Landsleuten so wenig Rühmliches zu berichten hatte. Alles Große und Kühne, auch alles Elementare und unheimlich Gewalttätige, findet sich auf seiten der kaiserlichen Generale und Soldaten, Leyva, noch einmal Bourbon und immer wieder Frundsberg; — alles Zögern, alles Bangen, alle Mattigkeit dagegen auf der Seite des Papstes und seiner Alliierten. Alle die kleinen Territorialinteressen des Papstes spielten wieder ihre Rolle: Reggio und Rubiera, Parma und Piacenza, sowie das Verhältnis zu Ferrara. Lannoy und Moncada verbrauchten sich als Vermittler im Sinne einer hinhaltenden, vor dem Äußersten zurückscheuenden Politik des Kaisers. Das Ganze ein Bild unbeschreiblicher Verwirrung ein gutes Jahr nach der scheinbar weltgeschichtlichen Entscheidung von Pavia.

Wie um die hoffnungslose Zerfahrenheit der italienischen Verhältnisse recht drastisch zu machen, tauchte in diesem Augenblicke aus der historischen Landschaft der Campagna di Roma ein Stück tiefsten Mittelalters auf, die Privatfehde der Colonna von Genzano gegen den Papst unter Führung des Kardinals Pompeo Colonna. Man fühlt sich in die Tage Bonifaz VIII zurückversetzt. Die Colonna zogen mit stattlichem Aufgebot gegen Rom; an der Grenze Neapels, nicht weit entfernt, standen die Kaiserlichen in Reserve. Da bequemte sich Clemens VII wenigstens zu einem Vertrage mit den Colonna.

Die kaiserliche Instruktion für Ugo de Moncada vom 11. Juni bedeutete, wie die früheren Weisungen, ein fast befremdliches Entgegenkommen; sie enthielt als letzte Richtschnur, auf alle Weise die Freundschaft mit dem Papste zu wahren. Nur wenn das ganz und gar nicht zu erwirken sei, sollte Moncada die Freiheit haben, sich mit den Colonna zu verbinden. Der Papst bot den Kaiserlichen in der Tat keine Möglichkeiten. Ihn beherrschten neben kleinlichen Interessen die Unsicherheit und die Furcht vor denen, die es noch einmal mit der Befreiung Italiens von den Barbaren versuchen wollten, obwohl bald klar wurde, daß nach der Rückkehr Franz I in sein Königreich auch die französischen Ansprüche auf Italien wieder lebendig geworden waren und man nur die Wahl hatte zwischen Frankreich oder Spanien.

Clemens VII hatte seinen erneuten Bruch mit dem Kaiser schon vollzogen, ohne dessen letzte Anerbietungen abzuwarten. In einem langen Schreiben vom 23. Juni 1526, das die weitesttragenden Folgen haben sollte, verwahrte er sich gegen den Kaiser. Das Schreiben bewegte sich in dem üblichen kurialen Stil, der auch in die schneidende Kälte der politischen Höhenluft noch die weichen Schalmeien des bekümmerten Hirten friedlicher Triften ertönen ließ und in dieser Stillosigkeit sich wie eitel Heuchelei ausnimmt. Während alle Welt wußte, welche Kräfte den Papst seit dem letzten Einfall der Franzosen in das Mailändische betört hatten, sollte nach diesem Schreiben sein ganzes Sinnen und Trachten nur bedacht gewesen sein auf Fürsorge für den Frieden in der Christenheit, der von niemand anderem gestört werde als von diesem Kaiser, den er seinerseits mit Gunstbezeigungen überschüttet habe. Moncadas Anerbietungen seien zu spät gekommen, ihn von der Ergreifung der Waffen zur Abwehr der Knechtschaft abzuhalten.

Der Sturm der Colonna war durch die Waffenruhe nur zum Stehen gekommen. Was von der Lombardei aus drohte, ahnte niemand.

Reichstag zu Speyer 1526
Ferdinand in Böhmen und Ungarn

In den Augusttagen des Jahres 1526, da Karl noch in Granada weilte, seine Heere in der Lombardei auf einen Angriff der Liga gefaßt sein mußten, Lannoy sich rüstete, nach Neapel zurückzukehren, gelangte in Deutschland der Reichstag von Speyer zum Abschluß, den Ferdinand gefürchtet und schließlich durch ein Kompromiß beendet hatte, das eine neue Parole enthielt. Am 25. Juni mit einer kaiserlichen Proposition eröffnet, zeigte er eigentlich schon ein neues Deutschland. Man hat früher über sein Ergebnis gestritten; es war formell in der Tat nur ein Kompromiß; die Kräfte aber, die in ihm zum Stehen kamen, waren schon vor dem Reichstag deutlich erkennbar und zum Teil in sich geprägt. Aus der Sickingischen Fehde und dem Bauernkrieg war das Fürstentum gewaltig gestärkt hervorgegangen; es war sich in Gruppen seiner Macht bewußt geworden, und seine Bündnispolitik, seit Jahrhunderten erprobt und mißbraucht, ging einer neuen Periode der Blüte entgegen. Denn es gab jetzt größere und erregendere Fragen als die freilich immer neu aufschießenden Erbstreitigkeiten und Grenzspäne. Man sah sich durch den burgundisch-spanischen Kaiser mit einem Male in einer geöffneten Welt und durch die Lutherfrage nicht nur innerlich sondern auch politisch aufgerufen. Man hatte schon zuviel von den Gravamina gegen den römischen Stuhl geredet; nun erkannte man in diesem heiligen Stuhl auch eine sehr eindeutig politische Größe, die sogar mit dem Kaiser im Streit liegen konnte, was verwirrend und befreiend zugleich wirkte. Zur Beschäftigung mit den Kirchenfragen aber sahen sich Fürsten und Städte ebensosehr durch die Abwehr von Aufruhr, Schwärmerei und Unbotmäßigkeit getrieben, wie umgekehrt durch die Fürsorge für das reine Evangelium gegen römische Mißbräuche innerer und äußerer Art. So bildeten sich Fürstenbündnisse sehr verschiedener Richtung. Jene mitteldeutschen Fürsten, der Kurfürst von Mainz, Herzog Georg von Sachsen und Heinrich der Jüngere von Braunschweig-Wolfenbüttel, die sich im Juli 1525 zu Dessau getroffen hatten und später den Braunschweiger zum Kaiser sandten, waren gut kaiserlich und altkirchlich gesinnt; Kursachsen und Hessen dagegen, die ihren Bund in Gotha begründet und im Februar 1526 zu Torgau abgeschlossen hatten standen in der Opposition; während die Vereinigung der Bundesgenossen gegen Sickingen, also Pfalz, Trier und Hessen den Kern einer neutralen Gruppe bildeten, zu der auch Bayern gezogen werden konnte, falls man Fürstenpolitik gegen das Kaiserhaus treiben wollte; Bayern sollte bald Gelegenheit haben, sich in einer derartigen Gegnerschaft zu fühlen.

Die Auffassung des Kaisers, der im übrigen dieses Reich weder in Anspruch nahm noch regierte, lautete sehr einfach auf Durchführung des Wormser Ediktes, Bekämpfung aller Ketzerei und allen Aufruhrs, im besten Falle Aufschub der Durchführung bis zu einem Konzil. Den meisten deutschen Ständen erschien eine so bequeme Formulierung den großen Fragen des Tages nicht mehr zu entsprechen. Das brachte der Speyerische Reichstag aufs neue zur Erscheinung. Mit dem Kaiser teilte man das Verlangen nach einem allgemeinen Konzil. Sollte es nicht so bald dazu kommen, was nach den Weltläufen anzunehmen, so begehrten sie aufs neue eine Nationalversammlung. Bis dahin aber sollte sich ein jeder Stand in Ansehung des Ediktes so verhalten, „wie er es gegen Gott und kaiserliche Majestät verantworten könne". Ursprünglich hatte der Ausschuß vorgeschlagen: „gegen Gott zuvorab"; das „zuvorab" hatte man gestrichen und so das göttliche und menschliche Recht völlig gleichgeordnet. Das war ganz unmißverständlich. Die einen fühlten sich an das historische alte Recht gebunden, die anderen griffen innerlich revolutionär nach einem noch ungeschriebenen, aber in tiefster Seele geahnten neuen Recht. Daß es möglich war, diese Antithese in den Reichstagsabschied vom 27. August zu bringen, enthüllt das unausgesprochene Gleichgewicht der Parteien.

Ferdinand hatte zum Abschluß gedrängt wegen der überaus beängstigenden Nachrichten aus Ungarn. Von den Ständen war auf sein Betreiben wirklich eine bescheidene Türkenhilfe zur Verfügung gestellt worden. Man hätte nun denken sollen, daß Ferdinand alsbald zur Aufstellung von Truppen, wenn nicht zum Eingreifen in Ungarn, so doch zum Grenzschutz nach Österreich geeilt wäre. Statt dessen finden wir ihn zunächst in Innsbruck, und selbst nach Empfang der Nachricht von der Katastrophe von Mohacz (29. August) ängstlicher bemüht um das Aufgebot zur Unterstützung der kaiserlichen Politik in Mailand als um die Nöte an der Donau. Offenbar betrachtete er Mailand in einer ererbten universalen Neigung noch als seine eigene Sache. Man darf das nicht vergessen, wenn man später seine auch durch große Enttäuschungen nicht erschütterte Treue zu dem kaiserlichen Bruder würdigen will.

Indessen, der Zusammenbruch der ungarischen Macht bei Mohacz war eines der überraschendsten und zugleich folgenschwersten Ereignisse des Jahrhunderts. Niemand war ernstlich darauf vorbereitet. Selbst die Schlacht, wenn man sie so nennen darf, war leichtsinnig improvisiert, unter widerwilliger Teilnahme des jungen Königs, ohne Führung, ohne Plan, ein unüberlegter Ansturm unzulänglicher Haufen gegen die türkische Übermacht des Sultans Suleiman. Der König kam um auf der Flucht. Mit seinem kinderlosen Tode aber war das ganz ungefestigte, seit den Tagen der Hunyadi ungepflegte Reich unbeerbt. Erledigt waren auch die Länder Böhmen, Mähren, Schlesien und die Lausitz — ein ungeheures, ungeordnetes, gar nicht einheitlich zu denkendes Machtgefüge, dynastisch an Polen angelehnt, vertraglich an Österreich.

So liefen die Dinge zunächst völlig auseinander. Das, was sich Maximilian bei den Erbverträgen in seiner leichten Art so einfach gedacht hatte, das Zusammenhalten dieser Lande mit Österreich, erwies sich unter diesen Umständen als eine unendlich schwierige Aufgabe. Aber sie wurde von der sicheren Tradition der nachgerade in den Händeln dieser Welt sehr erfahrenen österreichischen Staatskunst und dem zähen Herrscherwillen Ferdinands gelöst.

Zunächst kam es auf die Böhmen an, deren drei Stände, Herren, Ritter und Städte, mit größter Leidenschaft auf ihre freie Wahl pochten und noch während der Verhandlungen Kisten von Urkunden und Akten kommen ließen. Der Oberstburggraf hatte die Stände beschrieben. An Kandidaten fehlte es nicht; auch der König von Frankreich ließ sich melden. Ernsthafter waren die Werbungen der Herzöge Wilhelm und Ludwig von Bayern, die sich nur gegenseitig im Lichte standen. Am aussichtsreichsten Erzherzog Ferdinand von Österreich — freilich ja nicht nach Erbrecht oder den Verträgen! Aber seine Botschafter Siegmund von Pollheim, Hans von Starhemberg und Niklas Rabenhaupt, denen sich die ersten Würdenträger von Österreich und Steiermark, Georg von Buchheim und Siegmund von Dietrichstein, anschlossen, boten die in solchen Fällen nötige Mischung kühner Versprechungen und geschickter Anpassung. Durch einen Wahlausschuß der drei Stände wurde am 22. Oktober Ferdinand vorgeschlagen, am 23. in der Wenzelskapelle auf dem Hradschin einstimmig gewählt. Das bedeutete einen ungeheuren Erfolg seines Hauses, doppelt merkwürdig angesichts der Nöte, in denen er sich stets befand, und der Klagen, die über sein Regiment verbreitet wurden. Wirkte unbewußt nicht doch das Erbrecht seiner Frau, der Erzherzogin Anna? Wirkte nicht, wie in den Tagen Sigismunds, unbewußt auch die Idee von der Zusammenfassung aller Macht des Ostens, von der mittleren Oder bis an die Donau zur Verteidigung der Christenheit gegen den Islam? Am 24. Februar 1527 konnte Ferdinand in Prag gekrönt werden. Dem Hause Wittelsbach aber blieb der Stachel dieser Niederlage.

Viel weniger einfach vollzog sich die Nachfolge in Ungarn. Die blutjunge Witwe Marie erwies sich, von ihrem schweren Schicksal ungebeugt, alsbald äußerst rührig im Dienste ihres Bruders Ferdinand. War sie bis dahin, auch in den Augen der Ungarn und Böhmen, schon ihrem Manne sichtlich überlegen gewesen, so zeigte sie jetzt vollends die politischen Instinkte ihrer Familie, die sie später im Dienste Karls V in den Niederlanden aufs neue glänzend bewähren sollte. Aber der erste Magnat des Landes, Johann Zapolya, Woiwode von Siebenbürgen, der mit seinem Aufgebot nicht mit in das Unglück von Mohacz hineingezogen war, da man ihn gar nicht abgewartet hatte, erfuhr nun mit seiner ungebrochenen Macht in den nationalen Kreisen stürmische Zustimmung zu seiner Wahl und konnte schon am 10. November in Stuhlweißenburg gekrönt werden. Das Land schien für die Habsburger verloren. Ferdinand befand sich in der doppelten Verlegenheit, daß er sich vor der vollendeten Tatsache sah und zugleich das Wahlrecht des Adels als das Entscheidende ablehnen mußte. Dieses anzuerkennen, hieß alles aus der Hand geben. So stützte er sich auf Erbrecht und Verträge und bezeichnete den vor ihm gewählten Johann Zapolya als Usurpator. Gleichwohl lehnte er eine Wahl nicht ganz ab, sondern ließ sich durch einen wenn auch kleinen Kreis unter Vorsitz Maries am 17. Dezember in Preßburg erheben. Seine Aussichten blieben gering, obwohl die Türken nach ihrem überraschenden Erfolg ebenso unerwartet das Land wieder geräumt hatten. Aber in Johann Zapolya war nicht nur der Gegner Ferdinands im Lande, sondern auch der natürliche Bundesgenosse aller Gegner der Habsburger in Deutschland, Italien und Frankreich auf den Plan getreten. Vermittlungsversuche, wie sie der Kaiser dringend anriet, etwa durch den König von Polen, blieben stecken. Erst im nächsten Jahre sollte Ferdinand in Ungarn durch kühnen Vorstoß mehr Boden gewinnen.

Anklage des Papstes. Sacco di Roma 1527

Für das Haus Habsburg bedeutete die gewaltige Machterweiterung nach dem Osten sichtlich zugleich eine neue schwere Belastung. Der Oberstburggraf von Böhmen brachte sie auf eine fast welthistorische Formel, wenn er dem Hofkanzler Grafen Harrach schrieb: „Lieber Herr, Ihr seid noch nit über den Zaun; laßt uns oder unsere Nachkomben davon reden, welches besser gewesen wäre. Hungarn wird die anderen Lande aufzeren, und es ist besser, den Hungarn zu einem Nachparn, er sei wie er sei, als den Türken zu einem Feind zu haben." Für Ferdinand aber bedeutete der Kampf um Ungarn zugleich eine Ablenkung aus dem Reich, das ihm ohnehin nicht viel bot; erst recht aus der französisch-italienischen Politik des Kaisers. Immerhin, in der Übergangszeit hatte er sich erstaunlicherweise noch einmal um die Armee des Kaisers in Oberitalien bemüht. Wiederum war es Frundsberg, der sich rüstete, im Oktober als Retter in der Not „den Gesellen in Mailand", unter denen er auch seinen Sohn Caspar wußte, zuzuziehen.

In Italien sah es verzweifelt aus, und aus diesen kleinstaatlichen Wirren stieg nun erst recht unheilvoll der immer größere kirchenpolitische Konflikt herauf. Am 23. September 1526 hatte die kaiserliche Besatzung von Cremona kapitulieren müssen, aber in denselben Tagen, am 21., waren die Colonna nun doch in Rom eingedrungen, hatten den Papst gedemütigt und unter anderem zur Absolution von der Schuld dieses Überfalls gezwungen, ohne daß damit in dem Gemüt des Papstes und in seinen Absichten, sich zu rächen, irgend etwas geändert worden wäre.

In denselben Septembertagen beantwortete der Kaiser in Granada jenes Breve des Papstes vom 23. Juni, das ihn so ungerecht und so unklug angeklagt hatte. Was man längst vermutet hat, ergibt der archivalische Befund von Simancas: die Antwort stammt aus der Feder des Sekretärs Alonso Valdes, der sich damit als kirchenpolitischer Publizist von Rang im Kabinett Gattinaras erwies. In einer bisher nicht gewohnten Diktion geschliffener Sätze focht seine Feder gegen den altmodisch gewordenen Stil der Kurie. Die Schwächen und Unrichtigkeiten des Breves wurden schonungslos bloßgestellt; es sei nicht richtig, daß alle Könige den Papst gedrängt hätten; von den Königen von Portugal, Ungarn, Böhmen, Polen und Dänemark wisse man bestimmt das Gegenteil, und was England betreffe, so habe sein König gleichfalls die Liga verleugnet. Dann geht er zum Angriff über auf diese Politik der Kurie, von der Haltung Leos X im Wahlkampf an über die Tätigkeit Clemens VII vor Pavia und die Versuchung des Pescara bis zu all den Sünden dieses Vaters einer Christenheit, die das ihrerseits nicht fassen könne; bedrückend für den Kaiser, der sich wie im Traume fühle. Der Papst behaupte, sich verteidigen zu müssen, wo ihn doch niemand in der Welt angegriffen habe. Dagegen, so weissagt der Kaiser durch Alonso Valdes, müsse dieser Krieg zum Ruin der Kirche und zur Zerstörung der christlichen Gemeinschaft führen. Sei er, der Kaiser, es nicht gewesen, der sich in Deutschland vor den apostolischen Stuhl gestellt habe gegen die Gravamina? Auch heute noch wünsche er den Frieden. Lege der Papst die Waffen nieder, so würden alle anderen seinem Beispiel folgen, und man könne die Kraft der Christenheit gegen Ketzer und Türken kehren. Fahre aber der Papst fort, die Rolle nicht des Vaters, sondern des Feindes, nicht des Hirten, sondern des Wolfes zu spielen, dann werde der Kaiser notgedrungen an ein allgemeines Konzil appellieren.

Es waren Töne berechtigter Empörung, die sich zum Sturmgeläut steigerten durch ihr wohlvorbereitetes Hinaustreten an die Öffentlichkeit. Zunächst wurde der Schriftsatz in der Wohnung des Großkanzlers an den päpstlichen Nuntius feierlich übergeben, im Beisein von Bartolomeo Gattinara, Kanzler von Aragon, Jean Lalemand, Kabinettssekretär des Kaisers, des Sekretärs Alonso Valdes und des Notars Alexander Schweiß aus der Diözese Trier, der darüber ein Protokoll aufnahm. Castiglione antwortete, er habe inzwischen ein zweites Schreiben des Papstes (vom 25. Juni) erhalten mit dem Auftrage, es statt jenes ersten zu übergeben. Man hatte die Übereilung in Rom selbst empfunden. Der Nuntius sagte deshalb, aus dem zweiten Schreiben ergebe sich, wie unnötig und wie unangemessen diese Antwort sei; da er aber lieber ein Nuntius der Eintracht als der Zwietracht sein wolle, nehme er den Streitbrief entgegen.

Der Nuntius begnügte sich freilich nicht mit dem formellen Einspruch im Hause Gattinaras. Er ließ sich alsbald beim Kaiser melden, um über die Schärfe der kaiserlichen Äußerungen Klage zu führen. Der Kaiser empfing ihn wie gewöhnlich höflich und gemessen, beruhigte ihn außerdem durch ein eigenhändiges Billett, das der Nuntius aufbewahrt hat, und das etwa lautete: „Herr Nuntius! Nachdem Ihr mein Antwortschreiben an Seine Heiligkeit entgegengenommen habt, durch das ich unberechtigte Anschuldigungen zurückwies, habe ich Euch meine Meinung mündlich eingehender dargelegt und hoffe, daß der Papst darnach in Zukunft wieder die Haltung eines guten Vaters zu seinem ergebenen Sohn einnehmen wird. Ich der König."

Allein trotz dieser persönlichen Glättung der Beziehungen ließ es der Kaiser doch geschehen, daß seine Antworten, sowohl auf das Schreiben vom 23. wie auf dasjenige vom 25. Juni, auch dem Papst selbst vor versammeltem Konsistorium in den Räumen am Papageienhofe des Vatikans am 12. Dezember förmlich ausgehändigt wurden; nicht minder in die Hände des Kardinals Orsini ein Schreiben an das Kollegium der Kardinäle, das sie aufforderte, beim Versagen des Papstes ihrerseits ein allgemeines Konzil auszuschreiben. Auch über diese Vorgänge wurde ein Notariatsinstrument aufgenommen durch Alonso Cueva. Die Originale der Instrumente vom 17. September und 12. Dezember liegen in Simancas und Madrid. Den gesamten Schriftwechsel aber, einschließlich der Notariatsinstrumente, ließ die kaiserliche Regierung alsbald durch den Druck verbreiten, und zwar zusammen mit der von Gattinara konzipierten Antwort, die der Kaiser wieder einige Wochen später, am 12. Februar 1527, den Gesandten der Liga, also des Papstes, der Franzosen und der Venezianer, erteilen ließ. Auch über diesen Akt wurde ein Protokoll aufgenommen mit Heinrich von Nassau, Don Juan Manuel, Don Garcia Loaysa, Bischof von Osma, Präsident des Indienrates und kaiserlichem Beichtvater, Ludwig von Flandern, Herrn de Praet und dem ganzen Staatsrat als Zeugen. Von der Gegenseite wurden der apostolische Nuntius Baldassare Castiglione, die französischen Gesandten Jean Coulinot,

Präsident von Bordeaux, und Gilbert Bayard sowie der Gesandte Venedigs, Andrea Navagero, aufgeführt. Am 17. Februar folgten Schreiben an den Herzog von Mailand und an den Dogen von Genua.

Während alle diese Briefe die Welt durcheilten, natürlich auch in Deutschland alsbald nachgedruckt wurden, bedeutete der Schriftwechsel als solcher nur ein diplomatisches Vorspiel.

Denn die militärische Lage in Italien hatte sich mittlerweile höchst sonderbar gestaltet. Jörg Frundsberg war wirklich wieder einmal über die schon winterlichen Alpen gezogen und hatte, dank der Unterstützung mit Geschützen durch den Herzog von Ferrara, den der Kaiser vor dem verspäteten Angebot des Papstes für sich gewonnen hatte, bereits den Übergang über den Mincio erzwungen, wobei ein Geschoß den Befehlshaber der päpstlichen Truppen, Giovanni Medici, tödlich verwundete. Das war Ende November 1526 gewesen. Militärischer Führer der Liga blieb der Herzog von Urbino, der sich aber in allem Zeit ließ. Des Papstes Verhalten schwankte je nach den Nachrichten, die ihm aus Frankreich oder England über seine anderen Verbündeten zukamen. Am Neujahrstag wandte er sich in feierlicher Ansprache gegen Lannoy und die Colonna; damals glaubte er schon des unmittelbaren Eingreifens der Franzosen sicher zu sein. Diese freilich begehrten als Lohn für die „Befreiung Italiens" jetzt ausdrücklich auch Neapel! Lannoy traf mit dem Papst wechselnde Abmachungen. Allein die treibende Wucht der Ereignisse lag weder in Neapel noch in Rom, sondern bei den kaiserlichen Truppen in der Lombardei.

Der Zustand dieser Truppen wurde eine von den historischen Kräften, die, aus längst vergangenen Stimmungen und Willensentschließungen entstanden, von unsichtbaren Mächten geleitet, ihre furchtbar zerstörende Wirkung gleich ungeheuren unheimlich rollenden Kugeln wie vom Zufall zu erhalten scheinen. Während Leyva Mailand hielt, vereinigten sich bald nach Mitte Februar 1527 Frundsberg und Bourbon. Es fehlte wie gewöhnlich an Geld. Das Heer trieb sich selbst vorwärts in den Kirchenstaat. Ohne Bezahlung gerieten die Knechte in eine immer wildere Stimmung. Die Not und die Entbehrung, die man litt, legte man dem Papst zur Last, in dem man des Kaisers größten Feind erblickte. Die Deutschen brachten dazu noch ihre volkstümlichen Empfindungen mit von dem habgierigen und unfriedlichen Antichrist in dem römischen Babel. So entstand aus den widersprechenden Regungen der Kaisertreue, des spanischen Stolzes, der evangelischen Leidenschaft, aus Hunger und Entbehrung, dem schlechten Gewissen über die eigene Unbotmäßigkeit, aus Habgier und Beutelust, die trotzig drängende Stimmung gegen das reiche und lasterhafte Rom. Der Herzog von Urbino, von den Venezianern zurückgehalten, hinderte nicht. Der Herzog von Ferrara half, solange er konnte, mit Geld, aber es genügte nicht. Die Knechte meuterten, und man wußte sie nicht zu bändigen. Frundsberg ließ nach alter Sitte einen Ring bilden und trat mit dem Vornehmsten der Führer, Philibert von Oranien, hinein, um den Leuten zuzusprechen, wie einst vor Pavia. Vergebens. Sie überschrien ihn mit dem Rufe nach „Geld" und aber „Geld". Einige Spieße senkten sich drohend gegen ihn. Das brach dem starken Mann das Herz. Als einen Kranken brachten sie ihn nach Ferrara. Konrad Bemelberg, genannt der kleine Heß, übernahm sein Kommando; aber es war gar kein Kommando mehr; niemand in der Welt hätte diese unbezahlten Massen nach der Lombardei zurückgebracht. Frundsberg hatte etwas fallen lassen von Bezahlung in Rom. Das erfüllte sie. Und nun wälzten sich die Haufen vorwärts, durch die Toscana, an Florenz und Siena vorbei. Sie näherten sich Rom.

Lannoy und sein Gesandter Fieramosca, die das Heer auf Grund ihrer Abmachungen mit dem Papste zurückzuhalten suchten, waren so machtlos wie die eigenen Generale. Dem Papst kam seine Lage erst langsam zum Bewußtsein. Jetzt bot er 150 000 Dukaten zur Beschwörung der Elemente. Sie wollten 300 000. Dem Papste hatten Einsichtige längst geraten, zur Beschaffung von Geld ein halbes Dutzend neuer Kardinäle zu kreieren. Dazu mochte er sich in seiner inneren Unsicherheit nicht herbeilassen. Als er es doch tat, war es zu spät.

Am 5. Mai lagen die Truppen vor der ewigen Stadt. Am 6. begann der Sturm frühmorgens mit großer Heftigkeit. Bourbon fiel gleich beim Besteigen der ersten Sturmleiter und sühnte damit sein längst tragisch gewordenes Leben. Oranien wurde schwer verwundet. So tobte sich das endgültig führerlos gewordene Heer aus. Sie nahmen die Leostadt, belagerten den Papst in der Engelsburg, sie überschritten den Tiber, sie nahmen das ganze heilige Rom und ließen es sich wohl sein auf Plätzen und in Palästen. Ein Rausch der Erfüllung für diese Soldateska, ein gellendes Wahrzeichen für die Politiker der Kurie.

GATTINARAS REISE UND RATSCHLÄGE
SPANISCHE PUBLIZISTIK

Der Geschichtsschreiber Karls V darf bei den über viele Monate ausgedehnten Greueln der Plünderung Roms, des *Sacco di Roma*, und ihrer Rückwirkung auf das Lebensgefühl der sogenannten Renaissance nicht verweilen, schon weil der Kaiser sie gar nicht gewollt, vielmehr auf alle Weise durch seine Vertreter zu vermeiden gesucht hat. Nachdem freilich das ungeheure Ereignis einer Gefangensetzung des Papstes einmal erfolgt war, hat die kaiserliche Politik es allerdings nicht verschmäht, daraus auf ihre Art Gewinn zu ziehen. Monate vergingen wieder mit Verhandlungen, die uns in die Gesinnungen und das Kräftespiel am Hofe merkwürdige Einblicke tun lassen. Das hat noch einen ganz besonderen Grund. Zu der Zeit nämlich, da der Papst Gefangener kaiserlicher Truppen war und diese Truppen ohne Oberbefehlshaber sich in Rom austobten, war der Kaiser selbst ohne seinen wichtigsten Berater.

Es liegt ein Schleier über der Reise des Kanzlers nach Oberitalien, und er selbst sagt in seiner Autobiographie, daß sie am Hofe und bei den fremden Gesandten viel kommentiert worden sei. Daß tiefe Verstimmungen zugrunde lagen, scheint mir nicht zweifelhaft; Gattinara hatte sich in Arbeit und in Sorge verzehrt, mit wenig Dank und Lohn. Im Herbst 1524 wurden ihm einmal seine Bezüge für zwei Jahre und drei Monate sowie der Ersatz für die Reisekosten nach Calais, alles zusammen in Höhe von 14 628 Dukaten, nachträglich ausgezahlt; was bedeutete das gegen die fürstlichen Einnahmen und Ehren Wolseys, mit dem er sich getrost vergleichen konnte? Und mit welchen Schwierigkeiten hatte er unausgesetzt zu kämpfen!

Ende März 1527 hatte Gattinara Urlaub genommen, nebenbei gewiß auch um nach seiner Familie und nach seinen Gütern in Piemont zu sehen; wie er selbst einmal andeutete, zugleich dem Kaiser in Italien „den Weg zu bereiten". Seinen Urlaub begann er auf dem Montserrat, jenem gespenstig ragenden Felsenberge, auf dem sich trübe Stimmungen schon lüften und reinigen lassen; es ist auch, als ob er diese Wirkung verspürt hätte; denn langsam, als wolle er noch zurückgerufen werden können, fuhr er über Barcelona nach Palamos und ging erst Ende Mai in See, offenbar noch immer ohne Nachrichten von Rom. Vor der Weiterreise schrieb er dem Kaiser, er höre von seinen Freunden am Hofe, daß Gerüchte umliefen über seine Entfernung, daß er gebeten werden wolle zurückzukehren, daß er nur seine Bezüge erhöhen wolle. Der Kaiser möge sich an das erinnern, was zwischen ihnen persönlich geredet sei, und den Verleumdungen nicht sein Ohr leihen. Er werde in drei Monaten zurückkehren, spätestens im September, und jedenfalls, wenn der Papst nach Barcelona komme. Die von Lalemand entworfenen Antworten des Kaisers sind freundlich und entgegenkommend, verlängerten den Urlaub und hielten den Kanzler über das Politische auf dem laufenden.

Das erste ausführliche Schreiben Gattinaras datiert vom 7. Juni aus Monaco, einer wichtigen Post- und Schiffsstation, auch für den kaiserlichen Dienst. Es berichtet von seiner Landung und der glänzenden Aufnahme, die er bei dem Herrn der Stadt, Agostino Grimaldi, Bischof von Grasse, einem Parteigänger des Kaisers, gefunden habe; insbesondere von den Freudenfeuern und Salutschüssen zu Ehren der Geburt des Prinzen von Spanien. Denn am 21. Mai war zu Valladolid dem Kaiser der Erbe geboren, der am 5. Juli bei der Taufe den altburgundischen Namen seines Großvaters Philipp erhielt; Paten waren Iñigo Velasco, Connétable von Castilien, Juan Zuñiga und die Königin Eleonore. Es fügte sich, daß in demselben Juli auch König Ferdinand seinen ersten Sohn bekam, Maximilian, den späteren Kaiser. Die Dynastie stand nun für die nächste Generation wenigstens wieder auf vier Augen. Unter den Glückwunschschreiben an den Kaiser befand sich auch ein solches von dem gefangenen Papst aus der Engelsburg.

Sonderbarer Zustand dieser Christenheit und ihres weltlich-geistlichen Gefüges! Denn auf der anderen Seite beeilten sich Frankreich und England, ihre alten Gegensätze zu begleichen und sich angeblich um des Papstes willen gegen den Kaiser zu verbinden. Das dem Kaiser so lange befreundete England warf damit seine Maske ab; das eben scheinbar versöhnte Frankreich schickte sich an, durch Bündnis und Krieg bessere Bedingungen als die beschworenen zu erlangen. In diesen beiden Richtungen, Ausgleich mit dem Papst und neuer Krieg mit England und Frankreich, hat sich auch unsere nächste Darstellung zu bewegen.

Was Gattinara zur Lage meinte, vertraute er einer Beilage zu seinem Schreiben an. Nach seiner Autobiographie schwankte er auf die erste Nachricht von den Vorgängen in Rom ganz ernstlich, ob er dem Kaiser besser zu der Erklärung rate: Was in Rom geschehen sei, habe seinem Willen entsprochen; er habe nicht die Priester, wohl aber die Feinde der Christenheit gezüchtigt. Oder aber, ob er das Geschehene völlig verleugnen solle. Er entschied sich mit gewissen Vorbehalten für das letztere.

Die erschütternden Ereignisse, schrieb er also am 7. Juni, würden alle Welt erregen; man werde sie dem Kaiser zur Last legen, und dieser müsse sich rechtfertigen, ohne die Früchte der wunderbaren Siege einzubüßen, die ihm Gott aufs neue geschenkt habe. Deshalb sei sogleich durch Valdes, der das könne, allen Mächten der Christenheit das tiefste Bedauern über die Vorgänge auszusprechen, aus denen man jedoch die Lehre ziehen solle, daß es nun wirklich zu Ende sein müsse mit diesen Kriegen und Nöten der Christenheit; was nicht zu erreichen sein werde ohne ein allgemeines Konzil zur Austilgung der Häresien, zur Reformation der Kirche und des weltlichen Standes. Dazu müßten sich jezt Papst und Kardinäle, oft gebeten, endlich verstehen. Sodann solle sich der Kaiser entscheiden, ob er nun, was alle Welt ihm rate, wirklich nach Italien ziehen wolle; wenn ja, sofort alles Geld zusammenfassen, dann unter dem Vorgeben von Cortes in Aragon nach Valencia oder Cataluña kommen und mittlerweile die Flotte rüsten zur Hilfe für Genua gegen Frankreich sowie zur eigenen Überfahrt. Zum Nachfolger Bourbons müsse man den Herzog von Ferrara gewinnen, der ja schon den Titel des Generalkapitäns führe, mit der Bitte, den bei den Truppen beliebten Prinzen von Oranien als seinen Lieutenant anzunehmen. Damit aber der Herzog nicht zu eigenem Nutzen Krieg führe, sollte man als Vertreter der Person des Kaisers über beide den Vizekönig stellen. Freilich, wenn der Kaiser nicht selbst nach Italien ziehe, wäre für dieses Amt schließlich König Ferdinand doch weitaus der Geeignetste.

Was aber Mailand betreffe, so sei es für den Fall der Schuld Sforzas dem Herzog von Bourbon zugesprochen, jetzt also verfügbar. Es selbst zu behalten, empfehle sich aus öfter erörterten Gründen nicht; es an Ferdinand zu geben würde die Venezianer aufbringen und sie den Türken in die Arme treiben; es ohne weiteres Sforza zurückzugeben den Schein erwecken, als habe der Kaiser ihm Unrecht getan. Deshalb sei die Untersuchung nötig, der sich Sforza stellen möge, jedoch alles in der Schwebe zu halten bis zur Ankunft des Kaisers. Ist dann der Herzog schuldig befunden, mag der Kaiser anderweitig über Mailand verfügen, etwa zugunsten seines eigenen Sohnes (was er nach Jahren wirklich tat); einstweilen jedenfalls es durch einen Gouverneur regieren lassen und die Finanzen in die Hände eines Tresorier und eines Receveur legen. Parma und Piacenza sollten wieder mit Mailand verbunden werden, Florenz und Bologna glimpflich behandelt, damit sie dem Kaiser ergeben blieben. Die Venezianer aber, die allerdings besondere Schuld trügen an dem letzten Kriege, würden in Sorge sein; deshalb sei auch ihnen bis zur Ankunft des Kaisers noch Hoffnung zu lassen. Denn der Kaiser müsse immer im Auge behalten, daß er mit einer siegreichen Armee, gestützt auf Italien, auf dem Wege zur Weltmonarchie sei; in dieser Stellung würden ihm alle seine anderen Länder von selbst dienen.

Während man in Valladolid diese Ratschläge las, wurde Gattinara auf der Fahrt an der Riviera von französischen Galeeren beschossen, geriet in das blockierte Genua, kam aber ungefährdet wieder hinaus und gelangte über Korsika nach Spanien zurück. Dort erfüllte er auf dem Montserrat ein Gelübde, wohl aus den Tagen des Überfalls, um noch im Oktober wieder am Hof zu erscheinen.

In der Zwischenzeit waren in der Umgebung des Kaisers mit der üblichen Verzögerung sehr wesentliche Dinge verfügt worden.

Der Hintergrund dazu läßt uns in bis dahin unenthüllte Tiefen blicken. Schon einmal, in einem für die deutsche Geschichte entscheidenden Augenblick, bei dem ersten Zusammensein des jungen Kaisers mit deutschen Fürsten in Köln, war die große Figur des Erasmus von Rotterdam vor uns aufgetaucht. Jetzt begegnet sie uns auf spanischem Boden zum zweitenmal. Soeben (1527) war sein „Handbuch für den christlichen Streiter" ins Spanische übersetzt und sogar dem Großinquisitor, dem Erzbischof von Sevilla, Alonso Manrique de Lara, gewidmet, einem der ältesten spanischen Vertrauten des Kaisers; auch der Erzbischof von Toledo, Alonso de Fonseca, der den Infanten getauft hatte, und der Großkanzler selbst gehörten, wie Alonso und Juan Valdes, zu den ausgesprochenen Verehrern des Erasmus. Aber die von Erasmus oft genug mit herber Kritik bloßgestellten Bettelmönche zogen auf den Kanzeln längst gegen seine moderne und etwas weltliche Theologie zu Felde. Unter Vorsitz Manriques war zu Valladolid verhandelt und angesichts der Heftigkeit der Mönche sogar eine Breve Clemens VII an den Erzbischof erwirkt, das die Angriffe auf den „Vorkämpfer gegen Luther" unter Androhung kirchlicher Zensuren verbot.

Ein halbes Jahr vorher hatte Gattinara schon in einem für ihn überaus bezeichnenden Schreiben an Erasmus unter Anspielung auf derartige Gegensätze geäußert, die Christenheit scheine ihm in drei Teile zu zerfallen, nämlich solche, die blind und taub auf den römischen Papst schwörten — einerlei ob er gut oder schlecht regiere — und andere, die ebenso hartnäckig zu Luther hielten; beiden fehle es an eigenem Urteil, ihr Lob sei Schande und ihre Schmähung Ehre. Die dritte Gruppe suche nichts als die Ehre Gottes und das Wohl des Staates, entgehe freilich um so weniger der Verleumdung; sie stehe in treuer Bewunderung zu Erasmus. Vom Kaiser erhoffe er die Ausrottung der lutherischen Ketzerei und die Reform der Kirche.

Diese Anschauungen teilten die Sekretäre Gattinaras, vor allem Alonso Valdes. Sie schrieben nun aus dem Drange ihres Herzens, wie einst Hutten in den Tagen des Kampfes, auch um der Wirkung willen, in ihrer Volkssprache. Die politischen Dialoge *Mercurio y Caron* und der noch schärfere *Lactancio y el arcediano* wurden zugleich die wirksamste Formulierung erasmischen Geistes und hervorragende Denkmäler der spanischen Sprache. Schon Gattinaras Brief ließ den auch in der Gedankenwelt seiner Umgebung mächtigen staatskirchlichen Einschlag erkennen.

So hat denn in Gattinaras Abwesenheit Alonso Valdes weiter die kirchenpolitische Feder geführt. Wir sehen ihn in demselben Sinne noch jahrelang tätig; neben ihm seinen Bruder Juan, der einmal in Neapel Mittelpunkt eines wirklich reformatorisch gesinnten Kreises werden sollte. Es sind Gedanken, die wir von Erasmus und von Gattinara kennen, wenn in den Dialogen das Bild des christlichen Königs gezeichnet wird, erhaben über Ländergier, Pracht und Trug, vielmehr hingegeben dem Glück seines Volkes. Erasmisch ist vor allem die unmittelbare Beziehung dieser weltlichen Dinge auf das Vorbild Christi und seines Evangeliums.

Inzwischen war am 5. Juni unter Übergabe der festen Plätze und vornehmer Geiseln die Kapitulation des Papstes erfolgt, die ihn auch formell zum Gefangenen machte. Eine kaiserliche Besatzung war in die Engelsburg eingerückt unter Führung des erfahrenen Alarcon, vor kurzem noch Wächter Franz I. Das war die Lage, als man in Spanien beriet.

Am 21. Juli 1527 bestimmte der Kaiser den Pierre de Veyre, Herrn von Mont St. Vincent, zum Gesandten nach Italien, fertigte ihn aber erst am 18. August mit einer überaus wichtigen Instruktion ab. Sie hielt sich im Rahmen der Ideen Gattinaras, verschärfte sie aber in der Papstfrage und behauptete auch sonst einen eigenen Ton. Erste Aufgabe des Botschafters sollte sein, das Bedauern über die römischen Untaten auszudrücken, doch mit dem Zusatze, da Gott es so gefügt habe, freue sich der Kaiser, daß nun der Weg frei sei für die Erfüllung der Pflichten des Papstes im Sinne des Friedens in der Christenheit und einer Reformation der Kirche, wie man das im geheimen Rate besprochen habe. Der Wunsch des Kaisers sei es gewesen, sogleich aufzubrechen, dem Papst die Füße zu küssen und ihm die Freiheit wiederzugeben. Zur Zeit fehle es an den Zurüstungen. Aber Veyre solle dem Vizekönig Lannoy mitteilen, daß der Kaiser an dem Plane festhalte, nach Italien zu kommen, nicht um der Eitelkeit seiner Krönung willen, sondern um seine Pflichten zu erfüllen gegenüber der heiligen Kirche als der Braut Christi; auch um Gott zu danken für die Siege, die er ihm immer wieder verleihe. Da der Vizekönig wisse, wie oft der Papst versprochen habe, nach Spanien zu kommen, vor allem zur Herstellung des Friedens mit Frankreich, so könnte man das jetzt ins Werk setzen unter Anwendung aller Vorsicht — beachtenswert, wie den Kaiser die Analogie zu dem Gefangenen von Pavia beherrschte. Sollte aber das Kommen des Papstes nicht angängig sein, so möchte er ihm gleichwohl großmütig die Freiheit zurückgeben; freilich — und hier kommt die zweite Analogie zu dem Erlebnis mit König Franz — erst nachdem die vollkommensten Sicherheiten gegeben seien gegen Betrug und bösen Willen. Die Sicherheiten im einzelnen zu bestimmen, überlasse er Lannoy, doch werden mehrere feste Plätze und Städte, auch Bologna, ins Auge gefaßt, dazu vornehme Geiseln — alles bis der Papst seine Pflicht gegen die Christenheit erfullt habe.

Von Lannoy in Neapel solle der Gesandte weitereilen zum Papste selbst, ihm zum Ausdruck bringen, daß der Kaiser zu seinem Leidwesen vernommen habe, welche Schändlichkeiten sehr gegen seinen Willen vorgekommen seien, die er am liebsten mit dem Einsatz seiner Person verhindert hätte. Nicht minder schmerze ihn die Spaltung in der Christenheit, besonders die Auflösung Deutschlands, das sonst allein in der Lage sei, den Ungläubigen zu widerstehen. Er biete deshalb die Hand zum Frieden auf billige Bedingungen, wie sie Lannoy formulieren werde. Er freue sich, daß der Papst zur Friedensvermittlung nach Spanien kommen wolle, wie er noch neuerdings durch den General der Franziskaner habe sagen lassen; das werde dem Papst zum weltlichen Ruhme und zur ewigen Glorie gereichen. Erst mit dem freigegebenen Papste wolle er über weltliche Dinge verhandeln, über Geldzahlungen in Italien, über den Herzog von Ferrara, auch über Mailand, wo aber der Papst kein Recht habe, sich einzumischen.

Veyre war nicht mehr in der Lage, seinen Auftrag zu vollführen. Denn das erste, was er am 30. September zu melden hatte, war der Tod des Vizekönigs. Charles de Lannoy hatte wohl, gleich Pescara, seinem Körper durch die Anstrengungen und Aufregungen der letzten Jahre zuviel zugemutet und seine Widerstandskraft so geschwächt, daß er der Seuche, die in Rom gewütet und auch ihn ergriffen hatte, nicht mehr Herr wurde. Am 23. September endete er in Aversa, zuletzt gepflegt von seiner zu ihm geeilten Frau.

Auch sonst hatte sich die Lage inzwischen tief verändert. Denn die aufregenden Nachrichten von den römischen Ereignissen und von der Gefangenschaft des Papstes gaben allen alten Gegnern des Kaisers eine erwünschte neue Parole. Aus Bedenken und Zögern wurden Kriegseifer und Leidenschaft, und die schlechtesten Beweggründe fanden in der „Befreiung des Papstes" ihre wohlklingende Rechtfertigung.

Am spanischen Hofe, der sich für die Wintermonate 1527/28 von Valladolid nach Burgos begeben hatte, setzten sich die nach und nach einlaufenden Nachrichten nur sehr langsam in Entschließungen um, weil sich der Kaiser während des Aufenthalts in diesen längst so friedlich und ergeben gewordenen Königreichen in eine neue Weltfremdheit verloren hatte, die in den Zeitmaßen des Handelns wie des Denkens immer weiter hinter den aufregenden Ereignissen zurückblieb. Die Tage des jungen Fürsten vergingen an der Seite der erlauchten Gemahlin in lässig geführten Geschäften, höfischem Spiel und Genuß, nicht ohne Anwandlungen zu einem strafferen Lebensstil in den Auseinandersetzungen mit Gattinara, dem Beichtvater Loaysa und den mannigfach sich bekämpfenden Stimmungen des Hofes. Der Briefwechsel mit seinem Bruder Ferdinand, der Tante Margarete und den auswärtigen Gesandten, mehr noch die laufenden Berichte von Ferdinands Vertreter Martin de Salinas, geben uns ein Bild von diesem Dasein, das noch immer etwas Halberschlossenes hatte.

Die späteren Aufzeichnungen des Kaisers selbst freilich und der Briefwechsel mit Loaysa aus den nächsten Jahren lassen erkennen, daß unter der Kruste von Nichtigkeiten das Innenleben des Kaisers, die Beobachtung der Menschen und die Beschäftigung mit den tieferen Problemen seiner unübersehbaren Herrschaften keineswegs ruhten. Er arbeitete an sich, kämpfte mit seinen Hemmungen und Begehrungen, wenngleich unter unausgesetzten Rückfällen in eine wohl auch körperlich bedingte geistige Ermüdung. Da alle seine Unternehmungen schließlich immer wieder gut ausgingen, fühlte er die Hand Gottes über sich und glaubte, mit seinen bedächtigen Überlegungen und Instruktionen auf dem richtigen Wege zu sein. Gerade der *Sacco di Roma* konnte ihn zwar lehren, daß die Dinge vielfach aus eigenen Gesetzen liefen; aber selbst diese furchtbaren Ereignisse deutete man am Hofe, wie wir gesehen haben, rein als Fügung Gottes.

Auch die Ratssitzungen, die uns einen zwar begrenzten, aber doch überaus erwünschten Einblick in das um den Kaiser wirksame Kräftespiel gestatten, haben etwas ermüdend Schleppendes. Liest man das Protokoll des geheimen Rates unmittelbar nach Rückkehr Gattinaras und nach Eingang der Berichte des Pierre de Veyre im Herbst 1527, so ist man doch erstaunt, wie wenig im Rat auf reelle Maßregeln ernstlich gedrungen wurde. Lalemand protokollierte. Zugegen waren de Praet, La Chaulx, der Beichtvater Loaysa, Juan Manuel, Nassau, Gattinara und der Kaiser. Das spanische Element verstärkte sich nun von Sitzung zu Sitzung; es sprachen nur noch de Praet und La Chaulx französisch; Loaysa, jedenfalls Manuel, auch Nassau, Gattinara und der Kaiser redeten spanisch. Praet votierte, daß man den Papst unter allen Umständen freilassen müsse auf die Bedingungen, die Veyre mitgeteilt seien; wenn der Kaiser es nicht tue, würden andere es tun; nach der Freigabe sei die Bewilligung der Cruzada zu fordern. La Chaulx schloß sich an. Der Beichtvater betonte, daß der Kaiser durch seine Bedingungen die nötigen Sicherheiten habe; daß er auf die Engelsburg verzichten müsse, daß man das Lösegeld erlassen könne, wenn die Cruzada bewilligt sei. Manuel mahnte zur Vorsicht, riet, eine geeignete Person zu senden oder Ugo de Moncada (dem Lannoy alles übergeben hatte) Vollmachten zu erteilen; dann die Freigabe des Papstes zu veröffentlichen. Auch Nassau billigte die Reihenfolge: Sicherheiten, Freigabe, Cruzada. Gattinara hob noch einmal hervor, daß der Kaiser den Papst als Papst nie hätte gefangennehmen dürfen, höchstens als Simonisten; wenn man die festen Plätze erhalte, die Cruzada und die Benefizien, könne der Kaiser auf das Lösegeld verzichten, den Papst wiedereinsetzen und Frieden machen unter Ermahnung zum Konzil. Der Kaiser schloß: In Valladolid habe man geglaubt, dem Papst die Bedingungen Veyres stellen zu sollen; auch jetzt sei er einverstanden mit der Freigabe des Papstes, doch blieben allerlei Bedenken; der Nuntius habe dieser Tage noch gesagt, der Papst verlange die Rückkehr seines Hauses nach Florenz; Schwierigkeiten bestünden auch wegen Parma und Piacenza, Modena und der Colonna; im übrigen müsse man sich schriftlich sichern gegen Bruch des Vertrages, die Soldaten aus Mitteln der spanischen Kirche und des Papstes bezahlen und in allem den Willen Gottes erfüllen.

Die kaiserlichen Einwände bezogen sich darauf, daß die an der Liga beteiligten Florentiner in den Tagen der höchsten Verzweiflung über den mediceischen Papst und seine ebenso unentschlossenen Statthalter, die ihnen das kaiserliche Kriegsvolk ins Land zogen, wieder einmal das Regiment der Medici gestürzt und ihre alte Staatsform hergestellt hatten. Umgekehrt war zwischen dem gefangenen Papst und dem einst so unversöhnlichen Kardinal Pompeo Colonna noch in den Gemächern der Engelsburg eine rührende Versöhnung gefeiert worden.

Inzwischen hatte der Papst erst den General der Franziskaner, Francisco Quiñones, dann den Kardinal Farnese, den späteren Papst, zum Kaiser gesandt; doch blieb Farnese in der Lombardei. So trafen denn Ugo de Moncada, Veyre und der zurückgekehrte Quiñones am 26. November mit dem Papst endlich das ersehnte Abkommen, wonach die Engelsburg am 6. Dezember freigegeben wurde. In der nächsten Nacht entwich der Papst, wenn auch mit Vorwissen der kaiserlichen Offiziere, in der Tracht eines Majordomo aus Rom nach Orvieto. Der Friede in der Christenheit schien nach monatelangem, schwerem Zerwürfnis einstweilen hergestellt.

Allein bald genug sollte der Gang der großen Politik alle Pläne und Abmachungen zum zweiten Male überholen.

Kriegserklärungen Englands und Frankreichs

Kampf um Mailand und Neapel 1528

Die Ereignisse waren zeitweise wie von unfaßbaren Kräften vorwärtsgetrieben. Inzwischen hatten sich die Mächte neu gruppiert, und man beobachtete auf beiden Seiten wieder klare, wenn auch nicht immer erfreuliche persönliche Energien.

Verhandlungen zwischen England und Frankreich spielten seit dem Erfolg des Kaisers vor Pavia. Wir erinnern uns, daß vorübergehend die alten romantischen Stimmungen Heinrichs in bezug auf die Krone von

Frankreich wieder emporgeschossen waren. Wolsey hatte seinen König aus diesem Irrgarten sicher hinausgeleitet. Nach dem unerfreulichen englisch-spanischen Gedankenaustausch von 1526 waren dann Frankreich und England im Frühjahr 1527 einander schon ganz nahe gekommen; der ungeduldig erwartete Abschluß erfolgte am 30. April, also wenige Tage vor dem *Sacco di Roma*, der nun förmlich seinen Widerschein fand in der neuen Glut der englisch-französischen Freundschaft. Am 29. Mai erklärte sich Heinrich VIII bereit, den französischen Feldzug in Italien mit monatlich 32 000 Kronen zu subventionieren. Franz I betraute mit der Führung den nicht immer glücklichen, aber tapferen Lautrec.

England vom Kaiser abzuziehen und Frankreich vollends zu nähern, wirkte allerdings ein ganz neues und überraschendes Moment mit. Schon früher hatten sich englisch-spanische Spannungen auch in Unfreundlichkeiten gegenüber der Königin Katharina geäußert. Jetzt wurde umgekehrt das getrübte Verhältnis Heinrichs VIII zu seiner ehelichen Gemahlin eine Quelle politischer Störungen. Der Anlaß war ziemlich grober Art. Weder die vorgeblichen Gewissensskrupel des Königs wegen seiner Ehe mit der einst seinem Bruder angetrauten Frau noch das bislang ebensowenig hervorgetretene Verlangen nach einem männlichen Erben, sondern die Unerreichbarkeit der Anna Boleyn für den verheirateten König ließ ihn auf Trennung von seiner Gemahlin sinnen. Die vornehme Verwandtschaft des ersehnten Fräuleins begünstigte sein Vorhaben. In diesen neuen Irrgarten begab sich der Kardinal mitsamt dem König; diesmal sollte er selbst nicht wieder hinausfinden.

Aber zunächst glich sein diplomatischer Besuch in Frankreich im Juli und August 1527 seinen früheren politischen Triumphen. Er brachte nach Amiens eine außerordentlich wertvolle Gabe mit: den förmlichen Verzicht Heinrichs VIII auf die französische Krone. So gewannen auch die weiteren Abmachungen Wolseys vom 18. August die größte Bedeutung. Zwar eine Verbindung des Königs von Frankreich selbst mit der einzigen Tochter des Königs von England wehrte der Kardinal ab; aber die Prinzessin wurde für den Herzog von Orléans in Aussicht genommen. In den Vorkehrungen gegen eine freiwillige oder unfreiwillige kaiserliche Politik des Papstes war man völlig einig, vor allem in der Ablehnung des Konzils, was noch jahrzehntelang nachwirken sollte. Unter den merkwürdigen Vorschlägen Wolseys in diesen Tagen tauchte auch der Plan auf, zur Verhinderung einer Abhängigkeit der Kirchenregierung vom Kaiser alle nicht gefangenen Kardinäle in Avignon zusammentreten zu lassen. In Wahrheit wollte Wolsey für die Dauer der päpstlichen Gefangenschaft eine Art Statthalter der Kirche werden. Da er in den letzten Monaten für den Ehescheidungsplan des Königs gewonnen war und bereits allerlei kanonische Maßregeln getroffen hatte, vermutete man nicht ohne Grund, der Kardinal beabsichtige, in dieser Zeit die Ehescheidung im Namen des Papstes zu vollziehen. Die Sache selbst zog sich noch lange hin. Aber auch der Kaiser war schon jetzt in den Ehestreit hineingezogen, so daß die Stimme sich auf beiden Seiten verschärfte.

Eine gemeinsame Botschaft der neuen Verbündeten wurde zu Valladolid mit der noch erforderlichen Aufmerksamkeit empfangen, blieb aber natürlich ebenso ohne Ergebnis wie alle weiteren Verhandlungen bis zum Winter hin. Gattinara berichtet uns, daß er nach seiner Rückkehr die im Sommer 1527 eingeleiteten Verhandlungen aus zwingenden Gründen habe verwerfen müssen, dem Kaiser allerdings geraten habe, sie ostensibel weiterzuführen, unter der Hand aber zu rüsten. So sind ihre Einzelheiten auch für uns belanglos, weil sie beiderseits unaufrichtig geführt wurden.

Inzwischen hatte Franz I seinen Ständen die Rückkehr in die Gefangenschaft angeboten, falls die Belastung des Königreichs durch das Lösegeld für die Prinzen oder die Mittel für die beabsichtigte Kriegführung zu drückend sein sollten. Sie hatten das in einem Rausch der Begeisterung abgelehnt. Die Spanier ließen in ihren nicht minder rauschenden Antworten es ebensowenig an sich fehlen.

So fand denn zu Burgos am 22. Januar 1528 die erste jener Szenen statt, in denen die Gegner mit der lärmenden Förmlichkeit homerischer Helden ihre Kampfhandlungen einleiteten. Durch ihre Herolde übergaben die Könige von England und Frankreich eine feierliche Kriegserklärung. Der Kaiser erwiderte schneidend, er wundere sich, daß sein „Gefangener" ihm so umständlich den Krieg erkläre, während er vorher mit ihm jahrelang ohne Herausforderung große Feldzüge geführt habe. Wegen des Papstes brauchten sie sich nicht zu bemühen, der sei längst frei — er fügte noch weitere Ausführungen zur Beantwortung der englisch-französischen Herausforderung hinzu. Wir verlieren uns nicht in diese Wortgefechte, die in den modernen Drucken Dutzende von Seiten großen Formats einnehmen, halten nur fest, daß am Schluß der Verhandlungen der Kaiser dem französischen Gesandten die schon zu Granada im August 1526 gesprochenen Worte in verstärkter Tonart wiederholte: Sein Herr habe feige und nichtswürdig gehandelt, sein Wort gebrochen, und diese Anschuldigung halte er hiermit aufrecht, um sie Mann gegen Mann zu vertreten.

Karls Berater zügelten seinen Eifer. Der ältere Diego Mendoza, Herzog von Infantado, gab das kluge Gutachten: Der Zweikampf als Gottesurteil sei am Platze bei Lücken im Recht; hier aber liege alles klar.

Die französische Gegenerklärung erfolgte am 28. März in Paris. Wieder eine Versammlung des ganzen Hofes und der fremden Botschaften. Jetzt nahm König Franz das Wort, nachdem der kaiserliche Gesandte Nicolaus Perrenot, Herr von Granvelle, auf Befehl des Kaisers seine Pässe gefordert hatte. Der König suchte sich zu rechtfertigen und gab ein entsprechendes Schriftstück an Granvelle mit dem Verlangen, es vorzulesen. Granvelle weigerte sich dessen. Da ließ der König es durch Robertet verlesen und später, mit großer Verzögerung, am 7. Juni in der Cortesstadt Monzon durch einen Herold übergeben. Zum dritten Male derselbe Apparat. Der französische Herold überreichte das „Kartell", der Kaiser ließ es durch Lalemand verlesen. In dieser neuen Darlegung wies Franz I noch einmal alle Anschuldigungen in entsprechend kräftigen Worten zurück mit der Anheimgabe, nunmehr das Feld zum Zweikampf abzustecken.

Zu diesem Zweikampf ist es nie gekommen. Vielmehr bemühte sich der Kaiser in seiner Verlegenheit, das Feld noch zu erweitern. Offenbar unter dem Eindruck der feierlichen Kampfansage sandte er mit Instruktion vom 3. Februar 1528 den im letzten Jahre an Nikolaus Zieglers Stelle zum Reichsvizekanzler erhobenen Propst von Waldkirch, Balthasar Merklin, an die deutschen Fürsten und Stände zur Werbung gegen Frankreich. Dieser von Maximilian übernommene Prälat, Koadjutor von Konstanz, dann Administrator von Hildesheim, war frühzeitig mit nach Spanien gegangen, wo er die deutschen Angelegenheiten nach den Weisungen Gattinaras bearbeitete. Jetzt erhielt er eine diplomatische Mission, die mehr erforderte und der er sich anscheinend nicht gewachsen gezeigt hat. Ferdinand gegenüber fand er nicht den richtigen Ton, sowenig wie fünf Jahre früher der kaiserliche Gesandte Hannart. Der König befürchtete wohl auch eine Beeinträchtigung der Reichshilfe gegen die Türken von der gleichzeitigen Werbung des Kaisers gegen Frankreich. Auf die Klagen Ferdinands erwiderte der Kaiser, daß der Vizekanzler den ausdrücklichen Auftrag gehabt habe, sich nach den Weisungen des Bruders zu richten. Im übrigen können wir die Spuren Waldkirchs durch Deutschland vom Juni ab verfolgen und aus den Berichten darüber erschließen, was er eigentlich getrieben hat. Neben der Waffenhilfe, zu der die meisten Stände durch eine derartige Botschaft begreiflicherweise nicht zu gewinnen waren, hat er die Luthersache, die Türkennot und wohl auch Ferdinands Königswahl besprochen.

Daß dem Kaiser in dieser Zeit sehr viel an den deutschen Fürsten lag, lehrt fast drastisch ein an sich unbedeutender Zug. Dem Kredenzschreiben Waldkirchs an den Kurfürsten von der Pfalz vom 3. Februar 1528 hat er einen eigenhändigen Zusatz in deutscher Sprache hinzugefügt: „Thut auf dissmal bey myr das best, das wyl ich bey Euch auch thun. Carolus." Dergleichen findet sich äußerst selten. Wie er seinem Bruder nahelegte, seinerseits dem Könige von Frankreich „abzusagen", so hat man ganz richtig vermutet, daß der Kaiser auch von den deutschen Fürsten in erster Linie die moralische Unterstützung wünschte.

In derselben Richtung lag die Verschiebung des Reichstags, der in das Ferdinand gut gelegene Regensburg anberaumt war, am 16. April. Der Kaiser vermied damit, angesichts seiner Bemühungen um Besserung seiner europäischen Stellung, unliebsame Erörterungen über strittige Fragen.

Vor diesem Hintergrunde bewegte sich der Fortgang des italienischen Krieges. Und hier, nicht am Hofe oder bei den Diplomaten, finden wir die stärksten Kräfte, über die der Kaiser verfügte. Wenn neben Lannoy, Frundsberg und Pescara, die nun alle vom Schauplatz abgetreten waren, einer sich in höchsten Ehren behauptete, so war es der Letzte dieser älteren Generation, Antonio Leyva, seit Jahren die sicherste Stütze des Kaisers in der Lombardei. Er hatte etwas von der Lieblingseigenschaft der Zeit, der männlichen Entschlußkraft, der *Virtù*, verbunden mit nie versagender Hingebung an den Kaiser. Gerade er freilich wurde, wie es zu geschehen pflegt, Gegenstand der Anklagen gegen die Habgier der Generale wie gegen die Gewaltsamkeiten der Truppen, mit denen er auf Tod und Leben zusammenhing. Die große Masse hatte sich soeben gegen Rom ausgetobt. Die Reste hielt Leyva in der Lombardei mit Mühe und Opfern zusammen. Denn die hohen Einnahmen dieser Generale waren vielfach nur die Reserven zur Bezahlung der Truppen, wenn die verantwortlichen Stellen versagten. Daß ihm das Zusammenhalten gelang, obwohl er auf seine Bitten und Klagen selten Antwort und noch seltener Geld bekam, bleibt schon eine große Leistung; daß er mit diesen Truppen, wie stets zuvor, siegreich blieb, sein höchster Ruhmestitel. Zu allen Zeiten sind, trotz der beweglichen Klagen der Gerechten in Gegenwart und Nachwelt, Persönlichkeiten seiner Art die Lieblinge der Geschichte geblieben.

Anfang August hatte er dem Kaiser eingehend berichtet von der Haltung des Francesco Sforza, gegen den er trotz der Meinung einiger Bedenklichen die Untersuchung eröffnet habe; auch von den Verdiensten der Truppenführer, die aus allen Ländern unter die kaiserlichen Fahnen gezogen waren. Er hatte berichtet von der schlechten moralischen Hinterlassenschaft Bourbons, mit dem Morone aus Mailand abgezogen war; von der Hilfe, die ihm der Protonotar Carracciolo bei der Verwaltung des Herzogtums biete, und tausend Einzelheiten der militärischen Behauptung des Landes; schließlich von seiner Kundschaft über das bevorstehende erneute Anrücken der Franzosen.

So lange er konnte, hielt er mit geringen Kräften alle wichtigen Plätze in der Hand. Erst in der größten Verlegenheit beschränkte er sich notgedrungen auf das Wichtigste, auf Mailand; und hier, wie immer, mit Erfolg. Zunächst standen gegen ihn die Venezianer und die Franzosen unter Pedro Navarro, dann Lautrec selbst. Auch dieser hat ihm Mailand lassen müssen, als er Anfang 1528 „zur Befreiung" des längst befreiten Papstes südwärts zog — in Wahrheit, um Neapel für Frankreich zu erobern. Nun traten selbst der Herzog von Ferrara und der Markgraf von Mantua auf die französische Seite. Leyva durfte klagen: Alles sei umsonst, und umsonst opferten sich die Getreuesten für den Kaiser, der nichts von ihnen wisse, nichts für sie tue. Man gedenkt in der Tat noch einmal des Pescara.

Aber was hielt denn eigentlich alle diese Spanier, Neapolitaner, Burgunder und Deutschen, die seit fünf Jahren in Oberitalien Heldentaten auf Heldentaten häuften, an dem Kaiser fest? Diejenigen, die ihn am Hofe und in den Geschäften umgaben, verzweifelten an seiner Entschlußkraft, diejenigen, die in der Kampflinie standen, an seinen Mitteln und an seiner Gnade. Aber die einen wie die anderen fühlten sich im Banne der kaiserlichen und königlichen Idee, die er so stolz und oft so hochmütig vertrat. Sie warteten auf ihn mit rührender Geduld, weil ihr Alles doch wieder in ihm gipfelte. Insbesondere für diese Spanier wurde der kaiserliche Dienst zu einer eigentümlich wunderbaren Höhe ihrer Geschichte.

Wie oft hatte der Kaiser geplant, selbst nach Italien zu ziehen! Seit dem Frühjahr 1525 dachte er ernstlich an diese Fahrt; seine eigenhändigen Bekenntnisse vor Pavia sprachen davon. Kein Zweifel, daß sich für ihn mit dieser Unternehmung in den Jahren nach Pavia die Vorstellung des nächsten Triumphes seines Lebens verband — in seinen ganz persönlichen Äußerungen immer zuerst unter dem Gesichtspunkt der Ehre und des Ruhmes, für den er eigentlich noch nichts getan habe. Der Aufschub war zugleich ein Ringen mit dem Schicksal und mit Gattinara gewesen, der an jedem Tage des Glücks zugreifen wollte, um das Kaisertum, ganz im Sinne Dantes, als eine Bürgschaft des Friedens in Italien und damit in der Welt aufzurichten. Erst hatte das neben der oft entsetzlichen Unentschlossenheit des Kaisers die Überführung des französischen Königs nach Spanien gehindert, dann der schleppende Gang der Verhandlungen, später die neue Bedrohung durch die Liga von Cognac und immer der Mangel an Geld.

Allein, es gab offenbar bis zuletzt auch grundsätzlichen Widerstand im Staatsrat und am Hof zu überwinden. Gattinara sagte wiederholt, daß er gerade in diesem Punkt viele Gegner habe. Wir dürfen vermuten, auch in der kaiserlichen Familie; Navagero erzählt einmal von Tränen der Kaiserin. Auf Don Manuels mangelndes Verständnis für Italien wies Gattinara ausdrücklich hin; aber auch andere Spanier hielten zurück, vor allem der Präsident des Rates von Castilien, der Erzbischof Juan Pardo de Tavera, dem wir auch später noch als schroffem Gegner der Universalpolitik des Kaisers begegnen werden. So führte der Kanzler in diesen Jahren einen doppelten Kampf; wie immer gegen Frankreich und für Schonung Italiens, ja für das persönliche Eingreifen des Kaisers in Italien, und in diesem Punkte gegen die Spanier.

Dabei stürmten unausgesetzt die größten und aufregendsten Dinge auf den Kaiser und seinen Kanzler ein, die Berichte, Klagen und Forderungen aus dem Reich, aus Österreich und Ungarn; nicht minder aus den Niederlanden. Endlich meldeten sich auch die Angelegenheiten der Neuen Indien. Kaum hatte der Kaiser den Eroberer Mexicos, Hernando Cortes, trotz aller Anfeindungen ehrenvoll empfangen, zum Marques de la Val de Oaxaca, zum Ritter von Santiago und Generalkapitän von Neuspanien erhoben, als aus der Mitte des Erdteils Francisco Pizarro vor ihm auftauchte und in anschaulicher Beredsamkeit für die Conquista von Peru warb, was ihm Karl im Gegensatz zu seinen Vertretern in Panama nicht verwehrte.

Inzwischen sollten die Kaiserlichen in dem Kampf um Neapel auf die letzte und schwerste Probe gestellt werden. Lautrec war aus der Romagna die adriatische Küste entlanggezogen und stand schon in den Abruzzen, als Ugo de Moncada, Philibert von Oranien und Pescaras Neffe, der Marchese del Vasto, zum Schutz des Königreichs hereilten. Apulien war bald in den Händen der Franzosen; del Vasto vermochte noch Troja zu schützen, sonst nichts. Dann sollte es am 16. März 1528 zur Entscheidungsschlacht kommen, die Lautrec trotz seiner zahlenmäßigen Überlegenheit immer hinausgeschoben hatte. Aber Oranien entzog sich geschickt der Umklammerung. Den Kaiserlichen verblieb jetzt fast nur noch die Stadt Neapel — ein schlechter Anfang für Moncada, dem der Kaiser zwar den Titel eines Vizekönigs von Neapel noch versagte, die volle Verantwortung für das Königreich aber überließ.

Dabei zogen immer größere Gefahren herauf. In Spanien wußte man schon im vorigen Dezember von dem Herannahen feindlicher, vor allem genuesischer Galeeren, ohne daß man Hilfe gebracht hätte. Die volkreiche Stadt und die starke Garnison liefen Gefahr, ausgehungert zu werden, da der Hafen blockiert und die Stadt von der Landseite belagert wurde. Moncada bemühte sich, sizilisches Getreide heranzubringen und wagte ein Seegefecht unter Mitwirkung der Blüte seiner Offiziere. Aber es verlief höchst unglücklich. Moncada selbst fiel, der Marchese del Vasto wurde gefangen.

Nun lag die Last allein auf dem blutjungen General Philibert von Chalon, Prinzen von Oranien. In der letzten geheimen Ratssitzung vom Dezember 1527 hatte man sich noch dahin verständigt, den (inzwischen abgefallenen) Herzog von Ferrara zum Oberbefehlshaber aller kaiserlichen Truppen in Aussicht zu nehmen mit Oranien als Lieutenant; dieser sollte sich auf den erfahrenen Alarcon stützen. Zum Vizekönig sei er ihm einstweilen noch zu jung, sagte der Kaiser.

Oranien war in der Tat erst 25 Jahre alt, aber freilich sehr früh gereift. Sein Vater war wenige Wochen nach seiner Geburt gestorben, und Philiberte von Luxemburg, seine Mutter, ließ ihn sich zeitig in der großen Welt von Paris bewegen, seit 1520 in Spanien. Sie verwaltete auch seine weiten Liegenschaften in der Franche Comté, in Bresse, Bourgogne und Flandern. Seine einzige Schwester war die zweite Frau Heinrichs von Nassau geworden; und durch alle diese Beziehungen, auch durch die Verwandtschaft mit dem burgundischen Herzogshause, kam der junge, reiche Erbe früh zum Goldenen Vlies, zu Offiziersstellen und ins Feld. Er hatte schon viel erlebt, sich oft erprobt, war gefangen und verwundet gewesen, als ihn der Sturm der Kriegsvölker mit nach Rom riß; vor der Engelsburg nochmals schwer verwundet, suchte er vergebens dem Unfug der Zerstörung zu steuern.

Der Kampf um Neapel machte ihn zum wirklichen Führer. Während der Hafen noch blockiert war, suchte sich die Garnison, wie Leyva so oft in Pavia, Luft zu machen durch kühne Ausfälle, die dem von Krankheiten heimgesuchten französischen Heere arg zusetzten. Aber wochenlang blieb ihre Lage doch ganz verzweifelt durch den Mangel an Geld und Lebensmitteln bei vollkommener Blockade. Zuzug war unmöglich. Woher hätte er auch kommen sollen? Alle Bitten um Unterstützung verhallten ins Leere, wie bei Leyva.

Da erhielten die Belagerten eine ganz unerwartete Erleichterung durch den Parteiwechsel des Andrea Doria, dessen Neffe Filippino mit seinen Galeeren den Hafen beherrschte. Da der alte Genuese bei Frankreich seine Rechnung nicht gefunden hatte, stellte er sich in den Dienst des Kaisers und ließ am 4. Juli 1528 seine Schiffe abziehen. Am nächsten Tage lag die See wieder blank vor den Belagerten. Bald nachher erfuhr Oranien aus aufgefangenen Briefen Näheres von der Not im Lager der Franzosen. Man setzte ihnen jetzt nachdrücklicher zu, trug öfter Erfolge davon und vermochte sich wieder zu verproviantieren. Eines Tages wurde selbst Pedro Navarro aufs neue der Gefangene seiner Landsleute. Jedoch erst mit dem unerwarteten Tode Lautrecs (16. August) endete die eigentliche

Belagerung. Das Schwergewicht des Krieges verlegte sich wieder nach dem Norden.

Hier gestaltete sich die Lage der Kaiserlichen im Gegensatz zu Neapel um dieselbe Zeit immer gefährlicher. Zwar war es gelungen, einen deutschen Fürsten für den kaiserlichen Dienst in Italien zu gewinnen, den Herzog Heinrich den Jüngeren von Braunschweig-Wolfenbüttel. Man versprach sich viel von seinen frischen Truppen, die schon im Mai im Tridentinischen lagen. Aber gerade sein Schicksal zeigt, wieviel Geld, Erfahrung und Menschenbehandlung zur Truppenführung jener Zeit gehörten. Der Herzog gelangte bis in das Brescianische, wurde aber schon hier von den eigenen Truppen bedroht; im Juli mußte er vor ihnen fliehen. Ein ziemlicher Aufwand war nutzlos vertan.

Dafür vermochte der Graf von St. Pol noch im Herbst eine neue französische Armee von 10 000 Knechten nach Italien zu bringen, die Leyva den ohnehin nur mühsam gehaltenen Besitz der Lombardei wieder streitig machte und den Krieg trotz der empfindlichen Verluste der Franzosen vor Neapel endlos hinzuziehen drohte. Allerdings hatte Andrea Doria auch den Hafen von Genua wieder für kaiserliche Truppen geöffnet und die Herrschaft über die Stadt zurückgewonnen.

Die Bedingungen für die Herüberkunft des Kaisers schienen also günstiger als je. Der Krieg war noch keineswegs zu Ende; noch winkten dem Kaiser persönlich Ruhm und Ehre. Wirklich, im Laufe des Jahres 1528 und in offenbarem Zusammenhang mit dem erneuten schweren Kampfe in der Lombardei scheint Karl immer ungeduldiger geworden zu sein. Im April schrieb er dem Bruder, daß er „nichts auf dieser Welt so begehre", auch um Ferdinands willen, schon wegen der „Reformation" der Kirche in Deutschland und wegen der Krönung, aus der sie beide Gewinn ziehen würden. Nur fehle es ihm an der Hauptsache, an Geld. Daß er im Mai 1528 endlich die so lange hinausgeschobene Huldigung im Königreich Valencia entgegennahm, war eine Befriedigung der letzten berechtigten spanischen Wünsche und ein persönlicher Entschluß. Seine eigenhändigen Briefe an Balançon, der ihn im geheimen dem Prinzen von Oranien ankündigen sollte, und an Montfort aus dem Herbst 1528 verraten in jedem Satze sein stürmisches Verlangen nach der Fahrt; alles setze er nun an diesen Plan — „ich meine meine Fahrt", fügte er nachdrücklich hinzu. Er wolle fahren, schrieb er Montfort aus Toledo, „und wenn ich diese Stadt verkaufen sollte"; er klagte ihm über die Geldverhandlungen mit Portugal; „sie sind mir zu krämerhaft". Wir erfahren von Äußerungen im Staatsrat, vielleicht sogar vor einem weiteren Kreise, schon in Valencia und in Madrid (Mai und September), dann in Toledo im November. Die letzte dieser Ansprachen bewahrt uns die Chronik des Santa Cruz. Sie stammt in Aufbau und Gedanken offensichtlich von Gattinara, der dem Kaiser die Aufzeichnungen gegeben haben wird; denn wir finden nun den Kaiser öfter mit einem Zettel in der Hand.

Seine immer mehr gekräftigte Selbstherrlichkeit äußerte sich dabei so, daß er seine Umgebung nicht etwa fragte, ob (das stehe fest), sondern nur wie er seine Fahrt einrichten solle. Einleitend bemerkte er in echt Gattinarascher Dreigliederung, ihn hindere nicht die Furcht vor der Liga, da ihm Gott bisher stets den Sieg gegeben habe; auch nicht vor dem Papste, der längst über Frankreich mehr erregt sei als über den *Sacco di Roma;* er habe auch keine Bedenken wegen Spanien, dem er im Gegensatz zu seiner ersten Abwesenheit jetzt die Regentin und die Erben hinterlasse. Die Kosten dürften keine Rolle spielen; wenn er das Geld für acht Jahre Krieg gefunden habe, so werde es ihm auch für seine Krönungsfahrt nicht fehlen. Aber seine Fahrt gelte überhaupt nicht allein der Krönung; die hätte ihm der Papst auch in Spanien gespendet. Noch weniger der Rache an seinen Feinden; das sei Gottes Sache. Am wenigsten dem Landerwerb, denn er habe oft genug gezeigt, daß er nur nach dem eigenen ererbten Gut verlange, nie nach dem Besitz anderer. Wohl aber fahre er nach Italien, um den Papst zum Konzil zu zwingen, gegen die Häresien zu wirken und für die Reform der Kirche; sodann die Wunden zu heilen, die der Krieg diesem Lande geschlagen, und endlich — wie es einem Hirten zieme, seine Herde zu weiden, so zieme es ihm, seine Reiche, Staaten und Vasallen zu besuchen.

Die endgültige Entscheidung war erfolgt nicht ohne ein merkwürdiges taktisches Kunststück Gattinaras, das er seiner Selbstbiographie anvertraut hat. Der Kanzler war, wie öfter in seinem Leben, krank vor Ärger. Da besuchte ihn der Kaiser und brachte das Gespräch auf die Flotte, die Weihnachten bereitstehen werde, so daß man Mitte Januar 1529 in See gehen könne. Gattinara lächelte; er glaube nicht daran. Der Kaiser: Dann widerspreche sich der Kanzler selbst, da er stets die Fahrt betrieben habe. Gattinara: Ja, nachgerade habe er die Hoffnung aufgegeben, da es stets an allem fehle. Er habe sogar neuerdings, im Gegensatz zu früher, sich geradezu gegen die Fahrt geäußert. Denn die Spanier verdächtigten und bedrohten ihn wegen seines Interesses an Italien; und er müsse selbst sagen, daß es große Gefahren für den Kaiser gebe; daß man sich doch dem alten Piraten Andrea Doria nicht anvertrauen dürfe, und daß man auch in Italien noch immer mit Schwierigkeiten rechnen müsse. Deshalb könne er, wie gesagt, nicht mehr zureden.

Die Wirkung dieser Rede auf den Kaiser war, wie Gattinara sagt, die erwartete. Jedes Wort reizte ihn zum Widerspruch. Wie ein edles Tier durch die Hindernisse vor dem Ziel zum äußersten gespornt wird, so sei er nun nicht mehr zu halten gewesen.

Und doch dauerten die Vorbereitungen zur Italienfahrt noch wieder viele Monate. Hatte der Kaiser schon am 28. April 1528 die Regierungsvollmacht für die Kaiserin und die Weisungen an die einzelnen Ratskollegien ausgefertigt, von denen schon vor Jahren, im Juni 1525, in einer Denkschrift des Dr. Lorenzo Galindez de Carvajal die Rede gewesen war, so setzte er erst am 3. März 1529 unter Mitwirkung von Loaysa sein zweites, später vernichtetes Testament auf. Vom gleichen Tage datierte er die letzte Instruktion für Isabella mit allen Einzelheiten für die Regierungsgeschäfte und ihre äußere Handhabung. Am nächsten Tage reiste er von Toledo über Aranjuez und Siguenza nach Saragossa. Ende April war er in Barcelona — nach einem Jahr des Zauderns und der Hemmungen.

Mittlerweile war der Krieg in Oberitalien wider Erwarten zum Abschluß gekommen. Spanische Truppen waren von Genua aus zu Leyva gelangt und hatten diesen in den Stand gesetzt, nicht nur sich zu behaupten, sondern auch St. Pol auf dem Fuße zu folgen, als dieser sich anschickte, Genua von der Landseite her zu nehmen. Am 21. Juni schlug Leyva die Franzosen bei Landriano; St. Pol selbst wurde sein Gefangener. Diese letzten Schläge ließen endlich auch in Frankreich den Friedenswillen reifen, den zu pflegen sich längst die Erzherzogin Margarete um der Niederlande willen hatte angelegen sein lassen.

Die Friedensschlüsse von Barcelona und Cambrai

Während aller dieser Monate tastete sich der Papst in Orvieto und Viterbo zwischen den alten Verbündeten und den Kaiserlichen mühselig zurecht. Die Venezianer hatten mit Ravenna und Cervia uralten Besitz des Kirchenstaates an sich genommen. Die Liga bestürmte den Papst, der erlauchten Republik von San Marco die Städte zu lassen. Clemens VII hing daran wie an Parma und Piacenza; vor allem freilich an dem abgefallenen Florenz. So herrschte Uneinigkeit in den eigenen Reihen, Unbehagen auch darüber, daß die Kardinäle so lange in Neapel als Geiseln gehalten wurden. Der Gesandte Venedigs, Contarini, hatte die eindringlichsten und erbaulichsten Gespräche mit dem Papst über die Notwendigkeit eines Verzichtes auf irdische Dinge, wenn das Wohl der Christenheit und die Würde der Kirche auf dem Spiel stünden. Der Papst empfand sich zu sehr als Politiker im landläufigen Sinne, als daß er ohne Gegengaben einzulenken bereit gewesen wäre.

Clemens VII besaß wenig Willenskraft, aber genügend Klugheit, einzusehen, daß für ihn alle Vorteile längst wieder auf der Seite des Kaisers lagen. Seit Monaten war der Franziskanergeneral Francisco Quiñones aus dem Hause der Grafen von Luna — wie es scheint, früher auch eine Zeitlang Beichtvater des Kaisers — Vermittler zwischen diesem und dem Papst. Clemens VII erhob ihn zum Kardinal von Santa Croce, was seine ohnehin ziemlich neutrale Stellung gegenüber dem Kaiser verstärkte. Vielleicht deshalb wurde von Spanien aus eine Persönlichkeit eingeschoben, die weniger auf Vermittlung als auf unmittelbare Wahrnehmung der politischen Interessen des Kaisers eingestellt war — der Aragonese Micer Miguel Mai. Seine Art hat man nicht mit Unrecht derjenigen des Don Juan Manuel verglichen. Er berechnete ganz offen alle seine Mittel auf die Persönlichkeit des Papstes und zog ihn um so sicherer auf die kaiserliche Seite, je mehr er ihm seine persönlichen Wünsche ablauschte und befriedigte. Die kaiserliche Seite aber bedeutete für den Papst eine Preisgabe der Liga, die ihrerseits noch immer jeden Druck auf ihn auszuüben suchte. Aber hatte sie ihn nicht in seiner höchsten Not schmählich im Stich gelassen? England, Frankreich, Venedig, vor allem Florenz? So wurde das Spiel ein doppelseitiges. Der Papst sagte wiederholt, daß er zum Kaiser nach Spanien kommen wolle. Aber Mai durchschaute ihn und meinte, er wolle vor allem den Kaiser von Italien fernhalten. Dann war er auch zur Bewilligung der Cruzada für Spanien bereit, verlangte aber, wie Mai schrieb, „in seiner niedrigen Art" einen Anteil von 30 000 Dukaten daran.

Allgemein wirkte auf die Friedensbereitschaft der Kurie die Türkengefahr in Ungarn und das Hilfegesuch, das Andrea da Burgo im Auftrage Ferdinands und natürlich mit Unterstützung des kaiserlichen Gesandten vorbrachte, als Suleiman erneut mit ungeheuren Aufgeboten bereits donauaufwärts im Anzuge war.

Entscheidend für Clemens wurde zweierlei. Einmal, daß die Gesandten ihn von der Furcht vor dem Konzil befreiten. Mai und da Burgo gingen dabei sehr bewußt vor — sicherlich nicht ganz im Sinne der Universalpolitik Gattinaras, obwohl auch dieser, wie wir uns erinnern, das Verlangen nach dem Konzil einmal selbst als ein Druckmittel auf den Papst bezeichnet hatte. Der Erfolg zeigte sich deshalb sofort, als der Gesandte Ferdinands dem Papste eines Tages vortrug: Seine Heiligkeit brauche ein Konzil nicht zu fürchten, da Seine Majestät der Kaiser mehr Wert auf den Frieden in der Welt und in Italien lege als auf die allzeit unberechenbare Haltung eines allgemeinen Konzils; ein befreundeter Kaiser werde ihn verteidigen, und mit den Lutheranern werde man durch andere Mittel fertig werden — wobei zum ersten Male die Idee der Religionsgespräche auftaucht. Kaum hatte der Gesandte so gesprochen, als sich der Papst wie erleichtert von seinem Sessel erhob und sagte: „Meiner Treu, Ihr sprecht wahr und vernünftig; in diesem Falle könnte man ihnen ruhig einige Zugeständnisse machen." Das andere, fast noch wirksamere Mittel zur Gewinnung des Papstes wurde das Eingehen auf seine Wünsche wegen Florenz; hier sollten sich die Vorgänge von 1512 wiederholen. So rüstete sich alles für einen Sonderfrieden des Papstes. Nach dem plötzlichen Tode Castigliones im Februar zu Toledo hatte der Papst schon am 16. April 1529 seinen Majordomo, den Bischof von Vaison, als neuen Nuntius mit umfassenden Vollmachten und den gewünschten Bewilligungen nach Spanien abgesandt. Im Verein mit Gattinara, de Praet und Granvelle wurden in Barcelona die Artikel aufgesetzt, die am 29. Juni zum Frieden führten. In diesem Frieden von Barcelona reichten sich Papst und Kaiser, wie der getragene Dokumentenstil es ausdrückte, die Hand „aus Schmerz über die Zerrissenheit der Christenheit, zur Abwehr der Türken und zur Anbahnung eines allgemeinen Friedens". Der Papst erhielt Ravenna, Cervia, Modena, Reggio und Rubiera zugesichert; der Kaiser erneut die Investitur mit Neapel und die Verleihung kirchlicher Benefizien. König Ferdinand wurde in den Frieden eingeschlossen; Kaiser und König versicherten, gegen die Häretiker vorgehen zu wollen, falls diese dem Zuspruch des obersten Hirten und den Mandaten ihres Kaisers nicht Folge leisteten. Über Mailand würden sich die höchsten Häupter vertragen. Alle Förderer der Türken bedrohte der Papst mit dem Kirchenbann; dagegen absolvierte er alle diejenigen, die mit den Waffen in der Hand in Italien gegen den Kirchenstaat gefochten hatten.

Wenige Wochen nach diesem Friedensschluß, am 16. Juli, zog der Papst die englische Ehescheidungssache nach Rom. Damit war das Urteil der Kirche im Sinne des Kaisers nicht mehr fraglich. Aus dem *Defensor fidei* sollte nun ein neuer gefährlicher Feind der römischen Kirche werden.

Über den italienisch-päpstlichen Auseinandersetzungen haben wir vorübergehend die politische Welt um den Kanal aus den Augen verloren. Tatsächlich ist es in den Niederlanden auch nach den Kriegserklärungen des Jahres 1528 nicht zu eigentlichen Kampfhandlungen gekommen, es sei denn, daß man die sehr üblen Rückwirkungen des formellen Kriegszustandes auf die Sicherheit der Straßen in den Grenzgebieten und auf den gesamten kommerziellen Austausch darunter begreift. Die schweren Ärgerlichkeiten, die Margarete nach dem Tode Isabellas mit Christian von Dänemark auszustehen hatte, hingen mit den englisch-französischen Dingen keineswegs zusammen. Margarete bewies dabei ihre alte Energie, indem sie dem Könige wiederholt persönlich tapfer entgegentrat, ihm Teile seiner Schulden, etwa für das Andenken der Königin, abnahm, das

Eintreten für andere aber ebenso bestimmt ablehnte; sie beanspruchte auch die königlichen Kinder für sich, als sie es nicht hindern konnte, daß der unbeherrschte Abenteurer mit Sack und Pack, auch mit dem Kelch, den er zum Entsetzen Margaretes täglich benutzte, seiner Wege zog.

Eher konnte man schon das Aufflackern des geldrischen Krieges eine Frucht der längst gestörten kaiserlich-französischen Beziehungen nennen, obwohl diesmal noch mehr als früher der Kern des Streites in Utrecht lag. Außerdem wirkte sich dieser merkwürdigerweise so aus, daß erst die Utrechter Gebiete, besonders Overyssel, dann alle Nachbarlande mehr oder weniger frei und eifrig die kaiserliche Hilfe suchten. Auch die sonst stets bewilligungsunlustigen Stände von Brabant und Holland bequemten sich, nachdem sie teures Lehrgeld gezahlt hatten, doch zum Teil aus eigenem Antrieb zu Leistungen, so daß endlich mit Hilfe dieser Lande selbst die Hoheit des Kaisers als Graf von Holland über Utrecht im Vertrage von Schoonhoven (1527) und als Herzog von Brabant über Overyssel und sogar über Geldern im Vertrage von Gorcum am 3. Oktober 1528 anerkannt wurde. Daß Johann von Cleve mit seinen Ansprüchen auf Geldern gelegentlich eingriff, daß Martin van Rossem, geldrischer Marschall, seiner Unbändigkeit in dem barbarischen Überfall auf Den Haag vom 6. März 1528 die Zügel schießen ließ, weist auf spätere Kämpfe vor. In allem diesem aber wirkte schließlich doch etwas Tieferes und Allgemeineres.

Margaretes Regierung zeigt jenen modernen Zug zum geschlossenen Obrigkeitsstaat gegen die Reste der Feudalzeit — ähnlich wie die der katholischen Könige und Karls selbst in Spanien — durch Einverleibung kleiner Hoheiten, Förderung eines tüchtigen Beamtentums und Zurückdrängung des Hochadels mit seinen partikularistischen Ansprüchen. Daß aus dessen Kreisen Klagen gegen sie an den Hof kamen, daß Karl eine so bedeutende Persönlichkeit wie den Herrn de Praet zur Beilegung in die Niederlande sandte, vertieft für uns die Einsicht in die stolze und selbstbewußte Politik der Erzherzogin, die, wie wir wissen, auch mit den Privilegien der Städte sehr unbekümmert umsprang, wenn das Interesse ihres kaiserlichen Neffen ihr das nötig erscheinen ließ. Ihre Rechtfertigungen haben etwas Großartiges, und es ist bezeichnend für ihr fürstliches Gefühl, daß sie als Vermittlerin nur die Kaiserin anzunehmen gewillt war. Nichts habe sie preisgegeben von kaiserlichen Hoheitsrechten, nichts von seinen Besitzungen oder Einkünften, höchstens auf die eigenen Mittel zurückgegriffen im Gegensatz zu den Herren, deren Begehrlichkeit sie mutig geißelte. Modern war auch ihr Verständnis für die wirtschaftlichen Notwendigkeiten ihres Landes und damit für die englische Freundschaft.

Wie von jeher war der kaiserlich-englische Krieg so gut in den Niederlanden wie bei dem englischen Arbeiter und Kaufmann im tiefsten Grunde unpopulär. Es war sehr geschickt von den Vertretern des Kaisers, daß sie in London betonten, der Grund des Krieges sei der Ehrgeiz des (ohnehin in seiner Stellung erschütterten) Wolsey, nicht der Kriegswille des Königs oder gar des Volkes. Einmal drohte umgekehrt von seiten des Kaisers der Seekrieg einen großen Stil zu gewinnen und die Tage der berühmten Armada vorwegzunehmen. In einer Denkschrift vom Januar 1528, unmittelbar nach der Kriegserklärung von Burgos, bezog sich Gattinara auf die Zusage einer portugiesischen Flottenhilfe und erwog, wie man portugiesische, castilische und flandrische Schiffe zu einem großen Schlage gegen die englische Flotte und zu einer Landung in England vereinigen könnte, um das Unrecht an der Königin zu rächen und das Erbrecht der Prinzessin zu schützen. Dazu könnte man sich auch mit den Schotten verbinden. Ja, Wilhelm von Montfort sollte dafür am 6. Februar allen Ernstes sogar 6000 deutsche Knechte anwerben. Das ist wohl der erste greifbare Plan einer Landung auf englischem Boden in der neueren Geschichte. Zur Ausführung gekommen ist er nicht. Vor allem Margaretes Bemühungen, unterstützt von dem kaiserlichen Gesandten Iñigo Mendoza, Bischof von Burgos, führten schon am 15. Juni 1528 zum Waffenstillstand von Hamptoncourt, später zum Frieden.

Denn auf der anderen Seite waren es doch wieder Traditionen der alten höfischen Kleinwelt, die der Erzherzogin ihre Vermittlertätigkeit gegenüber Frankreich erleichterten, wie etwa die gesellschaftlichen Beziehungen der Herzogin von Vendôme, die eben damals Erbstücke ihres Schwagers, des Herrn von Ravestein, antrat. Als Margaretes Gesandter Des Barres auf einer Abendgesellschaft in Paris von der Mutter des Königs, Louise von Savoyen, also Margaretes Schwägerin, darauf angeredet wurde, ob seine Herrin und sie selbst sich nicht des allerseits ersehnten Friedens annehmen sollten, war die erste Anknüpfung geschehen; sie führte um so rascher zum Erfolge, als Margarete in kluger Zurückhaltung sich weiter bitten ließ. Mehrfach erschien bei ihr jetzt der uns schon bekannte Bischof von Avranches, Gilbert Bayard; es gab fruchtbare Korrespondenzen, die in dicken Aktenstößen vorliegen, und endlich die persönliche Zusammenkunft der beiden Fürstinnen in Cambrai vom 5. Juli 1529 an, wobei Margarete unter äußerst geschickter Ausnutzung aller persönlichen und sachlichen Verhältnisse schließlich den für den Kaiser so günstigen Damenfrieden zustande brachte, der am 3. August 1529 vollzogen wurde.

Louise von Savoyen stand als Mutter und Großmutter unter den gehäuften Eindrücken der Gefangenschaft ihres Sohnes und der Enkel und der letzten Mißerfolge in Italien. Margarete verkannte ihrerseits nicht die Gunst der Lage, zeigte aber darüber hinaus, wie immer, die Sachkenntnis und Entschlußfreudigkeit der politischen Persönlichkeit. Sie hatte sich auch beizeiten durch die Berichte ihrer Vertrauten Rosimbos und Des Barres (schon vom 31. Dezember 1528 an) die Zustimmung des Kaisers in allen wesentlichen Punkten gesichert.

Der Damenfrieden von Cambrai gab sich ausdrücklich als eine Bestätigung des Friedens von Madrid unter Ausscheidung der als undurchführbar erkannten Restitution der Bourgogne, aber unter Aufrechterhaltung aller Rechte des Kaisers darauf. Das Schriftstück hat einen sehr stattlichen Umfang, weil unzählige Angelegenheiten territorialer Art, insbesondere auch der beiderseitigen Untertanen, darin mit festgelegt werden mußten. Das Entscheidende blieb die Anerkennung der Souveränität über Flandern und Artois sowie die völlige Preisgabe aller Ansprüche der Franzosen auf Mailand, Genua und Neapel, worum die Könige von Frankreich seit 35 Jahren unter sehr großen Opfern und zeitweise mit glänzendem Erfolg gekämpft hatten. Preisgegeben wurden auch alle Parteigänger Frankreichs, besonders in Italien, was dem Papst zugute kam. Doch auch in Deutschland, was Geldern und Robert von der Mark lahmlegte. Dagegen wurde König Christian in den Frieden aufgenommen. Für die Freigabe der Prinzen sollte ein Lösegeld von zwei Millionen Soleils gezahlt werden, wobei Frankreich auch des Kaisers Schuld gegen England übernahm, was für Karl eine große innere und äußere Entlastung bedeutete. Die Königinwitwe Eleonore, schon durch förmliche Trauung dem Könige von Frankreich verbunden und seit Jahren in einer peinlichen Zwitterstellung, sollte nunmehr wirklich mit ihm den Thron besteigen — für Karls dynastisches Empfinden etwas sehr Wesentliches und Großes; auch für seine Politik, wie sich später herausstellen sollte, keineswegs ohne Bedeutung.

So schmücken denn die Medaillons Eleonores und ihres königlichen Gemahls, von Genien gehalten, die Hauptpilaster des prachtvoll aus Eichenholz geschnitzten dreigeteilten Kaminaufbaues im großen Saal des Obergerichts in Brügge, der damals seiner Vollendung entgegenging. Rechts und links die Begründer dieser habsburgisch-burgundisch-spanischen Macht, Kaiser Maximilian und Marie von Burgund, Ferdinand von Aragon und Isabella von Castilien, in lebensgroßen Figuren. Vor dem Thron, der die Bilder der Eltern trägt, die jugendliche Gestalt des Kaisers im Goldenen Vlies, das Schwert der Hoheitsrechte wie zum Himmel erhoben. Die Tiefe des Hintergrundes überdeckt von den Wappen aller seiner Länder. Dazwischen die Büsten Lannoys und der Erzherzogin Margarete — das Ganze ein prunkhaftes Sinnbild des auf Pavia und Cambrai gegründeten Hochgefühls dieser Zeit.

Wie die erfahrenen kaiserlichen Räte den Erfolg von Cambrai beurteilten, zeigt ein Freundesbrief de Praets, der jetzt zur Beruhigung Italiens abgesandt war, an Granvelle. Er fand den Frieden so günstig, daß er auf den ersten Blick an eine Täuschung dachte. Er erwog die Gefahr eines neuen Friedensbruchs, fand aber alles in allem die Lage so, daß er unbedingt zur Ratifikation riet. Charles de Poupet, Herr von La Chaulx, der zweite aus dem engsten Kreise des Staatsrats, schrieb im September 1529 ähnlich aus Savoyen unmittelbar an den Kaiser.

Bald danach, im Oktober, traf sich La Chaulx mit Des Barres in Paris, und beide berichteten am 21. von der glänzenden Aufnahme, die sie dort gefunden hätten. Der König habe sie im großen Saal des Louvre empfangen, umgeben vom ganzen Hofe.

Welch ein anderes Bild als jene Versammlungen der Kriegserklärungen und Herausforderungen im letzten Jahre! Jetzt kam schon in der Mitte des Saales der König auf die Gesandten zu, wartete die Anrede von La Chaulx gar nicht ab, sondern pries sogleich die ausgezeichneten Damen, die diesen Frieden zuwege gebracht hätten. Er wolle nun leben und sterben als des Kaisers wahrer Bruder und Freund; der Kaiser möge ganz über ihn und seine Mittel verfügen — mit weiteren schönen Worten. In seinen Gemächern kam er dann auf die Türkenfrage, äußerte den lebhaften Wunsch, König Ferdinand zu unterstützen, entwarf einen Kriegsplan mit 60 000 Knechten, Reitern und Artillerie, wobei der Kaiser natürlich Anführer, der König von Frankreich Führer der Avantgarde sein würde. Geld könne er leider nicht geben, da er dem Kaiser schon so viel zahlen müsse. Aber er werde sich gern alsbald durch Savoyen und Piemont zum Kaiser begeben, um dem Feldzug Nachdruck zu verleihen.

Am 20. Oktober nach der Messe wurde in der Kathedrale von Notre Dame, unter großem Aufgebot vornehmer Herren und im Beisein der Gesandten von England, Venedig, Mailand, Florenz und Ferrara, die etwas widerwillig erschienen waren, der Friede beschworen. Darauf gab der König den Gesandten ein Frühstück im bischöflichen Palais. Abends waren sie beim Grandmaître, der sich noch einmal besondere Mühe gab für den Herzog von Ferrara, den Schwager des Königs als Gemahl der einst viel verhandelten Renée. In denselben Tagen und in ähnlicher Feierlichkeit beschwor auch Karl seinerseits zu Piacenza den Frieden in Gegenwart des Admirals von Frankreich.

DER KAISER IN ITALIEN. KRÖNUNG IN BOLOGNA 1530

Denn inzwischen hatte der Kaiser endlich seine Italienfahrt antreten können. In Barcelona waren die sehnlichst erwarteten vierzig Maultiere mit Geld aus Portugal und Castilien eingetroffen. Hier hatte der Hof auch die Nachricht von der Niederlage St. Pols bei Landriano erhalten, „als wenn die Sache des Kaisers von Gott selbst wunderbar geführt würde", bemerkte Gattinara. Alle Voraussetzungen für einen guten Verlauf der Fahrt schienen gegeben. Freilich kam noch eine letzte Warnung vor der Italienfahrt aus der Feder Margaretes. „Mein Gebieter", schrieb die Tante, „Euer tapferer und hochherziger Sinn verlangt die Fahrt nach Italien; mir und allen Euren Dienern hierzulande hat diese Sorge für Eure Ehre und Reputation, Eure Sicherheit und Eure Staaten tiefe Befriedigung gegeben. Allein die Gefahren für Eure Person und die Schwierigkeiten der Sache erwecken zugleich Bedenken und Sorgen." Der Kaiser dürfe die Fahrt erst unternehmen, wenn er mit Geld, Truppen und Lebensmitteln ausgiebig versehen sei; sonst könne es ihm gehen wie einst Karl VIII von Frankreich, der glücklich ins Land kam, aber schon in Rom an Geldmangel litt, zurückkehren mußte und seine Ehre einbüßte.

Indessen, die Dinge waren nun einmal im Rollen und diese Einwände dem Kaiser zu vertraut, als daß er sich dadurch noch hätte hindern lassen. Außerdem war ein gut Teil der Befürchtungen Margaretes mittlerweile überholt. Ende Juli stach man in See, landete am 6. August in Monaco, am 9. in Savona, am 12. in Genua. Von hier ging es über Tortona, Voghera, Piacenza fast zur Enttäuschung des jungen Kaisers durch ein bereits befriedetes Land nach Bologna, wo er am 6. Dezember feierlich einritt.

Die Renaissance entfaltete alle ihre Pracht zu seinen Ehren. Die herrliche Stadt, im Schmuck der Teppiche und Girlanden, der plastischen Kunstwerke und der Scheinarchitekturen, stellte an ihren Triumphbögen das ganze wiedererstandene Altertum als eine historische Interpretation von Land und Volk vor den schaulustigen Augen dar. Dem vierundsechzigjährigen Gattinara, der unterwegs den schon 1525 versprochenen Kardinalspurpur erhalten hatte, mochte das Herz klopfen, als er hier nun wirklich die Bilder der römischen Kaiser Cäsar, Augustus, Titus und Trajan neben den Wappen seiner kaiserlichen Majestät bemerkte. Er ritt im nächsten Gefolge des Kaisers neben Heinrich von Nassau, Alessandro Medici und dem Markgrafen von Montferrat, selbst Graf und Markgraf eines kaiserlichen Lehens in Piemont. Die Nachricht von der rühmlichen Abwehr der Türken, die in wütenden Stürmen Wien berannt hatten, vergoldete das Bild dieses Tages der Erfüllung für den Kanzler.

Schon vorher hatte Clemens VII sich dort eingefunden, und wochenlang sah man nun die eben noch anscheinend unversöhnlich verfeindeten Häupter der Christenheit in vertraulichem Gespräch. Denn ihre Gemächer im Palazzo Publico waren durch geheime Türen miteinander verbunden. Der Aufenthalt zog sich fast vier Monate hin, vom Dezember 1529 bis gegen Ende März 1530. Man versteht den Verzug nur schwer, da Ferdinand immer dringender um das Kommen des Kaisers und um seine Hilfe gegen die Türken bat.

Was fesselte den Kaiser eigentlich so lange scheinbar tatenlos an Bologna? Er hatte sich im Sinne seines großen Entschlusses die Fahrt ursprünglich ganz anders gedacht. Nun überkam ihn ein fast schwindelndes Gefühl angesichts der täglich wechselnden politischen Lage, die seiner mühsam gefaßten Entschlüsse zu spotten schien. Er empfand selbst das Bedürfnis, sich vor dem Bruder zu rechtfertigen, und tat das in dem sehr ausführlichen und vertraulichen Schreiben vom 11. Januar. Dabei lehnte er sich, wenn nicht alles täuscht, noch einmal, wie in früheren Fällen, eng an Formulierungen Gattinaras an, die durch seinen eigenen natürlichen und etwas sentenziösen Stil wie Gerüste hindurchschimmern. Das Ganze ein gegen 1525 doch sehr viel reiferer Versuch, sich über die Gesamtheit seiner schwierigen Lage Rechenschaft zu geben.

Er wünschte, sein Brief könne fliegen und auch die Antwort käme sobald als möglich. Auf Ferdinands Anfrage wegen eines Vertrages mit den Türken stellte er nüchtern fest, daß sie beide allein die Mittel zum erfolgreichen Kampf gegen den Großherrn nicht besäßen, daß die anderen Fürsten gerade ihnen beiden auch keine nennenswerte Hilfe leisten würden. Ein Frieden selbst mit Opfern sei nicht von der Hand zu weisen. Freilich würden hernach alle behaupten, was wunder sie hätten leisten wollen, und ihn erinnern an seine oft ausgesprochene Absicht, gegen die Ungläubigen zu kämpfen. Der Sultan könnte auch denken, Ferdinand habe den Frieden nötig, und er hätte nur noch ein wenig auszuharren brauchen, um Größeres zu erreichen. Oder aber, er würde sich, nunmehr gegen Ferdinand gedeckt, erst recht gegen den Kaiser wenden. Doch die Gründe für den Vertrag überwögen diese Bedenken. Freilich, der Papst richte soeben durch die bei ihm beglaubigten Gesandten an die Fürsten und Mächte eine Aufforderung zur Türkenabwehr; die Antworten würden langsam eingehen und könnten lauten: Warum sollen wir Hilfe leisten, wenn Ihr Frieden macht? Da es weiter gut wäre, abzuwarten, wie sich die Dinge in Deutschland anließen, rate er zum Hinhalten durch eine vorläufige Antwort, nicht durch eine Gesandtschaft, wobei der Verzug zu entschuldigen und die Bereitwilligkeit auszudrücken wäre, lieber in Güte als in Waffen mit dem Sultan zu handeln.

Was aber sein eigenes weiteres Verhalten und die Fahrt nach Deutschland betreffe, so bitte er (fast als wollte er das eben gegebene Rezept für sich verwenden) zunächst um Rat über drei Möglichkeiten. Entweder sich sogleich krönen zu lassen und bald zu kommen; oder die Krönung in Rom zu suchen und im Mai oder Juni nach Deutschland zu ziehen; oder endlich, falls das wegen Deutschland angehe, zunächst in Neapel nach dem Rechten zu sehen und erst im Herbst in Deutschland zu sein. Damit Ferdinand klarer sehe, wolle er noch einmal alles zusammenfassen, sowohl die Gründe für seinen Zug aus Spanien nach Italien wie die Veränderungen, die seitdem eingetreten seien, und zum dritten die gegenwärtige Lage.

Sein Hauptgrund für die Fahrt sei gewesen, daß man mit dem bisherigen Verhalten in Italien nie den Frieden gemacht und nie den Krieg beendet hätte, während seine Mittel zu Ende gingen; daß die großen Häresien in Deutschland die Gefahr eines anderen römischen Königs mit sich brächten, während er nur als gekrönter Kaiser für Ferdinand eintreten könne. Endlich wünsche er Neapel zu besuchen, wenn es gehe. Denn er wolle Italien den Frieden bringen. Es vollkommen beherrschen zu wollen, hieße „ewig" kriegen und niemals die gewünschte Freundschaft mit den Papst gewinnen. Obwohl ihm viele abrieten, habe er sich doch zur Fahrt entschlossen.

Nun sei aber manches ganz anders gekommen, als er sich gedacht habe. Weil viele die Fahrt nicht wollten und man auf das portugiesische Geld wartete, verspäteten sich alle Zurüstungen. Unterwegs sei dann die Nachricht von dem Frieden mit Frankreich gekommen und damit die Absicht auf Kriegführung in Italien gefallen. Andererseits habe Ferdinand erfreuliche Nachrichten über den Verlauf der Türkenabwehr geben können; beides ließ ihn sich gründlicher der Ordnung Italiens widmen, wodurch er freilich dem Bruder ferner blieb, als wenn er gleich auf Venezien gerückt wäre. Er habe also seine friedliche Einstellung betont, aber „wie man meist das Gegenteil erreicht, wenn man eine Sache sehr zu begehren scheint", so sei es auch hier gegangen. Der Papst verlangte Erfüllung seines Versprechens gegen Florenz. Man trug ihm vor, daß in 15 bis 20 Tagen alles bereit sei; dann hieß es, man brauche sehr viel länger, und nun ziehe sich die Sache noch immer hin, unklar ob in Güte oder Gewalt. In der Zwischenzeit habe er wenigstens die Verträge mit Venedig und dem Herzog von Mailand abgeschlossen. Hier die Herrschaft für sich oder Ferdinand in Anspruch zu nehmen, wäre nicht gegangen, wenn man nicht einen „unsterblichen Krieg" wollte. Denn immer bleibe es unsicher, ob Frankreich wirklich Frieden halte. Es neige zu England, wo der König seine Frau, ihre Tante, ohne Zulassung des Papstes verlassen wolle.

Frankreich und England würden vom Kriege abstehen, wenn sie den Frieden in Italien sähen (wieder ein echt Gattinarascher Gedanke). Neapel habe er wieder fest in Händen und 21 000 Mann verfügbar. Es blieben nur noch die Sorgen um Florenz und um Ferrara. Denn es empfehle sich, jetzt auch die letzten glimmenden Funken auszutreten. Und so sehe sich denn die gegenwärtige Lage an. Er wolle dem Papst sein Wort halten, obwohl einige von diesem jede Unehrlichkeit erwarteten; wolle auch Frankreichs Verhalten abwarten, das angefangen habe, in bezug auf Neapel, Stenay und Hesdin seine Bedingungen zu erfüllen. Aber es bestehe bei vielen die Vermutung, daß der König seine Praktiken in Italien weiter treibe, in Florenz und in Venedig, und daß er den Frieden breche, vor oder nach der Freigabe seiner Söhne. Was England betreffe, so wolle der Papst die skandalösen Ansprüche des Königs nicht bewilligen, scheue sich aber, die Obödienz des ganzen Landes zu verlieren. Der König werde Dummheiten machen, die Grund genug wären zum Kriege. Der Vertrag mit Andrea Doria laufe im Mai oder Juni ab, doch hoffe er ihn zu behalten. Aus alledem ergebe sich auch die Frage, ob er Zeit behalte, sich in Rom krönen zu lassen, was einige als das Wesentliche ansähen, oder ob es hier in Bologna sein solle, damit er bald kommen könne. In diesem Falle müsse Ferdinand sagen, was in Sachen der Häresien zu geschehen habe und was in Sachen der Königswahl, die er unter allen Umständen durchsetzen werde.

Der Brief sei lang geworden und sehr vertraulich, doch sei noch mehreres „in der Feder steckengeblieben", was er hoffe, bei ihrem persönlichen Zusammensein zu besprechen.

So also betrachtete der Kaiser Mitte Januar die Lage. Noch waren Rom und Neapel nicht endgültig aufgegeben. Da gab das erneute Drängen Ferdinands den Ausschlag. Auch Margarete warnte von den Niederlanden aus, nicht Zeit und Geld dem Papst zuliebe zu zersplittern, da Ferdinand so dringend der Türkenhilfe bedürfe. „Ihr Häupter der Christenheit", schrieb sie dem Neffen, „könntet dortzulande niemals so viel Ehre gewinnen, als Ihr verliert durch Versäumung der Türkenabwehr." Zur Geldbeschaffung bleibe nichts anderes übrig, als in der ganzen Christenheit einen Teil der Kirchengüter zu verkaufen, zumal der Ritterorden, auch in Preußen — angesichts der Tatsache, daß die deutschen Fürsten, insbesondere die lutherischen, sie ganz unbefangen zu Domänen machten. Der Papst müßte dazu die Hand bieten. Eine allgemeine Tagung der Christenheit sei gewiß zu umständlich, aber sie empfehle drei große Versammlungen, eine beim Kaiser für Italien und Spanien, eine zweite unter ihrer Leitung in Cambrai für Frankreich, England und Schottland; und eine dritte für ganz Deutschland und die

Nebenländer unter Ferdinand — alles zu beschleunigten Maßregeln für eine große Türkenexpedition. Das war in der Kreuzzugsidee echt burgundisch und zugleich maximilianisch gedacht, Dreiteilung Europas unter die habsburgischen Geschwister.

In Bologna bewegte man sich keineswegs in solchen Gedanken. Auch die Meinung des Papstes war auf ganz andere Dinge gerichtet als auf Opfer aus den Mitteln der Kirche. Von den Einzelheiten seiner Verhandlungen mit dem Kaiser erfahren wir allerdings wenig; am unmittelbarsten spricht zu uns einer jener von Karl benutzten, teilweise eigenhändigen Notizzettel, der sich zufällig in Simancas erhalten hat. Da steht an der Spitze: „Das wegen der Königin von England" — wir kennen die Sache. Dann „die Bestätigung der Bulle wegen Ausdehnung des königlichen Patronats und Bestätigung der Union der drei Großmeisterschaften"; weiter „ein Breve mit der Ermächtigung, über ihre Rente noch für neun Jahre nach meinem Tode zugunsten meines Seelenheils verfügen zu dürfen" — diese Gedanken begleiteten den Kaiser also auch jetzt auf der Höhe seines Lebens. Ähnlich der Wunsch einer Abänderung des Breve mit der Absolution wegen des *Sacco di Roma* — und so noch eine Reihe von eigenen Anliegen und solchen der spanischen Krone und Kirche, wie „das, was die Inquisition betrifft, worüber ich ein Memorial habe"; auch die Pensionen, die der Papst beziehe aus der Kirche von Toledo.

Nach den späteren Memoiren des Kaisers wurde auch über das Konzil verhandelt, worauf wir bald zurückkommen.

Die Angelegenheiten Italiens erschienen den beiden hohen Herren im Augenblicke offenbar als das weitaus Dringendste. Francesco Sforza erhielt Gelegenheit zur Rechtfertigung und daraufhin die förmliche Belehnung mit Mailand. Wie hätte ihn der Kaiser auch schuldig sprechen können, nachdem der viel schwerer belastete Papst mit ihm vertragen war? Venedig kam durch Contarini in allen Punkten entgegen. Wegen Ferrara gab es Schwierigkeiten, aber keinen Streit.

Auf des Kaisers Geburtstag 1530 wurde die Kaiserkrönung anberaumt. Man sah um Deutschlands willen endgültig von Rom ab. Karls Wunsch, bei dieser Feier deutsche Fürsten um sich zu sehen, scheiterte an der Kürze der Zeit; nur der junge Pfalzgraf Philipp, der Neffe des Kurfürsten und des Pfalzgrafen Friedrich, war zugegen; er trug beim festlichen Zuge in die Kirche dem Kaiser den Reichsapfel voran, wenigstens ein Symbol von Kurpfalz und vom heiligen Reiche deutscher Nation. Am 22. empfing Karl die eiserne Krone der Lombardei aus den Händen des Papstes, am 24. Februar die Kaiserkrone; wiederum ein Prunkfest großen Stils. Zum letzten Male sah die Welt im vollen Ornat die höchsten Ämter von

Kaiser und Papst so, wie sie seit zwei Jahrhunderten zahlreiche Fresken italienischer Kirchen und Stadthäuser darstellten. Die einzige Aufgabe, die der kaiserlichen Generale in Italien noch wartete, war zugleich die trübste. Clemens VII bestand auf der Unterwerfung von Florenz. Ein letzter, wenig würdiger Sprößling aus dem Geschlecht des alten Cosimo war als Herzog in Aussicht genommen; der Kaiser dachte ihm später seine damals erst achtjährige natürliche Tochter Margarete zur Ehe zu geben. So zogen denn drei Jahre nach dem *Sacco di Roma* kaiserliche Truppen vor das viel edlere Florenz, um es mit Gewalt zu erobern und unter die Herrschaft des Hauses Medici zurückzuzwingen. Mit der Blüte der Kunst sollte nun auch die letzte Bürgertugend zugrunde gehen. Es geschah nach langen Kämpfen im Lande und um die Mauern, wobei Michelangelo Buonarotti selbst als Feldbaumeister mitwirkte, und nach beiderseits schweren Verlusten. Denn auch der Kaiser mußte ein hohes Opfer bringen mit dem Leben des jüngsten und hoffnungsvollsten seiner Generale, des Philibert von Chalon, Herrn von Oranien, der bei einem der Außengefechte dieses Krieges am 3. August vor Gavinana, unweit Pistoia, mitten im Reitergetümmel zu Tode getroffen wurde. Seine Mutter setzte ihm ein Denkmal durch Konrad Meit, den Bildhauer der Erzherzogin Margarete; seine Titel erbte René, der Sohn seiner Schwester Claude und Heinrichs von Nassau; so kam „Oranien" an Nassau.

Inzwischen hatte der Kaiser Italien längst verlassen. Im April, Mai und Juni zog er über Mantua, Peschiera, Rovereto, Trient und Innsbruck nach Deutschland. Er trat ein in das Land seines Schicksals und, als ob die alte Zeit sichtbarlich von ihm weichen sollte, verlor er zu Innsbruck am 5. Juni nicht ganz unerwartet seinen Großkanzler, Mercurino Gattinara, dessen Erdentage nur Arbeit gewesen waren für das kaiserliche Haus, dessen Lebensabend ihm aber jene Erfüllung gebracht hatte, die sein letztes Lebensziel gewesen war, Kaiserkrönung und Befriedung Italiens.

Der Tod Gattinaras bedeutete für Karls innere Entwicklung den Abschluß. Fortan hat niemand mehr entscheidenden Einfluß auf ihn ausgeübt. Von einem Oberstkämmerer in der Art des Chièvres war schon längst keine Rede mehr. Dagegen begleiteten den Kaiser noch für drei Jahre die brieflichen Ratschläge seines früheren Beichtvaters Loaysa, den er eines Tages ziemlich schroff aus dem Staatsrat entfernt hatte und der jetzt, obwohl zum Kardinal erhoben, sich in Rom wie verbannt fühlte. Er schrieb in dem höfisch ergebenen Tone des Mannes, der am liebsten jeden Tag zurückgekehrt wäre. „Wenn meine Abwesenheit von Eurer Majestät damit bezahlt wird, daß Ihr im Guten beharrt, dann werde ich meine Strafe als eine Freude hinnehmen." Karl, der Loaysas Klugheit schätzte und ihn zu seinen Briefen offenbar immer wieder ermunterte, holte ihn doch nie wieder in seine unmittelbare Nähe. Immerhin war es Loaysa, der Karl als Ersatz für Gattinara die beiden Männer empfahl, die in der Tat fortan seine vornehmsten Ratgeber wurden, Cobos und Granvelle. „Ich hielt immer dafür", schrieb er, „daß Cobos der Schrein Eurer Ehre und Geheimnisse sei, daß er Eure Mängel ausgleiche und seinen Herrn zu entlasten wisse. Er wendet nicht viel Geist an, um Feinheiten und Witzworte zu sagen wie andere. Aber er murrt dafür nie über seinen Herrn und ist allgemein beliebt. Herr von Granvelle aber ist ein gewandter Anwalt und guter Lateiner, eine Persönlichkeit und guter Christ, verständig in Geschäften. Er ist im Verkehr nicht so angenehm wie der Staatssekretär, aber wenn er ein Amt hat, so wird er auch Geduld bekommen. Mein Votum also wäre, daß Eure Majestät Ihr eigener Großkanzler sei, aber alle Geschäfte mit diesen beiden behandelte."

Der Nachfolger Lalemands als Kabinettssekretär, Anton Perrenin, erscheint noch in der Beglaubigung des Codicills von 1532 neben Cobos als Sekretär und öffentlicher Notar, ist ihm aber politisch nicht ebenbürtig geworden, da er für die außerspanischen Dinge durch Granvelle völlig in den Schatten gestellt wurde. Dieser war seinerseits nie Sekretär sondern Diplomat und Staatsmann. 1486 zu Ornans in Burgund geboren, hatte er ähnlich wie Gattinara seinen Weg über Dôle, den Dienst der Erzherzogin Margarete und die Gesandtschaft in Frankreich genommen; er wurde der eigentliche Bearbeiter der großen Politik. Dafür lagen Cobos besondere Qualitäten auf dem Gebiete des Finanzwesens, wobei er als kluger Geschäftsmann sich selbst nicht vergessen hat. Aus bescheidenen Anfängen hatte er sich unermüdlich emporgearbeitet; schon Chièvres unentbehrlich, vereinigte der aufgeräumte und gewandte Andalusier nach und nach die Sekretariate der wichtigsten castilischen Ministerien in seiner Hand. So zog er nicht geringeren Nutzen aus seinen Stellungen als einst Chièvres; nur waren seine Renten technisch geschickter an die Finanzquellen angeschlossen; als Sekretär des Indienrates gewann er die Kontrolle des Schmelzens und Eichens der Edelmetalle mit einer Abgabe von 1 % und ähnlich gewinnbringende Salzrechte, ebenfalls für alle amerikanischen Kolonien — was ihm gewaltige Einnahmen verbürgte.

Mehr noch als auf Personalien erstreckten sich Loaysas Ratschläge nach wie vor auf das persönliche Leben des Kaisers. Die oft scheinbar harten Urteile heben sich in ihren Übertreibungen selbst auf. Gleichwohl bleiben sie doch überaus lehrreich für die ernste, vulgär kirchliche Auffassung von sittlichen Dingen, in der sich der Kaiser bewegte. Er könne

sich jederzeit auch aus dem tiefsten Sündenpfuhl wieder erheben, jederzeit „ein neues Hauptbuch für das Gewissen anlegen", schrieb der Kardinal. „Möge Eure Majestät überzeugt sein, daß Gott niemandem ein Reich gibt, ohne ihm damit eine größere Verpflichtung aufzuerlegen, ihn zu lieben und seine Gebote zu bewahren." „Immer stritten in Eurer königlichen Person Trägheit und Ruhm. Ich hoffe, daß Gottes Gnade Euch in Deutschland gebe, Eure natürlichen Feinde, das Wohlleben und die Zeitvergeudung, zu überwinden."
Solche Gedanken werden den Kaiser selbst beschäftigt haben. Kriegsruhm in Italien zu ernten, war ihm wider Erwarten versagt geblieben. Vielleicht winkten ihm auf anderem Gebiet Ehre und Reputation. Bisher waren nach oft furchtbaren Prüfungen schließlich noch immer seine kühnsten Träume übertroffen von märchenhaften Erfolgen. Sollte es ihm nicht gelingen, die Abgewichenen zurückzuführen und die Ungläubigen mit Gottes Hilfe niederzuschlagen? Loaysa hatte er einmal gestanden, es verlange ihn, sein Leben einzusetzen. Der Beichtvater bezog sich darauf: Die Gelegenheit sei nun da.

7. DIE DEUTSCHEN PROTESTANTEN

Die fromme Kirchlichkeit des Kaisers und das himmelstürmende Heilsverlangen dieser Deutschen spotteten einander, wie ein wohlberieselter Garten und ein die dürstende Flur erquickendes Unwetter. Der religiöse Gedanke furchtbarer göttlicher und ungöttlicher Mächte über die menschliche Seele war durch Martin Luther auf das schrecklichste empfunden und durchlitten, ehe er den Weg zur frohen Botschaft der Erlösung fand. Daß sich die Not so gut wie die Seligkeit der Getröstung bei ihm in den Begriffen der alten Theologie und in wortwörtlichen Fassungen der Heiligen Schrift darstellte, verhüllte doch nur den ewigen Gehalt seines Erlebnisses und steigerte seine lebendige Wirkung auf das deutsche Volk in Zeit und Nachwelt. Denn alle Religion ist Gebundenheit, auch an menschliche Tradition.

Der Sturm aber, den er entfesselt hatte, zerschlug das Gebäude des Geistlichen bis auf den Grund und traf damit in Deutschland ganz unmittelbar auch die weltliche Ordnung der Dinge, die sich ohnehin seit Jahrhunderten unsicher zwischen dem Universalen und dem Nationalen bewegt hatte. Gewiß waren für Luther, der in den universalen Vorstellungen vom Reiche Gottes lebte, von dem das Kaisertum dieser Welt einen Abglanz trug, die rein nationalen Anliegen nur eine Hilfe auf dem Wege zur Lösung von den kleinen und großen Weltlichkeiten des bisherigen kirchlichen Wesens. Aber einmal durchdrungen von dem unlösbaren Widerspruch zwischen den hergebrachten Autoritäten und der neuen eigenen Glaubenssicherheit, durchschaute er das Fremde und Gewordene der römischen Kirche auch im Spiegel der deutschen Geschichte, ahnte er in den werdenden deutschen Landesfürstentümern, die ihn umgaben, einen Halt, in dem die Form der christlichen Gemeinde ihre Angeln finden könnte — immer freilich unter Bewahrung der Ehrfurcht vor dem „Reich", in dem nun einmal das ganze deutsche Volk seine erste politische Einheit besaß. Er befand sich dabei in unbewußtem Einklang mit der eigentümlichsten Spannung der deutschen Geschichte, die sich seit Jahrhunderten des universalen Reichsgedankens bedient hatte, um die christliche Kultur als Ausrichtung von Weltbild und Sittlichkeit auf Gottes ewige Ordnungen im deutschen Volk verwurzeln zu lassen und zugleich diese in ihrer Eigenwilligkeit so lebendigen, aber sich immer wieder auflösenden deutschen Stämme und Sonderbünde als ein Volk zusammenzuhalten. Noch mehr. Je vollkommener ihn die Gewalt der Sprache erfüllte und zum Werkzeug der Geschichte machte, um so sicherer traf er das Wesen seiner lieben Deutschen, nahm er die innere Volksgemeinschaft sozusagen vorweg — gleichwohl ohne jede Möglichkeit, aus seiner eigensten Welt etwas zu ihrer äußeren politischen Neugestaltung beizutragen.

Und doch, seit dem Augenblicke, da der Seelsorger Luther sich seiner christlichen Gemeinde verantwortlich gefühlt hatte, da er begonnen, seine Angst und seinen Jubel hinauszuschreien, war seine Sache selbst schon zur politischen geworden. Seit er in Worms gestanden und sich behauptet hatte, war er ein Zeichen geworden, an dem man sich erkannte.

Deutscher Staat, Reformation und Bekenntnisbildung

Dieses Zeichen nahmen einige Fürsten und Städte an. Ja, ein Teil der entstehenden deutschen Territorialstaaten und der ihnen in der Entwicklung damals noch nebengeordneten deutschen Städte anerkannte in Luthers Sinne die Pflicht einer christlichen Obrigkeit zur Förderung von Gottes Willen, die ihnen im Zuge der Ausgestaltung ihrer Regierung und unter dem Druck der Stimmung „des gemeinen Mannes" nicht einmal schwerfiel. So erklären sich die immer erneuten Einwendungen der Stände gegen die Durchführbarkeit des Wormser Edikts von 1521; nicht minder die frühzeitigen Ansätze zu obrigkeitlichen Eingriffen gegen überstürzte kirchliche Maßregeln und für positive landesherrliche und städtische Ordnungen in Sachen der Religion.

Ohne allzuviel von ihrer geistlichen Kraft einzubüßen, wurde die lutherische Bewegung sogar zum wichtigsten Ferment dieser neuen deutschen Staatsbildung, die sich damit aus der privaten Enge und Eigennützigkeit zu der sittlichen Höhe von Pflichtbegriffen und Verantwortungen durchzuringen vermochte. Aber die reine Idee hatte sich wie überall in mannigfachen Bindungen zu verwirklichen und in diesen allerlei leer gewordene Begrifflichkeit und viel rohe Erdgebundenheit zu tragen. Daraus ergaben sich bis zur Gegenwart alle jene Überspannungen und Kämpfe, die wir als Erscheinungsformen auch des Geistigen kennen.

Um das Jahr 1529 stak man tief in diesen Auseinandersetzungen; schon spürte man innere Rückwirkungen, die wieder als neue Kräfte mit ins Spiel traten.

Die erste Gefahr schwärmerischer Überspannung individuellen religiösen Verlangens und turbulenter Zerstörung alles hergebracht Kirchlichen konnte als überwunden gelten. Ebenso, wenn auch nicht ohne innere Einbuße, die Verquickung der Forderungen des göttlichen Rechts mit sozialen Bewegungen in der bäuerlichen und kleinbürgerlichen Welt von Süd- und Mitteldeutschland. Bei Luther selbst und seinen Freunden war daraus ein tiefes Mißtrauen zurückgeblieben gegen alle eigenwilligen spiritualistischen und umstürzlerischen Neigungen. Nun zog eine dritte Gefahr herauf in der dogmatischen Fassung der Unterscheidungslehren, die als Erbteil der alten Theologie die religiösen Schichten wie Ablagerungen durchsetzten. Luthers Thesenanschlag und später die Verurteilung einzelner Sätze aus seinen Schriften gaben sich notgedrungen in diesen Formen. Was die Herzen der Menschen warb, war das lebendige Lutherwort; was zwischen den Theologen umstritten wurde, gehörte der Welt rechtlicher Beweisstücke für etwas Unfaßbares an. Das war schon vor tausend Jahren nicht anders gewesen.

Wieder handelte es sich jetzt um Gruppenbildung, teils natürlich entstanden, teils bewußt betrieben zur Stärkung der eigenen Überzeugungen und ihrer Durchsetzung im Bereich rechtlicher Ordnungen, doch in mannigfachen Abstufungen des Verhältnisses von Idee und Organisation.

Zwischen den humanistischen Reformern, die wie Erasmus am Kirchenbegriff nicht zu rütteln wagten, und den spiritualistischen Schwärmern und Täufern, die ihn völlig auflösten, bestanden Berührungspunkte, obwohl Luther zwischen ihnen zu stehen schien. Auf der anderen Seite gab es selbst unter den engeren Freunden Luthers, von den Wittenbergern angefangen bis zu dem unter seinem Einfluß, wenn auch selbständig hervorgetretenen Zwingli in Zürich, Abtönungen der Lehrmeinungen, die vielfach um so schärfer empfunden wurden, je näher sie sich standen. Das gleiche gilt in bescheidenerem Maße von den altkirchlichen Kreisen; auch hier gab es geistige Verwandtschaften hinüber und herüber vom Alten zum Neuen — nur zu begreiflich, da ja alle demselben Mutterboden entstammten. Umgekehrt haben die massenhaften Streitschriften auf allen Seiten Formulierung und Stimmung immer mehr zugespitzt.

Alle Streitenden waren von Haus aus mehr oder weniger unpolitisch. So lag die Frage der Zeit darin, welche Lehrmeinungen ihren politischen Rückhalt gewinnen oder behaupten würden und in welchen Gruppierungen und Anlehnungen sie sich zu stärken vermöchten. Deshalb sind nicht erst heute „Bekenntnisbildung und Religionspolitik" zum Gegenstand fruchtbarer Studien gemacht worden, die uns einen Augenblick fesseln müssen, weil gerade sie die politische Lage erkennen lassen, in der Kaiser im Sommer 1530 eintrat.

Die deutsche Politik hatte den Zug zur Formulierung der Lehren zuerst durch den Nürnberger Reichstagsabschied von 1524 erhalten, wonach die Stände, die hohe Schulen besäßen, „durch ihre gelehrten, ehrbaren, erfahrenen und verständigen Räte einen Auszug aller neuen Lehre und Bücher, was darin disputierlich wäre", anfertigen lassen sollten, um ihn dem geplanten Nationalkonzil vorzulegen. Schon damit hatten die Deutschen in aller Form den Standpunkt des Wormser Ediktes aufgegeben und den Weg der Prüfung und Vergleichung von Bekenntnissen oder „Konfessionen" betreten. Auf diesem Wege betätigte sich, soviel man sieht, zuerst Markgraf Casimir von Brandenburg-Ansbach, ein alter Freund der Habsburger, der in ihrem Dienste 1527 endete, nachdem er zeitweilig starke lutherische Anwandlungen gehabt hatte. Ihm folgte sein Bruder und Erbe, Markgraf Georg, der einst am ungarischen Hofe, auch religiös, die junge Königin Marie stark beeinflußt hatte und jetzt wegen des Besitzes von Jägerndorf in Schlesien wiederum der habsburgischen Freundschaft bedurfte, aber innerlicher und beharrlicher die Sorge um das Evangelium festhielt. Daneben hatte die politische Verständigung der Fürsten untereinander im Bauernkrieg sie auch bekenntnismäßig zueinandergeführt, Sachsen und Hessen und wiederum die Brandenburger in Franken. Kurfürst Johann ließ einen fränkischen Ratschlag in Wittenberg prüfen und fand die Zustimmung von Luther, Melanchthon, Jonas und Bugenhagen, die sich als die wichtigsten Träger der neuen Kirchenordnungen erwiesen.

Damit sind die grundsätzlichen Bedingungen für die weitere Entwicklung schon gekennzeichnet. Fortan gingen die Dinge Hand in Hand und natürlich zugleich vielfach im Widerstreit miteinander: der bekenntnismäßige Zusammenschluß und die Bündnisbildung zur Erhaltung der politischen Freiheit, auch in Religionssachen. Nur erfolgten bemerkenswerte Ablenkungen in beiden Bereichen durch die gleichzeitige Auseinandersetzung aller Gruppen mit den Altkirchlichen und durch analoge Bündnisbildungen auf dieser Seite, ebenfalls unter kirchlichen wie unter politischen Gesichtspunkten. Das gab denn eine Fülle von Möglichkeiten der Kombination, mit denen die klugen Räte des Kaisers die Nöte des Tages überwinden sollten; in denen freilich auch oft genug das sittliche Gebiet berührt wurde, insofern sie Versuchungen mit sich brachten, die dadurch noch erschwert wurden, daß die Grenzen des um des Friedens willen zeitweilig oder dauernd Tragbaren nicht nur von der inneren

Haltung, sondern ebensosehr von der nüchternen Einschätzung des Gegners und der Umstände bestimmt werden mußten.

Zwei Ereignisse hatten inzwischen in der Richtung auf Bekenntnisbildung und politische Bündnisse besonders vorwärtsgetrieben, die Unruhen vermehrt und die Gegensätze verschärft; das waren die Packschen Händel von 1528 und der Speyerische Reichstag von 1529. Das angebliche katholische Kriegsbündnis, eine Fälschung des abenteuerlichen Otto von Pack, eines Rates vom Hofe Georgs von Sachsen, erregte den Landgrafen Philipp von Hessen im März 1528 zur Gegenwehr, richtiger zum Gegenschlag — gestützt auf Kursachsen, das neue Dänemark, Frankreich und Johann Zapolya, also lauter Gegner der Habsburger. Das übereilte Losschlagen des Landgrafen, seine Brandschatzung der ihm benachbarten Stifte Mainz und Würzburg machte einen um so übleren Eindruck, als sich die Leichtfertigkeit der Fälschung bald herausstellte. Kursachsen zog sich früh wieder zurück, Kurpfalz vermittelte, und das Ganze blieb schließlich auf der Stufe einer brutal eindringlichen Mahnung. Immerhin, zum Streite der Theologen alter und neuer Richtungen, zur Erregung des Volkes, war nun zum ersten Male der Streit der Reichsstände selbst getreten, an den sich fortan bis in den Dreißigjährigen Krieg hinein alle kleinen und großen landschaftlichen und bald auch europäischen Gegensätze hängen sollten.

Viel tiefer reichte die Wirkung des Speyerischen Reichstages von 1529. Als er ausgeschrieben und am 15. März eröffnet wurde, war der Kaiser noch keineswegs der letzten Sorgen in Italien ledig. Aber seine Lage in Neapel und in der Lombardei hatte sich deutlich gebessert, und das verfehlte in Deutschland um so weniger seine Wirkung, als man nach den Packschen Händeln an jene Sendung des Propstes von Waldkirch vom Februar 1528 die abenteuerlichsten Vermutungen knüpfte. Sicherlich hing damit auch zusammen, daß die Altkirchlichen, zum ersten Male aufgeschreckt, jetzt wieder erhöhtes Interesse an der Abwehr nahmen und daß König Ferdinand als Vertreter des Kaisers eine schärfere Tonart anzuschlagen wagte.

Träger der Reichspolitik auf diesem Reichstage war noch immer die Fürstengeneration, die Karl V gewählt und vor zehn Jahren in Deutschland begrüßt hatte. Dieselben geistlichen Kurfürsten Albrecht von Brandenburg in Mainz, Hermann von Wied in Cöln und Richard von Greiffenklau in Trier. Unter den weltlichen hatte Johann von Sachsen seinen Bruder Friedrich den Weisen abgelöst, doch war er nicht viel jünger, ihm geistesverwandt, wenn auch ausgesprochener lutherisch. Ludwig von der Pfalz, der ältere Bruder des Pfalzgrafen Friedrich, kirchenpolitisch zurückhaltend, neigte auch sonst zur Vermittlung. Der betont altkirchliche

Joachim von Brandenburg, dessen dänische Gemahlin wohl nicht bloß wegen ihrer lutherischen Neigungen den Hof verlassen hatte und in kursächsischem Schutz lebte, erschien nicht zum Reichstage; man sagte, wegen seines Verhältnisses zur Frau des Wolf Hornung. Auch unter den weltlichen Fürsten fehlte auf dem Reichstage gerade der ernsteste Gegner Luthers, der Albertiner Georg von Sachsen, ein Mann von theologischen Interessen und Kenntnissen, aber verdrossen über die Habsburger. Von den Welfen fehlten die Lüneburger; Herzog Franz erschien erst am Schluß des Reichstags. Dagegen sah man ihren Widersacher, den vielgeschäftigen Heinrich von Wolfenbüttel, der einst seine Dienste dem Kaiser in Spanien selbst angetragen, aber damals sowenig wie bei dem Versuch eines Eingriffs in den italienischen Krieg etwas Wesentliches beschickt hatte. Besonders wichtig wegen der Spannung zwischen ihrer politischen und kirchlichen Einstellung waren die bayerischen Wittelsbacher Wilhelm und Ludwig, dem Könige Ferdinand gram wegen ihrer Niederlage bei der böhmischen Königswahl, aber beide ausgesprochen altkirchlich, sehr bedacht auf die religiöse Einheit ihrer Herzogtümer. Deshalb wünschten sie trotz aller Eifersucht auf den König einen katholischen Bund. Das Haus Württemberg ruhte. Markgraf Philipp von Baden war altkirchlich. Umgekehrt neigten die jüngeren Linien der Pfälzer zur Reformation. Die Brandenburger in Franken wurden durch Markgraf Georg vertreten. Hessen, in der Reihe der deutschen Fürstentümer eines der jüngsten, war doch reich genug, seinem fünfundzwanzigjährigen Landgrafen das ansehnlichste Gefolge zu stellen. Er war kirchlich und durch politisches Bündnis dem Kurfürsten von Sachsen zunehmend nähergetreten, ohne freilich darüber die Verbindungen mit altkirchlichen Nachbarn aufzugeben. Den Habsburgern war er nicht nur wegen seiner entschieden reformatorischen Haltung, sondern auch wegen seines Streites mit dem Hause Nassau verdächtig, von den Packschen Händeln ganz zu schweigen. Ferdinand hatte ihn beim Eintritt in Speyer zufällig getroffen und sehr kühl begrüßt.

Die altkirchliche Majorität des Reichstages war nicht etwa vorwiegend durch die Bischöfe bedingt, von denen viele weggeblieben, einige nicht einmal recht vertreten waren. Immerhin erschienen sie zahlreich genug, durch die Ereignisse des letzten Jahres erregt. Die Städte hatten trotz ihres Einspruchs auf den letzten Reichstagen nicht die von ihnen gewünschte Stellung; die größten und angesehensten, Straßburg, Nürnberg, Augsburg und Ulm mit ihren schwäbischen Nachbarinnen, pflegten neuerdings ganz offen die kirchlichen Neuerungen und befanden sich damit in wachsender Entfremdung von der Reichsgewalt.

König Ferdinand hatte an seiner Seite außer dem kaiserlichen Orator, dem Propst von Waldkirch, noch seinen Vertreter, den Pfalzgrafen Friedrich, sowie seinen Kanzler Bernhard von Cles, Bischof von Trient, der später dem Kaiser nach Bologna entgegengesandt und von diesem sehr gelobt wurde.

Allerdings als König von Böhmen und Ungarn befand sich Ferdinand jetzt wie später zugleich in der Verlegenheit, von eben diesen Ständen, vor denen er in der Kirchenfrage am liebsten gebieterisch aufgetreten wäre, wegen der Türkenhilfe Entgegenkommen erbitten zu müssen. Es handelte sich dabei gewiß um eine allgemeine Sache der Christenheit und der deutschen Nation; aber der König erschien doch als der Nächstbetroffene und als der Mahner. Gleichwohl zeigte er sich in der Kirchenfrage wirklich schroffer als sein kaiserlicher Bruder, dessen Kabinett aus erasmischer Weltlichkeit, aus den üblen Erfahrungen mit dieser päpstlichen Heiligkeit und aus mangelnder Kenntnis der deutschen Verhältnisse sichtlich zurückhielt. Man hat festgestellt, daß in Speyer entgegen dem Anschein nicht die verspätet eingetroffene kaiserliche Proposition, sondern im Namen des Kaisers die viel schärfere Ferdinands verlesen wurde, was den Gang der Reichstagsverhandlungen natürlich nachhaltig beeinflußte. Es genügt hier, deren Ergebnisse festzuhalten.

Das Entscheidende wurde, daß der Entwurf des Reichstagsabschieds ausdrücklich die sehr verbreitete Auslegung des letzten Speyerischen Abschiedes von 1526 verurteilte, wonach die Stände das Recht zu kirchlichen Neuerungen gehabt haben sollten; ihnen schien also nunmehr nachträglich jede Rechtsgrundlage entzogen. Außerdem forderte der Abschied ebenso bestimmt die Duldung des ganzen altkirchlichen Wesens in allen Territorien, was der werdenden geistlichen Gleichförmigkeit dieser Staaten schnurstracks zuwiderlief. Er verbot alle weiteren Neuerungen und bedrohte die Lehren Zwinglis, nicht nur der Wiedertäufer, mit völliger Ausrottung. Das berührte mehrere der mächtigsten oberdeutschen Reichsstädte, die sich dem Züricher Bekenntnis nahe fühlten.

Die Antwort der Betroffenen war die Protestation vom 19. April 1529, in der namhafte deutsche Fürsten und Städte gegen den Abschied Verwahrung einlegten mit der am 20. April übergebenen, durch den brandenburgischen Rat Georg Vogler formulierten Begründung, „da in Sachen Gottes Ehr und unser Seelen Seligkeit belangend ein jeglicher für sich selbst vor Gott stehen und Rechenschaft geben muß, also daß sich des Orts keiner auf anderer, minderen oder mehreren Machen oder Beschließen entschuldigen kann". Es unterzeichneten Kursachsen, Hessen, Markgraf Georg, der Fürst von Anhalt und die Botschaften der Herzöge von Lüneburg; dazu die Boten von 16 Städten.

Die Protestierenden oder *Protestantes*, wie sie fortan hießen, stellten sich mit diesem tapferen Auftreten außerhalb des Schutzes der von den allerverschiedensten Motiven bestimmten bisherigen Majorität. Jetzt handelte es sich nicht mehr, wie bisher, um eine allgemeine Opposition gegen allerlei Erscheinungen des alten Kirchentums, wo sich immer der eine auf den anderen berief, sondern um den Zusammenschluß eines kleinen Häufleins von Aufrechten, das sich seiner ausgesetzten Lage vollkommen bewußt war. Deshalb tat sich ein Teil dieser Protestierenden alsbald, schon am 22. April, auch zu einem Bündnis zusammen, in dem sie einander beholfen sein wollten, falls sie wegen des Wortes Gottes angegriffen würden; das waren Kursachsen, Hessen, Straßburg, Ulm und Nürnberg. Die übrigen hielten zurück. Aber gerade unter den Erstverbündeten gab es Bekenntnisgegensätze. Sie überbrückten diese im Augenblicke durch die allgemeine Beziehung auf das „Wort Gottes". Hätten sie das festgehalten, so wären sie der Kern der großen, noch unfertigen welthistorischen Einheit der „Evangelischen" geworden, die sich nicht auf die Tradition, also die geschichtlich bedingte Form der römischen Kirche, sondern auf die andere Quelle christlichen Wesens stützte, auf das Gewissen und die Heilige Schrift, wie Luther in Worms.

Allerdings ist nicht zu leugnen, daß dieses Prinzip allein bereits die Quelle tiefster Meinungsverschiedenheiten und Aufspaltungen gewesen war, und deshalb begreiflich, daß man nach anderen, strenger formulierten Gemeinschaftssätzen ausschaute, wie man sie in Bekenntnissen zu finden hoffte. Daß hier die Gefahren in der entgegengesetzten Richtung lagen, haben wir schon bemerkt.

Man stand vor der unendlich schwierigen Aufgabe, Konkordienformeln zu finden über einseitig festgelegten Lehrsystemen, denen man innerlich bereits die Heiligkeit durchgerungener und schriftgemäßer Überzeugungen beigelegt hatte. Daß es dem klarblickenden und tatkräftigen Landgrafen gelungen ist, zu Michaelis 1529 auf sein Schloß zu Marburg einen stattlichen Theologenkonvent aus ganz Deutschland von Zürich bis Wittenberg zusammenzubringen, bleibt immer eine erstaunliche Sache; wir wissen, daß nur sein nachdrückliches Bitten auch Luthers Abneigung überwunden hat. Noch größer, mit der heutigen Forschung sagen zu dürfen, daß die Arbeit nicht vergebens war, daß die unüberbrückbaren Gegensätze in der Abendmahlsfrage doch eine gewisse Annäherung nicht verhindert haben, daß man aus Marburg abritt in einer fröhlichen, fast brüderlichen Stimmung. „Unser freundlich Gespräch zu Marburg hat ein Ende und seind fast in allen Stücken eins", schrieb Luther am 4. Oktober seiner Frau.

Es ist tröstlich für die Möglichkeiten des guten Willens und wichtig für die Verteilung der Verantwortlichkeiten, daß nicht die Theologen im

Schloß des Landgrafen, sondern die Politiker auf der Tagung Anfang Dezember zu Schmalkalden das Verständnis vom 22. April wieder gesprengt haben, weil die Kursachsen, die Markgräflichen und die Nürnberger eigenwillig auf ihr älteres Bekenntnis zurückgriffen. Man hat dort „zornsweis" geredet, der Landgraf noch einmal alles versucht; vergebens. Der theologisch gebildete Straßburger Städtemeister Jakob Sturm sprach in einer Sondersitzung mit seinen weltlichen Kollegen von Sachsen und Brandenburg, um nicht unter den Predikanten neuen Streit zu erregen. Aber der Kurfürst selbst war am meisten versteift. „Die Städte, so vom Sakrament mißhalten, sündigen wissentlich wider Gottes Wort und also in den heiligen Geist, dem sonst keine Sünde, so aus Blödigkeit geschieht, verglichen werden kann." Und der brandenburgische Kanzler Vogler, der zwischendurch gewarnt hatte, „unser Gewissen so eng einzuziehen", schrieb am nächsten Tage: „Daß wir mit gutem Gewissen mit den Mißhelligen in kein Verstentnus und gleich so wenig in weiter Schickung zu kaiserlicher Majestät bewilligen mochten."

Das waren die beiden Punkte, Bündnis und gemeinsames Auftreten vor Kaiser und Reich, in denen man scheiterte.

Das größere Deutschland des Landgrafen und sein europäischer Protestantismus traten zurück hinter einer kursächsischen Linie der Reichspolitik, die immer klarer erkennbar wurde und in sich nur das strengste Luthertum zu umschließen meinte. Sie wollte Selbstbehauptung im Frieden mit der Reichsregierung. Kurfürst Johann war noch nicht belehnt, obwohl er schon seit 1525 regierte; er fühlte sich auch durch seinen bescheidenen Anteil an den Packschen Händeln belastet und botschaftete schon vor dem Speyerischen Reichstage an den Kaiser nach Barcelona. Der Ertrag war mager gewesen; letzte Entscheidungen blieben aufgespart bis zu des Kaisers Wiederkehr ins Reich. Inzwischen aber war Kursachsen doch in glücklichere Fühlung mit dem Kaiserhof gekommen durch seine Verbindung mit dem Grafen von Nassau-Dillenburg, dem Bruder von Karls erstem Kämmerer Heinrich von Nassau. Graf Wilhelm, der Vater des Schweigers, hatte bereits reformatorische Neigungen und lehnte sich in seinem Streit mit Hessen gern an Kursachsen. Auf einer Tagung in Arnstadt, Februar 1530, legte er den Sachsen nahe, dem Kaiser vor dem Reichstage „gut gründlichen Bericht" zu erstatten; sein Bruder werde die Sache fördern. Dem schien die kaiserliche Ausschreibung zum Reichstage nach Augsburg auf den 8. April zu entsprechen. Der Kaiser wolle dort, hieß es, „eines jeglichen Gutbedünken, Opinion und Meinung in Liebe und Gütigkeit" anhören.

Mit den Grafen von Nassau und Neuenahr und stattlicher Instruktion wurde Hans Dolzig als Vertreter Kursachsens und in der ausgesprochenen

Absicht, von den anderen Protestierenden abzurücken, dem Kaiser entgegengesandt. Der frühzeitig nach Augsburg abgereiste Kurfürst dachte auch selbst dem Kaiser schon in Innsbruck aufzuwarten. Aber der Kaiser trug mehr Takt zur Schau als die Sachsen: Es schicke sich nicht, vor dem Reichstage in Sonderverhandlungen mit einzelnen Ständen einzutreten. Die Aufspaltung der Protestanten lag vor aller Augen.

Der Augsburger Reichstag 1530

So stellte sich die Lage dar, als der gekrönte Kaiser im Juni über Innsbruck nach Augsburg zog. In Innsbruck traf er sich mit seinem Bruder Ferdinand und seiner Schwester Marie von Ungarn; auch mit seinem Schwager Christian von Dänemark, der nun seine ganze Vergangenheit Lügen strafte und vor dem päpstlichen Legaten Campegio reumütig zur römischen Kirche zurückkehrte, um des Kaisers Gnade und Hilfe für die Wiedereroberung seiner nordischen Reiche zu gewinnen. Schon im Vertrage von Lier (8. Februar) hatte er sich und seine Kronen dem Kaiser verschrieben. Er wolle stets dem Willen des Kaisers, König Ferdinands und Margaretes folgen, bei dem katholischen Glauben „verbleiben" mitsamt seinen Reichen, wenn er darin mit kaiserlicher Hilfe wieder eingesetzt sei; auch ein treuer Bundesgenosse sein gegen alle Feinde zu Wasser und zu Lande, besonders gegen die Türken; den Untertanen des Kaisers Handelsfreiheit gewähren im ganzen Norden.

Dem Kaiser winkte noch Größeres. Welcher Willkomm, daß sich ihm gleichzeitig auch England zu Füßen legte. Heinrich VIII war so erpicht auf seine Ehescheidung, daß er alles in Bewegung setzte, zu seinen Gunsten theologische und juristische Gutachten zusammenzubringen; erst recht, des Kaisers Zustimmung zu erlangen, weil er wußte, daß davon das Verhalten des Papstes abhing. Er hatte um Weihnachten 1529 den kaiserlichen Gesandten Chapuys wissen lassen, daß er dem Kaiser ganz England übereignen wolle, wenn er ihm helfe. Karl hat die Demütigung des Dänenkönigs entgegengenommen, weil sie in seiner Linie lag. Aber in der englischen Sache empfand er viel zu sehr im Sinne seiner gekränkten Familie, als daß er auch nur einen Augenblick auf dieses Liebeswerben hätte eingehen können. Vielmehr schrieb er alsbald, schon in seinem ersten Briefe aus Deutschland, an die kaiserliche Gemahlin nach Spanien sehr nachdrücklich, sie möge ihrerseits zum Schutze ihrer Tante alle Theologen und Juristen, Einzelgelehrte und Universitäten aufbieten — und das „mit aller Sorgfalt und Rührigkeit"!

Auf viel schwerere Proben sollte ihn die deutsche Frage stellen. Im Grunde hatte sich seine Meinung von Ketzerei und Kirchentum seit Worms nicht im geringsten geändert. Aber ihm stand ja längst gar nicht mehr ein einzelner Ketzer gegenüber, sondern eine Reihe von Ständen, die weniger durch dogmatische Angriffe als durch allerlei Neuerungen im äußeren Kirchenwesen und durch die Ablehnung von Edikt und Reichstagsabschieden sich als „Rebellen" erwiesen. Damit war die Frage auch für den Kaiser in den Bereich des Politischen getreten, wo man verhandelte, hinhielt, Gelegenheiten wahrnahm. Wir haben früher merkwürdige Vorschläge kennengelernt für Aufschub oder Straflosigkeit als Entgelt für politische Hilfe. So schwankten denn auch jetzt die Überlegungen in bezug auf „die Mittel der Abhilfe" mannigfach.

Man konnte in Güte verhandeln oder mit Gewalt vorgehen; oder beides vereinigen und nach dem Rate Loaysas die Theologen und Fürsten durch Gaben und gute Worte gewinnen, dem niederen Volk gegenüber aber zur Gewalt greifen; „diese allein heilte den Aufstand Spaniens gegen seinen König; sie wird es auch sein, die Deutschlands Untreue gegen Gott heilen wird". Daneben gab es ein Drittes, nämlich die so oft angerufene Entscheidung eines Konzils. Dieses aber stand beim Papst, und man wußte, daß es ihm verhaßt war. Eben deshalb war es vom kaiserlichen Kabinett in den Zeiten des Kampfes laut gefordert worden. Der Kaiser selbst hing daran, auch weil ihm bei einem allgemeinen Konzil als Vogt der Kirche eine besondere Rolle zufallen mußte. Als er dem Papste Mitteilung machte von seinem Verbot einer deutschen Nationalversammlung im Juli 1524, riet er ihm, dieser Versammlung durch baldige Ansage eines Universalkonzils zuvorzukommen. Er fügte damals hinzu: „Da die Deutschen bitten, es in Deutschland zu halten, so könnte Seine Heiligkeit Trient dafür wählen, das sie für eine deutsche Stadt halten, obwohl es eigentlich schon Italien ist"; später könne man den Ort immer noch ändern. Dann wurde für den Reichstag von Speyer 1526 eine Verständigung zwischen Papst und Kaiser über ein Konzil angekündigt; ja, am Kaiserhofe erwog man jetzt zeitweilig sogar ein Nationalkonzil; Karl schrieb am 23. Dezember 1528 an seinen Bruder zu der Proposition für einen neuen Reichstag, ihm seien nachträglich doch Bedenken gekommen gegen ein Nationalkonzil, „denn je mehr die deutsche Nation unter sich ist, um so mehr wird sie zu Irrtümern neigen".

Der Friedensschluß zu Barcelona war freilich nicht wenig erleichtert worden durch die Zurückhaltung des Kaisers in der Konzilsfrage; der Papst wollte dafür den Deutschen in anderer Form „entgegenkommen" — ein bedeutungsvolles Stichwort. Allein in Bologna hatte der Kaiser nach seinen Memoiren das Thema doch wieder aufgenommen, und seine weitere Korrespondenz mit Loaysa und dem Papste bestätigt das. Die Meinung war nur offenbar die, daß man den Deutschen zwar die Genugtuung eines allgemeinen Konzils geben wollte, aber erwartete, daß die „Abgewichenen" bis dahin wieder der alten Kirche gemäß leben sollten, vor allem unter der Jurisdiktion der Bischöfe, was vom deutschen Standpunkte aus unvorstellbar blieb.

Alles kam auf die Eindrücke an, die Karl selbst in Deutschland gewinnen würde.

In Innsbruck trafen die habsburgischen Brüder mit ihren Beratern die letzten Vorbereitungen für den Reichstag. Der Kaiser hatte jetzt außer Granvelle die Staatssekretäre Cobos und Perrenin bei sich; Ferdinand den Kanzler Cles. Auch Marie war nicht ohne Räte. Der päpstliche Legat Campegio übergab dem Kaiser seine scharf fordernde Denkschrift; doch standen die Meinungen noch unvermittelt nebeneinander.

Von Innsbruck ging es über München nach Augsburg, wo die Fürsten in großer Zahl erwartungsvoll zusammengeströmt waren; dieses Mal sah man auch den redegewandten Joachim von Brandenburg und Herzog Georg von Sachsen wieder. Nach dem kaiserlichen Ausschreiben vom 21. Januar 1530 wollte man „die Zwietrachten hinlegen, vergangene Irrsal unserem Seligmacher ergeben und eines jeglichen Opinion in Liebe und Gütigkeit hören, verstehen und erwägen, und also alle in einer Gemeinschaft, Kirche und Einigkeit leben". Es klang sehr vertrauenerweckend, daß der Kaiser die Hand dazu bieten wollte, „alle Meinungen zu einer einigen christlichen Wahrheit zu vergleichen und alles, so zu b e i d e n Teilen nicht recht ausgelegt oder gehandelt ist, abzutun".

Die ersten Maßnahmen entsprachen nicht ganz dieser Ankündigung. Seiner Gemahlin schrieb der Kaiser am 8. Juli: „Ich kam durch Bayern, wo die Herzöge, treue Anverwandte und Diener, mich wohl aufnahmen. In Augsburg traf ich am Vorabend von Fronleichnam (16. Juni) ein, von den Kurfürsten, Fürsten und Gesandten feierlich empfangen. Am folgenden Tage fand die Prozession statt, die schon einige Jahre unterblieben war. Ich ging mit, in meiner gewohnten Art. Und obwohl einige Lutheraner nicht zur Prozession kamen, wurde ich doch von vielen begleitet, denn es gibt deren, die im Glauben feststehen, bei weitem mehr als von den anderen. Man hat auch schon begonnen mit der Glaubenssache, um diese Ketzerei mit der Wurzel auszureißen. Was hier in der Stadt am meisten Schaden anrichtete, waren die Predikanten der lutherischen Fürsten. Deshalb ist unter allgemeiner Zustimmung bekanntgemacht, daß bei Strafe nur die von mir bestimmten Prediger reden dürfen. Das war ein guter Anfang. Die Eröffnung des Reichstages erfolgte am 20. Juni, und die Proposition enthielt drei Punkte. Der erste und wichtigste betraf den Glauben; der zweite die Türkennot und Ungarn; der dritte die Regierung von Deutschland. Ich hoffe zu Gott, daß alles in seinem Sinne vollbracht wird."

Das war das etwas äußerliche Bild von den Vorgängen, das sich der Kaiser in diesen Tagen machte.

In der Tiefe aber rangen auf beiden Seiten miteinander tastendes Entgegenkommen, trotzige Selbstbehauptung und die ehrliche Sorge um Erhaltung der Kircheneinheit und des Friedens. Jetzt waren auch die Altkirchlichen besser gerüstet und heftiger in ihren Forderungen. Nicht nur der Legat; auch die deutschen Theologen und Fürsten, die im Januar durch lebhafte Werbungen Ferdinands angeregt waren, die ketzerischen Lehren und ihre üblen Folgen zusammenzustellen. Vornehmste Frucht dieser Bemühungen waren 404 Artikel des Ingolstädter Professors Dr. Johannes Eck, die er mit Schreiben vom 14. März 1530 dem Kaiser überreicht hatte. In Augsburg kamen diese Artikel auch Melanchthon in die Hand, und es ist glaubhaft, daß sie ihn mit bestimmten, als er daranging, im Auftrage seines Kurfürsten das Bekenntnis zu formulieren.

Beide Teile also traten geharnischt in die Kampfbahn. Am 25. Juni übergaben Kurfürst Johann von Sachsen, Markgraf Georg von Brandenburg, die Herzöge Ernst und Franz von Lüneburg, Landgraf Philipp von Hessen, der Fürst Wolfgang von Anhalt, Graf Albrecht zu Mansfeld und die Boten der Städte Nürnberg und Reutlingen ihr Bekenntnis in der von Melanchthon redigierten Form. Der Landgraf ging nur zögernd mit. Die oberdeutschen Städte fehlten; sie traten etwas verspätet mit dem Vierstädtebekenntnis hervor, der *Tetrapolitana*, die aber nicht mehr vom Kaiser selbst entgegengenommen wurde, sowenig wie Zwinglis *Ratio fidei*.

Gleichwohl war es doch ein neuer großer Moment. Neben die staatspolitische Gruppe der Protestanten von 1529 traten die dogmatisch vereinigten Augsburgischen Konfessionsverwandten. Von dem politischen Gebiet glitt man im Zuge der uns in den Anfängen schon vertrauten Bekenntnisbewegung wieder in das Theologische hinüber, und der Reichstag wurde nun doch eine Nationalversammlung in Kirchensachen. Nur daß der Kaiser jetzt die letzte Entscheidung beanspruchte, gestützt auf eine altkirchliche Mehrheit.

Die Konfession ist ausdrücklich an diesen Kaiser gerichtet, dem die Unterzeichner alle schuldige Ehrerbietung entgegenbrachten. Sie enthält die Grundzüge der Glaubenslehre unter Ablehnung gegenteiliger Meinungen in 21 Artikeln, einschließlich der Lehre von der Kirche und den Sakramenten unter Hinzufügung von Artikeln über den freien Willen, die Rechtfertigung, gute Werke und Heiligenverehrung. Sie bekannte sich zu dem von Gott gesetzten weltlichen Regiment unter ausdrücklicher Ablehnung der Wiedertäufer auch in diesem Punkte; nicht minder zur Berufung der Geistlichen, zur Zucht und zu ernstlichen guten Werken. An die Hauptartikel schlossen sich solche, „in welchen Zwiespalt ist" mit einer Verantwortung für die Änderungen, die man eingeführt hatte, „damit kaiserliche Majestät erkennen möge, daß hierin nicht unchristlich oder freventlich gehandelt, sondern daß wir durch Gottes Gebot gedrungen sind". Da erscheinen die Darbietung des Abendmahls unter beiderlei Gestalt, der Ehestand der Priester, die Messe, die Stellung zur Beichte und von den nichtigen Werken besonders die Speisengebote und die Klostergelübde. Endlich wird die bischöfliche Gewalt behandelt, im Grunde die entscheidende Frage; denn hier war auch das Papsttum eingeschlossen, ohne daß es genannt wäre. Weltliches und Geistliches sollten reinlich geschieden sein; man darf die politisch wichtige Wendung gegen die geistlichen Fürsten ja nicht übersehen; die Schlüsselgewalt wird anerkannt, aber allein auf geistlichem Gebiet.

Wir wollen die theologischen Kernpunkte nicht gering schätzen, sogar gestehen, daß die lutherische Reformation auch dann gewiß nicht vergebens gewesen wäre, wenn sie nur innerhalb der alten Kirche Duldung für Lehrmeinungen und Bräuche erlangt hätte, in denen sich ihre religiöse Eigenart auszudrücken vermochte. Von dieser ökumenischen Einstellung aus ist sowohl Melanchthons weitgehendes Entgegenkommen zu würdigen wie die Vermittlertätigkeit gelehrter kaiserlicher Räte und die Mitwirkung des von allen Seiten noch einmal brieflich angerufenen Erasmus. Am Hof stand auch die Königin-Witwe Marie von Ungarn den Vertretern maßvoller Neuerungen nicht ganz fern. Eine Erledigung der alten Gravamina konnte man auf diesem Wege erhoffen. Vor allem die Einigkeit deutscher Nation.

Auf der anderen Seite bleibt doch das weltgeschichtlich Erhebliche gerade die Zerschlagung der geistlichen Universalherrschaft, die Autonomie und die Heiligung des deutschen Staates aus dem Kampfe gegen die universalen Ideen. Nach menschlichem Ermessen war es wohl auch nur in einem neuen kirchlichen Gehäuse möglich, die religiös-sittlichen Grundgedanken der Reformation auf die Dauer zu retten und zu verwirklichen. In der unbeirrten Einsicht in die Unvereinbarkeit seiner Grundhaltung mit dem Fortbestand der alten Autoritäten lag die Überlegenheit Luthers über Melanchthon, die in seinen ergreifenden Briefen von der Coburg die wärmsten und leidenschaftlichsten Töne fand, als man in Augsburg versuchte, auf der Grundlage theologischer Gespräche, Verschweigungen und Zugeständnisse zum gütlichen Ausgleich zu kommen.

Der Kaiser hielt nach Entgegennahme der Konfession Ende Juni eine Staatsratssitzung, in der drei Möglichkeiten erwogen wurden; entweder, die Konfessionisten unterwürfen sich einem kaiserlichen Schiedsgericht; oder sie täten das nicht, dann solle ihnen das Konzil angeboten werden unter der Voraussetzung, daß bis dahin alle Neuerungen unterblieben; wünschenswert in diesem Falle die vorherige Beseitigung der Mißbräuche durch den Papst; lehnten die Konfessionisten aber auch das Konzil ab, so bleibe nur der dritte Weg, die Gewalt. Man versuchte es zunächst auf friedliche Weise.

Der Kaiser und seine Räte betrieben den Ausgleich, weil sie die inneren und äußeren Schwierigkeiten, die einem allgemeinen Konzil entgegenstanden, deutlich sahen; sich auch darüber klar waren, daß angesichts der ungelösten europäischen Spannungen und der Türkengefahr eine Anwendung von Gewalt noch mehr Bedenken habe. So mäßigte denn der Kaiser selbst die Schärfe der altkirchlichen Theologen Faber, Cochlaeus und Eck in ihrer Antwort auf die Sätze und Begründungen der Konfession; erst nach wiederholter Überarbeitung ließ er das Ergebnis, die sogenannte *Confutatio*, am 3. August den Ständen vorlesen und weiter durch einen Ausschuß von 14 Mitgliedern, 4 Fürsten oder Räten sowie 3 Theologen von jeder Seite, dann durch einen engeren Sechserausschuß noch bis zum 30. August, also durch mehr als zwei Monate, die Vermittlungsversuche fortführen; er selbst beteiligte sich eifrig. Das Äußerste war einmal, daß Melanchthon persönlich mit dem päpstlichen Legaten in Fühlung trat — wenn auch natürlich vergebens. Schon am 28. Juli hatten sich die protestantischen Fürsten durch Melanchthon bei dem Legaten dafür bedanken lassen, daß er für den Weg der Güte statt für die Gewalt eintrete. So weitgehend war beiderseits das Friedensbedürfnis. Erst Melanchthons *Apologie* der Konfutation ist sozusagen in wiedergewonnener Freiheit geschrieben. Nur langsam entfernte man sich erneut voneinander.

So unterließ es denn auch der Kaiser nicht, in der Konzilsfrage ebenfalls die letzten Möglichkeiten zu erschöpfen. Der Briefwechsel mit Loaysa ist ganz wesentlich von dieser Frage erfüllt. Am 14. Juli wandte sich Karl sogar durch ein Handschreiben an den Papst. Er nahm Bezug auf das, „was ich mit Eurer Heiligkeit in Bologna abgemacht habe". Der Stil des Briefes, die häufigen Wiederholungen, die immer erneute Betonung derselben Grundgedanken würden das nur in Kopie erhaltene Stück auch dann als ein Erzeugnis der kaiserlichen Feder erweisen, wenn der Legat Campegio in einem Briefe an Salviati nicht ausdrücklich von dem eigenhändigen Brief des Kaisers spräche.

Er finde, schreibt der Kaiser, bei einem Teil der deutschen Fürsten große Furchtsamkeit, bei den anderen arge Hartnäckigkeit. Bei allen aber erkenne man den Wunsch nach einer besseren Ordnung als der gegenwärtigen und bei allen die Meinung, es sei das beste, den Irrenden das Konzil innerhalb bestimmter Frist und an einem geeigneten Orte unter der Bedingung anzubieten, inzwischen von ihren Irrtümern zu lassen. Die Schlechten wünschten das Konzil, weil sie dächten, dabei etwas zu gewinnen. Die Guten wünschten es, um Schlimmerem vorzubeugen und weil unter dem Vorwurf der Konzilsverweigerung auch die Zweifelhaften verlorengingen, die Guten den Mut verlören, die Schlechten an Keckheit gewännen. Die Hauptschuld für das Unterbleiben eines Konzils würde man ihm und dem Papste zuschieben, während umgekehrt der Gewinn seiner Ausschreibung unendlich groß wäre, „denn in der Zwischenzeit haben sie nach unserem Glauben zu leben und sich danach dem Konzil zu fügen, das sicher etwas Gutes beschließen wird. Schlagen sie ein so billiges Anerbieten aus, so werden sie alle gegen sich haben. Gibt es aber kein Konzil, so gerät Deutschland" — sagte er prophetisch — „dieses stärkste und kriegerischste Land der Christenheit, in die größte Gefahr. Jetzt haben wir Frieden in der Welt, ohne den das Konzil nicht sein könnte und eher ein Schisma zu befürchten wäre. Sollte es aber wieder zum Kriege kommen, so würde man schlimmstenfalls das Konzil auflösen können. Wir aber, Eure Heiligkeit und ich, hätten dann das Unsere getan, und andere trügen die Schuld, und es wäre zu hoffen, daß Gott diejenigen züchtigen würde, welche die Schuld an dem Übel tragen. So bitte und flehe ich Euch an, damit wir den Ruhm des Guten gewinnen und die Last der Schuld von uns abwälzen. Es würde gut sein, daß Eure Heiligkeit inzwischen schleunigst das Ihrige täten gegen die Mißbräuche, die sich abstellen lassen; das würde angesichts der Lage eine große Hilfe sein".

Auf den Konzilsbrief antwortete der Papst am 31. Juli sehr zurückhaltend; seine Einstellung blieb trotz aller Mahnungen und Bitten immer die gleiche. Als die Aussichten auf eine Verständigung in Augsburg am größten waren, in der zweiten Hälfte des August, drängte der Kaiser aufs neue, wenigstens in Entwürfen. Seine endgültige Antwort auf das Schreiben des Papstes erfolgte gleichwohl erst am 30. Oktober.

Wir haben ein Bild vom Kaiser aus diesen Jahren von Christoph Amberger. Es ist, als ob man den Kaiser inmitten einer dieser theologischen und kirchenpolitischen Verhandlungen belausche. Wie zuhörend sitzt er da, den Zeigefinger der rechten Hand in ein zum Öffnen bereites Buch gelegt. Seine Tracht verhältnismäßig schlicht, doch vornehm; in der Linken, die ein kostbarer Ring schmückt, hält er den Handschuh. Aus dem gekräuselten Hemdkragen blickt das bleiche Gesicht mit den blonden Haaren aus blauen Augen wie in die Ferne. Der häßlich vorgestreckte Mund mit den ungesunden Lippen hat etwas Hochmütiges, das Ganze doch einen sinnenden Ernst in Haltung und Zügen.

Er begann schon an der ehrlich versuchten Friedenspolitik zu verzweifeln.

Die Gegensätze in Deutschland waren in der Tat unvereinbar. Wie blutlos nimmt sich dazwischen die säkularisierte Religiosität des Erasmus aus, diese Vernünftigkeit, die um jeden Preis den Frieden wollte, die immer wieder betonte, man solle die Dinge nicht zu schwer nehmen, die Ketzereien würden sich geben gleich den viel zahlreicheren der alten Kirche! Diese gebildete Klugheit, die sich in der weiten christlichen Humanität wohl fühlte, nährte wohl die schon vorhandenen Neigungen des Hofes zur Vermittlung, zum Verhandeln. Denn je ernsthafter beide Teile den Streitpunkten näher traten, um so hoffnungsloser entfernten sie sich voneinander. Wie hätte Johann von Sachsen in irgendeiner Grundfrage einlenken können, wo er sich schon in den dogmatischen Verhandlungen von Schmalkalden seinen Nächstverwandten unzugänglich gezeigt hatte? Wie konnten der Papst oder sein Legat etwas Wesentliches preisgeben, nachdem sie längst so harte Töne angeschlagen? Wie der Kaiser? Granvelle mochte die Forderung an die Protestierenden, sich bis zum Konzil der alten Kirche gemäß zu halten, mit der Verpflichtung der Athener durch Solon vergleichen, an seinen Gesetzen nichts zu ändern bis zu seiner Rückkehr, die niemals erfolgen sollte. Die tiefere Gesinnung seines Kaisers traf er damit nicht.

Den Kaiser römisch oder spanisch zu nennen oder ihn als kühlen Rechner hinzustellen, ist ganz unzulänglich. Unlöslich hingen ihm sein weltliches und geistliches Amt mit verwandter Heiligkeit ineinander, die Verpflichtung gegenüber den Ahnen, das Hochgefühl des Souveräns und Lehnsherrn, universales Kaisertum und hergebrachte weltumfassende Orthodoxie. Er hatte das dem Papst verhaßte Konzil ebenso gefordert wie rechtzeitige Reformen; in dieser Beziehung war das Erbe der Ximenez, Adrian und Gattinara auf ihn übergegangen. Jetzt aber war sein Stolz verletzt, daß alle seine eifrigen Bemühungen bei den Theologen und bei den Fürsten so wenig fruchteten. Er vergaß, daß er sich aus eigenen guten Gründen so huldvoll herbeigelassen hatte. Er sah zunächst nur den Mißerfolg — und bei dem Versagen des einen Mittels bot sich seiner Vorstellung zunächst nur das zweite oder dritte dar. Entzogen sich die Protestierenden dieser seiner Vermittlung und seiner Konzilsforderung, dann blieb nur Gewalt.

Die katholischen Stände lösten ihm die Zunge durch ihre Anfrage. Er beschied sie am 8. September, wiederum in einem Aktenstück, das in der ursprünglichen französischen Fassung ganz sein eigenes Werk gewesen zu sein scheint; er trug selbst Sorge für die Übersetzung in das Deutsche unter Aufsicht Ferdinands und des Pfalzgrafen.

Die Kursachsen und ihre Anhänger, so schrieb er, hätten seine gnädigen Bemühungen anerkannt und doch jede Abweichung von ihren Artikeln unter Berufung auf ihr Gewissen rundweg abgeschlagen. Diese Art der Zurückweisung hätte er nicht erwartet; sie sollten sich nun daran erinnern, „daß seine Majestät ihr Souverän und unmittelbarer Herr sei, dazu Vogt der ganzen Christenheit". Auch ihm erschiene nach seinem Gewissen geboten, zur Erhaltung seiner Ehre und Hoheit bei dem alten und durch langen Brauch geheiligten christlichen Glauben zu verharren; auch er habe ein Seelenheil und eine noch größere Verantwortung vor Gott als sie, die Stände. Ihm stehe es nicht an, in Grundfragen des Glaubens weiter entgegenzukommen oder ihre eigenwilligen Neuerungen zu billigen. Die Sache sei um so ärger, fügte er hinzu, als sie jetzt in seiner Gegenwart viel mehr verlangten als zu der Zeit, da er durch die jetzt glücklich beendeten Kriege habe abwesend sein müssen.

„Wenn aber die Güte und Gnade seiner Majestät nichts fruchte", werde er als allerchristlichster Kaiser und katholischer Fürst bei der Bedeutung der Sache für ihn und den heiligen alten Glauben mit Gottes Hilfe seine Person und sein Vermögen einsetzen, unter Beistand und Beirat der Kurfürsten, Fürsten und Stände; auch den Papst und andere Könige und Potentaten veranlassen, sich ebenso zu halten. Wollen die Abgewichenen auf die Vorschläge des Kaisers wegen des Konzils eingehen, so werde man dort ihre Meinungen in Güte hören; andernfalls sie vorladen. Was aber die Kirchengüter betrifft, so sollen sie wissen, daß sie mit Leib und Gut ihm als ihrem rechten Herrn untertan sind und das gegen alles Recht Genommene entweder restituieren oder ihm in Verwahrung geben sollen, wiederum bis zur Entscheidung des Konzils. Zu alledem möchten die altkirchlichen Stände sich äußern.

Das taten sie. Zuerst kurz, wohl am 12. September. Sie erklärten hart und trocken, daß man gegen die Abtrünnigen und Widerspenstigen als notorische Ketzer vorgehen müsse, ihnen alle Rechte und Hoheiten entziehen. Als der Kaiser aber mehr von ihnen zu hören begehrte, lenkten sie in ihrem ausführlichen Bedenken vom 16. September sehr wesentlich ein; man möge das Verhandeln nicht aufgeben; im übrigen sollten sie sich alle mit dem Kaiser zusammenschließen. Was sie leisten wollten, was sie aufzubringen gedachten, verrieten sie mit keiner Silbe. Die Geistlichkeit setzte den Plänen Ferdinands auf Heranziehung ihres Gutes für den

Türkenkrieg jedenfalls einen entschlossenen Widerstand entgegen; das Reich sollte sie in allen Dingen schützen, aber sie waren wenig geneigt zur Gegenseitigkeit.

Wir verstehen, daß der Kaiser die Altkirchlichen kleinmütig fand. Das schroffe Auftreten insbesondere des Kurfürsten Joachim von Brandenburg in den Sitzungen vom 22. und 23. September machte sie nur noch ängstlicher und die Gegner um so fester. Als den Ständen der Entwurf eines Abschieds vorgelegt wurde, wieder unter Ankündigung des allgemeinen Konzils, lehnten die Protestierenden unter Berufung auf das Evangelium und auf ihr Gewissen rundweg ab. Sie schickten sich an, eine Widerlegung der Konfutation zu überreichen. Allein weder der Kaiser, noch König Ferdinand, noch der Pfalzgraf Friedrich waren geneigt, das Schriftstück anzunehmen. Man bedeutete ihnen, die Zeiten des Verhandelns seien vorüber; allgemach sei die Stunde des Handelns gekommen. Vollends gegen ihre Berufung auf das Evangelium erhob sich der Kaiser zornig: „Ob sie damit etwa ihn und die übrigen Reichsstände als Widersacher des Evangeliums hinstellen wollten?"

Immerhin, sie hatten Ausstand bis zum 23. Nach einer Sondersitzung der Altkirchlichen folgte an diesem Tage die Plenarversammlung des Reichstags, in der Kurfürst Joachim im Namen von Kaiser und Reich den Gegnern nochmals ihren Hochmut verwies, das Evangelium gegen den ganzen übrigen Erdkreis allein für sich in Anspruch zu nehmen; Kaiser und Reich vermöchten auch nicht einzusehen, auf welches Evangelium sie sich bei der Wegnahme fremder Güter stützten; der Abschied sei milder und gütiger, als er von Rechts wegen hätte sein dürfen; sie möchten annehmen, um der deutschen Nation Schlimmeres zu ersparen. Der Kurfürst fügte hinzu, daß der Kaiser entrüstet sei über die Anmaßung ihrer neuen Apologie, da er seine Meinung als Vogt der Kirche endgültig ausgesprochen habe; sie sollten wissen, daß er sich mit den anderen Ständen zum Schutz der Wahrheit verbündet habe!

Das waren unmißverständliche Drohungen. Sie waren offenbar auch so scharf und gereizt vorgetragen, daß man selbst am Hofe Bedenken äußerte und mehrere altkirchliche Stände, besonders die übrigen Kurfürsten, sich bei Kursachsen entschuldigten. An der Sache selbst änderte das alles nichts.

Der so verheißungsvoll angesagte Reichstag endete in schrillen Dissonanzen. Der Landgraf von Hessen hatte sich schon nach Übergabe der Konfutation entfernt; auch er fand, daß nun die Stunde des Handelns geschlagen habe. Der Kurfürst von Sachsen, anders eingestellt, nahm förmlichen Abschied, aber in offenem Zerwürfnis mit dem Kaiser. Nur fürstliche Räte und Städteboten blieben zurück. Den Städten wurde noch einmal stark zugesetzt. Aber daß selbst Augsburg unter den Augen des Kaisers bei seiner Meinung verharrte, war tapfer. Alle Stände, die Neuerungen eingeführt hatten, lehnten die Annahme des Entwurfs am 13. Oktober erneut ab. So erging der endgültige Abschied vom 19. November in verschärfter Form eigentlich nur noch als eine Verlautbarung des Kaisers und der altkirchlichen Stände, „so diesen Abschied angenommen". Für die übrigen wurde Bedenkzeit gegeben bis zum 15. April 1531.

Der von Theologie erfüllte Abschied machte sich die schärfsten Klagen der letzten Sitzungen zu eigen, „daß aus der hiervor verdammten Lehre viel verführige Irrsal unter dem gemeinen Volke erwachsen, alle wahrhaftige Andacht verloren, alle christliche Ehr, Zucht, Gottesfurcht und Nächstenliebe gänzlich in Abfall gekommen seien". Deshalb habe sich seine Majestät mit den altkirchlichen Fürsten zur Handhabung der alten Lehre und des hergebrachten Gottesdienstes vereinigt; — dann folgen alle Glaubensartikel und Bräuche, die bei Strafe an Leib und Leben bewahrt bleiben sollen. Das ganze alte Kirchenwesen wurde bei 'Acht und Poen' des Landfriedens geschützt.

Das sollte durch Kammergerichtsmandate erfolgen, hinter denen schließlich doch nur die Gewalt stehen konnte.

Nun aber vollzog sich etwas sehr Merkwürdiges. Der Kaiser und die altkirchlichen Fürsten, die so drohende Worte in den Mund genommen hatten, blieben friedlich und zurückhaltend. Von ihrem laut angekündigten Bündnis hörte man vorerst nichts mehr. Auch die von Campegio und der Kurie mit Frohlocken aufgenommene Kriegsstimmung des Kaisers hatte doch nur in den Tagen seiner tiefsten Entrüstung, Ende September, zu dem Auftrag an seinen Gesandten Muxetula geführt, die vor Florenz frei gewordenen 5000—6000 Spanier nebst den Italienern zugleich als Bereitschaft für Deutschland nach Ungarn zu verlegen; er hatte keinerlei praktische Folgen. Noch weniger die vom Papst zögernd unterstützte Geldsammlung für den Krieg. Die Venezianer machten ihre boshaften Glossen dazu. Selbst der frühere kaiserliche Beichtvater, Kardinal Loaysa, überprüfte seine Ansichten. Die Ketzer auszurotten, schrieb er dem Kaiser, sei gewiß seine Pflicht, aber die Schwierigkeit unüberwindlich. Das Konzil wäre ein sicheres Mittel, indessen „Papst und Kardinäle wünschen es zum Teufel". Die Altgläubigen seien kleinmütig, von den Franzosen kein Friede zu erwarten; auch der König von England würde mit dem Teufel selbst gegen den Kaiser ziehen. So „wage ich es, Eure Majestät zu bitten", faßt er seine Meinung zusammen, „weil das Gewissen dabei beruhigt bleiben kann, Euch wohl oder übel mit diesen Ketzern abzufinden und sie Eurem Bruder in der Art untertan sein zu lassen, wie es die Böhmen sind" — Gedanken von Kelch und Kompaktaten, wie sie Karl noch jahrelang vorschweben sollten.

Ob der Kaiser bei entschlossenem Willen, wie man wohl behauptet hat, die Protestierenden damals leicht hätte niederschlagen können, bezweifle ich. Aber daß ihnen durch das Unterlassen kaiserlicher Gewaltmaßregeln erneut die Möglichkeit innerer und äußerer Rüstung gegeben wurde, ist sicher. Sie besaßen nun ihre förmliche Konfession. Sie nutzten auch die Mahnungen, die ihnen der Reichstag überreichlich gegeben hatte. Die Zeitumstände sollten ihnen weiter entgegenkommen.

Erfolge und Sorgen des Hauses Habsburg 1531

Seit 1519, in verstärktem Maße seit den Vorbereitungen zu Karls Fahrt nach Italien, war die Rede von Ferdinands Wahl zum römischen Könige. Nach altem Reichsrecht konnte sie erst erfolgen, wenn der Kaiser gekrönt war; das war nun geschehen. Aber der Goldenen Bulle entsprach die Wahl eines Bruders zu Lebzeiten des Kaisers keineswegs. So fehlte es nicht an Einwendungen, die durch Gunst und Gabe überwunden werden mußten. Es gab noch eine andere Schwierigkeit; das war die kirchliche Haltung des Kurfürsten von Sachsen. Sein Ausschluß von der Wahl wurde von den Mitkurfürsten nicht zugelassen; Kurmainz erließ auch an ihn die Einladung. Deshalb erbat der Kaiser in seiner sonderbar formalistischen Art vom Papste zwei Bullen genau entgegengesetzten Inhalts; die eine mit der Erlaubnis zur Mitwirkung des Kurfürsten bei der Wahl, obwohl er Ketzer sei; die andere, etwas später zu datierende mit seinem Ausschluß von der Wahl; von dieser wollte man Gebrauch machen, falls der Kurfürst gegen den König stimme. Dem Kaiser war nach seinen Briefen selbst nicht ganz wohl dabei. Allein in Rom trug man die Sache leichter. Loaysa widerriet die zweite Bulle als unnötig. Der Papst aber bewilligte beide auf Vortrag der entsprechend belohnten Kardinäle Pucci und Accolti. Nebenbei war die ganze Handlung eine freventliche Preisgabe teuer erkauften deutschen Staatsrechts an die Kurie.

Der Wahlakt wurde nach Köln anberaumt; man sagte: da Frankfurt den Reichstagsabschied abgelehnt habe; der Kaiser bemerkte in seinen Memoiren später nur, wegen der Pest. Auf Grund des päpstlichen Dispenses war auch Kurfürst Johann geladen, kam jedoch nicht, sondern erhob seinen Protest durch den Kurprinzen Johann Friedrich. Die Goldene Bulle ließ man auf sich beruhen. Wichtiger die Wahlverschreibung Ferdinands, auf Grund deren die Wahl am 5. Januar 1531 zustande kam:

Er wolle die hergebrachte Religion beschirmen. Das hatte dieses Mal einen sehr viel ernsteren Sinn als 1520. Denn im Anschluß an den sächsischen Protest scheint der Kaiser den Kurfürsten doch noch einmal in aller Form die Frage vorgelegt zu haben, ob beim Versagen des Konzilsgedankens und angesichts der Möglichkeit einer protestantischen Offensive nicht doch ein Präventivkrieg zu erwägen sei. Die Kurfürsten lehnten den Protestantenkrieg erneut ausdrücklich ab, forderten aber das Konzil.

Die Krönung erfolgte in Aachen am 11. Januar unter hergebrachtem Prunk. Am 12. März erließ der Kaiser Richtlinien für die Reichsverwaltung.

Kursachsen verharrte in offenem Protest, wie gegen die Wahl, so gegen das Königtum Ferdinands überhaupt. Verstärkt wurde der Protest durch das Verhalten im eigenen Lager der Altkirchlichen. Die bayerischen Wittelsbacher, die schon ihre böhmische Niederlage nicht vergessen konnten, gerieten nun vollends in Opposition gegen das Haus Habsburg. In Augsburg war es bereits zu einem peinlichen Zusammenstoß zwischen Herzog Wilhelm und dem Kaiser gekommen. Nun ging Schenk von Schweinsberg aus Hessen zu Werbungen nach Bayern, Weißenfelder von Bayern nach Sachsen; im August 1531 erschien der bayerische Kanzler Leonhard von Eck selbst beim Landgrafen in Gießen, und am 24. Oktober folgte das förmliche Bündnis Bayerns mit den Protestanten zu Saalfeld. Von diesen Dingen hatte der Kaiser schon im Frühjahr durch Heinrich von Braunschweig nähere Kunde.

Noch überraschender wirkte die Lage nach der Königswahl in anderer Richtung. Die Drohungen des Kurfürsten von Brandenburg und der Ton des Abschieds waren geeignet, die schweren Bedenken gegen den politischen Zusammenschluß zu revidieren, die bisher in den gegeneinander formulierten Bekenntnissen der Protestanten lagen. Kursachsen hatte zu Bündnisverhandlungen eingeladen, einen Augenblick gestutzt und wieder abgeschrieben. Dann hatte es die Einladung zur Königswahl erhalten und damit die sichere Aussicht auf einen zweiten, jetzt von ihm allein durchzuführenden reichsrechtlichen Konflikt. So erneute es gleich Tags darauf, am 29. November, doch die Einladung der Protestierenden in das hessisch-sächsische Grenzgebiet nach Schmalkalden.

Inzwischen war es Bucer gelungen, in vielumstrittenen, aber politisch erfolgreichen Verhandlungen mit Luther selbst auch die theologische Basis zu gewinnen und damit den lange so störenden Gegensatz von Nord und Süd, von Fürsten und Städten zu überbrücken. Die alten staats- und kirchenrechtlichen Bedenken eines willenlos duldenden Gehorsams wurden jetzt im Sinne des Aktivismus überrannt. 1529 hatten die Meinungen über das „Widerstandsrecht" der Untertanen noch unvereinbar nebeneinander gestanden. Lazarus Spengler von Nürnberg verneinte das Widerstandsrecht, „dieweil der Kaiser unser rechter Herr und Oberer von Gott verordnet ist". Auch Luther hing daran trotz seines Seufzers: „Ach Herre Gott, ich bin in solchen Weltsachen zu kindisch." Jetzt dagegen schrieb er in seiner „Warnung" gegen den Reichstagsabschied von 1530: „So laßt fröhlich hergehen und aufs ärgist geraten, es sei Krieg oder Aufruhr, wie dasselb Gottes Zorn verhängen will."

Noch schwereres Gewicht senkten die Räte in die Fundamente des neuen Staates, wenn sie den Fürsten in den Mund legten, daß es ihnen gegenüber einem gewaltsamen Vorgehen des Kaisers bei der Pflicht, „damit wir unseren Untertanen verwandt seien, gepühren wolle, die Unseren wider mennigklichen zu schützen". Die feinen Unterschiede zwischen defensiver Rüstung und weitergehender Aktivität verloren sich notwendig über dem Handeln. Nach zögernden Vorbereitungen unterzeichneten am 27. Februar 1531 Kurfürst Johann, Landgraf Philipp, Herzog Ernst von Lüneburg, Philipp von Grubenhagen, der Fürst von Anhalt und die Grafen Mansfeld zusammen mit den Städteboten von Magdeburg, Bremen, Straßburg, Ulm, Konstanz, Reutlingen, Memmingen, Isny, Biberach und Lindau ihr „Verständnis" von Schmalkalden. Damit wurden die Protestierenden von 1529 abgelöst durch die „Schmalkaldischen" von 1531; sie umfaßten Anhänger der Augustana wie der Tetrapolitana. Nur Zwinglianer im eigentlichen Sinne blieben beiseite.

Die Ereignisse in der Schweiz, wo bis dahin die stärkste politische Aktivität geherrscht hatte, erleichterten die Fortentwicklung. Reibungen zwischen Bern und Zürich schwächten beide, und als die durch wirtschaftliche Maßregeln zum Äußersten gereizten Alten Orte losschlugen, fanden sie Zürich nicht genügend gerüstet, weder an Bündnissen noch an Truppen. Auch ohne die Habsburger, die eine Mitwirkung ernstlich überlegten, behielten die Altkirchlichen die Oberhand. Die weiten Aussichten der Zwinglischen Bewegung schlossen sich mit der Niederlage der Züricher bei Kappel und dem Tode des Reformators selbst auf dem Schlachtfelde vom 11. Oktober 1531. Nun bedurften die oberdeutschen Städte erst recht der Anlehnung an die mitteldeutschen Fürsten, denn auch der Schwäbische Bund, in dem die Städte durch mehr als ein Menschenalter ihre vornehmste Stütze gefunden hatten, war durch die kirchlichen Gegensätze aufgespalten. Er konnte im nächsten Jahre nicht wieder erneut werden.

Wir haben damit vorgegriffen und versetzen uns zurück in die Tage, da der Kaiser von Augsburg rheinabwärts in seine niederländischen Erblande zurückkehrte. Während der Fahrt, noch in Speyer, erhielt er die Nachricht von dem Ableben seiner Tante Margarete, Regentin der Niederlande, am 30. November 1530. Ein halbes Jahr nach Gattinara verlor der Kaiser auch diese starke Stütze seiner Jugendjahre. Wir brauchen nicht auf ihr Leben zurückzublicken; diese Bläter sind voll von den Zeugnissen ihres frauenhaften Empfindens und ihrer männlichen Energie. Jetzt hatte sie ihre lebendigen Augen für immer geschlossen in der stolzen Gesinnung, die ihr ganzes Leben als Kaisertochter und angestammte Herrin von Burgund geleitet hatte. In dieser Gesinnung nahm sie Abschied von ihrem Neffen an ihrem Todestage in einem Briefe, der seinesgleichen sucht. „Die Stunde ist gekommen, da ich nicht mehr mit eigener Hand schreiben kann, da mein Gewissen seine Ruhe gefunden hat und ich mich anschicke, das Letzte aus Gottes Hand entgegenzunehmen. Mein einziger Schmerz ist, Euch vor meinem Tode nicht noch einmal zu sehen. Dies wird mein letzter Brief sein. Ich lasse Euch als meinen einzigen Erben und die mir anvertrauten Lande nicht nur unversehrt, sondern stattlich vergrößert, nach einer Regierung, für die ich Gottes Lohn, Eure Zufriedenheit und den Dank der Nachwelt erwarte. Indem ich Euch vor allem den Frieden empfehle, besonders mit den Königen von England und Frankreich, und Euch um Fürsorge bitte für meine Diener, sage ich Euch das letzte Lebewohl."

Noch einmal steigt das alte Burgund vor uns auf. Karl betrat den verwaisten Heimatboden seines Wesens und seines Hofes. Nach langem Abstand gefiel es ihm, am 5. Dezember 1531 auch wieder ein feierliches Kapitel des Goldenen Vlieses abzuhalten; das letzte war 1518 in Barcelona gewesen. Zwanzig Ritter waren mittlerweile gestorben; Neuwahlen schienen dringend. Zum Tagungsort erkor man wegen der Größe der Kirche St. Andreas in Tournai; dazu die nahegelegene Abtei. In dem Kapitel fand auch die herkömmliche Besprechung der Taten und der Haltung der einzelnen Ritter statt, nicht zuletzt des Souveräns. Der Kanzler verkündete nach entsprechender Huldigung als die Meinung des Ordens, daß der Kaiser zu langsam sei in den Geschäften; daß er sich zuviel um Kleinigkeiten kümmere und das Wichtige vernachlässige; daß er zu wenig seinen Staatsrat befrage, der ohnehin zusammengeschmolzen sei; daß er auch für die Gerichte nicht die genügende Zahl tauglicher Personen bestelle und dazu die Leute bei Hofe schlecht bezahle. Als ähnliche Klagen fünfzehn Jahre später wiederholt wurden, antwortete der Kaiser gütig und verbindlich, wie auch jetzt, daß seine Langsamkeit ihm bisher immer nur Vorteile gebracht habe.

Unter den neuen Rittern waren die Könige von Portugal und Schottland, der dreijährige Prinz Philipp von Spanien, die Kurfürsten von der Pfalz und von Brandenburg, die alten Herzöge von Jülich und Sachsen, Pfalzgraf Philipp, der Vizekönig von Valencia, die Herzöge von Frias und Albuquerque, Francisco de Zuñiga, Graf von Miranda; aus Italien Ferrante Gonzaga, der Marchese del Vasto und Andrea Doria, Fürst von Melfi; von Niederländern der erprobte Schenk von Tautenburg und der uns im Dienste des Kaisers längst vertraute Louis de Praet; dazu Anton Berghes, Philipp Lannoy, Charles Lalaing und andere Glieder der jüngeren Generation.

Wichtiger für diese Lande war die Nachfolge Margaretes. Karls Wahl fiel auf seine Schwester Marie, die sechsundzwanzigjährige Königin-Witwe von Ungarn. Die Königin war früh erprobt, vom Leben hart angefaßt, sehr selbständig, seit Jahren nicht ohne Verständnis für evangelische Neigungen in ihrer Umgebung, wegen deren sie sich rechtfertigte. Der Kaiser gab ihr schon in seinem durch Boussu überbrachten förmlichen Berufungsschreiben vom 3. Januar 1531 seinerseits volle Genugtuung. „Seid gewiß, wenn ich Bedenken wegen der Religion hätte, würde ich Euch weder diese Vertrauensstellung anbieten noch auch Euch die Liebe eines Bruders entgegenbringen können." Freilich, fügte er hinzu, dürfe man in den Niederlanden schlechterdings nicht dulden, was man im Reiche am Ende notgedrungen tolerieren müsse; so glaubte Karl, es ihr nicht ersparen zu können, ihre vielfach verdächtige Umgebung fast vollkommen zu ändern. Aber sie hat auch ihrerseits Bedingungen gestellt. Man solle sie nicht zu einer neuen Ehe nötigen; ihr mochte das zweifelhafte Glück der zweimal an ältere Witwer vergebenen Eleonore und mehr noch das Schicksal Isabellas vorschweben. Sie hielt sich auch in dieser Hinsicht an das Vorbild Margaretes, der sie an Fleiß und politischem Sinn ebenbürtig, an Gewandtheit und Einfluß auf die hohen Brüder überlegen bleiben sollte. Sie zog nicht nach Mecheln, sondern nach Brüssel, lebte aber später gern auf ihrem Schloß zu Binche.

Am 2. März eröffnete der Kaiser die Generalstände mit einem Berichte Carondelets. Die Stände antworteten durch Laurent de Blioul. Am Schluß sprach der Kaiser persönlich mit den Vertretern der einzelnen Länder, die aber in bezug auf Bewilligungen wie gewöhnlich die größten Schwierigkeiten machten. Bald danach, am 4. März, empfing Karl seine Schwester in Löwen, besprach mit ihr in den folgenden Monaten eingehend alle Angelegenheiten der Niederlande und führte sie am 1. Juli vor den wieder zusammengerufenen Generalständen in ihr Amt ein. Auch persönlich nahm er Marie in das eigentümliche Vertrauensverhältnis auf, in dem seine Tante zu ihm gestanden hatte. Durch Codicill vom 14. Januar 1532 zu seinem Testament von 1529 wurde Marie für den Fall seines Ablebens in alle Regentschafts- und Vormundschaftsrechte eingesetzt, die das Testament für Margarete vorgesehen hatte, wobei er außerdem Bestimmung traf über die Verbindung von Pfirt und Hagenau mit Burgund für den Fall einer Ehe seiner Tochter Maria mit einem Sohne Ferdinands und der Vererbung der Niederlande an dieses Paar.

Die Aufgabe Maries als Gouvernante der Niederlande war nicht leicht, da Karl gewohnt war, von den Niederlanden mehr zu verlangen, als er ihnen gab, und die Herren des Landes so eifersüchtig auf ihren Einfluß waren wie die Städte auf ihre alten Rechte. Der Kaiser wünschte ihr das Amt zu erleichtern durch Neuordnung des Staatsrats, des *Conseil privé* und des Finanzrats; er wollte auch durch das Recht des Staatsrats, zusammenzutreten ohne Berufung, Konflikte vermeiden, wie sie Margarete erlebt hatte. Dafür brachten die Zeitläufe andere Nöte.

Ihrer mußte die junge Königin nach dem erneuten Abschied ihres Bruders aus den Niederlanden allein Herr werden. Mit den Jahren sollten sie sich noch steigern.

Eine der schwersten Belastungen Margaretes war der dänische Gast gewesen; seine Rücksichtslosigkeiten und ihre Folgen umdüsterten noch die Anfangsjahre Maries. Denn er ertrotzte mit einem Haufen von 5000 bis 6000 Knechten, die er als wahre Landplage nach Overyssel und Holland legte, pochend zugleich auf den noch ausstehenden Rest der Mitgift seiner längst verstorbenen Frau, von seinem Schwager die Ausrüstung mit 50 000 Gulden und 12 Kriegsschiffen zur Rückeroberung seiner Reiche. Da Christian ebenso von Norwegen für diese Rüstung Mittel erhalten hatte, ging er am 26. Oktober 1531 in See und landete, man sieht nicht ganz klar, ob planmäßig oder nur durch den Sturm dahin verschlagen, südlich Arendal an der Küste von Norwegen. Hier gewann er in der Tat rasch die Herrschaft zurück, doch versäumte er es, die Burg von Bergen und das Oslo beherrschende feste und geräumige Akershus zu nehmen, so daß diese dauernd Stützpunkte für seine dänischen Gegner blieben. Statt zu kämpfen, verhandelte er.

Bodenlose Unwahrhaftigkeit, daß dieser König, der eben in Innsbruck katholische Buße getan hatte, sich jetzt vor seinem Oheim Friedrich in salbungsvollen Briefen wieder als Vorkämpfer des Evangeliums aufspielte.

Begreiflich aber, daß die Dänen und die Lübecker ihn für einen Parteigänger der Holländer hielten, denen sie nun den Sund sperrten, während der König doch nur durch den brutalsten Druck von den Niederländern Hilfe erpreßt hatte und auch der Kaiser mehr an die Zurückführung des Nordens in die alte Kirche und an die Rechte der Kinder seiner Schwester dachte, als an diesen König. Immerhin, die Lübecker pflegten ihre Meinung geflissentlich, um die ihnen lästigen Konkurrenten aus der Ostsee fernzuhalten. Die Holländer aber, im Grunde nicht abgeneigt, durch königliche Gunst Handelsvorteile zu erhalten, wurden durch die Feindseligkeiten der Dänen und der Lübecker fast wider Willen auf die Seite Christians gedrängt. Amsterdam war für Eintritt in den Krieg. Auch der Statthalter von Holland, Graf Hoogstraeten, setzte sich nun ernstlicher ein. Denn der Streit um den Sund führte schon jetzt zu einer durch längere Dürre gesteigerten Brotknappheit, zum Stilliegen der Schiffe und Arbeitslosigkeit der Schiffsmannschaften. Das beschleunigte die Intervention der niederländischen Regierung. Eine nach Hamburg ausgeschriebene Tagsatzung wurde zum 24. Juni 1532 nach Kopenhagen verlegt. Nebenher hatte die niederländische Regierung 40 Kriegsschiffe gerüstet, um erforderlichenfalls bewaffnet zu verhandeln.

Inzwischen aber war alles dieses überholt durch die unbegreifliche Torheit Christians II, der in seiner alten Haltlosigkeit den Vorschlag der Oslo bedrängenden Dänen und Hanseaten annahm, zu einer persönlichen Besprechung mit seinem Oheim nach Dänemark zu segeln; ihm wurde persönliche Sicherheit verbrieft. Schon am 24. Juli befand man sich vor Kopenhagen. In der Stadt aber verhandelten gerade damals die Dänen mit den Städten darüber, daß es nötig sein könnte, den früheren König in sicheren Gewahrsam zu nehmen. Nun betrog man ihn wirklich. Unter der Vorspiegelung, dort den König Friedrich zu treffen, brachte man ihn in das feste Schloß Sonderburg — das er nie wieder verlassen sollte, fast bis zu seinem Tode, 27 lange Jahre.

In denselben Tagen starb zu Regensburg sein einziger Sohn und Erbe Hans als zwölfjähriger Knabe im Hause des Kaisers. Karl hatte über das Schicksal seines Schwagers noch keine zuverlässige Kunde, aber der Verlust des Neffen ging ihm ungewöhnlich nahe und entlockte ihm Töne weicher Rührung, wie wir sie sonst selten von ihm vernehmen. „Es war der netteste Junge, den ich kannte", schrieb er an Marie, „ich habe seinen Tod empfunden wie denjenigen eines eigenen Sohnes. Denn ich hielt ihn so, und er war ja auch schon groß und mir sehr vertraut. Gottes Wille konnte es gewiß an jedem Orte so fügen, aber mir ist es nun doch sehr leid, daß ich ihn hierhin mitgenommen habe. Gott wolle es vergeben, aber ich wünschte seinen Vater an seiner Stelle. Indessen, der kleine Kerl ist gewiß besser aufgehoben. Er ist ohne Sünden so gestorben, daß ihm, selbst belastet mit den meinigen, die ewige Seligkeit sicher gewesen wäre; im Sterben noch rief er: Jesus."

Religionsfriede und Türkenabwehr

Aufstieg des Protestantismus

Der Kaiser hatte sich aus triftigen Gründen nach bescheidenen Bewilligungen, begleitet von 150 schweren Reitern, aus den Niederlanden wieder in das Reich zurückbegeben. Die Gründe erfahren wir aus den Briefen an die Kaiserin, die, bisher fast unbekannt, demnächst in vollkommener Ausgabe vorliegen werden. Der Briefwechsel ist eine Enttäuschung für den, der darin den intimen Ausdruck ehelicher Beziehungen sucht oder einen Gedankenaustausch, in dem die Kaiserin irgendeinen politischen Einfluß ausgeübt hätte. Wie ihr der streng castilianisch denkende, kluge und wortkarge Erzbischof Don Juan de Tavera als eigentlicher Träger der Regierung in Spanien beigesellt war, so blieb ihre Stellung durchaus repräsentativ. Aber eben deshalb gingen die ausgiebigsten und ganz vertraulichen Informationen des Kaisers über die allgemeine Lage doch an ihre Adresse. Wie könnte ein solcher Briefwechsel mit der vornehmen und geliebten Frau ganz ohne menschliche Züge bleiben!

Isabella hatte dem Kaiser bisher außer dem Thronerben Philipp noch eine Tochter Maria und einen zweiten Sohn geschenkt, der ihnen bald wieder genommen war. Sie sehnte sich nach der Rückkehr ihres Herrn, und die Töne der Sehnsucht fehlen auch in seinen Briefen nicht. Begütigend hatte er ihr schon im letzten Sommer, am 13. Juni 1531, aus Gent in der üblichen getragenen Förmlichkeit, wie meist durch Cobos Feder, geschrieben: „Erlauchte und großmächtige Kaiserin! Ich verschob die Pläne für dieses Jahr, weil ich betreffs des Konzils auf eine gute Entscheidung hoffte, denn das Wohl der Christenheit hängt davon ab. Aber die Schwierigkeiten von seiten des Papstes und des allerchristlichsten Königs dauern an und bedeuten eine große Gefahr; denn in Deutschland wird es durch den Aufschub des Konzils nur immer ärger. Das steigert die Türkengefahr, so daß ich erwog, mich mit den Lutheranern zu vergleichen, um Schlimmeres zu verhüten und noch dieses Jahr heimzukehren. Meine Rückkehr ist das, was ich am meisten begehre, um Euch wiederzusehen und in meinem Hause mit Euch zu sein; gar nicht zu reden von den Bedürfnissen meiner dortigen Reiche. Ich habe mich in Verbindung gesetzt mit meinem Bruder, dem erlauchten römischen Könige, erfahre von ihm die üblen Folgen des Konzilsverzuges und den Widerspruch Kursachsens gegen seine Wahl und Krönung. Alle sagen, daß meine Anwesenheit nicht zu entbehren sei, und alle bitten, daß ich mich der Sachen annehme. So habe ich mich denn entschlossen, noch einmal alles zu versuchen, und darüber die Rückkehr hinausgeschoben, hoffentlich nur bis zum kommenden März."

Nahm man alles zusammen, den Aufschub des Konzils, die innere Unzuverlässigkeit des Papstes, die offenbare Zurückhaltung Frankreichs, die tiefe Verstimmung gegen England und die vor zwei Jahren in der Belagerung von Wien wahrhaftig nahe genug gerückte Türkengefahr, die jetzt erneut im Osten aufstieg, dazu die entschlossene Haltung der Protestanten, deren auswärtige Verbindungen unmöglich dem Kaiserhofe verborgen geblieben sein können, und nicht zum wenigsten die Mattigkeit, ja Feindseligkeit der altkirchlichen Fürsten, so begreift man Ferdinands dringendes Verlangen, den kaiserlichen Bruder im Reiche festzuhalten; man begreift aber auch Karls Neigung zu einem vorläufigen Friedstand in Sachen der Religion. Seine römischen Vertreter Loaysa und Miguel Mai bestärkten ihn darin.

Waren die Stände, auch die Protestanten, nicht in den vornehmsten Reichssachen, vor allem gegen die Türken, unentbehrlich und schließlich doch auch willig? Schrieb nicht Luther immer wieder von dem „lieben Kaiser Carolus", der sich bisher, „auch jetzt auf dem Reichstage also erzeigt, daß er aller Welt Gunst und Liebe überkommen hat"? Mahnte er nicht zum einträchtigen Zusammengehen gegen die Türken? Vielleicht war sogar Luthers großes Kampflied „Ein feste Burg ist unser Gott", wie man neuerdings wahrscheinlich gemacht hat, ein Trost- und Sturmlied dieser Zeit gegen den „alten bösen Feind", den Türken. Hatten sich nicht auch sonst die lutherischen Theologen, wenn man sich recht erinnerte, auf dem Reichstage an Entgegenkommen überboten?

Etwas anders sahen die Dinge aus, wenn man infolge der eigenen Notlage ausdrücklich mit ihnen in Friedensverhandlungen eintrat. Das geschah jetzt.

Es ist nicht ohne inneren Zusammenhang, daß in demselben Schweinfurt, in dem die Organisation des Schmalkaldischen Bundes im April 1532 wieder ein gut Teil gefördert wurde, auch die Vermittlungsverhandlungen der Kurfürsten von Mainz und von der Pfalz in Gang kamen. Die Nachrichten von der Donau trieben zur Eile. Den Protestierenden ist das nicht entgangen, und Kursachsen wurde in seinen Forderungen immer anspruchsvoller: Zurücknahme der Wahl Ferdinands, Anerkennung aller bisherigen Verfügungen über das Kirchengut und Stillegung aller kammergerichtlichen Prozesse, Duldung der Lutherischen in allen Gebieten und ein frei christlich Concilium in deutscher Nation — ganz gewiß nicht unter den ihnen bisher angesonnenen Bedingungen.

Das Ärgerlichste war, daß die Altkirchlichen, die nichts zu opfern, nichts zu leisten bereit waren, in ihrer Äußerung vom 22. Juni nun auch die bescheidensten Friedensverhandlungen des Kaisers störten, wenn nicht verhinderten; daß die Bayern in ihrem Hauskloster Scheyern eben in dieser Zeit mit Frankreich abschlossen und mit Ferdinands Gegner Johann Zapolya immer noch verhandelten, obwohl der Papst über diesen Vasallen des Sultans schon 1529 den Bann ausgesprochen hatte und seine Beziehungen zu den Türken neuerdings offen eingestanden wurden. Das Nebeneinander der Reichstagsverhandlungen von Regensburg, wo die Altkirchlichen herrschten, und der von Schweinfurt nach Nürnberg verlegten Besprechungen über einen befristeten Religionsfrieden schleppte sich infolgedessen endlos lange und träge hin. Die Stände befleißigten sich der größten Unaufrichtigkeit, wenn sie endlich einwilligten, daß eine kaiserliche Verbriefung über die Stillegung der Kammergerichtsprozesse nur an die vermittelnden Kurfürsten ausgehändigt und von diesen nur mündlich mitgeteilt werden sollte. So blieben denn auch der Regensburger Reichstagsabschied vom 27. Juli und die sehr verklausulierten Religionsmandate vom 2. und 3. August in unvereinbarem Widerspruch.

Gleichwohl, der Friede wurde geschlossen, das Türkenaufgebot trat unter die Waffen. Am 9. August rühmte der Kaiser seiner Gemahlin den Eifer aller Stände, auch der Protestanten. Zu den Truppen des Königs Ferdinand unter Katzianer und des Reiches unter dem Pfalzgrafen Friedrich gesellte der Kaiser seine Niederländer unter Nassau und Roeulx sowie seine Italiener unter Leyva und dem Marchese del Vasto, also seinen erprobtesten Heerführern. Der große Augenblick, von Karl so lange ersehnt, schien gekommen, das burgundische Gelöbnis des Fasanenfestes endlich einzulösen, das Vermächtnis des Goldenen Vlieses zu erfüllen.

Allein, während der Kaiser noch in Nürnberg und Regensburg verhandeln mußte, war die Entscheidung im Grunde schon gefallen. Die kleine westungarische Festung Güns an der Grenze des Burgenlandes hielt vom 7. bis zum 28. August heldenmütig den Anstürmen Suleimans stand, und das scheint bereits den Sultan zum Abzug veranlaßt zu haben. Vielleicht wirkten auch Nachrichten von den Küsten Griechenlands mit, die Andrea Doria mit seiner Flotte beherrschte und wo er bald nachher Patras und Castelnuovo einnahm. In der Steiermark kämpften die deutschen Truppen am 13. September noch einmal erfolgreich bei Fernitz, hart südlich Graz, gegen die türkische Nachhut, die unverrichteter Dinge auch von Graz abziehen mußte. Aber weder der Tadel der kaiserlichen Generäle an der lässigen Führung des Pfalzgrafen noch Ferdinands Bitten vermochten die Reichstruppen und seine Böhmen zu bewegen, tiefer nach Ungarn hinein vorzustoßen und die österreichische Sache gegen Zapolya zu führen. Allerdings, der Winter stand vor der Türe, und es fehlte wie gewöhnlich an Geld.

Am 23. September traf Karl selbst in Wien ein, als sich gerade die letzten Kampfhandlungen abgespielt hatten. Vor der Welt ruhmgekrönt, weil sich seine Truppen in kleinen und großen Gefechten bewährt und einige Feldzeichen erbeutet hatten, auch das Feld überall behaupteten, nahm der Kaiser die Huldigungen der Seinigen entgegen. Die Ehre war insofern wohlverdient, als er wirklich neben Ferdinand der einzige Fürst war, der mit der Türkenabwehr einigermaßen Ernst machte. Aber noch Anfang Oktober wandte er sich durch Steiermark und Kärnten nach Italien, um endlich in seine spanischen Königreiche zurückzukehren, die er vor fast vier Jahren verlassen hatte.

Ihn trieb die Sorge um seine übrigen Reiche. Am meisten aber doch die Frage des Konzils, das er für Deutschland als entscheidend ansah, das aber nur zu erreichen war, wenn Italien befriedet blieb, wenn der Papst die Angelegenheiten seiner Dynastie zurückstellte hinter das Interesse der Kirche und wenn Frankreich seine beschworenen Verträge hielt. Alles dieses war zweifelhaft.

Der Verlust Württembergs 1534

Überall ein Hinhalten, ein Zurückstauen, keine Entscheidungen. Auch die deutschen Angelegenheiten waren doch nur notdürftig geordnet. Gleichwohl überließ der Kaiser auf Jahre die burgundischen Erblande der Königin Marie, das Reich seinem Bruder Ferdinand. Im Namen des Kaisers erging die Reichspolizeiordnung von 1531 mit ihren wichtigen wirtschaftlichen und sozialen Bestimmungen, in seinem Namen auch die Peinliche Halsgerichtsordnung von 1532, ein einheitliches Strafrecht, beide aus älteren Traditionen deutschen Rechtslebens, ohne inneren Anteil des Kaisers. Die eigentlichen deutschen Angelegenheiten ruhten bei den Ständen, dem Regiment, dem König.

So hatte Ferdinand allein auch die kommenden Stöße des erstarkenden Protestantismus auszuhalten. Denn die deutsche Reformation setzte sich schon jetzt weithin um in einen europäischen Kampf gegen das Haus Habsburg. Die altkirchlichen Fürsten Deutschlands, besonders die Herzöge von Bayern, hatten sowenig wie später im Dreißigjährigen Kriege Neigung, durch entschlossenes Auftreten in der religiösen Sache sich ein allmächtiges habsburgisches Kaisertum zu schaffen. Sie trugen dadurch an der Schwächung und Auflösung des Reiches genau soviel Schuld wie das protestantische Fürstentum — beide vor allem durch ihre europäischen Verbindungen.

Diese sollten sich nur zu bald auswirken.

Der erste erfolgreiche Vorstoß des auf Frankreich gestützten Fürstentums kostete dem Hause Habsburg seine eben erst gewonnene überaus wichtige Stellung in Württemberg. Hatten die althabsburgischen Räte aus der Zeit Maximilians 1520 den Erwerb des Landes nicht nur als bedeutenden territorialen Zuwachs empfohlen, sondern mehr noch unter allgemein ständischen Gesichtspunkten, als Gegengewicht gegen die demokratischen Ideen der Schweizer und der oberdeutschen Städte, so hatte inzwischen ihr nicht minder eindringlicher Hinweis auf die mögliche Stärkung Frankreichs gesteigerte Bedeutung gewonnen. Außerdem würden sie unter den jetzigen Umständen nicht ermangelt haben, auf die notwendige Anlehnung der altkirchlichen Stände im Oberland an eine größere Macht hinzuweisen. Es war schon eine versäumte Gelegenheit für die Habsburger, daß sie den Alten Orten der Eidgenossen keinen Beistand gewährt hatten gegen die Züricher; sie hätten ihre Stellung damit bis in das Herz ihrer alten Hausmacht verstärkt, ganz einerlei, ob ihre Hilfe notwendig oder entbehrlich war.

Nun aber erfolgte von der Gegenseite jene Offensive, die nicht nur den Protestantismus im Oberlande gewaltig stärken mußte, sondern zugleich den Anfang erfolgreicher französischer Politik am Oberrhein bedeutete. Diese begann mit der Verpfändung des württembergischen Mömpelgard an Frankreich als Preis für die Hilfe zur Zurückführung des Herzogs Ulrich in sein Herzogtum und sollte dermaleinst mit der Wegnahme des ganzen Elsaß enden, weil die Habsburger inzwischen ihre Interessen überall in ihre neuen Außenstellungen, Burgund, Ungarn, Spanien und Italien verlegt hatten, ihr altes Stammland am Oberrhein aber fast seit Jahrhunderten vernachlässigten.

Die Dinge vollzogen sich ganz offen. Als die Habsburger ihr bewährtes Machtmittel, den Schwäbischen Bund, jetzt zugleich als Stütze der alten Kirche erneuern wollten, fanden sie auf mehreren Tagsatzungen des Jahres 1533 wortreiche, aber nicht mißzuverstehende Ablehnungen. Bei der letzten dieser Tagungen im Dezember 1533 zu Augsburg erschien auch der französische Gesandte du Bellay und beteiligte sich eifrig an den Besprechungen über die württembergische Frage, als hätte es so sein müssen und ohne daß irgend jemand Einspruch erhob. Der Kaiser beklagte sich zwar nachträglich bei Frankreich bitter über die unfreundliche Handlung; aber da war es zu spät. Die Franzosen beurteilten ihrerseits die Lage durchaus richtig, wenn sie die Zeit für gekommen erachteten, die vor vierzehn Jahren gescheiterten Versuche auf Zurückführung des alten Herzogs wieder aufzunehmen. Sie sowohl wie die Wittelsbacher in Bayern traten jetzt freilich für den jungen Christoph ein, womit auch der Kaiser noch im März rechnete.

Beide ließen es aber schließlich geschehen, daß die Unternehmung zugunsten Ulrichs erfolgte, der sich kirchlich wie politisch auf das engste an den Landgrafen von Hessen angeschlossen hatte. König Franz bat den Landgrafen zu einer Besprechung in Bar le Duc, Ende Januar 1534, verlieh ihm seinen Orden (wie der Kaiser entsetzt an Ferdinand schrieb) und zahlte die Subsidien. Man rüstete rasch und hinreichend, und schon im Frühsommer waren die Kriegsfürsten nach dem leichten Gefecht bei Lauffen am Neckar (12./13. Mai) wieder im Besitz des Herzogtums. Ferdinand hatte andere Sorgen, als sich ernstlich für den Besitz von Württemberg einzusetzen; die Hilfe des Kaisers in Höhe von erst 50 000, dann nochmals 100 000 Gulden kam zu spät. Wenn man an die Schlüsselstellung Württembergs für die habsburgische Macht im alten Deutschland denkt, die Verbindung zwischen Tirol, dem Elsaß und der Franche Comté, so bleibt es schwer begreiflich, weshalb die kaiserliche Politik, die um Mailand ein Menschenalter lang kämpfte, den Verlust so leicht hinnahm. Man kann es nur aus ihrer damaligen vielfältigen Inanspruchnahme erklären, insbesondere aus dem heißen Begehren des Kaisers nach dem bevorstehenden Zuge gegen Tunis und aus seiner inneren Entfremdung vom deutschen Boden.

Ferdinand aber machte schon am 29. Juni zu Kaaden bei Eger seinen Frieden mit den deutschen Fürsten und buchte für den Verlust von Württemberg den von ihm damals hoch angeschlagenen Gewinn der Anerkennung seines Königtums durch Kursachsen und dessen Freunde; erst recht der Türkenhilfe. Im nächsten Jahre sah man wirklich den Landgrafen von Hessen und den Kurprinzen Joachim von Brandenburg an seiner Seite in Ungarn. Außerdem blieb Württemberg österreichisches Afterlehen. Auch der Kaiser, dem nach seinen Briefen an Ferdinand alles daran lag, die deutschen Fürsten nicht noch mehr den Franzosen zuzudrängen, nahm die Sache von der guten Seite. Die Flüssigmachung der 100 000 Gulden durch die Welser wurde rückgängig gemacht und für etwaige neue Gefahren aufgespart.

Blickt man zurück auf die ersten zehn Jahre des politischen Protestantismus, dessen Geschichte schon mit dem Speyerischen Reichstage von 1526 begonnen werden muß, so darf man trotz aller inneren Hemmungen und Wirren, auch bei den Verhandlungen über die Bundesverfassung, doch von einer gewaltigen Erstarkung reden. Der Augsburgische Reichstag von 1530, dem die protestierenden Stände mit so großer Bangigkeit entgegengesehen hatten, war für sie ein Markstein ihrer Macht geworden, da der Kaiser die durch den Kurfürsten Joachim angedrohte Gewalt nicht wagte. Auch aus der gewaltsamen Restauration Christians II und der von ihm gelobten Gegenreformation war nichts geworden. Seine Nachfolger in

Dänemark und Schweden bedeuteten eine Verstärkung des Protestantismus im Norden. Bedeutete nicht auch die Verselbständigung der Kirche von England, so unerfreulich ihre Begleiterscheinungen sein mochten, ein Stück politischen Protestantismus? Unter solchen Umständen hatten die Fürsten es zum ersten Male wagen können, die Offensive gegen das Haus Habsburg zu ergreifen. Jetzt stärkten sie sich weiter, indem sie maßhielten. Die katholischen Mächte, Papst, Kaiser, altkirchliche Fürsten und Frankreich, neutralisierten sich gegenseitig.

8. WELTPOLITIK

Während sich in Deutschland gegenüber dem Kaiser langsam die politischen Kräfte gestalteten und stärkten, die als die ihm fremdesten, aber innerlich mächtigsten sein Leben schließlich bestimmen sollten, befand sich die ganze Welt in einem Zustande latenter Neubildung. Für Jahre trat eine Art Windstille ein, wie das Anhalten des Weltenatems, worin die Umrisse der Erscheinungen wie vor Gewittern sonderbar deutlich wurden und das Antlitz dieser Erde etwas unheimlich Bedrückendes erhielt.

Der Kaiser, bei dem wir bisher vorwiegend das Werden seiner Entschließungen und damit seines für uns erkennbaren Wesens mit besonderer Aufmerksamkeit verfolgt haben, blickte im Herbst des Jahres 1532 auf gehäufte Erfolge zurück, doch nirgends auf etwas Festes, Abschließendes, ihn selbst Befriedigendes. Er hatte überall die nächsten Aufgaben scheinbar gelöst, die eigentlichen Schwierigkeiten nur zurückgestaut.

Italien war nun ganz in seiner Hand, von Neapel bis Mailand und Mantua. Allein nicht bloß in Florenz bemerkte man eine ingrimmige Wut auf die Spanier; überall war die Folge der kaiserlichen Siege eine innere Hinneigung zu Frankreich: an der Kurie, in Florenz, in Venedig und Mailand, selbst an den kleinen Höfen. Neue Irrungen zogen herauf angesichts des hohen Alters des letzten Markgrafen von Montferrat, auf das alle Nachbarn, Savoyen und Saluzzo, sogar König Ferdinand, vor allem aber die Verwandten in Mantua ihre Hoffnungen richteten; einige mußten also ganz sicher enttäuscht werden.

Spanien hatte in sich die Jahre der Revolution überwunden, die königliche Macht neu befestigt; aber von dem Glanz der weiten Reiche zehrte vorerst mehr die Eitelkeit als der Nutzen, und gerade die höchsten Stellen des Landes waren der langen Abwesenheit des Kaisers überdrüssig.

Deutschland genoß seinen kirchlichen Frieden infolge eines faulen Kompromisses; aber niemand war damit zufrieden; den einen schien es zuviel, den anderen zuwenig. Die Türken waren abgezogen; das verdankte man gewiß dem tapferen Widerstand an einzelnen Orten, wie

Güns und Graz, sowie dem allgemeinen Aufgebot und Aufmarsch. Aber man entbehrte die Befriedigung eines erkämpften und nachhaltig wirkenden Sieges, und Ferdinand kam in Ungarn weder mit Waffen noch mit Verhandlungen einstweilen nennenswert weiter.

Überall bei scheinbarer Ruhe unerfüllte Hoffnungen und drohende Möglichkeiten. Die verborgenen Spannungen, der Mangel einer wirklich überragenden und weisen Macht oder Machtgruppe gaben der europäischen Politik der nächsten Jahre etwas eigentümlich Lauerndes und Unaufrichtiges.

Die ungeheure Weite des Weltreiches bildete Karls Stärke und Schwäche zugleich. Denn das ganze traumhaft unwahrscheinliche Machtgebilde war doch zur Zeit volle Wirklichkeit und beschäftigte die Phantasie der Zeitgenossen so gut wie der Nachwelt. Der Name des Kaisers strömte Energien aus bis in entlegene Winkel dieser Erde, und aus diesen ihm selbst unbekannten Räumen wirkten der berauschende Duft der Gewürze und der magische Glanz des Goldes notwendig auf den Kaiser und seine Umgebung zurück. Je verwirrender die Verhältnisse seiner Länder und Reiche diesseits und jenseits des Ozeans sich darstellten, je vielfältiger die Gegnerschaften, in denen er sich zeitweilig zu verlieren schien, um so dringender für ihn die Selbstbehauptung, die Anklammerung an die für ihn bestimmenden inneren Gebote. Wir stehen nun mitten in diesem Leben, das, von universalen Gedanken getragen, zugleich von allen partikularen Mächten bis zum anarchischen Eigenwillen des Individuums hin durchzittert und umstürmt war.

So ist es nötig, die Räume zu durchmessen, die sich auftaten und umkämpft wurden, und nicht minder die Ideen zu würdigen, die sich darboten, diese Räume der alten und neuen Welt zu ordnen.

Westindien. Venezuela. Peru

Die früher erzählte Eroberung Mexikos hat uns in dem vornehmsten Beispiel vor Augen geführt, wie diese waghalsige, zerstörende und doch eine neue Welt schaffende Conquista vor sich ging und wie sie selbst sich erlebte. Im Vorübergehen sahen wir den Kaiser in Ratssitzungen schon von den sittlichen Problemen der Neuen Indien berührt und an der ersten Weltumsegelung wie an den Fragen der Kosmographie und an dem fruchtbaren Handel, den sie erschließen sollte, persönlichen Anteil nehmen. 1529 trafen wir Hernando Cortes an seinem Hofe in Toledo und mit ihm Francisco Pizarro, der sich eben anschickte, dem größeren Beispiel mit geringeren Anlagen, aber nicht minder gewaltigen Auswirkungen zu folgen. Während darüber Jahre vergingen, hatte sich der westindische Bereich vielfach ausgeweitet. Ein Übermaß von kühnen Taten, Entbehrungen und Mißerfolgen war dafür eingesetzt worden. Träger der Entdeckungen und Eroberungen natürlich zumeist Spanier, Glieder jenes soldatischen oder entwurzelten Mittelstandes, die nur zu gewinnen hatten. Doch mischten sich zeitig auch andere Stände ein, Letrados und Kleriker, die in den Strom gerissen wurden, wie jener Bischof Bastidas, Sohn des ermordeten ersten Statthalters von Santa Marta, oder der Jurist Quesada, der mit der Kühnheit auch als Conquistador erstaunlicherweise noch die Rechtlichkeit verband. Neben den Spaniern von Anfang an Portugiesen, Italiener, auch Deutsche.

Im Namen des „allmächtigen Kaisers Don Carlos" vollbrachten alle diese Leute ihre Taten, für ihn forderten sie die Unterwerfung und die Annahme des Christentums, an ihn gingen mehrfach auch, wie bei Cortes, ihre oft prahlerischen, immer eindrucksvollen, zum Teil schon zeitgenössisch gedruckten Berichte. In seinem Namen wurden die endlosen und erregenden Streitigkeiten entschieden, die sich zwischen den königlichen Behörden und diesen unruhigen Gouverneuren, Generalkapitänen oder freien Bandenführern ergaben. Denn abgesehen von kecken Unbotmäßigkeiten, geschah es nicht selten, daß sie von verschiedenen Ausgangspunkten aus an dieselben Stellen wirklicher oder angeblicher Reichtümer gerieten. Ihre Leidenschaften waren die ewig gleichen mit den Goldgräbern des neunzehnten Jahrhunderts und den Diamantenjägern des zwanzigsten. Und doch beugten sich im wesentlichen alle diese Gewaltmenschen dem Spruch des Königs von Castilien, den auch sie so gern Kaiser nannten.

Von Santo Domingo aus, dem Sitz der ersten königlichen Audiencia von 1526, hatten sich die spanischen Erkundungen und Besitzungen über die Inseln und Küsten rings um das westindische Becken ausgedehnt. Zuerst nach Westen, wie ja der Gedanke der ostwestlichen Durchfahrt dauernd die stärkste Triebkraft für die Erschließung des Gesamtkontinents geblieben ist. Von Panama aus sah man 1513 zum ersten Male den jenseitigen Ozean, ehe noch Magelhaens ihn als Pacific erlebte. Aber lange bevor dieser Isthmus mit Panama und Guatemala als Sitzen der Verwaltung organisiert wurde (1535—1543), hatte schon das Gebiet von Mexiko oder Neuspanien eine feste politische Form gefunden in der Begründung einer Audiencia unter Nuño de Guzman (13. Dezember 1527) und dann in der Einsetzung eines Vizekönigs, des Antonio de Mendoza (1529); hinter ihnen war Cortes bald in den Schatten gedrückt. Zu diesem Hoheitsgebiet rechnete man damals noch die gesamten Länder am Nordrande des Golfs von Mexiko, von der Westküste von Florida bis zum alten Eroberungsgebiet des Cortes. Hier in den riesigen Schwemmgebieten des Mississippi, des Alabama und Colorado waren fürs erste alle Ansätze zu wirklichen Neusiedlungen und zu wirtschaftlicher Verwertung fehlgeschlagen. Hier hatte sich neben anderen jener Narvaez versucht, den Cortes einst so unverfroren gefangennahm. Hier war als Rest seines Unternehmens auch Alvaro Nuñez Cabeza de Vaca mit zwei Genossen sechs Jahre lang durch die Lande geirrt, „nackt unter Indianern, wie diese selbst", bis sie sich 1534 eines Tages doch westwärts bis nach Mexiko durchschlugen und sich mühsam wieder an Kleider gewöhnten, wie er uns selbst erzählt. Die erste Anteilnahme der Regierung Karls V an diesem nordamerikanischen Kontinent lag in der Abwehr des beginnenden französischen Wettbewerbs auf den Spuren des Jacques Cartier, dem der Venezianer Cabot im englischen Dienst vorangegangen war. Denn nach dem Spruch Alexanders VI von 1493 und ihrem Vertrage von Tordesillas (1494) glaubten die Könige von Castilien und Portugal keine andere Macht jenseits des Ozeans dulden zu brauchen.

Nach Süden gingen die Versuche der Ausbreitung teils von verschiedenen Hafenplätzen der Nordküste Südamerikas aus, teils von Panama und dem Pacific. Die Nordküste, das schon damals, aber in einem sehr viel engeren Bereich, nach den Wasserbauten am Südgestade der Lagune von Maracaibo als „Klein Venedig", Venezuela, benannte Gebiet, blieb Santo Domingo untergeordnet. Die Conquista erfolgte hier nach ganz dürftigen Vorversuchen unter Umständen, die bei aller Kleinlichkeit im einzelnen doch für uns ein besonderes Interesse haben. Denn sie zeigen einen starken Anteil auch von Deutschen und damit den großartigen inneren Zusammenhang der Herrschaftsgebiete Karls V. Daß seine politischen und kriegerischen Unternehmungen sehr wesentlich von dem deutschen Kapital der Fugger und Welser abhingen, haben wir früher festgestellt; das galt für beide Königswahlen, auch diejenige Ferdinands. Jetzt erschien das Augsburger Haus der Welser auch als Geldgeber einer Conquista großen Stils, denn eine solche bedurfte natürlich für Menschen, Schiffe und Ausrüstungen sehr bedeutender, mit starkem Risiko belasteter Summen. Von den Inhabern der Firma ist zwar niemand selbst ins Land gekommen, aber teils durch die mit ihnen vergesellschafteten Ehinger aus Konstanz, teils durch die Faktoren und Beauftragten der Firma in Santo Domingo und in Spanien, erfolgte die Erschließung unter Beteiligung anderer deutscher Unternehmer und Siedler, zu denen auch Frauen gehörten.

Die Grundlagen für die Tätigkeit der Welser in Venezuela legten die in ihrem Auftrage durch Heinrich Ehinger und Hieronymus Sailer abgeschlossenen Verträge vom Frühjahr 1528, wobei es sich zunächst um die Gewinnung deutscher Bergleute handelte; es kamen wirklich aus Joachimsthal 24 Bergknappen nach Santo Domingo. Sodann um die Einfuhr von 4000 Negersklaven, also um eine Lizenz gleich jener ersten an Laurent Gorrevod von 1518; denn die Sklavenjagd im Lande selbst zur Aufforstung der Menschenbestände auf den fast entvölkerten Inseln erwies sich auf die Dauer als ungenügend. Weiter um die eigentliche Erschließung des Landes von dem einigermaßen sicher zu lokalisierenden Kap „Maracapana" im Osten bis zum Cabo de la Vela, einer bevorzugten Perlenfischerei, im Westen. Das alte Kerngebiet waren jene Lagune von Maracaibo mit dem nordöstlich davon gelegenen armseligen Hafen Coro und die südlichen Gebirgszüge, durch die man einerseits südöstlich in das Gebiet des Orinoco, das heutige größere Venezuela, andererseits südwestlich zu den höheren Kulturen der Chibchas von Bogota hinübergelangte. Zur rechten Nutzbarmachung ihres Handels ließen sich die Welser gleichzeitig einen Hafenplatz in den Atarazanas von Sevilla einräumen. Zugleich vereinbarten Heinrich Ehinger und Hieronymus Sailer mit dem Staatssekretär Francisco de los Cobos, daß sie den ihm zustehenden Prozentsatz von allen Gold- und Silberbarren vereinnahmen sollten. Heinrich Ehinger, Faktor der Welser in Saragossa, war übrigens derselbe, der schon 1523 den größten Teil der von der unglücklichen Magelhaens-Expedition doch noch heimgebrachten Gewürze gekauft hatte; 1530 war er *Argentier* und *Tesorero* Karls V; er folgte dem Hofe als Ritter von Santiago. Sein Bruder Ambrosius, Faktor der Welser in Santo Domingo, wurde der erste Gouverneur von Venezuela. Die Überfahrt der Kolonisten erfolgte zusammen mit Garcia de Lerma aus Burgos, der das westlich angrenzende Santa Marta übernehmen sollte.

Ambrosius Ehinger griff seine neue Aufgabe gleich energisch an. Es kam an auf Erschließung des Hinterlandes, womöglich auf Entdeckung des unbekannten Goldlandes. Ganz vergeblich war sein Suchen nicht, aber letzten Endes ist er doch gescheitert und an der Wunde von einem vergifteten Pfeil früh gestorben.

Dafür war ihm beizeiten ein tatkräftiger Konkurrent und Nachfolger erwachsen in der Person seines Stellvertreters Nikolaus Federmann von Ulm, dessen Berichte schon 20 Jahre später im Druck erschienen. Mit ihm befinden wir uns erst recht wieder in der kühnen, aber skrupellosen Stimmung der Conquista. Als ihm der begleitende königliche Beamte Hernando de Naveros unbequem wurde, legte er ihn kurzerhand in Fesseln, was natürlich nicht ohne Folgen blieb. Auf der anderen Seite waren die Schwierigkeiten, die sich aus der Wegelosigkeit, den Angriffen der Eingeborenen, wilden Tieren und ganz phantastischen Vorstellungen oder Kombinationen der Führer selbst über die geographischen Verhältnisse ergaben, ganz ungeheuerlich; ebenso die Verluste. Da Federmann mit Ehinger in Streit geriet, löste er sein Verhältnis, wandte sich heim und erschien schon im August 1532 wieder bei den Welser in Augsburg, um in deren Schutz später Gouverneur zu werden. Freilich, als gegen seine Berufung aus der Kolonie selbst Klagen einliefen, wurde seine erste Ernennung nochmals zurückgezogen zugunsten des Georg Hohermut aus Speyer. Allein nach diesem wurde Federmann doch selbst Gouverneur. Nun machte er den schwierigen und an sich erfolgreichen Zug durch das Gebirge nach Bogota, wo er nur das Unglück hatte, schon zwei ältere Bewerber vorzufinden. Es blieb nichts übrig, als die Entscheidung der spanischen Regierung anzurufen. Außer Pedro Heredia von Cartagena an der Nordküste beanspruchten das Land aber nicht nur die Welser auf Grund der Unternehmung ihres Gouverneurs Federmann, sondern auch Sebastian de Belalcazar von Quito, der den Pascual de Andagoya vorgeschickt hatte, und Hernando de Lugo, Gouverneur von Santa Marta, in dessen Dienst Gonzalo Ximenez de Quesada überaus mühselig den Magdalenenstrom aufwärts in unausgesetzter Not vor Alligatoren und Eingeborenen, unter Hunger und Mühsal vorgedrungen war. Das Gebiet, etwa das heutige Columbia, damals Neu Granada, wurde in der Tat Santa Marta zugesprochen, nur daß man die Audiencia nun geradezu nach Bogota verlegte.

Das Gouvernement des Belalcazar in Quito aber war nur ein Teilbezirk innerhalb des alten Incareiches von Peru, das inzwischen als das letzte riesengroße Gebiet auf Grund kaiserlicher Ermächtigung, dieses Mal nach einer Kapitulation mit der Kaiserin Isabella vom 26. Juli 1529, durch Francisco Pizarro in unerhörten Streichen erobert worden war. Ein Reich von gewaltigen Dimensionen, beherrscht von den Höhen der Cordilleren, aber weit hinabreichend in die östlichen Ebenen des Gran Chaco und an die Westküste vom Golf von Guayaquil, wo Pizarro zuerst Fuß faßte, bis in das nördliche Chile. Die Entfernungen, die hier zu durchmessen waren, so gut von den Incas wie von den Eroberern, erscheinen trotz der vielgerühmten Straßen unfaßbar und die ziemlich gut überlieferte einheitliche Verfassung dieser kommunistischen Despotie fast unbegreiflich in ihrer Ausdehnung. Aber sie bewährt den bekannten Satz des Machiavelli, daß eine Despotie, scheinbar unüberwindlich, mit dem Fall ihres Herrn hilflos in sich zusammenbreche.

Gewiß war Pizarro als Persönlichkeit dem Hernando Cortes nicht ebenbürtig, und man hat mit Recht gefragt, ob sein Vorgehen nicht eine unmittelbare Nachahmung des Verbrechens an Montezuma gewesen sei. Indessen, es bleibt doch eine Frechheit, die in das Heroische reicht, wenn Pizarro, der bereits einigermaßen zutreffende Vorstellungen von dem

Incareich besaß, dieses Reich in wenigen Tagen zerschlug, nachdem er mit 180 Mann und 27 Pferden im Januar 1531 von Panama dazu aufgebrochen war und auch seine Verstärkungen nur in dieser Größenordnung blieben. Dabei darf man nicht vergessen, daß ihm eigentlich alles im Wege stand, die kolonialen Dienststellen, die Genossen, ein Teil der Leute und natürlich die Eingeborenen. Aber die Widerstände wurden mit zäher Ausdauer und in jedem Augenblicke mit kühnster Entschlußkraft überwunden. Man wäre versucht zu sagen, daß in diesen Männern nur etwas raubtierhaft Großartiges sich seiner natürlichen Opfer bemächtigt habe, wenn man nicht angesichts ihrer oft eiskalten Überlegungen erschräke vor dem wirklich Bösen in der Menschennatur.

Pizarro hatte schon ein paarmal an der Küste angesetzt, und seine Versuche zum eigentlichen Vordringen in das Innere dauerten Jahre. Er gewann dabei Dolmetscher und Landeskenntnis. Seine Genossen Almagro und Luque waren in seine Kapitulation eingeschlossen; sie brachten ihm fast mehr Not als Hilfe. Sichere Stützen hatte er dagegen an seinen aus der Heimat mitgebrachten Halbbrüdern, teilweise unehelich wie er selbst. Die Handhabe zum erfolgreichen Eingreifen in das Incareich aber lag in dem Thronstreit zwischen Huescar, dem nach altem Landrecht allein berufenen legitimen Sohn des letzten Despoten aus dessen ebenfalls landesüblicher Ehe mit seiner Schwester, und dem Halbbruder Atahualpa, der jenen verdrängt und gefangengesetzt hatte. Als Pizarro im Herbst 1532 aus der heißen und üppigen Küstenlandschaft auf die kalten Höhen der Cordilleren hinaufzog, jetzt mit insgesamt 62 Reitern und 102 Fußsoldaten, allen Ernstes willens, sich dieses Riesenreich zu unterwerfen, schien er gleichwohl wie im Wahnsinn zu handeln. Am 15. November ritt er in die Stadt Cajamarca ein, tauschte von hier aus Gesandtschaften mit Atahualpa, ließ die üblichen Ansprüche verkünden und empfing den Gegenbesuch des prachtvoll geschmückten Großherrn, der, in einer Sänfte getragen, von vielen Tausend Leuten begleitet wurde.

Pizarro gab dem Herrn des Landes Gelegenheit, sich schuldhaft zu machen, ließ von allen Seiten auf das Gefolge mit Feuerrohren und blanker Waffe eindringen, schützte aber selbst das Incahaupt, das diesen unerhört gewaltsamen Einbruch in sein friedliches Land wie ein Verhängnis hinzunehmen schien. Der Despot fand sich sogar bereit, als Preis für seine Freiheit eine bestimmte Masse Gold herbeizuschaffen, benutzte aber die dafür erlangte Bewegungsmöglichkeit, seinen Bruder Huescar nun geradezu umbringen zu lassen, damit Pizarro nicht etwa als Schiedsrichter zwischen ihnen die bessere Sache des Bruders verträte. Als man Anzeichen einer ernsteren Erhebung des Volkes zu beobachten glaubte, legte man ihm alles dieses als todeswürdige Verbrechen aus und verurteilte ihn zur

Verbrennung. Doch hatte man die Gnade, ihn nach der Bekehrung zum Christentum wie einen reumütigen Ketzer nur zu erdrosseln und dann zu verbrennen. Das war im Frühjahr 1533. Die Eroberer zogen weiter zur Hauptstadt Cuzco, wo sie Mitte November 1533 eintrafen. Almagro blieb oben. Pizarro zog 1534 wieder zur Küste hinab, wo er am 18. Januar 1535 die neue Hauptstadt Lima gründete. Ein Schein von Tradition der alten Herrschaft wurde durch die Bestellung des Inca Manco, eines jüngeren Bruders des umgebrachten Herrschers, aufrechterhalten; in Wahrheit bestand ein rein spanisches Regiment, das sich auch dann noch hielt, als die Machthaber untereinander in tödlichen Hader gerieten und dem Lande das Schauspiel eines Bürgerkriegs der Eroberer boten. In diesen Kämpfen wurde Almagro umgebracht. Aber seine Leute nährten die Rache, und nach Jahren, am 26. Juni 1541, fiel auch Pizarro. Im nächsten Jahre erfolgte dann die endgültige Einrichtung der königlichen Audiencia mit dem Sitz in Lima. Aus dem Zeitalter der Conquista trat man in das der Kolonie.

Die Höhe von Pizarros Erfolgen lag im Frühjahr 1533. Damals erhielt der Kaiser die ersten sehr gefärbten Berichte von dem „Kriegszuge" des Pizarro, seinen „Siegen" über den feindlichen Kaziken und die Beute von mehr als 50 000 Dukaten Wert. Man beschrieb dem Kaiser das Auftreten des Inca in seiner goldenen Sänfte, in seinem von Gold und Edelstein strotzenden Schmuck und — in unbewußter furchtbarer Selbstanklage — seinem friedlichen, gutgläubigen Gefolge mit seiner Musik, seinen Gesängen und Tänzen; auch, daß der Inca später jenen Goldschatz kostbarer Geräte zusammengebracht und sich sehr gewundert habe, daß sie alles zerschlugen. Sie wollten nur Gold — Gold!

Später empfing Karl Pizarros Bruder Hernando mit näheren Berichten und den Schätzen selbst. Das geschah am 20. Januar 1535 zu Calatayud in Altcastilien unter allseitiger Befriedigung. Schwerlich ahnte der Kaiser etwas von den Scheußlichkeiten, die in seinem Namen begangen waren. Denn die Kapitulation der Kaiserin hatte auch Pizarro, entsprechend dem so oft im Staatsrat geäußerten Verlangen, auf gerechte Verwaltung und Schonung der Eingeborenen verpflichtet.

Leitende Ideen

Die märchenhaften Erweiterungen von Karls Macht und Mitteln wirkten nur in sehr begrenztem Maße unmittelbar auf die europäische Politik zurück. Aber wer will ermessen, was sie für das Gefühl des Kai-

2 Die Eltern Karls: Philipp der Schöne (1479–1506) und

3 Juana von Spanien (1479 bis 1555). Flügel eines flämischen Triptychons des 15. Jahrhunderts

1 Kaiser Karl V., Gemälde von Tizian (Mit Genehmigung der Bayerischen Staatsgemäldesammlungen, Alte Pinakothek, München)

4 Porträt Karls V., von einem unbekannten flämischen Meister der Zeit

5 Isabella von Portugal (1503–1539). Ausschnitt aus dem Gemälde von Tizian, 1548

6 Karl V. und Papst Clemens VII. bei den Krönungsfeierlichkeiten in Bologna, 1530

7 Karls Brief an Jakob Fugger zur Eröffnung der Finanzverhandlungen über die Kaiserwahl, 1519

8 Franz I., König von Frankreich (1494–1547), Hinterglasbild des 15. Jh.

9 Kanzler Nicolas Perrenot de Granvella, Gemälde von Tizian, 1548

10 Brief Kaiser Karls V. in spanischer Sprache an Anton Fugger, 1552

11 Die legitimen Kinder Karls V.: Juana von Österreich (1535–1573), Regentin von Spanien; Gemälde von Antonio Moro, 1555

12 Der erstgeborene Sohn Philipp, von 1556 an König von Spanien; Gemälde von Tizian, 1553

3 Kaiser Karl V. bei der Schlacht von Mühlberg, 1547; Gemälde von Tizian

14 Karl nach seiner Abdankung in San Juste. Flämischer Teppich des 17. Jahrhdt.

sers und die Vorstellungen der Menschen von ihm und seinem Reiche bedeuteten?

Dieses Reich war keine Einheit. Es war nicht wie das alte *Imperium Romanum* oder das neuzeitliche englische *Empire* aus der Kraft einer Nation aufgebaut, sondern in seinen Grundelementen zusammengeerbt und nur äußerlich zusammengebündelt. Es umfaßte Burgund und Spanien mit seinen Teilen, Nebenländern und Kolonien, Italien und das Deutsche Reich als kaiserliche Lande. Doch gab es für die Gesamtheit dieser Reiche keinen anderen Zusammenhalt als den Kaiser und seine Familie; keine einheitliche Institution oder ein Reichsbeamtentum, seitdem in Gattinara der erste und letzte Großkanzler des Reichs gestorben war. Der Staatsrat blieb stets nur die persönliche Beratung des Kaisers, keine verfassungsmäßige Einrichtung, wie sie doch sonst alle diese Länder je für sich besaßen.

Aber wie in diesen Ländern selbst, so bewährte auch im Reiche die Idee der Dynastie eine starke zusammenhaltende Kraft.

Der dynastisch herrschaftliche Gedanke, die Erbherrschaft, war in Europa allenthalben durchgedrungen. Selbst von den Stadtstaaten Italiens hatten sich außer dem halb antik oder byzantinisch gebliebenen Venedig nur noch die kleinen Gemeinwesen von Siena und Lucca als reine Republiken behauptet. Sonst waren alle Staaten homogen. Infolgedessen konnten sie alle beliebig in die dynastischen Kombinationen hineingezogen werden, beherrscht durch Geschwister, Kinder, Neffen, Nichten des Kaisers. Hatte diese Reichsbildung nicht auch ihren ganz großen überpersönlichen und überzeitlichen Wert? Bei offenbaren Gefahren für die Entbindung des Nationalen hatte sie doch alle Vorzüge eines Lebens in weiten Räumen. Handel und Verkehr, Kapital und Arbeit, Künste und Wissenschaften zogen bereits ihre befruchteten Furchen durch die Weite dieses Reiches.

Als Karl jetzt daranging, Italien, getreu den Lehren Gattinaras, weniger unmittelbar zu beherrschen als zu befrieden, bediente er sich ausgiebig des angedeuteten Mittels. Für den neuen Herzog von Florenz war seine natürliche Tochter Margarete in Aussicht genommen. Jetzt entschloß er sich, auch den stets unsicheren Herzog von Mailand an sein Haus zu ketten durch Verheiratung mit seiner zwölfjährigen Nichte Christine von Dänemark. Die Königin Marie war außer sich. „Es ist gegen Gott und das Recht der Natur, ein Mädchen, das noch nichts von einer Frau hat, zu verheiraten und den Gefahren eines Kindsbetts auszusetzen. Ich bitte es mir zu verzeihen", schrieb sie ihrem Bruder, „aber mein Gewissen und die Liebe zu diesem Kinde zwingen mich, das zu sagen." Karl antwortete seiner Schwester sehr derbe und schnöde; er verfüge an Vaters Statt — der sei so gut wie gestorben — und im Interesse des Reiches; für diesen schiefen Herzog sei sie reif genug. Er opferte sich selbst seinen Reichen, aber er forderte das Opfer ebenso rücksichtslos von Schwestern und Nichten, wie das herkömmlich war. Noch im Herbst wurden die Verträge vom 10. Juni 1533 ratifiziert, und der Herr de Praet brachte das Kind, eingehüllt in tausend Herrlichkeiten von Gold und Silberstoffen, Seide, Pelzen, Perlen und Edelsteinen, nach Mailand.

In dem benachbarten Savoyen herrschte Karls Schwägerin Beatrix von Portugal als Gemahlin des Herzogs Karl III, der auch auf Montferrat rechnete, andererseits soeben mit Genf und Bern in Schwierigkeiten geriet und von Frankreich durch Ansprüche aus dem Erbe der verstorbenen Königin-Mutter, Louise von Savoyen, belästigt wurde. Als mit dem Tode des alten Gian Giorgio am 30. April 1533 Montferrat erledigt war, hielt Karl alle Bewerber hin, bestellte ein Schiedsgericht und belehnte schließlich den von ihm zum Herzoge erhobenen Markgrafen Federigo Gonzaga von Mantua, der von Giulia d'Aragon getrennt und mit der Schwester des vorletzten Markgrafen von Montferrat verheiratet war.

Aber Frankreich und der Papst bedienten sich desselben dynastischen Mittels wie Karl, Frankreich nur noch großzügiger, insofern nicht Bastarde und Nichten, sondern Königskinder selbst die Verbindungen trugen. Die einst so oft auf dem Papier verheiratete Renée de France, Franz I Schwägerin, war Herzogin von Ferrara, wo sie bald den zur Reife gekommenen Calvin bei sich beherbergen sollte. Darüber hinaus war es jetzt das aufregendste Problem der großen Politik, daß Clemens VII seine Nichte Catherina Medici mit dem zweiten Sohn des französischen Königs vermählte, dem Herzoge von Orléans, der nach dem Tode des Dauphin später als Heinrich II den Thron besteigen sollte. Wir werden die Folgen sogleich kennenlernen.

Indessen, wie die dynastische Idee überall Kampfmittel und letztes Prinzip der Staatsleitung geworden war, wie Karl während seiner Abwesenheit aus Spanien selbstverständlich die Kaiserin zur Regentin gemacht hatte, in den Niederlanden erst seine Tante Margarete, dann seine Schwester Marie und in Deutschland seinen Bruder Ferdinand zu Statthaltern, so konnte man sich derselben Idee im Spiel der hohen Politik auch zur Versöhnung bedienen. Um diese Zeit taucht zum ersten Male wieder der Gedanke einer bayrisch-österreichischen Heirat auf, wie sie zwölf Jahre später wirklich zu der großen Wendung in der bayrischen Politik führen sollte. Es war die Zeit nach der württembergischen Unternehmung, die den Habsburgern besonders durch die Haltung Bayerns sehr bitter gewesen war. Er verstehe, schrieb der Kaiser seinem Bruder am 14. August, daß der Heiratsplan für ihn „ein schwer verdaulicher

Bissen" sei, allein bei dem Reichtum, der Bedeutung und der politischen Rührigkeit des Hauses wäre die enge Verbindung „im Interesse der Christenheit" doch sehr zu wünschen; der Erzbischof von Lund solle dafür tätig sein. Ferdinand erlebte im Linzer Vertrage vom 11. September 1534 auch von Bayern die Anerkennung seiner Königswürde.

Wie alle ergebnislosen Heiratsabreden, so waren erst recht diejenigen, die bezweckten, den habsburgisch-französischen Gegensatz zu beheben, durchaus sinnvolle Versuche in einer politischen Grundform der Zeit. War der burgundisch-französische Gegensatz aus Erbstreit erwachsen, so konnte er am Ende durch Erbheirat beigelegt werden.

Das meinte in Frankreich vor allem der Connétable Montmorency. Er trat bereits im Frühjahr 1530 an den kaiserlichen Gesandten de Praet mit solchen Erwägungen heran, und am Kaiserhof ergriff man jetzt im Zuge der persönlichen Politik des Kaisers jede Gelegenheit zu friedlichen Verhandlungen. Seitdem im Sommer 1530 Eleonore wirklich als Königin in Paris eingezogen war, jagten sich die Pläne, durch Heiraten zwischen den Kindern des Kaisers oder Ferdinands und des Königs von Frankreich den Streit um Mailand oder Burgund aus der Welt zu schaffen. Ja, sie steigerten sich noch in ihrer Bedeutung und gewannen um die Mitte der vierziger Jahre ihre Höhe. Die Korrespondenzen der Vertreter an beiden Höfen sind voll davon, und so nichtig uns alle diese nie verwirklichten Vorschläge und Bedingungen anmuten, so ernst wurden sie zeitweilig genommen.

Als Förderer solcher Projekte und Besprechungen gingen auch vornehme Botschaften von Hof zu Hof. Besonders eindrucksvoll der angeblich private Besuch von Karls höchstem Würdenträger Heinrich von Nassau in Paris während des Herbstes 1534, der uns in Instruktionen, geheimen Weisungen und Berichten genaue Einblicke verstattet in die Absichten und Mittel dieser Politik. So bleibt bemerkenswert, daß Karl sowohl durch Nassau wie durch Noircarmes ausdrücklich versichern ließ, daß er aus Liebe zum Frieden und zum Könige seine Ansprüche auf sein angestammtes Fürstentum Burgund zurückgestellt habe, obwohl sie für ihn wichtiger seien als Mailand für Frankreich. Man griff noch höher mit dem Vorschlage persönlicher Zusammenkünfte der Monarchen selber oder ihrer Damen. Verdankte man einer solchen nicht schon den Frieden von Cambrai? Allein, daß sich die Königinnen Eleonore und Marie, die seit ihrer Kindheit voneinander getrennt waren, gern persönlich gesprochen hätten, genügte der kaiserlichen Regierung noch nicht, die Regentin der Niederlande im Winter 1532/33 nach Frankreich reisen zu lassen, da man dabei übervorteilt zu werden fürchtete.

Denn wie alle politischen Mittel war auch dieses durch Mißbrauch schon wieder entwertet. Heiratsprojekte und Entrevuen dienten längst auch zum Aushorchen, zur Verschleierung oder zur Besänftigung gereizter Stimmungen. Jetzt wurden sie von französischer Seite empfohlen, um auf eine schickliche Art delikate Fragen, wie den Besitz von Mailand oder Neapel, neu zu diskutieren, obwohl sie durch feierliche Verträge eindeutig erledigt sein sollten.

Neben der dynastischen Idee hatten einzelne Länder und Reiche natürlich noch ihre besonderen oder besonders gefärbten ideellen Grundlagen, unter denen schon Ansätze zu dem beobachtet werden können, was wir im 19. Jahrhundert uns gewöhnt haben, das Nationale zu nennen. Es war alt und stark in Frankreich, stark in Spanien; im Aufbrechen, aber gefährdet, in Deutschland. Sein besonderer Zug lag bei den Spaniern in einem aus den Traditionen der Reconquista rassenmäßig und orthodox empfundenen Kämpfertum. Dazu konnte Karl nicht eigentlich ein ursprüngliches Verhältnis haben; eher schon zu dem literarisch so oft gestalteten Ideal des armen Edelmanns, der nichts kennt als Gott, König und Ehre — mochte er immer als Burgunder die Güter dieser Welt höher einschätzen.

Denn in den Niederlanden herrschten eigentlich die völlig entgegengesetzten Stimmungen. „Diese Lande sind vorzüglich auf den Handel gegründet", schrieb Karl in seiner sehr vertraulichen Instruktion für Heinrich von Nassau vom Sommer 1534 — „man muß darauf Rücksicht nehmen". Demgemäß verlangte er durch den Grafen Cifuentes, der jetzt sein Gesandter in Rom war, daß zwar die schärfsten Zensuren gegen den König von England wegen seines Verhaltens gegenüber der legitimen Königin ausgesprochen würden, aber das Interdikt nicht auf das ganze Land, ja nicht einmal auf irgend größere Teile gelegt werden dürfe, weil das den niederländischen Handel störe. Ja, er selbst hatte sich schon bald nach dem Augsburger Reichstag gezwungen gesehen, den Kaufleuten von Antwerpen, die ihm in seiner Geldnot helfen sollten, sehr peinliche Zusicherungen gegen Konfiskation ihres Vermögens aus Gründen ihrer religiösen Haltung zu erteilen.

Aber dieser Handel erscheint doch nicht bloß als eine Sache des privaten Nutzens. Er erzeugte den allgemeinen Wohlstand, er wurde als nationales Gut empfunden und konnte sogar zum Kriege mit Dänemark oder Lübeck treiben. Er schuf auch allgemeine Ideen. Natürlich war es ein jugendliches Kraftgefühl, was die Niederländer gegenüber den an Stapelrechte und Monopole gewöhnten Hansestädten den freien Handel, die „Freiheit der Meere" fordern ließ. Umgekehrt freilich versagten die Spanier und Portugiesen auf den Ozeanen und in den Neuen Indien diese Freiheit anderen Nationen auf Grund ihrer Privilegien und Verträge.

Wie lebendig inzwischen der Handel großen Stils durch das Weltreich pulsierte, haben wir soeben in Venezuela noch beobachtet. Und doch kann man nicht sagen, daß der naheliegende Gedanke eines Handelsfriedens, etwa von den Niederlanden aus, ernstlich schon zu den tragenden Ideen des Gesamtreiches Karls V gehört hätte. Nur Möglichkeiten, mitwirkende Kräfte, lagen hier wie auch in dem Verhältnis der Niederlande zu England und Schottland.

Dagegen blieb der mittelalterlich weltanschauliche Gehalt des Kaisertums bei den Regierenden wie bei den Völkern mächtig, wirksam und umstritten. Der Kaisergedanke, halb geistlich, halb weltlich, schloß das Amt des Schirmvogtes der römischen Kirche und ihre Verteidigung in sich, also auch die Ausbreitung ihres Glaubens in der Neuen Welt, die Bekämpfung der Ketzerei und die Abwehr der Ungläubigen. Die Spanier freilich wahrten sich ihre Sonderrechte in den Neuen Indien noch mit einer subtileren Begründung, wenn etwa Francisco Victoria 1532 in Salamanca lehrte, daß weder das Kaisertum noch weltliche Ansprüche des Papstes ihnen die Herrschaft über die durch Naturrecht geschützten Eingeborenen hätten geben können, wohl aber das vom Papst verliehene Missionsrecht, was die Fernhaltung anderer Mächte in sich schließe um des Friedens und der Einheitlichkeit der Missionierung willen.

Innerkirchlich gipfelte die Kaiserpflicht seit den Tagen Sigismunds in der Sorge für ein allgemeines Konzil als die letzte Hilfe in Zeiten gefährlicher Kirchennöte zur Bekämpfung von Schisma, Ketzern und Türken. Hier überall kann man von tragenden Ideen reden, auch von bewußten Gegenströmungen, soweit es sich um kaiserliche Vorrechte auf dem Konzil handelte. Indessen mischten sich vielerlei Züge in den konziliaren Gedanken. Der Glaube an das demokratische Prinzip der allgemeinen Kirchenversammlungen mit der ihnen innewohnenden Repräsentatividee hatte das 14. und 15. Jahrhundert glücklich gemacht, sich dann freilich über den Vorgängen von Konstanz und Basel aufgespalten in Reste des alten ökumenischen Vertrauens auf das Charisma der Konzilien und in die mehr politische Überzeugung von einer möglichen Gegensätzlichkeit zwischen Papst und Konzil, die es gestattete, den Konzilsgedanken auch als Waffe, als Schreckmittel gegen den Papst zu benutzen. Jetzt, um 1532/33, lagen die Dinge so, daß der Kaiserhof und Deutschland das Konzil forderten, der Papst als Bastard und als Monarch es verabscheute. An seiner Seite standen Frankreich und aus ganz anderen Gründen England. So ist es gekommen, daß Versprechungen und Verabredungen über ein Konzil, förmliche Einladungen, Absagen und Ausflüchte jeder Art sich genauso hinzogen wie die fürstlichen Eheprojekte.

Nach der Kaiseridee blieb der Papst für Karl V schlechthin die wichtigste Größe. Wir haben das Hin und Her ihrer Beziehungen durch mehr als zwölf Jahre begleitet. Wir hörten am Hof und in der Kanzlei oft sehr scharfe Töne gegen die Päpste — vom Kaiser nicht eigentlich verleugnet, aber immer wieder gemäßigt. Noch in seinen Memoiren befleißigte er sich trotz trübster Erfahrungen der größten Zurückhaltung. Die schärfste Wendung ist einmal: „Gott weiß, warum der Papst das tat" — sicher in dem Sinne, er stelle das Unbegreifliche Gott anheim. So neigte er meist zur Langmut, stets zur Ehrerbietung; doch werden wir bei ihm Augenblicke stärkster Erregung erleben.

Nun traf er sich zum zweiten Male mit Clemens VII in Bologna, vom Dezember 1532 bis Ende Februar 1533. Der Weg von Wien durch Kärnten und Friaul hatte ihn über Mantua geführt, wo seine Einkehr im Hause der Gonzaga überaus festlich war. Ferrante Gonzaga, bald sein Vizekönig in Sizilien, war einer der jüngsten Ritter des Goldenen Vlieses; der Herzog selbst wurde dem Kaiser wegen Montferrat verpflichtet. Im übrigen berührte sich Karl hier und in Bologna zum zweiten Male, jetzt enger, mit der Kultur der italienischen Renaissance, ohne daraus wirklich eine innere Ablenkung zu erfahren. Aber er nahm doch von Ariost die Widmung des eben vollendeten Rasenden Roland entgegen und gewann in Tizian seinen bevorzugten Maler. Man wird es nicht ganz übersehen, daß Karl zeitlebens Wert legte auf auserlesene Musik und daß ihm gerade dieser neben Giorgione am meisten musikalische und warme Venezianer so nahetrat. Jetzt schuf er für den Kaiser das sehr repräsentative Bild des Prado, in stehender Figur mit der Ulmer Dogge, auf der lässig seine linke Hand ruht. Das Bild ist sehr fürstlich, prachtvoll und reich, auch in der Kleidung; so, wie der Kaiser öffentlich erscheinen mochte; denn er liebte noch immer die Jagd, die Feste und Bankette und das ritterliche Auftreten. Später sollte der Maler ihm etwas tiefer in die Seele schauen.

Von den Bologneser Verhandlungen bemerkte der Kaiser in seinen Memoiren, „daß er sich mit Seiner Heiligkeit getroffen habe, jedoch ohne den vollen Erfolg, den er davon erwartete". Bezog sich das auf sein Verhalten zu dem in Regensburg erneut versprochenen Konzil oder auf Karls Versuche, den Papst von der geplanten engeren Verbindung mit Frankreich zurückzuhalten? Vielleicht auf beides. Jedenfalls war das am 24. Februar 1533 feierlich vollzogene Bündnis bereits mit den französischen Neigungen des Papstes belastet. Papst und Kaiser verpflichteten sich danach zu Botschaften wegen eines Konzils an Frankreich und an die deutschen Protestanten. Lehnen diese ab, so soll ein Abkommen mit ihnen versucht werden ohne Preisgabe wesentlicher Glaubensartikel. Scheitert auch das, so wollen sie andere Maßregeln ergreifen. Zur Türkenabwehr wird der Papst drei, der Kaiser elf Triremen ausrüsten, bei größerer Gefahr jeder seine ganze Macht; in diesem Falle verspricht der Papst auch, mit Quarten, Zehnten und Ablaßgeldern zu helfen. Es ist geplant, dazu die deutschen Stände und die Johanniter in Malta aufzubieten. Trifft sich aber der Papst aus Anlaß der in Aussicht genommenen Heirat seiner Nichte und des Herzogs von Orléans mit dem König von Frankreich, so will er die Gelegenheit benutzen, für das Konzil, für die Türkenabwehr, für die Durchführung der Friedensverträge von Madrid und Cambrai zu wirken; auch für die Anerkennung des kirchlichen Rechtsweges in der englischen Ehesache.

Die Kaiserpolitik hatte zur wesentlichsten Voraussetzung eine dauernde Befriedung Italiens, die in einem zweiten großen Bündnis, wie so oft in vergangenen Jahren, verbrieft wurde. Diesmal waren alle Staaten bis auf Venedig einbezogen. Es vereinigten sich also der Kaiser und der Papst, dieser auch für Florenz und das Haus Medici, mit den Herzögen von Mailand, Mantua und Ferrara sowie den Städten Genua, Siena und Lucca zur Abwehr aller Angriffe auf den Frieden und den gegenwärtigen Besitzstand in Italien, unter ausdrücklicher Anerkennung der Verträge von Madrid und Cambrai. Die Anteile an den Rüstungen wurden festgelegt; zum Generalkapitän der Liga Antonio de Leyva bestellt. Das Ganze konnte nur defensiv gegen Frankreich gemeint sein. Ebenso das Abkommen, das Karl bei einem Besuche seines Schwagers und seiner Schwägerin von Savoyen in Bologna mit diesen traf. Die Verwandten gaben damals sogar ihren Sohn dem Kaiser zur Erziehung mit nach Spanien.

Scheinbar also stand man im letzten Jahre des Pontifikates Clemens VII genauso wie am Ende der Regierungen Leos X und Hadrians VI. Durch unbeirrte Folgerichtigkeit seiner Politik, hervorragende Generale und Gesandte hatte der Kaiser aufs neue wenigstens diesen äußeren Erfolg erzielt.

Allein, durch das ausdrücklich anerkannte nahe Verhältnis des Papstes zu Frankreich waren die Verträge ebenso ausgehöhlt wie durch seine nicht minder offenkundige Abneigung gegen das Konzil. Die verabredeten Botschaften wurden wirklich abgesandt, aber es ist überaus bezeichnend, daß es der Kaiser für nötig hielt, in der Geheiminstruktion für seinen Ratspräsidenten von Mecheln, Lambert de Briarde, an die deutschen Fürsten dem Gesandten ausdrücklich einzuschärfen, etwaige Machenschaften des Nuntius gegen das Konzil sorgfältig zu überwachen.

Bald nachher begab sich der Papst wirklich zu der in Marseille am 27. Oktober 1533 prunkhaft begangenen Hochzeit seiner Nichte. Das hieß zugleich zur ostensiblen Freundschaftserklärung gegenüber dem französischen Hofe. Der Papst wünschte für das junge Paar Urbino; Frankreich hätte lieber Mailand, Montferrat, Parma und Piacenza gehabt. War es versteckte Prahlerei mit der Macht seines neuen französischen Freundes oder ein Rest oberhirtlichen Gewissens, daß der Papst von Marseille aus dem Kaiser nähere Mitteilungen machte über die engen Verbindungen des allerchristlichsten Königs mit den Türken? Diese schickten sich eben an, die Küsten des Mittelmeeres, auch des Kirchenstaates, zu plündern und Tausende von Christen in die Sklaverei abzuführen. Karl empfand ganz richtig, daß es die neue Verbindung mit dem verblendeten Papsttum war, die den König von Frankreich in dem Übermut bestärkte, auch seinerseits den Unfrieden wieder nach Italien zu bringen — nicht ersättigt mit dem vertragswidrigen Besitz von Burgund und dem Elend unglücklicher Feldzüge seit mehr als zehn Jahren. Am 24. April 1534 schrieb er seinem Bruder, er wolle es dem Papst sehr deutlich sagen, daß seit der Entrevue von Marseille sich die Unruhen in Italien und in Deutschland mehrten und die Abhilfe in der Religion täglich schwieriger werde.

Gleichwohl, die Verbindung Frankreichs mit der Pforte und mit ihrem neuen Vasallen Chair-ed-Din Barbarossa, Herrn von Algier und Tlemcen, war doch das weltgeschichtlich entscheidende Ereignis dieser Jahre. Sie zwang auch Karl zur Aufnahme der bis dahin vernachlässigten Mittelmeerpolitik. Er sollte damit eine neue, diesmal selbstverdiente Stufe seines Ruhmes gewinnen — in Tunis.

Vorher müssen wir uns kurz ein Bild von den weiteren Hintergründen der europäischen Politik zu machen suchen.

Die Welt um die Nordsee

Wie weit lagen die Zeiten zurück, in denen Wolsey das Zünglein an der Waage der großen Politik war, da die Fürstentage am Kanal die Summe des europäischen Interesses auf sich zogen. Die Führung war längst an den Kaiser übergegangen. Alle anderen konnten wohl stören, wohl empfindlich eingreifen, wohl für sich eigene Wege gehen, aber letzten Endes drehte sich jetzt doch alles um den Kaiser.

England war zur Zeit ganz mit seinen unerfreulichen inneren Wirren beschäftigt. In diesen beiden Jahren 1533 und 1534 erfolgten die lange erwarteten Sentenzen Clemens VII, zuerst die große Exkommunikation vom 12. Juli 1533, und die entscheidenden Entschließungen des Königs und der *Convocation* vom 23. Mai 1533, des Parlaments vom März 1534. Heinrich VIII bedurfte in diesen Jahren der Anlehnung, die er bereitwilligst bei Frankreich fand, und Karl mußte wie in früheren Jahren von diesem Bunde jede Gehässigkeit, vielleicht sogar ernstliche Gefahren erwarten. Er ging deshalb so weit, in seiner Instruktion vom 26. Februar 1535 an Hannart nach Paris, also zu einer Zeit, da die verstoßene Königin, seine Tante, noch lebte, ganz vertraulich sagen zu lassen, daß er mit Rücksicht auf die großen Anliegen der Christenheit nicht nur Frankreich, sondern sogar England so weit entgegenkommen wolle, wie er es irgend mit Gewissen und Ehre vereinigen könne. Er fordere nur, daß der König von England seine Ehesache bis zum Konzil suspendiere, die Königin und ihre Tochter bis dahin in Ehren halte und sich nicht an Machenschaften gegen ihn, den Kaiser, und den römischen König in Deutschland, in Dänemark oder Lübeck beteilige; er hätte erst recht hinzufügen müssen und meinte es auch wohl so: in Frankreich oder Italien, wie früher.

Allerdings war der Streit um Dänemark in ein neues Stadium getreten durch den Tod des Königs Friedrich am 10. April 1533. Der Reichsrat schob die Königswahl hinaus und veranlaßte dadurch die noch immer gegen die Niederlande erregten Lübecker, sich auch ihrerseits erneut einzumischen.

Während der niederländische Handel mit England und Schottland in dieser Zeit noch über die immanente Sicherheit der Gegenseitigkeit verfügte, wurde derjenige in der Ostsee von Lübeck seit jeher bestritten. Die Königin der Ostsee ging noch weiter. Statt sich ihrer tatsächlichen Schwäche bewußt zu sein, trumpfte die seit 1529 radikal-demokratische Regierung Lübecks auf und begehrte wieder den vor Jahrhunderten einmal erworbenen Einfluß auf die Besetzung des dänischen Thrones und die Schließung des Sundes. Die Lage war unendlich verwickelt und erforderte mehr Klugheit und Takt, als Jürgen Wullenweber und Genossen aufzubringen in der Lage waren. Nicht nur Gustav Wasa von Schweden hatte mitzusprechen, sondern im ganzen dänisch-norwegischen Staat spielten immer noch die ungeklärten kirchlichen Verhältnisse eine große Rolle. Auch in betreff der Söhne Friedrichs waren die Meinungen geteilt. Johann, noch minorenn, galt für altkirchlich; sein Vater hatte für ihn in den Niederlanden um eine Tochter des gefangenen Königs angehalten; dort hatte man aber die Verbindung mit dem Usurpator abgelehnt, obwohl der Plan an sich gut gedacht war. Der ältere Sohn, Christian (III), Herzog von Holstein, neigte wie sein Vater den Neuerungen zu; er stützte sich vorzüglich auf den holsteinischen Adel, der seinerseits wieder in allerlei lokalen Reibereien mit Lübeck lag. Christian fand bald auch Anhang in Jütland und gewann überraschenderweise sogar die niederländische Unterstützung im Vertrage von Gent (9. September 1533) gegen das Versprechen der Offenhaltung des Sundes. Das bedeutete natürlich zugleich eine Stellungnahme gegen Lübeck, das seit dem letzten Kriege noch immer in offener Piraterei und Feindschaft mit den Holländern geblieben war. So eröffneten sich diesen im Zeitalter des aufsteigenden Fürstentums wachsende Handelsaussichten gegenüber der staatlich ungeschützten Hanse. Lübeck, übel beraten und ohne innere Linie, nahm sich nun des früher bekämpften Christian II an, ohne daß es, auch in Zeiten des Erfolges, irgendwelche Anstalten zur Befreiung des Königs getroffen hätte. Er stand im Bunde mit den Sundstädten Kopenhagen und Malmö. Der Städtebund gewann in Christoph von Oldenburg einen tatkräftigen Truppenführer, während Markus Meyer von Lübeck mit auswärtigen Mächten in Fühlung blieb. Heinrich VIII schloß mit ihm sogar einen förmlichen Vertrag, dessen erster Artikel bezeichnenderweise die Anerkennung seiner Scheidung und seiner Ehe mit Anna Boleyn war; so großen Wert legte der König auf die moralische Unterstützung. Die Städte schlugen sich tapfer, aber es fehlten ihnen das reife Maßhalten und die Treue. Denn ohne Not boten sie in dem Herzog von Mecklenburg noch einen vierten Thronkandidaten auf und verletzten durch ihn und seine Leute den Oldenburger, der ohnehin seiner persönlichen Neigung nach mehr zum Adel als zu den Städten hielt.

Das Interesse der niederländischen Regierung an diesen Vorgängen war ein doppeltes. Dynastisch wollte der Kaiser wenn auch nicht die Ansprüche Christians II, so doch die Erbrechte seiner Töchter vertreten; außerdem nicht auf die Möglichkeiten einer kirchlichen Restauration verzichten. Er wurde begreiflicherweise bestürmt mit Projekten. Einer seiner gewandtesten Diener, der verjagte Erzbischof von Lund und Bischof von Roeskilde, Johann von Weeze, zur Zeit Gesandter bei König Ferdinand und beauftragt mit Vermittlung in der ungarisch-siebenbürgischen Sache, schrieb lange Denkschriften und Berichte, in denen er sich auch einmal selbst als Eroberer von Dänemark anbot, falls der Kaiser sich zurückhalten wolle. Ein zweites Projekt knüpfte an den Pfalzgrafen Friedrich an, den wir seit zwanzig Jahren um eine habsburgische Prinzessin haben werben sehen. Karl gab ihm den Vorzug vor seinem Neffen, dem Pfalzgrafen Philipp; auch vor dem Könige von Schottland; ernstlich erwog er den Herzog Ludwig von Bayern trotz des wenig schmeichelhaften Bildes, das er von ihm in Erinnerung hatte; aber für die Bayern hatte bald der Herzogshut von Mailand mehr Anreiz als die nordische Krone. So heiratete denn der dreiundfünfzigjährige Pfalzgraf Friedrich im September 1535 die vierzehnjährige Dorothea, die Schwester Christines. Aber der Pfalzgraf vertrat jetzt und später seine Anwartschaft, ebenso wie der Kaiserhof, nur in Briefen und Manifesten. Er bestieg um dieser Königskrone willen kein Schiff und kein Streitroß.

Für die Regentin der Niederlande blieben tatsächlich die wirtschaftlichen Interessen wichtiger. Sie beteiligte sich deshalb eifrig an den Tagsatzungen zur Beilegung der nordischen Wirren, zumeist in Hamburg. Besonders denkwürdig die Sitzung vom März 1534, auf der Georg d'Austria, Bischof von Brixen, Gerhard Mulert, Maximilian Transsilvanus und Cornelius Benninck die Niederlande vertraten. Es ging scharf her. Hier standen die Reichsuntertanen des Kaisers gegen die Niederländischen, und das mittelalterliche Prinzip der Privilegien gegen das neue des Freihandels. Auf die Anklagen der Niederländer verwahrte Hieronymus Schorf die Kaisertreue der Lübecker, schob aber den Niederländern die Schuld zu, da Lübeck unmöglich auf seine Entschädigungsansprüche aus dem letzten Kriege verzichten könne. Und doch sei es dazu bereit, falls die Holländer ihrerseits dem Ostseehandel entsagten. „Das Meer ist frei für die ganze Welt", entgegnete ihm der kaiserliche Vertreter der Niederlande. Aber die Lübecker blieben hartnäckig. Erst als ihre ganze Politik daheim und in Dänemark Schiffbruch gelitten, Christian III sich durchgesetzt hatte und Jürgen Wullenweber gestürzt und gerichtet war, brachte es die allgemeine Lage mit sich, daß die Ansprüche der Niederländer auf die Freiheit des Handels und Verkehrs durchdrangen.

Darüber ist Zeit vergangen, und auch aus anderen Gründen blieb die dänische Frage noch lange ein Moment der Beunruhigung im Norden.

Die Niederlande aber hatten jetzt und später eine tiefere Kraftquelle in ihrer religiös sittlichen Erregbarkeit. Schon zu Beginn seiner Regierung hatte Karl den reformatorischen Bewegungen in den Niederlanden die größte Aufmerksamkeit geschenkt, aber diese Bewegungen durch die Härte seiner Maßregeln nur in das undurchdringliche Dunkel des Lebens hinabgedrückt. Dieser Kirche der Verfolgung bemächtigte sich deshalb ein gefährlicher Radikalismus, der zu den merkwürdigsten Überschwenglichkeiten in Vorstellungen und Lebenshaltung führte. Die Ängste der Angebereien und Hinrichtungen, die Verborgenheit aller Zusammenkünfte, der Anblick bewunderter Opfer steigerten das Bewußtsein der Auserwähltheit und der Gotteskindschaft, die Abkehr von den Schlechten und Halben, die Wirkung einzelner Persönlichkeiten und damit den willkürlichen Charakter der Bewegung, der die objektiven sichtbaren Ordnungen versagt blieben. Melchior Hofmann aus Schwäbisch-Hall hatte eine gesteigerte Schwärmerei hinter sich zurückgelassen und die Wiedertaufe als das äußere Zeichen des Geistigen und Erlebten. Dann war 1530 in dem Bäcker Jan Mathys aus Harlem ein Prophet aufgestanden, der den schwärmerisch Erregten und Erwartenden die viel packendere Losung einer Propaganda der Tat brachte. Es gingen Stimmungen um, wie sie später das „Buch der Rache" in Münster formulierte. „Gott wird die Gottlosen erschrecken und ihnen die Macht nehmen. David wird er seine Hand stärken, seine Finger zum Streit lehren. Er wird seinem Volke eherne Klauen machen und eiserne Hörner. Pflugeisen und Hacke wollen sie zu Schwertern und Spießen machen. Einen Hauptmann werden sie aufwerfen, das Fähnlein fliegen lassen und in die Posaune stoßen."

Furchtbare Überschwemmungen in Holland und Seeland, Mißernten, mangelnde Einfuhr wegen des dänischen Krieges, Arbeitslosigkeit und geschmälerte Absatzmöglichkeiten der Industrie steigerten sich gegenseitig in der Wirkung und brachten Hunger, Not und Empörung mit sich. Der Zug der 3000 „Kinder Israels" über die Südersee war eine völlig elementare Bewegung, und wenn auch einsichtige Behörden und Gerichte Hunderte der armen Teufel laufen ließen, so steigerten doch die blutigen Exekutionen an anderen Stellen wieder die irrenden Leidenschaften der innerlich gehetzten und apokalyptischen Verheißungen hingegebenen Schwärmer. Ihnen allen ward es zum Wahrzeichen der Erfüllung, daß in der westfälischen Bischofsstadt Münster der Landesherr weichen mußte und ein Regiment der Gotteskinder aufstand — erst mit demütigem Staunen, dann mit einem Taumel der Raserei begrüßt und durchlebt, die sich in der Verteidigung gegen die landesherrlichen Belagerer im Sommer 1534 aus den ursprünglichsten Stimmungen der Verfolgten zum letzten treiben ließ, um nach dieser ungeheuren Explosion nur den ausgebrannten Krater zu hinterlassen.

In den Niederlanden dauerte der Zustand der Erregung jedoch länger. Für den Geschichtsschreiber bleibt er ein Symptom kommender Zeiten, in denen glühender Freiheitssinn und leidenschaftlicher Glaube triumphieren sollten. Aber schon jetzt zeigten sich neben den Ansprüchen des hohen Adels, den Eigenwilligkeiten der Städte, den üppigen Bereicherungen und wechselnden Krisen des Handels diese Züge tieferer Beunruhigung des kleinen Volkes gegenüber dem spanisch-habsburgischen Kaisertum.

Das Mittelmeer, Asien und Afrika
Türken und Franzosen

Der Kampf zwischen Orient und Okzident, zwischen Christentum und Mohammedanismus, der sich in unseren Tagen des religiösen Gehalts entkleidet hat, ohne verschwunden zu sein, hatte seine ersten Höhepunkte im 8. und 12. Jahrhundert. Beide Male waren burgundisch-flandrische Geschlechter Vorkämpfer der Christenheit. Ihr Erbe lag jetzt bei den Habsburgern, die den chronisch gewordenen Kampf an der Donau von

Albrecht II bis auf Leopold I blutig bestanden. Auch in Spanien und Neapel rückten sie nun in die Front der Abwehr ein; hier als Erben der katholischen Könige und des Ximenez. Daß die scharfen Maßregeln gegen die Moriskos in Spanien auf ihre Stammes- und Glaubensbrüder in Nordafrika erregend zurückwirkten, ist offenkundig; viele flohen nach dort hinüber. Von den Daheimgebliebenen sagte man, sie ermunterten und führten die Piraten, die zu Schiff die Küsten plünderten; wie in Cadix, Malaga, Murcia und Valencia, so in Sizilien und Neapel. Sie im Zaume zu halten, hatten die Spanier an der Nordküste von Afrika viele feste Plätze, von denen aus dies Unwesen betrieben wurde, in ihre Hand gebracht und durch Garnisonen in den beherrschenden Burgen festgehalten; gelegentlich auch Flottenkämpfe herausgefordert, nicht immer mit dem gewünschten Erfolge. Sie besaßen an der Westküste von Marocco Santa Cruz de mar pequeña, an der Nordküste wenigstens bis 1522 Velez de la Gomera; weiter Tenes, Algier mit dem Felsen, dem *Peñon d'Algel*, Dellys und Bugia, die aber neuerdings zumeist verloren waren. Im Mai 1529 mußte auch die Zitadelle von Algier dem früher schon genannten Chair-ed-Din Barbarossa geopfert werden. Im Frühjahr 1530 ließ Karl den Andrea Doria eine erfolgreiche Unternehmung gegen das Piratennest Cherchel westlich Algier durchführen; aber mit Barbarossa selbst wagte auch Doria nicht anzubinden. Noch weniger vermochten das aus eigener Kraft die seit dem Frühjahr 1530 endgültig auf Malta angesiedelten Johanniter. Im nächsten Jahre 1531 nahm Alvaro de Bazan den Hafen des binnenländischen Tlemcen, das nördlich davon gelegene Honeine. Von Dorias Unternehmen an der Adria war schon die Rede; jetzt wurde Coron auf dem Peloponnes wieder entsetzt und erst später (1. April 1534) freiwillig aufgegeben.

Indessen erschien der unternehmungslustige, obwohl schon bejahrte Barbarossa erst recht gefährlich durch seine Ergebung in die Dienste des Sultans, wofür ihm dieser den Befehl über namhafte Teile der türkischen Flotte überließ. Er ging nun vollends auf Piraterei großen Stils, plünderte die Küsten und verschleppte Christen massenhaft als Sklaven. Man erzählte mit Grauen, daß es ihm eines Tages an der Küste Neapels fast gelungen wäre, die schönste Frau Italiens, Giulia Gonzaga, die Gemahlin des Vespasiano Colonna, zu fangen, um sie dem Sultan in seinen Harem zu liefern.

Zu solchen Plagen steigerte sich der Kampf der Osmanen gegen die Christenheit, und nicht nur der Kaisergedanke, sondern primitivste Herrscherpflicht und Menschlichkeit legten Karl die Notwendigkeit der Abwehr auf. Da aber die türkischen Vorstöße an der Donau wie im Mittelmeer politisch gegen die Macht des Hauses Habsburg gerichtet waren, so ergab sich für den König von Frankreich die Versuchung, seinerseits mit den Türken gemeinsame Sache zu machen. Für Frankreich leuchtete zugleich die Hoffnung auf, seine Absichten auf Genua mit Hilfe der türkischen Flotte zu verwirklichen. Hinter dieser Türkenpolitik, in die sich Franz I immer tiefer verstrickte, stand die völkerrechtlich erhebliche Tatsache, daß auf diese Weise die bis dahin verabscheute Welt des Islam in das Recht der europäischen Staaten aufgenommen wurde.

Auch in Siebenbürgen gab es Verhandlungen nach beiden Seiten durch die Verschwägerung des Woiwoden mit Polen und durch sein Vasallenverhältnis zu den Türken — zugleich der Anfang eines neuen politischen Systems an der unteren Donau. Ferdinand aber war nach der doppelten Abwehr der Türken von 1529 und 1532 seinerseits mit ihnen in Verhandlungen getreten wegen des Friedens und wegen der Abgrenzung der beiderseitigen Macht auf dem Boden Ungarns. In der feierlichen Audienz vom 22. Juni 1533 erhielten seine Gesandten sogar einen ehrenvollen „ewigen Frieden".

Längst wünschte sich auch der Kaiser an diesen Botschaften zu beteiligen, zuletzt durch Entsendung des Cornelius Schepper, der aber unter den Gesandten Ferdinands erscheinen sollte. Man wußte indessen an der Pforte durch Zuträger aller Art genugsam, wie sich die Dinge in Wirklichkeit verhielten, und die eingehenden Berichte, die wir über diese Gesandtschaften besitzen, geben ein gutes Bild von der großsprecherischen Haltung des Sultans, der zwar mit Ferdinand in Frieden treten wollte, nicht aber mit dem Kaiser, den er in seiner Ohnmacht gegenüber den Protestanten und dem Papst auch noch verspottete.

Frankreich pflegte die Beziehungen zur Pforte spätestens seit 1528, wo der spanische Emigrant Rincon seine Tätigkeit begann. Graf Nogarola, der 1530 mit den Gesandten Ferdinands an die Pforte zog, fand ihn hier bereits in hohen Ehren. 1532 gelangte Rincon zu bestimmten Abmachungen, wobei auch Marillac und sein Sekretär la Forest mitwirkten. 1535 zog die erste förmliche französische Gesandtschaft nach Konstantinopel, die im Februar 1536 das lange vorbereitete Bündnis abschloß. 1537 empfing König Franz selbst türkische Gesandte, obwohl er jetzt und noch lange im eigenen Lande mit starker Abneigung gegen diese Politik rechnen mußte.

Andererseits hatte auch die spanisch-habsburgische Politik das System der Allianzen in den Rücken des Gegners getragen. Spanier und die in Vorderindien ansässigen Portugiesen gewannen Anknüpfungen mit dem Schah von Persien, der selbst in schweren, wenn auch unterbrochenen Kämpfen mit den Türken lag. Jean de Balbi hatte im Mai 1530 bei den Persern insofern eine ausgesprochen ungünstige Lage vorgefunden, als der

Schah sich gerade mit den Türken vertragen hatte, um die Hände freizubekommen für seinen Kampf in Chorasam. Im übrigen blieb Portugal, als Kolonialmacht und dynastisch dem Kaiserhof verbunden — doch auch von Frankreich umworben — im eigenen Interesse bedacht auf Neutralität zwischen den beiden großen Gegnern. Gegen 1535 bestand also eine Wechselwirkung zwischen den asiatisch-afrikanischen und den europäischen Machtgruppen.

Karl war seit Ende April 1533 wieder in Spanien. Hatte die Kaiserin mit glücklicher Hand die Cortes von Castilien gehalten, so fand Karl im Sommer des Jahres bei den Aragonesen in Monzon die alten Schwierigkeiten. Monatelang verhandelte er über die herkömmlichen Klagen und die von ihm geforderten Bewilligungen. Wegen Krankheit der Kaiserin verließ er vorübergehend die Cortesstadt, was wiederum zu umständlichen Förmlichkeiten führte. Später zog der Hof nach Castilien. Im Frühjahr hielt man längere Zeit zu Toledo und Segovia Residenz, im Herbst zu Palencia, also wieder im Norden; von Mitte Oktober 1534 bis zum März 1535 in Madrid.

In steigendem Maße erwärmte sich der Kaiser in dieser Zeit für eine Unternehmung gegen die Ungläubigen an der afrikanischen Küste. Sie gewann festere Gestalt, als Barbarossa von Algier aus sich im August 1534 auch noch der Herrschaft über Tunis bemächtigte unter Verdrängung des angestammten Herrschers Muley Hassan. Aber die Unternehmung wurde im größten Geheim vorbereitet; insbesondere erfuhr man erst im letzten Augenblicke, daß der Kaiser persönlich dabei sein wollte.

So waren seine Tage jetzt, abgesehen von den Cortesverhandlungen und den niemals fehlenden Spielen und Jagden, ausgefüllt von den diplomatischen und militärischen Vorbereitungen zum Zuge gegen Tunis.

Diplomatisch lag ihm alles daran, jede kriegerische Verwickelung im Norden, vor allem von seiten Frankreichs, zu vermeiden. Deshalb sah er im Sommer und Herbst 1534 die Erledigung der württembergischen Sache in erster Linie unter dem Gesichtspunkt, die deutschen Fürsten von Frankreich fernzuhalten. Aus demselben Grunde empfahl er Ferdinand am 14. August so dringend die Familienverbindung mit Bayern. Man müsse vergessen können, so redete er ihm zu, wie auch er vielerlei um des allgemeinen Wohles wegen ertrage. „Man muß die Dinge nehmen wie sie sind", wiederholte er in seinem Briefe vom 4. September. Die übelsten Wirkungen befürchtete er von der englisch-französischen Freundschaft, und in den Instruktionen an seine Vertreter ging er bis an die Grenze des Tragbaren, wie wir eben noch gehört haben. Er wünschte freilich, daß die Königin und die Prinzessin Mary in England blieben, damit die Untertanen und die ganze Welt das Unrecht an ihnen um so lebendiger empfänden. Aber er gab doch sonst hier und in Frankreich eifrig gute Worte. Eine Entlastung bedeutete für ihn der Tod des Papstes Clemens VII am 25. September, der durch seinen Besuch in Marseille den Kaiser verletzt, den König von England verärgert und den von Frankreich übermütig gemacht hatte.

Trotz aller Schwankungen der Beziehungen und der Machtverhältnisse spürte Frankreich die Stärke seiner geschlossenen Monarchie gegenüber den Schwächen dieser ungeheuren politischen und ideellen Inanspruchnahme des Kaisers. Ohne Scheu erhob der König exorbitante Forderungen. Er lasse sich die eheliche Verbindung zwischen seinen und des Kaisers Kindern gern gefallen, verlange aber als seinen angestammten Besitz und als das Erbe seiner Kinder Mailand, Genua, die Grafschaft Asti und Montferrat. Wenn der Kaiser Bedenken habe, selbst den Herzog Sforza zu beseitigen, so möge er ihm nur freie Hand lassen, zum allermindesten ihm das Herzogtum nach dem Tode Sforzas zusichern.

Der Kaiser mußte Stellung nehmen, und Granvelle, den wir nun fast in der Rolle Gattinaras finden — in seinen Denkschriften weniger umfassend, aber klar und scharf — brachte im November 1534 Erörterungen zu Papier mit dem Für und Wider eines Entgegenkommens gegen Frankreich. Sie gipfelten in völliger Ablehnung der französischen Forderungen. „Angesichts der Gewohnheit der Franzosen, ihre Verträge zu brechen, wie Vergangenheit und Gegenwart lehrten, würde man auch in Zukunft nichts von ihren Versicherungen und von den Vereinbarungen mit ihnen halten dürfen. Deshalb müsse der Kaiser nach Ehre und Gewissen seinerseits alle Abmachungen, also auch die mit Mailand und mit den anderen Staaten zur Aufrechterhaltung des Friedens in Italien, um so strenger innehalten. Am wenigsten dürfe er die Hand dazu bieten, diesen unzuverlässigen Gegner durch einen Machtzuwachs noch unverschämter und gefährlicher zu machen."

Je bestimmter auch der Kaiser diese Meinung teilte, desto schwieriger wurde es, Frankreich hinzuhalten. Die betont feierlichen Gesandtschaften von Nassau und Noircarmes verfolgten im Grunde nur diesen einen Zweck. Zur Sicherheit freilich beauftragte Karl den Grafen von Nassau gleichzeitig, in den Niederlanden mit der Königin Marie alles für eine etwa notwendige Verteidigung einzurichten. Während des Herbstes 1534 rechnete er nach den Briefen an Ferdinand fast sicher mit dem Wiederausbruch des französischen Kriegs, „wenn Nassau keinen Erfolg haben sollte". In letzter Stunde (April 1535) benutzte er noch die Reise des Pfalzgrafen Friedrich von Spanien in die Niederlande, um dem Könige sein oft bewiesenes Wohlwollen vorzurücken, seine Friedensbereitschaft, seinen Verzicht auf Burgund, und daß er nichts verlange als das Seinige und die Durchführung der letzten Verträge. Der Pfalzgraf sollte sich gegenüber den Einreden des Königs darüber beklagen, daß seine Unterstützung von Württemberg und Geldern ausdrücklich gegen die beschworenen Verträge verstoße. „Wenn der König von Frankreich", so ließ er sagen, „auch nur ein Körnchen guten Willens besitzt, muß er einsehen, daß der Kaiser ihm überall so weit entgegengekommen ist wie möglich, und daß die Schrift des Königs an Kurfürsten, Fürsten und Stände von Deutschland, insbesondere die Anschuldigung einer Verhinderung des Konzils das Gegenteil der Wahrheit sagt." Irgendeine Gewähr für den Erfolg dieser Vorstellungen erhielt aber der Kaiser nicht.

Das Manifest des Königs von Frankreich an die Deutschen vom 1. Februar 1535 sollte offenbar die eben gewonnenen Beziehungen zur deutschen Opposition vertiefen und verallgemeinern. Der Kaiser beantwortete es nicht in derselben öffentlichen Form, da er das für nicht schicklich erklärte. Wohl aber gab er am 19. April, schon von Barcelona aus, dem Grafen Roeulx, Adrian von Croy, eine Instruktion an die deutschen Fürsten und Stände, deren Bedeutung für uns in der sehr lehrreichen, gewiß ebenso zutreffenden wie ostensiblen Ausdeutung der kaiserlichen Politik liegt. Der Entwurf stammt von Granvelle, aber der Kaiser hat ihn eigenhändig durchkorrigiert.

Da heißt es, daß man die Deutschen schon für sehr dumm halten müsse, wenn man ihnen derartig notorische Unwahrheiten vorsetze. Die Einstellung des Königs von Frankreich zur Türkenabwehr und zum Konzil erhelle am deutlichsten daraus, daß er nach Mitteilung des Papstes selbst zu diesem in Marseille gesagt habe, er lasse die Türken nicht nur gewähren, sondern treibe sie noch an, und daß er seine Teilnahme am Konzil durchaus von der Übergabe Mailands abhängig mache. Ähnliches hätten den kaiserlichen Gesandten die Leute des Sultans in bezug auf den Frieden mit dem Kaiser gesagt. Er, der Kaiser, müsse es nun allerdings ablehnen, auf solche Weise den Türken zum Schiedsrichter zwischen christlichen Fürsten zu machen. Er verzichte auch darauf, von den Verhandlungen mit Barbarossa ausführlicher zu reden; Gritti, der Beauftragte des Sultans, habe dem Cornelius Schepper, einem glaubwürdigen Mann, offen erklärt, daß die türkische Flotte nur auf Betreiben Frankreichs an Barbarossa übergeben sei; auch wäre ein Hinausschieben ihrer Operationen selbst angesichts des Krieges mit dem Schah von Persien nicht angängig, da Frankreich bestimmte Versprechungen erhalten habe — natürlich zur Eroberung von Genua und anderen Plätzen Italiens.

Was den Vorwurf der Tyrannei und Machtbegier betreffe, fuhr er fort, so brauche er sich nicht erst zu entschuldigen, denn jedermann wisse, daß alle Kriege der letzten Zeit nur durch das Verlangen des Königs nach Mailand hervorgerufen seien. Der König habe ihn oft bestürmt, er wolle ihn, den Kaiser, zum mächtigsten Herrscher der Erde machen, wenn er dem Könige nur Mailand gäbe. Ihm dagegen habe nie etwas anderes vor Augen gestanden, als der Friede in der Christenheit, die Abwehr der Türken und das große Konzil. Er könne sich dafür auf alle deutschen Tagungen von Augsburg, Regensburg und Nürnberg berufen. Bei dem Gedanken einer Eheschließung ihrer Kinder habe ihm auch nur die Mitwirkung des Königs bei der Türkenabwehr und beim Konzil vorgeschwebt; zum Überfluß habe er dem Sohn des Königs noch eine hohe Rente aus Mailand in Aussicht gestellt. Der König dagegen verlange Mailand, Genua, Asti und Montferrat — oder gar Florenz! An wem hänge also der Verdacht der Eroberung? Der Behauptung, daß der König mehr für das Konzil getan habe als der Kaiser, stehe das ausdrückliche Zeugnis eines noch lebenden Nuntius entgegen, daß der Papst den König weder zum Konzil noch zur Türkenabwehr habe bestimmen können. Wenn der König sich brüste, den neuen Papst bei der Wahl auf das Konzil festgelegt zu haben, so verkleinere er damit das Kollegium der Kardinäle und maße sich kaiserliche Rechte an; er brauche sich auch nicht um den Ort des Konzils zu kümmern, da seine Gegenwart dort nicht nötig sei. Was den Handel betreffe, so kämen alle Edelmetalle aus Deutschland, zumal aus seinen und Ferdinands Erblanden und würden in Frankreich zum allgemeinen Schaden als Münze nur verschlechtert. Endlich sollte Roeulx gegenüber den entgegengesetzt französischen Behauptungen betonen, daß auch sie, Kaiser und König, wahre und geborene Deutsche seien.

Suchte auf diese Weise der Kaiser angesichts seiner Kriegspläne gegen die Ungläubigen Gefahren ideeller und kriegerischer Art in seinem Rücken hinwegzuräumen, so hatte er nicht minder große Hindernisse im eigenen Lande, sogar in der nächsten Umgebung zu überwinden. Längst vertrat der Mann, dem Karl in Spanien das größte Vertrauen schenkte, der Kardinal-Erzbischof von Toledo, Don Juan de Tavera, den engsten Standpunkt der Interessen Castiliens unter sehr bestimmter Ablehnung der kaiserlichen Universalpolitik. Jetzt griff er zur Feder, Januar 1535, um die dringendsten Bedenken gegen den Zug des Kaisers nach Tunis und nach Italien zu Papier zu bringen. Denn inzwischen hatte Karl endlich im königlichen Rate genauere Mitteilungen gegeben über seine nächsten Pläne. Die Ehre Gottes, hatte er da gesagt, das Wohl der Christenheit, die Nöte seiner Reiche, die eigene Ehre und Reputation verlangten von ihm diese Fahrt. Eben dagegen wandte sich der Kardinal. Das Unternehmen sei gefährlich und habe geringe praktische Bedeutung. Barbarossa werde, von Frankreich gewarnt, sich dem Kampf entziehen. Wenn schon der Kaiser auf dem Unternehmen bestehe, so möge er wenigstens nicht selbst teilnehmen. Noch größere Bedenken aber erwecke der Plan einer erneuten Einmischung in die Verhältnisse Italiens; der Kaiser werde vermutlich gar nicht umhin können, selbst wieder den allgemeinen Krieg zu beginnen. Man sieht, der vornehmste Berater der Krone in Spanien vertrat gleich vielen anderen jetzt eine den Ansichten Gattinaras genau entgegengesetzte Auffassung. Wie stark der unbewußte Einfluß des alten Kanzlers doch auf den jungen Kaiser gewesen war, bemerkt man erst jetzt. So gewichtig die Gründe Taveras, die wir nicht im einzelnen verfolgen, so stark die hinter ihm stehenden Kräfte auch waren — unter denen wir gewiß auch die Kaiserin selbst wieder vermuten dürfen —, der Kaiser ließ sich nicht mehr irre machen. Gerade von Italien aus, so war seine Idee, wollte er im Lorbeer des Siegers über die Ungläubigen dem Könige von Frankreich endlich Ruhe und Frieden aufzwingen.

Wir sehen den Kaiser jetzt vollends zu sich selbst gekommen, auch über Gattinara so weit hinausgewachsen, wie das Handeln über dem Reden liegt. Wenn Tavera meinte, die Königstreue der Spanier dürfe man nicht auf eine zu harte Probe stellen, so war das ein gewagtes Argument. Noch gewagter, gegenüber dem Hochgefühl des jungen Kaisers, von der abenteuerlichen Unternehmungslust „eines jungen Edelmannes" zu sprechen. Diese bedächtigen Räte hatten doch auch ihre Art von Hochmut; noch 1543 scheute sich selbst Granvelle nicht, der Königin Marie vom Kaiser in ganz ähnlichem Ton zu schreiben, daß er ihm abraten müsse von „diesen Unternehmungen junger Herren". Was aber wäre der Kaiser gewesen ohne diese Leidenschaft für seine Ehre und Reputation, ohne diese mutige Bereitschaft zum Einsatz? Was hätte ihn im Grunde auch der spanischen Seele näherbringen können?

Tunis, Sizilien und Neapel 1535

Mit ganz anderen Stimmungen rüstete der Kaiser jetzt zum Kriege, als vor drei Jahren gegen die Türken in Steiermark und Ungarn, wo er nach all den üblen Eindrücken in Deutschland verspätet und fast mißmutig seiner Pflicht genügte, zumal es ihn auf alle Weise nach Italien und Spanien zurückzog! Jetzt dagegen hatte er sich seinen Plan erkämpfen müssen, jetzt galt es seine eigene Sache und wirklich eine Angelegenheit der ganzen Christenheit. Außerdem dachte er seit zehn Jahren daran, seine italienischen Staaten Neapel und Sizilien zu besuchen. Das wollte er jetzt in der höchsten Ehre des erprobten Kriegers tun.

Dazu hatte sich der Feind ihm keineswegs entzogen, wie 1532 der Türke am Rande der Alpenländer. Ein Versuch, unter der Hand Barbarossa von den Türken zu trennen, war mißlungen. Nun konnten nur noch die Waffen sprechen. Für die Kaiserin-Regentin waren schon am 1. März 1535 alle Vollmachten in den nun üblich werdenden Formen ausgefertigt. Barcelona wurde Versammlungsplatz für die spanischen und portugiesischen Galeeren. Voll Freude begrüßte der Kaiser seinen Schwager, den Infanten Luis von Portugal, der nun den ganzen Feldzug an seiner Seite mitmachte. Die Blüte des spanischen Adels stellte sich ein. Am 10. Juni stieß Andrea Doria mit seinen Schiffen dazu. Inzwischen versammelten sich die Aufgebote der deutschen, päpstlichen und anderen italienischen Truppen mit den Maltesern bei Cagliari auf Sardinien; man erblickte etwa 100 Kriegsschiffe und weitere 300 für den Transport. Am Montag, dem 14. Juni, konnte von dort die Gesamtflotte, das stattlichste Aufgebot, das man in diesen Gewässern seit langem gesehen, nach Afrika in See gehen. Bei gutem Wetter dauerte die Überfahrt nur 24 Stunden. Am 15. lag man vor Anker gegenüber den Ruinen des alten Karthago.

Südlich von dieser Nordostspitze Afrikas dehnt sich die runde Bucht von Tunis, von zwei Nehrungen verschlossen, an deren schmalem Durchgang die starke Festung La Goletta lag. Diese mußte das Ziel des ersten Angriffs sein. Wie die Landung in guter Ordnung erfolgte, so auch die Vorbereitung des Angriffs auf die Festung, in die Barbarossa seine besten Truppen gelegt hatte; man sprach von 5000 Türken und zahlreichen Mauren. Er selbst hielt sich in Tunis bereit, belästigte aber von hier aus und durch das oft genannte Olivenwäldchen die Belagerer fortgesetzt mit schwärmenden Reiterscharen. Die Belagerung, mit starker Artilleriebeschießung, zog sich über drei Wochen hin. Bei furchtbarer Hitze und empfindlichem Mangel an Trinkwasser bedeutete sie eine starke Probe auf die Manneszucht. Es fehlte nicht an Krankheiten, auch nicht an Eifersucht zwischen den Nationen und an aufregenden Kämpfen im einzelnen. Aber der Kaiser ging überall mit gutem Beispiel voran. Wie er die Flotte dem Andrea Doria, so hatte er die Operationen zu Lande dem Marchese del Vasto unterstellt; er fügte sich auch selbst mit ein.

Der Sturm auf Goletta, zu dem es am 14. Juli kam, wurde seine Feuertaufe. Er erlebte sie als Gnade und unter den glücklichsten Umständen. Die Nationen waren von den verschiedensten Seiten angesetzt. Im Norden und Osten die Spanier und Deutschen; der Kaiser befand sich bei den Kanonieren. Im Westen die Italiener. Von der See her die Johanniter; die 70 Kriegsschiffe feuerten bei dreifacher Ablösung je in einer Linie im Wetteifer mit den Batterien auf dem Lande. Hier arbeitete man sich in der üblichen Weise durch Laufgräben heran, um schließlich Wälle und

Mauern unter Leitung des erfahrenen Alvaro de Bazan im Sturmlauf zu nehmen. Nach kurzem Kampfe wichen die Türken; nur ein Teil entkam nach Tunis. Die Kriegsbeute war reich, besonders an französischen Kanonen, an ihren Lilien erkennbar. Am wichtigsten, daß auch die ganze Flotte Barbarossas in die Hände der Sieger fiel, 82 Segel.

Und doch sollten schwere Proben noch folgen. Zunächst meinten viele im Rat des Kaisers, sich mit diesem Erfolge moralischer Art und mit der stattlichen Beute begnügen zu dürfen. Der Kaiser fügte sich einen Augenblick, dann aber bestand er auf Fortsetzung des Feldzuges gegen die Stadt Tunis. Bald kam die dritte Probe. Während der Belagerung hatte sich der vertriebene Herrscher Muley Hassan beim Kaiser eingestellt, nur mit 300 Mann — er hatte mehr versprochen. Aber er brachte landkundige Leute. Sie wiesen das kaiserliche Heer auf dem Wege nach Tunis zu den nachgerade heißersehnten Süßwasserbrunnen. Der Weg dahin führte bei andauernder Hitze über glühenden Boden durch die entsetzlichste Dürre. „Wir starben vor Durst und Hitze", berichtete der Kaiser eigenhändig seiner Schwester Marie. Die Kanonen mußten von den Soldaten selbst geschleppt werden, da Pferde fehlten. Um so mehr lechzte alles nach dem verheißenen Wasser. Gerade dieses hatte Barbarossa vermutet. Er machte den Kaiserlichen nicht nur das ersehnte Trinkwasser streitig, sondern überfiel die glücklich dahin durchgekämpften Truppen wieder im gefährlichsten Augenblicke. Da bewährten sich die Führer, auch Karl selbst, insofern sie verhältnismäßig rasch die Ordnung herstellten. Aber der plötzlich notwendig gewordene Kampf war doch ein arges Getümmel. Der Kaiser selbst mitten darin, sein Roß soll ihm verwundet, ein Page an seiner Seite getötet sein; er selbst rühmte sich dessen nicht.

Barbarossa zog sich nach Tunis zurück. Hier war inzwischen etwas Merkwürdiges eingetreten. Tausenden von Christensklaven hatte der Korsar den Tod angedroht, man wollte sie mit den Befestigungen in die Luft sprengen. Eben sie aber waren während des Abzuges der Truppen von Renegaten bewaffnet und hatten sich selbst, sozusagen dem Kaiser entgegen, der Stadt bemächtigt. Darüber war dann freilich Barbarossa entwichen. Er gewann um so mehr einen Vorsprung, als der Kaiser die einmal den Soldaten versprochene Plünderung der Stadt nicht versagen zu dürfen glaubte. So gelang es Barbarossa, sich an die Nordküste nach Bona durchzuschlagen, und von dort mit dem Rest der Flotte, den man versäumt hatte wegzunehmen, nach Algier zu segeln. Ihm dahin zu folgen, scheinen die Mittel gefehlt zu haben.

Infolgedessen blieben die Küsten des Meeres aufs neue seinen Zügen und nun erst recht seiner Rache ausgesetzt.

Allein das Unternehmen war und blieb trotzdem ein ganz großer Erfolg. Nicht nur für das Lebensgefühl des Kaisers, der nun endlich statt des Spieles der Turniere den Kampf auf Leben und Tod in einer großen Sache mitgemacht hatte, sondern auch für das Gefühl seiner Untertanen Dieser Kaiser machte Ernst, wie vor Wien, so vor Tunis; und wie dort, so gab er Mauren und Türken nach langer Zeit endlich das eindrucksvolle Bild geschlossener Gegenwehr.

Karl hatte den Dichter Garcilaso de la Vega bei sich und einen niederländischen Maler Vermeyen, nach dessen Entwürfen später die berühmten Gobelins des Wiener Museums hergestellt wurden: Farbenprächtige Bilder, in die man aber die Entsagungen der Seefahrt, der Belagerung und der Märsche in Hitze und quälendem Durst immer wieder hineinfühlen muß.

Etwa drei Wochen nach den Siegen von Goletta und Tunis verweilte Karl noch bei seinen Truppen im Lande. Am 17. August befand er sich wieder auf See, am 22. landete er in Trapani auf Sizilien; den September verbrachte er in Monreale und Palermo, wo man sein Denkmal heute auf der Piazza Bologni findet. Er zeigte den Sizilianern nach Jahrhunderten wieder den persönlichen Herrscher in seiner Sorge für den äußeren und inneren Frieden. Vollends in Messina wurde er überschwenglich begrüßt. Die Chronik des Santa Cruz überliefert uns die Beschreibung des festlichen Einzugs mit all den Ehrenpforten, symbolischen Darstellungen und Inschriften, die in endloser Wiederholung den siegreichen Kaiser anjubelten. „Vorkämpfer Europas über Afrika und Asien!" An einem Stadttor zwei Säulen, dazwischen Girlanden und Trophäen und die Worte, die den Säulen des Herkules einen neuen Inhalt zu geben schienen: „Vom Aufgang der Sonne bis zu ihrem Niedergang"; hier klingt zuerst das Wort von dem Reich, in dem die Sonne nicht unterging. Man bemühte den Adler Jupiters, Rom und Karthago, Scipio und Hannibal. Von einem Triumphbogen hallte es zum anderen: „Dem siegreichen Kaiser Karl, dem Vater des Vaterlandes, dem Überwinder Afrikas, Befrieder des Landes."

Die Huldigungen setzten sich fort auf dem Festlande Italiens beim Zuge durch das Königreich Neapel, das Karl nun endlich auch zum ersten Male besuchte. Die Porta Capuana von Neapel, durch die der Kaiser einzog, zeigt noch heute den Skulpturenschmuck, der in diesem Winter 1535 zu Ehren des Kaisers hergestellt wurde. Er verweilte über Weihnachten bis zum März 1536, feierte hier auch den Karneval und gab noch immer Schaustellungen von Festen und Turnieren; der Kaiser erzählte später Coligny, wie er sich damals die ersten grauen Haare entfernen ließ — der Sechsunddreißigjährige!

Indessen drängten sich dazwischen nach wie vor die Sorgen der großen Politik. Die eigentlichen Landesangelegenheiten durfte Karl vertrauensvoll den energischen Händen seines Vizekönigs Don Pedro Alvarez de Toledo überlassen. Aber die ununterbrochen laufenden französischen Verhandlungen und die Führung der Kirchenpolitik ruhten längst allein auf seinen Schultern. Nun war unterwegs eine Nachricht von der größten Bedeutung eingetroffen, die den französischen Forderungen eine ganz neue Schärfe und Bestimmtheit geben mußte, aber auch unabhängig davon den Kaiser vor eine folgenschwere Entschließung stellte. Am 1. November war der Herzog Francesco Sforza von Mailand gestorben. Die vielleicht doch noch von dem Kind aus Dänemark erwartete habsburgische Nachkommenschaft war ausgeblieben. Franz pochte mehr als je auf sein „ererbtes" Recht.

Granvelle nahm in einer längeren Denkschrift Stellung zu den möglichen Lösungen. Sie führte erneut von der organischen, auf Italien aufgebauten Kaiseridee Gattinaras weit weg. Granvelle schien auch vergessen zu haben, daß er vor kurzem noch widerraten hatte, dem Könige von Frankreich irgend zu trauen oder gar ihn durch Vermehrung seiner Macht noch arroganter zu machen. Allerdings wollte Granvelle das auch jetzt nicht eigentlich. Seine Idee war vielmehr die, den König durch das Eingehen auf seine Mindestforderung, nämlich die Verleihung Mailands an seinen dritten Sohn, den Herzog von Angoulême, in allen anderen Richtungen lahmzulegen. Nur so können die endlosen Bedingungen Granvelles verstanden werden, von denen manche vielleicht Verhandlungsreserven waren, während die wesentlichsten natürlich zur Substanz des Vorschlages gehörten: die erneute Bekräftigung der Verträge von Madrid und Cambrai durch den König und seine ganze Familie, Belehnung mit Mailand an den Prinzen lediglich für sich und seine Nachkommen unter Ausschluß des Erbrechtes aller anderen Glieder des königlichen Hauses, Zustimmung zum Konzil, Beistand in England, gegen Zapolya und die Türken, sowie in Dänemark zugunsten des Pfalzgrafen; Verzicht auf alle Praktiken in Deutschland und Italien, Verzicht auf den Handel in den Neuen Indien, insbesondere auch auf jede Beunruhigung des Herzogs von Savoyen, vielmehr seine Unterstützung gegen Genf.

Während so der erste Rat des Kaisers schon Bedingungen stellte, liefen von französischer Seite in offenbarem Regiefehler zwei verschiedene Formulierungen der Ansprüche auf Mailand ein. Der Gesandte de Vely nannte noch immer den Herzog von Orléans, den der Kaiser schon wegen seiner italienischen Gemahlin, auch wohl wegen der größeren Nähe zum Throne unbedingt ablehnte. Aber durch die Königin hatte man bereits erfahren, daß Franz I auch mit dem Herzog von Angoulême einverstanden sein würde. Daß es dem Kaiser wirklich ernst gewesen wäre mit der Herausgabe Mailands an einen französischen Prinzen, bezweifle ich; zum Austausch der Bedingungen, auf die ja alles ankam, ist man nie gelangt. Die Gesandten von Mailand baten den Kaiser, das Herzogtum nicht an den Infanten Philipp zu geben, lieber es selbst in der Hand zu behalten, wobei sie lehnsrechtliche Bedenken geltend machten, was allein schon den Kaiser gereizt haben wird, so laut zu lachen, daß es auffiel.

Am 22. März brach Karl von Neapel wieder auf, um der Einladung des Papstes nach Rom zu folgen. Die Fahrt ging über Capua und Gaeta, dann von Terracina an auf der Via Appia. Von der Basilica *San Paolo fuori* aus zog der Kaiser am 5. April in die Ewige Stadt ein, wie immer in festlichstem Gepränge und militärischem Aufzuge; erst in den folgenden Tagen machte er seine Besuche bei den Damen Colonna, Pescara, Farnese in den schlichten Formen des Kavaliers. Daß auch die alte Residenz Rom, noch immer der vornehmste Sitz der bildenden Künste und der Literatur, ihr Bestes tat in prunkvollen Triumphpforten und sinnvollen Inschriften, versteht sich von selbst. Ein Deutscher, der in seinen Jugendjahren als Professor in Wittenberg den Reformatoren, besonders Melanchthon, nähergetreten war, jetzt aber ganz auf der altkirchlichen Seite stand, Christoph Scheurl von Nürnberg, mit aller Welt in Briefwechsel, gab „aus allerley welschen und teutschen Missiven" einen gedruckten Bericht über den „Einritt Kayser Carlen in die keyserliche Hauptstadt Rom". Unter dem Bild des Kaisers das Bibelwort: „Du wirst herrschen über alles, was Dein Sinn begehrt."

In Rom vor Papst und Kardinälen 1536

Es war für Karl in der Tat wie ein Landen am Ziel. Er hatte nun alle seine Reiche kennengelernt, sich mit ihren Nöten vertraut gemacht und das Seinige getan, zu ihnen in ein Verhältnis zu kommen. Wir wissen und begreifen, daß das in der Kürze seiner Anwesenheiten und angesichts der immer wieder drückenden Forderungen, die er erheben mußte, nur in begrenztem Maße gelungen ist. Er hatte die Stände oder Generalstaaten seiner niederländischen Heimat, die Cortes von Castilien und Aragon, die Kurfürsten, Fürsten und Stände des Deutschen Reiches auf Landes- und Reichstagen um sich geschart, zuletzt die Stände von Sizilien und Neapel. Aus allen Ländern waren einige Bevorzugte in seinen hohen Orden vom Goldenen Vlies aufgenommen. Oberitalien aber sollte nach Gattinaras Idee nicht unmittelbar beherrscht, sondern in den Formen eines dynastisch gesicherten Staatenbundes regiert werden. So stand der Kaiser, nebengeordnet und doch führend, auch dem Papste gegenüber, als Herrn des Kirchenstaates und als Haupt der allgemeinen Kirche. Papst aber war seit dem 13. Oktober 1534 Paul III Farnese.

Alexander Farnese reichte als ältester aller Kardinäle, ebenso wie die inzwischen fürstlich gewordenen Medici, durchaus in die Traditionen des Renaissancepapsttums des späten 15. Jahrhunderts zurück. Auch Paul III anerkannte Kinder und Enkel mit dem Anspruch aller Nepoten auf fürstliche Versorgung an der Kurie oder im Lande. Allein im Gegensatz zu Clemens VII hatte er sich daneben längst den unausweichlichen Forderungen der Zeit geöffnet. War nicht das letzte Pontifikat für alle, die es sehenden Auges erlebten, eine hohe Schule dafür, wie man es nicht machen durfte? Die ganze Christenheit, deren Reformverlangen während des 15. Jahrhunderts in Verfassungsfragen erstickt war, schrie förmlich nach einer Revision des inneren Kirchenwesens und nach einer Verbesserung der Sitten des Klerus. Auch an diesem hatte sich die Privilegienidee des Mittelalters furchtbar gerächt. Keine volkstümliche Literatur im ganzen Abendlande bis zu den frommen Spaniern hin, die sich nicht lustig gemacht hätte über die kanonischen Ordnungen, die wie ein blühendes Dickicht die Sittenlosigkeit der Kleriker umhegten. Der Norden war in vollem Abfall, ebenso England, Deutschland mindestens zur Hälfte; von Frankreich fürchtete der letzte Papst, daß es die Wege Englands beschreiten könne, wenn man seinem Könige nicht in allem zu Willen sei. Eben jetzt hörte man von einer Einladung Melanchthons an den Hof nach Paris. Aus Spanien stammten die scharfen Protokolle von 1526 und eine Publizistik in der Volkssprache, die doch sehr drastisch geworden war.

Bedeutete demgegenüber ein allgemeines Konzil nicht viel mehr als ein Mittel der Beschwichtigung? Mußte es in dieser zerrissenen und ringsum angegriffenen Christenheit nicht als eine große Darstellung und Bekräftigung ihrer Einheit erscheinen? Paul III, dessen Klugheit alle anerkannten, hatte auch Fühlung mit denjenigen Kreisen der Kardinäle, die davon auf das tiefste überzeugt waren und sich dazu von der Initiative des Papstes in Sachen der Reform das vornehmste Heilmittel für die Kirche versprachen.

In seinem ersten Konsistorium, vom 17. Oktober 1534, hatte der Papst bereits die Notwendigkeit eines Konzils erörtert und die besten Sachverständigen nach Rom berufen, Aleander, jetzt Nuntius in Venedig, und Pietro Paolo Vergerio, Nuntius bei König Ferdinand. Im Konsistorium vom 15. Januar 1535 wiederholte der Papst, der sich durch diese Männer und andere inzwischen mehr im einzelnen informiert hatte, seine Meinung vom Konzil. An die wichtigsten Fürsten wurden alsbald um des Konzils willen Nuntien mit besonderem Auftrage entsandt: Guidiccione an den

Kaiser, Vergerio nochmals an König Ferdinand, und Rodolfo Pio von Carpi nach Frankreich. Mit diesen Botschaften war am Ende nicht viel mehr geschehen, als mit ähnlichen weniger ernst gemeinten Demonstrationen Clemens VII.

Wichtiger schon das Interesse des Papstes für die innere Reformarbeit und die Fülle ernsthafter Denkschriften, die unter der Sonne seines Interesses ans Licht traten. Der Papst schritt seiner entschlossenen Natur entsprechend auch hier sofort zur Tat. Die Bestellung einer Kommission zur Reform der römischen Kurie vom 9. Juni 1535 durfte vor allem wegen ihrer Zusammensetzung als eine sehr bedeutende Maßregel betrachtet werden. Denn zu allen Zeiten sind nicht die Ideen der Reform, auch nicht die besten Absichten, sondern die ausführenden Menschen das Entscheidende im Leben der Staaten wie der Kirche. Hadrian VI war an persönlichen Widerständen gescheitert. Deshalb auch unabweisbar, wenn wirklich etwas geschehen sollte, die innere Umgestaltung des Kollegiums der Kardinäle. Paul III hat in der ersten Creation zwei sehr jugendliche Nepoten, diesmal leibliche Enkel, berufen, Alessandro Farnese und Guido Ascanio Sforza di Santafiore. Aber am 21. Mai 1535 hörte man wenigstens einige Namen von ganz anderem Klang. Da war der Deutsche Nikolaus von Schomberg, der lange an der Kurie lebte, der Engländer John Fisher, aber auch der Franzose Jean du Bellay, gegen den der Kaiser sich sehr gesträubt hatte; weiter der Venezianer Contarini, der Mailänder Simonetta und der Senese Ghinucci. War also auch diese Creation mit ihrer geflissentlichen Parität in der Hauptsache eine politische, so überragte doch Gasparo Contarini, einst Gesandter seiner Stadt am Hofe des jungen Kaisers, alle anderen an Bedeutung für die Gegenwart. Contarini war genau Altersgenosse Luthers; er gehörte dieser Generation religiöser Menschen an, die auch als Staatsmänner ihre innere Richtung nicht verleugneten. Man darf für das Verständnis ihrer Bildung nie vergessen, daß diese Laien in der Heiligen Schrift und in den Kirchenvätern erstaunlich bewandert waren, daß sie selbst auf dem Boden Venedigs theologische Darlegungen mit innerer Teilnahme lasen und in erregten Gesprächen erörterten.

Mußte ein solcher Papst nicht schon aus politischer Klugheit auf der Seite des Kaisers stehen? Das sollte in der Tat das Problem der nächsten zwölf Jahre bleiben. Die Erfahrungen, die wir mit Hadrian VI gemacht haben, schützen uns vor überschwenglichen Erwartungen.

Nach Neapel hatte Paul III als Träger seiner Einladung dem Kaiser seinen Sohn Pier Luigi Farnese entgegengesandt — wohl auch, um diesen dem Hofe nahezubringen. Das Letztere mißglückte zunächst. Aber auch sachlich zeigten sich die kaiserliche und die päpstliche Politik einander noch recht fern. Auf Andeutungen über den Erwerb Sienas für den Kirchenstaat ging Karl gar nicht ein; auch später verhielt er sich ablehnend. Ja, der Ton seines Pier Luigi mitgegebenen Promemoria hatte wirklich etwas Herrisches; man spürte das in Tunis weiter erstarkte Selbstgefühl des Kaisers als Vogt der Kirche. Der Papst müsse den König von Frankreich, wenn es nicht anders gehe, mit kanonischen Mitteln zu dem unbedingt notwendigen Konzil zwingen. Der Kaiser redete dem Papste ins Gewissen, seiner Hirtenpflicht zu genügen und die räudigen von den guten Schafen zu scheiden. Er meinte: entschieden auf seine Seite zu treten. Seinem Bruder gestand er zwar seine Sorge vor einem Schisma, doch rechnete er fest mit dem Konzil und mit seinem persönlichen Erscheinen.

Im Sinne des geistlichen Gehalts des Kaisertums war es wohl auch gemeint, wenn der Kaiser dem Papste eine neue Liga vorschlug mit ihm und dem römischen Könige, zur Verteidigung Italiens, aber zugleich für „die Sache des Glaubens, das Konzil, die Abwehr der Türken, gegebenenfalls den Angriff auf sie und alle Störenfriede der Christenheit, auch zur Erhaltung der Autorität und Würde des apostolischen Stuhles, der Person des Papstes und seines erlauchten Hauses". Cifuentes und andere Kenner der Kurie rieten dem Kaiser, vor allem auf die persönlichen Wünsche des Papstes einzugehen, wie es einst Miguel Mai bei Clemens VII verstanden hatte.

Es ergab sich, daß auch Paul III vorwiegend im Rahmen der großen Politik dachte.

Die europäische Lage hatte sich während Karls Abwesenheit in Tunis und Unteritalien zwar nicht grundlegend geändert, aber doch wesentlich geklärt. Die deutschen Fürsten ließen sich durch die Sirenentöne des französischen Königs nicht betören. Die Bayern träumten jetzt sogar davon, für den Herzog Ludwig mit der Hand der habsburgischen Herzogin-Witwe Christine die Herrschaft in Mailand zu gewinnen. Auch in England war durch den Tod der Königin Katharina am 8. Januar 1536 für den Kaiser eine spürbare Entlastung eingetreten, insofern er zwar noch die Rechte seiner Base Mary und die Rückkehr des Königs zur römischen Kirchengemeinschaft glaubte vertreten zu müssen, aber den schweren Streit um die Ehe der Königin selbst als erledigt betrachten durfte. Deshalb instruierte er auch seinen Gesandten Chapuys schon am 29. Februar dahin, daß er entsprechend den wiederholten Versicherungen des Königs über die Ärgerlichkeiten seines Bundes mit Frankreich, wie von sich aus, anregen möchte, doch die alte Freundschaft mit dem Kaiser zu erneuern und gemeinsam für eine angemessene Verheiratung der Prinzessin zu sorgen. Karl fügte freilich hinzu, „nicht als ob ich auf diese Freundschaft an sich Wert legte, wohl aber zur Dämpfung der französischen Unverschämtheiten". Cromwell, Heinrichs vornehmster Minister, tat sehr erfreut; der König selbst aber verhielt sich noch abweisend.

Auf der anderen Seite hatte sich König Franz nun nicht mehr halten lassen. Die uns bekannten engen Beziehungen des Herzogshauses von Savoyen zum Kaiser, bestimmte Ansprüche aus dem Erbe seiner verstorbenen Mutter Louise von Savoyen, die Schwächung des Herzogtums durch die Reformation in Genf und die Einmischung von Bern hatten längst in ihm den Entschluß reifen lassen, sich des Herzogtums Savoyen und Piemonts als des Schlüssels nach Italien zu bemächtigen. Im Februar nahm er Bourg en Bresse, im März 1536 brach er ohne viel Umstände tiefer in das überraschte Herzogtum ein; die erste Feste von Bedeutung, Monmeliano, fiel durch Verrat. Der Vormarsch kostete angesichts der Haltung der Bevölkerung noch viel Blut, aber er vollzog sich unaufhaltsam. Am 3. April waren die Franzosen in Turin. Der Herzog floh nach Vercelli.

Hinter diesem Handstreich stand das kaum noch verhaltene Gelüst des Königs nach Mailand, dessen Besitz der Ruhm seiner nun freilich auch schon weit zurückliegenden Jugend gewesen war. Durch die von ihm mitverschuldete Inanspruchnahme der Kaiserlichen in den Gewässern des Mittelmeeres hoffte er erst recht auf leichtes Spiel. Daß er Mailand nicht mehr durch diplomatische Verhandlungen gewinnen, sondern mit Gewalt erobern wollte, enthüllte er unvorsichtigerweise schon vor Monaten den Venezianern, die er zum Bündnis aufforderte, um sein „Recht auf Mailand" wahrzunehmen; auch, wie er sagte, mit Rücksicht auf die selbst der Republik von San Marco gefährliche Macht des Kaisers. Die erlauchte Signorie lehnte ab. Sie sollte bald erfahren, wer ihr gefährlicher wurde, der Kaiser oder der von Frankreich aufgehetzte Türke. Das Merkwürdigste und für den weiteren Verlauf der Dinge Wichtigste aber blieb, daß sich am französischen Hofe dauernd die Kriegs- und die Friedenspartei bekämpften, so daß immer wieder die Möglichkeit der Anknüpfung bestand.

Der Kaiser war an sich seit langem auf den alles Bisherige übersteigenden Friedensbruch seines königlichen Schwagers gefaßt. Er tat das, was geboten war; er hörte die kecken Forderungen der französischen Gesandten an und „temporisierte", ohne aufzuhören sich zu rüsten. Jetzt hielt er die fast hoffnungslosen Verhandlungen noch dadurch im Gange, daß er sich — gewiß nur scheinbar — sogar einer Übertragung Mailands an den Herzog von Orléans zugänglich zeigte. Im übrigen sind seine Korrespondenzen wieder angefüllt von Weisungen zu militärischen Vorkehrungen in den Niederlanden, in Deutschland, in Italien und in Spanien. Der Kaiser zeigte sich vor allem aufs eifrigste bemüht, dem Könige jede moralische Unterstützung zu entziehen.

Wir können seine innere Empörung darüber verstehen, daß er, der Kreuzfahrer, sich jetzt aufs neue vor schwere Kriege innerhalb der christlichen Gemeinschaft gestellt sah, deren Anlässe er durch jahrelange kostspielige Feldzüge und feierliche Eide aus der Welt geschafft zu haben glaubte; daß er, jetzt fast am Ziele und nur zu sehr schon an Triumphe gewöhnt, wieder an den Anfang der Kampfbahn zurückgeworfen sein sollte.

Das Verlangen des Königs nach Mailand hatte ganz gewiß mit dem Aufbau des französischen Nationalstaates nicht das geringste zu tun, und man sollte seine eitle Prestigepolitik nicht als etwas Modernes hinstellen. Soweit es im Sinne des europäischen Gleichgewichts lag, erscheint die Betonung einer Machtstellung in Italien als ein fränkisches Erbe, als ein Nachklang mittelalterlicher Reichspolitik. Dabei darf man aber nicht vergessen, daß König Franz keineswegs gewillt war, in irgendeinem Sinne die Folgerung aus dieser Politik zu ziehen, wogegen Karls Kaiserpolitik längst begonnen hatte, mit den Ansprüchen auch die Lasten einer universalkatholischen Weltpolitik zu tragen. Insofern durfte er insbesondere vom Papste, dessen weltpolitische Sendung der seinigen vergleichbar war, eine klare Stellungnahme an seiner Seite erwarten. In Verhandlungen hatte er das bisher nicht erreichen können. Der Papst, geschreckt wie sein Vorgänger durch die Abfallsbewegungen in der ganzen nordeuropäischen Christenheit und empört — wie er es sah — durch die Anmaßung des Kaisers in den kirchlichen Dingen, wollte sich nicht in die Gefolgschaft eines Mächtigeren begeben, wollte politisch neutral bleiben, wollte das Schisma nicht auch nach Mitteleuropa ziehen, vielmehr als Schiedsrichter seine Stellung über dem Kaiser wahren.

Da nun Karl durch Verhandlungen in der üblichen Form nicht zum Ziele kam und, wie er dem Bruder schrieb, es für nötig hielt, seine Politik gegen französische Intrigen öffentlich zu vertreten, entschloß er sich zu einem sehr ungewöhnlichen und in der Tat höchst eindrucksvollen Schritt, der zwar seinen unmittelbaren Zweck nur halb erfüllte, und doch eine gewisse Wendung herbeiführen sollte. Am 2. Ostertag, dem 17. April 1536, vor dem Hochamt, lud er die bei ihm erschienenen französischen und venezianischen Gesandten ein, ihn zum Papste zu begleiten. In der *Sala dei paramenti* des Vatikans fand man das Kollegium der Kardinäle und außer dem kaiserlichen Gefolge noch eine größere Anzahl von Personen, die der Kaiser zu verweilen hieß. Als alle sich geordnet hatten, auch der Papst erschienen war, nahm er neben diesem Platz und begann alsbald eine mehr als einstündige Rede von größter Eindringlichkeit.

Was er und seine vornehmsten Räte in den letzten Jahren so oft schriftlich bis in den Wortlaut hinein festgelegt hatten, was ihm in der Stimmung und in der Disposition ganz geläufig war, das vermochte er jetzt auch in freier Rede klar zu entwickeln. Feierlicher und wirkungsvoller als je in einem Schriftstück öffnete er durch diesen Staatsakt seine politische Seele.

Wir wissen genau, was er da, merkwürdigerweise in spanischer Sprache, ausführte, und wie es wirkte, denn wir haben von ihm und anderen eine Reihe von Berichten darüber, zum Überfluß neuerdings auch seine Antwort auf eine französische Erwiderung.

Zunächst dankte er dem Papste und den Kardinälen für die Sorge um das Konzil. Er stelle seine Macht zur Verfügung, dessen Beschlüsse durchzuführen. Dann kam er auf den Frieden. Er habe ursprünglich nur beabsichtigt, seine Königreiche zu besuchen, dem Papste seine Ehrerbietung zu erweisen und weiter gegen Algier, den Hauptstützpunkt Barbarossas, zu rüsten. Da trete ihm der König von Frankreich in den Weg. Und nun folgte eine eingehende Darstellung seines Verhältnisses zu Frankreich von den Tagen Maximilians an mit vielen persönlichen Erinnerungen, etwa an den Augenblick, da er mit König Franz um die Zeit des Friedens von Madrid einmal an einer Wegkreuzung unter einem Kruzifix gestanden und der König ihm bei dem Gekreuzigten die Innehaltung des Friedens geschworen habe. Oft war seine Rede drastisch, wie bei dem Vergleich der Sicherheiten, die er bei einer Verleihung Mailands an den Herzog von Angoulême brauche, wobei er seinen Finger hinhielt, und derjenigen, die gegenüber dem Herzog von Orléans nötig seien, wobei er den ganzen Arm ausstreckte.

Von Jugend auf, sagte der Kaiser, habe er versucht, mit dem Könige von Frankreich in Frieden zu leben; Beweis, eine lange Reihe von Verträgen. Streitigkeiten seien durch Kriege und feierliche Friedensschlüsse beigelegt. Aber der König erhebe immer neue Forderungen gegen diese Verträge durch Wort und Tat. Er, der Kaiser, sei aufs weiteste entgegengekommen, durchaus über seine Verpflichtungen hinaus. Der König habe alles abgelehnt; vielmehr ohne Grund den zum Reiche gehörigen und durch den Frieden von Cambrai ausdrücklich geschützten Herzog von Savoyen überfallen und durch unberechtigte Ansprüche auf Mailand weitere schwere Kriege innerhalb der von Ketzern und Türken bedrohten Christenheit heraufbeschworen. Deshalb mache er nun ein letztes Angebot zum Frieden, wozu er von Herzen bereit sei; oder zum Krieg, den er nicht fürchte; oder, um das Blut der Völker zu schonen, zu persönlichem Zweikampf auf dem Lande oder auf einem Schiffe. Kampfpreis sollten sein Mailand und Burgund.

Der Papst glaubte, daß der Kaiser am Ende sei und lobte seinen Friedenswillen mit bewegten Worten.

Der Kaiser, nachdem er in einen Zettel geblickt, den Papst unterbrechend: Er habe etwas vergessen, nämlich, daß er vor allem die Entscheidung des Papstes anrufen wolle. Finde der Papst wirklich, daß er im Unrecht sei, dann möge er den König von Frankreich unterstützen; wenn aber nicht, so rufe er vor Gott Seine Heiligkeit und die ganze Welt gegen den König auf.

Der Papst: Auch der König habe Friedensangebote gemacht. Deshalb hoffe er seinerseits zuversichtlich, daß der Friede erhalten werden könne. Den Zweikampf müsse er ablehnen. Da er und die Kardinäle versöhnen wollten, müßten sie neutral bleiben. Widersetze sich aber einer der beiden Fürsten einem vernünftigen Frieden, so würde er sich gegen diesen erklären.

Das war das Stichwort für den Kaiser. Er ergriff die Hand des Papstes und sagte: „Ich küsse Eurer Heiligkeit die Hand für diese Antwort."

Beim Abschied des Kaisers vom Papste am 18. April hatte die Szene noch ein Nachspiel. Die französischen Gesandten, von denen der eine die Rede des Kaisers vorläufig beantwortet hatte, erbaten durch den Papst noch eine nähere Erläuterung.

Der Kaiser gab sie auf der Stelle. Er habe den König nicht verletzen wollen, sondern nur sich selbst verteidigen. Der Friede sei auch ihm das höchste Gut. Aber sollte er angegriffen werden, so würde er alles aufbieten, sich auch durch die Türkengefahr nicht schrecken lassen. Zum Zweikampf habe er nicht herausgefordert, sich nur dazu erboten; er wisse wohl, daß das ein Wagnis sei angesichts der bekannten Tapferkeit des Königs. Was er von dem Streit innerhalb der Christenheit fürchte, sei die Zerrüttung der Kirche und des Glaubens und der Zorn Gottes.

Zieht man die Summe, so hatte der Kaiser zwar im Augenblick den Papst nicht offen auf seine Seite gezogen, wohl aber ihn auf strikte Neutralität und ernsthafte Bereitwilligkeit zur Friedensvermittlung festgelegt. Das sollte bald seine Früchte tragen. Er hatte schon vorher erreicht, daß in der Kardinalskongregation vom 8. April das allgemeine Konzil zum Mai des nächsten Jahres, und zwar nach Mantua, beschlossen war. Gegenüber der Konzilsverneinung und dem hastigen politischen Hin und Her Clemens VII bedeutete das alles einen erheblichen Fortschritt im Sinne des Kaisers.

Auch in der öffentlichen Meinung hatte er gewonnen. Die Zuhörer jener Versammlung nahmen durchweg einen starken Eindruck mit, und der untrügliche Sprecher der Römer, Pasquillus, äußerte sich im Gespräch mit einem Kardinal, das schon vier Wochen später auch in Deutschland wiederum durch Christoph Scheurl als Flugschrift erschien:

Kardinal: „Was dünkt Dich, der Wahrheit Liebhaber, von unserem Kaiser?"

Pasquillus: „Mich bedunkt, daß er wiederkommen wird, zu richten die Lebendigen und die Toten."

Kardinal: „Du gibst seltsame Schwänke für, Pasquille! Wir haben doch einen Papst, der zwischen beiden Teilen Fried machen würde."

Pasquillus: „Ihr Hochwürdigsten, seid behutsam, denn Ihr habt es mit einem Großgewaltigen zu schaffen, und der Ratstag ist vor der Tür."

Das klang nochmals wie 1527.

Freilich beging nun der Kaiser einen großen Fehler. Frankreich hatte nicht gewagt, das Herzogtum Mailand selbst anzugreifen. Hier also hatte man Frieden. Sollte man nun mit der Waffe in der Hand dem Herzoge von Savoyen sein Land zurückgewinnen? So meinte im Kriegsrat mit Recht Leyva, der Meister der Verteidigung. Das aber hatte offenbar nicht genug psychologischen Anreiz für den Kaiser, und so griff er zur Offensive nach Frankreich hinein. Man kam unglücklicherweise auf den Plan zurück, an dem einst schon Bourbon gescheitert war, auf den Einfall in die Provence, nochmals in Verbindung mit einer ganz vagen, gleichzeitigen Operation im Norden „auf Paris". Wenn man sich diesmal nach den Erfahrungen von Goletta in der Provence eine besondere Unterstützung versprach von der Flotte, so trog diese Erwartung völlig. Für die Verpflegung war sie meist zu fern und vor Marseille sollte man sich davon überzeugen, daß zwischen der zu Wasser und zu Lande bequem zugänglichen Hafenfestung Goletta und der in schwieriger Landschaft gelegenen Stadt Marseille ein großer Unterschied bestand.

Am 25. Juli 1536 zog das kaiserliche Heer über die Grenze. Hier stieß man sofort auf eine verwüstete Landschaft. Es ist das letzte Mittel der Verteidigung, daß ein Kampfgebiet geräumt und zerstört wird. Montmorency wird sich nicht leicht dazu entschlossen haben, aber es erwies sich um so wirksamer, je stärker das kaiserliche Heer war. Die französischen Truppen lagen weit im Innern bei Avignon in einem festen Lager hinter der Durance. Dieses konnte man nicht wagen anzugreifen; ebensowenig ließen sie sich herauslocken. Im entblößten Lande aber litt man Not, die befestigten Städte leisteten Widerstand, Krankheiten dezimierten das Heer, und schon am 3. September, nach einem Feldzuge von kaum sechs Wochen, mußte man den Rückzug antreten. Leyva überlebte den Feldzug nicht; aber sein Ruhm umstrahlte noch seinen Tod, insofern der französische Befehlshaber die Bitte um ein Transportmittel für den kranken General mit Übersendung seiner eigenen Sänfte beantwortete; letzte Höflichkeit und zugleich Huldigung gegenüber dem großen Gegner so langer Jahre.

Der Angriff in den Rücken der französischen Stellung von Savoyen war gescheitert. Auch der Angriff an der niederländischen Front hatte kein Glück. Hier führte Nassau. Im ersten Vorstoß fehlte es ihm nicht an Erfolg. Dann aber stockten die Operationen. Man erlitt kleine Niederlagen, verlor später auch an Raum. Helfend und treibend im Hintergrunde die Königin Marie, aber auch sie ungeduldig und wie einst Margarete von Anwandlungen der Regierungsmüdigkeit befallen.

Freilich, den Mißerfolgen der Kaiserlichen entsprachen nicht die wirklichen Erfolge der Franzosen. Auch bei ihnen gab es Geldmangel, Truppennöte, Meinungsverschiedenheiten in der Führung. Zu einem Einfall in das Mailändische reichten die Kräfte nicht aus. Das eigentliche Ziel also blieb unerreicht. Vielmehr drang der Marchese del Vasto, der Leyva im Oberbefehl gefolgt war, seinerseits wieder in Piemont vor. Er gewann es zurück bis auf Turin.

In alledem lagen Bedingungen für den Frieden. Aber es sollte noch lange um ihn geworben werden — in der Hauptsache sogar vergebens.

WAFFENRUHE. NIZZA UND AIGUESMORTES

In dieser Zeit haben die Besprechungen im Staatsrat nicht mehr die Bedeutung wie in Karls früheren Jahren. Allein es gewährt doch einen Einblick in die auf den Kaiser wirkenden Erwägungen, das Gutachten seiner Räte zu hören, als der Feldzug in die Provence gescheitert war.

Falls der König von Frankreich, urteilten die Räte, selbst über Berg ziehe oder eine große Armee sende, erfordere es die Ehre des Kaisers, ihm sogleich mit einer starken Macht entgegenzutreten. Denn bei den Franzosen entscheide immer der erste Eindruck. Sonst aber empfehle es sich für den Kaiser, bald nach Spanien zurückzukehren, die Niederlande der Königin Marie und Nassau zu überlassen. Für die nötigsten Verfügungen in Italien genügten 14 Tage.

Allgemein erwogen sie, ob sie zum Frieden, zum Waffenstillstand oder zum Krieg raten sollten. Den Frieden könne man nur um den Preis Mailands haben; wolle der Kaiser das nicht, müsse man die Hoffnung aufgeben. Von Waffenruhe werde der König von Frankreich nur handeln, um den Kaiser zu narren und seine Praktiken überall fortzusetzen. Mit Turin und Savoyen habe er immer noch mehr Pfänder in der Hand, als der Kaiser. Eine Fortsetzung des Krieges aber (das zu sagen fühlten sie sich in ihrem Gewissen verpflichtet) wäre der Ruin beider Teile, eine unheilbare Feindschaft zwischen ihren Häusern, zum größten Schaden der Christenheit. Der Kaiser werde sagen: Lieber den Krieg, als Mailand hergeben. Das sei richtig. Wenn der Kaiser weiter betone, sein römisches Angebot zugunsten des Herzogs von Angoulême sei abgelehnt worden, so sei auch das zutreffend. Indessen, wenn der Kaiser damals dies Angebot für möglich hielt, so könne er es unter den jetzigen ungünstigeren Umständen erst recht machen. Vollends nach dem Tode des Dauphin (10. August 1536), wodurch der bisherige Herzog von Orléans an dessen Stelle getreten sei. Die Vorzüge eines Abkommens dieser Art lägen in der Förderung des Konzils und der Religion, der Abwehr der Türken, der Befriedung Deutschlands, im Rückgewinn Ungarns und Dänemarks, in der Restauration der Kirche in England und guter Verheiratung der Prinzessin, Sicherung von Geldern und der Niederlande, besseren Aussichten gegen Algier und die Ungläubigen.

Man sieht, die Räte waren nicht bescheiden in der Anpreisung ihres Friedenswillens. Wie das ganze Gutachten gleichwohl etwas Mattes hat, so fahren sie fort, wenn der König von Frankreich vielleicht nicht alles erfülle, so sei doch schon ein Teil dieser Dinge sehr erwünscht, zumal wenn man in den Frieden auch noch den Papst, die italienischen Staaten, Deutsche und Schweizer mit hineinzöge. Sollte aber der König von Frankreich den Krieg wiederbeginnen, so werde vielleicht Gott selbst eingreifen und den König strafen nach Verdienst. Die Ehre wäre gewahrt, und mit großer Genugtuung würde der Kaiser nach Spanien heimkehren und der Herzog von Savoyen in sein Land.

Karl selbst hatte in seinen Betrachtungen vor Pavia einmal gesagt, und er wiederholte es jetzt in einem Brief an seinen Bruder: „Man kann den Frieden nicht haben, wenn der Gegner ihn nicht will." So war es in der Tat. Im Augenblick dachte Frankreich nicht an Frieden. Freilich auch nicht an das befürchtete große Aufgebot, wohl gar unter persönlicher Führung des Königs. Insofern konnte also Karl im Sinne seiner Räte ruhig nach Spanien heimkehren. Der Feldzug in der Provence blieb eine bedeutungslose Episode; er führte weder zu einem Frieden, noch zu dem größeren Krieg.

Auf die Erwägungen des Kaisers stürmten jederzeit Nachrichten aus der ganzen Welt ein, doch verstattete er ihnen meist nur geringen Einfluß auf seine Entschließungen, die in einer tieferen Ideenwelt wurzelten. Sein langsamer Pulsschlag schien auch der großen Politik ihren zögernden Rhythmus mitzuteilen. Am wichtigsten war ihm stets, wegen der Religion und wegen Italien, die Haltung des Papstes. Jetzt erschien nochmals Pier Luigi Farnese an seinem Hoflager zu Genua, ohne freilich mehr davonzutragen, als bei seinem ersten Besuch im vorigen Jahre. Den Weg zum Eingehen auf des Papstes Familieninteressen hatte Karl noch nicht gefunden; zunächst hatte Paul III ihn eben doch enttäuscht. Da es aber in Italien sonst leidlich ruhig blieb, schickte er sich wirklich zur Rückfahrt nach Spanien an unter Führung des Andrea Doria. Man hatte bei der Überfahrt allerlei zu leiden von schweren Stürmen; es war nicht ungefährlich, deshalb so lange in den französischen Gewässern an den Hyères-Inseln und vor Marseille festgehalten zu werden. Aber am Ende ging alles gut, und man kam Anfang Dezember 1536 ungefährdet in den Hafen von Palamos nördlich Barcelona.

Der Kaiser verweilte kurz in Barcelona, um dann, in seiner umständlichen Art zu reisen, sich langsam zur Kaiserin nach Valladolid zu begeben, wo er im Februar eintraf und bis zum Hochsommer verblieb. Santa Cruz erzählt von den Stiergefechten und Turnieren und den silbernen Preisen für die Sieger. „Mehr noch", fügte er aus eigenster Kenntnis hinzu, „unterhielt sich der Kaiser in den Tagen, da ihn die Gicht quälte, mit seinem ersten Kosmographen Alonso de Santa Cruz über Fragen der Astrologie und des Himmels, wobei er alles wissen wollte in der Philosophie der Natur und den Bewegungen der Gestirne; und er begriff vieles in der Praxis rascher, als andere in langer Zeit. Er wollte auch Instrumente und Uhrwerke verstehen, arabische und abendländische, und wie sie gemacht wären."

Vom April ab hielt er die Cortes von Castilien; im Herbst, vom 11. August an, die Cortes von Aragon in Monzon, die sich bis zum November 1537 hinzogen. Allgemeine Bitte der Cortes wie immer, ihr König möge im Land bleiben und die Mittel des Landes nur für dessen Wohlergehen verbrauchen; doch hinderte sie das nicht an der Bewilligung des Servicio. Anfang 1538 befand sich der Kaiser nach einem kurzen Besuch in Valladolid wieder in Barcelona, um den nun doch eingeleiteten französischen Verhandlungen nahe zu sein. Die Kaiserin, die im letzten Jahre einem zweiten Sohn, Don Juan, das Leben gegeben hatte, ihn aber wenige Tage nach der Taufe wieder verlor, empfand sehr schwer die wiederholte Trennung und saß oft in Tränen, „aber", sagt Santa Cruz, „sie tröstete sich damit, daß die Abwesenheit ihres Gemahls, den sie so sehr liebte, im Dienste Gottes stehe zum Wohle der Christenheit und des Glaubens".

Es wird uns noch beschäftigen, was in den anderen Teilen des Reiches, insbesondere in Deutschland, vor sich ging. Karls vornehmste Aufmerksamkeit während dieses spanischen Jahres 1537 war doch auf die Anbahnung eines Friedens mit Frankreich gerichtet, damit er frei würde gegen Türken und Abgewichene. Alle Verhandlungen mit dem Papste standen in erster Linie unter diesem Gesichtspunkt. Sie erhielten neue Möglichkeiten durch die Ermordung des Herzogs Alessandro Medici von Florenz. Denn Karl hatte nun Gelegenheit, sowohl den Nachfolger Cosimo Medici, der auf ihn angewiesen war, zu verpflichten, wie auch die Hand seiner natürlichen Tochter Margarete neu zu vergeben. Er instruierte seinen Botschafter in Rom, den Marques de Aguilar, der an Stelle des zum Mayordomo der Kaiserin berufenen Grafen Cifuentes gegen Ende Februar 1537 in Rom eintraf, zunächst auf Zurückhaltung und vorsichtiges Abtasten der Wünsche des Papstes. Man erwog schon bald die Verbindung Margaretes mit dem Enkel des Papstes, Ottavio Farnese, und die Übertragung eines Fürstentums an seinen Vater Pier Luigi, aber man wartete noch. Merkwürdig, wie sicher dieses dynastische Moment in jenen Tagen wirkte. Hatte die Verheiratung der Nichte Clemens VII mit dem Herzog von Orléans die Politik bestimmt und noch mehr belastet, so wirkte jetzt schon die bloße Erwägung einer Familienverbindung zwischen dem kaiserlichen Hause und dem Papste.

Am französischen Hofe empfand man zunächst nur Ärger darüber und der Krieg an der Grenze der Niederlande gewann vorübergehend unter Teilnahme des Königs selbst, später des Dauphins, politisch und militärisch eine außerordentliche Schärfe. Am 15. Januar 1537 veranstaltete der König vor dem Parlament von Paris eine theatralische Szene. Er ließ durch den Generalprokurator Klage erheben gegen Karl wegen Bruches der Verträge von Madrid und Cambrai durch den gegenwärtigen Krieg! Demgemäß, hieß es, nehme er Flandern, Artois und Charolais förmlich in den Besitz der Krone zurück. Das war der Auftakt zu einem mit starken Mitteln einsetzenden Angriff.

Die Antwort der Niederlande blieb nicht aus. Am 24. März versammelte die Königin Marie ihre Generalstaaten, ließ durch den Ratspräsidenten Ludwig van Schore die Politik des Kaisers beredt vertreten, nahm auch selbst das Wort und erhielt unter dem Druck der Ereignisse die sehr hohe Bewilligung von 200 000 Gulden monatlich; Brabant war vorangegangen, Gent hatte abgelehnt. Unter dem Oberbefehl von Nassau und Roeulx führten die Herren von Arschot, Büren und Philipp Lannoy die stattlichen Aufgebote. Sie gewannen St. Pol in Artois zwischen Arras und Hesdin; verloren freilich Hesdin am 13. April in blutigen Kämpfen. Die europäischen Schlachtfelder zwischen Lens und Arras im Osten, Crécy und Hesdin im Westen erlebten immer neue furchtbare Szenen. Das wilde Vordringen der französischen Armee, das Morden von St. Venant kontrastiert sonderbar zu jener Rücknahme dieser Lande in den Schutz der Krone Frankreich.

Die Schrecken und Kosten dieses Krieges ließen Marie alles in Bewegung setzen, so gut zur Rüstung wie zum Frieden. Ihre Korrespondenz mit der Königin Eleonore und die Einholung der kaiserlichen Zustimmung führten denn auch zu Verhandlungen zwischen Büren und dem Dauphin in dem Dörfchen Bomy südlich Thérouanne mit dem Ergebnis eines Waffenstillstandes auf zehn Monate vom 30. Juni ab. Man hat ganz richtig bemerkt, daß der Grund und die Bedeutung dieses Stillstandes für die allgemeinen Angelegenheiten nicht nur in dem leidenschaftlichen Verlangen der Königin Marie nach Beruhigung der Niederlande lag, sondern nicht weniger in dem Wunsche der Franzosen, sich an dieser Nordfront zu entlasten, um sich der Mittelmeerfront, also dem Zusammengehen mit den Türken, wieder zuzuwenden.

Aber der Waffenstillstand von Bomy brachte mehr. Im September erschien beim Kaiser in Monzon der päpstliche Nuntius Poggio mit einem allerdings für den Kaiser nicht annehmbaren Friedensangebot, aber bald danach kam der niederländische Rat Cornelius Schepper zur Ratifikation des Vertrages von Bomy, nachdem er am französischen Hofe ein allgemeines Friedensverlangen festgestellt hatte. Die Königin sprach wenigstens von einer Waffenruhe auf zwei bis drei Jahre. Karl ließ eine entgegenkommende Antwort erteilen. Schepper habe den Hof von Frankreich freundlicher gefunden als lange Zeit, schrieb er am 15. September seinem Bruder Ferdinand. Man könne auch dort die Kriegskosten nicht länger tragen und setzte schon die letzten Hoffnungen auf die Türken.

Aber gerade diese Hoffnung auf die Türken war kein großer Vorteil für die französische Politik. Jede Bundesgenossenschaft stärkt und schwächt zugleich, insofern der Freund nicht ermangelt, auch seinerseits zu fordern und zu belasten. Wirklich trieben die Türken durch ihre Angriffe auf venezianische Schiffe und zuletzt auf Korfu die Republik von San Marco und den geflissentlich an ihrer Seite haltenden Papst immer deutlicher zum Kaiser hinüber.

Endlich wurden auch die französischen Erfolge in Piemont in gewissem Sinne aufgewogen durch eine Demonstration des Kaisers im Languedoc. Während Montmorency wieder vorstieß und am 26. Oktober den Paß von Susa nahm, also die Straße nach Turin, und damit die Kaiserlichen zwang, auch Pinerolo, den südlichen Zugang zum Mont Genèvre zu räumen, war von Roussillon aus Don Francisco de Viamonte in der Richtung auf Narbonne vorgedrungen. Es handelte sich anscheinend nur um einen jener zerstörenden Einbrüche, von denen wir früher gesprochen haben, aber im Augenblicke wirkte er doch im Zusammenhang der Lage spürbar. Er hätte strategisch sein können, wenn er vor Jahr und Tag gleichzeitig mit dem Einfall in die Provence unternommen worden wäre; darauf aber ist der Kaiser erst später, 1543, gekommen.

Die zweite Sendung Scheppers hatte die französische Gesandtschaft des Herrn Vely zur Folge, der schon früher an Karls Hoflager beglaubigt gewesen war. Am 15. Oktober erschien er zu Monzon, wurde bald wieder abgefertigt, um bereits am 16. November zurück zu sein. Wie Karl seinem Bruder Ferdinand in diesen Tagen schrieb, erwartete er nicht nur das Kommen französischer Unterhändler, sondern sogar den König selbst, fügte freilich in einem Federzuge bei, daß er gleichzeitig seinen Generalen nach Italien wegen der erforderlichen Rüstungen schreibe.

Der König von Frankreich kam nicht. Aber der Kardinal von Lothringen und Montmorency erschienen als seine Beauftragten in Narbonne. Karl sandte ihnen Granvelle und Cobos nach Perpignan entgegen. In der Mitte zwischen beiden Städten, genau an der Grenze, in Fischerhütten bei Salces an der Lagune von Leucate, trafen sich die beiderseitigen Delegierten, einstweilen noch von dem größten Mißtrauen erfüllt. Man kam auch wirklich keinen Schritt vorwärts. Die Franzosen begannen mit der strikten Forderung von Mailand. Es gingen mehrfach Rückfragen hin und her. Aber es blieb bei einer Verlängerung des Waffenstillstandes um drei Monate, vom 18. Januar ab. Auch die gut überlieferte, im einzelnen aufschlußreiche Besprechung des Kaisers mit dem Herrn de Presseu Anfang Februar 1538 zu Barcelona, bedeutete wohl nur ein Werben des Kaisers für eine persönliche Aussprache; es fielen auch die entscheidenden Stichworte über das gegenseitige „Vertrauen"; aber die unmittelbare Folge blieb aus.

Da wurde die Lage für den Kaiser wiederum von Italien her dadurch verbessert, daß nun wirklich das Türkenbündnis zwischen ihm, dem Papste, König Ferdinand und Venedig am 8. Februar 1538 vollzogen wurde. In Frankreich war man begreiflicherweise sehr erregt darüber und die schon angebotene Vermittlertätigkeit des Papstes schien unmöglich zu werden. Zeitweilig dachten beide Monarchen, allein zusammenzukommen, freilich aus sehr verschiedenen Erwägungen; der König von Frankreich, um den Kaiser wieder vom Papste zu trennen; der Kaiser, um sich nicht einem Schiedsspruche des Papstes unterwerfen zu müssen. Allein der Papst klärte die Lage durch seine Entschlossenheit. Am 23. März verließ er Rom, um sich, entsprechend früheren Abmachungen, in Nizza mit dem Kaiser und dem Könige von Frankreich zu treffen. Man hatte für ihn die Burg von Nizza vorgesehen, doch machte im letzten Augenblicke der Besitzer, der Herzog von Savoyen, unerwartete Schwierigkeiten, was nur zu seinem eigenen Schaden auslief. Für den Papst wurde das Franziskanerkloster vor Nizza als Quartier bestimmt.

Der Kaiser aber nahm den guten Ausgang in seinem noch immer ungebrochenen Optimismus für sich schon vorweg. Er glaubte, die deutschen Angelegenheiten trotz bedrohlicher Nachrichten durch seine Bereitwilligkeit zum Konzil oder Religionsfrieden wenn nicht ordnen, so doch beruhigen zu können. Mit dem Woiwoden von Siebenbürgen stand Ferdinand unter Mitwirkung des Erzbischofs von Lund in aussichtsreichen Verhandlungen, die inzwischen zu dem Vertrag von Großwardein (24. Februar 1538) geführt hatten; danach sollte das Königtum des Woiwoden anerkannt, Ferdinand aber sein Erbe werden. In Dänemark und in den Niederlanden war Friede. Zu England besserten sich die Beziehungen. So lebte Karl wieder ganz in jener Kreuzzugsstimmung des Türkenkrieges großen Stils, aus der ihn nur der französische Angriff auf Savoyen und der folgende Doppelkrieg in der Provence und in den Niederlanden unsanft herausgerissen hatten. Deshalb gehe er jetzt nach Nizza, schrieb er am 25. März seinem Bruder. Im Bunde mit dem Papst und Venedig sollte spätestens im nächsten Jahre ein großartiger Vorstoß zu Wasser und zu Lande gegen die Türken unternommen werden. Er liebe, fügte er hinzu, die Person seines Bruders wie sich selbst, aber er begreife auch, daß diesem die Ehre eines persönlichen Anteils am Kampfe am höchsten stehe, und hoffe, daß Gott ihnen beiden die Gnade verleihe, in seinem Dienst etwas ganz Großes zu vollführen. Ohne sichere Aussichten auf den Frieden griff sein Sinn schon wieder nach den höchsten Zielen einer christlichen Weltpolitik.

Mit großem Gefolge und einer ungewöhnlich kostbaren höfischen Ausstattung war er nach Barcelona gekommen. Am 25. April schiffte er sich, wie früher unter dem Flottenkommando des Andrea Doria ein und gelangte nach einigen Fährnissen am 9. Mai wohlbehalten nach Villafranca unmittelbar bei Nizza. Der Papst kam über Savona; Karl hatte vermieden, ihn persönlich abzuholen, um Frankreich nicht noch mißtrauischer zu machen.

Nun war man sehr gespannt auf König Franz. Lange Zeit hatte dieser verlangt, daß der persönlichen Besprechung eine Regelung der Hauptpunkte durch die Minister vorhergegangen sein müsse. Allein am Ende hatte er sich doch der vollendeten Tatsache gefügt, daß Papst und Kaiser einig waren. Er mochte von ihrem Zusammensein weitere Gefahren befürchten, und man wird nicht fehl gehen in der Annahme, daß sein Temperament verlangte, dabei zu sein. Und doch, in Nizza trafen sich die drei höchsten Häupter nie gemeinsam. Der König von Frankreich sowohl wie der Kaiser verhandelten stets getrennt voneinander mit dem Papste. Nur die Königin Eleonore kam wiederholt auf längeren Besuch zu ihrem Bruder.

So war denn das Ergebnis auch überaus mager. In dem Abkommen vom Vorabend des 18. Juni 1538 handelte es sich im Grunde genommen nur um eine Waffenruhe auf zehn Jahre unter Anerkennung des Besitzstandes. Die großen Fragen, besonders Mailand, blieben offen. Der Krieg konnte jeden Augenblick wieder beginnen, da die eigentlichen Streitpunkte nicht aus der Welt geschafft waren.

Der Waffenstillstand von Nizza hatte allerdings durch das persönliche Zusammenwirken der Monarchen mit dem Papste eine erhöhte Bedeutung. Er stand sozusagen im Schutze der Christenheit. Was ihm aber an innerer Bindung fehlte, das gewann er durch die nach der Trennung des Papstes vom Kaiser doch noch zustande gekommene persönliche Zusammenkunft der beiden Gegner, erst auf der Reede, dann im Schloß von Aiguesmortes an den Lagunen westlich der Rhône. Die Einladung ging dieses Mal vom Könige aus, wurde aber von Karl lebhaft aufgegriffen. Er erhielt den Besuch seines Schwagers zunächst auf seiner Galeere und erwiderte ihn dann am 15. Juli auf dem Lande. Außerdem sah er noch einmal seine Schwester Eleonore allein. Was er sich erhofft hatte und bis zu einem gewissen Grade auch mit Genugtuung gegenüber seinen Räten empfand, war die Wirkung der persönlichen Aussprache. In den nun zwölf Jahre zurückliegenden Tagen von Madrid hatte sich der König von Frankreich in dem Lebensgefühl seiner gewinnenden Jugend einen besonderen Erfolg versprochen von seiner persönlichen Einwirkung auf den jungen Kaiser, vergebens. Jetzt hatten sich die Rollen vertauscht; jetzt war es der Kaiser, der seit langem diese Zusammenkunft gewünscht hatte und von ihr die größte Wirkung erwartete. Infolgedessen war er von der Einladung seines Schwagers, von dem Zusammensein mit der Schwester, von den gehäuften Freundlichkeiten des französischen Hofes wie bezaubert. Pries man in Rom mit halbem Recht den Papst als den Friedensstifter in der Christenheit, so versprach sich auch der Kaiser im Augenblicke viel zu viel von den Auswirkungen dieser Tage in Nizza und Aiguesmortes, so gut in bezug auf ein Abkommen mit den deutschen Protestanten, wie in Bezug auf die Türken. Von Familienverbindungen wurde ausführlich gesprochen. Karl vertraute der leichten Hand seiner noch immer „liebsten" Schwester. Er mochte darin bestärkt werden durch die ebenso herzliche Zusammenkunft der Königin Marie mit ihrer Schwester Eleonore in Cambrai, und mit ihr und dem König in la Fère im Oktober desselben Jahres, wo es sogar zu allerlei rechtlichen Regelungen kam. Aber einen neuen Damenfrieden gab es auch hier nicht.

Und doch war der Gewinn von Nizza in gewissem Sinne größer als jene glänzenden Frieden von Madrid und Cambrai. Er lag nur in ganz anderer Richtung. Jene Friedensschlüsse waren nicht der wirkliche Ausdruck des allgemeinen Verhältnisses der Kräfte und insofern doch Täuschungen gewesen. Jetzt hatte der Kaiser die Wahrheit, daß es einen absoluten Frieden für ihn nicht gab, mochte er es sich auch im Rausche dieser Tage noch nicht eingestehen. Am wenigsten einen ewigen und unabänderlichen Frieden, wie er ihn sich träumte — einen Frieden unter Erhaltung seines ganzen Besitzstandes und aller seiner Machtmittel, einen Frieden, in dessen Schutz er sich ungestört dem Türkenkrieg und der Lösung der Kirchenfrage in Deutschland hätte zuwenden können. Er sah sich zurückgeworfen auf die Unvollkommenheiten des menschlichen Daseins, wie es wirklich ist. Er mußte die großen Kämpfe seines Lebens auch weiterhin durchführen, ohne von den Unsicherheiten befreit zu sein, die ihn von Beginn seiner Regierung an bedrückt hatten. Die Natur schafft zu Zeiten vollkommene Gebilde, die sie in derselben Folgerichtigkeit wieder zerstört. Das Menschenleben der Geschichte ist nie vollkommen. Es kennt keine letzten Lösungen. Sein Wesen ist das Transitorische, das Strömende, der Kampf.

Woher aber nimmt der Mensch die Kraft, doch immer wieder das Absolute zu suchen, letzte Lösungen erzwingen zu wollen? Wo lagen die tragenden Gründe für Karls Hoffnungen? Würden die Gegner, die einen Frieden nicht haben wollten, in der Waffenruhe verharren? Und was wurde aus seinen höchsten Zielen? Sollte er sich begnügen, die deutschen Protestanten immer nur weiter hinzuhalten? Immer nur Friedstände zu bewilligen auf Zeit, damit sie sich weiter stärkten?

Sein Schicksal, die unergründliche Bedingtheit alles Geschehens, worin der Einzelne auch nur ein Glied ist, sollte auch ihn ruhelos weitertreiben, ebensosehr aus seinen eigenen Ideen, wie aus allgemeinen Notwendigkeiten.

III

Der Kampf um Deutschland

Höhe des Lebens und Alter

9. SCHEITERN DES AUSGLEICHS

Der Kaiser lebte in dem Bewußtsein einer Gewissensverpflichtung, das gesamte kirchliche und politische Vermächtnis seiner Ahnen ungeschmälert und unverletzt seinen Erben erhalten zu müssen. Darin waren die öffentlichen Ordnungen ebenso eingeschlossen wie der Besitz seiner Länder und Rechte — nach den Stimmungen seiner Jugend auch das Verlorene, das Stammland Burgund. Da aber alle diese Verhältnisse und Besitztitel in Frage gestellt oder angegriffen wurden, blieb er zeitlebens und meist gleichzeitig in unübersehbare und schließlich unlösliche Händel verstrickt. Sich in diesen Kämpfen zu behaupten, wurde sein Schicksal. Unter immer neuen Bedingungen sah er sich unablässig vor die Grundfrage aller Politik gestellt, Verhandeln oder Gewalt. Bald hatte das eine, bald das andere Mittel ihm die Früchte gepflückt. Meist mußte er sie beide gleichzeitig anwenden. Eben jetzt, im Herbst 1538, war er so erfüllt von dem Kampf gegen die Ungläubigen zu Wasser und zu Lande, daß er alles daransetzte, sich durch fast nervös geführte Verhandlungen dafür ganz freizumachen. Es schien ihm zu gelingen. Nur in Deutschland durchkreuzten ärgerlicherweise bisher kaum beachtete Kampfstimmungen seine diplomatischen Absichten.

Karl V war selbst nicht eigentlich Diplomat, noch auch Feldherr. Von Geburt und Erziehung Edelmann und Ritter, mutig und waffenfreudig, fehlte ihm doch das frühe Leben in soldatischen Verbänden, das ihm das zwanglos Führerhafte hätte geben können. Noch weniger reichte seine militärisch geographische Bildung aus zum Ansatz und zur Leitung von Operationen, so sehr er sich auch in raumpolitische Vorstellungen hineinlebte und nach Karten zu operieren lernte. Das Interesse für das Geschutzwesen mag ein Erbe des Großvaters Maximilian gewesen sein. Auch die Wichtigkeit des Nachschubs sah er deutlich, zumal nach dem Erlebnis in der Provence; deshalb bevorzugte er jetzt den Seekrieg mit Verpflegungsschiffen, um nicht „auf Feindesland angewiesen zu sein", wie er dem Bruder am 30. November schrieb.

Nicht anders stand es um seine Diplomatie. Er besaß eine gute Menschenkenntnis, aber seine von Haus aus steife Natur hatte zu früh auf der höfischen Bühne gestanden, als daß er sich selbst in der leichteren Art der Menschenbehandlung gewandt hätte bewegen können. Seine Reflexionen wie seine Briefe blieben schwerfällig, ernsthaft, suchend. So lag seine Stärke in den eigentlich königlichen Tugenden der unbedingten Zielsicherheit und Zuverlässigkeit, womit freilich ein wachsender Glaube an sich selbst verhängnisvoll Hand in Hand ging. Die sich auch äußerlich bewährende innere Haltung gab diesem zarten, oft leidenden, langsamen, in seinen Zügen eher unschönen Menschen etwas Zwingendes und schließlich doch auch Führendes. Wir verzichten auf welthistorische Vergleiche, aber daß er als Persönlichkeit seine fürstlichen Zeitgenossen weit überragte, zeigte sich täglich.

Er wählte und verwandte die Männer seines Vertrauens mit kritischem Scharfblick; ungern, aber wenn sie wirklich versagten, ließ er sie auch wieder fallen. In militärischen Dingen vertraute er früh dem Jugendfreund Lannoy, dann Oranien, in diesen Jahren vor allem dem Andrea Doria, der ihm wohl seit Tunis eine fast gefährliche Leidenschaft für den Seekrieg einflößte; zur See litten seine spanischen Königreiche am meisten; hier wollte er sie verteidigen; hier allein hatte er bis dahin selbst mit triumphiert. Neben Doria und Ferrante Gonzaga traute er zeitig dem Urteil des Herzogs von Alba. Weniger dem alten Freund Nassau, dem der Erfolg eigentlich immer versagt geblieben war. Eher schon Büren, Vater und Sohn.

In den politischen Geschäften war längst eine bemerkenswerte Dezentralisation eingetreten. Natürlich brauchte er nach wie vor einige besonders tüchtige Kräfte in seiner unmittelbaren Umgebung für Verhandlungen und Geschäfte. Die sichere Stellung des Großkomturs von Leon, wie er allgemein hieß, Francisco de los Cobos, gründete sich wohl vor allem darauf, daß er, ohne starke Eigenart, die Gabe der klugen Einfühlung in die Absichten des Kaisers besaß und sich durch seine große Arbeitskraft vollends unentbehrlich machte. Die Kunst der Beobachtung, Verhandlung und Formulierung besaß des Kaisers zweite Stütze, Nicolaus Perrenot, Herr von Granvelle; aber auch er vertrat bei aller Klugheit nicht eine eigene Linie wie einst Gattinara. Er scheint immerhin den Kaiser genügend kritisch beurteilt zu haben, um wenigstens die Idee des Staatsrats zu pflegen; er richtete seine großen Denkschriften wohl an „Seine Majestät und diese Herren". Allein, wenn ich mich nicht täusche, so hat der Staatsrat doch die alte politische Bedeutung nicht wieder gewonnen. Die Zeiten der Chièvres, Gattinara, Nassau, La Chaulx, La Roche, Gorrevod und eines wirklichen Einflusses hoher spanischer Prälaten kehrten nicht wieder. Auch zu Beichtvätern wollte der Kaiser jetzt religiöse Naturen, nicht Politiker wie Loaysa, den er als solchen schätzte.

Daraus folgte, daß Karl den größten Teil seiner politischen Talente jetzt im Außendienst brauchte, in der sorgfältigen Überwachung und Behandlung fremder Höfe und Räte. Granvelle hatte sich zunächst als Diplomat bewährt; ihm vertraute der Kaiser, so ungern er ihn entbehrte, doch immer wieder kürzere oder längere Missionen von besonderer Bedeutung an. Granvelles Schwägern Bonvalot und St. Mauris dagegen auf Jahre den wichtigsten Posten: Frankreich, wo er stets Burgunder verwandt hatte, de Praet, Des Barres, Noircarmes, Hannart und später Marnol. In England brauchte er von Anfang an neben Burgundern, wie le Sauch und Eustache Chapuys, auch Spanier, wie den Bischof von Badajoz, dann Iñigo und Diego Mendoza. Rein spanisch war stets die Vertretung an der Kurie durch Castilianer und Aragonesen, Juan Manuel, Herzog von Sessa, Miguel Mai, Cifuentes und Aguilar; ebenso in Venedig und Genua, wo jetzt Diego Mendoza und Figueroa saßen. Die nordischen Angelegenheiten überließ er völlig den niederländischen Räten. Diese verwandte er, nach Verbrauch der Räte Maximilians, mit Vorliebe auch im Reich; die Vizekanzler Sebastian Merklin und später Seld waren als Oberdeutsche Ausnahmen; die beiden anderen, der Luxemburger Matthias Held aus Arlon und sein Landsmann Johann von Naves, auch der Niederrheiner Johann von Weeze (südlich Cleve), vorübergehend Erzbischof von Lund, und Cornelius Schepper, Herr von Eeke, waren Kinder der niederländischen Kultur. Dahin gehörte auch Gerhard Veltwyk, ein getaufter Jude, sehr gewandt und von dem lebhaften theologischen Interesse des Konvertiten. Die nächsten Jahre sollten zeigen, wie wichtig oder verhängnisvoll alle diese Kräfte für den Kaiser waren.

VERHANDLUNGEN MIT DEN DEUTSCHEN STÄNDEN

MISSION HELDS 1537

Die Regierung von Deutschland war die merkwürdigste Mischung einer Statthalterschaft Ferdinands, der seit seiner Wahl zum römischen Könige das Anrecht auf selbständige Führung gehabt hätte, und eines fortgesetzten Hineinredens des Kaisers durch ständige oder außerordentliche Gesandte. Nur die gütige und ergebene Natur Ferdinands konnte das ohne schwere Konflikte aushalten; seine Ablenkung, zumal durch die ungarischen Sorgen, wird es ihm erleichtert haben.

So bildet die ausgiebige, großenteils noch ungedruckte Korrespondenz des Kaisers mit seinem Bruder durch alle diese Jahre für uns die vornehmste Quelle für das, was unter den Reichssachen dem Kaiser wirklich am Herzen lag. An der Spitze stand immer, besonders seit der württembergischen Überrumpelung von 1534, die Sorge vor der Einmischung Frankreichs in Deutschland, vor der Aufstachelung deutscher Stände gegen das kaiserliche Haus, vor der Gewinnung von Truppen aus diesem größten und ergiebigsten Rekrutierungsgebiet zum Kriege gegen den Kaiser. Sodann Ferdinands Kampf um Ungarn mit dem seit 1526 oft wiederholten Rat Karls, sich mit Johann Zapolya irgendwie, selbst unter Verlusten, zu vertragen, denn man wußte sehr gut, daß dieser dauernd mit Frankreich und Bayern und anderen Gegnern oder falschen Freunden des Hauses Habsburg in Beziehung stand. In demselben Zusammenhang will auch das ewige Drängen des Kaisers auf Verständigung mit Bayern begriffen sein; er mochte sehen oder ahnen, daß hier politische Gefahren und kirchliche Gemeinschaft gleichmäßig zu Vorsicht rieten. Von den dänischen Dingen ist eigentlich nur insofern die Rede, als den Habsburgern je länger je mehr an einer möglichst engen Verbindung mit dem kurpfälzischen Hause gelegen war, und Ferdinand den Auftrag erhielt, den Pfalzgrafen Friedrich durch seine Ehe mit Dorothea von Dänemark festzuhalten; für den Erwerb der Krone taten beide nichts. Endlich spielten an außenpolitischen Beziehungen noch die Wünsche Karls wegen der Regierung in Pfirt eine gewisse Rolle, da er von hier aus die Freigrafschaft Burgund sowohl gegen Truppen wie gegen Ketzereien schützen wollte.

Die innerdeutschen Angelegenheiten traten demgegenüber zurück. In der Beurteilung des Landgrafen von Hessen, der den Habsburgern so kühn das Land Württemberg weggenommen hatte, schwankten sie. Beide nahmen seine Diensterbietungen gern entgegen; doch mußten sie wissen, daß sie an die Voraussetzung gebunden waren, in Sachen der Religion den bisherigen Friedstand ungestört zu lassen. Kleinlicher und enger waren die Anliegen Kursachsens wegen seiner Stellung zu Ferdinands Königswahl und der Folgen, die des Kurfürsten Verhalten für seine Erben haben könnte; dazu die Erbverbrüderung mit dem verschwägerten Jülich-Cleve, die wegen Geldern die Niederlande anging und in die französische Bündniszone hineinragte.

Im übrigen galt um die Mitte der dreißiger Jahre als die große Frage im Reich die Auslegung des Nürnberger Religionsfriedens von 1532, der unter dem Druck der Türkengefahr zustande gekommen sich natürlich nur auf kirchliche Dinge beziehen sollte. Bei der unlöslichen Verquickung des Weltlichen und des Geistlichen hatte aber das Kammergericht viele Möglichkeiten der Auslegung, und es bediente sich ihrer zumeist im altkirchlichen Sinn. Zur Zeit schwebten Prozesse gegen fünf Fürsten und vierzehn Städte; zwei hatten schon zur Verhängung der Reichsacht geführt. Außerdem war umstritten, ob neue Anhänger der Augsburgischen Konfession in den Genuß des Friedens träten; denn weitere Neuerungen waren ja in allen Reichstagsabschieden verboten worden. Und doch empfanden die Protestierenden diese Einbeziehung als selbstverständlich. Darüber hinaus war schon auf dem Augsburger Reichstag von 1530 deutlich von der Möglichkeit der Gewalt geredet worden; je mächtiger jeweils der Kaiser etwa 1535 und 1536 dastand oder rüstete, um so mehr geschäftige Zuträger, mißtrauische oder weitblickende Politiker gab es, die vom Kaiser für eine nahe oder ferne Zukunft das Schlimmste befürchteten. Sollte man nicht vorbeugen? Die kaiserlichen Zugeständnisse waren doch alle nur befristet bis zur Entscheidung eines allgemeinen Konzils. Konnte man sich nachgerade über eine solche Kirchenversammlung keinen Täuschungen mehr hingeben, so war ganz sicher die Durchführung ihrer Beschlüsse nur möglich mit Gewalt.

In diesen Stimmungen hatte sich der Schmalkaldische Bund weiter gestärkt. Im Dezember 1535 war er nicht bloß bis zum Februar 1537, sondern darüber hinaus auf zehn Jahre erstreckt worden; die Glieder nahmen zu unter den Fürsten wie unter den Städten; ebenso Verfassung und internationales Ansehen. Auf dem letzten Bundestag waren England und Frankreich durch Boten vertreten; König Christian III von Dänemark trat zum Bunde sogar in ein engeres Bündnisverhältnis, Oktober 1536 und April 1538. Man befleißigte sich allerdings einer loyalen Haltung in Türkensachen und sonst; es ärgerte König Franz, aber beruhigte den Kaiser, daß man Verbindungen mit Frankreich gegen die Habsburger ausdrücklich ablehnte. Allgemein gewann man im Bunde doch an Selbstvertrauen, und die Reichsregierung so gut wie die übrigen Stände spürten das. Angesichts der Gerüchte über kriegerische Absichten des siegreichen Kaisers gegen die Protestanten wirkte es beruhigend, daß er dem Kurfürsten von Sachsen am 7. Juli 1536 aus Savigliano südlich Turin ausdrücklich versicherte, nicht mit Gewalt vorgehen zu wollen. Bald danach ließen die Schmalkaldischen dem Kaiser durch eine förmliche Gesandtschaft unter dem Grafen von Pappenheim ihre Beschwerden vortragen über Kammergerichtsprozesse und anderes; er gab ihnen in Nizza eine hinhaltende Antwort und vertröstete sie auf eine besondere Botschaft.

Die übrigen Stände des Reichs bildeten nichts weniger als eine altkirchliche Einheit. Einige Anhänger der Augsburgischen Konfession waren nicht Bundesmitglieder, hielten sich aber politisch gleich. Viele waren unentschieden; die Bischöfe fast durchweg verängstigt; sie fürchteten die katholischen Landesfürsten nicht weniger als die protestantischen; Trier wies einmal darauf hin, daß auch der Kaiser Utrecht säkularisiert habe. Die altkirchlichen Laienfürsten aber schienen aufgespalten in Kaisertreue und Gegner der Habsburger. Die ersteren waren natürlich die Schwächeren; als ihre Häupter durften Herzog Heinrich der Jüngere von Braunschweig-Wolfenbüttel und Herzog Georg von Sachsen betrachtet werden. Dagegen war die Seele fürstlicher Opposition noch immer Bayern. Da nun aber dasselbe Bayern zugleich am entschiedensten den altkirchlichen Standpunkt vertrat, so überschnitten sich hier die politischen Systeme in einer oft sehr peinlichen Weise. Der Geschichtsschreiber Bayerns muß für den Winter 1534/35 bekennen, „daß die Falschheit und Doppelzüngigkeit dieser Politik nicht leicht übertroffen werden konnte". Diese Charakteristik dürfte man noch auf die nächstfolgenden Jahre mit erstrecken. Der Haß der bayrischen Brüder gegen Ulrich von Württemberg, anderseits die Überzeugung, daß sein Freund Philipp von Hessen der tatkräftigste Vorkämpfer einer Fürstenpolitik war, der Ärger über Ferdinands Königswahl in Böhmen und im Reich, und doch wieder das Bedürfnis konfessioneller und nachbarlicher Anlehnung, die Verbindungen mit den Gegnern des Habsburgers im Auslande, die man gern als ganz harmlos hinstellte, die Gier nach dem Erwerb von Mailand durch Verbindung Herzog Ludwigs mit der Herzogin-Witwe Christine und die kränkende Behandlung, die der Kaiser dem plötzlich so kriegseifrig gewordenen Herzoge während des provenzalischen Feldzuges angedeihen ließ — das alles, zusammen mit natürlichen Schwankungen in der Politik der jeweils verbündeten Fürsten, wirkte zersetzend und lähmend auf diese bayrische Politik, die vergebens nach einer großen Linie suchte.

Trotz aller Beziehungen aber zu den Schmalkaldischen Fürsten und insbesondere zu Hessen war gerade die noch immer wesentlich von dem robusten Leonhard von Eck geleitete Politik der bayrischen Herzöge diejenige, die am leidenschaftlichsten die Anwendung der Gewalt gegen die Protestanten forderte und stets bereit war, dem Kaiser ins Gesicht seine sträfliche Schwäche vorzuwerfen. Hinter Herzog Wilhelm blieb sein Bruder Ludwig nicht zurück; hinter Eck nicht der mehr geschmeidige Weißenfelder. Im Februar 1536 weilte er am kaiserlichen Hof in dynastischen Anliegen; er trug kein Bedenken, vorzuschlagen, daß man eines Tages unter dem Vorwande von Rüstungen in Oberitalien den Protestantenkrieg beginnen solle. Wie weit jeweils der Wunsch dabei mitwirkte, den Habsburgern Ungelegenheiten zu bereiten, mag dahingestellt bleiben; das Verlangen war an sich echt.

Während der Kaiser sich in Augsburg 1530 die größte Mühe gegeben hatte, eine theologische Verständigung herbeizuführen, politisch aber schon seit 1526 die Geneigtheit zu Friedständen erkennen ließ, ging —

wie wir betonen müssen — die Härte des konfessionellen Gegensatzes und das Drängen auf Entscheidung der Waffen in erster Linie von den deutschen Fürsten selbst aus.

Der Gegensatz zwischen ihnen sollte nun allerdings durch einen Rat des Kaisers, nachweislich gegen dessen Willen, eine erhebliche Verschärfung erfahren. Der Kaiser sandte nach der Rückkehr aus der Provence Ende Oktober 1536 entsprechend seiner vorläufigen Antwort von Nizza den Reichsvizekanzler Matthias Held zu mündlichem Bescheid nach Deutschland. Dieser frühere Rat am Reichskammergericht war nicht nur starr altkirchlich gesinnt und juristisch unbiegsam, sondern zugleich ein Mann von starkem Geltungsbedürfnis, wie das bei Leuten seiner unscheinbaren Figur nicht selten beobachtet wird. Seine nach Anweisung des Kaisers wohl von ihm selbst aufgesetzte Instruktion enthielt eine nähere Deklaration des Nürnberger Religionsfriedens; auch eine Werbung wegen Unterhalt des Kammergerichts; vor allem die Forderung des Konzilsbesuches und der Türkenhilfe; nicht zuletzt die möglichste Fernhaltung der Fürsten von Frankreich. In der von ihm vorgezeigten Vollmacht war sein Auftrag so gefaßt, daß der Erzbischof von Lund Zweifel an der Echtheit äußerte.

Das weitaus wichtigste unter seinen Papieren war jedoch die als geheim bezeichnete französische Nebeninstruktion, die wirklich auf den Kaiser zurückgeht und besser als irgend etwas dessen damalige Erwägungen in der Kirchensache erkennen läßt. Sie sind ganz überraschend. Ihre sehr kühnen Folgerungen sollte der Vizekanzler zunächst mit König Ferdinand und seinem ersten Rat, dem Kardinal von Trient, geheim und sorgfältig besprechen; unzweifelhaft aber sollten sie auch ihm persönlich die Richtung geben für sein Verhalten.

Man sehe noch nicht klar, sagte der Kaiser, ob der König von Frankreich Frieden wolle und sein Angebot wegen Mailand annehme oder weiteren Krieg, und was in diesem Falle der Papst und Venedig tun würden. Deshalb wäre sehr wichtig, etwas über die entsprechende Neigung der deutschen Kurfürsten und Fürsten zu erfahren. Denn Deutschland sei weder im Glauben noch in dem Gehorsam gegen den Kaiser einig, was wiederum Frankreich so kriegslustig mache und so hartnäckig gegen das Konzil. Festzustellen also, was geschehen solle, wenn der Papst auf Anstiften des Königs oder aus Angst vor dem Abfall Frankreichs unter dem Vorwand des französischen Krieges sich vom Konzil zurückzöge, zumal der Papst, statt sich gegen die ihm bekannten böswilligen Handlungen des Königs zu wenden, darauf bestehe, neutral zu bleiben, und behaupte, er müsse zwischen sie als Vater treten. Er, der Kaiser, wolle gewiß nichts tun gegen den apostolischen Stuhl und die Grundlehren der

Kirche. Allein, wenn der Papst in dieser Zurückhaltung verharre, so müsse er seinerseits ganz ernstlich überlegen, was geschehen könne, weiterer Verwirrung in Deutschland zu steuern, insbesondere den Gefahren für seine kaiserliche Stellung und für die Abwehr der von Frankreich aufgehetzten Türken.

Die erste Frage wäre also, fuhr er fort, ob man das schon angesagte und etwa von Deutschland bewilligte Konzil auch ohne Papst und ohne Frankreich abhalten könne, da es ja von Portugal, den italienischen Staaten und wohl auch von Polen beschickt werden würde, auf England ohnehin nicht zu rechnen sei. Oder aber — wenn man das Konzil nicht, gestützt auf ganz Deutschland oder doch den größten Teil desselben, begehen könne — ob es nicht Mittel und Wege gäbe, die vom Glauben Abgewichenen für immer wenigstens gegen Gewalt zu sichern, falls sie sich mit den übrigen Ständen im Rahmen eines allgemeinen Landfriedens hielten — also durch Verlängerung des Nürnberger Friedens? Oder, ob man auf einer Nationalversammlung in Deutschland beschließen dürfe, in Punkten, die nicht zu den Grundlehren des Glaubens gehörten, entgegenzukommen? Oder endlich, ob man sich unter Verzicht auf Regelung der Glaubenssache darauf beschränken solle, nur die kaiserliche und königliche Autorität zu sichern und es Gott anheimzustellen, das zu seinem Dienste nötige Mittel zu verleihen? Denn Gott wisse ja, wie sehr sein Bruder und er sich um diese Dinge sorgten und mühten.

Mit diesem Ausblick verläßt die Instruktion den großen Stil, um in erster Linie Ferdinand gegenüber auf die Tagesfragen zurückzukommen. Da der König von Frankreich offenbar weder auf Gott noch auf Ehre halte, für sie aber das Letzte auf dem Spiele stehe, so müsse alles zurücktreten, auch Ungarn. Die ungeheuren Anforderungen seiner Reiche zwängen ihn, zunächst nach Spanien zu eilen. König Ferdinand möge ja sein Aufmerken haben auf seine Räte, über die man rede; aber auch des Kaisers Zurückhaltung in der Ratifikation des Wiener Vertrags mit dem Kurfürsten von Sachsen verstehen und sich klar machen, daß es zur Zeit unmöglich sei, Dänemark für den Pfalzgrafen zu gewinnen; deshalb sei auch hier ein Abkommen anzustreben.

Was war der Sinn dieser vielbesprochenen und gewiß in allen Punkten sehr delikaten Instruktion? Offenbar doch eine starke Friedwilligkeit und in diesem Sinne der Auftrag, nicht nur in Wien oder Prag, sondern gerade auch bei den protestantischen Fürsten Fühlung zu suchen, ihre Meinungen und Möglichkeiten abzutasten und die kaiserliche Politik durch ein sorgfältig verschleiertes Handeln und dann durch einen alle Momente beachtenden Bericht zu unterstützen.

Was aber tat Held? Er reiste im Winter 1536/37 zwar zu König Ferdinand, verhandelte jetzt und später mit ihm und Lund, besuchte dann auch die protestantischen Höfe, hatte freilich schon dabei das Unglück, von den einzelnen Fürsten auf den Bundestag zu Schmalkalden verwiesen zu werden, wo ihm die Möglichkeit erschwert war, persönlich zu wirken und die Stimmungen der einzelnen abzufühlen. Aber er scheint sich auch gar nicht darum bemüht zu haben. Da außerdem der Inhalt seiner deutschen Instruktion in der Hauptsache eine begründete Ablehnung der Beschwerden gegen das Kammergericht war (man dürfe dem von den Ständen selbst bestellten Gericht nicht dreinreden), und daneben die Werbung gegen Frankreich und für das soeben von den Schmalkaldischen in ihren Beratungen abgelehnte Konzil, er auch beides trocken und barsch vortrug, so entfesselte er in der geschlossenen Versammlung der Gegner zu Schmalkalden am 15. Februar 1537 einen Sturm der Entrüstung.

In einem Bericht an den Kaiser aber vom Herbste dieses Jahres, den wir neuerdings auch besitzen, fehlt das ihm nahegelegte Eingehen auf die inneren Möglichkeiten in Deutschland gänzlich. Er schilderte nur allgemein und in den düstersten Farben die Bosheit der Lutheraner, ihre Förderung Frankreichs durch Knechte und Kriegsmaterial, Verbreitung französischer Flugschriften und Unterdrückung eines dem Kaiser günstigen Nachrichtendienstes. „Türken, Franzosen, Woiwode und Lutheraner sind von der gleichen Ehre und dem gleichen guten Willen gegen den Kaiser", höhnte er. Vor dieses grelle und doch unscharfe Bild stellte er dann prahlerisch und leichtsinnig sein untrügliches Heilmittel, die Gründung des von ihm erdachten und, wie er sich rühmte, bis in die einzelnen Artikel redigierten katholischen Bundes. Gott habe den Plan so gefördert, daß man keine Schwierigkeiten mehr sehe. „Ohne diesen Bund geht alles zugrunde, da die Abgewichenen fest entschlossen sind, die Katholischen hinterrücks zu überfallen, wie in Württemberg." Sie seien nur noch nicht genügend gerüstet; aber im nächsten Frühjahr gehe es sicher los. Auf den Papst sei kein Verlaß. „Wenn erst der Bund vollendet ist, wird es mit allen Unruhen und französischen Praktiken in Deutschland zu Ende sein." Daß die Lutheraner sich durch das Ausschreiben eines Reichstages irgend im Zaume halten ließen, nehme zwar der Kaiser an; das Gegenteil aber sei wahr. Ein Reichstag ohne Erledigung der Religionssache habe keinen Sinn; erst nach Gründung der Liga könne man ihn ohne Besorgnisse abhalten.

Man weiß nicht, ob man mehr staunen soll über die diplomatischen Mängel des Vizekanzlers oder über seine plumpen und selbstgefälligen Übertreibungen, die das Ihrige dazu beigetragen haben werden, ihn seinen Kollegen Granvelle, Lund und Naves auf die Dauer unerträglich zu machen. Der Gedanke des Schutzbundes lebte schon in dem vor ein paar

Jahren gegründeten, aber ganz unwirksam gebliebenen kaiserlichen neunjährigen Bunde; und an den Artikeln der Verfassung des neuen Bundes, die sich an diejenigen des Schmalkaldischen Bundes anlehnten, haben sichtlich auch andere mitgearbeitet. Das Entscheidende bleibt, daß Held in der Richtung seiner eigentlichen Instruktion — also im Sinne der kaiserlichen Politik, die er nicht begriff oder nicht begreifen wollte — nichts tat und nichts erreichte.

Mit der Mission Helds wurde angesichts der schon vorher festgelegten Haltung der Schmalkaldischen einstweilen auch der Konzilsplan für Deutschland zu Grabe getragen. Es verlohnt sich, darauf zurückzublicken. Mit der Forderung eines allgemeinen Konzils stand die kaiserliche Politik seit den Tagen Gattinaras in einer Front mit altkirchlichen und lutherischen Ständen. Die ablehnende Haltung Clemens VII hatte nur dazu gedient, die Konzilsfreunde einander zu nähern, und diese stille Bundesgenossenschaft war lange ein nicht zu unterschätzendes Ferment des Friedens in Deutschland. Ausdrückliche Friedenssicherungen aber wollte der Kaiser schon 1526 wegen der Kriegshilfe in Italien geben; wegen der Türkenhilfe bewilligte er 1532 geradezu den Nürnberger Religionsfrieden. Je mehr der Papst dem Konzil abgeneigt blieb, dafür aber unbestimmte Zugeständnisse gut hieß, um so sicherer fühlte sich der Kaiser in dieser Politik; sein Konzilsbegehren war also für ihn zugleich eine innere Entlastung. Deshalb bedeutete umgekehrt die ostensible Konzilsbereitschaft Pauls III für die deutschen Verhältnisse eine merkliche Erschwerung. Wie ein Konzil zusammengesetzt sein werde, wo es abzuhalten, wer es leite, welche Gelegenheiten man den Protestanten dort bieten würde, alles das war gegenstandslos, so lange ein Papst das Konzil nicht wollte. Es trat aber drohend in das Bewußtsein der Beteiligten, sobald förmliche Einladungen seine Verwirklichung naherückten.

Der erste Nuntius Pauls III in Konzilssachen, Pietro Paolo Vergerio, der später als protestantischer Theologe in Württemberg enden sollte, erhielt von den Schmalkaldischen gegen Weihnachten 1535 den Bescheid, daß sie von jeher ein allgemeines christliches und freies Konzil begehrt hätten, wie es der Zeit so bitter not tue; gegen das ihnen vorgeschlagene Mantua verlangten sie ein Konzil auf deutschem Boden; endlich und vor allem sei der Papst Partei und könne nicht Richter und Leiter sein. Nachdem gleichwohl durch die Bulle vom 2. Juni 1536 das Konzil in aller Form ausgeschrieben war, ergingen neue Einladungen und die Sondergesandtschaft des Auditors der Rota Peter Vorst an die deutschen Fürsten. Wir können ihn auf seiner Reise verfolgen, von Wien, wo er sich aufs beste empfangen fühlte, durch Franken über Nürnberg, Bamberg, Würzburg und weiter nach Schmalkalden. Hier war Held schon eingetroffen, hatte auch auftragsgemäß für das Konzil geworben, aber am 24. Februar einen verletzend ablehnenden Bescheid davongetragen. Die Schmalkaldischen wiesen das von Paul III ausgeschriebene Konzil zurück, da es den Reichstagsabschieden nicht entspreche, in denen von einem freien christlichen Konzil auf deutschem Boden die Rede sei, Paul III überdies gleich seinen Vorgängern ihre Lehre schon vorweg verurteilt habe und noch in der Berufungsbulle ausdrücklich von der „Pest der lutherischen Häresie" spreche; er sei Partei und könne nicht Richter sein. Held hatte repliziert; der Bund in einem ebenso ausführlichen Schriftsatz erneut geantwortet. Als der päpstliche Nuntius erschien, wollte man mit ihm überhaupt nicht verhandeln, übergab ihm vielmehr nur die Antwort an Held und legte sogar die von ihm mitgebrachten päpstlichen Breven mit betonter Abweisung wieder bei. Es fruchtete auch nichts, daß Held und Vorst im März noch den Tag der erbverwandten Häuser von Brandenburg, Sachsen und Hessen in Zeitz besuchten, auf dem auch Heinrich der Jüngere von Braunschweig erschien. Nur daß hier, unter dem Eindruck ihrer doppelt unfreundlichen Abweisung, der Vizekanzler und nach dem eigenen Bericht vom 23. März auch der Nuntius wenigstens mit den katholischen Teilnehmern der Tagung in nähere Fühlung traten.

Die Sache des Konzils schien hoffnungslos. Gestützt auf Deutschland, wollte der Kaiser nach seiner Geheiminstruktion für Held das Konzil nötigenfalls selbst in die Hand nehmen. Aber gegen den offenen Protest der Schmalkaldischen — das wäre sinnlos gewesen. Kaiser und Papst zogen in der Tat alsbald ihre Folgerungen. Die erste Prorogation des Konzils vom 20. April 1537 berief sich noch auf die Schwierigkeiten, die der Herzog von Mantua gemacht hatte. Aber die zweite Hinausschiebung des Termins, am 8. Oktober, begründete sich schon mit der allgemeinen politischen Lage, der Türkengefahr und der Zurückhaltung der christlichen Fürsten; sie erfolgte auf ein Jahr, nicht mehr nach Mantua, sondern mit Zustimmung Venedigs nach Vicenza. Indessen, obwohl im Sommer 1538 die Friedenssonne wieder über Europa schien, prorogierte der Papst am 28. Juni in Genua das Konzil zum dritten Male auf ein Jahr. Dieses Mal aus ganz anderen Gründen.

Noch wußte der Kaiser nichts Näheres von dem katholischen Bund des Vizekanzlers Held. Wohl aber hatte er soeben, am 23. Juni, in Genua, wohin er von Nizza aus den Papst zunächst begleitet hatte, von König Ferdinand die ersten Mitteilungen erhalten über die von dem Kurfürsten Joachim II von Brandenburg angesponnene Vermittlung in der Religionssache, die seinen eigenen Bestrebungen so sehr entgegenkam. Papst und Kaiser konnten angesichts solcher Möglichkeiten auf das zur Zeit wirklich aussichtslos gewordene Konzil verzichten und sich ganz der für ihre Länder im Augenblicke sehr viel brennenderen Türkenfrage zuwenden. Inzwischen war der katholische Bund, den Ferdinand durch eine schlecht besuchte Besprechung in Speyer im März 1538 vorbereitet hatte, nach vielen unfruchtbaren Verhandlungen am 10. Juni (also ungefähr in den Tagen des Waffenstillstandes von Nizza) zu Nürnberg wirklich gegründet worden. Die Tatsache, daß kein Kurfürst als solcher dabei war, auch kein Bischof, außer den beiden Erzbischöfen von Salzburg und Magdeburg, genügt zur Charakteristik der ganz unrichtigen Einschätzung der deutschen Verhältnisse durch den Vizekanzler. Unter den übereifrigen Trägern des Bundes, den Herzögen von Braunschweig, Bayern und Sachsen, bestand nicht einmal völlige Übereinstimmung über seine letzten Ziele; infolge der uneinheitlichen Politik Bayerns blieb er innerlich vollends kraftlos. Auch der Papst versagte auf Rat seines Nuntius Morone einstweilen seine Beihilfe. In Deutschland war gleichwohl der Eindruck anfangs groß.

Der Kaiser, der den Berichten Helds zunächst ja trauen mußte, zumal sie von Ferdinand gestützt wurden, brachte dem Bund anfangs ein begreifliches Interesse entgegen, wenn er auch weit davon entfernt war, sich durch die Eigenmächtigkeiten des Vizekanzlers seine Politik vorschreiben zu lassen. Er hatte dem Bruder schon am 31. Mai ans Herz gelegt, sich durch die ihm von Held gemeldeten „Unverschämtheiten" der Gegner nicht von der früher empfohlenen Linie der Vermittlung ablenken zu lassen, damit wenigstens nichts Schlimmeres geschehe, vielmehr unter allen Umständen vermieden werde, daß die Schmalkaldischen zur Gewalt griffen. Entgegenkommen also, soweit es mit Gewissen und Ehre vereinbar sei, auch in der Frage der Kirchengüter. Man könne den Schmalkaldischen sogar von einem Reichstage sprechen und diesen später hinausschieben. Nur, wiederholte der Kaiser, dürfe es nicht zum Kriege kommen, da er durch Frankreich und die Türken behindert sei. So versteht man es durchaus, daß er in dem Bunde zwar die früher vermißte entschlossene Haltung der altkirchlichen Fürsten beachtete, sich aber scheute, durch offene Förderung eines Kampfbundes die Schmalkaldischen ohne Not weiter zu reizen. Er ließ die Dinge gewähren, hielt aber vollends zurück angesichts der dürftigen Beteiligung. Er wartete lange mit der Zustimmung, noch länger mit dem Beitritt. Es war ja auch, wie wir wissen, gar nicht seine eigene Politik, die hier getrieben wurde, sondern zeitweilig ein Mißbrauch seines Namens; nur wird er sich, nach seinem Verhalten zu schließen, nicht verhehlt haben, daß ihm hier ein politisches Mittel angeboten wurde, das zu seiner Zeit verwertet werden konnte. Indessen, war es wirklich ein Gewinn, daß der Bund von Anfang an drohend auf der Gegenseite lastete?

Von den durch Held prophezeiten großartigen Wirkungen des Bundes ist jedenfalls nichts eingetreten. Wohl aber mit der neuen Bedrohung eine neue Stärkung des Schmalkaldischen Bundes.

Natürlich warben die Bundeshauptleute Heinrich von Braunschweig und Ludwig von Bayern weiter beim Kaiser für ihr Werk, und sein geistiger Vater Held unterstützte oder bestellte gar diese Bemühungen schon im eigensten Interesse. Leonhard von Eck hatte immer noch die Stirn zu behaupten, der katholische Bund sei „gegen seinen Willen" gegründet worden. Das Gegenstück war die naive Mitteilung der Hessen an Bayern, daß sie dächten, den Herzog von Braunschweig zu überfallen. Die bayrischen Beziehungen blieben auch 1539 und länger nach beiden Seiten hin gewahrt, ein sonderbares Moment der Unruhe.

Abenteuerliche Pläne in Deutschland, England und gegen die Türken. Frankfurter Anstand

Während jener unheimlichen europäischen Windstille und nicht ganz ohne Anteil der Erregungen, die Helds Auftreten verursachte, hatte sich in der ersten Hälfte des Jahres 1538 wieder eine höchst bemerkenswerte Umgruppierung der Mächte vollzogen.

In den Kreisen der Schmalkaldischen herrschten so wenig einheitliche Stimmungen wie in dem katholischen Bund. Trugen sie alle noch Bedenken, bei Bündnisverhandlungen auf die „Ausnehmung" von Kaiser und Reich zu verzichten, so steigerte sich besonders bei den Städten die Abneigung gegen das Zusammengehen mit Frankreich, je mehr man sich von dessen Verbrüderung mit den Türken überzeugte. Der Rat von Ulm etwa lehnte es im Februar 1538 gegenüber den Straßburgern sehr deutlich ab, „sich mit diesem Könige einzulassen, der seine Untertanen um der göttlichen Lehre willen gemartert, gepeinigt und von Hab und Gütern gejagt und, was noch viel schrecklicher, sich mit dem gemeinen Feind, den Türken, verbunden", ja, diesem zu seinen Übeltaten erst recht den Mut und die Anstiftung gegeben habe. Es sei zu besorgen, daß „Gott der Allmächtige das wahre Licht der Gnaden wieder auslösche und uns an Leib und Seele ewiglich zu Schaden bringe", da doch auch des Königs „Schande und Leichtfertigkeit unverborgen und wir aus seinen Handlungen keinen Tropfen christlichen Bluts zu erkennen vermögen".

Wenn trotzdem noch im Laufe desselben Frühjahrs 1538 das verärgerte Kursachsen auf Anregung Dänemarks sich wieder ein Herz faßte zu wiederholten Gesandtschaften nach Frankreich, so war König Franz natürlich nicht damit gedient, daß diese ehrlichen Reichsfürsten auch jetzt noch in kein Bündnis gegen den Kaiser willigen wollten, obwohl sie gerade die Sorge vor ihm zur Fühlung mit Frankreich trieb.

Wir sehen noch deutlicher in die Nachwirkungen der Mission Helds wie in die sich anbahnende Umgruppierung hinein durch die Verbindung, in die während des Sommers und Herbstes die Königin Marie mit dem Landgrafen von Hessen trat. Bei der wachsenden Bedeutung, die der geistige Führer des Schmalkaldischen Bundes für die kaiserliche Politik gewinnen sollte, müssen wir erst recht dabei verweilen. Der luxemburgische Sekretär Naves, der damit den Anfang seiner glänzenden Laufbahn nahm, war anscheinend auf hessische Anregung zunächst privat zum Landgrafen gekommen und meldete von diesem Besuch der Königin Marie, die ihn dann ein zweites Mal mit Kredenz und Instruktion nach Hessen sandte.

Beim ersten Besuch bemühte sich Philipp, ungünstigen Gerüchten entgegenzutreten, als bekämpfe er die Türkenhilfe, betreibe einen Bund gegen den Kaiser und fördere Frankreich durch Bündnis und Zuzug. Er und seine Verbündeten hielten sich im Gegenteil durchaus für verpflichtet, dem römischen Könige Türkenhilfe zu leisten. Wenn aber, wie Dr. Matthias Held überall herumgetragen, kaiserliche Majestät willens sei, sie mit Krieg zu überziehen, so könnten sie sich doch unmöglich aller Truppen und Mittel entblößen. Vermöge man sie aber sicherzustellen, so würden sie auch in Türkensachen nicht ermangeln. Nur müsse ein Friede besser sein als der Nürnberger, „denn dem zuwider hätten Kammerrichter und Beisitzer gegen sie prozediert bis auf die Acht". Eine Beschwerde beim Kaiser sei von diesem dahin beantwortet, daß er einen seiner besten Räte senden wolle. Es sei dann wirklich Dr. Held gekommen, habe aber in Schmalkalden so zu ihnen gesprochen, „daß sie alle erschrocken gewesen seien, als ob man sie vor das Haupt geschlagen". Türkenhilfe wäre auf einem Reichstage zu bewilligen, nicht durch Sondergesandtschaften. Ihr Bund sei rein defensiv. Jetzt aber, sage man, habe der Kaiser sich seinerseits mit dem Könige von Frankreich gegen sie zusammengetan. Man sage auch, daß er, wie einst Utrecht, so jetzt die Bistümer Münster, Osnabrück und Bremen in die Niederlande eingliedern wolle.

Die Königin ließ antworten, daß derartige Aufträge an Held ganz sicher nicht erteilt worden seien, und daß der Kaiser nichts weniger beabsichtige, als Krieg und Verwirrung nach Deutschland zu tragen. Wenn von Frankreich oder von anderer Seite das Gegenteil ausgestreut werde, so heiße das nichts anderes, als Unkraut unter den Weizen säen. Der Kaiser setze sich für die ganze Christenheit ein, und sie, die Königin, werde an ihn gern den Vorschlag weitergeben, bis zum Konzil oder zu einem kaiserlichen Tag die Angelegenheiten der Religion ruhen zu lassen. Denn der Kaiser wünsche ein baldiges Konzil und beschleunige auch seine Rückkehr nach Deutschland. Von Absichten auf jene Bistümer sei keine Rede. Wegen Geldern und Cleve solle Naves nach seiner Sonderinstruktion verfahren. Hier handelte es sich darum, daß der alte Unruhstifter Karl von Geldern sonderbare Verfügungen über sein Herzogtum getroffen hatte, in die bald auch der Erbprinz Wilhelm von Cleve hineingezogen wurde.

Als um die Zeit von Naves Werbung, im September 1538, Wilhelms Schwager, der junge Kurfürst von Sachsen ängstlich geworden bei Hessen anfragte, ob man nicht dem Kaiser doch zuvorkommen müsse, antwortete der Landgraf ganz gegen seinen früheren Stil: Nein. Auf bloßen Verdacht hin zu handeln, sei gefährlich. Sie hätten auch nicht das Geld. Der Kriegsplan sei schwer zu machen, da immer ein Teil von Deutschland entblößt sein würde; am ehesten sei noch ein Einfall in die Lande des Herzogs Heinrich von Braunschweig und Georgs von Sachsen zu empfehlen. Besser jedoch, auf ehrlichen Frieden und Vertrag zu sinnen.

Die Saat des Friedens trieb ihre Sprossen auf beiden Seiten.

Denn wir erfahren aus dem Briefe des Kaisers an König Ferdinand vom 28. Juli, wie sehr ihn schon die ersten Mitteilungen aus Hessen beschäftigten. Er bat, der König möge im Sinne seiner Verabredungen mit dem Papst und mit Frankreich tätig sein. Gemeint waren Verabredungen von Aiguesmortes, die der Kaiser in sehr unbestimmter Form selbst verbreitet hatte. Die Schmalkaldischen witterten darin, wie wir gesehen haben, den Protestantenkrieg. Allein selbst die intimsten Korrespondenzen der habsburgischen Geschwister wissen nichts davon, sondern nur von dem Wunsch, König Franz von seinen deutschen Freunden abzuziehen und dadurch eine friedliche Lösung zu erleichtern. Am deutlichsten ist eine Äußerung Maries in ihrer bald zu besprechenden großen Denkschrift gegen den kaiserlichen Seekrieg, wo sie unter Bezugnahme auf die Mitwirkung Frankreichs ausdrücklich davon spricht, daß der Kaiser die deutschen Fürsten zur Türkenabwehr heranziehen solle durch friedliche Mittel und dadurch, daß er ihre und ihrer Untertanen Herzen gewinne — Umgruppierung also dieser Fürsten von Frankreich zum Kaiser.

In der Tat stoßen wir in den ursprünglichen Akten auch im weiteren Verlauf dieser Jahre 1538/39 nur auf die gerade Fortsetzung der in der Geheiminstruktion für Held erkennbaren Linie kaiserlicher Politik in Deutschland. „Es handelt sich darum, ihnen entgegenzukommen in einzelnen Punkten, die nicht die Substanz des Glaubens betreffen und kein grobes Ärgernis erregen, durch Abrede auf Zeit oder für immer", schrieb Karl dem Bruder am 22. September.

Karls hochgespannte Gedanken ergriffen noch einmal in absonderlich kühner Phantastik die ganze Welt. Welche Beruhigung in England eingetreten war, sahen wir. Heinrich VIII ließ im Januar 1538 den Kaiser wissen, daß er zwar ein päpstliches Konzil ablehne, nicht ein kaiserliches. Aber es verwundert doch aufs höchste, nun zu erfahren, daß der Kaiser nach allem, was vorgefallen war, und in wirklich erschreckender Kälte gegenüber dem Schicksal seiner Nichte Christine allen Ernstes auf den zwischen Chapuys und Heinrich VIII ausgeheckten Plan einging, für den König die Hand der noch immer blutjungen Herzogin-Witwe von Mailand und damit Ansprüche auf den dänischen Königsthron zu gewinnen. Als Bedingung verlangte der König, daß Pfalzgraf Friedrich und seine Frau Dorothea ihrerseits verzichten sollten. Der Kaiser korrespondierte mit seinem Bruder über diese ganz unerwarteten Aussichten des Hauses Habsburg im Mai und Juni 1538 eingehender. Lund sollte die pfalzgräfliche Familie, die ja doch aus eigenen Mitteln die Unternehmung gegen Dänemark nicht wagen könne, zum Rücktritt von ihren Ansprüchen bewegen — was bereits die größten Schwierigkeiten machte; Dorothea hörte nie auf, sich in offiziellen Unterschriften als „der dänemarkischen Königreiche geborene Prinzeß und Erbin" zu bezeichnen. Auch abgesehen davon sträubten sich die Pfälzer gegen die englische Heirat.

Gewichtiger noch waren die Forderungen und Einwendungen der niederländischen Regierung, die sich wieder einmal als das nüchterne Gegenstück zu Karls dynastisch maßloser Politik darstellte. Die erste undatierte Denkschrift der Königin stellte Mindestforderungen für die Verhandlungen mit England auf. Im Jahre 1506 sei Philipp der Schöne bei seiner Notlandung in England gezwungen gewesen, jenen schlechten Handelsvertrag, den *Intercursus malus* abzuschließen; alle Bemühungen, ihn zu verbessern, seien vergeblich gewesen, da er als ewig bezeichnet werde und auch 1515 und 1520 maßgebend geblieben sei. Weil auch die Anstrengungen der jetzigen Regentin, ihn zu ändern, bisher fehlgeschlagen seien, müßte man auf diesen Punkt in erster Linie Wert legen. Lasse sich der ewige Vertrag nicht beseitigen, so dürfe man ihn jedenfalls nicht ausdrücklich bestätigen.

Weiter solle für die Abtretung der Rechte auf Dänemark für alle Untertanen der Niederlande volle Freizügigkeit und Handelsfreiheit in allen Gebieten, Salz- und Süßwässern, in Belt und Sund, auch zum Verkehr nach Preußen, Riga, Reval und Danzig verbrieft werden, ohne neue Auflagen, sondern zu den alten Rechten. Der König müßte auch Sicherheiten bieten gegen jede Piraterie und Belästigung des Handels. Hinterlasse der König mehrere Söhne, so solle der älteste in England, der zweite in den dänischen Reichen folgen, denn eine Erbvereinigung wäre für die Niederlande noch bedenklicher als die Verbindung von Geldern mit Cleve-Jülich, Berg und Mark. Bei allen Verträgen mit dem Herzog von Holstein oder den Ostseestädten sollten die Belange der Niederlande gewahrt bleiben.

In einer zweiten Denkschrift wurde das Ansinnen des Kaisers zur Hilfeleistung gegen Dänemark rundweg abgelehnt, aber auch das Bedenken gegen den ganzen Plan noch mehr unterstrichen. Der König würde den gesamten Osthandel, der jetzt nach Holland, Seeland, Brabant und Flandern gehe, nach England ablenken. Nicht nur das. Auch in Dänemark habe man es mit den Ostseestädten zu tun, die nie dulden würden, daß ein so mächtiger König diese Reiche besitze. Der Kampf gegen Dänemark verstoße außerdem gegen den Genter Vertrag und schließe die ganz große Gefahr in sich, daß man alle Folgen allein tragen müsse, falls der König sich eines Tages von der Unternehmung zurückzöge; er sei in England unangreifbar, während der Handel im Osten zur See und die Niederlande selbst zu Lande allen Zugriffen und kriegerischen Überraschungen ausgesetzt blieben, wie man das bereits erlebt habe.

Die kluge und mutige Königin-Regentin wagte noch mehr.

Die englische Sorge verflüchtigte sich bei dem schon von Karl gefürchteten Wankelmut des Königs von selbst; aber eine andere war um so drohender heraufgezogen. Die Königin entnahm genau so wie ihr Bruder Ferdinand aus allen Briefen des Kaisers während dieses Sommers und Herbstes 1538, daß er sich in einem Taumel der Begeisterung befand für einen Türkenfeldzug von bisher unerhörten Ausmaßen, den er persönlich führen wollte. Jetzt, wo er durch die Freundschaft mit Frankreich in der Lage sei, so las man es in seinen Briefen, müsse das große Werk gelingen. Schon mitten aus den Festtagen von Aiguesmortes hatte er seiner Schwester erstaunlich ausführlich geschrieben von dem sehr familiären und freundschaftlichen Zusammensein mit Eleonore und ihrem königlichen Gemahl und dem ganzen Hof von Frankreich, von der Heimstellung aller Streitigkeiten an die Minister und von dem Willen der Monarchen, auch ohne Rücksicht auf die Verständigung der Minister die Waffenruhe zu halten, ja sie als einen vollkommenen Frieden zu betrachten. Sie seien bereits darüber einig geworden, die „Abgewichenen vom Glauben" durch den König und den Kaiser friedlich und freundlich zur Kirche zurückzuführen; auch der Papst billige ihr Vorhaben — alles nur, damit man sich mit vereinten Kräften gegen die Türken wenden könne. Die folgenden Briefe zeigten den Fortgang solcher Verhandlungen durch mündlichen und schriftlichen Austausch.

Warum soll sich Franz I in dem seltenen Genuß dieser Kaisertage des Juli 1538 nicht genau so überschwenglich über den Kreuzzugsgedanken geäußert haben, wie im Oktober 1529 zu Paris? Nur daß bei ihm alles ohne nachhaltige Wirkung verrauschte, während des Kaisers schwerfällige Natur entsprechend daran zu tragen hatte.

Natürlich trieb das nächstbetroffene Glied der Türkenliga, Venedig, in die griechischen Gewässer, an den Eingang der Adria, wenn nicht weiter in die Levante. Der Kaiser folgte auch diesen Ideen. Er habe neue Briefe aus Rom und Venedig, schrieb er dem Bruder am 30. November 1538, und man sei einig über die Stärke und Verteilung der Truppen. Nunmehr lasse er die nötigen Zusammenstellungen machen für Lebensmittel, Geschütze, Munition und sonstiges Zubehör. Mit Ferrante Gonzaga und Andrea Doria verständige er sich darüber im einzelnen. Man sprach nicht mehr von den Küstengewässern, vom Schutz der heimischen Gestade. Mehrfach fiel das Wort Konstantinopel.

Durch alle Einreden seiner Umgebung ließ sich Karl in solchen Plänen so wenig stören wie in den Zeiten vor Tunis.

In diese Lage traf mahnend eine warme und doch großartig besonnene Denkschrift der Königin Marie, ganz gewiß ihr eigenes Werk, nach Stil und Orthographie — in der Stimmung unzweifelhaft mit bedingt von den flandrischen Unruhen, die uns bald beschäftigen werden. Es sind die Töne, wie sie früher von Gattinara oder aus Mecheln von Margaretes Lippen klangen. „Euere Majestät sind der erste Fürst der Christenheit, aber ein Kampf für diese ist nur dann Eure Pflicht, wenn er mit genügenden Mitteln und mit der Aussicht auf Sieg durchgeführt werden kann." Der Weg in die Levante ist weit, und man muß doppelt gerüstet sein; das ist etwas ganz anderes als Tunis, so nahe vor den Häfen von Sizilien. Und wenn der Türke, anders als Barbarossa, dem Kampf ausweicht, zerstörte Länder ohne Lebensmittel hinterläßt? Erfolge sind hier nicht in raschen Griffen, sondern nur in Jahren zu gewinnen, und das kostet unendlich viel Geld. Was werden denn die anderen dazu beitragen, der Papst, Venedig oder gar der König von Frankreich? Auf diese unerprobte junge Freundschaft ist noch kein Verlaß, denn das, „was er begehrt, ist ja noch in Euren Händen." Die Finanzen dieser Reiche sind schlecht; alle Länder, Spanien, Neapel und die Niederlande brauchen Ruhe und Frieden auf mehrere Jahre. Die Niederlande sind ohne den Kaiser verloren, besonders wenn unterdessen der Herzog von Cleve in den Besitz von Geldern kommt. „Und es ist nichts so sicher, als daß Eure Majestät vor Gott in erster Linie Ihren eigenen Ländern und Untertanen verpflichtet ist."

Der Kaiser möge vor allem bedenken, was der Einsatz seiner Person bedeute, was er schutzlos hinterlassen würde, „die Kaiserin, Eure Kinder, Eure Länder und uns alle, nicht zuletzt den christlichen Glauben, der doch nur an Euch hängt. Wie werdet Ihr das vor Gott verantworten?" Den Türken zu besiegen, wäre nur möglich, wenn man seine ganze Macht vernichten könnte. „Das aber geht nicht ohne lange Zeit. Und in welcher Lage wären wir, wenn Ihr verlöret oder gar nicht heimkehrtet! O, um

Gottes Willen, ich bitte Euch, doch an das zu denken, was Ihr gegen Gott zu tun verpflichtet seid! Ein großer Fürst wie Ihr darf nur siegen, nie besiegt werden." „Wartet ein oder anderes Jahr, ordnet alle Eure Länder von langer Hand, vor allem Deutschland mit Hilfe Frankreichs, gewinnt die Fürsten, daß sie Euch lieben und dann in dieser großen Sache helfen. Zieht von Spanien quer durch Frankreich, regelt alles mit dem Könige, dann kommt in die Niederlande und nach Deutschland und von hier nach Italien. Das wäre mein bescheidener Rat."

Als Karl diesen leidenschaftlichen Appell an seine wahren Pflichten las, waren seine Schiffe unter Doria und Ferrante Gonzaga bei Korfu endlich zu den Venezianern unter Capello und den päpstlichen Schiffen unter Grimani gestoßen. Ihr Gegner war wieder Barbarossa, jetzt an der Spitze der türkischen Flotte, an Zahl unterlegen, an Erfahrung zur See und Einheitlichkeit der Führung überlegen. Seltsam, daß die beiderseits gesuchte Entscheidung nun doch nicht zustande kam. Vor Beginn des Kampfes trat Barbarossa auf Korfu durch den früher von ihm gefangenen Alonso Alarcon in Verbindung mit den kaiserlichen Admiralen. Es scheint sich wirklich um seinen Übertritt zum Kaiser gehandelt zu haben, was von ähnlicher Bedeutung hätte werden können, wie einst der Parteiwechsel des Andrea Doria. Aber die Bedingungen, etwa seine Wiedereinsetzung in Tunis, schienen den Kaiserlichen zu hoch angesichts des gänzlichen Mangels an Sicherheiten für die Zukunft. So kam es doch am 27. September zum Gefecht vor Prevesa am Eingang der Bucht von Arta, nördlich der Insel Leukas. Aber auch dieser Kampf behielt etwas Lahmes. Die Kaiserlichen nützten ihre Möglichkeiten nicht aus, die türkische Flotte einzuschließen, und das Ergebnis war eher eine Niederlage. Sie suchten bald nachher die Scharte auszuwetzen durch Wegnahme des weiter nördlich, an der Bucht von Cattaro gelegenen Castelnuovo. Aber wieder gab es, wie schon vor Prevesa, Streit zwischen den Venezianern und den Spaniern unter Doria. Man einigte sich schließlich über die Garnison in der Burg, aber man unterließ es, ihr rechtzeitig Hilfe zu senden, als Barbarossa heranzog, den Ort belagerte und wieder nahm.

Schon die ersten unerfreulichen Nachrichten von diesen Vorgängen werden den Eifer des Kaisers abgekühlt haben. Die Berichte der venezianischen Gesandten vom Kaiserhofe, die von diesen Monaten an durch alle folgenden Jahre in geschlossener Reihe vorliegen, lassen uns das Aufsteigen der großen Pläne und dann ihr langsames Versickern deutlich beobachten. Im Frühjahr meldete Mocenigo, daß sich der Kaiser im nächsten Jahre an die Spitze der Unternehmung stellen werde. Am 24. Mai schrieben alle Gesandten, Tiepolo, Corner, Contarini, Venier und Mocenigo zusammen an den Dogen, daß ihnen der Kaiser eine lange, lebhafte und sehr eindrucksvolle Rede gehalten habe. Die Türkenabwehr zu Lande, habe er gesagt, sei dadurch so außerordentlich erschwert, daß der Sultan mit seinen flinken Reitern immer einer größeren Entscheidung ausweichen könne, sie aber beliebig zu Plünderungen und Überfällen auseinanderziehe und wieder vereinige. Das habe er in Österreich gesehen; es habe ihn, obwohl er sonst hart sei, zu Tränen gerührt, als ihm sein Bruder auf dem Wege nach Wien erzählte, daß die starken christlichen Truppen dem Lande mehr Schaden täten, als die Ungläubigen. Zureichende Verteidigung liege unter solchen Umständen nur in starken Grenzfestungen. Er wolle dieses Jahr allgemein auf die Verteidigung bedacht sein; im nächsten Jahr aber einen großen Angriff machen, und zwar zur See. Nach seinen Erfahrungen in Tunis, bei denen er lange verweilte, brauche man mehr als 200 Schiffe und mindestens 60 000 Mann, darunter möglichst viele Deutsche, die sich wie Burgen hielten, und 2000 Pferde für die Artillerie, die man am besten in den großen flandrischen Schiffen zu je 100 transportiere. Wenn einmal ihre Rüstung vollendet sei — dann könne man gleich auf Konstantinopel steuern, das, wie er höre, gerade zur See von drei Seiten wohl zu nehmen sei.

So hoch verstiegen sich seine Hoffnungen. Monatelang war immer noch von diesen Rüstungen die Rede. Freilich auch von den Gegenströmungen in Spanien. Die Castilianer wollten wohl einen Angriff auf Algier zulassen, nicht mehr. Als die Nachricht von Prevesa am 27. Oktober eintraf, gab es lange Erörterungen über die mangelnde Unterordnung der Venezianer unter Doria. Die Gesandten verteidigten Capello. Im Dezember erlebte man neuen Streit über das gemeinsame Überwintern. Im Januar 1539 ist immer noch von den Rüstungen die Rede, aber mehr schon von den Schwierigkeiten, die Karl bei den Cortes fand. Auch klangen trotz fortgesetzter Verhandlungen über mehrfache Familienverbindungen wieder Dissonanzen zwischen dem Kaiserhof und Frankreich durch. Vollends gelangte man in die Nöte der hohen Politik, als mit dem Besuche des englischen Kardinals Reginald Pole ein Angriff auf England zur Vollstreckung der päpstlichen Sentenzen erörtert wurde, wofür man auch Frankreich gewinnen wollte. Am 12. März meldete Mocenigo zuerst den Plan eines Waffenstillstandes mit den Türken unter Vermittlung von Frankreich. Das war einstweilen das Ende.

Inzwischen bemühten sich in Deutschland König Ferdinand und der Kurfürst von Brandenburg sehr ernstlich um die von ihnen vorgeschlagene Vermittlung — Ferdinand in erster Linie zur Gewinnung der Türkenhilfe alten Stils. Wie die Verschärfung des konfessionellen Gegensatzes, so gingen, wie man sieht, auch die Ansätze zur Versöhnung von den deutschen

Fürsten selbst aus. Daß ihr der Kaiser geneigt war, wissen wir. Dagegen verhielt sich der päpstliche Nuntius Morone am meisten ablehnend, und als gemäß den früheren Besprechungen des Kaisers mit dem Papste von diesem schon am 4. Juli 1538 ein Legat in der Person Aleanders, jetzt Erzbischof von Brindisi, mit einer (wie zu erwarten) wenig entgegenkommenden Instruktion geschickt wurde, befürchtete Ferdinand in Erinnerung an die Tage von Worms vor siebzehn Jahren mehr eine Erschwerung als eine Förderung der Sache. So wurde dem Legaten wenigstens der Nachfolger Morones am österreichischen Hofe, Fabio Mignanello, zugeordnet. Den eigentlichen Verhandlungen blieben beide fern.

Schwierigkeiten gab es auch weiterhin in Fülle. Die Schmalkaldischen zögerten lange mit der Formulierung ihrer Forderungen; sie verlangten kaiserliche Vollmachten für Ferdinand und deren Weitergabe an die Kurfürsten von Brandenburg und von der Pfalz, sowie Frankfurt als Beratungsort. Ferdinand dagegen hätte eine ihm günstiger gelegene Stadt vorgezogen, auch fühlte er sich ausgeschaltet und schlug deshalb als kaiserliche Bevollmächtigte Lund und Held vor, die Kurfürsten nur als Vermittler.

Der Kaiser ging trotz innerer Geneigtheit sehr vorsichtig zu Werke, verlangte von Ferdinand eine streng vertrauliche Behandlung der Sache und daß man nur „Schritt für Schritt" vorgehe. Aber am 28. Oktober kündigte er doch den Erzbischof von Lund an, den er mit Instruktion vom 30. November aus Toledo abfertigte. Sie ist in allgemeinen Wendungen gehalten, rechnete noch mit der Mitwirkung des Papstes und des Königs von Frankreich und wollte für die Zurückführung der Abgewichenen nur Zugeständnisse machen in bezug auf den äußeren Verkehr mit dem päpstlichen Legaten, aber in Glaubenssachen höchstens, soweit sie wesentliche Punkte nicht berührten. Dafür sollte man beiderseits Frieden halten und Hilfe gegen die Türken gewähren. Ende Dezember traf Lund beim Könige in Linz ein. Anfang Januar 1539 beriet man dort. Als die ersten protestantischen Forderungen eintrafen, war Aleander entrüstet; sie erschienen ihm völlig unannehmbar. In der Tat, auf die Bestätigung des Nürnberger Friedens, den Anspruch auf Sistierung der Prozesse am Kammergericht, vielleicht auf seine paritätische Besetzung durfte man gefaßt sein; aber die Glaubensfreiheit für alle Reichsstände, das, was man später die „Freistellung" nannte, weiter das Bekenntnisrecht für alle Untertanen, gegebenenfalls mit dem Recht zur Auswanderung — waren Forderungen, die geistig bereits auf der Vorstellung dauernder Trennung der Konfessionen beruhten und noch hundert Jahre lang umstritten bleiben sollten.

Man durfte von den Frankfurter Verhandlungen um so weniger Gutes erwarten, als die Schmalkaldischen auf ihrem gleichzeitig in derselben Stadt abgehaltenen Bundestag sich allen Ernstes mit Rüstungen beschäftigten und den Gedanken eines Präventivkrieges erwogen. Daß der König von Frankreich auf die vom Kaiser gewünschte Mitwirkung verzichtete, war für ihn ein Gebot der Klugheit; er hätte bekennen müssen. Dafür schien ein Angebot des längst in seinen Diensten stehenden deutschen Söldnerführers Wilhelm von Fürstenberg an die Schmalkaldischen auf ihn zurückzugehen. Nicht minder große Versuchungen kamen von dem Könige von England, der wegen einer Familienverbindung für sich oder seine Tochter mit Jülich-Cleve verhandelte und mit diesem und Dänemark zusammen auf Bündnis antrug; es war die Zeit, da die katholischen Mächte einen Angriff auf England erwogen. Dem jungen Herrn von Cleve mochte die Verbindung mit den Schmalkaldischen wegen seiner Verschwägerung mit Kursachsen und wegen seiner Ansprüche auf Geldern nahe liegen. Die Schmalkaldischen aber sahen sehr deutlich die Gefahren, durch einen noch nicht einmal der Augsburgischen Konfession zugewandten Fürsten in rein politische Zwiste hineingezogen zu werden. Auch sonst besaßen die friedlichen Kräfte unter ihnen noch das Übergewicht; Kaisertreue und Abneigung gegen Frankreich bestanden noch immer. Auch den Landgrafen sah man von Tag zu Tag mehr auf der friedlichen Seite. Er lag übrigens jetzt öfter für Tage an seiner Krankheit danieder.

Gleichwohl war in Frankfurt die Hartnäckigkeit der Ansprüche auf Seite der Schmalkaldischen ebenso groß, wie die Gebundenheit des Erzbischofs von Lund, nichts Dauerndes bewilligen zu dürfen. Die kurfürstlichen Vermittler waren verzweifelt, aber sie blieben unermüdlich im Zureden und in der Wiederanknüpfung schon zerrissener Fäden. Indessen auch Lund zeigte sich seiner Aufgabe gewachsen. Alles was Held vermissen ließ, erfüllte er in ausgezeichneter Weise. So fest er in der Sache blieb, so umgänglich und klug zeigte er sich im Verhandeln. Mehrfach nahm er Einladungen an, beim Landgrafen oder beim Kurfürsten, um sich nach dem Essen in oft stundenlangen Gesprächen menschlich in Fühlung zu halten und letzte Möglichkeiten der Gegner zu erkunden. Man bemerkte nach und nach, daß der Schlüssel zur Lage in dem Vorschlag eines Religionsgesprächs gefunden sei. Wurde ein solches beiderseits gewünscht und zugestanden, dann konnte der eigentliche Anstand enger befristet und selbst in seinem Inhalte begrenzter sein.

Und so kam es denn nach endlosem Hin und Her schließlich am 19. April 1539 doch zu der über den Nürnberger Frieden von 1532 bemerkenswert hinausgehenden Abrede des „Frankfurter Anstandes". Er sollte für alle gegenwärtigen Anhänger der Augsburgischen Konfession gelten, die Versicherung gegen Gewalt und die Stillegung der Kammergerichtsprozesse auf sechs Monate enthalten, ja, falls der Kaiser entsprechend dem Verzicht der Schmalkaldischen auf Erweiterung ihres Bundes und auf neue Säkularisationen das gleiche für den Nürnberger Bund genehmige, sogar auf fünfzehn Monate. Außerdem verabredete man die Beschickung eines Türkentages in Worms zum 18. Mai und — vor allem — die Anberaumung eines Religionsgespräches in Nürnberg zum 1. August.

Damit wurde der Gedanke, der innerhalb der protestantischen Welt vor kurzem mit der Wittenberger Concordie durchgedrungen war, kühn auf das Verhältnis zwischen den Konfessionsverwandten und den Altkirchlichen übertragen; im Sinne des Kaisers aber an das angeknüpft, was er zu Augsburg 1530 schon sehr ernstlich versucht hatte.

Noch schien die Welt im Zeitalter des Erasmus zu stehen, wenn er selbst auch schon am 11. Juli 1536 in Basel aus dieser Zeitlichkeit geschieden war. Doch wirkt es symbolisch, daß eben jetzt, unter dem 1. Juni 1540, Beatus Rhenanus die Gesamtausgabe seiner Werke mit einem biographischen Nachruf in aller Form dem Kaiser gewidmet hat.

Erste Regentschaft Philipps in Spanien
Karls Reise durch Frankreich 1539

In Toledo gab es in denselben Wochen ernste Sorgen im Hause des Kaisers. Am 20. April hatte die Kaiserin ihr siebtes Kind geboren; es starb wiederum bald nach der Geburt; am Leben geblieben waren nur Philipp, Maria und Juana. Die Kaiserin war seit Monaten leidend, und ihretwegen verließ der Kaiser in diesem Winter auch nicht den Alcazar von Toledo. Aber die frühzeitige Entbindung schien sie zu überstehen. Da steigerte sich das Fieber aufs neue, und am 1. Mai verschied Isabella. Karl schrieb seinem Bruder, er habe bei diesem großen und höchsten Verlust keinen anderen Trost als ihr gutes und katholisches Leben und ihren heiligmäßigen Tod. Er tue alles, sich in den Willen Gottes zu fügen, den er gebeten habe, sie zu sich in sein Paradies zu nehmen, wo sie nun gewißlich weile.

Für einige Tage zog sich der Kaiser in das Hieronymitenkloster la Sisla bei Toledo zurück.

In seinen Memoiren gedenkt er des Todes der Gemahlin, der aller Welt großen Schmerz verursacht habe, und fährt dann fort: „Nach der Zusammenkunft in Aiguesmortes und den weiteren Verhandlungen über einen guten und dauerhaften Frieden zwischen dem Kaiser und dem Könige von Frankreich kamen zwischendurch beunruhigende Nachrichten aus den Niederlanden, von denen Seine Majestät seit 1531 abwesend war. Er urteilte, daß seine längere Abwesenheit diese Übel nur vergrößern könne. Er sah sich allein und empfand den tiefsten Wunsch, alles zu tun, was ihm möglich sei, einen guten Frieden zu erhalten, und obwohl er sich sagen mußte, daß der Prinz, sein Sohn, noch zu jung sei, um in seiner Abwesenheit zu regieren und die Kaiserin zu ersetzen, und obwohl man ihm auch andere Bedenken vorstellte, horchte er doch nur auf seine eigene gute und reine Absicht, das zu tun, was er seinen Untertanen schuldig sei, und zu verhindern, daß sie in noch größere Nöte gerieten. Auch wollte er gewisse Angelegenheiten durchführen, die er in Deutschland unerledigt gelassen hatte. Seine erste Absicht war, sich in Barcelona einzuschiffen und über Italien zu ziehen, aber da eben damals der König von Frankreich lebhaft in ihn drang, doch durch sein Königreich zu reisen, wo er ihm jegliche Sicherheit und gute Aufnahme versprach, und der Kaiser sich sagte, daß er bei Ablehnung dieser Einladung großen Kummer und den Eindruck des Mißtrauens errege, so entschied er sich, Spanien zu verlassen, und hier zum ersten Male die Regierung in die Hände seines Sohnes, des Prinzen, zu legen, so jung er auch noch war."

Aus Anlaß dieser noch zögernden Bestellung des zwölfjährigen Prinzen zum Regenten in Spanien setzte Karl das erste jener großen politischen Testamente auf, die an der Spitze aller Quellen für unsere Kenntnis seines Wesens und seiner letzten Absichten stehen. Denn mehr noch als in den Briefen an die Gemahlin legte er hier die innersten Gedanken, an denen sein Herz hing, mit derjenigen Nachdrücklichkeit und Ausführlichkeit dar, die ihre Durchführung auch in seiner Abwesenheit, ja nach seinem Tode, gewährleisten sollten.

Er begründete darin zunächst das Verlassen Spaniens — wie in den Memoiren — vor allem mit der Absicht, alles zu tun, was zu einem ewigen Frieden zwischen seinem Hause, demjenigen des römischen Königs und des Königs von Frankreich dienlich sein könnte. Den Eingang wählte er, wie einst Gattinara in seinen großen Staatsschriften, von der Ermahnung des Prinzen zur Furcht Gottes und zur Ehrerbietung gegen die Heilige römische Kirche, zur Erfüllung seiner Pflichten gegenüber der Christenheit und den ererbten Ländern und Untertanen.

Dann aber ging er unvermittelt zu den Gedanken über, die ihn vollends nach dem vorzeitigen Scheitern seiner großen Türkenpläne ganz und gar erfüllten, deren Durchführung auch über seine Lebenszeit hinaus sichergestellt werden sollte. Ihm schwebte eine dynastische Ordnung Europas vor, für Generationen bestimmt, unter Führung der beiden großen Häuser Burgund und Valois, mit Anlehnung von England und Portugal. Das Kaisertum stand einstweilen noch außerhalb der dynastischen Ordnungen, war aber selbstverständliche Voraussetzung für den Vorrang des Hauses Habsburg. Diese Idee einer Familienverbindung der beiden habsburgischen Linien mit dem französischen Königshause und der Übertragung strittiger Herrschaften an Ehepaare aus beiden Häusern hatte sich aus dem Fehlschlag von Nizza und den Familienbesprechungen von Aiguesmortes als eine neue große Hoffnung ergeben. Sie enthielt allerdings fast in jedem Falle die französische Lösung der europäischen Frage im Gegensatz zu der italienischen Gattinaras. Denn sie gründete den Frieden nicht auf das freie Bündnis angestammter Herrschaften Italiens, in das immer der Kirchenstaat einzuordnen war, sondern auf die dauernde Beherrschung Mailands durch eine der beiden verbündeten Dynastien. Sie bedeutete auch nur in dem Falle die deutsche Lösung des burgundischen Problems, daß die Infantin Maria als Erbin der Niederlande Ferdinands ältesten Sohn heiratete, während ihre Verbindung mit dem Herzog von Orléans das altburgundische Verhältnis der Secundogenitur zur Krone Frankreich erneuert hätte. Hinter beiden Lösungen stand außerdem immer noch die dritte, die spanische, auch für die Niederlande.

Denn der Gesamtplan rechnete mit der Vererbung der spanischen und überseeischen Reiche an Karls Sohn Philipp, ebenso der Niederlande, falls deren Stände ihn annähmen. Sonst aber sollten diese, offenbar entsprechend ihrer bisherigen Regierung durch fürstliche Frauen, an Karls Tochter Maria fallen. Die österreichischen Länder waren ohnehin durch die Hausverträge der Linie Ferdinands zugewiesen. Mailand aber könnte nicht nur zur Versöhnung Frankreichs sondern auch zum Ausgleich für Ferdinand, der sich oft darum bemüht hatte, an den Herzog von Orléans und eine Tochter Ferdinands fallen. Für seine jüngste Tochter dachte Karl an den Erben von Portugal, für den Infanten von Portugal an Mary von England.

Aber alle diese Dinge, vor allem auch die „Alternativen" Philipp oder Maria für die Niederlande, weiter die Einsetzung des Herzogs von Orléans mit der Hand Marias in den Niederlanden oder Marias von Österreich in Mailand beschäftigten die fürstlichen Geschwister während dieser Monate auf das lebhafteste. Ihre Korrespondenzen sind voll davon, Gesandtschaften gingen hin und her. Sehr menschliche Züge wurden offenbar, wenn die Königin Marie einmal Ferdinand zur Vorsicht mahnte: Der Kaiser sei schwierig und er lehne Dinge ab, die nicht von ihm aus gingen. Auch Eleonores Wünsche für ihren Stiefsohn Orléans oder für ihre portugiesische Tochter spielten immer wieder hinein.

Daß Karl für Philipp an Margarete von Frankreich oder an die Erbin von Navarra dachte, ist besonders bezeichnend für ihn; das zweifelhafte

Recht Ferdinands des Katholischen zum Erwerb Navarras und seine eigenen Pflichten aus dem Vertrag von Noyon machten ihm noch in späteren Testamenten zu schaffen. Falls Philipp nicht Margarete heirate, bliebe diese verfügbar für den zweiten Sohn König Ferdinands oder für den Infanten von Portugal; — selbst diese Paare zog Karl für Mailand in Betracht.

Alles das, sagte er in dieser Instruktion, sollte lediglich dem gemeinen Frieden in der Christenheit und der Wiedergewinnung der Abgewichenen dienen; daneben der Sicherung von Geldern und Ungarn, also der Fernhaltung Frankreichs von den Feinden der Habsburger. Wie die ganze Gedankenwelt Karls war auch dies System in seiner Relativität sehr einfach und durchsichtig; man kann auch nicht leugnen, daß in den verschiedenen Alternativen viel Biegsamkeit und politische Klugheit lag.

Nach seinem Brauch vor allen großen Reisen ordnete Karl seinen letzten Willen auch in privatrechtlicher Form. Es geschah diesmal durch ein notarielles Codizill zum Testament von 1535. Darin ist dies ganze System der politischen Heiraten mit aufgenommen. Außerdem streng altkirchlich ein Legat für 30 000 Seelenmessen mit der Bitte, beim Heiligen Vater den vollkommenen Ablaß für die Besucher dieser Messen zu erwerben. Seine letzte Ruhestätte wünschte Karl jetzt endgültig in Granada an der Seite der Gemahlin.

Der Regentschaftsrat, auf dem nun anders als zu Lebzeiten der Kaiserin-Regentin die Summe der Geschäfte ruhte, erhielt die üblichen Vollmachten und Anweisungen; der Kardinal Tavera wurde wieder der vornehmste Träger der Verantwortung. Wie immer nahm Karl auch vor dieser Reise Abschied von seiner kranken Mutter in Tordesillas.

Der Weg ging von hier über Burgos, San Sebastian, Bayonne, Bordeaux nach Poitiers, dann aufwärts in das Gebiet der Loire. Wohl von Amboise oder von Blois aus kam König Franz mit großem Gefolge dem Kaiser nach Loches am Indre entgegen. In der Sänfte; er konnte das Reiten nicht mehr vertragen. Aber der Kaiser rühmte, daß man sich trotzdem jetzt und später unterwegs nicht zu lange aufhielt. Er rühmte auch, daß man ihn mit Geschäften nicht behellige, nur zu viel des Guten an Turnieren und Jagden vorgesehen habe. Zu den anscheinend wirklich eingehaltenen Abreden gehörte auch der Verzicht auf Verhandlungen wegen der neuen Familienverbindungen. Trotz allen Drängens der französischen Königsfamilie lehnte Karl seine eigene Wiederverheiratung beharrlich ab. Für Franz eine schwere Probe, denn er träumte noch einmal die Eitelkeit seiner Jugend, den Kaiser zum Schwiegersohn zu erhalten. Seine Margarete pries er ihm als eine Rose unter Dornen und als einen Engel unter Teufeln. Aber der Kaiser blieb zurückhaltend, so gern er sonst die gehäuften Liebeserklärungen des Königs entgegennahm. Dabei gefiel er sich selbst etwas in seinem Mut und schrieb dem Bruder gern, König Franz rechne es ihm besonders hoch an, daß er so vertrauensvoll durch sein Land ziehe.

Eines Abends habe es beim Einzug in ein Schloß eine peinliche Aufregung gegeben, weil die Bedienten viel zu viel Fackeln auf einmal angezündet hätten und die Pferde vor dem Feuer und dem Rauch scheuten; aber, fügte der Kaiser hinzu, wir hatten keinen Grund zum Mißtrauen. Daß die Zimmerische Chronik eine rührende Geschichte erzählt von der Noblesse des Kaisers gegen ein ihm zur Verfügung gestelltes junges Mädchen, wollen wir nur als Zeichen dafür nehmen, wie die Welt den Kaiser sah. Weihnachten weilten die fürstlichen Herrschaften in Fontainebleau, Anfang Januar in Paris. Dann ging es über Chantilly, Soissons, St. Quentin, immer in höfischer Begleitung, nach Valenciennes und Cambrai. Ende Januar war Karl in Brüssel.

Die Korrespondenz des Kaisers mit Ferdinand, die ein gutes Bild von der Reise gibt, war lebhafter als sonst, weil Karl den Bruder gebeten hatte, im Januar mit ihm in den Niederlanden zusammenzutreffen. Alle jene dynastischen Fragen, die ja Ferdinand sehr mit angingen, wollte man im Familienrat besprechen. Dahin gehörten auch Maries immer wieder erneute Ansprüche auf ihre Mitgift und ihr ungarisches Wittum.

Die Königin Marie kam ihrem Bruder schon nach Valenciennes entgegen. Sie hatte mit ihm noch andere sehr ernste Dinge zu regeln.

Der Kaiser in Gent
Scheitern der französischen Freundschaft

Seit mehr als zwei Jahren lebte die Stadt Gent in offenem Konflikt mit der Regierung, und aus diesem Konflikt und seinen tieferen Voraussetzungen hatten sich sehr radikale Erscheinungen in der Stadt ergeben. Es liegt viel Allgemeines darin, und weite Vergleiche stellen sich ein. Wie vor Jahrhunderten bei den Kämpfen Kaiser Friedrichs des Hohenstaufen um die Stadt Mailand spielten wirtschaftliche Dinge eine kaum geringere Rolle als die aufsteigende Idee des Fürstenstaates gegen die alte Welt der kleinen Räume und der Privilegien. In Gent handelte es sich freilich nicht wie bei dem Mailand des 12. Jahrhunderts um eine aufwärts strebende Entwicklung, sondern eher um ein Sinken, wie bei Lübeck. Die Verschiebung des wirtschaftlichen Schwergewichts von Flandern nach Antwerpen brachte in dem industriellen Gent einen Rückgang der Aufträge, peinliche

Arbeitslosigkeit und schwindende Finanzkraft der öffentlichen Hand mit sich. Dergleichen pflegt politische und soziale Gereiztheiten zu erzeugen. Die Stadt besaß eine sehr demokratische Verfassung, insofern die „Drei Glieder" aus Bürgern, Zünften und Wollwebern bestanden; wirkliche Weber gab es zwar nur noch wenige, aber an ihre Stelle waren andere Arbeiter getreten, besonders aus dem Transportgewerbe. Die Vertreter der „Drei Glieder" saßen gemeinsam in der Volksversammlung, der *Collace*. Die laufenden Geschäfte lagen bei den 26 Schöffen, 13 auf jeder Bank; von diesen wählten die Bürger nur drei, die Zünfte und Weber je fünf.

Nun erinnern wir uns, daß der letzte französische Krieg in Artois sehr scharfe und häßliche Formen angenommen hatte und die Regierung der Königin sich lange Zeit in äußerster Verlegenheit befand. Sie erhielt Bewilligungen der Stände zur Landesverteidigung, aber die Stadt Gent hatte sich ausgeschlossen. Die Königin atmete auf, als der Waffenstillstand von Bomy gesichert war, der vom 30. Juni 1537 an lief. Indessen, die finanziellen Nöte endeten natürlich nicht mit der Waffenruhe, und der Königin lag viel an dem Anteil, den Gent im Gegensatz zu den anderen Ständen von Flandern versagte. Mindestens ebenso sehr erregte sich aber auch die Stadt, die jede von ihr nicht bewilligte Zahlung ablehnte und die Sache von der grundsätzlichen Seite immer mehr zuspitzte. Es war auch keine Verbesserung der Lage, daß sie in diesen Verhandlungen anbot, Leute zu stellen statt Geld, denn Marie setzte den Vertretern der Stadt vergebens auseinander, daß man zur Landesverteidigung nicht nur Leute brauche, sondern auch Pferde, Fahrzeuge, Munition und anderes, und daß man mit beliebig zusammengestellten Milizen nicht Krieg führen könne; daß sie zahlen müßten wie alle anderen. Als ihre Vorstellungen nichts fruchteten, griff Marie mit ähnlichem Ungestüm wie früher Margarete zu Gewaltmaßregeln.

Das Rechtsgefühl der Bürger stützte sich auf die alten, wie man meinte, verletzten oder gar von den Vornehmen verheimlichten Privilegien. Da die Schöffen und ihre Vertreter eine Neigung zum Entgegenkommen zeigten, setzte sich der Konflikt mit der Königin um in einen Kampf zwischen den Radikalen und den Amtsgesessenen. Das übliche Mißtrauen der kleinen Leute gegen die Geschäftsführung der Herren, die angeblich im privaten Leben wie im diplomatischen Verkehr auf Kosten der Stadt lebten, nahm immer bissigere Formen an. Der Streit griff auf die Städte und Städtchen der Landschaft über, die das Beispiel Gents für sich verwerteten und, weniger widerstandsfähig, gleichwohl die Freiheiten von Gent begehrten.

Marie sandte ihre besten Leute nach Gent; im April 1538 Ludwig van Schore, später Lambert de Briarde und Adolf de Bourgogne, Herrn von

Beveren; den Grafen Lalaing nach Audenarde — eigentlich vergebens. Die Boten der Königin gerieten selbst in Lebensgefahr. Die Gegensätze trieben zur offenen Revolution und zum Landesverrat, als die Genter Verbindung mit Frankreich suchten, wo sie der König freilich in seiner damaligen Stimmung abfahren ließ. Aber es entwickelte sich auch sonst etwas Ähnliches wie bei den Comuneros in Spanien. Man behauptete, der Kaiser wisse von alledem nichts. Sie wollten an den Kaiser appellieren. Bis zur Ankunft des Kaisers sollte alles verschoben werden.

Neuwahlen brachten erst recht innere Erregungen, und der äußere Konflikt schlug nun um in persönliche Gehässigkeiten. Die Flucht einzelner Bürger vor der Leidenschaft der Massen rächte sich an ihren Standesgenossen; nichtige und schlecht begründete Vorwürfe zogen altangesehene Glieder des Rats in Verfolgung. Der große Saal des Gravesteen sah empörende Szenen, als man den fünfundsiebzigjährigen Lievin Pyn schamlos auf der Folter verhörte, ihn durch Abrasieren der Haare schändete — wie man meinte zur Vertreibung teuflischer Hilfe —, ihn bei seiner Standhaftigkeit wiederholt marterte und schließlich zum Tode verurteilte. Der alte Mann bewies heroischen Mut, und als man ihn zur Richtstätte trug, sprach er zum Volk noch überlegene Worte des Verzeihens. Aber wie an ihm, so handelte man an vielen anderen unter dem Einfluß gemeinschädlicher Schreier, die es in solchen Zeiten überall gibt. Die Richter bewiesen weniger Mut als die Angeklagten. Einer der grotesk volkstümlichen Tiefpunkte dieser Revolution war die Zerschneidung des *Calfvel*, der Stadtordnung, die der Kaiser 1515 noch als Erzherzog vollzogen hatte. Die Fetzen und die Partikelchen der vernichteten Urkunde trugen sie stolz und johlend an Hüten und Kleidern. Von der Königin Marie sagten sie, man solle sie in ein Kloster schicken; sie wollten nicht von Weibern regiert werden.

Es ist richtig, daß Marie unerschütterlich und mit unverhüllter Härte auf dem Standpunkt der Souveränität verharrte. Aber vertrat sie nicht das Interesse des größeren Staates, dessen Schutz sich sonst die Wirtschaft so gern gefallen ließ? Und zeigten nicht die radikalen Führer des Volkes denselben Starrsinn in viel brutaleren Formen und zum offenkundigen Ruin der Stadt? Handel und Gewerbe litten gewaltig. Lange Zeit wurde nicht gearbeitet, und die Ausfuhrverbote nutzten nichts, wenn die Vorräte versiegten. Die Erregung griff in immer schärferen Formen auf das Land über, und im Herbste 1539 sah man, daß Flandern sich in einem Fieberrausch des Aufstandes befand. Das war einer der Gründe, von denen Karl in Spanien gesagt hatte, die Verhältnisse seiner Untertanen nötigten ihn, in die Niederlande zu ziehen.

Dasselbe wiederholte er trocken und kühl der ersten Deputation der Genter in Valenciennes. Am 14. Februar zog er selbst pomphaft und eindrucksvoll in Gent ein, begleitet von der Königin, von dem päpstlichen Legaten, von Gesandten, Fürsten und Herren aus den Niederlanden, Deutschland und Spanien. Aber auch von beträchtlichen Truppen zu Pferde und 5000 Landsknechten. Mit all dem Gepäck und Zubehör dauerte der Einzug sechs Stunden. Karl nahm Quartier in seinem Geburtshaus, dem Prinzenhof; die Truppen wurden auf die Stadt verteilt, die sich nun nicht mehr zu rühren vermochte.

Auf das Bild der Willkür folgte das nicht minder schreckliche der neuen Fürstenmacht mit ihren Söldnern.

Am 17. Februar 1540 wurden die Führer der Bewegung vorgeladen; einige waren entkommen; auf ihre Köpfe wurden Preise gesetzt. Am 18. erfolgten weitere Verhaftungen. An seinem Geburtstage, dem 24., beschied der Kaiser den Rat in das Palais, wo ihm der Generalprokurator von Mecheln die Untaten der Stadt vorhielt, Aufruhr, Willkür und Majestätsverbrechen.

Während die Stadt noch ihre Antwort vorbereitete, holte der Kaiser seinen Bruder in Brüssel ab, in dessen Gegenwart sich das Weitere abspielte. Zunächst die schroffste Ablehnung des Rechtfertigungsversuches der Stadt. Am 3. März begannen die peinlichen Verhöre, denen die Exekutionen folgten an derselben Stelle, wo Lievin Pyn hingerichtet war und so mancher andere. In der höchsten Not wandte sich die Stadt an Marie um Fürbitte in ehrerbietiger Begrüßung. Die Königin antwortete, es sei etwas spät, sie zu begrüßen, da sie schon einen Monat da sei; aber wie sie verzeihe, so wolle sie auch nach Kräften mit für die Herstellung der Ordnung sorgen. Mehr noch als die Gerichte lasteten auf der Bevölkerung die einquartierten Knechte mit ihrem Übermut. Darüber hinaus legte Karl ein ganzes Stadtviertel mitsamt den Kirchen nieder, um eine Zitadelle zu errichten; sein nächstes Codizill enthielt dafür ein Sühnelegat von 30 000 Gulden aus spanischen Einkünften.

Am 29. April erfolgte der feierliche kaiserliche Spruch über die Stadt. Gent habe durch Empörung gegen seinen Erbherrn und Souverän alle Rechte und Freiheiten verwirkt. Das gesamte öffentliche Eigentum wurde konfisziert, der Stadt ihr Waffenschmuck genommen, Geschütze und Munition, auch die große Glocke, der Roland. Der Kaiser verlangte feierliche Abbitte, und diese erfolgte am 3. Mai in den herzzerreißenden Formen, wie sie einst Mailand erlebt hatte. Die Schöffen und ihre Leute, dreißig vornehme Bürger, alle in Schwarz, barhaupt und barfüßig, sechs Vertreter jeder Zunft, fünfzig Weber und fünfzig Vertreter der Radikalen, die man *Creesers* nannte, in Hemden und mit dem ihnen vom Henker angelegten Strick um den Hals, begaben sich in traurigem Zuge vom Schöffenhaus zum Schloß, um hier kniefällig Verzeihung zu erbitten. Am nächsten Tage wurde die *karolinische Concessie*, das neue fürstliche Statut, verkündet und damit das mittelalterliche Gent begraben.

Während der Kaiser in seinem tiefverletzten Souveränitätsgefühl furchtbare Justiz übte, fanden gleichzeitig in den Gemächern des Prinzenhofs diplomatische Verhandlungen statt über die Familienfragen und die weitere Behandlung der deutschen Dinge, auch über Verwaltungsangelegenheiten der Niederlande.

Noch von Gent aus, am 24. März, gab der Kaiser dem französischen Hofe durch seinen Gesandten Bonvalot, Abt von St. Vincent, Bescheid. Die Mitteilung ist eins der merkwürdigsten Schriftstücke. Alle jene Alternativen schienen vergessen; einseitig und mit dem Anspruch eines ganz großen Entgegenkommens bereitete der Kaiser seinem Schwager die herbste Enttäuschung. Statt zu verhandeln oder in bezug auf das eigentlich umstrittene Mailand eine neue Form zu finden, rührte er das Problem von Burgund wieder auf durch den Vorschlag einer Ehe seiner Tochter Maria mit dem Herzog von Orléans, denen die Niederlande und Burgund mit allem Zubehör erblich übertragen werden sollten. Der König müsse zugeben, daß diese Herrschaft um vieles stattlicher sei als Mailand. Seine Geschwister hätten unter Zurückstellung eigener Wünsche auch nur zugestimmt, um die Freundschaft mit Frankreich auf alle Weise zu fördern. Mit Geldern und Zütphen zusammen wären diese Länder eines der schönsten Königreiche der Christenheit. Das fürstliche Paar solle schon zu seinen Lebzeiten in seinem Namen die Niederlande regieren. Beim kinderlosen Tode der Infantin müßte freilich das Land an ihn zurückfallen und, da er zugunsten dieses Paares auf Burgund verzichte, so erwarte er vom Könige den Verzicht auf Mailand; außerdem dessen Hilfe zum Erwerb von Geldern, Rückgabe von Charolais, St. Pol und Hesdin. Sonderbestimmungen würden notwendig sein für den Fall, daß Maria Spanien erben sollte oder der Herzog von Orléans Frankreich. Um Ferdinands ältesten Sohn, dem Maria früh bestimmt war, zu entschädigen, schlage er dessen Ehe mit Madame Margarete vor, die dann eine mächtige Königin werde, wofür Frankreich gewiß schon jetzt gern König Ferdinand in Ungarn unterstütze. Für den Prinzen von Spanien kam er auf die Erbin von Navarra zurück, „damit auch diese Ansprüche bereinigt würden". Für Eleonores Tochter müsse man sorgen, dem Herzoge von Savoyen seine Länder zurückgeben. Auf seine eigene Wiederverheiratung verzichte er, schon wegen seines Alters — für König Franz gewiß ein besonders bitterer Satz. Endlich solle man zum Heile der Christenheit einen allgemeinen Frieden schließen zwischen ihnen, dem Papst, dem Reich, Portugal, Polen, England, Schottland, den Herren von Italien und der Schweiz.

Konnte Karl wirklich hoffen, so leichten Kaufes alle in den letzten Jahren umstrittenen Gebiete zurückzuerlangen oder zu sichern? Vor allem Burgund und die verlorenen Teile von Artois mit St. Pol und Hesdin, dazu Geldern und Zütphen, auch Savoyen und Ungarn, und alles das unter förmlicher Anerkennung seines Rechtes auf Mailand? Karl muß das geglaubt haben, denn er war höchst verwundert, als von Frankreich Antworten kamen, die seine eigene Unbescheidenheit allerdings noch übertrumpften. Er teilte sie Ferdinand mit und bemerkte dazu, sie wollten sich zunächst zurückhalten und an die erneuten eigenhändigen Versicherungen des Königs glauben, daß er ihr wahrer und bester Freund sei. Allein konnte er dergleichen annehmen, wenn er die französischen Gegenforderungen auch nur flüchtig las?

Der Herzog von Orléans müsse schon das uneingeschränkte Erbrecht auf die Niederlande erhalten, begehrte der König; in diesem Falle wolle er zur Zeit keine Forderungen wegen Mailand erheben — für den Fall eines unbeerbten Todes des Herzogs aber alle seine Rechte auf das Herzogtum behalten. Sterbe Maria vor dem Herzog, so solle dieser ihr Erbe sein, wenigstens bis zur Restitution Mailands. Er lehne es auch ab, die Verträge von Madrid und Cambrai erneut zu bestätigen. Savoyen wolle er behalten im Interesse seines Landes, den Herzog vielleicht in Frankreich entschädigen.

Der Kaiser anwortete entsprechend, daß er neben den Niederlanden nicht auch noch irgendeinen Anteil an Italien zugestehen könne. Nun kam Frankreich auf die alte Forderung zurück, mit Mailand belehnt zu werden, wie einst Ludwig XII. Es wurde immer deutlicher, daß die beiden Schwäger in den letzten Monaten von ganz verschiedenen Voraussetzungen ausgegangen waren und zu ernstlichem Entgegenkommen keine Neigung verspürten. König Franz stürzte sich alsbald wieder in die europäischen Parteiungen gegen den Kaiser. Hatte er früher nach dem bewährten französischen System eines Verbündeten im Rücken des Gegners bei allen Kämpfen dem Herzoge von Geldern Rückhalt gegeben, so bot er jetzt dem viel mächtigeren Herzog von Cleve dieselbe Anlehnung und beschwor damit für den Kaiser und die Niederlande noch größere Gefahren herauf als früher.

Denn hier lag längst die dritte große Sorge, die Karl nach den Niederlanden gerufen hatte und die ihm auch für Deutschland die friedlichen Mittel so nahe legte. Der Herzog von Geldern, Karl von Egmont, der noch am 10. Dezember 1536 im Vertrag von Grave seine Ansprüche auf Drenthe und Groningen aufgegeben und erneut die Erbfolge Karls V anerkannt hatte, kündigte im Oktober 1537 seinen Ständen an, daß er beabsichtige, sie nunmehr durch einen mächtigen Fürsten zu schützen, den König von Frankreich. Das löste eine allgemeine Entrüstung aus, insbesondere bei den Städten Nymwegen, Zütphen, Roermond und Venloo. Indessen der Marschall Martin van Rossem und andere huldigten wirklich Frankreich. Der Herzog verhandelte in Arnheim mit den Städten. Legitimer Erbe wäre sein Neffe Anton, der Sohn des Herzogs von Lothringen und der Philippine von Egmont gewesen. Die Stände von Geldern aber bestimmten, ebenfalls ohne Rücksicht auf die Abmachungen mit dem Herrn der Niederlande, den Sohn des Herzogs von Cleve zu ihrem Herrn. Alsbald reklamierte der Vater die alten Anrechte seines Hauses auf Geldern, die einst Gerhard von Jülich an Karl den Kühnen verkauft hatte. Nach Empfang dieser Nachrichten schritt die Königin sogleich ein, aber der Kaiser wünschte, bei der damaligen Lage die Dinge hinzuziehen. Da starb am 30. Juni 1538 nach fast fünfzigjähriger Regierung der Herzog von Geldern; im nächsten Winter, am 6. Februar 1539, folgte ihm Johann von Jülich-Cleve im Tode. Sein Sohn Wilhelm war nun Herr von Jülich, Cleve, Berg, Mark und Ravensberg, sowie Prätendent von Geldern und Zütphen. Gerade ihn aber zog nun König Franz in die engste Verbindung mit der französischen Politik, um durch seine Person so gut an der niederländischen, wie an der pyrenäischen Front gleichsam Sturmschanzen vorzuschieben. Am 15. Juli 1540 wurde zu Châtellerault seine Ehe mit der zwölfjährigen Jeanne d'Albret, der Erbin von Navarra, wenigstens rechtsförmlich vollzogen. Die Prinzessin hat gegen die Nötigung durch ihre Mutter und ihre Gouvernante leidenschaftlich protestiert und diesen Protest am 14. Juni 1541 vor Zeugen wiederholt. Aber der König von Frankreich ließ nicht nur die kirchliche Trauung vornehmen, sondern ebenfalls vor Zeugen den jungen Herzog auch das Bett der Braut teilen.

Ohne noch von diesen Dingen zu wissen, schilderte der Kaiser schon durch sein Schreiben an König Ferdinand vom 17. Juni die Lage durchaus ernst. „Da ich angesichts der Verhältnisse in Deutschland, Frankreich und den Niederlanden wirklich nicht in der Lage bin, Gewalt zu gebrauchen, so wäre eine Verhandlung mit den Vertretern des Herzogs und der Stände, etwa in Holland, wohin ich mich begebe, sehr erwünscht, damit ich mein ganz evidentes Recht auf Geldern vertreten und die Einwohner des Landes versichern könnte, daß ich sie bei allen Freiheiten und Gewohnheiten belassen würde." Gut wäre auch, schrieb er weiter, die Beziehungen zu Lothringen zu pflegen und für den Fall, daß es nicht zur Verbindung der Herzogin-Witwe von Mailand mit dem Erbprinzen von Lothringen kommen sollte, diesem dann eine der Töchter Ferdinands in Vorschlag zu bringen. „Denn von seiten Frankreichs wird alles geschehen, zu verhindern, daß sie sich an uns anschließen."

Lebhaft ergriff der Kaiser am 2. Juli auch Ferdinands Idee, den Kurfürsten von Sachsen vom Landgrafen zu trennen durch Bestätigung seiner Erbverbrüderung mit Jülich-Cleve, sowie durch das Angebot einer Verbindung des Kurprinzen mit einer Tochter König Ferdinands. Ja, man erwog sogar, dem Kurfürsten, falls er gegen Geldern Hilfe leiste, die Jülich-Cleve abzuerkennenden Lehen zu übertragen — ein ähnlicher Plan, wie er später bei Moritz gegen eben diesen Kurfürsten glückte.

So blieb die Losung des Kaisers noch für lange Zeit diplomatische Rüstung, aber Vertagung der Entscheidung. Darüber wurde die Lage für ihn immer schwieriger. Denn man erfuhr, daß nicht nur auswärtige Mächte, jetzt auch der König von England, der am 6. Januar 1540 Anna von Cleve geheiratet hatte, sondern auch deutsche Fürsten aus beiden Lagern geneigt waren, die Politik des Herzogs von Cleve zu unterstützen. Grund genug, in Deutschland äußerst behutsam vorzugehen.

Die von Lund in Aussicht gestellte kaiserliche Verfügung, die den Frankfurter Anstand auf fünfzehn Monate verlängert hätte, erfolgte nicht. Aber es gab auch keine Widerrufung oder Verletzung des Anstandes von seiten des Kaisers. Dagegen wurde Lund von der Kurie und von den schroff altkirchlichen Kreisen in Deutschland mit der Verdächtigung verfolgt, er habe sich in Frankfurt bestechen lassen. Sein politischer und persönlicher Gegner Matthias Held tat das Seinige dazu, und aus einem Briefe Karls an seinen Bruder erfahren wir, mit welcher Heftigkeit die beiden vornehmen Räte sich auch beim Kaiser übereinander beklagten. Im ganzen überzeugte sich der Kaiser wohl bald, wie wenig gut der Heißsporn Held zur Zeit in seine Politik paßte; und ohne viel Bedauern ließ er den alten Vizekanzler nach und nach aus seinem Amte scheiden; sein Nachfolger wurde, wohl im Mai des nächsten Jahres, Johann von Naves.

Daß der Türkentag von Worms ohne Erfolg verlief, war die erste Enttäuschung der auf den Frankfurter Anstand gesetzten Hoffnungen. Aber gegen die erneuten Bestrebungen der Kurie, nun doch das Konzil zustande zu bringen, hielt der Kaiser, immer mit Rücksicht auf seine ältere Abrede mit Frankreich, an seiner Concordienpolitik fest. Dabei mußte er sich des Druckes von beiden Seiten erwehren; an demselben 24. Februar, an dem er in Gent sein Urteil ankündigte, hat er sowohl den Kardinal Farnese wie die Schmalkaldischen in Audienz empfangen; Anfang März folgte ihnen Herzog Heinrich der Jüngere von Braunschweig, der wie früher auf den Krieg gegen die Schmalkaldischen drängte. Farnese klagte über des Kaisers Schwäche, wie nur je ein bayrischer Rat. Der Kaiser da-

gegen zweifelte prophetisch an der Zuverlässigkeit der Kurie, wenn es
Ernst werde. Hinter dem ungestümen Drängen des Braunschweigers vermutete er eigensüchtige Motive — den Besitz von Goslar. Schon die Klugheit zwang ihn zum Verhandeln.

Die Religionsgespräche von 1540 und der Fall des Landgrafen von Hessen

Für uns liegen die theologischen Verhandlungen der nächsten beiden Jahre ohne Bruch in der bisherigen Richtung der kaiserlichen Politik. Noch sind sie keine Irreführung, auch nicht bloß ein Mittel zum Zeitgewinn, sondern genau so wie 1530 zu Augsburg durchaus Selbstzweck. Eine andere Frage bleibt natürlich, ähnlich wie bei dem so lange gepflegten Konzilsplan, wie weit und wie lange sich der Kaiser Illusionen hingegeben hat in bezug auf die Durchführbarkeit seiner Mittel. Er selbst sollte erst nach und nach Einblicke gewinnen in die Tiefe der Gegensätze, die ihm in den letzten Jahren durch die loyale Haltung der protestantischen Fürsten verdeckt waren.

Ein gebildeter Theologe und genauer Kenner der deutschen Verhältnisse, wie der Nuntius Morone am Hofe König Ferdinands, und mit ihm ein Teil der maßgebenden Persönlichkeiten an der römischen Kurie, wie der Kardinal Aleander, hielten die Religionsgespräche für aussichtslos, ja im Sinne des kirchlichen Lehramts für entwürdigend. Sie taten alles, ihr Zustandekommen zu verhindern und die begonnenen Gespräche zu verschleppen. Auch auf der Gegenseite gab es die radikal ablehnende Meinung von der Unvereinbarkeit des Gegensatzes, und wir wissen heute, nicht nur aus dem Verlauf der deutschen Reformation, sondern schon aus ihren tieferen kirchenpolitischen Voraussetzungen, daß es sich damals in der Tat um viel mehr handelte, als um einzelne dogmatische Meinungsverschiedenheiten. Unter den Zeitgenossen aber gab es genug ernsthafte Theologen, die sich der gemeinsamen christlichen, ja patristischen Grundlagen bewußt blieben. So konnten in dem von Carlowitz noch zu Lebzeiten des Herzogs Georg Anfang 1539 in Leipzig abgehaltenen Religionsgespräch durch Bucer und Wicel in voller Ehrlichkeit Formulierungen des Abendmahls oder des Verhältnisses von Glauben und Werken gefunden werden, die der lutherischen Anschauung so gut genügten wie der altkirchlichen. Man hat freilich ganz richtig bemerkt, daß eine Vergleichung auf solcher Grundlage nur gelang, indem man gewisse Nebenfragen von doch entscheidender Bedeutung umging; bei der Transsubstantiation zum Beispiel die Frage der dauernden Gegenwart des Herrn in der gewandelten Hostie, unabhängig von ihrem Empfang durch den gläubigen Christen — was nicht nur tief in dogmatische Grundanschauungen und in die Bedeutung des Priestertums zurückführte sondern auch für den Kirchenraum, den Kultus oder die Schändung der geweihten Hostie die ungeheuerlichsten Folgen haben mußte.

Die Freunde solcher Gespräche täuschten sich keineswegs darüber. Aber ihre Meinung ging dahin, zu erproben, wie nahe man sich kommen könne, und dann zu erwägen, welche unter den unverglichenen Punkten man gegenseitig tolerieren dürfe. Daß es erlaubt sei, in Fragen des Ritus, etwa des Laienkelches oder der noch heftiger erregenden Frage der Priesterehe, entgegenzukommen, meinte man zeitweilig bis in den Schoß der römischen Kurie. Die Auffassung der Politiker aber ging noch einen Schritt weiter, insofern sie neben den Anschauungen immer auch ihre menschlichen Träger und deren weltliche Möglichkeiten im Auge behielten. Wenn es gelang, die Gegner aufzuspalten, sei es durch Aufdeckung von Meinungsverschiedenheiten unter ihnen, sei es durch Gewinnung einzelner Persönlichkeiten aus politischen Motiven, so war nicht nur die Gefahr des Augenblicks überwunden sondern auch einer späteren Regelung vorgearbeitet. Alle diese Umstände gaben der Diplomatie um die Religionsgespräche gerade im Zusammenhang der kaiserlichen Gesamtpolitik eine eigentümlich beispielhafte Bedeutung.

Daß der Papst überhaupt in die Religionsgespräche willigte, war, neben dem auch an der Kurie nicht ganz fehlenden Bestreben, das Letzte zu versuchen, eine Frucht des kaiserlichen Entgegenkommens gegen das Haus Farnese in bezug auf die Herrschaft Camerino. Aber die Mitwirkung der Kurie blieb doch eine sehr eingeschränkte. „Wenn sie Euch sagen", hieß es in der Instruktion für Morone vom 15. Mai 1540, „die Beilegung des Zwistes dränge sehr, so antwortet: das Seelenheil dränge noch mehr." Nur der Papst könne geeignete Mittel durch das Universalkonzil oder als Repräsentant der universalen Kirche aus eigener Machtvollkommenheit genehmigen. „Sagt man, ohne die Beilegung der Glaubenssache sei der Friede in dieser Nation nicht herzustellen, so antwortet: dann müsse man andere Wege suchen" — was unmißverständlich war. Sich selbst an der Disputation zu beteiligen, war dem Nuntius verboten; nur in seinem Hause dürfe er die katholischen Colloquenten empfangen und beraten; und auch dafür erhielt er sehr gemessene Richtlinien.

Der Kaiser bereitete sich auf die ihm bevorstehenden Entscheidungen genau so von langer Hand vor, wie König Ferdinand und die Parteien in Deutschland. Auch er durch Korrespondenzen, Beratungen und Erörterungen über die entscheidenden Punkte. Ihn beschäftigte in den Gesprächen mit seinem Beichtvater und anderen Theologen vor allem die Abgrenzung des „ewigen gegen das gesetzte Recht", des *droit divin ou positif;* er suchte gegenüber der starren Ablehnung nach den Grenzen des Möglichen. Als dann das wegen ansteckender Krankheiten von Speyer nach dem nicht weit entfernten Hagenau verlegte Gespräch durch König Ferdinand am 12. Juni wirklich eröffnet war, betonte der Kaiser zwar ausdrücklich, daß nichts ohne Zustimmung des Papstes geschehen solle, wirkte aber den Störungen durch Morone und die Bayern ebenso bewußt entgegen. Zum Ausgangspunkt empfahl er die bereits in Augsburg zwischen Campegio und Melanchthon beglichenen Artikel. Dazu wollten sich jedoch die Protestanten keineswegs verstehen; „sie wüßten sich nicht zu erinnern", sagten sie. Das war nicht verheißungsvoll.

Beiderseits sah man die angesehensten Theologen. Natürlich konnte Luther selbst, so wenig wie in Augsburg, dabei sein. Auch Melanchthon nicht, wegen Krankheit. Dafür waren Cruciger, Myconius, Bucer, Osiander, Link und Blarer erschienen; auch Calvin in seiner entschiedenen Art war nicht unwichtig; er kam mit den Straßburgern. Von altkirchlicher Seite standen, schon wegen der Gegenwart Ferdinands, seine eigenen Theologen Faber und Nausea und der von ihm herangezogene Cochlaeus im Vordergrunde; daneben natürlich Eck von Ingolstadt. Indessen, zur eigentlichen Arbeit war man noch nicht gekommen, als Verlegungsvorschläge auftraten, denen man nachgab. Und doch war es nicht umsonst gewesen, daß Theologen und Politiker einmal in die erste Fühlung traten und die Art eines solchen Vorgehens erörterten. Die Verlegung geschah nach Worms zum 20. Oktober.

Ferdinand war durch dringende Nachrichten in seine Erblande abgerufen. Er reiste zur rechten Zeit, da am 21. Juli Johann Zapolya gestorben war, dem er nach dem Vertrag von Großwardein in Ungarn nachfolgen sollte. Leiter der Gespräche blieben Kurpfalz, Bayern und der Bischof von Straßburg; für Trier rückte Mainz ein. Die Fürsten ließen sich durch ihre Räte und Kanzler vertreten. Der Kaiser aber sandte dieses Mal seinen ersten Rat, Nicolaus Perrenot, Herrn von Granvelle, und betonte dadurch seinen ganz persönlichen Anteil. Für uns tritt damit der bisher vornehmlich im diplomatischen Dienst bewährte Staatsmann in den Vordergrund der deutschen Geschichte. Er war Diplomat geblieben und gab auch den Wormser Verhandlungen durch kluge Regie und unermüdlichem Fleiß einen gewissen äußeren Erfolg. Die Lage des Kaisers, aber auch der Zufall wollten es, daß besondere Umstände ihn in seiner Auffassung von der Ersprießlichkeit einer vorwiegend politischen Behandlung der Dinge bestärkten.

Der Kaiser hatte Anfang Oktober unter dem Eindruck des raschen Abgleitens der französischen Freundschaft zwei wichtige Maßnahmen getroffen, die zwar in gewissem Sinne nur hinhaltend waren, ihn aber um so empfänglicher machten für neue Verbindungen oder Sicherungen. Am 2. Oktober war er entsprechend seinem politischen Testament von 1539 an die vornehmsten Herren der Niederlande mit der schwerwiegenden Frage herangetreten, was ihnen besser schiene, den Prinzen Philipp, natürlich in der Hoffnung auf männliche Nachkommenschaft, zum Herrn zu haben, oder mit dessen Zustimmung die Infantin Maria, die dann mit dem zweiten Sohne des römischen Königs verheiratet werden sollte. Die Herren scheinen ihm freie Hand gelassen zu haben.

Aber unabhängig von dieser Erörterung belehnte der Kaiser am 11. Oktober 1540 den Prinzen bereits mit Mailand — vielleicht in Erinnerung an eine Bemerkung Gattinaras, aber doch nicht in dessen Sinne, sondern im Zuge der neuen rein dynastischen Politik, die er nun auch ohne Frankreich betrieb. Nach dieser Vorbereitung kassierte er am 28. Oktober zu Brüssel „in Ansehung der Veränderlichkeit aller Dinge" das eben erst aufgesetzte Codicill von 1539. Er sagte, der König von Frankreich stelle für die damals in Aussicht genommenen Ehen so unerhörte Bedingungen, daß sich aus ihrer Annahme nur größere Unzuträglichkeiten ergeben müßten. Deshalb habe er unter Zuziehung der Großen des Landes diese Pläne aufgegeben und die Entscheidung über die spätere Regierung hinausgeschoben — bis auf Mailand, das in den Händen eines nicht ganz zuverlässigen Fürsten dem Reiche verloren gehen könnte, da doch alle Länder, besonders Castilien und Aragon, dafür so große Opfer gebracht hätten; deshalb habe er mit Mailand den Prinzen Philipp investiert. Das war Liquidation der Vergangenheit und folgenschwere Vorbereitung der Zukunft, ein Hinüberschieben der Gewichte nach Spanien.

Für die Gegenwart aber schien etwas anderes noch bedeutungsvoller. War der Landgraf von Hessen vor Jahresfrist durch Naves an die Königin Marie herangetreten, dann durch den Erzbischof von Lund an den Kaiser und im März zu Gent erneut durch seinen Gesandten Siebert von Löwenberg, so bot er jetzt unter den üblichen Vorwänden von Anträgen und Bitten in Landessachen noch dringender und vertraulicher dem Kaiser durch Granvelle seine Dienste an. Granvelle befand sich bereits auf der Reise nach Worms in seiner Heimat Ornans, und der Kaiser beauftragte Cornelius Schepper mit der vorläufigen Behandlung dieser sehr delikaten, aber aussichtsreichen Angelegenheit. Aus Scheppers Berichten an Granvelle mit ihren Beilagen wissen wir das Nähere; die Marburger Akten bestätigen ihre Zusammenhänge.

Der Landgraf fühlte sich wegen seiner am 4. März dieses Jahres vollzogenen Doppelehe in der größten Verlegenheit, da gerade seine Konfessionsverwandten, vor allem Kursachsen, ihn im Stiche zu lassen drohten. So wandte er sich merkwürdigerweise in demselben Augenblick an den Kaiser, wo dieser, wie wir wissen, seinerseits Kursachsen vom Landgrafen zu trennen hoffte. Er tat es mit dem Angebote, den bedrohlichen Machenschaften gegen den Kaiser in Deutschland entgegentreten zu wollen, weil ja Seine Majestät durch die Ankündigung des Wormser Gesprächs und des nächsten Reichstages zeige, daß sie nichts anderes wolle, als den Deutschen Ruhe und Frieden bringen. Jene Machenschaften hätten im Juli durch kursächsische Bündnisverhandlungen in Frankreich eingesetzt, um die vom Kaiser angestrebte Union im Reiche zu hindern. Er habe das bislang verhütet und werde es auch in Zukunft tun, wenn der Kaiser ihn unter Verzeihung alles dessen, was bisher geschehen sei, zu besonderer Gnade aufnehmen wolle. Dann würde er ihm sogar gegen Frankreich, die Türken, England und in Ungarn zur Verfügung stehen, nur nicht gegen Deutsche. Der Landgraf sei bereit, vertraute Räte zur Verhandlung zu senden, auch zu weiteren Eröffnungen. Er werde nicht nur alle französischen Werbungen und Praktiken hindern, sondern auf Reichstagen die Partei des Kaisers nehmen und für Bewilligungen eintreten, auch für den römischen König und zukünftigen Kaiser. Er würde dem Kaiser wohl auch dienen können in den Niederlanden, vor allem gegen Geldern.

Nichts konnte dem Kaiser willkommener sein.

Schepper notierte sich in seinen Papieren: „Am 28. Oktober, 2 Uhr nachmittags, hat mir der Kaiser aufgetragen, folgende Antwort mündlich an den hessischen Doktor zu geben": Wegen der Anträge, auch wegen Bestätigung der Hohen Schule in Marburg, werde sich der Kaiser demnächst in Deutschland nach Gebühr verhalten. Was aber das persönliche Erbieten des Landgrafen betreffe, so sei klar, daß der Kaiser nie Grund gegeben habe zu dem Verdacht, daß er gegen christliche Fürsten, wer sie auch seien, irgendwie mit Gewalt vorgehen wolle; er habe auch jetzt nicht die Absicht. Deswegen habe er den Herrn von Granvelle mit Vollmacht nach Worms abgesandt, um für Frieden und Einigkeit zwischen den Fürsten zu wirken. Wenn also der Landgraf in seiner Ergebenheit verharre und in ein noch engeres Verhältnis zum Kaiser treten möchte, so würde er den Herrn von Granvelle auch dazu bevollmächtigt finden.

Granvelle bedankte sich bei Schepper für so reichliche Informationen in einem eleganten Humanistenbriefe noch aus Ornans. Dann begab er sich nach Worms zu dem schon ein wenig verspäteten Religionsgespräch. Von hier aus schrieb er oft und eingehend an den Kaiser, und wir sehen durch seine aufmerksamen Augen diese deutschen Fürsten und Räte sich in den Geschäften dieser Wochen bewegen, besonders die Hessen. Bei Eröffnung des Wormser Gesprächs durch Granvelle am 25. November war der päpstliche Nuntius Tomaso Campegio, Bruder des inzwischen verstorbenen Kardinals, nicht zugegen. Aber am 8. Dezember erschien er in der Versammlung und sprach zur allgemeinen Überraschung friedlich und freundlich, beklagte die Spaltung und mahnte zur Eintracht. Die Protestanten waren auf etwas ganz anderes gefaßt und Melanchthons peinlich vorbereitete Antwort mit der Ablehnung päpstlicher Ansprüche verfehlte die Lage. Man beschloß dann schriftliche Verhandlung. Dabei ergab sich ein offenkundiger Mangel, dieses Mal auf Seite der Altkirchlichen. Die elf protestantischen Vertreter fußten einhellig auf der Konfession; von den elf Altkirchlichen aber wichen diejenigen von Brandenburg, Pfalz und Jülich-Cleve bemerkenswert von den übrigen ab. Der Kaiser schien in die Lage zu kommen, statt geschlossener Parteien, beiderseits aufgespaltene Gruppen zu finden. Denn nun wirkte sich auch die neue Haltung des Landgrafen aus. Granvelle stand mit ihm durch Räte und Theologen in ununterbrochener Beziehung.

Das Bild, das sich Granvelle von der Lage machte, war begreiflicherweise dasjenige einer geflissentlichen Annäherung einzelner protestantischer Fürsten an ihn; auf Seite der Altkirchlichen dagegen das einer unausgesetzten Folge von Schwierigkeiten. Von dem kurmainzischen Kanzler sagte man, daß er nichts ohne Held tue; bei den Bayern stieß Granvelle auf eine ausgesprochene Verschleppungspolitik. Er gewann außerdem den Eindruck, daß sich die protestantische Partei nach und nach ansehnlich verstärkte; er rechnete bestimmt mit Kurpfalz und der ganzen kurpfälzischen Familie. Auch mit Cleve. Vor allem mit Brandenburg, dessen Kurfürst klug und rührig sei, des Lateinischen gut mächtig und von Einfluß auf Luther, zu dem man durch ihn ganz gewiß Zugang gewinnen könne. Kurzum, der kaiserliche Rat sah im Sinne seines Herrn die Rollen sonderbar vertauscht: sachliche Schwierigkeiten, aber mancherlei Entgegenkommen und erst recht die politische Zukunft auf der protestantischen Seite; dagegen eine zur Zeit unerwünschte Kriegsstimmung und kühle Ablehnung der Vermittlung bei den eigenen Glaubensgenossen.

So war es ein Erfolg, daß es ihm gelang, vor und neben den beiderseits schwierigen öffentlichen Verhandlungen, wiederum mit Hilfe des Landgrafen, ein Geheimgespräch im engsten Kreise zustande zu bringen. Es kam zu eingehenden theologischen Besprechungen zwischen Bucer und Capito einerseits, Veltwyk und Gropper andererseits. Dieses Gespräch nahm in der Tat einen sehr hoffnungsvollen Verlauf. Bucer ist uns längst als kirchenpolitischer Vertrauter des Landgrafen bekannt. Auch von einem

Straßburger, wie Capito, durfte man Sinn für die Forderungen des Tages erwarten. Neu traten Gropper, der sehr aufgeschlossene Theologe des reformatorisch gesinnten Kurfürsten von Köln, und Gerhard Veltwyk auf den Plan. Dieser Konvertit aus Ravestein, wendig und werbend, hatte in einem Jugendwerke, der *Schwile tohu*, der „Wanderung durch die Wüste", in hebräischer Sprache, sogar in den gebundenen Formen alttestamentlicher Schriften, seine jüdischen Stammesbrüder offenbar aus innerer Ergriffenheit für das Christentum zu gewinnen versucht. Wie er von den Zeitgenossen unter die ersten Hebräisten gezählt wurde, so erregte er als kaiserlicher Rat in Worms doppelt das Interesse der protestantischen Theologen. Man fand sich auf neutralem, gelehrtem Boden. Veltwyk schloß sich theologisch an die Formulierungen seines niederrheinischen Landsmanns Gropper an, und man versteht, daß in den Gesprächen dieser vier, denen wohl die inzwischen auch an den Kaiserhof geratenen Leipziger Aufzeichnungen von 1539 gute Dienste leisteten, nicht nur der beste Wille herrschte sondern auch die Möglichkeit tragbarer Formulierungen.

Das Hauptgespräch hatte viel Umständlichkeiten. Die Redner hielten sich nicht an die ihnen zur Verfügung gestellte Zeit. Indessen auch hier gab es eine gewisse Verständigung und schließlich gute Mienen, als Granvelle vorschlug, sich mit Rücksicht auf den nahe bevorstehenden Reichstag mit dem bisher Erreichten zu begnügen.

Über den theologischen Gesprächen und in eigentümlicher Wechselwirkung mit ihnen gingen die Verhandlungen zwischen Granvelle und dem hessischen Kanzler über die „Versicherung" des Landgrafen von seiten des Kaisers ihren Weg. Wie der Landgraf sich nicht von seinen Glaubensgenossen trennen wollte, so hielt Granvelle seinerseits daran fest, daß der Vertrag nur bedingungsweise formuliert werden könne, ohne Zugeständnisse in der Religion. Nach vielem Hin und Her war man Mitte Januar so weit, daß Verzeihung wegen Württemberg und anderer weltlicher Dinge zugesagt werden konnte. In Heidelberg, wo der Kaiser sich Anfang Februar kurz aufhielt, bekam Granvelle die Nachricht, daß der Landgraf alles billige, was sein Kanzler mit den Herren de Praet und Granvelle abgeredet habe: Zusicherung der kaiserlichen Gnade in der Erwartung guter Dienste auf dem kommenden Reichstage. Auch sonst hatte man zum persönlichen Besuch des Reichstags nicht ohne Erfolg geworben.

Zu alledem hatte sich auch am Kaiserhof die Lage insofern gebessert, als der sehr einflußreiche Kardinallegat Marcello Cervino, der zwar nicht an den Gesprächen hatte teilnehmen sollen, wohl aber ihretwegen an den Kaiserhof gesandt war und neben Alessandro Farnese gegen sie wirkte, wie so viele seiner Vorgänger sich dem starken Eindruck von der Art und von den Absichten des Kaisers nicht entziehen konnte. Cervino war Er-

369

zieher und vornehmster Berater des Kardinalnepoten, selbst später Legat am Trienter Konzil und Papst. Jetzt war er schon abberufen, erhielt aber auf seine Berichte einen Nachfolger, der für die jetzt in Rom geduldete Fortführung der Gespräche außerordentlich viel bedeuten sollte, den schon früher nicht ohne Mitwirkung des Kaisers dafür bestimmten Gasparo Contarini.

REGENSBURG 1541

Von dem zum 6. Januar 1541 nach Regensburg ausgeschriebenen Reichstage durfte man nach diesen Vorbereitungen im Sinne des Kaisers und Granvelles das Größte erwarten. Für den Ausgleich traten noch einmal die besten Kräfte auf den Plan. Die Geschichte selbst steuerte ihre wirksamsten Hilfen bei, die Hoffnung auf ein Gelingen, die man den Wormser Verhandlungen entnahm, und die Not, die den Kaiser zwang, schon im Sinne seiner kaiserlichen Autorität eine friedliche Verständigung anzustreben, da er so wenig wie sein Bruder zur Anwendung von Gewalt in der Lage war. Ferdinand stand ein neuer gefährlicher Türkenkrieg in Ungarn bevor; er belagerte vergeblich die Burg von Ofen und mußte jeden Augenblick auf einen türkischen Entsatz gefaßt sein. Dem Kaiser drohte der alte Druck von Frankreich, ganz zu schweigen von seiner immer noch nicht aufgegebenen Absicht, zum Schutz der Küsten seiner Reiche wenigstens im westlichen Mittelmeer nochmals offensiv vorzugehen, und zwar sobald als möglich.

Ärgerlich, daß sich nun doch alles aufreibend in die Länge zog.

Der Kaiser kam aus den Niederlanden über Speyer, wo er — gleich einem Friedensgeläut am Vorabend großer Tage — die Achtserklärungen gegen Goslar und Minden, ebenso die schwebenden Kammergerichtsprozesse gegen die Protestanten suspendierte. Schon in Heidelberg festlich aufgenommen, erfreute er auch die protestantische Reichsstadt Schwäbisch-Hall durch gnädigen Besuch. In Nürnberg und am 23. Februar in Regensburg zog er großartig ein, für seine Person freilich im Gegensatz zu früher in schlichtem schwarzem Gewand. Er bedurfte nicht mehr des jugendlichen Gepränges.

In der Stadt merkte man noch nicht viel vom Reichstage. Nur die Herzöge Ludwig von Bayern und Heinrich von Braunschweig warteten dem Kaiser auf. Einige Tage nachher erschien Herzog Wilhelm mit Gemahlin. Karl war in Verlegenheit, wie er seinem, auch noch verhinderten Bruder schrieb, wegen der gesellschaftlichen und reichsrechtlichen Formen und bat um Anweisungen. Einstweilen ließ er das Herzogspaar von Bayern durch den Herrn de Praet begrüßen. Alsbald erschien Herzog Wilhelm bei ihm mit einigermaßen freundlichen Erbietungen. Gar vieles erinnerte jetzt und später an Augsburg 1530. Der Herzog drückte sogar sein lebhaftestes Verlangen aus nach einer Verbindung seines einzigen, jetzt dreizehnjährigen Sohnes mit der gleichaltrigen österreichischen Nichte des Kaisers. Einige Wochen später wurde nach Verhandlungen durch die Königin Marie eine andere kaiserliche Nichte, die so oft umworbene Herzogin-Witwe Christine mit dem Erbprinzen von Lothringen vermählt, deren Tochter Renate, wieder eine Generation weiter, in das bayrische Herzogshaus hineinheiraten sollte. So bereitete sich in diesem Sommer schon die denkwürdige Verbindung der altkirchlichen Häuser bis tief in die Gegenreformation hinein vor.

Dem entsprach die politische Haltung der Bayern. Die sogenannten Protestanten, sagten sie, mißbrauchten die Güte des Kaisers. Hätte man das Wormser Edikt durchgeführt, so wäre man jetzt nicht in dieser Lage. Lund habe sich in Frankfurt sehr verkehrt benommen, ebenso gegenüber der Stadt Augsburg. Die Gespräche von Hagenau und Worms hätten nichts anderes ergeben, als die Unzuverlässigkeit gewisser katholischer Fürsten. Jetzt komme es darauf an, die katholische Liga zu stärken. Im übrigen gäbe es drei Mittel. Einmal die Verhandlungen; davon versprächen sie sich nichts; die seien weitläufig und die anderen christlichen Fürsten würden das Ergebnis doch nicht annehmen; denn, fügten sie spitzig hinzu, man lebte bisher des Glaubens, daß die Beschlüsse der alten Konzilien und die Bräuche der Kirche seit der Apostelzeit nicht mehr in Zweifel gezogen werden dürften. Das zweite Mittel wäre, die alte Religion zur Ehre Gottes und des Kaisers unbedingt zu erhalten mit Hilfe anderer Fürsten und Potentaten der Christenheit. Das dritte ein Generalkonzil in Deutschland binnen anderthalb Jahren und bis dahin die Erhaltung des Landfriedens unter Stärkung des katholischen Bundes, um die Gegner im Zaum zu halten. Alles dieses, auch die Hereinziehung fremder Mächte, war Programm der Gegenreformation.

Die Antwort des Kaisers, die auch schriftlich festgelegt wurde, hielt sich in allgemeinen Danksagungen mit dem Hinweis auf die vielfältigen Behinderungen des Kaisers durch Türken und andere Feinde. Seine Bemühungen für das Konzil seien von den christlichen Fürsten selbst, auch in Deutschland, durchkreuzt worden. Wenn erst andere Stände zum Reichstage erschienen seien, könne man von diesen Dingen weiter reden. Die Antwort ließ sich kaum zurückhaltender geben.

Es dauerte bis zum 5. April, bis der Reichstag eröffnet werden konnte. Der Kaiser hatte mehr als einen Monat verloren, und die Jagden bei Straubing waren dieses Mal wirklich nur Zeitvertreib gewesen. Nach dem üblichen Meinungsaustausch an Hand der Reichstagsproposition nahm man sogleich die Frage der Religion in Angriff durch die Anberaumung eines Gesprächs, für das man sich der bisherigen Erfahrungen bediente. Der Kaiser selbst ernannte je drei Kolloquenten, Gropper, Julius Pflug und Eck von der altkirchlichen, Melanchthon, Bucer und Pistorius von der Gegenseite. Von Laien wurden ihnen Pfalzgraf Friedrich als Präsident und Granvelle zugeordnet, sowie die Kanzler von Sachsen und Hessen, nebst Jakob Sturm von Straßburg. Es war wirklich eine sehr kaiserliche Religionspolitik, was man da trieb.

Einen vollen Monat, von Ende April bis Ende Mai, dauerten die Gespräche. Sie bildeten den weitaus denkwürdigsten Teil des Reichstages, und man möchte verweilen bei diesen von ehrlichem Streben, politischer Not und zugleich von entschlossener Ablehnung begleiteten Versuchen, zur Union zu kommen. Ein geheimnisvolles Schriftstück, das anscheinend auf das Wormser Geheimgespräch zurückging und in einigen Exemplaren bekannt war, wurde den Beratungen zugrunde gelegt. Am ersten Morgen brachte es Granvelle versiegelt mit, um es abends wieder unter Verschluß zu nehmen. Man nannte die auf Grund dieser Besprechungen festgelegten Sätze später das Regensburger Buch. Die katholischen Kolloquenten traten täglich vor dem Gespräch mit Contarini in Vorbesprechungen ein, so daß der Legat auf diese Weise unmittelbar mitwirkte. Aber auch der Kaiser beteiligte sich. Es kam in diesen Wochen öfter zu beglückender Einigkeit, und berühmt ist Contarinis Brief nach Rom, Gott sei Dank habe man in der Rechtfertigungslehre die einigende Formel gefunden. Gegenüber der groben Art von Eck erwies sich Contarinis urbane Höflichkeit als bezwingend. Er tadelte offen das geflissentliche Streben des Ingolstädter Theologen, möglichst bald an offene Kontroverslehren, wie den Primat des Papstes, heranzukommen, um das Gespräch zu sprengen. Er wirkte selbst einmal sogar durch eine schriftliche Formulierung mit und ließ erkennen, daß auch er persönlich befriedigt war über jede in Sicherheit gebrachte Erklärung der Einigkeit. Am 1. Mai, also noch in der Frühzeit des Gesprächs, führte Veltwyk sogar Bucer bei ihm ein. „Wie groß die Frucht der Einigung und der Dank aller sein werde", betonte der Legat. „Es sei auf beiden Seiten gefehlt", erwiderte Bucer, „wir haben einiges zu stark betont, Ihr habt die Mißbräuche nicht abgeschafft. Mit Gottes Willen werden wir uns finden in der Wahrheit."

Wichtiger als Bucer erschien noch Melanchthon. Auch er befleißigte sich des größten Entgegenkommens in der Form. Sachlich freilich blieb er offener und härter als in Augsburg. Als man zum Sakrament des Altars kam, erklärte er vor den protestantischen Ständen unumwunden, daß hier eine Vergleichung unmöglich sei. Ähnliches wiederholte sich öfter und bedeutete stets für Granvelle eine so schwere Enttäuschung, daß er sich in seinem Temperament mehr als einmal vergaß und es mit Drohungen versuchte, wodurch die Sache natürlich nur schlimmer wurde. Daß man sich ernstlich und zugleich naiv bemühte, lehrt jene luxuriöse Abendgesellschaft beim Kurfürsten von Brandenburg, auf der auch der Landgraf, der Pfalzgraf, Granvelle, de Praet und die sächsischen Räte erschienen und die Kaiserlichen sich anschickten, „den Fürsten in freundschaftlichen Gesprächen die Wahrheit des allerheiligsten Sakraments nahezubringen; der Abend war nicht ganz nutzlos", schrieb Sanzio am 13. Mai dem Kardinal Farnese.

Wie Melanchthon seinen Glaubensgenossen und dem kaiserlichen Rat, so legten Contarini und Morone dem Kaiser selbst wiederholt die Unvereinbarkeit einer Formulierung mit ihrer Glaubenslehre dar, wodurch auch dieser oft unliebsam in die Gespräche hineingezogen wurde. So sehr hing er doch an der Hoffnung einer Verständigung, daß er dabei den Legaten einmal sehr unfreundlich anließ. Er sei kein Theologe, aber er habe gehört, daß man über das Wort Transsubstantiation streite, während die Protestanten sogar geneigt seien, die Ohrenbeichte zuzulassen. Daran solle man sich halten und zunächst alles Verglichene sammeln und zum Schluß in Gottes Namen auf die umstrittenen Punkte zurückkommen; die Verhandlungen zum Scheitern zu bringen, sei kein Kunststück.

Wir begreifen, wie schwer es der Kaiser nahm, daß Amsdorf von der Kanzel herab gegen die Vergleichung predigte. Am Hof sprach man auch davon, daß französische Einflüsterungen die Theologen so halsstarrig machten, da man eines Tages Melanchthon im Gespräch mit dem französischen Orator gesehen hatte. Deshalb wandte sich der Kaiser von den Theologen an die Fürsten und Räte, zuerst an Landgraf Philipp. Kein Zweifel, daß dieser seine Zusagen auf Unterstützung der kaiserlichen Politik getreulich erfüllte; er nahm auch innerlichen Anteil an den Gesprächen. Wir haben sein Exemplar des Regensburger Buches mit höchst persönlichen Glossen; ebenso Aufzeichnungen über seine Unterredungen mit dem Kaiser und dessen Räten.

Da hören wir den Kaiser den Fürsten gut zusprechen. Der Sinn solcher Gespräche sei doch, sich nach Möglichkeit entgegenzukommen. Bitter beschwerte er sich über Amsdorfs Predigt, daß diese Gespräche „eitel Betrügerei" seien, während sie ihm gar sehr „am Herzen lägen". Philipp antwortete, es gehe nicht alles so rasch und auf einmal; die Theologen seien gegenüber der Concordie gewiß auch verschiedener Meinung. Sehr übel habe gewirkt, daß Eck öffentlich geprahlt habe, wieviel sie schon zugestanden hätten. Jedenfalls wolle er alles zur Concordie tun, was er gegen Gott und Gewissen verantworten könne. Der Kaiser fiel ihm einmal in die Rede bei Erwähnung der Franzosen. Der Landgraf aber nahm

Melanchthon nachdrücklich in Schutz. Amsdorf sei freilich ein heftiger Mann. Das, was mit dem Evangelium zu vereinigen sei, wie Pfaffenehe und Laienkelch, müsse man ihnen zugestehen.

Neben dem Kaiser redeten Pfalzgraf Friedrich und Naves auf den Landgrafen ein. Beide Teile besäßen doch nur ein Evangelium, und der Kaiser könne die Einigung nicht herbeiführen, wenn sie sich nicht in der Hauptsache verglichen. „Es würde gut sein", bemerkte der Landgraf, „Luther selbst hier zu haben, er sei schiedlicher als der anderen keiner." Auch Veltwyk hatte Sonderverhandlungen mit dem Landgrafen. Immer wieder hieß es, daß der Kaiser dem Landgrafen aus der Verlegenheit helfen wolle, wenn er in der Religion das Seinige tue. Noch immer hoffnungsvoll meinte die kaiserliche Politik, von den Theologen allgemein an die Stände selbst gehen zu müssen.

Das ist denn auch geschehen und brachte die Enttäuschung.

Am 31. Mai endete das Gespräch der Theologen über die 23 Artikel des ihnen nach und nach vorgelegten Buches. Am 8. Juni wurde das auf Grund dieser Besprechungen formulierte Regensburger Buch den Ständen übergeben. Am 5. Juli erhielt der Kaiser die erste Antwort von den altkirchlichen Ständen; am 12. Juli von den Protestanten. Beide lehnten ab.

Es ist bekannt, daß Luther die ersten Mitteilungen aus Regensburg nicht ohne Hoffnung aufgenommen hat, dann aber die entscheidenden Formulierungen, gerade auch in dem Artikel von der Rechtfertigung, gänzlich verwarf. Das Entsprechende widerfuhr Contarini von der römischen Kurie. Selbst die von ihm gepriesene Formulierung wurde schon am 27. Mai vom Konsistorium der Kardinäle mißbilligt. Am 15. Juni entschloß sich Paul III sogar zur Nachricht an den Legaten, er werde nun unverzüglich das Konzil berufen. Karl äußerte sich höflich dazu. Ferdinand aber, der die Türkenhilfe brauchte, sagte dem Nuntius sehr bitter, solange der Papst keinerlei Anstalten zur Reform treffe, gäbe es Leute, die behaupteten, er rede immer nur dann vom Konzil, wenn man es nicht halten könne. Daß die Kurie in erster Linie die Concordienpolitik stören wollte, liegt auf der Hand.

So war denn die Lage die, daß die Theologen zu Regensburg, Luther in Wittenberg, der Papst in Rom, die katholischen und die protestantischen Reichsstände alle nach der Reihe des Kaisers Vermittlungspolitik verwarfen. Sie war ganz sicher ernst gemeint. Man braucht nur die Darlegungen zu hören, die er einmal persönlich den sächsischen Räten gab. „Man breche wohl ein altes Haus ab, wovon doch die Steine und anderes zum Wiederaufbau eines neuen dienlich seien und keineswegs zu verachten. Wenn also Mißbräuche eingerissen seien und deshalb das Ganze angefochten werde, so dürfe man doch das einzelne darüber nicht gering schätzen." Er sprach davon, auch ohne die römische Kurie eine Reform durchführen zu wollen, wie er ja zu einem Konzil bereit gewesen war, falls er sich auf Deutschland hätte stützen können. Beides konnte er nicht, vor allem weil die altkirchlichen Fürsten seit Jahren jede Vermittlung für aussichtslos erklärten und auf Gewalt drängten. Seine Politik war das bisher nicht.

Nun aber änderte sich offenbar etwas im tiefsten Innern des Kaisers. Er hatte nicht umsonst schon einmal, in Augsburg, eine ähnliche Enttäuschung erlebt. Angesichts dieser mit noch größeren Erwartungen begonnenen, aber so völlig gescheiterten Gespräche hielt er sich zwar äußerlich mehr zurück als damals. Er hatte an seiner Seite auch nicht mehr den hitzigen Joachim I von Brandenburg, sondern dessen sehr gemäßigten Sohn, der sogar vertraglich zum Schutz seines Kirchentums mit ihm in ein nahes Verhältnis trat. Er begann wichtige protestantische oder zweifelhafte Fürsten planmäßig an sich zu fesseln. Vor allem vollzog er nun den so lange vorbereiteten Vertrag mit dem Landgrafen von Hessen. Alles Weitere begrub er in seinem Herzen. Aber wir dürfen annehmen, daß er im Grunde seines Wesens in diesen Tagen, nicht wie in Augsburg aus Enttäuschung und gekränktem Hoheitsgefühl, sondern aus wachsender Einsicht in die Natur der Dinge an der Durchführbarkeit einer Einigung Deutschlands mit friedlichen Mitteln zu verzweifeln begann, daß er jetzt — aber erst jetzt, nachdem er alles versucht hatte — auch die Wege der Herzöge von Braunschweig und Bayern zu gehen geneigt war, sobald die allgemeine Lage es ihm ermöglichte.

In der endgültigen Fassung seines Vertrags mit Philipp von Hessen vom 13. Juni klingt das zum ersten Male mit trockenen Worten an. Der Landgraf verpflichtete sich, kein Bündnis einzugehen mit dem Könige von Frankreich oder irgendeinem auswärtigen Potentaten, bei jeder Bündniserneuerung den Kaiser auszunehmen, auch nicht zuzulassen, daß der Herzog von Cleve in den Schmalkaldischen Bund aufgenommen werde. „Will auch für sich mit gemeltem Herzog von Cleve in kein Bündnus kommen", vielmehr den Kaiser in seinen Ansprüchen auf Geldern und Zütphen unterstützen, falls das auch andere Reichsstände tun, jedenfalls dem Kaiser im Kriege gegen Frankreich beistehen — er sowohl wie sein Schwiegersohn Herzog Moritz von Sachsen. Dafür, versichert nun der Kaiser, „haben wir aus sonderer gnädiger Zuneigung Sein Lieb in unsere besondere Gnade und Freundschaft genommen und ihme alles und jedes, was das sey, so er wider uns, unseren Bruder oder wider kaiserlich Gesetz und Recht und des Reichs Ordnung bis auf diesen Tag offenlich oder heimlich gehandelt hette oder gehandelt zu haben geachtet wurde, genzlich nachgelassen und verzigen", — doch mit dem unmißverständlichen Vorbehalt,

„es wäre denn, daß von wegen der Religion wider alle Protestantes in gemain Krieg bewegt wurde". Sie mochten einstweilen getrost an des Kaisers friedliche Absichten glauben. Sah man nicht täglich den Kaiser im Gegensatz zu den Vertretern der Kurie und den altkirchlichen Fürsten auf das Entgegenkommen gegen die Protestanten bedacht? Es war vor allem die Not seines Bruders in Ungarn, was ihn zum Entgegenkommen drängte. Schon im Juni hörte man verläßlich, daß der Sultan Suleiman in eigener Person heranziehe, um das vertraglich König Ferdinand zugefallene Ungarn mit seiner Königsburg Ofen für sich in Besitz zu nehmen. Ob er sich damit begnügen würde, war sehr fraglich, wenn man an das Jahr 1529 dachte. Alles kam also auf ausgiebige, mehr noch auf eilige Hilfe an, da Österreich und seine Nachbarländer selbst auf dem Spiele standen. Ferdinand und seine Vertreter setzten das Letzte in Bewegung; ihre Reden vor den Ständen wirkten ergreifend und überzeugend. Aber, obwohl auch die Protestanten von der Notwendigkeit der Hilfe erfüllt waren, wollten sie darin doch nur willigen gegen Zusicherungen in der Religion. Was sich vor neun Jahren in Nürnberg und Regensburg getrennt abgespielt hatte, der Kampf um den Reichstagsabschied und das Ringen um einen wenn auch nur befristeten Religionsfrieden, drängte sich nun im Reichstag selbst zusammen. Die gerüsteten Parteien standen sich hier unmittelbarer und deshalb noch schroffer gegenüber. Die Schmalkaldischen wollten mindestens den Nürnberger Frieden, die Katholischen die Anerkennung des Abschieds von 1530 ausdrücklich in den jetzigen Reichstagsabschied aufgenommen wissen. Unvereinbare Forderungen!

Jetzt war es der junge Kurfürst von Brandenburg, der sich die erdenklichste Mühe gab, ein tragbares Ergebnis zustande zu bringen. Der Kaiser drängte auf Abschluß. Er wollte nach Italien, nach Spanien, zwischendurch gegen die Ungläubigen nach Algier ziehen, wie er jetzt einzelnen gegenüber nicht mehr verheimlichte. Spätestens am 26. Juli müsse er aufbrechen. Man bemerkte, daß sein Ton gegen die Protestanten schärfer wurde. Er sah sich zu seinem Ärger gezwungen, noch einen oder anderen Tag zuzugeben. Am 28. Juli fanden die letzten erregten Auseinandersetzungen in seiner Herberge statt, getrennt mit den Altkirchlichen und mit den Protestanten. Die Fürsten und Räte arbeiteten Tag und Nacht, um eine Lösung aus dem Wirrwarr zu finden. Sie fanden eine solche wirklich — aber nur in einem ebenso verwickelten System von geheimen kaiserlichen Deklarationen. Und diese wurden dazu noch so übereilt gefaßt, daß es nachträglich neue Schwierigkeiten gab. Dafür sollte denn der Abschied und die eilige Hilfe von 10 000 Knechten und 2000 Reitern auf drei Monate wirklich bewilligt werden.

Am 29. Juli, früh 4 Uhr, begannen die Schmalkaldischen ihre endgültige Beratung, da man schon für 6 Uhr zum Reichstagsabschied geladen war. Die Verhandlungen spielten dann zwischen den Gruppen hinüber und herüber. Kurbrandenburg, Pfalzgraf Friedrich und der neue Reichsvizekanzler taten ihr Bestes. Die Schmalkaldischen lehnten auch jetzt noch die ihnen erst um Mitternacht zugegangene Fassung einer kaiserlichen Deklaration ab, ersetzten sie aber durch einen neuen, von Feige und Sturm redigierten Entwurf. Eben diesen legte man in der Eile dem Kaiser vor, und er unterzeichnete ihn, auf einen Vortrag des brandenburgischen Rates Eustach von Schlieben hin, in der Meinung, es sei der von ihm früher genehmigte.

Die Deklaration ging in bezug auf den Schutz für Prediger und Anhänger der Augsburgischen Konfession auch in altkirchlichen Gebieten, Zusammensetzung des Reichskammergerichtes, Zustimmung zur kirchlichen Reformation von landsässigen Stiftern und Klöstern über den Nürnberger Religionsfrieden so weit hinaus, daß der Kaiser auch den Altkirchlichen noch eine geheime Deklaration bewilligen mußte, worin den geistlichen Ständen nicht nur ihre Renten und Zinse, soweit sie in Besitz waren, sondern auch ihre Hoheiten und Gerechtigkeiten gewährleistet wurden.

Erst um 10 Uhr eröffnete man die Schlußsitzung des Reichstags. Es fehlte auch in dieser Sitzung nicht an erregten Auftritten, aber man kam doch zum Abschied, um 2 Uhr nachmittags.

Der Kaiser brach nun sofort auf. Er schien im wesentlichen gescheitert.

Gescheitert war der Friede mit Frankreich in Nizza, gescheitert waren die Familienverhandlungen von Aiguesmortes, von denen er sich zeitweise so viel versprochen hatte; gescheitert auch der friedliche Ausgleich in Deutschland, trotz monatelanger hingebender Arbeit. Unwillig löste er sich vom Reich.

Der Zug vor Algier

Ohne Aufenthalt gelangte der Kaiser über Freising, München und Mittenwald nach Innsbruck. Hier rastete er zwei Tage, um am 6. August die gewichtigste Post zu expedieren, die neue Fassung der Deklaration für die geistlichen Fürsten, die sehr bemerkenswerte Vollziehung seines Beitritts zum katholischen Bund, die Besetzung des Reichskammergerichts, nicht zuletzt die Abfertigung des Herrn de Praet mit den umfassendsten

Instruktionen zur Information der Königin Marie über alles Geschehene und über seine nächsten Absichten. In diesen Erörterungen zieht die ganze politische Welt an uns vorüber, die dänischen und die pfalzgräflichen Dinge, die Sache des Landgrafen, der Reichstag, das Reichskammergericht, vor allem Geldern und Cleve.

Deutlicher als aus allen bisher bekannten Akten erfahren wir aus dieser Instruktion auch die eigentlichen Motive des Kaisers zu seinem Zuge nach Algier. Der Königin war bekannt, daß nur der Geldmangel den Kaiser nach Spanien zurücktrieb. Er gestand ihr, daß dieser Umstand allein ihn auch gehindert habe, persönlich gegen Suleiman zu ziehen, obwohl das seine Ehre eigentlich erforderte, seitdem er gehört habe, daß der Großherr in eigener Person komme. Um so mehr werde der Zug gegen die Ungläubigen in Nordafrika ihn vor der Welt rechtfertigen. Diesen aber könne er unternehmen, da er angesichts der türkischen und französischen Gefahr ohnehin nur mit einer Kriegsflotte nach Spanien zurückfahren dürfe, die Kosten dafür in der Hauptsache von Neapel und Sizilien getragen würden. Er erfülle außerdem einen alten Wunsch der Spanier und hoffe, sie sich dadurch geneigt zu machen, — offenbar für die dringend gewünschten Bewilligungen. Das Unternehmen sei wirklich nur in diesem Augenblicke noch möglich, da den König von Frankreich die Ermordung seiner aus der Türkei heimgekehrten Gesandten Rincon und Fregoso in der Nähe von Pavia sehr erregt habe, er es aber doch nicht wagen werde, den Krieg zu beginnen, solange der Kaiser gegen die Ungläubigen im Kampfe liege.

Über den Brenner, durch die Lombardei, über Mailand und Pavia gelangte der Kaiser nach Genua und von hier auf See. Da ihn inzwischen die trübsten Nachrichten aus Ungarn erreicht hatten über den Fall von Ofen und seine Besitznahme durch die Türken, beschloß er einen Abstecher nach Lucca zum Besuch des Papstes, den er für ein Konzil auf dem Boden des deutschen Reiches, für eine wirksame Türkenhilfe und für Schutz gegen Frankreich gewinnen wollte. Auch dieser Versuch scheiterte in der Hauptsache, wobei der Papst außerdem Gelegenheit nahm, den Zug gegen Algier zu widerraten. Man hörte aus Ungarn noch von der Niederlage der Deutschen unter Roggendorf. Bald freilich auch von dem überraschenden, fast rätselhaften Abzuge Suleimans. Schreckte den Sultan eine neue Belagerung Wiens? Oder gingen auch ihm die Mittel aus? Oder bestimmte ihn die Nachricht, daß der Kaiser mit seiner Flotte gegen die türkischen Vorwerke in Nordafrika unterwegs sei?

Indessen sollte auch diese Unternehmung scheitern, und es ist müßig, die oft erörterte Schuldfrage eingehender zu behandeln. Die Natur selbst trat in das Bündnis gegen den Kaiser.

Er landete in Corsica und Sardinien, vereinigte dann seine Flotte bei Mallorca, wieder unter Andrea Doria, während die Landtruppen dem Vizekönige von Sizilien, Ferrante Gonzaga, unterstellt wurden. Um Zeit zu gewinnen, ließ er die spanischen Galeeren unter dem Herzog von Alba direkt auf Algier Kurs nehmen. Angesichts der Küste von Afrika sah man wirklich die Schiffe von allen Seiten aufeinander zueilen. Aber das Meer war bereits sehr unruhig. Die erfahrensten Seeleute hatten den Kaiser wegen der Jahreszeit gewarnt. Er aber beharrte eigensinnig auf der Durchführung des Planes und mochte seinem oft erprobten Glück vertrauen. Sein Hauptgrund war bis zuletzt, die erheblichen Aufwendungen nicht ungenutzt zu lassen, obwohl sich alles so sehr verspätet hatte — wie er meinte, zum Teil auch durch den inneren Widerstand der Seeleute.

Am Freitag und Sonnabend, dem 21. und 22. Oktober, war an eine Landung nicht zu denken. Sonntag Morgen aber sammelte der Kaiser den größten Teil seiner Flotte östlich Algier und begann die Landung an einer sehr seichten Stelle, wo allerdings die Truppen, auch mit Gepäck, eine lange Strecke durch halbhohes Wasser waten mußten. Nachmittags folgte wieder so hoher Seegang, daß es unmöglich wurde, Pferde und Lebensmittel aus den Schiffen zu bringen. Abends bezog der Kaiser ein Lager in der Nähe einer Quelle. Mitten in diesen Vorbereitungen eröffnete sich die Aussicht, durch Verhandlungen mit dem Vertreter Barbarossas in Algier, dem Renegaten Hassan Aga, rascher zum Ziele zu kommen. Dieser scheint wirklich geschwankt zu haben, hielt dann aber doch seinem Herrn die Treue.

Man rüstete also weiter zur gewaltsamen Eroberung der nicht allzu festen Stadt. Die Operationen gingen anfangs gut vonstatten. Man kam nahe an die Stadt heran und bemächtigte sich in leichten Kämpfen auch der beherrschenden Hügel. Da erhob sich in der Nacht vom 24. auf den 25. Oktober ein fürchterlicher Orkan, der nach und nach an die 150 Schiffe mit Proviant, Munition und Mannschaften vernichtete. Es folgten Stunden der Verzweiflung, da die nur teilweise gelandeten Truppen Lebensmittel lediglich für zwei Tage mitgenommen hatten. Bei strömendem Regen entbehrte man gleich in der ersten Nacht sehr schwer den Rest der Zelte. Einem plötzlichen Überfall am nächsten Morgen hielten die noch kriegsungewohnten italienischen Truppen nicht stand. Die Feinde brachen ein und stießen bis zum Lagerplatz des Kaisers vor, der sich ihrer nur eben noch durch seine deutschen Truppen erwehrte. Der darüber allgemein ausgebrochene Kampf führte die Kaiserlichen zwischendurch zu Erfolgen. Sie drangen beinahe in die Stadt ein, die von den Schiffen aus beschossen werden sollte, wenn diese nicht durch den Sturm auseinandergetrieben wären. Einige Besatzungen warfen die Geschütze und die Munition über

Bord, andere kappten ihre Masten und hieben die Aufbauten der Schiffe herunter, um wenigstens die Artillerie zu bewahren. Bei dieser Gelegenheit ging auch ein gut Teil der kaiserlichen Kanzleiakten zugrunde, die er mit sich übers Meer genommen hatte. Erst am Mittwoch, dem 26. Oktober, trat eine gewisse Beruhigung des Meeres ein, und eine Zusammenziehung der Flotte wurde möglich. Kaum aber schöpfte man wieder Zutrauen zur Lage, als der Sturm aufs neue losbrauste, so daß der Kaiser sich nun doch entschloß, den Kampf abzubrechen; am meisten wegen des Mangels an Lebensmitteln und zur Herstellung der Verbindung mit den Schiffen, zu denen man weiter westwärts zu gelangen hoffte. Immer neue Versuche, Lebensmittel auszuschiffen, erwiesen sich als undurchführbar. Die Soldaten sammelten Früchte und schlachteten Pferde zur Verteilung. Wieder marschierte man zwei Tage in der größten Not. Endlich gelang die Verbindung mit den Schiffen — immer unter Abwehr feindlicher Angriffe.

Mit zahlreichen vornehmen Spaniern befand sich im Heere auch Hernando Cortes, der Eroberer von Mexiko. Er bot dem Kaiser an, umzukehren und die Stadt Algier doch noch zu nehmen. Der Kaiser versagte es. So sah man einem ruhmlosen Abzuge entgegen, und im Heere, wie sonst unter den Zeitgenossen, häuften sich bald die Vorwürfe wegen des unüberlegten Entschlusses und der schlechten Durchführung des Unternehmens. Indessen, so vieles auch besser hätte gemacht werden können, das Verhalten des Kaisers war in sich gegründet und wäre ohne den Sturm im ungünstigsten Augenblicke vermutlich auch erfolgreich gewesen.

Am 2. November schilderte der Kaiser in einem sehr langen Briefe die Hergänge seinem Bruder Ferdinand; er fühlte selbst das Bedürfnis, sich zu rechtfertigen. Lange wartete er in Bugia östlich Algier auf gute See, um heimzukehren. Endlich in den ersten Tagen des Dezember landete er wieder in Cartagena. Über Ocaña, Toledo und Madrid begab er sich nach Valladolid, wo er Ende Januar 1542 eintraf.

Das ganze nächste Jahr widmete er sich den spanischen Angelegenheiten — noch einmal beschäftigten den Kaiser die Fragen der Menschlichkeit in den Neuen Indien, noch einmal hörte man die Stimme des Las Casas —, während sich am politischen Himmel Europas die Verhältnisse fast mit der Präzision der Gestirne wieder in die gewohnten Bahnen zurückfanden.

10. DER GROSSE PLAN VON 1543

Das Bild eines Lebens vereinfacht sich für den Historiker ähnlich und doch in etwas anderer Weise als für die eigene Erinnerung. In beiden Fällen verschwinden die nichtigen Stunden und Tage hinter den entscheidenden Erlebnissen. Aber ihr Hervortreten und ihr Zusammenhang bestimmt sich für die persönliche Erinnerung nach den eigenen sehr bedingten Werten, für den Historiker nach ihrer allgemeineren Bedeutung. Eine in ihrem Reichtum innerlich aufgenommene Überlieferung als ungewollter Niederschlag vergangener Wirklichkeiten, nicht willkürliche Stilisierung, ordnet die zahllosen Einzelzüge des Geschehens zu zusammenhängenden Linien, die in einem politisch bedeutsamen Leben mit den Jahren zumeist an Ausdruckskraft gewinnen, steiler und fester werden und sich zu Bildern formen.

Bei Karl V fanden wir bis tief in die zwanziger Jahre hinein weiche und fast ausdruckslose Züge entsprechend der halb natürlichen, halb anerzogenen Gehaltenheit seines Wesens. Mit zunehmenden Jahren zeigte die Folge seiner Äußerungen und Handlungen ihren eigenen kräftigeren Kontur — wie ein gereiftes Antlitz uns unmittelbarer die innere Gestalt zu verraten scheint —, vielleicht ohne Lockung, doch fesselnd in ihrer greifbaren Besonderheit. Denn wiederum, nicht die Neigung oder Wahlverwandtschaft sondern die vollkommenste Hingabe an die überlieferte Wirklichkeit macht den Wert eines historischen Porträts aus. Es beruht auf der Arbeit von Generationen, die sich achten. In dieser planvollen Darbietung unseres Materials und in der gewissenhaften Einfühlung in seine Eigenart, nicht in Wertungen und Umwertungen, liegt der wissenschaftliche Charakter unserer Arbeit und aller Fortschritt der Erkenntnis menschlicher Dinge.

Die Überlieferung ist, wie wir oft bemerkt haben, bei Karl V von einer für den Biographen erdrückenden Überfülle. Wir erfassen in ihr die Einflüsse auf seine Jugend und auf seine Mannesjahre, das Hervortreten des Eigenen, die Hemmungen und Stufen seiner Willensbildung, oft Schriftstück für Schriftstück, nicht von außen gesehen, sondern aus der Werkstatt seiner politischen Arbeit selbst. Diese Gunst der Überlieferung nimmt von Jahr zu Jahr zu, nicht nur, weil er selbst seit 1540 für die archivalische Aufbewahrung seines Nachlasses durch Cobos als Burghauptmann in Simancas, dem noch heute bestehenden Reichsarchiv, gesorgt hat, sondern weil seine Regierung immer persönlicher und damit seine eigenen Aufzeichnungen für uns immer wichtiger werden sollten. Schließlich hat er selbst die letzten Schleier von dem Bilde seiner Seele gehoben durch die intimsten Anweisungen an seinen einzigen Sohn und Erben, die in ihrer ganz auf Gottes Willen abgestimmten und unbewußt doch wieder sehr persönlichen Haltung selbst zu Bekenntnissen geworden sind.

Seine Kräfte, so schwer ihn zunehmend auch die Gicht plagte, schienen durch die Mißerfolge der letzten Jahre nur gestrafft. Nicht im Sinne eines modernen Persönlichkeitsgefühls, sondern immer in der Gebundenheit seiner religiösen Weltanschauung. Im Rückblick auf Algier schrieb er Granvelle am 28. Dezember 1541 und bald danach ebenso seinem Bruder, „man muß Gott danken für alles und von der göttlichen Güte erhoffen, daß sie uns größeres Glück beschert nach diesem Mißgeschick". Man könne sagen, fuhr er fort, „er hätte sich in Regensburg verzögert, allein er habe nachträglich gesehen, daß man wegen des Wetters gut noch einen Monat länger hätte warten dürfen, was freilich niemand vorher ahnen konnte. Es kommt eben nicht darauf an, morgens früh aufzustehen, sondern zur rechten Stunde aufzustehen, diese aber steht immer bei Gott".

Als junger Vierziger gelangte Karl zur Vollendung seiner politischen Persönlichkeit und bei aller, niemals überwundenen Langsamkeit seiner Entschließungen zu einer doch erstaunlichen Folgerichtigkeit des Handelns. Er werde zwei Jahre brauchen, kündigte er seiner Schwester Marie in jener Instruktion für de Praet vom 6. August 1541 an, bis er alles geordnet habe und zur Durchführung der geldrischen Sache in die Niederlande zurückkehren könne. Er sollte die Frist fast bis auf den Monat genau innehalten. Auf einem eigenhändig beschriebenen Zettel mit Zeichnungen von Geschützkalibern gab er der Königin Auftrag zum Guß von 24 großen Kanonen und 16 kleinen Feldgeschützen mit Angabe der Gewichte und der Munition. Sie sollten einstweilen in Mecheln bleiben zur Ergänzung der in Augsburg bereits hergestellten 48 großen und 36 kleinen Stücke. Er empfahl ihr bis dahin die höchste Wachsamkeit, und wir sehen die Königin alsbald die Grenzen und ihre festen Plätze besichtigen, die Statthalterschaften neu ordnen und nach Anweisung ihres Bruders die diplomatische Isolierung des Herzogs von Cleve bei den rheinischen Fürsten und bei Hessen weiter betreiben.

Kriegerische Stimmungen zum wohlvorbereiteten Angriff setzten sich also schon in der zweiten Hälfte des Jahres 1541 beim Kaiser endgültig durch. Offen blieb nur, auf welchen Schauplätzen sie sich weiter auswirken würden und unter welchen Umständen.

Denn so pflegen sich die menschlichen Dinge zu vollziehen, daß unsere Pläne gezügelt oder getrieben werden von den unberechenbaren Wendungen des Tages, auf die gefaßt zu sein die schwerste Aufgabe aller Politik bleibt. Karl sollte sich inmitten aller alten Schwierigkeiten von unerwarteten Nöten bedrängt und von überraschenden Einsichten vorwärts getrieben sehen und doch im wesentlichen die einmal eingeschlagene Richtung seiner Politik behaupten.

SPANIEN UND DIE KAISERLICHEN FINANZEN

Der Kaiser hatte schon in den Niederlanden, erst recht während des ganzen Sommers 1541 in Regensburg, zur Rückkehr nach Spanien gedrängt wegen seiner Finanzen. Den Zug nach Algier schob er damals ein, weil er doch nur mit gerüsteten Schiffen über das Mittelmeer glaubte fahren zu können; daneben um den spanischen Königreichen seinen guten Willen zu beweisen, ihre Küstenbevölkerung zu schützen. Die Kosten waren, wie wir gehört haben, Neapel und Sizilien aufgebürdet. Denn gerade in der letzten Zeit stand es besonders schlecht um seine Finanzen.

Eingestandenermaßen ist er wiederholt dem Türkenkriege in Ungarn ausgewichen, weil ihm die Mittel fehlten. Er könne nicht einmal seinen Hof mehr bezahlen, schrieb er der Königin Marie im letzten Jahre. Obwohl die blühenden Niederlande für das reichste Fürstentum der damaligen Welt galten, waren sie doch durch die unausgesetzten Kriege seit vielen Jahren fast erschöpft. Die Kosten für die Kämpfe mit Geldern, um Friesland und Utrecht, die französischen Kriege in Luxemburg, Hennegau und Artois wurden immer wieder den Ständen auferlegt. Welche Schwierigkeiten das machte, hat uns der Genter Aufstand gezeigt; die Königin Marie erlebte sie genau so wie ihre Vorgängerin Margarete. Außerdem belasteten die fürstliche Landesverwaltung und der kaiserliche Hof die Niederlande mit erklecklichen Summen. Von Deutschland bezog der Kaiser seit Beginn seiner Regierung in Wahrheit so gut wie nichts. Von der Romhilfe hatte er keinen Gebrauch gemacht, sie vielmehr für die Türkenabwehr zur Verfügung gestellt. Die österreichischen Erblande hatten mit sich selbst genug zu tun. So wurden auch die Kosten für die Reichspolitik, alte Schulden, Gesandtschaften, Pensionen, wie diejenige des Pfalzgrafen in Höhe von mindestens 5000 Goldgulden jährlich, sogar der Vizekanzler Naves von den Niederlanden aus bezahlt.

Dagegen brachten Neapel und Sizilien aus den Getreideabgaben, das Herzogtum Mailand aus dem Salzmonopol nicht unbedeutende Mittel auf, abgesehen von Sonderbewilligungen und Belastungen. Aber alle diese Einkünfte gingen dahin für die Verwaltung und gewisse Renten, vollends für die Durchführung der langwierigen Kriege, die ohnehin am Wohlstand dieser Länder zehrten.

Einzig Spanien war seit den Wirren der Comuneros und dem kurzen Kriege um Navarra von schweren Nöten verschont geblieben. Dafür waren umgekehrt die Einnahmen der Krone hier trotz aller Verschleuderung von Krongütern doch ungewöhnlich hoch. Sie bestanden in Castilien aus der direkten Steuer und dem periodischen Servicio, den Einnahmen der drei großen Ritterorden und den Bewilligungen der Kurie vom Kirchenvermögen, sowie der Cruzada, also Ablaßgeldern. Dazu traten, jetzt spürbar ansteigend, die Einnahmen aus den Neuen Indien. Aus Aragon bezog der König vornehmlich das Servicio.

In Castilien war die direkte Steuer der Alcabala ursprünglich eine Umsatzsteuer von 10% gewesen, dann aber durch die Umlegung ihres Normalertrages auf die Gemeinden unter dem Namen des Encabezamiento zu einer von den politischen Verbänden selbst erhobenen Personalsteuer geworden.

Die Listen der rund 140 Einheiten, Gemeinden, einzelner Herrschaften und Bistümer gestatten für bestimmte Jahre lehrreiche Vergleiche, wobei etwa in der Gesamtsumme von 284 Millionen Maravedi der letzten Zeit Isabellas die Stadt Sevilla allein mit mehr als 30 Millionen, also mit mehr als einem Zehntel, beteiligt erscheint, Burgos, Valladolid, das Marquesat von Villena mit je 5 Millionen, die Handelsstadt Medina del Campo, Cuenca und das Bistum Salamanca je mit 7 bis 8 Millionen, Santiago und Toledo mit 10, Cordoba mit 11, Xeres de la Frontera mit 12, Madrid freilich nur mit 2 Millionen. Seit Beginn der Regierung Karls V war das Encabezamiento, das außer der alten Alcabala noch die Tercias der geistlichen Zehnten enthielt, von 300 Millionen auf 310 bis 325 Millionen gestiegen, also leidlich stetig geblieben; besonders, wenn man die langsame Geldentwertung beachtet. Die Millionen oder Cuentos Maravedi lassen sich verhältnismäßig leicht in Goldwerte und Kaufkraft umrechnen, insofern 150 Cuentos 400 000 Dukaten, 300 Cuentos also 800 000 Dukaten oder rund 10 Millionen Goldmark bedeuteten, bei Annahme einer durchschnittlich auch nur fünffachen Kaufkraft etwa 50 Millionen unserer Währung.

Die Königreiche von Aragon kannten diese Steuer nicht, trugen aber dafür die Kosten der gesamten Landesverwaltung selbst. Dagegen wurde in Aragon wie in Castilien das periodische Servicio meist auf drei Jahre von den Cortes bewilligt. Bis zum Jahre 1526 belief es sich, nach Jahresraten, in Castilien zumeist auf 50 Cuentos, dann auf 100, von 1539 an sogar auf 200 Cuentos; in Aragon nebst Valencia und Cataluña unverändert auf rund 66 Cuentos, anfangs also relativ sehr viel. Dazu traten die hohen Einkünfte der drei Ritterorden von Santiago, Alcantara und Calatrava mit 40 bis 66, durchschnittlich etwa 50 Cuentos. Das ordentliche und außerordentliche Servicio nebst den Maestrazgos brachte noch in den dreißiger Jahren aus ganz Spanien wiederum 30 Cuentos, also annähernd dieselbe Summe wie die laufende Steuer des Encabezamiento in Castilien.

Viel umstritten sind früher die Einnahmen aus den Neuen Indien. Sie wechselten anfangs begreiflicherweise gewaltig. Nach den Rechnungsbüchern der Casa de Contratacion in Sevilla schwankten sie in der Frühzeit von Karls Regierung um 20 Cuentos, in den späteren dreißiger Jahren überstiegen sie die 100, seit 1550 sogar die 500. Im Durchschnitt der dreißiger und vierziger Jahre berechne ich rund 90 Cuentos, also immerhin 240 000 Dukaten oder wiederum erheblich mehr als 15 Millionen unserer Währung.

Zu diesen bedeutenden Einnahmen gesellte sich ein weiterer Posten von beträchtlicher Höhe in den Einkünften aus dem Kirchenvermögen auf Grund besonderer Bewilligungen der Kurie; obwohl schwankend, überstiegen sie doch meist weit die 100 Cuentos. Endlich die Erträge der kleinen Außenzölle und die ziemlich zahlreichen aus der arabischen Zeit übernommenen Sondereinnahmen, wie der Seidenzoll von Granada und andere Abgaben, zum Beispiel aus der Landschaft der Alpujarras südlich der Sierra Nevada, Abgaben von Inseln und Häfen, insgesamt rund 150 Cuentos — also, die Kirchengüter eingeschlossen, weitere 400 000 Dukaten oder 25 Millionen Goldmark.

Die Gesamtsumme ergibt durchschnittlich etwa $2\frac{1}{4}$ Millionen Dukaten an regelmäßigen Einnahmen. Dazu waren aber ein paarmal sehr erhebliche außergewöhnliche Einnahmen getreten, wie 1525 die portugiesische Mitgift in Höhe von (umgerechnet) 370 Cuentos oder rund 1 Million Dukaten, sowie das Abkommen mit dem Könige von Portugal über die Molukken mit 350 000 Dukaten, das Lösegeld der französischen Prinzen sogar mit erheblich mehr als 1 Million Dukaten.

Der Höhe dieser Einnahmen und der Sauberkeit ihrer Buchführung entsprachen nun aber keineswegs die Gesichtspunkte der Finanzpolitik. Daß Cobos als Generalschatzmeister die Schuld nicht treffe, hat Karl selbst später behauptet. Der Vergleich mit Gattinara entlastet ihn nicht ganz.

Wie oft hatte Gattinara gemahnt, wenigstens die laufenden Einnahmen und Ausgaben in Ausgleich zu bringen! Aber gerade die unverhofft großen außerordentlichen Einnahmen der späteren zwanziger Jahre enthielten die Versuchung zu noch größeren Ausgaben, wie sie die Kriege dieser Jahre förmlich ruckweise erforderten. Einen vorweg gesicherten Kriegsschatz gab es nur ganz ausnahmsweise. Die infolgedessen unentbehrliche Hilfe der Banken aber kostete nicht nur hohe Zinsen, sondern fortwährend Verpfändungen wichtiger Einnahmequellen selbst und damit eine unausgesetzte Verminderung der Substanz. Denn die Schulden wurden nicht aufgenommen für produktive Zwecke und damit für Verbesserung des Staatsvermögens, sondern durchweg nur für den laufenden Verbrauch. Dieses Geld aber setzte sich noch dazu großenteils nicht im Lande um, sondern außerhalb Spaniens. Darin lag trotz des wachsenden Goldstromes aus Amerika doch einer der Hauptgründe für die Verblutung Spaniens im Laufe seines glorreichen 16. Jahrhunderts.

Jedenfalls war die Abdeckung der Schulden auch unter Karl V das dringendste Problem einer Reichsfinanzreform; daneben wie immer die gerechte Verteilung der Steuerlast. Zu beiden nahm man im Jahre 1538 für Castilien einen ernstlichen Anlauf. Der Versuch zeigt uns zugleich die eigentlichen Mängel des ganzen Systems.

Der Kaiser berief damals zum 15. Oktober nicht nur wie herkömmlich die Prokuratoren der Städte, sondern wie in Aragon auch den Adel und die Geistlichkeit. Den Delegierten wurde dargelegt, daß sich die ordentlichen Einnahmen (wohl aus den Steuern) auf 1 074 000 Dukaten beliefen, die aber durch Renten und Verpfändungen zu erheblich mehr als der Hälfte vorbelastet seien. Dazu komme eine schwebende Schuld von mehr als 1 Million, die man durch außerordentliche Mittel abzudecken beabsichtige. Die königliche Regierung machte dafür den Vorschlag einer neuen, auf alle Stände zu verteilenden Gebrauchsabgabe, der *Sisa*, was zum ursprünglichen Sinn der Alcabala zurückgeführt hätte und einen bedeutend höheren Steuerertrag als bisher zu versprechen schien. An sich war die Idee nicht so unerhört, zumal auch sonst Umsatz- oder Verbrauchssteuern bei den Steuereinheiten längst zur Aufbringung des Servicio und stellenweise sogar des Encabezamiento verwandt wurden. Aber der Adel fühlte sich in seinen Privilegien verletzt, und nach seinem Vorgange lehnten auch die Städte die von der Regierung ja zugestandenermaßen beabsichtigte Erhöhung der Gesamtsteuer gänzlich ab. Ein Nebenvorschlag des Herzogs von Bejar, der die Verhältnisse aus seiner Tätigkeit im Finanzrat kannte, lief doch nur auf Herabsetzung des Zinsfußes und einige neue Zölle hinaus, nicht auf Annahme der Sisa in irgendeiner Form. Auch ein gewisses Entgegenkommen der Geistlichen förderte in der Hauptsache nicht. Man verhandelte bis zum Frühjahr 1539. Da jedoch der Kaiser nicht durchzugreifen wagte, scheiterte der Plan.

Denn auch mit einem zweiten Vorschlag, in Castilien, so wie in Aragon, die Kosten der Landesverwaltung, des Hofes, der Gerichte und Verwaltung, der Landesbefestigungen und Garnisonen vorweg auf die Cortes abzuwälzen — worin man mit Unrecht ein Zugeständnis an ihre Selbstverwaltung gesehen hat —, dafür aber das ganze Servicio und alle außerordentlichen Einnahmen zur Schuldendeckung zu verwenden, kam man ebensowenig zum Ziele.

Die Bilanzen, die der Kaiser in den nächsten Jahren aufstellte, waren dementsprechend wahrhaft erschütternd. Er handelte wie ein allzu großartiger Hausvater, der, statt von dem Verfügbaren auszugehen, zunächst die wünschenswerten Ausgaben und dann erst die Mittel zu ihrer Deckung zusammenstellt. Aber im Staatsleben pflegt man es meistens so zu halten.

Mustern wir die nicht immer ganz durchsichtigen Ausgaben von über 2 Millionen Dukaten etwa des Jahres 1543 in großen Zügen, so scheinen mir jetzt doch nur 10% auf die Hofstaaten des Kaisers, der alten Königin und der Infanten zu kommen, weitere 10% auf Restzahlungen für das Vorjahr. Dann aber rechne ich 10% auf die Flotte, also diejenige Dorias und die spanischen Galeeren, 20% für den Grenz- und Küstenschutz, auch gegen Afrika. Der ganze Rest, die Hälfte aller Staatsausgaben, entfällt vollends auf Rüstungen oder Wechsel zur Verfügung des Kaisers, offenbar ebenfalls wesentlich für Kriegszwecke.

Das wäre ein Ausgabenetat, der auch sonst in Zeiten erhöhter Kriegsgefahr seinesgleichen finden dürfte. Das Befremdende oder geradezu Erschütternde liegt jedoch in der Dürftigkeit der Deckungsmittel. Da erscheinen zwar noch die 150 000 Dukaten regulärer Staatseinkünfte aus den *rentas reales;* aber schon die Einkünfte der Maestrazgos, also der Großmeisterschaften, nur noch als Pachtsumme der Fugger in Höhe von 50 000 Dukaten. 150 000 sind aus den Einkünften des nächsten Jahres einfach vorweggenommen, ja, 120 000 sogar von denjenigen des übernächsten Jahres durch entsprechende Belastungen. Mit sehr hohen Posten sind die kirchlichen Einkünfte aus der Cruzada und den *medios frutos* der Geistlichen angesetzt, fast 350 000 Dukaten. Vollends vage ist die Schätzung der Einnahmen aus den Neuen Indien. Alles in allem aber kommt der Etat mit Vorwegnahmen und Verkäufen notdürftig auf zwei Drittel der Ausgaben. So ist es wirklich fast verzweifelt, wenn der Kaiser auf seinem Notizzettel „hofft", auch noch das letzte Drittel durch Wechsel und Verkauf von *Juros* oder Rentenbriefen nach Möglichkeit zu decken.

Gewiß handelte es sich für den Kaiser um ein ungeheures Reichsgefüge, und es war schon etwas Außerordentliches, daß er sich wenigstens über den entscheidenden spanischen Teil des Gesamthaushalts durch persönliche Aufzeichnungen Rechenschaft zu geben versuchte. Daß die kleinen deutschen Territorialfürsten, wenigstens der zweiten Hälfte des Jahrhunderts, etwa in Sachsen und Hessen, ihn darin übertrafen, ist kein Wunder, wenn man den unendlichen Abstand der Größenordnungen und des Gesichtskreises in Rechnung setzt. Das für uns Entscheidende ist aber nicht so sehr die moralisch-landesväterliche Seite der Finanzverwaltung, als ihre absolute Unzulänglichkeit. Bei der gläubig zuversichtlichen Gesamteinstellung des Kaisers wäre es irrig, das maßgebende Moment für die ungeheure Unrast seiner Politik in dem Druck der Finanzsorgen zu suchen. Sie aber zu übersehen, wäre noch weniger richtig. Schon ihr Reflex lähmte allenthalben die Tätigkeit der Organe des Kaisers, in erster Linie seiner Feldherrn, Statthalter und Regenten; am meisten die unermüdliche Tätigkeit der Königin Marie.

Gerade in den Niederlanden sollten sich bald wieder alle Sorgen dieses Reiches zusammendrängen; richtig zu beurteilen freilich erst im Zusammenhang der nun immer weiter ausgespannten Reichs- und Kirchenpolitik des Kaisers.

Kaiser, Papst, Frankreich und die Türken

In Deutschland war der Reichsvizekanzler Naves zurückgelassen zur Abwicklung der Reichstagsgeschäfte von Regensburg und zur Vorbereitung eines neuen Tages, der 1542 in Speyer stattfinden sollte.

Es handelte sich hier, wie seit Jahren, einmal um die Türkenhilfe für König Ferdinand und um die Gegenforderungen der Protestanten, bei denen die politische Ausnutzung ihrer günstigen Lage zur Sicherung gegen Kammergericht und Gewalt mehrfach im Widerstreit lag mit dem Gefühl der Verpflichtung zum Aufgebot gegen die Ungläubigen. Daneben um die Versuchungen, die den Ständen von den auswärtigen Feinden des Kaisers bereitet wurden. Dementsprechend hatten die kaiserlichen Bevollmächtigten die Türkenhilfe zu betreiben unter möglichst geringen Zugeständnissen in der Religion, da diese ohnehin von den Altkirchlichen bekämpft wurden; außerdem aber ihren Herrn gegenüber Frankreich, Dänemark und dem Herzog von Cleve zu verfechten. Der Speyerische Reichstag, schon zum Januar anberaumt, spielte sich vom 19. Februar bis zum 11. April, also verhältnismäßig kurz ab. Als bezeichnend für die Zunahme der konfessionellen Spaltung beachten wir die einmal auftauchende Idee, gegen die Türken ein eigenes protestantisches Kontingent aufzustellen. So lag auch die Lösung, die nach vieler Mühe zum Abschied führte, wieder nur in der Bewilligung einer doppelten Nebenerklärung, wie in Regensburg. Im übrigen hatte man viele Angelegenheiten nicht erledigt und ging deshalb auseinander mit dem Plane, im Sommer zu Nürnberg wieder zusammenzutreten. In Italien aber hatte Granvelle den Auftrag, zusammen mit Aguilar an der Kurie die Verhandlungen von Lucca über das Konzil, die Türkenhilfe und die Stellung des Papstes zwischen dem Kaiser und Frankreich weiter zu treiben. Da in Regensburg den Ständen „ein gemein christlich Concilium in teutscher Nation" oder ein Nationalkonzil und nur als letzte Aushilfe ein weiterer Reichstag versprochen war, hatte der Kaiser in Lucca dem Papste erneut Trient als Konzilsort vorgeschlagen, die Kurie aber auf Mantua, Vicenza oder Cambrai zurückgegriffen. Für die Türkenabwehr großen Stils knüpfte der Kaiser die Bereitwilligkeit zum Einsatz seiner eigenen Person an die Voraussetzung umfassender Rüstungen der Christenheit. Mehr noch wünschte er mit dem Papste ein Verteidigungsbündnis gegen die Türken, womöglich gegen jede Macht einzugehen, die den Frieden Italiens störe. Der Papst glaubte das ablehnen zu müssen, um dem Könige von Frankreich nicht, wie er sagte, berechtigten Grund zum Mißtrauen zu geben.

Bei Frankreich lag wieder der Schlüssel zur Lage. Frankreich brauchte kein Konzil, es verbrannte seine Ketzer und zog der kostspieligen und gefährlichen Türkenabwehr das zwar gehässige, aber nützliche Türkenbündnis vor. König Franz mochte in seinem immer noch leicht aufflackernden Temperament nach der materiellen und moralischen Einbuße des Kaisers vor Algier hoffen, den Kampf um Mailand, vielleicht um Neapel, unter glücklicheren Zeichen wieder aufnehmen zu können. Wir erinnern uns der sachlich ganz fruchtlosen Verhandlungen vor und nach Nizza, auch des völligen Scheiterns der dynastischen Verabredungen von Aiguesmortes. Zwar bestand noch die damals durch den Papst vermittelte Waffenruhe, und der Kaiser hätte dafür jetzt den Papst gern auf eine möglichst wirksame Art zum Garanten gemacht. Allein Paul III entzog sich allen Werbungen unter Hinweis auf die möglicherweise der Kirche von seiten Frankreichs drohenden Gefahren.

Unter solchen Umständen hatte jener höchst peinliche Zwischenfall von Anfang Juli 1541 die empfindlichste Verschärfung der europäischen Spannung herbeigeführt. Der französische Gesandte an der Pforte, Rincon und sein Begleiter Cesare Fregoso, waren auf dem Po bei Pavia durch kaiserliche Soldaten angegriffen und getötet worden. Alsbald kreuzten sich heftige Vorstellungen des französischen Gouverneurs in Turin, du Bellay, mit beruhigenden Erklärungen des neuen kaiserlichen Statthalters in Mailand, der die Beteiligung eines französischen Vertreters an der Untersuchung anbot und den Grafen von Landriano zur Aufklärung an den König von Frankreich sandte. Du Bellay lehnte jede Entschuldigung ab und erklärte bissig, der Marchese werde doch nicht glauben, daß der König und sein Rat blind genug seien, sich dergleichen weismachen zu lassen. Dem Könige selbst erschien der Fall geradezu als erwünschter Vorwand.

Seine erste Antwort war die Gefangensetzung des Georg d'Austria, eines natürlichen Sohnes Kaiser Maximilians, der vor kurzem (1539) mit 34 Jahren Erzbischof von Valencia geworden war, sich aber jetzt auf der Fahrt von Spanien nach Lüttich befand, wo er mit der Coadjutorie die Aussicht auf dieses große und reiche deutsche Fürstbistum antreten sollte. Denn der Bischof von Lüttich, Cornelius von Berghes, Herr von Zevenbergen, der Nachfolger des energischen Kardinals Eberhard von der Mark, war als ein kranker und schwacher Herr seiner Aufgabe nicht entfernt gewachsen, so daß die kaiserliche Regierung auf das baldige Eintreffen des Coadjutors den größten Wert legte. Seine Gefangennahme war also eine sehr wirksame Repressalie; sie legte die Widerstandskraft des mit den Niederlanden verbündeten Hochstiftes gerade in dem Augenblick lahm, wo Frankreich beabsichtigte, hier und im Luxemburgischen den Krieg gegen den Kaiser zu beginnen.

Der Kaiser faßte es auch so auf. Er sah sich überall in die Lage von 1538 zurückgeworfen: Mißerfolge seines Bruders in Ungarn und geringe Aussicht auf wirksame Türkenhilfe; Scheitern seiner Religionsverhandlungen und Verschlimmerung der Lage in Deutschland, falls wegen der Erfolglosigkeit seiner Vorstellungen beim Papst keine der Versprechungen von Regensburg in bezug auf General- oder Nationalkonzil, auch keine seiner Hoffnungen auf ein starkes Bündnis erfüllt werden sollten; Gefährdung der Niederlande mehr als je infolge der Haltung des mit Frankreich verbündeten Herzogs von Cleve in Geldern und der Schwäche des auf der Verbindungslinie liegenden Lüttich. Noch hoffte der Kaiser durch Einwirkungen auf die Kurie Ärgeres zu verhüten, womöglich seinen Oheim, den Coadjutor von Lüttich, zu befreien, und auch sonst in irgendeiner Form den Papst auf seine Seite zu ziehen, sobald der König von Frankreich den Waffenstillstand von Nizza wirklich bräche.

Schon durch diese Lage gewann der briefliche Austausch des Kaisers mit dem während der Herbst- und Wintermonate 1541/42 in Italien verbliebenen Granvelle eine ungewöhnlich große Bedeutung. Für uns steigert sie sich noch, da wir durch diesen Briefwechsel deutlicher als sonst in das zwar entsetzlich schwerfällige, aber einheitliche Gefüge dieser Reichspolitik hineinblicken. Auch jetzt wurde der Kaiser für seine Korrespondenz mit Ferdinand und Marie noch durch Granvelle beraten, und wir erfassen oft genug in einem einzigen Schriftstück die politische Leitung des Gesamtreichs. Granvelle erörtert Ende November von Siena aus in einer langen Reihe von 48 Artikeln unter den Stichworten der Religionsfrage in Deutschland, der Türkenabwehr und der Spannung mit Frankreich alle Angelegenheiten des Tages für den Kaiser. Die Denkschrift ging, wie mehrere der folgenden Berichte, chiffriert auch in die Niederlande. Hier finden wir sie mit eigenhändigen Randnotizen der Königin. In Spanien aber lag sie dem Staatsrat vor, erhielt am Rand die Entscheidungen des Kaisers, auf Grund derer dann eine zusammenhängende Beantwortung erfolgte.

Die Entscheidung wich in einigen Punkten bemerkenswert von den Gedanken Granvelles ab, obwohl diese ohnehin schon stark auf den Kaiser abgestellt waren. Eben darin aber und in den Unterstreichungen treten die Hauptfragen uns nur noch greller vor Augen. Für den Reichstag rechnete Granvelle natürlich mit neuen Anträgen auf Türkenhilfe und mit unverminderten Gegenforderungen der Protestanten etwa auf einen Religionsfrieden für zwanzig Jahre. Er erwog, ob man diesem Verlangen nicht begegnen sollte unter Hinweis auf die Unzufriedenheit des Papstes mit dem letzten Abschied von Regensburg. Der Kaiser lehnte es rundweg ab, überhaupt jedes Zurückkommen auf neue „Sicherheiten"; er verlangte nur, daß man es jetzt nicht zum Bruch treibe und nötigenfalls Zeit gewinnen solle durch Rückfragen bei ihm. Das war in solchen Lagen seine Art zu verhandeln, die alle Beteiligten zur Verzweiflung brachte, ihm aber die Hand frei hielt.

In bezug auf die Türkenhilfe des Papstes war auch Granvelle nicht weitergekommen als der Kaiser in Lucca. Er schrieb, der Papst sei geizig mit seinem Gelde wie mit seinem Leben. Der spanische Staatsrat aber forderte für den Anteil des Kaisers überhaupt die Gegenseitigkeit, also für Hilfe in Ungarn auch Unterstützung des Reiches für die spanischen Erblande. Überall, schrieb Granvelle, sei die persönliche Anwesenheit des Kaisers erwünscht, besonders in den Niederlanden, wo angesichts der Kriegshetze der Damen d'Etampes und d'Albret bei dem von ihnen so stark beeinflußten König die Kriegsgefahr ganz dringend werde; nicht minder im Reich und in Italien. Komme es aber zum Krieg mit Frankreich, woran schon niemand mehr zweifelte, so könne der Kaiser aus Ungarn oder Italien wahrscheinlich gar nicht nach Spanien zurück, wo er ebenso nötig sei, wie anderswo — was der Staatsrat gebührend unterstrich. Bereitwillig nahm der Kaiser auch den Gedankengang Granvelles auf, man dürfe sich mit dem schismatischen Könige von England ruhig in Verhandlung einlassen, da das inzwischen alle christlichen Fürsten getan hätten und der König eigentlich weniger schlimm sei als die Ketzer in Deutschland, mit denen man doch auch verhandle. Ob man gegen

Frankreich nicht publizistisch vorgehen solle, fragte Granvelle. Das fruchte nichts, bemerkte der Kaiser — doch wohl in tieferer Abneigung gegen dieses Hilfsmittel populärer Stimmungsmache.

Das hoffnungslose Bild, das sich Granvelle von der päpstlichen Politik machte, hellte sich ein wenig auf, als er in einem heute halb vermoderten Schreiben dem Kaiser die Sondergesandtschaft des päpstlichen Geheimkämmerers Montepulciano ankündigte, die ihn hoffen ließ, daß die Kurie doch Wert legte auf ein gutes Verhältnis zum Kaiser und daß sie wenigstens für den Fall eines Angriffs der Franzosen auf Neapel geneigt schien, auch äußerlich auf die Seite des Kaisers zu treten. Indessen, gerade aus dem geringen Maß des Entgegenkommens und aus der Fruchtlosigkeit der Bemühungen um Befreiung des Erzbischofs von Valencia erkennt man erst recht die Geringwertigkeit der päpstlichen Politik für den Kaiser, der sich in den universalen Fragen ebenso wie in seinen eigenen Interessen überall vom Papst im Stich gelassen fühlte.

Für Deutschland sah Granvelle sehr schwarz. Die „Abgewichenen" seien auf dem besten Wege, nicht nur den Rest der katholischen Stände, sondern durch die Untertanen sogar die Erblande für sich zu gewinnen. Das alles angesichts der Gefährdung Navarras und Frankreichs Verbindung mit England, wo die Ehe zwischen der Prinzessin Mary und dem Herzoge von Orléans erwogen werde. Abenteuerliche Vorschläge, die zur Entlastung des Kaisers gelegentlich von anderen Seiten gemacht wurden, zeigten mehr die Not der Lage als ernsthafte Aussichten. Die Königin Marie hatte Anstalten gemacht, den Herzog von Cleve bei seiner Rückkehr aus Frankreich abzufangen; sie entschuldigte sich, daß es nicht gelungen sei; es gäbe zu viele Wege. Ferdinand hatte ein Angebot, für 500 Dukaten das türkische Arsenal in Brand zu stecken. Das sei wohl kaum so einfach, meinte der Kaiser, stellte die Summe gleichwohl später noch einmal bereit.

Auch ihn überkam doch wieder eine gewisse Unsicherheit in bezug auf seine nächsten Pflichten. Im Laufe des Dezember und Januar hatte sich die Lage soweit geklärt, daß zwar England sich von Frankreich mehr und mehr entfremdete und dem Kaiser ferne Aussichten bot, dafür aber Christian III von Dänemark statt einer Verlängerung des Vertrags von Gent am 19. November 1541 zu Fontainebleau ein förmliches Bündnis mit Frankreich einging, dem auch Schweden nahetrat, da Pfalzgraf Friedrich auf beide Kronen Anspruch machte. Schottland und Cleve waren ohnehin als ältere Freunde Frankreichs eingeschlossen.

Das Heraufziehen
des clevischen und französischen Kriegs

Unter diesen Umständen war es schon eine, wenn auch noch verdeckte Kriegshandlung, daß der König von Frankreich aus Ärger über die kaiserfreundliche Haltung des Herzogs von Lothringen den wichtigen Maasübergang von Stenay nördlich Verdun besetzte. Während der Kaiser den Ort als luxemburgisches Lehen an Lothringen betrachtete, reklamierte ihn Frankreich als Lehen von Bar. Ganz richtig forderte der Kaiser von der Königin Marie am 26. Januar 1542, nun ja Yvoy (heute Carignan) und Damvillers, die eigentlichen Grenzfesten des damaligen Luxemburg, zu halten. Noch deutlicher trat die Kriegsabsicht des Königs hervor in der Unterstützung des tollen Marschalls von Geldern, Martin van Rossem, der die Unbändigkeit seines verstorbenen Herrn noch weit übertraf. Von Frankreich mit Mitteln versehen, rühmte er sich alsbald, derartig in die Niederlande vorzustoßen, daß man noch hundert Jahre davon reden werde.

Marie entwickelte eine fieberhafte Tätigkeit. Nie war sie größer als in diesen Jahren, wo der Krieg rings um sie her drohte und dann in den rohesten Formen aufflackerte, die junge Frau von Ort zu Ort zog, von Generalständen zu Staatsratssitzungen, von militärischen Besprechungen mit den Gouverneuren Roeulx, Arschot, Büren, Oranien und anderen immer wieder zurück in ihre Schreibstube, um den Bruder auf das genaueste zu unterrichten, ihre klugen Ratschläge zu erteilen und doch in vorbildlichem Gehorsam alles auszuführen, was der Kaiser befahl.

Ende Januar 1542 sandte Karl Wechsel auf Antwerpen, auf Deutschland und Genua von je 50 000 Dukaten mit sehr genauen Instruktionen; er wolle auf allen Seiten gerüstet sein, erwarte von Deutschland 6000 Knechte für Navarra und wünsche im übrigen die Wechsel so verwandt, wie es die allgemeine Lage erfordere. Er begleitete seine mannigfachen Informationen und Anweisungen aus Tordesillas, dem Witwensitz seiner kranken Mutter, noch mit einem eigenhändig ungelenken, dann chiffrierten Schreiben an Marie, das uns wieder besonders aufschlußreich in seine Überlegungen blicken läßt.

Nach allem, was man erfahre, beabsichtige der König von Frankreich, schrieb er, gleichzeitig Navarra und die Niederlande anzugreifen, was ihn zur Verteidigung zwingen werde. „Indessen erinnert Ihr Euch an meine Absicht, in zwei Jahren Geldern zurückzugewinnen und den Herzog von Cleve zu züchtigen; ich brauchte diese Zeit zur Ordnung dieser Königreiche und um Geld zu beschaffen. Aber meine Pläne sind zerbrochen, wenn mir jetzt diese Kriege aufgezwungen werden, weil ich nun das zur Verteidigung nötig habe, was ich für später zurückzulegen hoffte. So überlege ich, ob ich nicht doch die Defensive gleich zur Offensive mache, da man mir zuvorzukommen droht. Erinnert Euch, daß ich nach der Rückkehr aus der Provence schon einmal erwog, mit 5 bis 6000 Spaniern unvermutet übers Meer in die Niederlande zu ziehen, um den König zu überraschen; aber dieser nahm dann Hesdin, wie jetzt Stenay, und drängte mich dadurch in die Verteidigung. Damals freilich griff er mich nicht in Navarra an, wie vielleicht jetzt, wo es also Unrecht wäre, diese Königreiche zu verlassen, um andere zu verteidigen, und noch dazu mit ihrem Geld, das ihnen dann fehlen würde. Dazu kommt, daß ich eben mit diesen Cortes von Castilien beginne und dann noch diejenigen von Aragon halten muß, inzwischen aber der König von Frankreich längst begonnen haben kann." Außerdem, fuhr er fort, sei seine Absicht immer gewesen, über Italien nach Deutschland zu ziehen und von dort gegen Geldern, was unter den gegenwärtigen Umständen viel zu zeitraubend wäre. Allerdings habe auch die Fahrt über den Ozean schwere Gefahren. So bitte er sie um Rat, ob sie nach Rücksprache mit de Praet sein Kommen für klug und dringend halte, sei es zur Verteidigung gegen den König von Frankreich, sei es zum Angriff oder auch nur zur Unternehmung gegen Geldern. In Abwesenheit Granvelles habe er niemand, mit dem er darüber sprechen könne. „Denn im hiesigen Staatsrat, könnt Ihr Euch denken, haben sie niemals die Meinung, daß ich diese Reiche verlassen solle; sie würden es vielmehr hindern." Gewiß könne man im Winter über das Eis in den Niederlanden überraschend etwas unternehmen oder wenigstens für das nächste Jahr Vorbereitungen treffen; jedenfalls wolle er auch fragen, wie viele Truppen er mitbringen solle und auf welche Hilfe er in den Niederlanden rechnen könne, wenn diese sähen, daß er persönlich zu ihnen komme.

Marie antwortete mit verdoppeltem Eifer in allen Dingen. Sie hätte natürlich das baldige Kommen ihres Bruders am liebsten gesehen, und sagte das auch; sie hätte wenigstens zur einheitlichen Leitung einen Generalkapitän gewünscht, behalf sich aber mit dem kaiserlichen Auftrag, gute Verbindung zwischen den Generalen zu halten, was im Grunde genommen auch die oberste militärische Leitung in ihre jugendlichen, aber nervigen Hände legte.

Frankreich maskierte seine Kriegsvorbereitungen zwischendurch noch einmal durch Wiederaufnahme der alten Verhandlungen über eine Verbindung der Prinzessin Margarete mit dem Kaiser, als wenn Karl nicht schon sehr deutlich abgewinkt hätte. Die Königin, Frau d'Etampes und der Admiral sagten dem Gesandten Marnol darüber gleichwohl viel Schönes und Verheißungsvolles, so daß der Kaiser es für nötig hielt, seinen Gesandten noch am 10. Juli sehr vorsichtig, sowohl über seine innere Ablehnung, wie über seinen Wunsch zu instruieren, bei den weiteren Verhandlungen die Angebote des Königs näher kennenzulernen und jedenfalls zu vermeiden, daß ihm seinerseits der Abbruch der Beziehungen zugeschrieben werden könnte. Ähnlich hinhaltend behandelte er die päpstliche Vermittlung durch den Kämmerer Montepulciano.

Immerhin, solange Karl noch auf die Möglichkeit des Friedens mit Frankreich hoffen durfte, erwog er von neuem, anscheinend ganz ernstlich, doch noch mit spanischen und italienischen Truppen persönlich nach Ungarn zu ziehen. War es die alte Idee, gegen die Ungläubigen Ehre einzulegen und dann sieggekrönt mit erprobten Truppen seine, man möchte sagen, weltlichen Feinde zu bestehen? Oder bestimmte ihn die Einsicht in die zur politischen Einheit gewordene Verbindung der Franzosen mit den Türken, die man neuerdings wieder in der aufregenden Besetzung von Marano zu erkennen glaubte?

Dieser feste Platz an einer Lagune östlich Venedig, gegen Aquileja hin, war jetzt, im Winter 1541/42 gegen die hier seit Maximilian sitzenden Österreicher durch einen Condottiere aus Friaul im Handstreich genommen und den Franzosen unter Blaise de Monluc in die Hände gespielt, wobei man die Besatzung niedergemacht hatte. Den empörenden Gewaltstreich beschönigten die Franzosen sehr verdächtig damit, daß sie den Platz vor den Türken hätten bewahren wollen, was nun doch auch die Venezianer im Sinne einer unmittelbaren Bedrohung empfanden. Denn alles sah auch sonst danach aus, daß Franzosen und Türken bereits gemeinsame Stützpunkte an den Küsten des Mittelmeers ins Auge faßten, und daß sie die Venezianer durch eine so grobe Drohung durchaus vom Kaiser trennen wollten.

So scheint der Kaiser wirklich den Zug über Italien nach Ungarn erwogen zu haben. Er überschüttete Ferdinand auf Grund seiner Erfahrungen vor Algier mit Kritik und guten Ratschlägen für den Kriegsplan, für Nachschub, Munition, Schiffe auf der Donau und Befestigung von Pest; ja, er kündigte ihm am 10. Mai 1542 zwar geheim, aber ausdrücklich sein persönliches Erscheinen an. Die Reichshilfe der Niederlande hatte er früher grundsätzlich abgelehnt — außer für das nicht altburgundische Utrecht mit Overyssel —, jetzt aber gab er der Königin Marie anheim, freiwillig einen stattlichen Beitrag zu geben, wie er sagte, in der Hoffnung auf eine Gegenseitigkeit von Reich und Niederlanden, wohinter wohl noch mehr steckte. Denn auf die Niederlande war in seinem Innern doch alles wieder bezogen.

Erst gegen den 20. Juli wurde ihm endgültig klar, daß der König von Frankreich nunmehr an den zwei Hauptfronten „trotz aller heiligen und schrecklichen Eide, nur zur Verteidigung die Waffen ergreifen zu wollen", bereits mitten im Angriffskrieg stand.

Im übrigen hatten sich alle Pläne des Kaisers verzögert und verzögerten sich weiter durch furchtbare Gichtanfälle, die ihn in zwei heftigen Attacken zehn Wochen lang peinigten, im Fuß, in der rechten Seite, im Hals und in der rechten Hand. Noch hatte er nicht die Medizin der Chinawurzel seines späteren Leibarztes, des berühmten Vesalius; Ratschläge zu vernünftiger Diät schlug er auch später noch in den Wind. Der Königin Marie schilderte er sein Aussehen drastisch durch Vergleich mit bekannten Persönlichkeiten des Hofes; er schleiche am Stocke einher, und sie möge sich vorstellen, wie sehr er zur Zeit einem „übermütigen Helden" gleichsehe.

Von Logroño aus machte er auf dem Wege nach Monzon einen Abstecher in das Gebiet von Navarra, um sich von dem Zustande der Verteidigung zu überzeugen. Verspätet kam er zu den Cortes von Aragon. „Die Zeit wird mich lehren", schrieb er der Königin, „was ich zu tun habe. Gott führe mich!" Juli, August und September hielten ihn die Cortes fest.

Inzwischen war ein wahres Unwetter über die Niederlande hereingebrochen.

Sturm über den Niederlanden 1542

„Seit den Tagen unseres Großvaters, des Kaisers Maximilian, waren die Niederlande nicht in solcher Gefahr", beteuerte Marie schon am 30. Juni, als der Sturm noch in den ersten Atemzügen stand. Die Küstenlandschaften erwarteten Angriffe von den Dänen; der geplante Gegenstoß nach Dänemark zur Abwehr und zur Öffnung des Sundes kam längst nicht mehr in Betracht. Die Holländer waren schon froh, sich der Angriffe zu erwehren und dabei die Elemente selbst im Bunde zu haben. Der Herzog von Vendôme stieß von der Picardie her gegen Artois und Flandern vor. Von der Maas her bedrohte der jüngere Sohn des Königs, der Herzog von Orléans, unter Anleitung des Herzogs von Guise die Grenzen Luxemburgs. Das alles lag im Juli 1542 wie aus dem Nebel entschleiert vor den Augen.

Noch furchtbarer aber schien die Gefahr, die sich durch Martin van Rossem in Geldern zusammenballte. Seine deutschen Knechte, Dänen, Schweden und niederländische Emigranten zogen zwar nicht, wie Oranien fürchtete, zu einem neuen Raubzug gegen Den Haag, sondern was viel schlimmer war, quer durch die ungeschützten offenen Lande Nordbrabants von der mittleren Maas zur Schelde, geradenwegs auf Antwerpen und Gent. Das hieß, die Niederlande regelrecht aufschlitzen und völlig zerreißen, wenn es den Geldrischen gelang, in Flandern dem Herzog von Vendôme die Hand zu reichen. Sie rechneten dabei stark auf Hilfe im Lande selbst, auf Unzufriedene aller Art, besonders in den reichen Städten, auch aus Gründen der Religion.

Die Königin hatte wie immer mit harter Energie vorgesorgt, alle Verdächtigen festnehmen und nach freiwilligen oder erpreßten Geständnissen unbarmherzig hinrichten lassen. Sie hatte auch zur Verteidigung alles aufgeboten, die Milizen in Stadt und Land, die Gensdarmes der großen Herren, geworbene Knechte und leichte Reiter. Ihr entschlossener Wille teilte sich anderen mit. Antwerpen besaß noch keine zureichende moderne Befestigung. Deshalb ließ sie Oranien auf dem sicheren Wege über Bergen-op-Zoom zu Hilfe eilen. Der Statthalter hielt sich leider nicht an die ihm gebotene Marschroute und erlitt, da er unerwartet mit den feindlichen Truppen zusammenstieß, eine empfindliche Schlappe bei Hoogstraeten. Doch gelangten mehr von den Seinigen, als man gefürchtet hatte, noch am Abend des 24. Juli kurz vor den Feinden nach Antwerpen. Hier aber war längst alles in die halbfertigen Schanzen geströmt, zuerst die fremden Kaufleute unter Vorgang eines Italieners. Dann halfen selbst Frauen und Kinder, überall bei guter Leitung durch den Rat. So bestand die fast überraschte Stadt in Not und Ehren den Ansturm, den Martin van Rossem noch mit einer Durchstechung von Deichen unterstützte, um sich in seiner Flanke zu sichern. Da er aber zu einer nachhaltigen Belagerung nicht gerüstet war, zog er weiter.

Doch nur um größeren Schrecken zu verbreiten. Er schwor zu seinem Wort, das Brennen sei das Magnifikat des Krieges. Seine Spuren zeichneten Feuersäulen und Rauch. Hart an Mecheln und Brüssel vorbei, fast unter den Augen der Königin, zog das Unwetter dahin. Nächstes Ziel war Löwen, wo er im Begriff stand, durch einen Herold mit französischem Wappen, sämtliches Geschütz und eine stattliche Brandschatzung zu erpressen, als Teile des Volkes und die entrüsteten Studenten sich der Verteidigung annahmen und die Belagerer auch hier zum Abzuge nötigten. Vor Yvoy vereinigte er sich mit dem Herzog von Orléans, der inzwischen von der Maas her seine Plänkler bis in die Vororte von Metz vorgeschickt und den Protestanten in der Stadt seinen Schutz versprochen, Damvillers genommen und zerstört hatte, während Yvoy sich noch mannhaft hielt. Jetzt, verstärkt durch Martin van Rossem, zwang er das Häuflein der

Belagerten am 16. August doch noch zur Übergabe. Luxemburg lag vor ihm offen; die Hauptstadt fiel am 31. August.

Dann kamen die überraschend begonnenen Operationen der Franzosen fast plötzlich zum Stehen. War es die Unlust des Prinzen? Mangel an Geld und klarer Leitung? Oder die inzwischen nachhaltiger gewordene Verteidigung? Jedenfalls stockte alles, wie in Luxemburg, so in Artois. Am 9. September gaben die Franzosen auch die Stadt Luxemburg wieder preis.

Vollends auf dem dritten Kriegsschauplatz, von dem sich die Franzosen am meisten versprochen zu haben schienen, in Roussillon, wo der Dauphin führte, versagten sie gänzlich. Gegen Navarra hatten sie nur eine Demonstration gemacht. Aber Perpignan und das Gebiet nördlich der Ostpyrenäen dachten sie leichten Kaufes zu gewinnen. Karl hatte den Hauptplatz durch den Herzog von Alba so gut rüsten lassen, daß er selbst eine längere Belagerung ausgehalten hätte. Am 31. August war das starke Belagerungsheer eingetroffen. Am 2. September begann man Laufgräben und Schanzen anzulegen, zunehmend unter Verlusten, die durch entschlossene Ausfälle noch verstärkt wurden. Schließlich befahl der Dauphin notgedrungen, schon vor Ende des Monats, wieder den Abzug von der Stadt und aus dem Lande. Die Franzosen machten noch einen Halt in einem Lager, wie man am Kaiserhofe annahm, um erst von hier, aus Anlaß einer päpstlichen Intervention, zur Bezeigung ihres guten Willens scheinbar freiwillig abzuziehen.

So konnte der Kaiser aufatmen. Erst recht die Regentin der Niederlande.

Die Generale aber drängten nun auf Rache an den Ländern des Herzogs von Cleve, in dessen Haltung man die tiefere Ursache der letzten Nöte sah. Auch die Königin meinte, die Bevölkerung bemerke bereits mit Befriedigung, wie nun die Kriegsfurie über den Feind dahingehe. De Boussu drang im Oktober nach Jülich vor, Oranien nahm Sittard an der Grenze Limburgs gegen Jülich. In mehrere Orte wurden kaiserliche Besatzungen gelegt, andere geschleift. Dann bezog man Winterquartiere, soweit man die Truppen nicht abdankte.

Auf der Stelle erschienen frische Truppen des Herzogs von Cleve. Sie nahmen Düren zurück, auch Sittard, wo der tüchtigste Genosse des „schwarzen Martin", Maynaert van Ham, einzog. Selbst de Boussu erlebte einen Überfall in seinem Lager bei Aachen. Marie machte ihre Truppen wieder mobil, doch mußte man wegen des scharf einsetzenden Winters die Kampfhandlungen einstellen und das Geschehene hinnehmen.

Die Pause wurde von der Königin benutzt zu finanziellen und politischen Rüstungen. Der Papst hatte die *medios frutos*, die Hälfte der Jahreseinkünfte der Geistlichen, bewilligt — in zwei Terminen zahlbar, die

Marie zu verkürzen suchte. Neu trat sie auch an die Generalstaaten heran, ohne Scheu vor den endlosen Weiterungen dieser Verhandlungen. Trotz ingrimmiger Entrüstung in manchen Häusern zog sie sogar die Güter französischer Malteser heran.

Noch viel größere Sorgen als die Beschaffung der Mittel machten ihr die Mängel in der Leitung der Operationen und der politischen Geschäfte im Lande selbst. Was Margarete erfahren hatte, durchkostete Marie in seiner ganzen Bitterkeit noch einmal. Der straffen landesherrlichen Führung setzten die großen Herren nicht geringeren Widerstand entgegen, als die Städte. Dabei beanspruchten sie die Statthalterschaften mit hohen Einnahmen, sowie die Führung der Aufgebote und Armeen, ohne der Sache gewachsen zu sein.

Seit dem Oktober korrespondierte die Königin mit ihrem Bruder über diese Dinge. Neben den Korrespondenzen gingen vertrauliche Botschaften Maries einher, zuerst ein Herr von Falaix und am 22. Dezember Philipp von Stavele, Herr von Glajon, mit Maries eigenhändigen oder für die Chiffrierung eigenhändig entworfenen Schreiben. Sie legte genaue Rechenschaft ab über die Verwendung der Mittel, die Verteilung der Befehlshaberschaften und die Besetzung der festen Plätze. Aber sie klagte beweglich über die Herren. Sie habe eigentlich nur an dem Herrn de Praet eine wirkliche Stütze. Für die Stelle des dringend notwendigen Generalkapitäns kämen Roeulx und Arschot in Betracht, aber keiner von ihnen genüge auch nur notdürftig. Oranien habe guten Willen, sei aber zu jung und unerfahren. Der vom Kaiser geschätzte Großstallmeister de Boussu machte ihr Schwierigkeiten wegen seiner Ansprüche auf den persönlichen Bezug der Brandschatzungen, was im Staatsrat der Niederlande lange erörtert wurde. „Ich kann doch nicht mit jedem einzelnen sprechen", schrieb Marie verzweifelt, „nicht selbst an jeder Stelle sein." Nichts dringender als das persönliche Erscheinen des Kaisers.

In ihrer schwierigen Lage scheint die Königin selbst auf die Möglichkeit hingewiesen zu haben, den Landgrafen von Hessen zum Generalkapitän zu bestellen. Großartiger und gar nicht auszudenkender Plan! In der Tat liegt bei den Akten ein Zettel von der Hand Scheppers, wonach der Landgraf seine Bedingungen für die Führung einer Armee gegen Frankreich stellte; er wollte nicht durch Geld sondern durch Land entschädigt werden, und seine Armee müsse stark und wohl gerüstet, in Finanzen und Kanzlei gut verwaltet sein. Der Kaiser gab zu, daß man an den Landgrafen denken könnte, bemerkte aber zutreffend, daß der Landgraf gewiß nicht ohne Erfahrung sei, einem ernsthaften Gegner aber noch nicht gegenübergestanden habe. Er bat seine Schwester erneut, sich in den Niederlanden so gut wie möglich zu helfen. Er habe schon am 31. Oktober den Herrn von Granvelle nach Deutschland gesandt, auch zur Königin, um ihr ganz geheim über seine weiteren Ziele Mitteilungen zu machen „gemäß dem großen Vertrauen, das ich zu ihm hege". Granvelle war in der Tat schon damals in Oberdeutschland, zusammen mit Lier, eifrigst mit der Aufstellung von Truppen beschäftigt, was ihn doppelt in enge Fühlung brachte zu der jüngeren deutschen Fürstengeneration.

Die Lage der Königin war nicht beneidenswert. Von Lothringen versuchte sie umsonst die Burg von Longwy, den Zugang zu Luxemburg von Süden her, etwa so zu erhalten wie die Franzosen Stenay. Dafür gewann sie die Aussicht auf Hilfe von England. Schon Anfang Juni verhandelte sie über eine „enge Freundschaft", offensiv und defensiv, wobei es allerdings unter anderem zwei scheinbar große Schwierigkeiten gab. Die Beschränkung auf die Niederlande, also der Ausschluß Spaniens von der Gegenseitigkeit der Hilfspflicht, wurde vom Kaiser zur sichtlichen Beruhigung der Königin ohne weiteres angenommen. Schwieriger war die von Heinrich VIII geforderte Anerkennung des Titels *Defensor fidei* und Haupt der Kirche von England". Dazu bemerkte der Kaiser sehr geschickt, daß der Titel nicht von ihm stamme, er ihn also weder nehmen noch geben könne; der König möge sich nennen, wie er wolle; er werde seinerseits nach wie vor schreiben „König von England usw.", womit die Herren hoffentlich zufrieden sein würden. In der Tat kam man über diese und andere Punkte hinweg, aber erst am 11. Februar 1543 schlossen Kaiser und König ihren Geheimvertrag auf Vergeben und Vergessen und gegenseitige Hilfe. König Franz sollte zum Verzicht auf sein Türkenbündnis gezwungen werden; die Verbündeten ihrerseits erhoben ihre alten Ansprüche auf große Teile von Frankreich. Dem dynastischen Empfinden des Kaisers war genügt durch Anerkennung der Erbrechte seiner Base Mary.

Im Hintergrund des Ganzen stand wie immer die Wiederherstellung geregelter Handelsbeziehungen zwischen England und den Niederlanden. Die Unentbehrlichkeit und Leistungsfähigkeit des umfassenden niederländischen Marktes zeigte sich eben damals sehr lehrreich angesichts ungewöhnlicher Dürre und Mißernten in Spanien. Karl erbat große Ladungen von Getreide bei der Königin, und diese stellte sie sofort in Aussicht.

In der clevischen Sache führten mannigfache Friedensvermittlungen der benachbarten Fürsten und auf dem Reichstage zu nichts, da der junge Herzog durch die Bedeutung seiner Bündnisse und die Erfolge seiner Waffen, trotz des Rückschlags in Jülich, übermütig geworden war. Bald stand auch Martin van Rossem wieder im Lande und mit französischen Subsidien an der Spitze stattlicher Truppen. In den Niederlanden erwartete man erneut das Ärgste vom Frühjahr.

Es gelang wohl dem neuen Generalkapitän, dem Herzog von Arschot, in kühnem Zuge bei bitterer Kälte und tiefem Schnee am 21. März das angeblich gefährdete Heinsberg zu entsetzen. Aber sein Anschlag auf Sittard mißlang am 24. März völlig. Zwar die Reiterei feierte ihre Triumphe; Arschot selbst beteiligte sich höchst unvorsichtig an der Verfolgung. Aber als er davon zurückkehrte, hatte sich die Infanterie verlaufen und die Artillerie war schutzlos. Ohne daß es große Menschenverluste gegeben hätte — durch die Einbuße der ganzen Artillerie galt doch der Tag von Sittard mit Recht als eine empfindliche Schlappe.

Die Königin verlor nun vollends das Zutrauen zu ihren Generalen und hielt sich wieder ängstlich in der Defensive, um ganz bewußt Plätze und Kriegsmaterial möglichst unversehrt für ihren Bruder zu sichern. Martin van Rossem belagerte seinerseits vergebens Heinsberg, sechs Wochen lang, im Mai und Juni 1543. Sein Entsatz durch Oranien führte am 22. Juni zur Auswetzung der Scharte von Sittard mit Wegnahme der feindlichen Artillerie, darunter acht Stücke aus der Beute von damals. Aber weder solche kleinen Erfolge, so jubelnd sie von Marie aufgenommen wurden, noch das neue Geplänkel der Franzosen im Frühjahr und Sommer 1543, vornehmlich im Hennegau, änderten etwas Nennenswertes an der allgemeinen Lage.

Längst kam alles auf die letzten Entschließungen des Kaisers an.

Zweite Regentschaft Philipps

Die politischen Testamente von 1543

Es ist bezeichnend für das Wesen des Kaisers, daß seine suchenden Gedanken, sobald sie nicht von außen gestört wurden, immer wieder auf dieselbe Linie zurückfanden.

Er erkannte durch die Erfahrungen der letzten Jahre, wie die Dinge ineinanderhingen, und an welchen Punkten allein er einzusetzen vermochte. Der Herzog von Cleve enthielt ihm Geldern vor, auf das er durch alte öfter bestätigte Verträge ein Anrecht hatte. Es war das letzte Glied zur Abrundung der Niederlande, nachdem Utrecht, Overyssel und Friesland eingefügt waren. Geldern bedeutete aber auch den Punkt, wo Frankreich ihm neuerdings am meisten gefährlich wurde. An Frankreich hingen wieder die Türken als Erbfeinde der Christenheit, und damit mündete die landesherrliche Fehde alten Stils in eine Welt höherer Ordnung ein. So empfand es der Kaiser. Dem Papste ließ er in einer ausführlichen Denkschrift vom 28. August 1542 wiederholt vorstellen, was er alles für die Christenheit geleistet habe im Gegensatz zu Frankreich; er forderte ihn auf, sich, wie Gott der Herr es getan, dem Opfer Abels zuzuwenden und Kain endlich zu verleugnen. Ähnlich beschied er im Oktober auch den Kardinallegaten von Viseu, der zu ihm gesandt war an Stelle des kürzlich verstorbenen Contarini, gleichzeitig mit der Legation Sadolets nach Frankreich. Es verletzte den Kaiser, daß er von der Kurie immer nur auf gleicher Stufe mit Frankreich behandelt wurde, trotz seiner viel größeren Verantwortung.

An Frankreich allein, sagte sich der Kaiser weiter, könne sich auch ein wirklicher Widerstand in Deutschland anschließen wie 1534. Stünde nur der Papst auf seiner Seite gegen „den Allerchristlichsten", wie er sich Ferdinand gegenüber spöttisch ausdrückte, und damit gegen Cleve, so schienen die anderen Fragen der Christenheit erheblich vereinfacht. Unterwarfen sich die Deutschen uneingeschränkt oder in der Form eines Kompromisses, so konnte man sogar der Türken Herr werden. Was also war natürlicher, als daß er beschloß, das Netz, das ihn umstrickte, zunächst an der Verknotung von Cleve aufzulösen oder zu zerhauen?

Die deutschen Fürsten hatte er zum Teil durch seine Verträge mit Hessen und Brandenburg aufgespalten. Was ihm noch nicht gelungen war, besorgten sie selbst in ihren höchst ärgerlichen Fehden zwischen beiden Sachsen und in Braunschweig, wobei sie in sonderbarer Umkehrung gerade seine Politik vertraten. Denn gegen den Herzog Heinrich den Jüngeren von Braunschweig waren die Häupter des Schmalkaldischen Bundes vorgegangen, wie sie dem Kaiser in ihrer feierlichen Rechtfertigung vom 14. Juli 1542 erklärten, weil der Herzog die kaiserliche Suspension der Acht gegen Goslar nicht anerkenne, sondern rechtswidrig gegen Bürger, Güter und Forsten der Stadt vorgehe. Karl wußte ganz genau, daß der Überfall auf Braunschweig schon einer alten Absicht der Schmalkaldischen entsprach, nahm aber ihre formell richtige Begründung jetzt gern an und schrieb am 11. August an seinen Bruder entrüstet über den Herzog, der sich schon mehrfach ihm gegenüber höchst unziemlich benommen habe und jetzt sehr zur Unzeit den Protestantenkrieg heraufbeschwöre. Beide Teile sollten sich, verlangte er, vernünftig halten, soweit es ohne Beeinträchtigung der Religion geschehen könne. Angesichts der Türkennot könne sich aus ihrem Streit nur die größte Zerrüttung Deutschlands und der Untergang der alten Religion ergeben. Daß die Schmalkaldischen in der Braunschweiger Beute wider Erwarten sogar schriftliche Beweise für die Friedfertigkeit des Kaisers fanden, bestärkte den Landgrafen, verfehlte nirgends seinen Eindruck und wiegte sie noch in Zuversicht, als des Kaisers Gedanken sich bereits in der entgegengesetzten Richtung bewegten.

Während der Kaiser im übrigen unverdrossen um das Bündnis des Papstes warb, stand er im Begriff, dasjenige mit England zu festigen, um so mit doppelter Seitendeckung den clevisch-französischen Knäuel anzugreifen. Aber von Spanien mußte er sich dabei trennen. Spanien, wo er die Zukunft seines Hauses ließ, Spanien, dem er in erster Linie die Einnahmen verdankte, mit denen er seine Sache führte. Er empfand, wie wir wissen, das Ungerechte dieses Handelns und suchte sich innerlich zu beruhigen durch Erfüllung der beiden Wünsche, die ihm von Anfang seiner Regierung an aus Spanien entgegengebracht waren, erneute Verbindung seiner Familie mit Portugal und Bestellung eines erbfähigen Regenten von Geblüt, falls er das Land verließe.

Beides geschah nun in der denkwürdigsten Art. Er berief den eben sechzehnjährigen Prinzen Philipp zum Regenten und gab ihm noch in diesem Jahre die ebenso junge Infantin Maria von Portugal zur Gemahlin. Das doppelte Wagnis suchte er zu stützen durch Instruktionen, wie sie unseres Wissens noch niemals ein Fürst und Vater in solcher Eindringlichkeit, Offenheit und besorgten Liebe niedergeschrieben hat. Mit ihnen beginnt die Reihe der modernen politischen Testamente fürstlicher Väter; Karls politischer Lehrmeister Gattinara und sein literarisch fruchtbarer Beichtvater Antonio de Guevara, der Verfasser des *Horologium principum*, haben geistig dabei Paten gestanden. Es handelt sich um die Instruktionen für Philipp vom 4. und 6. Mai 1543, die noch in den sechziger Jahren des vorigen Jahrhunderts in den eigenhändigen Originalen des Kaisers mit den Resten der erbrochenen Siegel im Archiv des Außenministeriums zu Madrid lagen. Seither sind sie gelegentlich in Antiquariaten aufgetaucht, dann verschollen; doch besitzen wir ihre Texte in einwandfreien Abschriften.

Als der Kaiser sie niederschrieb, war er in seiner Stimmung zum letzten gesammelt und aufs höchste gesteigert. Erlebnisse von Jahrzehnten formten seinen Willen und überwanden in ihrer Schwere alle inneren und äußeren Widerstände. Der Kaiser war sich klar darüber, daß er alles aufs Spiel setzte. Und eben diese Größe durchkämpfter Entschlüsse stellt ihn unter die historischen Helden. Vom Papst mit lauen Wünschen begleitet, sah er sich der nachhaltigen Hilfe Englands noch keineswegs sicher, dagegen völlig gewiß der hartnäckigsten Feindschaft Frankreichs und der übrigen Verbündeten Cleves, von denen er im einzelnen keine zuverlässige Kunde hatte. Seine Mittel waren zusammengekratzt in einer sehr fragwürdigen Finanzpolitik; seine Überfahrt über das Mittelmeer bedroht durch die verbündete türkisch-französische Flotte, die sich bald nachher in peinlicher Gemeinschaft vor Toulon zeigen sollte. Ob nicht gleichzeitig ein neuer Vorstoß der Türken gegen Österreich erfolgte, stand ebenso dahin, wie das Verhalten der deutschen Fürsten.

Er entschloß sich gleichwohl.

In einer Reihe von feierlichen Akten ließ er dem Prinzen von den Cortes der drei Königreiche von Aragon huldigen und ihn nicht minder in Castilien als Erben und Regenten annehmen. Aus den erprobtesten Männern seiner Umgebung bildete er ein Kabinett für den Prinzen, den er mit aller Hoheit bekleidete und nur noch dem moralischen Zuspruch seines Paten und bisherigen Gouverneurs, des Don Juan de Zuñiga, unterstellte. Sichtlich war alles ganz anders gemacht, als er es selbst in seiner Jugend erlebt hatte. Zuñiga als eine Art erster Kämmerer blieb im Gegensatz zu Chièvres genau so außerhalb der Regierung, wie der Herzog von Alba als oberster militärischer Führer — alle letzten Endes doch dem Prinzen untergeordnet, hinter dem die Autorität seines kaiserlichen Vaters stand. Mitglieder seines Kabinetts aber wurden der erfahrene Kardinalerzbischof von Toledo, Don Juan Pardo de Tavera, der Ratspräsident von Castilien, Don Hernando de Valdes, und Francisco de los Cobos.

„Mein Sohn", so begann der Kaiser, „da meine Abreise aus diesen Königreichen immer näher rückt und ich täglich sehe, wie nötig sie ist, und da ich nur noch dieses Mittel habe, Euch nicht noch mehr, als es durch meine Schuld schon geschehen ist, in Eurem mir von Gott anvertrauten Erbe zu schädigen, so werde ich den Versuch wagen und Euch an meiner Stelle lassen, diese Reiche zu regieren."

„Da jedoch Euer Alter noch zu schwach ist für eine so schwere Last, so ist es nötig, Euch in Gottes Gnade zu befehlen, damit Ihr dem Beispiel jener folgt, die den Mangel an Alter und Erfahrung durch Mut und Tüchtigkeit ersetzt haben, um Ehre und Ruhm zu gewinnen, so daß ich dann Gott würde danken dürfen, daß er mir einen solchen Sohn gegeben hat. Um aber meinesteils alles das zu tun, was bei mir steht, schreibe ich Euch, mein Sohn, diesen Brief im Vertrauen darauf, daß Gott mir dabei das Richtscheit hält. Seid fromm, bleibt in seiner Furcht und liebt ihn über alles."

„Mein Sohn, Ihr sollt ein Freund der Gerechtigkeit sein. Befehlt ihren Dienern, sich nicht von Neigung und Leidenschaften bewegen zu lassen, noch weniger durch Geschenke. Niemand möge auch das Gefühl haben, daß Ihr selbst aus Liebe, Ärger oder Leidenschaft etwas entscheidet, am wenigsten in der Justiz. Doch sollt Ihr der Gerechtigkeit nach dem Beispiel unseres Herrn beigesellen die Barmherzigkeit. Für Eure Person müßt Ihr ruhig und gemessen sein. Führt niemals etwas im Zorne aus. Seid zugänglich und leutselig, höret guten Rat und hütet Euch, wie vor dem Feuer, vor den Schmeichlern."

„Damit Ihr Eure Aufgabe besser erfüllen könnt, habe ich Euch alle königlichen Ratskollegien hier gelassen und sie mit besonderen Instruktionen versehen, die ich Euch durch Cobos schicke. Ich bitte und beschwöre Euch, daß Ihr Euch genau darnach richtet. Der königliche Rat soll für gute Rechtspflege sorgen und das Land sorgsam verwalten; unterstützt ihn darin; auch in der Vorsorge gegen Interdikte und Einstellung des Gottesdienstes ohne die allerdringendsten Gründe und ähnliche Mißbräuche, wie sie gelegentlich vom apostolischen Stuhl kommen, den Ihr gleichwohl verehren müßt, um so mehr, als er heute von vielen mißachtet wird. Als Oberbefehlshaber vertraut dem Herzog von Alba. Sonst haltet es mit dem Staatsrat, dem Indienrat, dem der Finanzen und der Orden, wie mit der Inquisition nach meinen Instruktionen. Die Kammer hat eine Übersicht über das, was an Mitteln zur Verfügung steht; und weil die Finanzsachen heute die wichtigsten und bedeutendsten Angelegenheiten des Staates sind, so werdet Ihr ihnen die größte Sorge zuwenden."

„Auch für das Verfahren bei Eurer Unterschrift habt Ihr genaue Anweisung. Der Kardinal von Toledo meinte, er müsse daran beteiligt sein, doch scheint es mir nicht nötig, daß neben Eurer Unterschrift noch eine andere stehe. Cobos wird vorher alles sorgfältig durchsehen. Doch müßt auch Ihr Eurer Verantwortung bewußt bleiben. Kommen Euch Zweifel, so fragt Don Juan de Zuñiga oder andere. Mischt Euch nie in Privatangelegenheiten und gebt nie mündlich oder schriftlich Versprechungen."

„Mit dem Rat von Aragon müßt Ihr es halten, wie ich es geordnet habe; nur noch vorsichtiger, schon weil die Leidenschaften der Aragonesen noch ungezügelter sind als die der anderen."

„Es ist gewiß unnötig, Euch die Sorge für die Königin, meine Herrin, zu empfehlen. Ebensowenig die für Eure Schwestern, weil ich weiß, wie sehr Ihr sie liebt. Laßt sie wie bisher in der Zurückgezogenheit leben, und wenn Ihr und Eure Frau mit ihnen Besuche tauscht, dann laßt es würdig zugehen, wie es sich gehört, und laßt nicht mehr Kavaliere zu, als sich ziemt."

„Und nun, mein Sohn, noch einige Worte zur Haltung Eurer eigenen Person. Ich bitte Euch inständig, meine Ratschläge zu beherzigen. Ihr müßt wissen, daß Ihr durch Eure frühe Heirat und die Berufung zur Regentschaft der Zeit und Eurer körperlichen Reife weit vorgreift. Ihr dürft nicht glauben, daß das Lernen eine Verlängerung der Kindheit sei. Im Gegenteil, es wird Euch erst recht wachsen lassen an Ehre und Ansehen. Denn das frühe Mannsein liegt nicht darin, daß man es sich denkt oder wünscht, sondern allein darin, daß man Urteil und Wissen besitzt, um Männerwerk zu vollbringen. Das geht nur mit Lernen und gutem

Umgang. Wenn Ihr bedenkt, wie viele Länder Ihr zu regieren habt, in wie vielen Teilen und wie verschieden in der Sprache, und daß sie alle wünschen, Euch zu verstehen und von Euch verstanden zu werden, so werdet Ihr den Wert der Sprachen begreifen. Das unentbehrlichste Hilfsmittel ist das Lateinische, gut auch das Französische. Bisher sind Eure Umgebung Knaben gewesen und Eure Vergnügungen diesen entsprechend. Von jetzt ab werdet Ihr für sie der Herr sein, und die Begleitung gereifter Männer suchen müssen. Natürlich sollt Ihr Vergnügungen nicht meiden, die Eurem Alter angemessen sind, doch dürfen die Geschäfte nicht darunter leiden. Auch darin wird Euch Don Juan beraten. Denn er wird das rechte Maß halten gegenüber denjenigen, die Euch schmeicheln und sich Euch genehm machen möchten mit Lanzenstechen, Turnieren, Stockspiel und Jagden, oder gar mit schlechteren Dingen. Es wäre gut, wenn Ihr weniger Freude hättet an den Spaßmachern."

„Mein Sohn, Ihr werdet Euch, so Gott will, bald verheiraten. Möge es Gott gefallen, Euch die Gnade zu geben, daß Ihr diesem Stande gemäß lebt, und daß er Euch Söhne schenkt. Ich bin überzeugt, daß Ihr mir die Wahrheit gesagt habt über Euer bisheriges Leben und daß Ihr ebenso lebt bis zu Eurer Verheiratung. Für die Zeit nachher aber muß ich Euch ermahnen, da Ihr noch von jungem und zartem Alter seid, und ich keinen anderen Sohn habe, noch auch haben will, und deshalb sehr viel darauf ankommt, daß Ihr Euch in Acht nehmet und Euch nicht gleich ohne Maß hingebet. Denn nicht genug mit der Schädigung Eurer Gesundheit, hinterläßt das oft eine solche Schwäche, daß es die Nachkommenschaft gefährdet und ans Leben geht wie bei Eurem Onkel, dem Prinzen Don Juan, durch dessen Tod ich in den Besitz dieser Reiche kam. Bedenket, wie übel es wäre, wenn Euch Eure Schwestern und deren Männer beerben müßten. So bitte und beschwöre ich Euch, daß Ihr bald nach Vollzug der Ehe Euch von Eurer Frau unter irgendeinem Vorwand wieder entfernt und nicht so bald zurückkehrt und dann immer nur für kurze Zeit. In diesem Punkt vor allem soll Don Juan de Zuñiga Euer Berater bleiben; ärgert Euch nicht über ihn und denkt immer, daß er nur zu meiner Beruhigung handelt. Auch den Hofstaaten Eurer Frau, dem Herzog und der Herzogin von Gandia, habe ich auferlegt, darauf treu zu achten. Ganz gewiß werden viele Euch tausend üble Dinge darüber zuflüstern. Aber ich bitte Euch, bleibt stark und dessen eingedenk, was ich Euch sage. Und wenn Ihr, wie Ihr mir gestandet, noch keine Frau vor der Euren werdet berührt haben, so laßt Euch auch nach der Ehe in keine Dummheiten ein, denn es wäre sündhaft vor Gott und ärgerlich vor Eurer Frau und der Welt. Deshalb bleibt erhaben über Gerede und Versuchungen. Mein Sohn, sorget auch für ein gutes Verhältnis zwischen Eurem Hofgesinde und demjenigen Eurer Frau."

„Da es unmöglich ist, an alles zu denken, und da es (wie man sagt) mehr Fälle gibt als Gesetze, so ist es nötig, daß Ihr Euch selbst auf dem rechten Wege haltet aus gesundem Urteil und guten Werken. Da aber selbst die alten Leute jemanden brauchen, der sie aufweckt und öfter an das mahnt, was sich gehört, und wirklich jeder des Rates bedarf, so bitte ich Euch, mein Sohn, daß Ihr in allen Dingen Don Juan de Zuñiga als Eure Uhr und Euren Wecker betrachtet. Und auch ihm befehle ich kraft dieses Schreibens, daß er das Seinige tue und nötigenfalls mit aller Schärfe tue. Da der Schlaf gelegentlich schwer ist, fällt auch ein Wecker manchmal lästig — denkt, daß er alles nur aus Treue und Hingebung tun wird, und dankt es ihm."

„Ihr habt außerdem den Bischof von Cartagena, einen tugendhaften Mann; auch mit ihm könnt Ihr diesen Brief lesen und besprechen. Gebe Gott, mein Sohn, daß Ihr mit Gottes Hilfe so lebt und wirkt, daß ihm gedient sei, und daß er Euch nach diesen Erdentagen in seinem Paradies erwarte, worum ich ihn bitte als Euer guter Vater."

„Ich der König."

Nicht genug mit dieser höchst persönlichen und intimen Ermahnung. Der Kaiser versuchte, so gut er es vermochte, seinem Sohn zu der sittlichen Freiheit auch die politische Unabhängigkeit von seiner Umgebung und die Einsicht in die eigenen großen Pläne zu vermitteln. Von diesem zweiten Schriftstück aber verlangte er, daß der Prinz es mit gar niemandem teile, auch nicht mit seiner Frau, sondern es allein unter seinem persönlichen Verschluß halte.

Da enthüllt sich nun neben dem Vater der Kaiser und König in dem von religiösem Pflichtgefühl gezügelten Selbstbewußtsein des Autokraten mit klugen, psychologisch tastenden, im Grunde zartfühlenden Charakteristiken seiner Minister und ihrer Verhältnisse. Manches klingt an frühere Briefe des Kaisers deutlich an.

„Es kümmert und besorgt mich sehr", fuhr er also am 6. Mai fort, „daß ich Euch meine Reiche in solcher Notlage und vielfach innerlich geschwächt hinterlassen soll. Denn ich weiß noch nicht, wie wir durchkommen. Alle Dinge liegen in der Hand Gottes, und nicht um meiner Verdienste willen, sondern nur aus seiner Gnade erbitte ich, daß er mir helfe. Denn die Fahrt, die ich jetzt unternehme, ist die gefährlichste für meine Ehre und für meinen Ruf, für mein Leben und für meine Mittel, die es geben kann. Aber ohne diese Unternehmung könnte ich Euch Euer Erbe noch weniger sichern, auch die Gefahr nicht von Euch nehmen, der ich jetzt entgegengehe. Es geschieht um Ehre und Ruf, daß ich ausziehe, und niemand weiß, was sich ergeben wird. Denn die Zeit ist sehr vorgeschritten und das Geld beschränkt und der Feind auf der Hut. Daraus folgen Gefahren für das Leben und natürlich auch für meine Mittel. Aber da die Dinge liegen, wie sie sind, so muß ich beides wagen. Was das Leben betrifft, so wird Gott es so fügen, wie ihm damit gedient ist; mir wird der Trost bleiben, es verloren zu haben um das, was ich tun mußte. Wegen der Finanzen werdet Ihr noch Eure Not haben, denn Ihr werdet sehen, wie knapp und wie belastet sie sind. Was aber die Seele anlangt, so wird Gott in seiner Güte mit ihr Barmherzigkeit haben."

„Für den Fall meines Todes aber oder meiner Gefangenschaft hinterlasse ich Euch eine weitere Urkunde (die später wohl vernichtet wurde), die Ihr nur in diesem Falle öffnen dürft, dann aber bei den ersten Cortes, die Ihr abhaltet, zu meiner Rechtfertigung verlesen sollt. Da wir alle sterblich sind, auch Ihr, so setzt sogleich ein Schriftstück auf mit der Anordnung, daß dieses Schreiben uneröffnet bleibe, bis ich das Gegenteil befehle."

„Schenkt mir aber Gott Leben und Möglichkeiten, so gebe ich Euch auch für diesen Fall im folgenden die Anweisungen. Nur muß ich zugleich sagen, was ich eigentlich zu tun gedachte, wenn es auch zur Zeit nicht durchführbar ist. Ob mich der König von Frankreich durch seinen Angriff zwingt, mich zu verteidigen und mit ihm entscheidend zu kämpfen, oder mir die Hand frei läßt, ihn von Deutschland oder von den Niederlanden aus anzugreifen, in jedem Falle dachte ich zugleich den Herzog von Alba mit den Deutschen und den Spaniern aus Perpignan in die Languedoc vorstoßen zu lassen, von der See her die Provence zu beunruhigen und von Italien aus in die Dauphiné einzufallen. Das alles läßt sich im Augenblicke nicht machen, sowohl aus Mangel an Geld, an Lebensmitteln und anderer Zurüstung, als auch weil ich die hiesigen Truppen nicht habe und man in Unsicherheit steht wegen der französisch-türkischen Flotte. Wäre es aber dazu gekommen, oder sollte es noch dazu kommen, so hätte man nachstoßen müssen, sowohl von der Stelle aus, wo ich mich dann befunden hätte, als auch von hier aus. Dafür würde man die Cortes berufen müssen, wenn man nicht ein besseres Mittel fände für die Finanzen. Nun will ich nicht auf die Sisa zurückkommen, weil ich versprochen habe, sie von mir aus ruhen zu lassen. Aber unzweifelhaft gibt es für Euch wie für mich kein besseres Mittel, uns aus unseren Nöten zu helfen, ob wir nun im Kriege oder im Frieden leben. Wäre es einmal so weit, so würde ich Euch eigenhändig einen Wink geben, und dann müßtet Ihr zeigen, wozu Ihr fähig seid, um mit Eurem Vater Euch selbst zu helfen. Ihr müßtet alles in Bewegung setzen um diese Sisa. Denn mit ihr und den Eingängen aus Indien könnten wir unsere Gegner so niederringen, daß sich später in Friedenszeiten alles andere in Ordnung bringen ließe."

„Über dieses hinaus muß ich Euch nun noch wiederholen, was ich Euch in Madrid über die Personen und Gegensätze an meinem Hofe und in meiner Regierung gesagt habe. Laßt alle wissen, daß Euch mit den Parteiungen nicht gedient ist. Da ich sie ganz deutlich sehe, habe ich die Häupter der Gegensätze in Eurer Regierung zusammengefaßt, damit Ihr nicht der einen oder der anderen Gruppe anheimfallt und sie sich Eurer gegen ihre Widersacher bedienen."

„Der Kardinal von Toledo ist untadelhaft, und Ihr könnt Euch auf ihn in allen großen Fragen verlassen. Hütet Euch nur, daß Ihr Euch ihm nicht ganz in die Hände gebt, damit niemand von Eurer Jugend sage, Ihr würdet beherrscht. Der Herzog von Alba wird sich zu der Partei halten, die ihm Vorteile bringt; ich habe ihn deshalb, wie alle Granden, aus den eigentlichen Staatsgeschäften ferngehalten. Er ist ehrgeizg, so demütig er auftritt. Er wird sich auch an Euch heranmachen und sei es mit Hilfe der Frauen. Hütet Euch also, aber schenkt ihm Vertrauen in allen militärischen Dingen."

„Cobos ist älter und bequemer geworden, aber treu. Seine Gefahr ist seine ehrgeizige Frau. Niemand weiß so gut wie er in meinen Geschäften Bescheid, und Ihr werdet Euch seiner Dienste stets mit Nutzen erfreuen. Nur dürft Ihr ihm nicht mehr Einfluß einräumen, als in Eurer Instruktion steht, und nicht auf seine Lockungen eingehen, wenn er, der alte Freund der Frauen, bei Euch die gleiche Neigung spüren sollte. Cobos besitzt sehr hohe Einnahmen, vor allem in den Schmelzabgaben aus den Neuen Indien und ebenso in bezug auf die dortigen Salinen und andere Bezüge; er betrachtet diese Zuwendungen als Ehrensache, doch wäre es gut, sie nicht vererben zu lassen, sondern etwa bei meinem Tode an Euch selbst zurückzunehmen. Seine Stärke liegt in den Finanzen, und es ist wirklich nicht seine Schuld, daß sie so zerrüttet sind, sondern Schuld der Verhältnisse. Das Schatzamt hatte er ursprünglich nur für die Zeit meiner Abwesenheit; es wäre kränkend, es ihm wieder abzunehmen, aber wie es in der Finanzverwaltung immer gut ist, daß zwei beteiligt sind, so würde ich an Eurer Stelle das Gegenamt später an Don Juan geben, nicht an den Herzog von Alba, der es fordern wird; auch nicht an die Söhne von Cobos und Zuñiga, da zu solchen Ämtern viel Erfahrung gehört. Cobos Sohn hat die Tochter des Vizekönigs von Aragon, der mir dort nur als der wenigst Ungeeignete erschien, zumal auch der Vizekanzler von Aragon (Miguel Mai) verbraucht ist und ganz von Cobos abhängt. Hier müßt Ihr im Augenblick die Dinge gehen lassen, wie sie sind, aber allmählich an Ersatz denken."

„Don Juan de Zuñiga gibt sich rauh und hart, aber Ihr dürft nie vergessen, daß er Euch vollkommen ergeben ist und nur Euer Bestes will.

Ihr solltet Euch ihm weiter auf alle Weise dankbar erweisen für das, was er schon an Euch getan hat — im Gegensatz zu vielen anderen, die nur bestrebt sind, Euch zu Willen zu sein. Zuñiga ist eifersüchtig auf Cobos und den Herzog von Alba; er hält eher zur Partei des Kardinals von Toledo und des Grafen Osorno. Zuñiga und Cobos stammen außerdem aus ganz verschiedenen Verhältnissen, und auch Don Juan hätte für seine vielen Kinder gern mehr Einkünfte. Doch werden Euch gerade diese beiden, jeder in seiner Art, am besten dienen; zwingt sie dazu, daß sie sich vertragen. In allem, was die Haltung Eurer Person angeht, könnt Ihr keinen besseren Ratgeber finden als Don Juan. Betrachtet ihn nicht mehr als Euren Erzieher, sondern als Euren und meinen ergebenen Diener. Werdet nicht ungeduldig. Es wird der beste Beweis Eurer Tugend sein, wenn Ihr Euch darin überwindet."

„Den Bischof von Cartagena kennt Ihr als einen vortrefflichen Mann. Er war vielleicht nicht der geeignetste für Euren Unterricht, da er Euch zu viel entgegenkam. Nun ist er Euer Hofkaplan, und Ihr beichtet ihm. Hoffentlich ist er in Gewissenssachen gegen Euch nicht so milde wie beim Lernen. Bisher wäre das nicht gefährlich gewesen; in Zukunft könnte es doch der Fall sein. Achtet wohl darauf, denn es gibt nichts Wichtigeres als die Seele, und es liegt viel daran, daß man es in den Anfängen des Mannesalters sehr ernst damit nimmt, um sie zu gewöhnen, gut und wohlgeordnet zu sein. So folgt seinem Rat gerade in den Zeiten, da Ihr von Eurer Frau abwesend seid. Vielleicht wäre es sogar gut, daß Ihr den Bischof nur Euren Hofkaplan sein ließet, aber einen jungen strengen Bruder zum Beichtvater nähmet."

„Ich spreche nicht von (Loaysa) dem Kardinal von Sevilla, dem Präsidenten des Indienrats; er würde besser zu seiner Kirche zurückkehren, als am Hofe leben. Er war hervorragend in Staatsangelegenheiten und wäre es noch ohne seine Kränklichkeit. Er hat mich in Personenfragen gut beraten. Seine Schwäche und der Gegensatz zum Kardinal von Toledo hemmen ihn. Hat er den Wunsch, den Hof zu verlassen, so werdet Ihr gut tun, dem zu entsprechen, doch so, daß es keineswegs als Ungnade erscheint."

„Der Präsident von Castilien ist ein guter Mann, aber nicht das, was man in seiner Stellung brauchen würde. Ich finde nur keinen besseren. Sein gutes Einvernehmen mit Cobos empfiehlt ihn, doch nur bedingt; Cobos wird ihn eher in seinen Schwächen bestärken, als ihn davor bewahren; es wäre also gut, ihn zu stützen. Der Graf Osorno ist schlau und nicht ganz offen, jedenfalls so kurz in seiner Rede, daß man nicht hindurchsieht. Als Präsident des Rates der Orden gilt er auch für etwas hochmütig und selbstherrlich; stärkt also seine Räte."

„In bezug auf Eure Reiche und die Erbordnung will ich Euch keine besondere Vorschrift geben, weil ich selbst nicht ohne Zweifel bin in bezug auf die Niederlande und Mailand. Meine Gedanken werdet Ihr in meinen Testamenten und Codicillen kennenlernen."

„Für die Angelegenheiten der großen Politik aller Länder habt Ihr keinen besseren Berater als Granvelle. Er hat auch seine Interessen in Burgund und in seinen Söhnen, doch halte ich ihn für treu. Für seine Verwendung in Eurem Dienst gibt es zwei Möglichkeiten. Entweder Ihr haltet ihn bei Euch, und das würde ich für die Anfänge durchaus empfehlen, damit Ihr Euch über alles unterrichtet; oder aber Ihr verwendet ihn im Rat der Niederlande. Ist er abwesend, so wird ihn am besten sein Schwager, der Abt von St. Vincent, vertreten. Übrigens hat Granvelle seinen Sohn, den Bischof von Arras, sorgfältig ausgebildet, ich glaube in der Absicht, daß wir uns seiner bedienen. Er ist noch jung, besitzt aber gute Anlagen."

„Ich müßte Euch noch vieles sagen, mein Sohn. Allein, was ich Wichtiges noch zu sagen hätte, ist so dunkel und voller Zweifel, daß ich Euch doch nicht entscheidend raten kann, da ich selbst noch unentschlossen und vielfach im unklaren bin. Es ist ja einer der Hauptgründe meiner Fahrt, Klarheit über das zu gewinnen, was wir tun müssen. Haltet Euch in Gottes Willen und laßt alles andere auf sich beruhen, wie ich mich auch bemühe, meine Schuldigkeit zu tun und mich in die Hände dessen zu befehlen, der Euch seine Seligkeit schenken möge, nachdem Ihr in seinem Dienst Eure Tage werdet vollendet haben."

„Ich der König."

In alle diese Ermahnungen an den Sohn, denkwürdig als solche, strömten unverkennbar zugleich die eigenen Erlebnisse des Kaisers aus. Der Reflex seiner Jugend ist fast greifbar. Unmittelbarer noch die tiefreligiöse Durchblutung seines Wesens. Diese Testamente sind manchmal, wie bei Augustinus, Konfessionen im Gebetstil. Mir scheint es nicht zu trivial, zu sagen, daß eben darin die im letzten unentschlossene Art des Kaisers ihren höheren Stil gefunden hat; er beschied sich gläubig, wo er seine Grenzen fühlte.

Auf solcher Grundlage ruhte am Ende auch seine dynastische Staatsidee. Der Kaiser glaubte sein Haus „berufen" zum weltlichen Hirtenamt, und dieser Berufung mußten sich alle menschlichen Rücksichten unterordnen. Als Herrscher stand er seinen Untertanen gegenüber; auch den Granden, die er aus der Regierung ferngehalten wissen wollte, wobei er sich vorbehielt, sie im militärischen oder diplomatischen Dienst zu verwerten. Sehr merkwürdig der Versuch, in der Umgebung des Regenten die moralischen und die intellektuellen Kräfte, nötigenfalls durch entgegengesetzte Naturen, zusammenzubinden. Einiges, wie die Idee der Verwendung Granvelles, reichte weit über seine Lebenszeit hinaus. Seine Kriegspläne gegen Frankreich erscheinen noch primitiv und immer aus den gleichen Motiven geformt, aber wenigstens durchdacht und durch Würdigung des Nachschubs an Lebensmitteln, Munition und Finanzen über die ältere Zeit hinausragend.

Aber was waren die ungelösten Fragen? Weder Frankreich, noch Cleve, noch auch eigentlich die dynastische Erbteilung, die er ja ausdrücklich dem Sohn überließ. Auch nicht die Finanzen. In allen diesen Dingen hatte er seine Meinung deutlich gesagt. Es können also nur die Kirchenfragen gemeint sein, in denen sein Entschluß noch nicht zur vollen Reife gekommen war, so wenig in seinem Verhältnis zum Papst wie zu den deutschen Protestanten. Ich denke, es paßt in das von uns bisher gewonnene Bild, daß Karl hier noch immer den Weg der Güte wünschte, daß er noch immer auf das Rauschen Gottes über sich horchte, gewiß auch bereit zum Eingreifen, — wenn es sein Wille sein sollte, mit den Waffen in der Hand.

Dieses Leben ging, in sich selbst erwartungsvoll, der Zukunft gläubig entgegen.

Busseto und Nürnberg 1543

Als sich der Kaiser Weihnachten 1542 zu Alcala de Henares von seinen Töchtern trennte und dann am 12. Mai 1543 auf der Reede von Palamos schweren Herzens Spanien verließ, um über Genua nach Deutschland zu gelangen, war es ein Abschied für viele lange Jahre. Als Regent sollte er nicht wieder in dieses Land zurückkehren. Das ahnte er jetzt nicht, klarer über seine Pflichten als über die Lage der Welt.

Er hatte die ausgiebigsten Vorbereitungen getroffen, spanische Knechte über den Ozean in die Niederlande gesandt, Anweisungen zur Annahme von Fußvolk und Reitern nach Italien und Deutschland vorausgeschickt. In den letzten Monaten war er sogar in der Lage gewesen, seine Mittel aus einer neuen Quelle gewaltig zu vermehren. Der König von Portugal zahlte ihm die Hälfte der Mitgift seiner Schwiegertochter mit 150 000 Dukaten noch in Spanien, die andere Hälfte durch Anweisung auf Antwerpen. Offenbar waren es diese Millionen, die nun sein großes Unternehmen in erster Linie finanzierten. Man spürte, daß er sich freier bewegte. Von Genua aus begleiteten ihn Ferrante Gonzaga, den er zu seinem Oberbefehlshaber machte, sodann der Marchese del Vasto nebst Gemahlin, ein stattlicher Hof, 3000 Spanier, 4000 Italiener und 500 leichte Reiter. Weitere 16 000 Knechte und 2000 Reiter sollten zum 20. Juli in Speyer bereitstehen; ebenso die Artillerie unter Marignano, Lebensmittel, Pioniere, Schiffe, Munition.

Es galt im letzten Ziel Frankreich.

Aber das Bollwerk Cleve war vorweg zu nehmen und wie immer der Versuch zu machen, im Sinne der Kaiserpolitik gegen Ungläubige und Ketzer auch den Papst auf seine Seite zu ziehen. Das war ihm bei Leo X, bei Hadrian und bei Clemens VII, wenn auch in wachsend schweren Kämpfen gelungen. Er hoffte auch jetzt auf das gleiche. Aber Paul III war der zäheste in dieser Reihe der Nachfolger Petri.

Alessandro Farnese hatte den Apostolischen Stuhl nun fast neun Jahre inne. Einer alten Familie in der Gegend von Bolsena entstammend, hatte er sein Glück am Hofe Alexanders VI durch seine schöne Schwester Giulia gemacht und selbst das Leben eines Renaissanceprälaten in vollen Zügen genossen. Mittlerweile war er 75 Jahre alt; auf dem wundervollen Familienporträt in Neapel durfte Tizian mit voller Unbefangenheit seine leiblichen Enkel, den Kardinal Alessandro Farnese und den Herzog von Camerino, Ottavio Farnese, je in pathetischer oder devoter Haltung, neben ihm darstellen. Aus der unbeschreiblich schönen Symphonie der Farben und der Charaktere blickt die Physiognomie des alten Papstes und Großvaters mit jenem unangreifbaren Eigenwillen, zu dem sich Begabung und Temperament durch ein langes und reiches Leben verdichtet hatten. Wir haben früher sein kluges und verständnisvolles Verhalten zur kirchlichen Reform kennengelernt. Aber sein Familienehrgeiz erwies sich um so mehr als die Dominante seines Wesens, je kräftiger er durch die Mächte der Zeit genährt wurde. Ottavio hatte des Kaisers Jugendtochter Margarete zur Frau. Für des Papstes Enkelin Vittoria dachte man immer wieder an den Herzog von Orléans; und für jedes dieser Paare träumte man im Schoß der Familie Farnese von dem reichsten Herzogtum Italiens, von Mailand.

Umgeben war der Papst damals von seiner Familie und einer Mehrzahl französischer Kardinäle. Als es dem Kaiser nach sehr mühsamen Verhandlungen gelungen war, den Papst zu einer Zusammenkunft zu bestimmen, vermied man Parma wegen staatsrechtlicher Schwierigkeiten, wählte aber das nahegelegene kleine Busseto. Dahin kam der Papst am 21. Juni mit vierzehn kaiserlichen Kardinälen, während die neunzehn französisch gesinnten zurückblieben. Man war an der Kurie über die im vorigen Herbst erlassene spanische Pragmatica mit dem Ausschluß der Ausländer von den spanischen Pfründen ebenso erregt wie über das ruchbar gewordene Bündnis des Kaisers mit England.

Das waren die Hemmungen von Busseto. Auf der anderen Seite war Mailand in festem Besitz des Kaisers, Ottavio, sein Schwiegersohn, der König von Frankreich (was auf der ganzen Welt nur der Papst nicht wissen wollte) offen mit den Türken verbündet und die Lösung der deutschen Wirren allein durch den Kaiser möglich.

Er hatte jetzt Granvelle wieder bei sich, der am 13. Juni aus Deutschland bei ihm eingetroffen war, nachdem er Veltwyk vorhergesandt hatte. Mit dem persönlichen Austausch zwischen Papst und Kaiser gingen Besprechungen der Minister und Kardinäle Hand in Hand. Über alles berichtete der Kaiser ein paar Tage später fast gleichlautend an Ferdinand und Marie.

Die Kurie erneute ihre hergebrachten Friedensvorschläge. Der Kaiser erklärte ziemlich unverblümt, das sei Zeitvergeudung und heiße ihn zum Narren halten, besonders angesichts der bereits vollzogenen Vereinigung der französischen und der türkischen Flotte. Der Papst zog das in Zweifel und wehrte sich aufs äußerste gegen jede Erklärung zu Ungunsten Frankreichs, dessen Obödienz in Frage steht. Aber zur Türkenabwehr in Ungarn wolle er doch 4000 Italiener stellen. Wegen des Konzils schob er die Entscheidung hinaus, obwohl der Kaiser ihm die Dringlichkeit des Festhaltens an Trient sehr ans Herz legte. Die Hauptsache wurde der Erwerb von Mailand für das Haus Farnese. Aber die Verhandlungen blieben auch hier stecken. Die Forderung des Kaisers von zwei Millionen Dukaten erschien dem päpstlichen Hause denn doch zu hoch. Immerhin ließen die Kardinäle Farnese und Cervino den Kaiser durch Granvelle wissen, daß zwar diese Sache mit den großen Angelegenheiten der Christenheit nicht in unmittelbare Verbindung gebracht werden dürfe, man aber selbst in der bisher vergebens behandelten Frage der Ernennung kaiserlicher Kardinäle entgegenkommen würde, falls sich hier und in bezug auf Frankreich ein Weg finden ließe, womit dann wohl auch die Verbindung der Vittoria mit Ascanio Colonna statt mit Orléans gemeint war.

In diesem Zusammenhange muß es geschehen sein, daß eine Persönlichkeit, die uns bald näher beschäftigen wird, dem Kaiser in unerhört scharfer Form ihre Bedenken gegen jeden Verzicht auf Mailand vorhielt. In Don Diego Mendoza, dem Gesandten bei der Signorie von Venedig, schien der Geist Gattinaras und seiner Sekretäre wieder aufzuerstehen. „Alle Welt weiß, daß nur der Papst Euch in alle früheren und gegenwärtigen Schwierigkeiten gebracht hat. Welcher Fürst hat Euch mehr geschadet als er? Die Blinden vermögen zu sehen, daß auf ihn alles zurückgeht, was der Franzose Euch angetan hat, und folglich auch alle Untat der Türken. Herr! Haltet das Eure zusammen und stärkt Eure Macht und Reputation! — Dieses Fürstentum an eine natürliche Tochter zu geben, wo es für

Euren einzigen Sohn und Erben eine große Sache wäre, widerspricht aller Vernunft." Gegenüber jeder Anwandlung von Schwäche, daß Mailand hergegeben werden könnte, da es ja nur mit den Waffen erobert sei, beschwor Mendoza den Geist der Geschichte selbst. „Julius Cäsar pflegte zu sagen, Sulla habe die Diktatur nur aufgegeben, weil er unbewandert gewesen sei in der Geschichte. Eure Majestät würden noch geringere Kenntnisse darin zeigen, wenn sie Mailand aufgäbe, da sie von Reiches wegen mehr Anrecht darauf besitzt als Sulla auf die Republik. Ich frage Eure Majestät, welches Recht hatten die Römer auf die Herrschaft über die Welt, die Goten auf Spanien, die Franken auf Gallien, die Vandalen auf Afrika, die Magyaren auf Ungarn, die Angeln auf England — als ihre Tapferkeit und ihre Waffen? Seitdem die Welt steht, hat es kein anderes Anrecht auf eine Herrschaft gegeben als dieses, das Recht der Waffen. Treibt Euch aber das Gewissen, so müßt Ihr auch Spanien aufgeben. Denn der einzige Unterschied zwischen den Herrschaften liegt nur darin, daß die einen älter, die anderen jünger sind. Mailand aber bleibt das Eingangstor zu Italien. Gelangt es etwa in die Hände der Franzosen, werden Euch alle Eure Freunde in diesem Lande verlassen."

Die Sorge Mendozas war übertrieben, aber es bleibt beachtenswert, gegen welche skrupelhaften Gedanken des Kaisers seine Räte ankämpfen mußten. Noch mehr freilich, daß derselbe Kaiser seine kirchenpolitische Vertretung am Konzil schon damals in die Hände eines so entschlossenen Vertreters staatlicher Machtpolitik gelegt hatte.

Die Zusammenkunft von Busseto schloß in der üblichen Weise mit freundlichen Versicherungen. Dem Kaiser aber blieb als Haupteindruck, daß der Papst „sehr bedacht sei auf die Vergrößerung seines Hauses, und daß die Seinigen großen Appetit zeigten." Die weiteren Verhandlungen wurden dem neuen kaiserlichen Gesandten an der Kurie Juan de Vega überlassen. Er sollte noch manche heftige Aussprache mit den Farnese haben, und auch die Kaisertochter Margarete entwickelte sich im Schoße der ihr verhaßten Familie als glühende Verehrerin ihres kaiserlichen Vaters zu einer aufmerksamen Beobachterin. Juan de Vega wurde nach seiner ersten Audienz bald zusammen mit ihr und ihrem Gemahl Ottavio Farnese beim Papste eingeladen, erinnerte aber den Papst vergebens an sein Versprechen, auf die kaiserliche Seite zu treten, sobald die Vereinigung der Franzosen mit den Türken im Mittelmeer offenbar werde. Nach dem Besuch der Türken in Toulon und der Wegnahme von Nizza war daran wirklich nicht mehr zu zweifeln.

Von Granvelle wird der Kaiser in denselben Tagen auch ein Bild von dem Stand der deutschen Angelegenheiten erhalten haben.

Die beiden Reichstage von Nürnberg im Herbst 1542 und im Frühjahr 1543 hatten eine bedeutsame Klärung der Verhältnisse gebracht. Für König Ferdinand waren sie sehr unerquicklich verlaufen. Zuletzt verhandelte er gar nicht mehr mit den Reichsständen in ihrer Gesamtheit oder mit ihren drei Gliedern, Kurfürsten, Fürsten und Städten, sondern nur noch mit den Schmalkaldischen und den Altkirchlichen. Nach unzähligen und unsäglich schwierigen Besprechungen mit allerlei peinlichen Zwischenfällen erhielt er nur von den Altkirchlichen die Türkenhilfe. Die Schmalkaldischen wollten sie an Bedingungen knüpfen, die weder König Ferdinand und die Vertreter des Kaisers, noch viel weniger die Altkirchlichen anzunehmen geneigt waren. So erfolgte am 23. April der Abschied ohne Mitwirkung der Protestanten. Als sie durch den sächsischen Kanzler Burkhardt in aller Form protestieren wollten, schnitt ihnen der König das Wort ab. Der Kanzler brachte kaum die Anrede „Allerdurchlauchtigster König" heraus, als Ferdinand sich auch schon erhob und aus dem Saale stürzte.

Damit lagerte über dem Ende dieses Reichstages schon eine ähnlich schwüle Stimmung wie 65 Jahre später über dem Regensburger Reichstag von 1608, auf dem die Stände zum ersten Male überhaupt ganz ohne Abschied auseinandergingen, um sich als Union und Liga wieder gegenüberzutreten. Auch Ferdinand und Granvelle mochte nach soviel vergeblicher Mühe schon jetzt nur noch das Mittel der Waffen vorschweben.

Und eben dafür hatte nun Granvelle auf seine Art das Feld bereitet. Die ihm neben anderen anvertrauten Rüstungen erleichterten ihm vor allem die Pflege der Beziehungen zu den jüngeren protestantischen Fürsten. In einem aufschlußreichen Bericht an den Kaiser äußerte er sich darüber, besonders über den Pfalzgrafen Wolfgang von Pfalz-Zweibrücken, später auch Schwiegersohn Philipps von Hessen; noch mehr befriedigte ihn der 21jährige Markgraf Albrecht Alcibiades von Brandenburg-Kulmbach, dessen Persönlichkeit ihm jetzt viel besser gefalle als früher, wo er ganz unter dem Druck seines Oheims Georg gestanden habe. Der Markgraf trat wirklich als Reiterführer in kaiserliche Dienste. Das erfuhr sein Vetter Hans von Küstrin, der 29jährige Bruder des Kurfürsten Joachim; obwohl Schwiegersohn Herzog Heinrichs von Braunschweig, war er doch ausgesprochen protestantisch, ehrgeizig, auch erpicht auf klingenden Gewinn, und nun eifrig bemüht, durch Vermittlung seines Schwiegervaters ebenfalls dem Kaiser zu dienen — eine Reserve für später.

Weitaus der wichtigste unter diesen meist jungen Herren, die fortan auch das Leben des Kaisers entscheidend mitbestimmen sollten, wurde Herzog Moritz von Sachsen — nach der kurzen Regierung seines schwachen Vaters Nachfolger in dem reichen Fürstentum Herzog Georgs, Nachbar der Krone Böhmen. Man meint wohl, er sei als Staatsmann erst beim Kaiser in die Schule gegangen. Allein sein Leben hatte ihn schon in früher Jugend zum aufmerksamen Politiker erzogen. Lebhaft, aufgeweckt, von brennendem Ehrgeiz war der jetzt 22jährige Fürst durch seine energische Mutter, die mecklenburgische Katharina, zu Haus kurz gehalten und deshalb nur um so vollkommener unter den Einfluß des ihm zum Schwiegervater bestimmten Landgrafen Philipp geraten. Vor zwei Jahren hatte er gegen den Willen der Eltern verfrüht dessen 14jährige Tochter Agnes geheiratet, längst stolz auf das Vertrauen, das dieser glänzende Fürst ihm, dem jüngeren Freunde, bereitwillig schenkte, nicht am wenigsten durch Einweihung in die ebenso pikante wie hochpolitische Angelegenheit seiner Doppelehe. Am schwiegerväterlichen Hofe sah er sich als politische Persönlichkeit früh gewertet, und auf den Landgrafen gestützt hat er sich jahrelang gegen die Eltern und ihre Räte behauptet, freilich auch mit in den Regensburger Vertrag hineinziehen lassen.

Jetzt war er nicht in Person mit in Nürnberg, sondern durch seinen Rat Christoph von Carlowitz vertreten. Dieser aber erlag dort völlig den überlegenen Künsten Granvelles, der ihn umgarnte und ihm mit durchaus unvorsichtiger Berechnung ins Gesicht sagte, sein Herr brauche sich vor dem Kurfürsten Johann Friedrich nicht zu fürchten; der Kaiser könne eines Tages wohl auch über die Kur anderweitig verfügen. Das war ein erstes Aufblitzen der Versuchung. Die Verhandlungen wegen eines Dienstvertrages zerschlugen sich noch, da Moritz mit einem kleinen Reiterkommando nicht zufrieden war und vom Kaiser viel zu große Zugeständnisse in bezug auf die obersächsischen Bistümer verlangte. Aber der Verlauf der Verhandlungen lehrte Granvelle doch den Preis kennen, um den man eines Tages Moritz von Sachsen würde haben können. Der Herzog beschränkte sich einstweilen darauf, dem römischen Könige noch im Herbst eine Türkenhilfe von 300 Reitern und 1000 Knechten zu stellen, die er bis zum Abzug der Türken von Komorn in Ungarn ließ.

Die Führer der Schmalkaldischen, denen diese Dinge doch irgendwie zu Ohren kamen, beschlichen wohl geheime Sorgen, und der immer noch wachsame Landgraf äußerte sie in seiner drastischen Sprache gegenüber Kursachsen. „Wenn Euer Lieb, Herzog Moritz und wir so evangelisch weren, wie wir das auf den Ermeln füren, so würden wir miteinander nicht so sehr zanken, wie uns dann Christus und Paulus solches lernen, sondern wir sollten wol auch bedenken die geschwinden Läuff, die itzo vor Augen sind. Denn wir besorgen warlich, daß es mit diesem Zanken ergehen wird, wie es Maus und Frosch im Krieg erging, da sie der Weihe all beid hinwegnahm und fraß." Er klagte, „wie löcherigt und baufellig unser Verstendnus ist — darum wir, so lang wir's tun mögen, zu singen gedenken: *Da pacem domine in diebus nostris*".

In Wahrheit folgte jeder seinen Leidenschaften und landschaftlichen Bedürfnissen, was den Kaiserlichen nicht entging. Zieht man die Summe, so mochte der Wert der politischen Rekognoszierungen Granvelles den mageren Ertrag des Reichstages für die Habsburger wettmachen.

Triumph über Cleve. Landrecy und Cambrai

Unterdessen kam die clevisch-geldrische Angelegenheit zur Entscheidung. Im Frühjahr hatte Herzog Wilhelm das Abendmahl unter beiden Gestalten genommen, und sein Schwager Kurfürst Johann Friedrich von Sachsen seine Aufnahme in den Schmalkaldischen Bund beantragt. Landgraf Philipp verhinderte sie entsprechend der gegen den Kaiser eingegangenen Verpflichtung. Einen von befreundeten Fürsten vorgeschlagenen Waffenstillstand lehnte der Herzog seinerseits ab. So beschied auch Granvelle eine letzte Anfrage des sächsischen Kanzlers am 12. August 1543 mit dem Hinweis auf die Waffen.

Ganz anders als in dem friedlichen Gewand von 1530 oder 1541 trat nun der Kaiser in Deutschland auf. Wir spüren den fast unheimlichen Eindruck, den er jetzt machte in dem literarischen Porträt, das ein gewiß unvoreingenommener Beobachter, Martin Bucer, in diesem Herbst dem Züricher Reformator Bullinger vermittelte. „Der Kaiser ist von klarem Geist und zäh in der Verfolgung seiner Pläne. Mit Granvelle und einem Spanier bespricht er seine Angelegenheiten, aber nicht alles. Er war (1541) geneigt, den Artikel der Rechtfertigung, Priesterehe und Laienkelch zuzugestehen. Da er damit nicht zum Ziele kam, griff er zu den Waffen, um Herr in Deutschland zu bleiben. Mit erstaunlicher Beweglichkeit tut er alles, er antwortet deutsch und mustert selbst sein Heer. Kaiserlich sind Worte, Taten, Blicke, Haltung, auch seine Geschenke. Selbst diejenigen, die lange um ihn gewesen sind, staunen über seine gegenwärtige Frische, Unmittelbarkeit, Energie, Strenge, und Majestät. Dieser Kaiser könnte gar vieles, wenn er ein deutscher Kaiser sein wollte und ein Diener Christi!"

Am 17. August traf der Kaiser in Bonn ein, wo er von dem Kurfürsten von Köln verlangte, Bucer und Hedio zu entfernen. Dann zog er stracks vor Düren, das mit Mauern und Wällen für uneinnehmbar gehalten wurde und eine Übergabe kühn ablehnte. Ein Herr von Vlaten verteidigte es tapfer. Aber die kaiserlichen Geschütze rissen tiefe Breschen in die Mauern, und der fünfte Sturm, am 23. August, gelang vollkommen.

Das Schicksal der armen Stadt war schrecklich, und es bedeutete einen kargen Trost, daß der Kaiser Geld gab zum Wiederaufbau der Häuser. Das befestigte Jülich wagte gar keinen Widerstand. Ende des Monats lag der Kaiser vor Roermond, der ersten geldrischen Stadt. Auch sie ergab sich, am 2. September.

Weiter ging es auf Venloo. Und in das Lager vor Venloo kam nun der ganz hilflose, von allen Freunden im Stich gelassene junge Herzog aus Düsseldorf, um sich kniefällig zu unterwerfen. Alle Schuld schob er sehr unfürstlich auf seine Räte. Er erhielt die kaiserliche Gnade nach Verzicht auf Geldern und Zütphen, Lösung aller seiner Bündnisse und reumütige Rückkehr zu den katholischen Bräuchen.

Für die deutsche Reformation war dieser Zusammenbruch eine Einbuße ungeheurer Möglichkeiten, denn an den Aussichten für den Protestantismus am Niederrhein hing das Erzstift Köln, dessen Kurfürst Hermann von Wied, wie angedeutet, bereits ganz in reformatorischen Neigungen lebte. Es hing daran auch das Schicksal der reichen niederrheinisch-westfälischen Landschaften mit ihren Bistümern von Lüttich bis Münster und Paderborn. Nicht minder das Bekenntnis der Niederlande selbst.

Der Kaiser triumphierte.

Der erste Teil des großen Planes war ihm überraschend schnell und vornehmlich durch seine gesammelte Energie gelungen. Er sicherte sich den guten Fortgang schon durch seine Mäßigung. Der Herzog von Cleve behielt alle seine Länder und wurde ein paar Jahre später für die ohnehin notwendige Lösung von seiner ungebärdigen französischen Braut durch die Tochter des römischen Königs entschädigt. Der Kaiser aber schrieb rückblickend auf diesen kurzen Feldzug in seine Memoiren die für ihn und für uns denkwürdigen Worte: „Diese Erfahrung öffnete dem Kaiser die Augen und erleuchtete seinen Sinn darüber, daß es nicht nur nicht unmöglich, sondern im Gegenteil sehr leicht sei, einen solchen Übermut mit Gewalt zu bändigen, wenn es nur unter den rechten Umständen und mit den gehörigen Mitteln geschieht." Wir werden uns dieser Bemerkung später wieder erinnern.

Immerhin, wenn in allem menschlichen Handeln Umsicht und Sorgfalt Unterpfänder des Gelingens sind, so hatte der Kaiser seinen Erfolg verdient; mehr noch, wenn wir uns vergegenwärtigen, mit welcher Sorge er an diese Unternehmung herangegangen war und mit welchem Mute er sie durchgeführt hatte, unbekümmert um die Widerstände in Spanien und die Gefahren der Überfahrt, vorbei an den feindlichen Küsten und an der französischen Stellung in Piemont, dem ungewissen Schicksal entgegen, das ihm eine scheinbar mächtige Koalition bereiten konnte. Die Heimsuchung der Niederlande während des letzten Jahres war in frischester

Erinnerung. Natürlich lagen die objektiven Bedingungen des Erfolgs nicht zuletzt darin, daß die Verbündeten den Herzog von Cleve im entscheidenden Augenblicke schmählich im Stiche ließen, Frankreich und Dänemark so gut wie die deutschen Fürsten. Aber der Kaiser sah mit Recht darin ein politisches Versagen und einen Verlust an Kredit für die Zukunft. Auch er dachte sich auf eine Koalition zu stützen. Noch aus dem Lager von Venloo sandte er am 12. September den jungen Chantonnay, Granvelles zweiten Sohn, nach England, um dem Könige seine Erfolge zu melden. Durch Preisgabe Cleves, ließ er betonen, habe der König von Frankreich in Deutschland allen Glauben verloren. Nun wolle er gegen ihn den Feldzug fortsetzen, um gute Vorbereitung zu tun für das nächste Jahr. Leider fehle es ihm gerade jetzt wieder an Geld, und er bitte den König um 150 000 Dukaten, die Kosten seiner Armee für einen weiteren Monat. Könne der König ihm das Geld nicht schenken, so sei er auch bereit, es in vier bis fünf Monaten aus seinen Mitteln in Spanien, aus Indien oder aus Bewilligungen der Niederlande zurückzuzahlen. Die Verlegenheit war peinlich.

Überhaupt stellten sich die alten Schwierigkeiten in der Lage des Kaisers alsbald wieder ein, als er sich statt der begrenzten Herrlichkeit des Herzogs von Cleve der umfassenden Macht Frankreichs gegenüber sah. In dem politischen Testament für seinen Sohn hatte er es noch offen gelassen, ob er durch den König von Frankreich in die Verteidigung gedrängt werde oder ihn angreifen könne. Cleve hatte er angegriffen. Gegen Frankreich mußte er sich tatsächlich bald wieder verteidigen. Denn die Franzosen hatten soeben Luxemburg zum zweiten Male genommen. Sein eigener Vorstoß durch den Hennegau über Mons und le Quesnoy kam vor Landrecy an der Sambre zum Stehen und verwandelte sich in Abwehr, als ein starkes französisches Entsatzheer herannahte, dem er eine Feldschlacht anbieten mußte. Die Königin und Granvelle befürchteten das Schlimmste von dem Ungestüm des Kaisers, da sie die französische Armee für erheblich überlegen hielten. Dem Kaiser war es bitter ernst. Er bereitete sich feierlich auf die große Entscheidung vor; am 28. Oktober beichtete und kommunizierte er. Am 2. November brach er mit seinen Truppen auf, dem Feind entgegen. Der venezianische Gesandte meinte, man stehe vor dem größten Ereignis des Jahrhunderts. Da entzog sich König Franz in der Nacht dem Zusammenstoß.

Die Verfolgung, zu spät angesetzt, brachte keinen großen Gewinn. Dafür hatte die Belagerung von Landrecy im günstigsten Augenblick abgebrochen werden müssen. Den Franzosen gelang sogar der Entsatz. Sie behaupteten Luxemburg, Yvoy, Landrecy und Guise.

Gewiß bleibt es erstaunlich, daß der Kaiser im vollen Winter, zeitweise bei sehr schlechtem Wetter, gequält von der Gicht, überhaupt im Felde aushielt. Erst die zunehmenden Winterregen, die Unpassierbarkeit der Wege und der leidige Mangel an Geld „trotz neuer Wechsel aus Spanien" zwangen ihn nach seinem eigenen Geständnis zum Rückzuge an die Schelde. Hier aber trug er wenigstens noch einen politischen Erfolg großer Tragweite davon. Sein Ansehen und seine Truppen reichten vollkommen aus, das Bistum Cambrai, dessen Hirte zu Frankreich neigte, durch eine Zitadelle mit Garnison fest in seine Hand zu nehmen und damit die Niederlande, die bei seinem Regierungsantritt ein von Geldern und den verschiedenen Teilen der Bistümer Utrecht und Cambrai durchsetztes lokkeres Bündel von Ländern gewesen waren, nach und nach zu einer geschlossenen Herrschaft zusammenzufassen. Daß dem Reiche damit kein Abbruch geschehen solle, schrieb er dem römischen Könige am 19. November ausdrücklich. Allein, wenn er das Reichsbistum wirklich gegen Frankreich schützte, das seine Hand schon danach ausstreckte, so meinte er doch zunächst die Erblande. Von den erfolgreichen Bemühungen um Lüttich war schon die Rede.

Er griff noch weiter aus. Wenn auch Luxemburg teilweise noch besetzt war, so schien es doch zur Sicherung der Erblande, insbesondere des dazugehörigen Diedenhofen, nötig, sich auch um die benachbarte Reichsstadt Metz zu kümmern. Der Kaiser berührte damit zum zweiten Male das für die Habsburger so spannungsreiche Problem Erblande und Reich. Die Einfügung von Metz in einen wirklichen Staat wäre nicht erst 1871 ein wirksamerer Schutz gewesen gegen Frankreich, als die Reichsstandschaft. Es kam nicht dazu. Aber durch die Energie des von Marie entsandten Rates Charles Boisot gelang zum mindesten eine nachdrückliche Demonstration im kaiserlichen Sinne. Boisot berichtete, daß die Patrizier mehr französisch als burgundisch seien, sich aber gern als gut kaiserlich bezeichneten, um „neutral" bleiben zu können. Einen protestantischen Predikanten, der in der Stadt starken Anklang gefunden hatte, wies er aus, und den Metzern erteilte er in einer von den herrschenden Paraigen-Familien nicht gewünschten Bürgerversammlung scharfe Weisungen, insbesondere wegen etwaiger Kriegs- und Lebensmittellieferungen an Frankreich. Karl schrieb befriedigt darüber an seinen Bruder.

Seine Politik blieb wachsam. Mußte er sich dem gebieterischen Halt des Winters fügen, so ließ er sich doch nicht aufhalten in den Vorbereitungen für das nächste Jahr. Wiederum kam manches dem Kaiser entgegen. Die deutschen Fürsten in seinem Heere billigten sein Vorgehen in Cambrai. Auch Herzog Moritz, der sich bei den gescheiterten Verhandlungen nicht beruhigt hatte. Sein Geltungsbedürfnis und seine unstillbare Neugier auf das unbekannte Große, die Wurzeln so vieler menschlicher Leistungen und Sünden, hatten ihn doch persönlich an den Kaiserhof getrieben. Er war nun das erstemal dort und öffnete sich den mannigfachen Eindrücken. Er sah sich auch hier als politische Persönlichkeit geachtet, nahm teil an der Winterkampagne bis nach Cambrai und kehrte dann heim — freilich mit dem Danaergeschenk einer kaiserlichen Vermittlung zwischen dem Herzog von Braunschweig, den er am Hof persönlich traf, und den Häuptern des Schmalkaldischen Bundes. Besser konnte man ihn nicht von den Seinigen fernhalten und seine weitere Verwendung im Dienste des Kaisers einleiten.

Über den Kanal aber ging Ferrante Gonzaga, um mit den Engländern, die bisher nur schüchtern von Calais aus angesetzt hatten, den weiteren Kriegsplan vorzubereiten.

Papst und Kaiser. Der Reichstag zu Speyer 1544

Schon in den ersten Tagen des Januar machte sich der Kaiser wieder auf den Weg über Aachen an den Rhein, um den längst angekündigten Reichstag in Speyer seinem Versprechen gemäß persönlich zu besuchen. Eine Verlegung nach Köln wäre ihm lieb gewesen, doch stellte er den eigenen Wunsch zurück hinter dem Bedürfnis, Ferdinand und den Ständen entgegenzukommen. Denn sein nächstes Ziel war offenbar, die deutschen Fürsten gegen Frankreich zu gewinnen. Da nun kein Zweifel darüber besteht, daß er seit 1541 ernstlich daran dachte, gegen die Protestanten nötigenfalls mit Gewalt vorzugehen, erhebt sich die gewichtige Frage, wie weit das bald sehr schroffe Auftreten gegen die römische Kurie und das befremdende Eingehen auf die Forderungen der Protestanten seiner wirklichen Meinung entsprachen oder nur Mittel der Betäubung und Irreführung der Schmalkaldischen gewesen sind. Auffallend genug war beides. Wir werden die Vorgänge auch unter diesem Gesichtspunkte aufmerksam verfolgen.

Der kaiserliche Gesandte in Rom hatte mit seinem Drängen auf eine Erklärung des Papstes gegen Frankreich kein anderes Ergebnis als die Entsendung des Kardinallegaten Alessandro Farnese gleichzeitig an den kaiserlichen und an den französischen Hof. Für Deutschland sollte ihm der Nuntius Sfondrato zur Seite stehen, ein Cremonese, verwitwet, der Vater des späteren Papstes Gregor XIV, früher auch einmal in kaiserlichen Diensten zu Siena. Darauf besann sich der Kaiser, als er ihm durch Farnese vorgestellt wurde: „Ihr waret mir ein wackerer Diener, falls Euer Kleid Euch nicht gewandelt hat." Das Mißtrauen des Kaisers erscheint verletzend, wurde auch so empfunden, aber es war berechtigter, als er selbst noch wußte. Denn diese Mission Sfondratos lag keineswegs im Interesse des Kaisers.

Wir kennen die Instruktion des Nuntius an die deutschen Fürsten, von denen er einige persönlich aufsuchen sollte. Sie bezweckte nichts Geringeres, als dem Kaiser in den Arm zu fallen, die deutschen Fürsten zur Intervention zwischen dem Kaiser und Frankreich aufzurufen, wie vor zwanzig Jahren. Das wäre an sich für die bayrische Politik wohl tragbar gewesen, aber gegenüber dem Nuntius besannen sich die Herzöge doch auf ihre Stellung zum Reichsoberhaupt und entschuldigten sich damit. Der Kurfürst von Brandenburg kehrte sogar den Spieß um und verlangte vom Papst, daß er dem türkenbündlerischen Könige von Frankreich endlich den Ehrentitel des „Allerchristlichsten" entziehe.

Farnese aber hatte den undankbaren Auftrag, wieder einmal Frieden zu stiften mit verbrauchten Mitteln, wie dem Vorschlage einer Abtretung Mailands oder wenigstens Savoyens durch das Reich. Beides mit dem besonderen Anerbieten, daß der König von Frankreich für den Herzog von Orléans anderweitig sorgen und den Kaiser auch von dem Anspruch auf Navarra entlasten werde. Das konnte sich wohl kaum auf die am französischen Hof erwogene Heirat des Herzogs mit der Jeanne d'Albret beziehen. Dazu bedurfte es außerdem, wie der Kaiser bemerkte, erst noch einer Ehescheidung. Oder handelte es sich um eine Anspielung auf die von den Farnese so sehr gewünschte Verbindung zwischen dem Herzog und der Vittoria Farnese, deren Förderung nach einem vertraulichen Briefe des Kardinals Gonzaga die eigentliche Aufgabe der Legation Alessandros in Frankreich gewesen war?

Granvelles Schwager, Bonvalot, dessen außenpolitische Fähigkeiten ja der Kaiser besonders schätzte, hatte vertrauliche Nachrichten vom französischen Hof, zum Teil von der Königin Eleonore selbst, und wußte, daß in Frankreich lebhafte Abneigung bestand gegen diese neue Mesalliance mit einer Papstnichte. Das königliche Blut habe an einer Medici genug, sagten die Leute. Aber welcher Abgrund gieriger Familienpolitik des alten Papstes tut sich auf, wenn er es wagte, sein hohes Amt zu einer solchen Mission so feierlich zu mißbrauchen; wenn er dem umworbenen französischen Königshause als ersten Liebesdienst zudachte, ihm angesichts des drohenden Angriffs vom Kaiser und von England mit der Autorität des Stellvertreters Christi einen Frieden auf Kosten des Kaisers zu bescheren. Und mit wie schlechtem Gewissen mag der Kardinalnepot, der doch um alles wußte, vor den Kaiser getreten sein!

Der Kaiser war äußerst erregt. Er hatte den Legaten am 20. Januar in Kreuznach durch Granvelle und seinen spanischen Sekretär Idiaquez begrüßen lassen. Am nächsten Tage empfing er ihn in Audienz; anfangs mit großer Selbstbeherrschung. Er antwortete auf die Werbung in längerer Zwiesprache, stellte einiges richtig, wie etwa den Sinn seiner Angebote der Übertragung Mailands oder der Niederlande an einen Sohn des Königs mit einer Infantin oder einer Erzherzogin, was keinerlei Anerkennung irgendwelcher französischer Rechte, sondern nur seinen Friedenswillen bekunden sollte. Oder, daß es ihn verletze, vom Papst fortgesetzt auf gleicher Stufe mit dem Türkenfreunde Frankreich behandelt zu werden; daß er über Abtretung Sienas nicht verhandle und anderes. Zwischendurch enthielt er sich nicht zu sagen, von gewissen Dingen zu reden sei überflüssig, da man wisse, wie eigensinnig der Papst an vorgefaßten Meinungen festhalte.

Der Kardinal zeigte sich betroffen und enttäuscht und beteuerte seine und Seiner Heiligkeit gute Gesinnung für den Kaiser. Da unterbrach ihn der Kaiser sehr heftig mit dem Hinweis auf alles das, was das Haus Farnese ihm verdanke. „Monsignore, Sie erhielten von uns das Erzbistum Monreale, Ihr Vater Novara, Ottavio unsere Tochter mit 20 000 Dukaten Einkommen. Zwei Freunde, Urbino und Colonna, habe ich Seiner Heiligkeit geopfert — und nun muß ich es erleben, daß der Stellvertreter Christi sich dem Könige von Frankreich oder vielmehr dem Türken anschließt! Er möge sich vorsehen, daß es ihm nicht geht, wie einstens Clemens VII!" Der Kaiser drohte, er werde auf dem Reichstage die Reform der Kirche selbst in die Hand nehmen und die Mißbräuche abstellen. Solche Töne waren einst aus der Umgebung Gattinaras erklungen. Jetzt kamen sie von den Lippen des Kaisers selbst. Hieß es nicht bei aller Reverenz ähnlich auch in dem Testament für Philipp?

Die schriftliche Antwort des Kaisers, obwohl man Farnese bei der letzten Redaktion mitwirken ließ, war so scharf, daß der Papst sie im Konsistorium nicht vorzulegen wagte. Juan de Vega, der vom Kaiser einen eingehenden Bericht erhielt, verbreitete Abschriften. Auch in Deutschland wußte man von dem ungnädigen Abschied des Legaten. Granvelle hatte ihm noch einmal mit aller Deutlichkeit die Wahrheit gesagt über alle Sünden des Königs von Frankreich, seine gehäuften Vertragsbrüche, seinen Einfall in Savoyen, seine offene Förderung der Lutheraner, sein Bündnis mit den Türken, seine Gefangennahme des Erzbischofs von Valencia, der nur durch Geschenke an seine Freundin, die Frau d'Etampes, wieder freigegeben sei, seine Intrigen in Italien — alles dieses gedeckt durch den Papst, für den es von rechtswegen keine andere Pflicht geben sollte, als sich offen mit dem Kaiser zu verbinden.

Der Papst war davon weit entfernt. Aber in Deutschland durchbrach um so sicherer immer wieder der Glaube an den Kaiser das eingewurzelte

Mißtrauen wie die gebotene Vorsicht. Selbst Luther schrieb noch am 8. März 1544 an Amsdorf: „Das Neueste ist das Bündnis von Papst, Franzosen und Türken wider den Kaiser."

Daß der Legat vor Beginn des Reichstages heimkehrte, entsprach durchaus dem Wunsch des Kaisers, der es seinem Bruder schrieb, aber auch Farnese selbst ins Gesicht gesagt hatte, päpstliche Legaten pflegten auf den Reichstagen die Verhandlungen nur zu erschweren. Erst recht hielt er natürlich die französische Botschaft vom Reichstag fern; der englische Bundesgenosse war durch den Gesandten Wotton vertreten; den Franzosen versagte der Kaiser die Pässe. Sie mußten sich mit einer schriftlichen Botschaft behelfen, und diese erging sich denn auch um so breiter in den schönsten Redensarten von alter Stammesverwandtschaft und in den fadenscheinigsten Entschuldigungen wegen des Türkenbündnisses ihres Herrn. Selbst Abraham, David, Salomo und viele Kaiser, wie Friedrich II, hätten Bündnisse mit den Ungläubigen geschlossen. Gegen Angriffe werde der König die Deutschen schützen, sobald der Kaiser ihm das „Seinige" zurückgegeben habe. Freilich dürfe man die Türken nicht reizen, wie es der Kaiser durch Wegnahme von Tunis getan habe — als wenn die Barbaresken von Afrika nur als friedliche Naturfreunde die Küsten von Spanien, Neapel, Sizilien und Mallorca heimzusuchen pflegten! Eben damals schleppte Barbarossa wieder anderthalbtausend Sklaven davon.

Die deutschen Fürsten ließen sich denn auch keinen Eindruck mehr machen.

Ebensowenig der König von Dänemark, der im beiderseitigen Interesse der Schiffahrt und des Verkehrs den Weg zurück fand von Frankreich und Cleve zu dem kaiserlichen Herrn der Niederlande, der ihn im Speyerischen Vertrag anerkannte, während Sfondrato den Pfalzgrafen weiter gegen ihn hetzen sollte. Auf die Schmalkaldischen wirkte es vollends überzeugend, daß ihnen der Reichsvizekanzler Naves französische Briefe vorlegen konnte, wonach der König gegen „Rückgabe" Mailands bereit gewesen wäre, den Kaiser gegen sie zu unterstützen.

Trotz so vieler günstiger Bedingungen gestaltete sich die Durchführung des Reichstags dennoch zu einer schweren Geduldsprobe.

Zunächst dauerte es Wochen, bis die Stände in Speyer erschienen. Als die Häupter des Schmalkaldischen Bundes, der Landgraf am 8. Februar, der Kurfürst von Sachsen am 18., endlich in Person eintrafen, wartete der Kaiser schon wochenlang in höchster Spannung, da ihm wie 1541 in Regensburg kostbare Monate ungenutzt zu zerrinnen drohten. Die Proposition verlangte Türkenhilfe und Unterstützung des Kaisers gegen Frankreich. Diese Forderung trat zum ersten Male auf; sie fand überraschende Zustimmung. Jedoch von seiten der Protestanten nur unter der Voraussetzung von Zusicherungen in bezug auf „Friede und Recht", wie sie die Altkirchlichen nicht zu geben gewillt waren. Der Kaiser verlangte den Vortritt für die Beratungen über die Hilfen, stieß aber auf Schwierigkeiten und machte den Vorschlag, daß man in diese Beratungen wenigstens unverbindlich eintrete. Auch das lehnten die Protestanten zunächst ab; zumal sie wegen der alten Zerwürfnisse der Städteboten mit den Fürsten alle Städte auf ihrer Seite wußten. Aber gerade die Führer, Sachsen und Hessen, neigten zum Einlenken; teils wegen der braunschweigischen Sache, die sie allein traf, teils nach den Verträgen der letzten Jahre, den Erfolgen des Kaisers gegen Cleve und dem Wettbewerb mit Herzog Moritz. Noch hielten die Städte, aus Besorgnis für ihren Handel, und die rheinischen Kurfürsten, die das Kriegsfeuer nicht gern allzu nahe hatten, zurück. Alle hofften auch mit einer bloßen Erklärung gegen Frankreich, ohne große Hilfe, davonzukommen. Da lenkten doch die Kurfürsten ein, und im Fürstenrat ließ sich der Landgraf in fast leidenschaftlicher Rede gegen Frankreich vernehmen. Er predigte einmal so hinreißend den Krieg gegen den Feind Gottes und der Christenheit, daß der junge sehr katholische Bischof von Augsburg, Otto Truchseß von Waldburg, äußerte, der Heilige Geist selber scheine den Landgrafen inspiriert zu haben.

So brachten die im einzelnen überaus schwerflüssigen Verhandlungen von Ende Februar bis zum 4. April dem Kaiser wirklich die stattliche Reichshilfe von 24 000 Knechten und 4000 Reitern auf sechs Monate. Man kann nicht sagen, was wichtiger war, die Bewilligung an sich oder diese offene und einmütige Trennung der Gesamtheit der Reichsstände von Frankreich. Sie machte auch den englischen und venezianischen Gesandten Eindruck. Granvelle war äußerst befriedigt.

Nun aber begannen erst die eigentlichen Schwierigkeiten, weniger in betreff der Aufbringung der Mittel durch Matrikeln oder gemeinen Pfennig, als wegen der Gegenleistung an die Protestanten. Der Kaiser verbot den evangelischen Gottesdienst in der Dominikanerkirche, aber er gab dem Landgrafen den Kreuzgang dafür frei; das tat er doch. So neigte er überall zum Entgegenkommen, soweit er es verantworten zu können glaubte.

Wie früher stritt man über die grundsätzliche Frage einer Ausdehnung kaiserlicher Deklarationen auf neu hinzutretende Anhänger der Augsburgischen Konfession. Granvelle bekämpfte sie leidenschaftlich und in den heftigsten Ausdrücken. Die anfänglichen Erfolge schienen wieder in Frage gestellt, denn alle Bewilligungen waren ja nur bedingt. Da griff der Kaiser zu einem neuen Mittel. Am 1. Mai ernannte er die ihm ergebenen Kurfürsten Joachim von Brandenburg und Friedrich von der Pfalz (der seinem Bruder Ludwig am 16. März gefolgt war) zusammen mit dem Reichsvizekanzler und dem Kardinalbischof Christoph Madruzzo von Trient zu Vermittlern.

Indessen, die Altkirchlichen zeigten sich jetzt noch schwieriger als die Protestanten, die sich nur nicht wieder mit einer rechtlich minderwertigen Deklaration abspeisen lassen wollten. Der Kaiser durfte sehr weit entgegenkommen, weil er stets seine Zugeständnisse „bis zu dem zukünftigen Konzil" befristete. Um so wichtiger freilich, wie dieses Konzil gedacht war. Sehr dringend weiter die Besetzung des Reichskammergerichts, weil damit die praktische Rechtsprechung für Jahre bestimmt wurde. Die entgegengesetzten Forderungen beider Konfessionen aber waren unvereinbar.

Der Kaiser drängte und gab am 24. Mai einen letzten Bescheid. Granvelle drohte. Am 28. Mai kam man mit den Unterhändlern zum Schluß; man fand kein anderes Mittel, als im Sinne der Protestanten die kaiserlichen Zusicherungen in den Abschied selbst aufzunehmen, jedoch im Sinne der Altkirchlichen nicht als Beschluß der Reichsstände, sondern aus kaiserlicher Machtvollkommenheit. Sie beschlossen nicht; sie beugten sich.

So kam es am 10. Juni zum Reichstagsabschied, durch den die Stände außer der Franzosenhilfe noch die in den Reichskreisen aufzubringende „beständige, tapfere Defensivhilfe" beschlossen, um damit „die beschwerten Christen, Land und Leute von der viehischen Gewalt des Türken zu erretten". Der Abschied beklagte beweglich den Zwiespalt in der Religion und nahm zur Abhilfe bis zu einem „gemeinen christlichen freien Konzil in deutscher Nation" „eine christliche Reformation", auf einem neuen Reichstag zu beschließen. Bis dahin bestimmte der Kaiser „aus unserer kaiserlichen Majestät Machtvollkommenheit, daß hinfüro in der Religion- und Glaubenssachen, auch keiner anderen Ursachen halber, niemands den andern befehden, bekriegen, überziehen solle, sondern jeder den andern mit rechter Freundschaft und christlicher Liebe meinen", „kein Stand dem andern seine Untertanen abpraktizieren oder in Schutz nehmen", auch den nicht reichsunmittelbaren „Geistlichen ihre Renten, Zinse und Einkommen, deren sie zur Zeit des Regensburgischen Abschieds in Posseß gewesen" nicht vorenthalten, nur daß davon die „Ministeria der Kirchen, Pfarren und Schulen, auch Almosen und Hospitäler unterhalten würden, ohngeachtet wes Religion die seyen". Endlich, daß die Prozesse am Reichskammergericht gegen die Augsburgischen Konfessionsverwandten weiter suspendiert sein und bis zum nächsten Reichstag Unterhalt und Besetzung des Gerichts mit tüchtigen Beisitzern vorbereitet werden sollten, wiederum „unangesehen, welches Teils Religion die seyen".

Nicht so sehr in den ja durch das Konzil befristeten Zugeständnissen des Friedens und der Nutzung geistlicher Güter, als in der für den nächsten Reichstag ins Auge gefaßten christlichen Reformation und in der Parität „beider Religionen" war in der Tat der streng katholische Standpunkt durch den Kaiser aufgegeben. Aber hatte er sich damit wesentlich von der Linie entfernt, die er seit Jahren innegehalten hatte? Seine Regierung glaubte 1524 die damals geplante Nationalversammlung verbieten zu müssen; aber unter anderen Umständen hatte er sie selbst erwogen. Und war er in der Instruktion für Held und in den Drohungen gegen Farnese nicht schon mindestens so weit gegangen wie jetzt?

Kein Wunder, daß die römische Kurie sich entrüstete. Am 24. August erging das berühmte Tadelsbreve gegen diesen Reichstagsabschied, das den Plan der Nationalversammlung, den Gedanken einer kaiserlichen Interimsregelung und die Preisgabe der Kirchengüter als Eingriffe in die geistlichen Rechte auf das schärfste verurteilte. Dem Kaiser rückte das höchst salbungsvolle päpstliche Breve seine Vorgänger Konstantin und Karl den Großen als rühmliche Vorbilder vor Augen (in deren Bahnen Karl V in Wahrheit durchaus blieb) und beschwor ihn, nicht den gottlosen Nero, Domitian, Heinrich IV und Friedrich II zu folgen; sonst werde es ihm und seinen Reichen gehen, wie den Juden und Griechen, über die Gottes Strafgericht hereingebrochen sei.

Die Stimmungen und Ereignisse der Jahre 1526 und 1527 schienen wiederzukehren. Damals traten die Sekretäre Gattinaras als Publizisten gegen das Papsttum in die Schranken. Jetzt waren es Luther und Calvin, die des Kaisers Verteidigung übernahmen. Die geschulte Dialektik Calvins hielt dem Papste einen blanken Spiegel hin und zeigte ihm schonungslos die historischen und moralischen Schwächen des Breve. Gröber griff Luther zu, den der Kanzler Brück zunächst zurückhalten wollte, mit der „Baumaxt zuzuhauen". Aber es gehörte nun einmal zu dem Übermaß verhängnisvoll glücklicher Fügungen im Leben des Kaisers, daß er Hilfe fand, die er nicht gerufen hatte, vielmehr innerlich verwarf. Seinerseits ließ er dem Papste sagen, Inhalt und Form des Breve beträfen zu sehr seine Würde und sein Ansehen, als daß er es angemessen finde, darauf einzugehen.

Der Marnefeldzug und der Friede von Crépy

Ob der Kaiser bei seiner Fahrt durch die Lombardei ein Zusammenwirken mit Andrea Doria und dem Marchese del Vasto von der See und von Piemont aus nach Frankreich hinein erwogen hat, wie das dem großen Plan entsprochen hätte, wissen wir nicht. Jedenfalls sahen sich hier, wie im Luxemburgischen, die Kaiserlichen inzwischen in die Verteidigung gedrängt. Der Herzog von Enghien hatte (mit türkischer Hilfe) Nizza erobert, dann die Alpen überschritten, einigen Raum gewonnen und zuletzt die Wendung auf Carignan südlich Turin genommen. Der Marchese suchte da dem tapferen Pirro Colonna zu Hilfe zu kommen, rückte von Osten heran, stieß aber unerwartet auf der Straße nach Sommariva nahe dem kleinen Orte Ceresole am 14. April 1544 auf die Armee des Herzogs und erlitt eine sehr blutige Niederlage.

Die Franzosen konnten diesen Erfolg nicht ausnutzen, weil ihnen das Geld fehlte, die Schweizer zu besolden. Ein Vorstoß des Pietro Strozzi bald nachher auf Mailand schlug fehl und führte zu einer Niederlage bei Serravalle an der Scrivia südlich von Tortona. Die aus dem Verkauf von Marano an Venedig erzielten 350 000 Dukaten waren damit umsonst vertan. Enghien und del Vasto schlossen Frieden, und die Stellung der Kaiserlichen blieb um so mehr gesichert, als im Sommer die Franzosen alle Kräfte notgedrungen in den Norden zogen. König Franz prahlte schon, er werde dem Kaiser fünfzig Landrecy entgegenstellen.

Allein noch während des Speyerischen Reichstages hatten die Operationen mit der Wiedereroberung Luxemburgs durch Ferrante Gonzaga und den aus französischen Diensten zum Kaiser übergetretenen Wilhelm von Fürstenberg begonnen. Am 6. Juni konnten sie einziehen. Sodann sammelte der Kaiser die Haupttruppenmasse bei Metz, um von hier aus durch das Gebiet der Bistümer und das Herzogtum Lothringen, dessen alter Herzog am 14. Juni gestorben war, auf Ligny und Commercy an der Maas und weiter auf die Marne vorzurücken. Die Heerschau von Metz war glänzend. Umgeben von seinen spanischen und italienischen Heerführern, deutschen Herren und Kriegsobristen musterte der Kaiser 3000 italienische, 4000 deutsche Reiter, zum Teil unter Führung der jungen Fürsten, je 8000 Knechte unter Fürstenberg und Bemelberg, je 6 bis 7000 Spanier und Niederländer, dazu 62 Geschütze mit 3500 Pferden, 1400 Pioniere, 200 Wagen zu je 8 Pferden, 70 Boote auf Wagen mit ihrer Besetzung, insgesamt über 40 000 Mann.

In Metz weilte der Kaiser vom 17. Juni bis zum 6. Juli, empfing auch seine Nichte, die junge Herzogin von Lothringen, und vollzog am 21. Juni ein neues sehr bemerkenswertes, früher unbekanntes Codicill zu seinen

Testamenten in spanischer Sprache, besiegelt von seinen Sekretären Idiaquez und Bave. Es beginnt mit einer heftigen Absage an den König von Frankreich und alle früheren durch die französische Treulosigkeit und Türkenfreundschaft hinfällig gewordenen Familienpläne. Statt ihrer suchte der Kaiser das Heil seines Hauses jetzt in dem engsten Anschluß an die österreichische Linie durch die Ehe der Infantin Maria mit dem ältesten Sohne des Königs Ferdinand. Nur für den Fall, daß Philipp seiner Schwester Maria die Niederlande abtrete, solle sie den zweiten Sohn Ferdinands ehelichen, es sei denn, daß Philipp keine Erben habe und Maria die Nachfolge in Castilien und Aragon zufalle. Dann solle der zweite Sohn Ferdinands die zweite Tochter Karls heiraten und damit eine Verteilung der habsburgischen Länder eintreten, wie sie jetzt zwischen Karl und Ferdinand bestand; allerdings mit dem bemerkenswerten Unterschiede, daß dann die jüngere Linie mit Österreich und dem Reich auch die Niederlande erhalten sollte, deren Verbindung mit Spanien für eine Frau unhaltbar sei. Karl gefiel sich weiter in einer derartig ausgeklügelten Kasuistik, kaum ein Vierteljahr bevor er das alles wenigstens auf Zeit doch wieder umstoßen sollte.

Am meisten bezeichnend für die ernste Stimmung, mit der Karl jetzt in seinen größten Krieg zog, daß er wie in den Testamenten für Philipp auch in diesem Codicill Vorkehrungen traf für den Fall seines Todes im Felde. Dann sollten Philipp und gegebenenfalls Maria, ohne Rücksicht auf ihr Alter oder Marias ledigen Stand sofort erb- und regierungsfähig sein.

Mittlerweile waren die Truppen in der Richtung auf die Marne vorgedrungen. Der Kaiser folgte ihnen über Pont à Mousson, Toul, Pagny an der Maas, nachdem Commercy als Schlüssel des Maasüberganges besetzt war, über Ligny am Ornain, südlich Bar le Duc, auf St. Dizier an der Marne. Es war ein Vormarsch von gut hundert Kilometern, bis man auf den ersten ernstlicheren Widerstand stieß. Man erfuhr, daß die französische Hauptarmee in unbekannter Stärke noch weiter Marne abwärts bei Jaalons zwischen Châlons und Epernay stehe.

St. Dizier mußte in planmäßiger Belagerung mit Laufgräben, Batterien und Minen sturmreif gemacht werden. Dabei wurde gleich in den ersten Tagen der junge René de Chalon, Prinz von Oranien und Erbe von Nassau, in den Laufgräben durch eine feindliche Kugel in der Schulter lebensgefährlich verwundet; er starb am 21. Juli. Während man die Festung umzingelt hielt und sich in erfolgreichen Streifen sicherte und verpflegte, erfuhr man von dem weiter Marne abwärts gelegenen Vitry so heftige Belästigungen, daß der Kaiser diese Stadt durch eine besondere Expedition unter Moritz, Markgraf Albrecht, Este und Fürstenberg am

23./24. Juli nehmen ließ. Dabei kam es zu einem erfolgreichen Reitergefecht außerhalb der Mauern und dann ohne allzu große Mühe zur Besetzung von Vitry selbst, wo Este die Standarte des Kommandeurs Brissac erbeutete.

Auch die Besatzung von St. Dizier bot endlich am 9. August ihre Kapitulation an, falls sie nicht binnen acht Tagen Hilfe erhielte. Da diese nicht erfolgte, schritt sie am 17. August zur Übergabe gegen freien Abzug unter Zurücklassung der Artillerie und Munition. Damit war der Kaiser Herr der mittleren Maas und Marne.

Aber er stand erst knapp halbwegs Paris, das immer deutlicher sein Ziel wurde, hatte vor sich noch das verschanzte französische Heer und wachsende Schwierigkeiten der Verpflegung. Vor allem wäre ihm wichtig zu wissen gewesen, wieweit der König von England, der von Calais bis Paris ungefähr dieselbe Strecke zu durchmessen hatte wie der Kaiser von Metz her, inzwischen gediehen sei. In Wirklichkeit lag der König noch immer vor Boulogne. Aber das wußte der Kaiser nicht. Zunächst hieß es für ihn: Weiter auf Paris! Er erwog zwischendurch Unternehmungen auf Troyes, Reims oder Ste. Menehould an der oberen Aisne. Sehr ernst rekognoszierte er Châlons auf eine etwaige Belagerung, gab sie aber als zu schwierig und zeitraubend auf und beschloß den weiteren Vormarsch „in das Herz dieses Landes", da er damit auch der Verpflegungs- und Besoldungsschwierigkeiten am ehesten Herr zu werden hoffte.

Über la Chaussée gelangte die Armee in einem anstrengenden Nachtmarsch vom 2. auf den 3. September an Châlons vorbei immer in der Richtung auf Paris Marne abwärts nach Ay und Epernay. Der Versuch eines Marneübergangs und Angriffs auf eine französische Stellung wurde wieder abgebrochen. Man eilte vorwärts, die leichten Reiter erkundeten schon bis Meaux.

In Paris gab es eine Panik. Viele flüchteten, und es bedurfte der ganzen Autorität des im Felde nicht mehr brauchbaren, aber für seine Pariser doch noch eindrucksvollen Königs, um die Gemüter zu beruhigen.

Inzwischen bahnten sich nun aber höchst aussichtsvolle Verhandlungen an, die in kaum vierzehn Tagen zu dem lange so geheimnisvollen Frieden von Crépy führten.

Der Kaiser war während der letzten Wochen in der äußersten Anspannung, da die Entscheidungen über die militärischen Operationen, die überkühn vorwärts getrieben waren, in unausgesetzter Wechselwirkung standen mit dem Gang der Besprechungen. Gonzaga und Granvelle taten es ihm gleich an Umsicht und Festigkeit in der Behandlung der ersten Friedensfühler und der späteren sehr verwickelten Präliminarien. Über alles dieses unterrichten uns neben den Texten des Friedens selbst am besten die sehr ausführlichen und rückhaltlosen Berichte an die Königin Marie; sie stützen die Chronik des Busto.

Am 20. Juli schrieb der Kaiser zuerst von einem Versuch des Kardinals von Lothringen, der keine Folgen hatte, dem Kaiser aber Gelegenheit gab auszurechnen, daß er vor dem 25. September nicht auf neue Geldmittel rechnen könne, und daß es gut sei, inzwischen eine Waffenruhe vorzubereiten, am besten von den Engländern her. In weitgehender Resignation glaubte er nicht an die Möglichkeit eines wirklichen Friedens. Merkwürdigerweise aus den Gründen, die in Wirklichkeit gerade zum Frieden führen sollten. Er wußte längst aus intimen Mitteilungen vom französischen Hofe, daß das Verhältnis zwischen dem König und seinen Söhnen, besonders zwischen diesen beiden, dem jetzigen Dauphin, früheren Herzog von Orléans, und dem Herzog von Orléans, der vor dem Tode seines ältesten Bruders den Titel Angoulême geführt hatte, herzlich schlecht war. Viele, wohl auch der Dauphin, wünschten Orléans mit der Erbin von Navarra zu verheiraten. Dieser selbst aber erklärte wiederholt, er wolle nicht für immer in Frankreich der zweite sein, lieber eine kleine Herrschaft im Ausland erwerben. Deshalb war er der Kandidat der Farnese, deshalb auch immer wieder williges Objekt der habsburgischen Heiratspolitik, von Eleonore offenbar darin bestärkt.

Am 30. Juli erschien der erste Kämmerer des Herzogs, der Bailli von Dijon, ein Herr von Villers, bei Granvelle mit Vorschlägen zur Verbindung des Herzogs mit der Infantin und beider Belehnung mit Mailand. Granvelle lehnte rundweg ab, hielt aber die einmal angeknüpften Fäden fest, als sich herausstellte, daß der Bailli mit Vorwissen des Königs kam. Von seinen Prahlereien, daß der König Mitte August gewaltig verstärkt werde, ließ man sich nicht täuschen. Als Villers von der Ehe zwischen Orléans und dem Hause d'Albret sprach, lobte man diese, was ihn völlig verwirrte. Aber der Kaiser merkte doch, daß sich Aussichten öffneten und ließ seine Schwester Marie die ihr schon anbefohlene Praktik wegen Einfädelung einer Waffenruhe durch die Engländer einstellen. Die Kaiserlichen waren ihrer Sache zunehmend sicherer geworden. Einen Fühler des Grafen Brienne beantwortete man mit dem Hinweis auf die für Frankreich sehr ungünstige europäische Lage.

Bald knüpfte der Admiral von Frankreich, Annebault, selbst an, fand freilich das erste Geleit zu schwach und schickte zunächst nur den Dominikaner Guzman. Zeitig erschien auch der königliche Sekretär Aubespine, der am 31. August zum zweiten Male eintraf, nachdem der Kaiser spätestens am 29. das endgültige Geleit für Annebault und einen Ratspräsidenten vollzogen hatte. Am selben Tage gab er auch Gonzaga und Granvelle Vollmacht. Die Konferenzen spielten sich ab zu St. Amand, ein wenig nördlich der Marne zwischen Vitry und Châlons. Hier wurden wieder die Ehen zwischen Orléans und Habsburg, Margarete und dem Kaiser vorgeschlagen, doch blieb man schon nicht auf der Stufe von Aiguesmortes, sondern erörterte ernsthaft Friedensbedingungen großen Stils, Austausch der Eroberungen, Verzichtleistung auf das Strittige und politische Zusammenarbeit. Alles drängte also auf eine Kombination von Cambrai und Aiguesmortes. Man verabredete beiderseits neue Informationen und Wiederaufnahme der Verhandlungen am 8. September.

Inzwischen traf ein eigenhändiges Schreiben der Königin Eleonore vom 1. September aus Amboise beim Kaiser ein, politisch bedeutungslos, aber doch ein Stimmungsbild vom französischen Hofe. Es sei ihr, schrieb sie dem Bruder, schier unmöglich, ihm zu sagen, wie überglücklich sie die Nachricht mache, daß wirklich Verhandlungen zwischen ihm und ihrem Herrn, dem Könige, eingeleitet seien. Sie werde den König um Erlaubnis bitten, sich demnächst zum Kaiser zu begeben, und danke Gott, daß er ihr heißes Flehen erhört habe. Auch der Kaiser möge die Größe des Augenblicks empfinden, da sie, die beiden großen Monarchen, sich vor dem allerhöchsten Herrn zu seinem Dienst vereinigten! Sie hoffe, daß dieser neue Friede wirklich fest und dauernd bleibe und empfehle den Admiral als einen Mann von Treue und Ehre.

Unter solchen Umständen erfolgten in den Tagen vom 6. bis zum 10. September die eigentlichen Entscheidungen. Am 10. verließ der Kaiser das Marnetal und bog nordwärts nach Soissons ab. Vorher, am 7., hatte er den Bischof von Arras zum König von England gesandt, noch in der Fiktion völliger Handlungsfreiheit, aber mit dem sehr bestimmten Begehren, entweder sofort gleich ihm auf Paris zu ziehen oder seine Zustimmung zu Verhandlungen zu geben. Auf die Rückkehr dieses Boten sollte man lange und fast verzweifelt warten. Als er endlich am 19. September wieder eintraf, war alles erledigt.

Aber zwischendurch ging es oft heiß her. Dreimal, schrieb Karl an Marie, sei man dem Abbruch ganz nahe gewesen. Um Einzelheiten, wie um Hesdin, habe man hitzig gekämpft; die Unterhändler behaupteten, die Preisgabe könne man dem Dauphin nicht zumuten. In der Tat, hier lag, wie Karl früh geahnt hatte, das Hauptproblem — einen Frieden zustande zu bringen, der den König, den Dauphin und Orléans gleichzeitig befriedigte. Der Herzog von Orléans sollte die Früchte des Friedens pflükken, der König brauchte und wollte den Frieden; den Dauphin mußte man schonen; in der Tat hat er später protestiert. Aber der Friede wurde geschlossen.

Und zwar in doppelter Form. Zunächst in einem großen ostensiblen Friedensinstrument, in dem die alten Bestimmungen von Madrid und Cambrai, ohne ausdrückliche Bezugnahme darauf, wörtlich verarbeitet waren mit den Punkten, auf die es jetzt ankam. Und das waren: Eine Türkenhilfe Frankreichs mit 10 000 Mann und 600 schweren Reitern, Restitution alles dessen, was beiderseits seit der Waffenruhe von Nizza 1538 erobert war, Rückgabe und Schleifung auch des lothringischen Stenay, Heirat des Herzogs von Orléans mit der Infantin — um mit ihr nach dem Tode des Kaisers die Niederlande zu erben — oder mit der jetzt sechzehnjährigen Erzherzogin Anna von Österreich, die ihm nach Vollzug der Ehe in Jahresfrist Mailand zubringen sollte. Die Entscheidung über diese Alternative wollte der Kaiser in vier Monaten geben, da er dazu erst den Prinzen Philipp und Ferdinand fragen müsse.

Die Arbeit an diesem sehr umfangreichen Aktenstück zog sich natürlich über Tage hin, und man ist erstaunt, daß es überhaupt in einer guten Woche zu Papier gebracht werden konnte. Um so mehr als nach beachtenswerten Nachrichten auch noch Abmachungen in bezug auf Streitigkeiten um Nordamerika zustande kamen. Neben den französischen Piraten, denen schon einmal eine kostbare Sendung des Hernando Cortes zum Opfer gefallen war, beklagten sich die Spanier über Eingriffe in ihre kolonialen Rechte durch die neuerdings wieder unternommenen Versuche des Jacques Cartier und des Gouverneurs Roberval, in Canada Fuß zu fassen. Jetzt verzichteten die Franzosen ausdrücklich auf die Fortsetzung dieser Politik und versicherten in einem besonderen Aktenstück, daß sie „fortan die Rechte der Spanier und der Portugiesen auf alle indischen Länder" respektieren würden.

Die Hauptsache blieb aber doch der schon von den Zeitgenossen vergebens umspürte Geheimvertrag von Crépy, den wir seit kurzem im Wortlaut kennen. Darin wurde ausdrücklich die Hilfe des Königs von Frankreich zur Abstellung der Mißbräuche in der Kirche, zur Beschickung des Konzils (sehr lehrreich: in Trient, Cambrai oder Metz), sowie zur Zurückführung der deutschen Protestanten in den Schoß der Kirche feierlich versprochen. Sollte dieses nur mit Gewalt möglich sein, dann mit dem gleichen Aufgebot, wie es im Hauptvertrag für die Türkenhilfe vorgesehen war. Weiter, Hilfe zur Rückgabe von Marano, von Savoyen und der „kaiserlichen" Stadt Genf an den Herzog, auch hier zur Herstellung des wahren Glaubens. Endlich die Verpflichtung, keinen Frieden mit England einzugehen ohne den Kaiser — ja, schlimmstenfalls dem Kaiser gegen England zu helfen.

Am 18. September traf die Nachricht von dem Falle von Boulogne ein, der am 14. erfolgt war. Das war vielleicht der letzte Druck auf die Franzosen zum Vollzug der Verträge. Die Ausfertigung des Geheimvertrages durch König Franz in Meudon vor Paris hat das Datum des 19. September. Am selben Tage schrieb Karl an Marie aus Crépy nahe bei Laon, daß er dieses Aktenstück, das eine einseitige Verpflichtung des Königs enthielt, in der authentischen Form durch den Herzog von Orléans soeben erhalten habe. Der Geheimvertrag nennt als Tag des Abschlusses schon den 14. September. Damals war der Kaiser noch in Soissons, und der Text des ostensiblen Vertrages im Nachlaß des Viglius van Zwichem in Göttingen hat in der Tat die Bemerkung „aufgesetzt in der Abtei St. Nicolas in den Weinbergen bei Soissons, aber signiert in Crépy unter dem 18. September". Vom Kaiser beschworen wurde der Vertrag am 19. September. Anscheinend hatte man beiderseits diesen Tag als Termin für die Unterzeichnung verabredet.

Am 20. Juli hatte der Kaiser seiner Schwester geschrieben, seine Mittel würden nur noch bis zum 25. September reichen. Genau eine Woche vorher stand er am Ziel. Und das war nun doch etwas anderes als Tunis oder Venloo! Jetzt brachte er Madrid (wenn auch ohne Burgund) und Cambrai mit all ihren Verzichtleistungen aus eigener Kraft heim. Jetzt erstreckte sich zum ersten Male die Abmachung auch auf die überseeischen Lande und die Kirchenpolitik. Jetzt war er zum ersten Male auch gegenüber Frankreich selbst Soldat, Feldherr, Diplomat und Kaiser. Denn so hieß es im Geheimvertrag, daß der König dem Kaiser helfen wolle zur Zurückführung der Abgewichenen und zur Reformation der Kirche, „da das eine Angelegenheit seiner Hoheit und kaiserlichen Würde" sei. Der König werde dazu helfen, sofort oder so oft der Kaiser rufe, wenn es sein müsse, auch in Waffen „auf Erfordern des Kaisers".

11. DER SCHMALKALDISCHE KRIEG, DAS REICH UND DAS KONZIL

Der welthistorische Gegensatz zwischen Karl V und den deutschen Protestanten war so tief, daß er auch das individuelle Bild des Kaisers nur zu sehr durchfärbt hat. Man denkt dabei zumeist und mit Recht an das Universale im Gegensatz zu dem Landesherrlichen in Staat und Kirche. Doch war auch das eigentlich Katholische in Dogmatik und sittlicher Lebenshaltung in ihm so beispielhaft ausgebildet, daß man noch heute die Laienfrömmigkeit und Lebensführung des vorreformatorischen Zeitalters nicht vollkommener und intimer kennen lernen kann als in seinen Gedanken, seinen Gewissensbedenken, seiner Ausdrucksweise und seinen gehäuften kirchlichen Werken.

Indessen ist damit doch nur die eine, der Reformation entgegengesetzte Seite seines Wesens gekennzeichnet. Innerhalb seiner eigenen Welt erscheint er dem unbefangenen Beobachter mit verschobener Front. Da gehört er an die Seite derjenigen Figuren unserer Vergangenheit, die man sonst gewohnt ist neben Luther zu stellen, dieser deutschen Kaiser und Könige, die wie Karl der Große, Heinrich IV und die Hohenstaufen zeitlebens das Recht des Reiches und der Laien verfochten haben gegen die römische Hierarchie. Bei ihm war dieses Verhalten gedämpft, wie alle seine zögernden Schritte, scheu im Hinblick auf geheiligte Autoritäten, nicht so grundsätzlich bewußt wie bei Gattinara und Mendoza, aber gleichwohl unverkennbar. Die Wurzeln lagen auch bei seinen Räten keineswegs allein in machtpolitischer Einstellung; bei ihm selbst gewiß vorwiegend und deutlich zunehmend in dem Bewußtsein höherer Berufung, wie es den Fürsten beider Konfessionen in dieser Periode beginnender Säkularisierung auch sonst innewohnte.

Waren in diesem Sinne die deutschen Stände nicht trotz ihrer Abweichungen in Lehren und Bräuchen Bundesgenossen gegen das verweltlichte italienisch-kirchenstaatliche Papsttum? Hatte er sie nicht seit Beginn seiner Regierung oft genug in diesem Sinne ausgespielt? Forderten nicht auch sie immer wieder das Konzil, das er zur Abstellung von Mißbräuchen, vielleicht auch zur Anerkennung der kirchlichen Eigenstaatlichkeit seiner

Reiche selbst für nötig hielt? Verglichen mit diesem ewig feindseligen Könige von Frankreich, der seine Ketzer erbarmungslos verfolgte, aber mit Türken und Protestanten verbündet dem Konzil die allergrößten Schwierigkeiten entgegenstellte, oder mit diesen altkirchlichen Fürsten, die dem Hause Habsburg so offen widerstrebten, mußte er ihnen wahrhaftig oft nahe genug erscheinen. Daher das immer wiederholte Zögern, daher sein Verständigungswille und seine wechselnden kirchenpolitischen Verbindungen. Denn keine Politik auf dieser Welt hat völlig gleichgestimmte Partner; sie kann jeweils nur die Breite der Berührungsflächen abtasten, die sie nach den verschiedenen Seiten in wechselndem Maße besitzt. Deshalb muß alle Politik stets von derjenigen Aufmerksamkeit begleitet sein, der man mit dem Worte Mißtrauen eine unnötige moralische Schärfe gibt.

Mit der Idee des Reiches, die der Kaiser gegen das Papsttum ebenso vertrat wie die Rechte des modernen Staates, rückt seine Politik uns unter dem nationalen Gesichtspunkt noch näher. Denn damit war, wie Luther von Haus aus richtig empfand, auch der Gedanke der deutschen Einheit unmittelbarer verknüpft als mit dem Landfürstentum, das die beiden alten Einheiten zerriß und letzten Endes genau so dynastisch und international sein konnte wie der Kaiser — mochte es immer die kaum noch geahnte Wiege des deutschen Staates der Zukunft sein und den politischen Protestantismus ebenso wie den religiösen umschließen.

So komplizierte sich der Lebenskampf dieses Kaisers immer mehr, wenn er über all den europäischen Schwierigkeiten in Deutschland gegen einen Teil der Stände die Kircheneinheit, gegen alle die Reichseinheit und die Stärkung der kaiserlichen Macht anstrebte. Es war sein Schicksal, daß er so oft auf einem Gebiete triumphierte und dann glaubte, nun auch die anderen Aufgaben lösen zu können, die ihm in vagen Umrissen, aber doch leuchtend vor Augen standen.

Protestantenkrieg, Reichstag oder Konzil?

Für den Kaiser war der Friede mit Frankreich die Bedingung jeder durchgreifenden Ordnung der deutschen Verhältnisse. Aber der Friede war jetzt belastet mit dem Fortgang des englischen Krieges und für den Kaiser mit der Alternative Mailand oder Niederlande. Da wir das Verhältnis des Kaisers zu seiner niederländischen Heimat kennen, zugleich aber wissen, wie nachdrücklich ihm zeitlebens die Bedeutung Mailands für die Weltherrschaft eingehämmert war, verstehen wir seine Bedenken. Zunächst freilich übertönten die höfischen Besuche und Feste alle Sorgen. Schon einen guten Monat nach Crépy, am 22. Oktober 1544, zog die Königin

Eleonore von Frankreich tief befriedigt in ihre Geburtsstadt Brüssel ein, begleitet von dem Herzog von Orléans, den der Kaiser bereits als Sohn oder Neffen behandelte, und der sich als Mittelpunkt der europäischen Politik sehr wohl fühlte. Sie kamen mit stattlichem Gefolge, in dem sich auch die Favoritin des Königs, Madame d'Etampes, befand. Den Kaiser umgaben die Königin Marie, die Erzherzöge Maximilian und Ferdinand, sein Schwiegersohn Ottavio Farnese, der Vizekönig von Sizilien, Generale und Staatssekretäre, Ritter des Ordens, Kardinäle und Prälaten. Es gab eine Folge von Turnieren, Spielen und Tänzen — „des Herzens und Küssens war schon beim Empfang kein Ende". Wie sollte man da des Friedens nicht gewiß geworden sein! Den Abschluß bildete ein Austausch überschwenglicher Handschreiben, dann der Gegenbesuch in Frankreich durch den Vizekönig von Sizilien.

Der kaum 45jährige Kaiser erlitt bald nachher wieder heftige Gichtanfälle. In warme Tücher gewickelt, den Geschäften abhold, verstimmt, brütete er über der Alternative. Nach endlosen Beratungen und Denkschriften gab er, erheblich verzögert, Mitte Februar 1545 seine auch noch stark verklausulierte Entschließung, und zwar für Mailand und damit für die Ehe des Herzogs von Orléans mit einer Tochter Ferdinands. Allein man sagte am Hofe, „zwischen Lippe und Kelchesrand könne sich noch manches ereignen". Die Durchführung der Einzelheiten des Friedens machte ohnehin unsägliche Schwierigkeiten. Und wie, wenn der Herzog von Orléans den Vollzug der Ehe gar nicht erlebte? Dann stürzte das ganze Gebäude zusammen. Dann gab es keine Bindung Frankreichs an den Kaiser mehr; dann blieb nur der einzig überlebende Sohn des Königs, der jetzige Dauphin Henri, der einst mit seinem älteren Bruder vier Jahre Gefangener des Kaisers gewesen war und inzwischen gegen den Frieden von Crépy förmlich protestiert hatte. Das Verhältnis zu Frankreich hing also nur in dünnen Fäden. Schon spürte die Königin Eleonore wieder allerlei Verdrießlichkeiten, und im Kreise Granvelles befürchtete man eine neue französisch-englische Verständigung.

Noch freilich bediente sich der Kaiser neben der portugiesischen auch der französischen Unterstützung an der Pforte, wo Gerhard Veltwyk über Frieden oder Waffenstillstand in Ungarn und Siebenbürgen verhandelte. Noch bat auch Frankreich den Kaiser, niederländische oder deutsche Herren, wie Moritz von Sachsen, vom Kriegsdienst für England abzuhalten.

Mittlerweile hatte die neue große Stellung des Kaisers, wie so oft, auf die Kurie zurückgewirkt. Die kaiserlichen Räte taten alles, die Gunst der Lage zu halten. Sie kamen dem Hause Farnese verständnisvoll entgegen. Jetzt galt es, die Zustimmung des Kaisers zur Belehnung des Pier Luigi

Farnese mit Parma und Piacenza zu erwirken, was Frankreich ungern sah, da ihm die beiden Städte und ihr Gebiet als Zubehör von Mailand galten. Noch war darüber nichts entschieden, als nun wirklich die vom Kaiser in Crépy ausbedungene Konzilsforderung Frankreichs in Rom abgegeben war und die Kurie sich beeilte, ihr zu willfahren. Unter dem 19. November wurde die allgemeine Kirchenversammlung auf den 15. März 1545, den Sonntag Laetare, nach Trient ausgeschrieben. Das entsprach an sich dem Wunsch des Kaisers, brachte ihn im Augenblick jedoch in Verlegenheit, da er ja in Speyer die Regelung der Religionssache in Deutschland, und zwar auf dem nächsten Reichstage, versprochen hatte. Dieser sollte bald in Worms zusammentreten. Aber die Dinge verschleppten sich. Nach der vorläufigen Eröffnung am 15. Dezember 1544 kam man erst nach Ferdinands Eintreffen zur Proposition am 24. März und zu wirklichen Verhandlungen.

Als den Kaiser die Gicht allzusehr quälte und er humorvoll „auf einen Waffenstillstand mit ihr" kaum noch zu hoffen wagte, dachte er an seine Vertretung durch die Königin Marie. Ferdinand redete ihm das als unziemlich aus. So bestellte er neben seinen alten Kommissaren noch Granvelle und dessen Sohn, den Bischof von Arras, sowie erneut den Reichsvizekanzler Naves. Schließlich kam er doch selbst, am 16. Mai. Wie vor 24 Jahren forderte die Welt seine Entscheidung in der Schicksalsstadt der Reformation.

Am nächsten Tage, so war es vereinbart, erschien als päpstlicher Legat der Kardinal Farnese. Der Kaiser hatte ihn nicht erbeten, aber seine Entsendung durch Madruzzo angeregt. Er kam unter dem Vorwande der Türkenhilfe und brachte dafür, vielleicht auch für andere Zwecke, erstaunlicherweise bereits 100 000 Dukaten mit, die in Augsburg hinterlegt werden sollten. Dem entsprach der zuvorkommende Empfang. Sie wollten, scherzte der Kaiser, „die alten Konten vernichten und ein neues Buch anlegen". Dann wurden sie bald gesprächsweise weiter fortgerissen, als wohl eigentlich ihre Absicht oder ihr Auftrag gewesen war, so daß jenes schwierige Problem einer Behandlung der Religionssachen auf dem Reichstage neben dem bereits anberaumten Konzil durch ein viel aufregenderes ersetzt wurde, die Frage des Protestantenkrieges.

Es ist natürlich von dem allergrößten Interesse zu erfahren, in wessen Seele der Gedanke, nun wirklich die Waffen zu ergreifen, entstanden ist, und wer ihn zuerst ausgesprochen hat. Unsere an sich reichen Quellen geben darauf keine eindeutige Antwort. Karl hatte ihn schon 1530 unter wechselnden Umständen erwogen. Wir glauben auch, daß er ihn 1541 nach dem Scheitern des Religionsgesprächs von Regensburg bestimmter ins Auge faßte, aber im Testament für Philipp vom Mai 1543 fanden wir ihn doch noch schwankend. Wollten wir seinen Memoiren trauen, so gab ihm der Erfolg gegen Cleve den entscheidenden Antrieb. Aber die Memoiren haben die Dinge nach dem Erfolg später sichtlich vereinfacht. Als er vor kurzem durch seinen Gesandten Juan de Vega den Papst um Unterstützung anging, braucht er noch keine genaue Vorstellung davon gehabt zu haben, wann und gegen wen er Krieg führen wollte. Durch seine Aufspaltung der Protestanten hatte er sich ohnehin in merkwürdige Schwierigkeiten begeben. Aber schon in seinem ersten Gespräch mit Farnese scheint der Kaiser durch seine Klagen über die Hartnäckigkeit der Protestanten und durch Äußerung seiner Sorgen vor ihrer Offensive, über Württemberg und Braunschweig hinaus, den Kardinal zur Kriegsbereitschaft enflammt und aus der noch vorgeschützten Defensivstimmung den Offensivgedanken in sich selbst freigemacht zu haben.

Nach seinem Brief an die Königin Marie zeigte sich Farnese ganz überrascht von diesen Eröffnungen. Doch muß der Legat die Sache äußerst lebhaft aufgegriffen haben, denn binnen kurzem trat man in entscheidende Verhandlungen, die sich in den Tagen vom 22. bis zum 27. Mai abspielten. Es waren Tage der Hochspannung in allen Lagern. Gerüchte ohne Maß durchschwirrten die Luft. Es gab zu denken, daß ein sizilianischer Mönch in einer leidenschaftlichen Predigt den Kaiser in Gegenwart des Legaten auffordern durfte, nun endlich seine Hand zum Ketzerkriege zu erheben. Es wirkte auch nicht beruhigend, daß der Kardinal in der Nacht vom 27. auf den 28. Mai bei schwerem Gewitter plötzlich verschwand. Verkleidet und in höchster Eile ritt er nach Rom, wo er am 8. Juni eintraf.

Schon am 17. Juni fiel dort die Entscheidung mit dem großartigen Angebot seines päpstlichen Großvaters an den Kaiser auf Zahlung von weiteren 100 000 Dukaten sofort, auf Gestellung von 12 000 Knechten und 500 Pferden auf vier Monate, einer Bewilligung aus dem Vermögen der spanischen Kirche bis zu 500 000 Dukaten und fast derselben Summe aus ihren Einnahmen. So hatten die Eisen und Steine der Kette des Goldenen Vlieses in den Zunder der Kurie überraschend schnell ein glühendes Feuer geschlagen.

Der Nuntius Mignanello begleitete die mündlichen Darlegungen des Kardinals mit einem Gutachten, das alle Bedenken gegen die machtpolitischen Absichten des Kaisers hinwegräumte. Die Erwägungen der Kurie konnten in der Tat nicht einfacher sein. Kam es jetzt zum Protestantenkrieg, so war man des gefürchteten Konzils ledig, niemand drängte mehr auf unerwünschte Reformen, der Kaiser wäre abgelenkt und würde den verbündeten Farnese in Italien gern freie Hand lassen. Das waren so große Vorteile, daß man alle Gefahren in den Kauf nehmen durfte.

Die Erwägungen des Kaisers waren weniger bequem und zuversichtlich. Zwar sah auch er einige Wochen offenbar dem Gedanken des Krieges ernstlich ins Gesicht, weil er sich seit Jahrzehnten sowohl gegenüber den Türken, wie in Italien und gegenüber Frankreich nicht in so glücklicher und gesicherter Lage befunden hatte. Wohl auch, weil er bei dem Papste ein so brennendes Interesse und eine so wirksame Unterstützung fand. Vielleicht war es ihm sogar erwünscht, daß er jetzt in dem Konzil gleichzeitig ein zweites Druckmittel gegen die Protestanten besaß; vielleicht konnten nach dem alten Wortspiel Kanones und Kanonen zusammenwirken.

Und doch stellten sich dem sofortigen Beginn des Krieges nur zu bald die größten Schwierigkeiten entgegen. Mit Bayern, an das man sich schon damals von Regensburg aus anlehnen wollte, kam man nicht so rasch zum Ziele. König Ferdinand und Marie warnten. Die Königin berief sich auf die Geschichte Kaiser Sigismunds, der noch ganz Ungarn besessen und weniger Feinde gehabt habe, gleichwohl mit den Böhmen nicht fertig geworden sei. Auf Frankreich und den Papst sei kein Verlaß; England und Dänemark würden den Protestanten helfen und diese schlimmer machen als Hunnen und Vandalen, die einst aus derselben Wetterecke gekommen seien und alle Provinzen ruiniert hätten.

Sah man näher zu, so war doch auch der Kaiser keineswegs gerüstet und die Jahreszeit im Vorschreiten. Später beklagte er sich heftig darüber, daß der Papst sofort „die Trommel gerührt", die Mobilmachung begonnen, den Ottavio Farnese zum Gonfaloniere der Kirche bestellt und damit die gemeinsamen Pläne ruchbar gemacht habe. Er behauptete, sich selbst und seinen Bruder, aber auch den Kardinal Farnese auf die Geheimhaltung eidlich verpflichtet zu haben. Wie immer er aber bei sich und nach außen den Wechsel begründete, jedenfalls entschloß er sich schon Anfang Juli, den Krieg für dieses Jahr abzublasen. Granvelle schrieb darüber am 8. Juli sehr vertraulich an die Königin Marie, der Kaiser habe seinen Kavalier Andelot nach Rom gesandt zur Begrüßung seiner Tochter und diese Gelegenheit benutzt, um von der Kurie Aufschub und den Entwurf eines Vertrages zu erbitten. In Deutschland bemühte man sich, den schlechten Eindruck von dem, was durchgesickert war, nach Möglichkeit wieder auszugleichen.

Wir kennen den bedächtigen Kaiser zu gut, um nicht zu verstehen, daß ihm bei dem Temperament der Kriegsfreunde bald unbehaglich geworden war. Aber unzweifelhaft hatte er sich durch das unzeitige Vorprellen und das nachträgliche Zurückziehen die Lage ganz außerordentlich erschwert. Denn die Protestanten ließen sich nun nicht mehr überraschen, was die Farnese offenbar beabsichtigt hatten, und bei diesen konnte neues Mißtrauen das ursprüngliche Feuer gar zu leicht dämpfen. In bezug auf die Religionsverhandlungen in Worms aber, und als sie schließlich nach Regensburg verschoben waren auch für den Reichstag selbst, war der rasch eingewurzelte Argwohn nicht mehr zu überwinden. Endlich und vor allem erhob sich unter erschwerten Umständen wieder die alte Frage nach dem möglichen Verhältnis derartiger Religionsverhandlungen zu dem allein dafür zuständigen Konzil. Wenn der Papst jetzt seine Zustimmung dazu gab, so war das entweder ein bewußt gleißnerischer Schein oder eine unverzeihliche Schwäche gegenüber dem Kaiser um der politischen Vorteile willen für das Haus Farnese. Beides haben Zeitgenossen und nachlebende Historiker vermutet. Auch dem Kaiser hat man in diesem Sinne ein falsches Spiel zugetraut.

Vergegenwärtigen wir uns die Lage.

Der Kaiser hatte in Speyer Verhandlungen über die Religionsfrage auf dem nächsten Reichstag zugesagt, und Melanchthon erwartete mit ängstlicher Spannung deren Verlauf. Der Kaiser hatte damit den Anschein friedlicher Gesinnung zur Schau getragen und die Protestanten getäuscht, die freilich auch ihrerseits aus Klugheit oder Ermüdung gute Worte nicht sparten. Nach den bisherigen Erfahrungen konnten beide Teile solche Verhandlungen unmöglich noch für aussichtsreich halten. In der Tat benutzte der Kaiser sie jetzt weniger, um es nochmals friedlich zu versuchen, als um die Protestanten hinzuhalten.

Aber auch nach der anderen Seite überspannte er um seiner taktischen Zwecke willen die Linie billiger Forderungen. Ernsthafte Religionsverhandlungen neben einem Konzil waren eine Unmöglichkeit. Anders, solange das Konzil noch nicht eröffnet war oder sich von dogmatischen und disziplinären Entscheidungen fernhielt, um sich auf die Reformen zu beschränken. Eben dieses wäre dem Kaiser innerlich das Liebste gewesen. Er rechnete außerdem noch mit all dem Unfertigen, mannigfach Abgetönten in dem damaligen deutschen Protestantismus, dessen tiefere halb religiöse, halb politische Lebenskräfte ihm verborgen blieben. Er glaubte, die einen noch gewinnen zu können und die anderen durch ihre Ablehnung von Gespräch oder Konzil ins Unrecht zu setzen oder weiter zu entzweien; vor allem, den Krieg damit vielleicht doch noch zu vermeiden. Er begriff nicht, was er allen Teilen zumutete, und wie unwürdig die Lage einer allgemeinen Kirchenversammlung werden mußte, wenn sie ihre Uhr schlechthin nach der seinigen stellen sollte.

Ist es verwunderlich, daß Zeit und Nachwelt vielfach die allzu fein gesponnene Politik des Kaisers verschlagen nannten? Daß die Legaten am Konzil, besonders ihr fleißiger Sekretär Massarelli, sich in dieser tatenlosen Muße von Trient in hellen Zorn hineinredeten? Dazu gefiel sich die kaiserliche Diplomatie darin, mit diesen hilflosen Legaten zu spielen. Empfahlen sie die Verlegung des Konzils, so sagten ihnen Madruzzo oder Don Diego Mendoza, damit würden sie nur eine Verlegung nach Deutschland herbeiführen. Drangen sie auf Eröffnung ihres Konzils, so beschied man sie, der Kaiser halte es für besser, zu warten.

Das Bedürfnis des Kaisers, die Protestanten zu beruhigen, ihnen das Religionsgespräch als ein Entgegenkommen hinzustellen, im Reichstagsabschied Papst und Konzil unerwähnt zu lassen, hatte im übrigen nur zur Folge, daß die Altkirchlichen, die er doch auch brauchte, sich um so ablehnender verhielten. Der Kaiser hatte schon die Anberaumung des neuen Religionsgespräches nach Regensburg auf den bevorstehenden 30. November nur aus eigener Machtvollkommenheit in den Abschied vom 4. August einsetzen können. Es war ein von Kurpfalz gewiesener Ausweg gewesen, den Protestanten eine Nationalversammlung anzubieten, über deren Beschlüsse dann das Konzil entscheiden möge. Der Vorschlag war zum Religionsgespräch verkümmert und so angenommen. Aber der Kaiser täuschte sich, wie so viele seinesgleichen, wenn er die Zugeständnisse, die er empfing, für ernsthafter hielt, als diejenigen die er machte.

Obgleich der Reichstagsabschied von Worms eigentlich schlimmer war als derjenige von Speyer, schwieg die Kurie. Angesichts der eben noch fast greifbaren Aussicht auf den Krieg hätte ihr die Gefahr einer friedlichen Lösung doppelt groß erscheinen müssen. Allein es erging kein zweites Tadelsbreve. Dafür hatte sich das Haus Farnese inzwischen selbst geholfen, und der Kaiser ließ es geschehen, daß der Papst von seinem Sohne Pier Luigi für die Kirche die kleinen Herrschaften Camerino und Nepi gegen das Fürstentum von Parma und Piacenza „eintauschte". Bald danach, am 27. August, gebar die Kaisertochter Margarete Zwillinge, die auf den Namen der beiden Großväter getauft wurden; von ihnen sollte Alessandro einmal eine welthistorische Figur werden. Burgund und Farnese schienen aufs innigste verbunden.

In diesem Spätsommer 1545 gab es mit neuen Hoffnungen und Verlusten auch sonst neue Möglichkeiten. Am 8. Juli wurde dem Prinzen von Spanien sein erster Sohn Don Carlos geboren, was in Trient dem Bischof von Bitonto Gelegenheit gab zu einer ganz überschwenglichen Predigt auf das erlauchte Kaiserhaus. Aber Philipp verlor seine portugiesische Gemahlin im Wochenbett; mit 18 Jahren wurde er zum ersten Male Witwer. Nicht lange nachher, am 9. September, starb der Herzog von Orléans. Der Kaiser war vor sich selbst so ehrlich, in seinen Memoiren hinzuzusetzen „von Gott gegeben". Nun war er auch die Alternative los. Er brauchte nichts herzugeben in dem Augenblicke, wo er nach dem Letzten verlangte. Immerhin schien es ihm gut, Verstimmungen aufzufangen, und

443

so beauftragte er schon am 15. September seinen Gesandten St. Mauris, die Königin zu bitten, wegen einer Verbindung der Prinzessin Margarete mit dem Prinzen Philipp zu sondieren. Eleonore hatte sich inzwischen schon für ihre eigene Tochter bemüht, und auch der Kaiser behandelte weiterhin die prinzliche Ehe lässig.

Um so eifriger zeigte sich die französische Politik. Sie erhob nebenher natürlich ihre alten Forderungen auf Mailand, und der Kaiser sah sich wieder zurückgeworfen auf eine Verteidigung des Friedens. Granvelle faßte die Erörterungen eines erweiterten Staatsrats über die Folgen, die der Tod des Herzogs von Orléans für die Abmachungen von Crépy haben müßte, dahin zusammen, daß die vertragschließenden Fürsten nichts anderes gewollt hätten, als einen ewigen Frieden. Infolgedessen könne der Vertrag nicht dadurch hinfällig werden, daß Gott gegen ihre Absicht und ohne ihre Schuld etwas anders gefügt habe, als sie erwarteten. Das wäre so, meinte er, wie wenn eine abgetretene Stadt durch ein Erdbeben plötzlich vom Erdboden verschwände; sie könne unmöglich den beschworenen Vertrag mit sich hinabreißen.

So leichten Kaufes ließen die Franzosen denn doch den Kaiser nicht im Genuß der Erfolge von Crépy. Bald lagerte wieder der alte Druck über den Mächten. Er trieb zu längst verbrauchten Mitteln. Noch waren Mary von England, Margarete von Frankreich und Jeanne d'Albret unvermählt. Außer dem Prinzen von Spanien boten die Söhne und Töchter Ferdinands, wie bisher, unbegrenzte Möglichkeiten. Das Haus Farnese war durch Parma und Piacenza, die der Kaiser lieber unmittelbar an seinen Schwiegersohn Ottavio gebracht hätte, keineswegs gesättigt. Die savoyische Frage war ungelöst. Vollends die englische. Am Kaiserhofe sah man sich vom November ab hineingezogen in eine französisch-englische Vermittlung, die gleichzeitig von protestantischen Gesandtschaften angestrebt wurde. Schließlich diente doch alles nur dazu, nach jeder Seite hin die Gelegenheiten abzufühlen und zu nutzen.

Der Kurie war das immer noch nicht eröffnete Konzil in Trient unbequem. Für seine Verlegung oder Vertagung war sie zu den merkwürdigsten Zugeständnissen bereit. Dagegen schien der Kaiser seine aufschiebenden Forderungen fallen zu lassen, um das Konzil überhaupt zu halten. Ein empfänglicher Diplomat wie Juan de Vega in Rom mochte dadurch zu einer Denkschrift veranlaßt werden, die ein befremdendes Verständnis für die Wünsche der Kurie zeigte, dafür aber in Erwägung zog, daß man unter Mitwirkung des Papstes aus dem deutschen Reich ein Erbreich für das Haus Habsburg machen könnte, und durch ein Bündnis zwischen Papst, Kaiser und Frankreich in Deutschland, England und Ungarn neue Ordnungen schaffen.

Politische Träumereien solcher Art oder hinhaltende Verhandlungen füllten die Depeschen und Audienzen. Die Linie des Geschehens aber lief über Trient und die Frage des Protestantenkrieges.

Weltliche und geistliche Rüstungen 1545

„Die Welt soll erkennen, daß es an uns nicht liegt", sagte Paul III am Abend des 30. Oktober zu seinem Berater Luigi Beccadello, als er sich anschickte, das vor zehn Jahren ausgeschriebene, dreimal hinausgeschobene und vor einem halben Jahre anberaumte Konzil nun endlich eröffnen zu lassen. Die Freunde der Kirche hatten dazu gedrängt. Man wählte den dritten Adventssonntag „Gaudete" als passendes Gegenstück zum Sonntag Laetare, dem verflossenen Einberufungstage. Die Legaten, die den Bescheid erst wenige Tage vor dem 13. Dezember erhielten, atmeten auf.

Das Konzil konnte nun in Tätigkeit treten. Es sollte die Bischöfe der Christenheit vereinigen unter dem Vorsitz päpstlicher Legaten. Paul III hatte dazu die Kardinäle Giovanni Maria del Monte, Marcello Cervino und den Engländer Reginald Pole berufen. Monte war der eigentlich repräsentative Präsident, während Cervino als der besondere Vertrauensmann der Farnese galt. Monte hatte in einem Entwurf zur Instruktion für die Legaten vorgeschlagen, die Bischöfe nach den vier Nationen der Spanier, Franzosen, Deutschen und Italiener in gesonderten Quartieren unterzubringen. Zur deutschen Nation rechnete man den ganzen Norden und Osten. Allein wegen Unterbringung der Prälaten brauchte man sich noch sehr lange keine Sorge zu machen. Außer einigen Neapolitanern und Spaniern, die der vornehme Bischof von Jaën, Pedro Pacheco, führte, waren nur vier Franzosen erschienen, und von der deutschen Nation, der doch das Konzil eigentlich galt, nur der Weihbischof von Mainz, Michael Helding, der auch nur mit Mühe zurückgehalten wurde, als er Anstalten machte, zum Kolloquium nach Regensburg zu fahren. Dazu eine Anzahl von Bischöfen aus dem Kirchenstaat und Oberitalien. Neben den Bischöfen einige Ordensgenerale und Äbte, denen man nach Verhandlungen auch Sitz und Stimme zubilligte. In Begleitung der Prälaten ein paar Theologen von Rang.

Am meisten zu wünschen ließ die Vertretung der weltlichen Mächte. Von Bedeutung war nur der Orator des Kaisers, Don Diego Hurtado Mendoza, zugleich Gesandter in Venedig, wie alle Vertreter seiner Politik gegenüber der römischen Kurie ein vornehmer Castilianer. Es entsprach seiner Abkunft, daß er auch unter den Waffen gestanden hatte. Aber als Schüler des Petrus Martyr Anglerius war er zugleich Humanist geworden, Literat und Gelehrter. Darf man ihn als Verfasser des *Lazarillo de Tormes,* jenes ersten spanischen Schelmenromans betrachten, also der Selbsterzählung eines dummdreisten Burschen, so hätte er schon als junger Mensch seine Umwelt mit hellen Augen gesehen und mit festen Strichen karikiert — diese toten Kleinstädte mit dem armen Hidalgo, der ein Haus ohne Möbel bewohnt und nicht bezahlt, dafür in seinem einzigen guten Anzug spazieren geht und Besuche macht, den törichten aber gutmütigen Betschwestern, dem wohlsituierten und verdorbenen Erzpriester, den geschäftigen Notaren und anderen Figuren des täglichen Lebens. Seinen Aufenthalt in Venedig benutzte Mendoza zur Vervollständigung seiner auserlesenen Bibliothek, die ihm mehr wurde als Zierstück und Mode. Wir hörten schon seine historischen Argumente aus der Lektüre des Sueton, geleitet von dem Freimut des Granden und dem Machtbegehren des Spaniers. Das weltläufige und kirchenpolitisch unabhängige Venedig mochte der rechte Boden sein für die geistige Entfaltung dieses Diplomaten im Dienste eines universalen Kaisers.

In Trient vertrat Mendoza die uns bekannten, den Legaten durchaus unbequemen, aber zur geistlichen Rüstung des Kaisers gehörigen Forderungen entweder entschlossener Reform oder geduldigen Abwartens, bis der Kaiser nach dem Stande seiner Verhandlungen des Konzils in einer bestimmten Form bedürfe. Leider war Don Diego öfter durch Fieber behindert und von Trient abwesend. Man kann nicht sagen, daß das kaiserliche Kabinett dem Konzil diejenige gleichmäßige Aufmerksamkeit schenkte, die es im Rahmen der kaiserlichen Politik und angesichts des Schwergewichtes seiner Leitung bedurfte. Die kaiserlichen Bischöfe waren nur zu oft ohne Instruktion. Aber wenigstens neben Mendoza bestellte der Kaiser noch eine Persönlichkeit, die auch sonst für die italienische Politik erwünscht schien. Das war ein anderer Castilianer aus großem Hause, der jedoch als Kleriker und seinem Wesen nach eine abweichende Spielart kirchenpolitischen Denkens vertrat. Don Francisco Alvarez de Toledo entstammte der gleichen Familie wie der Herzog von Alba; er war Neffe des Vizekönigs von Neapel und deshalb Vetter der Herzogin von Florenz. Daß er durch seinen Verwandten Don Enrique de Toledo, den vertrauten Kammerherrn des Kaisers, dessen engstem Kreise nahe stand, bedeutet noch nicht, daß er gegen Mendoza der treuere Interpret kaiserlicher Anschauungen gewesen wäre. Denn den Kaiser umgaben sehr verschieden geartete Persönlichkeiten, und es war seine Größe, daß er sie alle ertrug und meisterte. Toledo und de Vega vertraten die kurienfreundliche Richtung.

Indessen versuchte damals den stärksten Einfluß auf den Kaiser auszuüben sein Beichtvater Pedro de Soto, der zu den schroffsten Aktivisten gehörte, aber der Kurie keineswegs kritiklos gegenüber stand. Die Berichte der Nuntien sind voll von ihm und seinem Eifer für den Protestantenkrieg. Daß der Kaiser ihm Widerstand entgegenstellte, wissen wir. Er scheute diesen Krieg aus mancherlei Gründen. Wenn aber seine letzten und allerletzten Versuche gütlichen Zuredens oder entgegenkommender Bedingungen, wie er sie verstand, fruchtlos sein sollten und der Krieg unvermeidlich zur Erhaltung seines kaiserlichen Ansehens, dann wollte er ihn gründlicher vorbereitet haben als im letzten Sommer; dann wollte er auch das Moment der Überraschung wiedergewinnen; dann sollte vor allem der Vertrag mit dem Papste möglichst günstig sein.

Über diesen verhandelte man ein ganzes Jahr lang durch Gesandte, Briefe und Beratungen. Die Kurie beriet in Kongregationen und mit dem Gesandten de Vega, dessen fromme Gemahlin, eine Osorio, zu den ersten hingebenden Verehrerinnen des Ignatius von Loyola gehörte. Jetzt und später zeigte sich auch de Vega selbst weich und entgegenkommend. In dieser Luft atmete sein Sekretär Pedro Marquina, der zum Träger der weiteren päpstlich-kaiserlichen Verhandlungen werden sollte — daran freilich wie sein Herr scheiterte.

Der Kaiser hatte an dem ersten Entwurf vieles auszusetzen. Daß in der Einleitung angesichts der Kriegsbereitschaft der beiden höchsten Häupter der Konzilsgedanke zurückgeschoben war, lehnte er ab, um dem Papste nicht die Handhabe zu bieten, sich des Konzils ganz zu entledigen. Er beanstandete auch die Beschränkung seines Rechtes auf Verhandlungen mit den Protestanten, wie er denn an seinem Religionsgespräch in Regensburg nochmals gegen den Papst festhielt. Über die materiellen Dinge, die Höhe der päpstlichen Barleistung von 200 000 Dukaten oder mehr, über den Verkauf aus dem spanischen Klostervermögen, die Verpflichtung des Papstes zur Gestellung seiner Truppen auf sechs, statt nur auf vier Monate, wurde heftig hin und her gestritten. Das gab Verzögerungen und Ärger. Im Gegensatz zu der Windeseile, mit der Alessandro Farnese im Mai 1545 binnen vierzehn Tagen die entscheidende Zustimmung des Papstes erwirkt hatte, ließ man in Rom den Kaiserhof mit Ungeduld auf die Rückkehr von Andelot und mit derselben Spannung auf das Kommen von Marquina warten, der am 3. Oktober endlich eintraf und trotz erneuter schleuniger Abfertigung erst nach zehn langen Wochen, am 27. Dezember zum zweiten Male an den Kaiserhof zurückkehrte. Nun zögerte freilich auch der Kaiser seinerseits fast die ganze erste Hälfte des nächsten Jahres mit dem endgültigen Vollzug des Vertrages — wie er am 30. Januar seinem Bruder schrieb und auch den Nuntien mitteilte: um die katholischen Fürsten nicht zu umgehen.

In der Zwischenzeit rangen die uns bekannten inneren und äußeren Kräfte um seine Seele. Pedro de Soto griff zur Feder, um in einer berühmten Denkschrift dem Kaiser zuzureden, seine Bedenken gegen den Vertrag und den Krieg fallen zu lassen. Er argumentierte, man dürfe nicht daran zweifeln, daß das Unternehmen glücklich durchgeführt werden könne. Die protestantischen Theologen und Fürsten seien untereinander zerfallen, der Schmalkaldische Bund nicht so stark, wie man glaube; zwischen Fürsten und Städten seien Entfremdungen eingetreten, die Städte und ihr Handel auf die Länder des Kaisers angewiesen. Den einzigen Führer, den Landgrafen, könne man vielleicht irgendwie aufheben lassen! Seine Erfolge gegen Braunschweig würden überschätzt; der Herzog habe seine Gefangenschaft der eigenen Kopflosigkeit zuzuschreiben. Auf der kaiserlichen Seite aber stehe Gottes Sache, und den Protestanten könne man nur Abias Wort gegen das Heer des Jeroboam zurufen: „Streitet nicht wider den Herrn, den Gott Eurer Väter, es ist doch vergeblich!" Die Fesseln, die der Papst dem Kaiser im Vertrage anlegen wollte, seien nicht schwer und zur Not abzustreifen. Wenn die Protestanten in der Hauptsache Zugeständnisse machen würden, und der Papst sich dann weigere, für die Nebendinge Dispense zu erteilen, so verletze er den Geist des Vertrages. In diesem Falle könnten gegen den Nachfolger Petri die Urteile von gelehrten und verständigen Leuten angerufen werden. Der Beichtvater ging so weit, zuzugestehen, daß das Mißtrauen des Kaisers gegen den Papst berechtigt sei, da dieser vor allem für sein Haus sorge. Aber, fügte er hinzu, er könne ihn doch „nicht für so diabolisch halten, daß er den katholischen Glauben vernichten wolle, indem er den Kaiser in ein großes Unternehmen treibe und später im Stiche lasse".

Daß gerade diese Befürchtung sich verwirklichen sollte, stellt bei aller Anerkennung seiner Weltkenntnis doch der Prophetengabe des Beichtvaters kein gutes Zeugnis aus. Der Kaiser war denn auch weit entfernt, ihm ohne Bedenken zu folgen; ja, wie er de Vega als Gesandten in Rom schon im Herbst durch Diego Mendoza ersetzte, so hat er zwei Jahre später auch den Pedro de Soto wieder aus seinem Dienst scheiden lassen, mag er auf ihn auch während des Krieges gelegentlich noch gehört haben.

Die Verhältnisse in Deutschland aber, auf die Soto mehrfach anspielte, richten unsere Blicke noch einmal auf die Protestanten und ihre Kriegsbereitschaft.

Der plänereiche und unruhige Herzog von Braunschweig hatte im September und Oktober 1545 versucht, sein Land zurückzugewinnen, anfangs erfolgreich. Während der Belagerung von Wolfenbüttel aber nötigte ihn das Entsatzheer des Schmalkaldischen Bundes unter Führung des Landgrafen, diesem entgegenzuziehen. Der Kurfürst von Sachsen hatte sein

Kontingent dem Herzog von Lüneburg unterstellt. Moritz, nicht durch Bundeszugehörigkeit sondern nur durch persönlichen Vertrag seinem Schwiegervater zur Hilfe verpflichtet, folgte gerüstet dem Bundesheere, um womöglich zu vermitteln, was ihm nach allen Seiten hin das Sicherste dünkte. Zwischen Kalefeld und Northeim kamen sich die Truppen ganz nahe, die Schmalkaldischen in großer Überlegenheit. Moritz drängte seine Vermittlung dem widerstrebenden Landgrafen immer wieder auf, vergebens. Auf eigene Faust unternahm er sie gleichwohl. Am 19. Oktober traf er sich mit Heinrich in dem nahen Kloster Wiebrechtshausen und schlug ihm Bedingungen vor, die der Landgraf keineswegs gebilligt hatte. Als Heinrich auch diese ablehnte, war der Zusammenstoß in einem größeren Gefecht nicht aufzuhalten. Doch ließ sich der Kampf bald so unglücklich für den Braunschweiger an, daß er seine eigenen unbezahlten Leute nicht weniger zu fürchten hatte als die Gegner. Moritz übersah die Lage und forderte ihn nochmals zur Ergebung auf unter seiner Vermittlung. Die Ergebung erfolgte, aber die Bedingungen wurden vom Landgrafen abgelehnt. Das war das erste Mal, daß Moritz Vermittlung übel ausging und ihn selbst beiden Teilen entfremdete. Herzog Heinrich wurde samt seinem Sohn nach Ziegenhain in hessischen Gewahrsam gebracht.

Da Herzog Ludwig von Bayern im Frühjahr dieses Jahres gestorben war, fehlten dem katholischen Bunde, dessen Stunde zu schlagen schien, seit dem Herbste 1545 seine beiden Häupter. Die Schmalkaldischen triumphierten. Sie rüsteten zu einer Tagung in Frankfurt, auf der sie neuer Aussichten, allerdings auch gefährlicher innerer Schwächen ihrer Sache bewußt werden sollten. Moritz, der sich wohl konfessionell, wenn auch nicht bündisch zu seinen Glaubensgenossen bekannte, überreichte seinem Schwiegervater Gedanken über die Beilegung des Kirchenstreites, die wie ein Gegenstück zu den kaiserlichen Ideen anmuten: Neue theologische Ausgleichsversuche, ein Konzil auf deutschem Boden und, wenn alles scheitere, letzte Entscheidung durch einen Fürstenausschuß unter Vorsitz des Kaisers. Daß der Landgraf darauf nicht eingehen konnte, ist selbstverständlich. Allein man darf derartige Gedankengänge nicht übersehen, wenn man die immer noch abwartende Politik des Kaisers verstehen will.

Zu allem Überfluß überwarf sich Moritz gerade in dieser Zeit auch noch mit seinem ernestinischen Vetter, dem Kurfürsten Johann Friedrich, wegen allerlei territorialer Nichtigkeiten, hinter denen freilich eine tiefere Eifersucht der beiden Linien und bereits der Kampf um die reichen Stifte Magdeburg und Halberstadt lauerte — alles zusammen Grund genug, den jungen Herrn, ebenso wie Markgraf Hans von Brandenburg-Küstrin, den Schwiegersohn des gefangenen Braunschweigers, und den längst von

Granvelle umgarnten Albrecht Alcibiades von den Glaubensgenossen weg zum Kaiser zu ziehen.

Doch winkten den Schmalkaldischen auch große Aussichten. Sie tagten bis zum 6. Februar 1546, bemühten sich um ihre Bundesverfassung und verhandelten mit zwei rheinischen Kurfürsten über Anschluß oder Anlehnung. Der eine war Hermann von Wied, Kurfürst von Köln, der in den letzten Jahren unter Billigung seiner weltlichen Stände vorsichtig auf der Bahn einer maßvollen Kirchenreformation vorangeschritten war. Klagen des Domkapitels und der Universität hatten in Rom und am Kaiserhofe zu Warnungen und zur Einleitung eines Verfahrens gegen ihn geführt. Der Kaiser war hier, im Grenzgebiet seiner Erblande, ganz besonders empfindlich. Jetzt wandte sich der Kurfürst um Hilfe an die Schmalkaldischen in Frankfurt und an seine Mitkurfürsten.

An den Bund wandte sich auch Kurfürst Friedrich von der Pfalz, der am 17. Januar 1546 mit seiner Gemahlin, der dänischen Dorothea, das Abendmahl unter beiden Gestalten nahm und in seiner Art ebenfalls Miene machte zu einer Reformation. Ihm fehlte es von jeher an politischer Witterung, wie sie Moritz auszeichnete und belastete; sonst hätte er diesen Schritt wohl nicht gerade jetzt getan, wo man sich über die Absichten des Kaisers kaum noch einer Täuschung hingeben konnte. Dem Kurfürsten gelang es nicht einmal, in den Schmalkaldischen Bund aufgenommen zu werden. Waren es wirklich nur Meinungsverschiedenheiten in bezug auf seine Leistungen? Oder wollte der Landgraf, der vor allem dagegen war, keinen zweiten Kurfürsten in diesem Bunde haben, den er zusammen mit Jakob Sturm von Straßburg geistig beherrschte? Immerhin erklärten die Kurfürsten von der Pfalz und von Brandenburg, daß sie in Religionssachen mit dem Bunde gehen würden.

Die Mahnungen des Landgrafen auf Bereitschaft und Rüstung erfuhren eine merkwürdige Unterstützung durch einen aufgegriffenen Brief des Kaisers an den König von Polen mit der Bitte um Hilfe gegen die Protestanten, falls diese nicht zur Vernunft kämen. An sich nichts Neues. Aber solche Mitteilungen und die alten Gerüchte bekamen ihre Bedeutung dadurch, daß alle Welt wußte, wie unbehindert der Kaiser zur Zeit dastand. Noch gab es jedoch viele Protestanten, die nicht an eine Gefahr glauben wollten oder sich sonst ihren Pflichten entzogen. Der Bundestag von Worms, den man am 22. April nach Regensburg verlegte, gab kein wesentlich erfreulicheres Bild. Eifersüchteleien an allen Ecken und Enden, Spannungen zwischen Fürsten und Städten, Kleinmut und Torheit.

Indessen, gerade wenn man das alles in Rechnung zieht und sich dann vergegenwärtigt, daß dieses Häuflein von Protestanten bald ein schlagkräftiges Heer aufstellen sollte, das dem Kaiser, der über unendlich viel größere Mittel und über die freie Wahl des Zeitpunktes zum Losschlagen verfügte, vorübergehend wirklich gefährlich und viele Monate lang ebenbürtig sein sollte, so gewinnt man eine Vorstellung von den inneren Kräften dieser deutschen Bewegung, die trotz allem Zagen und allem Mangel an Disziplin schließlich doch eine weltgeschichtliche Macht bedeutete.

Mittlerweile zog der Kaiser, oft von Krankheit gehindert und festgehalten, durch seine Niederlande. In Utrecht hielt er im Januar 1546 ein Kapitel des Goldenen Vlieses, das ihn veranlaßte, dem Pfalzgrafen ins Gewissen zu reden. Über Zütphen und Nymwegen gelangte er nach Maastricht, wo er vom 19. Februar bis zum 2. März verweilte. Hier trennte er sich von seiner Schwester Marie mit den Worten, „daß er alles tun wolle, um Deutschland Ordnung und Frieden zu geben, aber bis zum äußersten bestrebt, den Weg der Gewalt zu vermeiden". Granvelle versicherte die Königin wenige Wochen später aus Luxemburg, daß auch er dazu alle erdenkliche Beihilfe leisten werde.

Über Lüttich, Luxemburg, Wallerfangen und Saarbrücken zog der Kaiser weiter an den Rhein, um von hier noch in der Fastenzeit Regensburg zu erreichen. Er betrachtete diese Fahrt nicht ganz mit Unrecht als gefahrvoll und gefiel sich in dem Vergleich mit seiner ebenso mutigen Durchquerung des kurz vorher noch feindlichen Frankreich im Winter 1539/40. Dafür öffneten und erweiterten sich ihm neue Einblicke in die Lage. Sie machten ihn erregter, zorniger, aktiver und doch wieder überlegsamer und bedächtiger. Denn unterwegs spielten sich alle jene denkwürdigen Empfänge deutscher Fürsten und Deputationen ab, die ihn um so mehr zwangen zu „dissimulieren", je entschlossener er in sich wurde.

In Maastricht empfing der Kaiser die Gesandtschaft der Kurfürsten und Fürsten, die Fürbitte einlegten für den Kurfürsten von Köln und baten, daß der Kaiser kein Kriegsvolk in das Reich führen möge; man sei besorgt nach alledem, was über die Sendung Farneses im vorigen Jahr bekannt geworden sei, und bestürzt durch die Ankunft eines neuen römischen Boten — man meinte Marquina. Der Kaiser, der wegen Köln in einer höchst wortreichen Erklärung auf den Reichstag verwies, hat das Wesentliche seiner Antwort nicht ohne Selbstgefälligkeit in seinen Memoiren festgehalten: Er habe beschlossen, den römischen Boten einstweilen nicht abzufertigen. Im übrigen sähen sie selbst, daß er nur seine gewöhnliche Begleitung bei sich habe. Er wünsche Frieden und Einigkeit und würde nur gezwungen zu den Waffen greifen. Das war noch immer nicht ganz unwahr.

Noch weniger ganz wahr. Denn schon am 16. Februar hatte er dem Prinzen Philipp offen geschrieben, daß er mit dieser Haltung die Fürsten zu täuschen gedenke; er wolle ihnen unterwegs frei antworten können. Denn sein Entschluß zum Kriege stehe fest. Gottes Dienst und die ihm verliehene höchste Würde forderten ihn gebieterisch. Der Krieg sei auch möglich, da er vom Türken Waffenruhe hoffe, Frankreich und England einander festlegten, die Hilfe des Papstes genüge und die Protestanten unter sich uneins seien. Er hoffe in Anlehnung an Bayern und Österreich von Regensburg aus den Aufmarsch seiner Truppen bewerkstelligen zu können.

In Wallerfangen erschien der Graf Vaudemont, Schwager und Mitregent seiner Nichte Christine. Der Kaiser entnahm dem Gespräch die Beruhigung, daß er in Lothringen geordnete Verhältnisse hinter sich lasse. Das erschien ihm wichtig wegen Frankreich und der Niederlande.

In Speyer vom 24. bis zum 29. März spielten sich dann die weitaus wichtigsten Besprechungen ab. Da sah man den neuen Erzbischof von Mainz, Sebastian von Heusenstamm, der seine protestantischen Nachbarn enttäuschte und sich um die kaiserliche Bestätigung bewarb. Mit ihm den Bischof von Speyer, Philipp von Flersheim. Karl empfing auch die Kurpfälzischen Herrschaften, die ihn besuchten, obwohl sie nicht geladen waren. Er war höflich, wenn auch ernst. Anders ging es mit dem Landgrafen. Um sein Erscheinen hatte sich der Kaiser auf den üblichen Umwegen bemüht. Er wollte ihn dadurch wenigstens für den Augenblick lahm legen und gab sich frei und unbefangen. Doch empfanden beide ihre Zusammenkunft als kühn und entscheidend. Auch der Landgraf war in dieser Stimmung aufgeräumt und freimütig; er kam mit 200 Pferden, den Falken auf der Hand. Man war zusammen auf der Jagd und bei Tische. Von einem Teil der Gespräche haben wir genaue Protokolle.

Für den Kaiser bedeuteten die Eindrücke von diesen Gesprächen ganz offenbar eine Versteifung in seinen feindseligen Stimmungen und Absichten. Er hatte anscheinend doch noch mit einer anderen Haltung gerechnet. Statt dessen fand er den Landgrafen hartnäckig, ablehnend, schroff. In der Kirchensache verlangte dieser schlechthin Bestätigung der Zugeständnisse von Speyer. Wegen des Braunschweigers ließ er nicht mit sich reden. Er glaubte den Kaiser darüber belehren zu müssen, was das Reich für ihn bedeute. Granvelle konnte es nicht lassen, dazwischenzuwerfen, „keinen Pfennig, sondern nichts als Ärger und Sorgen". Der Kaiser empfand es ähnlich wie 1530 in Augsburg als taktlos, daß der Landgraf ihn ermahnte, sich mit dem Evangelium zu beschäftigen.

Man pflegt ganz richtig zu betonen, daß der Kaiser seinen Zweck erreicht habe, ungefährdet über den Rhein zu kommen. Nur daß die Besprechungen von Speyer für ihn viel mehr bedeuteten. Sie machten Stimmungen in ihm wieder frei, die zwischendurch von einer Fülle ängstlicher

Überlegungen überdeckt waren. Am 29. beschwor er seinen Bruder noch einmal, unverzüglich mit ihm zusammenzutreffen. Es stehe alles auf dem Spiele.

REGENSBURG 1546

Nun befand er sich in Regensburg. Am 10. April, noch vierzehn Tage vor Ostern, war er eingezogen. Das Religionsgespräch, dessen Kolloquenten er ausgesucht hatte, war von der Gegenseite gesprengt worden. Auch die Theologen scheinen schärfer und kecker gewesen zu sein. Es gelang nicht, sie wieder zusammenzubringen.

Die Stimmungen waren erregt und gereizt. Eine furchtbare Bluttat, eben in den letzten Tagen, wirkte wie ein weltgeschichtliches Symbol. Man sprach von Kain und Abel. Ein junger spanischer Theologe, Juan Diaz, einst Student in Wittenberg, hatte Bucer zum Kolloquium begleitet, wohin durch Verhängnis auch sein altgläubiger Bruder Alfonso, ebenfalls Kleriker, gekommen war. Als Juan sich zu einer Druckerei nach Neuburg an der Donau begeben hatte, folgte ihm sein Bruder nach, um ihn dort am 26. März im Bett erschlagen zu lassen. Das Ausweichen des Kaisers auf die entrüstete Klage der Protestanten ließ erkennen, daß man sich nun auch in den sittlichen Lebensgrundlagen voneinander schied.

Es waren düstere Frühlingstage, und das geschäftige Treiben in der Reichstagsstadt verhüllte nur schlecht die allgemeine Erregung. Wieder wie vor fünf Jahren wartete der Kaiser umsonst auf die Fürsten selbst. Wieder ging er nach Straubing zur Jagd, nachdem er gegen seine Gicht eine erfolgreiche Holzkur durchgemacht hatte. Er sei erfrischt und verjüngt, sagte man, als er heimkehrte, und in Regensburg entzog er sich denn auch keineswegs dem ungebundenen Treiben, das sich nur zu leicht um den Hof entwickelte und dessen Versuchungen mit Glanz und Tand auch gute Bürgermädchen ergriffen. Die Reste von Altdorfers Fresken im „Kaiserbad" spiegeln die sehr frei gewordenen Sitten. Wir wissen wenig von Barbara Blomberg. Aber in diesen Wochen empfing sie von dem Kaiser das Kind, das später als Don Juan d'Austria neben den nur wenig älteren Allesandro Farnese treten sollte — Sohn und Enkel von ungewöhnlicher Begabung, besonders in den Angelegenheiten des Krieges.

Die kaiserlichen Räte standen in aussichtsreichen Verhandlungen nicht mehr zum Frieden.

Das Wichtigste war die Verständigung mit Bayern, für die seit langem der Kardinal Otto Truchseß von Augsburg tätig war. Wir wissen, wie alt der Plan einer wittelsbachisch-habsburgischen Familienverbindung war und was ihr entgegenstand. Die Häuser hatten sich ein Menschenalter lang in allen Dingen einander entfremdet. Jetzt verband sie endlich die gemeinsame Front gegen die Konfessionisten. Die Wittelsbacher vollzogen ihre weltgeschichtliche Einschwenkung an die Seite der Habsburger und in die hohe Politik der Gegenreformation. Jetzt konnte der dynastische Ehrgeiz des selbstbewußten Hauses Bayern befriedigt werden, wenn der Erbprinz Albrecht durch die Hand der ältesten Tochter Ferdinands, sei es auch nur in weiter Ferne, doch noch Aussichten auf Böhmen erhielt. Viel näher, nach dem Verhalten von Kurpfalz, die Hoffnung auf die wittelsbachische Kur, ebenfalls entsprechend alten bayrischen Ansprüchen. Welche Wendung, daß nun das Kaisertum die Gefährlichkeit des Kollegiums der Kurfürsten für die Krone in ihr Gegenteil verkehrte und aus seiner Verfügung über die Kurwürden eine wirksame Waffe machte! Auch auf Pfalz-Neuburg eröffneten sich Anwartschaften. Alles dieses war schon vor dem Eintreffen Ferdinands und des alten Herzogs Wilhelm am 30. Mai zur beiderseitigen Zufriedenheit geregelt. Wenn die Bayern gleichwohl den Anschluß an die kaiserliche Politik mit den Waffen in der Hand noch ablehnten, sich auf Sammelplätze, Verpflegung und Munition beschränkten, so war das Vorsicht und eine letzte Nachwirkung der bis jetzt gepflegten Beziehungen zu Hessen. Ob der Kaiser von der zur Schau getragenen Neutralität Bayerns in Wahrheit mehr Nutzen oder Nachteil gehabt hat als von dem Anschluß, wird uns noch beschäftigen. Die förmliche Vollziehung des Vertrages erfolgte am 7. Juni.

Eben diese war das Signal für den Abschluß und die Ausfertigung der Kapitulation mit dem Papste. Am 21. Mai war der Kardinal Madruzzo in Regensburg eingetroffen, dem der Kaiser die bedeutungsvolle Mission zugedacht hatte. Mit dem Datum des 6. Juni unterzeichnete er am 7. das von dem Sekretär Vargas geschriebene Original des Vertrages. Alsbald machte sich der Kardinal auf, um schon am 19. abends in Rom anzukommen. Gleich am nächsten Tage wurde er vom Papst empfangen, der das Abkommen am 22. den Kardinälen vorlegte. An den erregten Verhandlungen nahm auch Madruzzo teil. Er benahm sich dabei so glücklich, daß man in Rom sagte, die Gewandtheit dieser Deutschen stehe in nichts der italienischen nach. Es wurden wohl noch Einschränkungen vorgenommen, die Hauptsache aber bestätigt und am 26. der Vertrag auch vom Papst unterschrieben.

Nach der Instruktion für Madruzzo wünschte der Kaiser die äußerste Beschleunigung bei der Aufstellung der päpstlichen Hilfstruppen, sofortige Geldzahlung und womöglich eine Erhöhung der Summe. Außerdem die halben Einkünfte der Kirche in den Niederlanden; wenn irgend angängig, eine Verlängerung des Bündnisses und der Truppengestellung bis zum

Herbst 1547. Dem Kaiser scheint, wie in den ersten Jahren seiner Regierung, sogar ein Dauerbündnis mit dem Papste vorgeschwebt zu haben, das auch gegen Frankreich seinen Dienst getan hätte. Madruzzo sollte von den Erfolgen des Kaisers in Deutschland berichten und die Absetzung des Erzbischofs von Köln und des Bischofs von Münster fordern. Vieles wurde bewilligt, wie die Einnahmen aus den Niederlanden. Die Sentenz gegen Hermann von Wied vom 16. April wurde durch Breve vom 3. Juli veröffentlicht. Auf die Verlängerung ließ sich der Papst nicht ein, aber die Rüstungen und die Flüssigmachung der Mittel begannen sofort. Waffenankäufe, Werbungen, Bestellung der Führer, Verpflegung, Stationen und Posten — das alles erfüllte die nächsten Wochen.

In Regensburg hatte man inzwischen nicht gefeiert. Zur Eile mochte mahnen, daß eben jetzt, an demselben denkwürdigen 6. Juni, zwischen Frankreich und England der Friede von Guines abgeschlossen wurde, der beide frei machte und natürlich die Befürchtung wach rief, daß von der einen oder von der anderen Seite die deutschen Protestanten unterstützt werden könnten, trotz der älteren Verträge des Kaisers, auf die er durch St. Mauris ausdrücklich hinweisen ließ. In Wirklichkeit trat das Gefürchtete zunächst nicht ein.

In Deutschland trieb der Verlauf der Dinge unaufhaltsam zum Kriege. Am 5. Juni war der Reichstag eröffnet worden. Nach einer Ansprache durch den Kardinal von Augsburg hatte der kaiserliche Sekretär Obernburger die Proposition verlesen. Sie klang wie im tiefsten Frieden. Doch hörte man überall von Werbungen. Der Landgraf befürchtete sogar, daß die durch den englisch-französischen Frieden freigewordenen Truppen dem Kaiser zugute kommen könnten. Wie in Worms spaltete sich zuerst der Fürstenrat, dann auch der Kurfürstenrat und schließlich die Versammlung der Städte nach den Konfessionen. Die Protestanten und die Altkirchlichen boten den Anblick von zwei großen Heerlagern. Die Altkirchlichen überreichten am 12. Juni dem Kaiser ihre Antwort auf die Proposition mit dem Hinweis auf das Konzil. Die Protestanten ließen vernehmen, daß die alten Wege nicht mehr gangbar erschienen, daß man Reformationsentwürfe vorlegen solle, wie das in Speyer vorgesehen sei; die Schuld am Scheitern des Gesprächs lehnten sie ab. Der Kaiser lachte.

Man sprach schon davon, gegen wen wohl der Kaiser rüste, ob gegen Köln und Münster oder gegen Hessen, oder auch gegen Sachsen? Die Protestanten beschlossen eine besondere Anfrage. Sie wollten die Altkirchlichen daran beteiligen; Trier und Mainz schienen einen Tag lang dazu geneigt. Dann mußten doch die Protestanten allein fragen. Es war am 16. Juni. Der Kaiser antwortete durch Naves, Kaiserliche Majestät müßten sich gegen ungehorsame Reichsstände „ihrer habenden Autorität nach" erzeigen. Man war so klug, wie zuvor.

Während die Protestanten sich nicht durch das sofortige Verlassen des Reichstages ins Unrecht setzen wollten, ließ nun der Kaiser seine Maske fallen. Noch am 16. ging er die geistlichen Fürsten durch den Kardinal von Augsburg an, zur Unterstützung des Krieges gegen Sachsen und Hessen ihre Edelmetalle einschmelzen zu lassen. Als nun gar ein kaiserlicher Herold der eben dem Schmalkaldischen Bunde beigetretenen Stadt Ravensburg bei schwerer Ungnade befahl, von ihrer Religion abzustehen, war der geplante Religionskrieg allen offenbar, so sehr auch die kaiserliche Regierung den Mißgriff ableugnete.

Der Reichstag war tot, und es blieb bedeutungslos, daß der Kaiser ihn am 24. Juli noch förmlich verabschiedete.

Die kaiserliche Diplomatie brachte inzwischen ihre Dienstverträge mit den deutschen Fürsten in Sicherheit. Am 19. Juni wurde auch Moritz festgelegt. Der Herzog hatte sich lange gesträubt, so vieles ihn auch, wie wir wissen, locken mochte. Die Diplomatie des Kaisers erwies sich seiner Zähigkeit gewachsen. Moritz hatte sich zu weit eingelassen, als daß er noch hätte zurück können. Doch hatte er selbst zu wenig zu bieten, um wirklich Befriedigendes zu erreichen. Gegen seine Anerkennung der Beschlüsse des Konzils versprach der Kaiser, das Konzil zu überwachen. Die etwa eroberten ernestinischen Lande sollten ihm nach Ersatz der Kriegskosten zustehen, natürlich ohne die böhmischen Lehen. Die Schutzherrschaft über Magdeburg und Halberstadt wurde nur in Aussicht genommen, die Verwendung der Kirchengüter „zu milden Sachen" geduldet. Wegen der Kur, mit der die Räte den Herzog gelockt hatten, versprach der Kaiser in der Abschiedsaudienz vom 20. Juni nichts. Da Moritz drängte, sagte der Kaiser: „Kommet es dazu, so schaue ein jeder zu dem Seinen. Wer etwas bekomme, der habe es, wenn die Acht oder dergleichen sollt ergehen."

Das alles erschien dem Kaiser damals nebensächlich gegenüber den Abmachungen mit Bayern und der Kurie. Denn schon am 9. Juni schrieb er den Brief an seine Schwester Marie, der immer als der klarste und präziseste Ausdruck seiner Auffassung in diesen Tagen gelten wird.

„Meine Bemühungen unterwegs und das Kolloquium in Regensburg sind gescheitert. Die abgewichenen Kurfürsten und Fürsten haben beschlossen, nicht persönlich zum Reichstag zu kommen, sich vielmehr nach dem Reichstage zu erheben, um die geistlichen Fürsten zunichte zu machen und gegen den römischen König und mich vorzugehen. Wenn man also wartete, wäre alles verloren. So sahen wir, mein Bruder und der Herzog von Bayern, daß es nur noch die Gewalt gibt, sie zu vernünftigen Bedingungen zu zwingen. Die Zeit ist günstig, denn sie sind durch ihre Kriege und Rüstungen geschwächt; ihre Untertanen, zumal der Adel, sind unzufrieden; die Erregung über die Gefangennahme des Herzogs von Braunschweig und seines Sohnes ist allgemein; die Aufspaltung in verschiedene Bekenntnisse und die Hoffnung, einige Fürsten zur Unterwerfung unter das Konzil zu bewegen, wie Moritz und Albrecht, kommen dazu. Außerdem haben wir Aussicht auf die päpstliche Hilfe und auf eine Bewilligung von 800 000 Dukaten oder mehr. Schritten wir jetzt nicht ein, so stünden alle Stände Deutschlands in Gefahr, vom Glauben abzufallen, auch die Niederlande. Nachdem ich dieses alles erwogen und wieder erwogen hatte, entschloß ich mich, den Krieg gegen Hessen und Sachsen als Landfriedensbrecher an dem Herzoge von Braunschweig und seinem Lande zu beginnen. Und obwohl dieser Vorwand nicht lange darüber täuschen wird, daß es um die Religion geht, so dient er doch zunächst, die Abgewichenen zu trennen. Im weiteren Verlauf könnte man sehen, wie man alles begründet. Seid versichert, daß ich nichts leichtsinnig unternehme, und wenn sie von außerhalb Deutschlands eingreifen wollten, so würden sie zu spät kommen, ich aber die Niederlande schützen."

„Zur Rüstung soll Büren außer den ihm schon befohlenen zehn Fähnlein noch vierzehn annehmen, insgesamt also 10 000 Mann, dazu 3 000 Pferde und 200 Arkebusiere. Die Edelleute könnten sich anschließen, um mit weiteren 100 Gensdarmes meine Leibgarde zu verstärken. Der Sold für Bürens Truppen kann bereits auf die halben Einkünfte der Kirche in den Niederlanden verrechnet werden. Da das Geld aus Spanien noch nicht eingetroffen ist, mögen zunächst 300 000 Gulden auf Wechsel gehen. Gegenüber der Erwägung, daß Büren unterwegs etwas Besonderes unternehmen sollte, etwa gegen Köln oder den Landgrafen, empfiehlt es sich doch, ihn direkt heranmarschieren zu lassen. Wahret das Geheimnis und verständigt mich von allem."

Das war zugleich die Mobilmachungsorder für die Niederlande.

Zwischendurch wurden die politischen Hochzeiten vorbereitet und gefeiert, am 4. Juli diejenige Annas von Österreich mit Albrecht von Bayern. Dann beschied man den vor drei Jahren so schwer gedemütigten Herzog von Cleve, der am 16. Juli eintraf und am 18. Annas fünfzehnjährige Schwester Marie heiraten durfte, um die er seit Orléans Tode gefreit hatte. Weniger um ihn zu ehren, als um seinen Schwager von Kursachsen zu kränken, wurde Cleve auch das Erbrecht seiner Töchter verliehen, wodurch die noch 1544 von Karl bestätigte Erbverbrüderung zwischen Cleve und Kursachsen gegenstandslos wurde.

Indessen, in diesen Hochzeitswochen herrschte in Regensburg schon nicht mehr die zuversichtliche Stimmung von Mitte Juni. Die Berichte der venezianischen Gesandten lassen die wachsende Nervosität des Hofes erkennen. Sehr vieles verlief ganz anders, als man gemeint hatte. Die oberdeutschen Reichsstädte dachten nicht daran, den Werbungen des Kaisers zu entsprechen. Vielmehr rüsteten sie gegen ihn. Und an demselben 4. Juli, an dem die bayrisch-österreichische Hochzeit stattfand, an dem in Rom Ottavio Farnese erneut zum Generalkapitän der päpstlichen Hilfstruppen bestellt wurde, trafen sich die Häupter des Schmalkaldischen Bundes, Kurfürst und Landgraf, zu Ichtershausen südlich Erfurt, um sich zur Aufstellung eines Heeres von je 8000 Knechten und 2500 Reitern zu verpflichten. An demselben Tage fertigten sie ihre Beglaubigungen und Instruktionen für die Gesandtschaften an Frankreich und England aus, denen sie bald, wenn auch vergebens, sehr einsichtige und drängende Briefe nachsandten. Schon in der nächsten Nacht aber brach von Augsburg das Heer der schwäbischen Reichsstädte auf, um die kaiserlichen Musterplätze um Nesselwang und Füssen auseinanderzusprengen.

Der Krieg war mit diesen Maßnahmen beiderseits in vollem Gange.

Der Donaufeldzug

Zum ersten Male gab es nun auf deutschem Boden einen Krieg, in dem ganz bewußt um die größten Fragen des geistlichen Lebens und zugleich um die Gestaltung der öffentlichen Ordnung gekämpft wurde. Gekämpft zwischen dem altkirchlichen Kaiser als Vertreter einer universalen Machtbildung und einer Gruppe von reformatorisch gesinnten Reichsständen, die in ihrer Gesamtheit auch ein nationales Anliegen vertraten. Zum ersten Male war es ein europäischer Krieg auf diesem Boden; zum ersten Male auch militärisch eine von den Zeitgenossen bis in das Einzelne miterlebte Angelegenheit.

Die jahrelange Kriegführung des Kaisers und die noch ältere Tradition deutscher Söldnerhaufen und ihrer Führer mit den gesammelten Erfahrungen in bezug auf Musterplätze, Quartiere, Verpflegung, Märsche, Straßen, Pässe, gute und schlechte Stellungen, Kundschafterdienst, Verwendung und Zusammenwirken der Waffen, Schutz und Einsatz der Artillerie hatten das Kriegswesen allgemein im Sinne der italienischen Condottieri und der humanistischen Kenner antiker Kriegsliteratur nach der wirtschaftlichen und der technischen Seite zu einer Kunst entwickelt, in der das Geistige die Oberhand gewann über das elementar Kämpferische. Der große Stil der politischen Gegensätze, die klare Zusammenfassung aller Kräfte in den Händen zweier mächtiger Gegner, die Führung durch die Fürsten selbst, das alles machte diesen Krieg zu einem vorwiegend operativen, in dem es über vier Monate lang keine wirkliche Schlacht und nur wenig größere Gefechte oder Kanonaden gab. Natürlich wirkten sich in diesem fast schachspielartigen Kriege auch die persönlichen Bedingungen der Führung sichtlich aus. Der Kaiser von Natur zögernd und überlegsam; doch auch die Schmalkaldischen, weniger in den einzelnen Führern, wie Schertlin von Burtenbach oder dem Landgrafen, als in der Schwerfälligkeit der Bundesverfassung und den Hemmungen städtischer Kriegsräte, zur Vorsicht, zum Überlistenwollen, zum Verzicht auf rasche Entscheidungen verurteilt. Ihr Handeln wurde in seiner Abhängigkeit von dem Gegner beiderseits zu einem System von Aushilfen. Da aber die denkenden Menschen hinter den Handlungen der anderen im allgemeinen mehr Klarheit und Folgerichtigkeit vermuten, als sie selbst unter dem Druck wechselnder Umstände aufzubringen vermögen, so begann das Raten und Argwöhnen, der Streit um wirkliche oder vermeintliche Fehler der Kriegführenden schon unter den Zeitgenossen.

Einer von ihnen, der geistreiche Bischof und Geschichtschreiber Paolo Giovio, richtete unmittelbar nach den Ereignissen Briefe, die früh gedruckt wurden, sowohl an die kaiserlichen Generale wie an die Gegner, mit Erkundigungen über die Gründe ihrer bewunderten oder befremdenden Maßnahmen. Karl V zählte im Anschluß daran in seinen Memoiren nicht ohne Befriedigung eine Reihe von Fehlern seiner Gegner auf, ohne damit das neugierige Fragen von Zeit und Nachwelt von seinen eigenen Versäumnissen abgelenkt zu haben. Sein Geschichtschreiber Don Luis d'Avila machte vollends aus der Kriegführung seines Herrn eine überlegen planvoll durchgeführte Handlung. Der auf Jovius zurückgehende Vergleich mit Fabius Cunctator war mehr offene Schmeichelei als Überzeugung.

Für uns rückt dieser Tatbestand die Vorgänge in die höhere Ebene des geistigen Erlebens und bietet darüber hinaus noch den Vorteil, daß ihre frühzeitige Beleuchtung durch die Beteiligten und Mitlebenden die politisch und militärisch kritischen Punkte um so greller hervortreten läßt.

Die erste Frage freilich ist noch selten gestellt worden. Das wäre die nach dem ursprünglichen Kriegsplan des Kaisers. Er wollte eingestandenermaßen gegen Sachsen und Hessen ziehen, sie also in ihren eigenen Landen heimsuchen. Diesen Plan, von dem wir Einzelnes nicht wissen, schlugen ihm die Protestanten zunächst aus der Hand. Sie drängten seinen Aufmarsch, der sich in Schwaben abspielen sollte, durch das rasche Zugreifen Schertlins über den Lech nach Bayern hinüber. Schertlin wollte noch mehr. In richtiger Erkenntnis und zutreffender Kundschaft erwartete er den Hauptzuzug des Kaisers über Innsbruck und den Fernpaß aus Italien. Also wollte er die Straße über Lermoos und die Ehrenberger

Klause als Zugang zum oberen Lech und Füssen in seine Hand bringen und dann weiter vorstoßen. Er nahm die Klause, wurde aber „der Ordnung halber" durch die Kriegsräte zurückgerufen, damit alle Bundestruppen sich an der oberen Donau sammelten und zuerst die eigenen Gebiete der Städte deckten. Kurzsichtiger Kriegsrat! Soviel hatte Schertlin gleichwohl erreicht, daß die italienischen Hilfstruppen statt der älteren Fernpaßstraße den umständlichen Wasserweg über Kufstein wählten.

Auf der anderen Seite befand sich der Kaiser noch ungeschützt in Erwartung seiner Truppen. Er selbst bezeichnete die Unterlassung des Marsches der Schmalkaldischen auf Regensburg, wofür an sich die schwäbischen Truppen zur Verfügung standen, als schweren Fehler, ohne zu würdigen, daß für Schertlin eine unvorbereitete Belagerung von Regensburg doch keine ganz leichte Sache gewesen wäre. Erst als das Heer der Fürsten selbst die Donau erreichte und ihre gesamte Macht sich zwischen ihn und Tirol legen konnte, entschloß Karl sich, schon am 26. Juli und endgültig am 3. August, in der Richtung auf den Inn, nach Landshut an der Isar auszuweichen. Er empfand das wie eine Verletzung seiner Ehre, rühmte sich aber, daß er im entscheidenden Augenblick in sich dergleichen „Eitelkeiten" überwunden habe. Bei Landshut erfolgte am 13. August die Vereinigung mit den päpstlichen Truppen.

Nun war auch der Kaiser endlich operationsfähig. Und doch setzte es ihn in Verlegenheit, daß die Schmalkaldischen ihn am 14. August durch einen Trompeter in der hergebrachten Form herausforderten. Er hatte lange gezögert, die schon am 20. Juli unterfertigten Achtsmandate gegen die Häupter des Schmalkaldischen Bundes ausgehen zu lassen, und es bedrückte ihn, daß er noch immer nicht in der Lage war, sie mit überlegenen Kräften zu vollstrecken. Da er in Regensburg und Ingolstadt kleine Besatzungen gelassen hatte, verfügte er nur über rund 30 000 Knechte und 5000 Reiter. Ziemlich genau auf dieselbe Stärke mußte man aber die Anfang August bei Donauwörth zusammengezogene Bundesarmee mit ihren städtischen, württembergischen, hessischen und sächsischen Truppen veranschlagen. Da sie sich in fröhlichem Anmarsch und frischer Initiative befanden, war ihre Kampfkraft der kaiserlichen vermutlich überlegen.

In dieser Lage kam dem Kaiser die von Bayern zur Schau getragene Neutralität zustatten. Da die Schmalkaldischen sich scheuten, ohne weiteres in Bayern einzumarschieren, konnten sie länger als eine Woche durch Verhandlungen mit dem Herzog aufgehalten werden. Der Kaiser kehrte ungefährdet an die Donau zurück.

Sein nächstes Anliegen war die Vereinigung mit der Armee Bürens, die am 31. Juli bei Aachen zusammengezogen war. Sie sollte, wie wir uns erinnern, 10 000 Knechte stark sein. Gegen sie hatten die Schmalkaldischen etwa 13 000 Knechte unter Oldenburg, Reiffenberg und Beichlingen am Rhein zurückgelassen. Nur in der Reiterei war Büren mit annähernd 5000 Pferden gewaltig überlegen. Seine Lage blieb jedoch schwierig, da er im Bereich feindlicher Gebiete den Rhein überschreiten mußte. In der Tat hat er den Übergang nicht mit Gewalt erzwungen, sondern mit Hilfe von Scheinmanövern und in kühner Entschlußkraft durchgeführt. In der Nacht vom 20. auf den 21. August setzte er seine Vorhut bei Bingen über den Rhein, ließ sie das feste Walluf einnehmen und in diesem Schutz seine Hauptmacht hinüberziehen. Dann wandte er sich Main aufwärts in das Würzburgische, um in unausgesetzter Fühlung mit dem Hauptquartier in weitem Bogen durch Franken zum Kaiser durchzustoßen. Am 4. September passierte er Miltenberg am mittleren Main. Büren brachte nicht nur frische Truppen sondern vor allem Geld zur Löhnung.

Das alles war den Schmalkaldischen nicht ganz verborgen. Aber wie ihre Generale durch Bürens Rheinübergang überrascht worden waren, so scheiterte das weitere Verhalten gegen ihn an den Meinungsverschiedenheiten von Kurfürst und Landgraf. Der Kurfürst hatte gleich anfangs nicht an die Donau, was keineswegs eilte, sondern auf Mainz ziehen wollen. Er war auch jetzt immer wieder dafür, Büren abzufangen. Den Landgrafen aber trieb es stets gegen den Kaiser selbst. So erfolgten zuerst in dem Raume zwischen Regensburg und Ingolstadt die Bewegungen der beiden Heere vorzüglich unter dem Gesichtspunkt einer Erleichterung oder Verhinderung der Vereinigung des Kaisers mit Büren. Nebenher blieb, wie im weiteren Verlauf, für beide Parteien maßgebend die Anklammerung an die Donaulinie, für den Kaiser zur Anlehnung an Bayern, für die Schmalkaldischen an die Gebiete der schwäbischen Städte. Für beide bedeutete das zugleich die dauernde Fühlung mit dem Feinde.

Der Kaiser überschritt die Donau bei Neustadt, östlich Ingolstadt. Die Schmalkaldischen zogen einmal unbemerkt an seinem festen Lager vorbei nach Osten in der Richtung auf Bürens Anmarschlinie, und wieder zurück nach Ingolstadt. Jetzt folgte ihnen der Kaiser überstürzt, selbst freilich mit dem Vorteil, den ihm die befreundete Festung bot. Westlich Ingolstadt schlugen beide Gegner ihre Lager auf, die Schmalkaldischen in überlegener Stellung.

Hier erfolgte der erste Zusammenstoß am 31. August. Die Protestanten überschutteten das kaiserliche Lager mit heftigem Artilleriefeuer, dessen Wirkung sie hoch einschätzten. Das Feuer mußte moralisch ertragen werden, und der persönliche Mut des Kaisers wirkte dabei sehr stark auf die Truppe. Es war wohlverdient, wenn ein Soldatenlied aus den nächsten Wochen ihn pries:

Der Kaiser ist ein ehrlich Mann
allzeit ist er der vorderst dran,
zu Roß und auch zu Fußen.
Seint wolgemut Ihr Lantzknecht gut,
da sprach der edle Kaiser gut:
„Wir wölln uns nit ergeben."

Über die technisch überlegene Kampfform der Verteidigung triumphiert nur dann der moralisch stärkere Angriff, wenn er in voller Entschlossenheit und mit Ungestüm vorgetragen wird. Das wollten Schertlin und der Landgraf bis zur Unvorsichtigkeit. Aber der allzu überlegsame Kurfürst versagte sich. Man wartete ohnehin zu lange. Hätte man unmittelbar unter der Wirkung des Artilleriefeuers und dem Schutz des dichten Staubes und des damals noch sehr starken Pulverrauches zum Sturme angesetzt, so wäre der Erfolg vielleicht nicht ausgeblieben, wie Jovius bestimmt meinte. So mußte man sich nach einer dröhnenden Kanonade wieder zurückziehen. Als man am 2. September den Versuch erneuerte, hatten die Kaiserlichen sich längst tief eingegraben. „Wir bombardieren uns mit unseren guten Freunden", schrieb der Kaiser in fast übermütiger Laune an seinen Bruder; „wenn sie uns doch das Vergnügen machten, an unsere Schanzen heranzukommen!" Sie ließen es und erlitten eine moralische Einbuße, schlimmer, als wenn der Sturm verunglückt wäre, weil sich der Zorn nach innen kehrte.

Die Schmalkaldischen zogen Donau aufwärts über Pfalz-Neuburg auf Donauwörth. Der Landgraf widersetzte sich allem Drängen des Kurfürsten zum Marsch gegen Büren. Eine Demonstration in dieser Richtung nordwärts nach Wemding war nur Kraftvergeudung. Büren erreichte von Osten her den Kaiser noch nahe Ingolstadt am 15. September. Der Kaiser ritt ihm entgegen; sein Lager begrüßte stürmisch die neue tadellose Truppe. Damit kam in das kaiserliche Heer außer frischen Kräften ein neuer Angriffsgeist, aber auch eine neue Eifersucht zwischen dem draufgängerischen trunkfesten Niederländer und dem nüchternen, gern mit Nachtangriffen und Hinterhalten operierenden Spanier, dem Herzog von Alba, der bis dahin allein und auch später noch vorwiegend das Ohr des Kaisers besaß. Es gelang gleichwohl nicht, den Schmalkaldischen eine überlegene Stellung abzugewinnen. Sie waren stets auf ihrer Hut, zeigten Blick für das Gelände und große Wendigkeit. Außerdem waren auch sie am 13. September von Westen her durch die rheinischen Truppen der Oldenburg, Reiffenberg und Beichlingen fast genau so sehr verstärkt worden wie der Kaiser durch Büren. Beide Teile hielten sich jetzt zwischen Ingolstadt und Ulm, zumeist in den begrenzten Gebieten von Pfalz-Neuburg und Öttingen.

Schon die Zeitgenossen tadelten den Landgrafen wegen Preisgabe des verbündeten Neuburg, das am meisten zu leiden bekam.
Die Truppen drängten zum Schlagen. Anfang Oktober waren sie sich im Parallelmarsch auf Nördlingen ganz nahe. Ja, der Zufall wollte es, daß am Morgen des Franziskustages (4. Oktober) die Kaiserlichen von der oberen Wörnitz her über Alerheim geradezu in die Flanke der von Donauwörth nach Westen marschierenden Verbündeten stießen. Büren setzte sofort zum Angriff an, aber der fast den ganzen Vormittag anhaltende Nebel versagte den Kaiserlichen den Überblick und gab den Schmalkaldischen die Gelegenheit zum Aufmarsch, so daß Büren zurückbefohlen werden mußte, weil man in der Front nicht gegen die durch sumpfiges Vorgelände trefflich geschützten Feinde angriffsweise vorgehen konnte. Ein Gegenstück zu Ingolstadt, jetzt für die Kaiserlichen.

Nur zehn Tage später kamen bei Giengen die Schmalkaldischen ihrerseits dem auf Ulm marschierenden Kaiser in die Flanke. Der Kaiser wurde bei einer Erkundung sogar persönlich überrascht und verlor einen Augenblick anscheinend die Seelenruhe, so daß die Schmalkaldischen doppelt ihren Tag verpaßten. Das war am 14. Oktober. Der Heere bemächtigte sich Unlust. Am 18. nahm der Kardinal Farnese seinen Abschied; man sagte, daß Tausende von Italienern mit ihm gezogen seien, weniger aus Furcht vor dem Kampfe, den alle wünschten, als vor dem Regen und der Kälte des heraufziehenden Winters, unter dem die Südländer ganz besonders litten. Vom 24. Oktober ab wurden die Wege schlechter, die Lager feuchtkalt, beide bald unergründlich. Krankheiten stellten sich ein. Vom kaiserlichen Heere sagte man, daß es fast auf die Hälfte zusammenschmelze. Kleine listige Pläne Albas schlugen fehl. Aber der Kaiser hatte den längeren Atem.

Am 30. Oktober zeigte der Landgraf Neigung zu Verhandlungen. Sein Auftreten und ein wenig erfreulicher Brief an die Kriegsräte erzwangen noch einmal die Zahlung von 130 000 Gulden für rückständigen Sold von den Oberländern. Doch mit der Ermüdung und dem drückenden Geldmangel sank die Kampfkraft auch der Schmalkaldischen. Der Kaiser dagegen erhielt in der Nacht vom 8. zum 9. November eine Nachricht, die ihn veranlaßte, Viktoria schießen zu lassen. Es war endlich gelungen, Herzog Moritz von Sachsen zusammen mit König Ferdinand zum Einfall in Kursachsen zu bestimmen. Wider Erwarten zog nun freilich der Kurfürst doch nicht sogleich von der Donau ab. Nur war es nicht verwunderlich, daß der Kaiser jetzt erst recht alle Verhandlungen mit dem Landgrafen ablehnte.

Es darf uns nicht eingehender beschäftigen, wie die eifrigen Bemühungen insbesondere der Straßburger um französische Hilfsgelder, um Kredite in Lyon, zeitweilig erfolgreich waren, wie der alte leidenschaftliche Feind des Kaisers, der Florentiner Pietro Strozzi, der einst del Vasto in der Lombardei zu schaffen gemacht hatte, den Schmalkaldischen neue Mittel zuführen wollte. Schließlich versagte doch die Geldbeschaffung gänzlich und zwang die Schmalkaldischen entscheidend zum Abbruch des Feldzuges. Das letzte oberdeutsche Geld reichte nur noch zum geordneten Abzuge der gesamten schmalkaldischen Armee am 21. November über Heidenheim nach Norden. Der Kaiser selbst beteiligte sich an einem Angriff auf die Nachhut. Aber sehr geschickt maskierten die Schmalkaldischen den Abzug der Hauptmacht, und auch ihre Nachhut löste sich am Abend ohne allzu große Verluste wieder vom Feinde.

Der Kaiser behauptete das Feld. Er war nun Herr von Süddeutschland, was er zu Beginn des Feldzuges irrtümlich zu sein glaubte. Bis jetzt war er in die Verteidigung gedrängt gewesen, und der eigentliche Feldzug gegen die Häupter des Schmalkaldischen Bundes stand ihm noch bevor.

Aber die Verteidigung war siegreich.

Der Kaiser als Sieger
Vom Krieg in Kursachsen. Spannungen mit der Kurie

Das Konzil in Trient hatte trotz seines geringen Besuches doch bereits seine Geschichte. In ihr regte sich ebenso sehr das allgemein verbreitete Verlangen nach Reformen, wie ein tiefes Mißtrauen aller gegen alle, gesteigert durch die vielfach vorwiegend politische Verwertung des Konzilsgedankens. So versteckten sich die Gegensätze monatelang hinter der scheinbar rein geschäftlichen Frage der Beratungsordnung, ob man nämlich vorweg die Dogmen oder zuerst die Reformen in Angriff nehmen oder beides miteinander verbinden solle. Die klugen Legaten vertraten das Nebeneinander, „weil man mit Ja im Munde weiterkommt als mit Nein", wie sie später sehr durchsichtig nach Rom berichteten. Aber die Kurie wünschte grundsätzlich und aus Furcht vor einer Verfassungsreform nach Art des 15. Jahrhunderts die Vorwegnahme der Dogmen, und die Legaten mußten einen ausdrücklichen Konzilsbeschluß vom 22. Januar 1546 unter dem beredten Schweigen der Väter zurückziehen. Doch ließ der Papst im weiteren Verlauf die Legaten mit ihrer Geschäftsordnung gewähren, denn sie nahmen damit der Opposition den Wind aus den Segeln, ohne sich irgend auf die Reform beschränken oder gar in gefährliche Debatten verstricken zu lassen.

Der Kaiser, völlig in Anspruch genommen von den Vorbereitungen und dann von den ersten peinlichen Überraschungen des Krieges, vernachlässigte das Konzil und ließ dadurch der sehr kirchlichen Einstellung seines Gesandten Toledo zu viel Spielraum. Es konnte geschehen, daß dieser sich eines Tages den Legaten aus freien Stücken anbot zur Zurechtweisung kaiserlicher Bischöfe, das wollte sagen, zur Zerschlagung der wirksamsten Waffe, über die der Kaiser auf dem Konzil verfügte. Kein Wunder, daß Toledo bei den Legaten auch dann nichts erreichte, wenn er bestimmte kaiserliche Aufträge vorbrachte, — wie Anfang Mai, wo der Kaiser angesichts seiner letzten Verhandlungen in Regensburg mit Moritz und anderen Wert darauf legte, daß es nicht gerade jetzt zur Definierung weiterer grundlegender Dogmen käme, wie der eben formulierten Lehre von der Erbsünde. Historisch betrachtet, hatte das Konzil mit dem Dekret vom 8. April über Schrift und Tradition, die beide als gleich göttliche Quellen des Glaubens bezeichnet wurden, eine viel gewichtigere Entscheidung über die Grundlagen der lutherischen und der römischen Theologie längst getroffen. Aber den Zeitgenossen kam das weniger zum Bewußtsein als die Formulierung elementarer Glaubenslehren selbst. Gerade im April und Mai hatte die Kurie kein Zutrauen mehr zum Ernst des kaiserlichen Kriegswillens und ließ deshalb der Dogmenberatung ungehemmt den Vortritt. Noch am 13. Mai hatte Farnese die Legaten in dieser Hinsicht scharf gemacht.

Dann war der Krieg doch gekommen und damit ein neues, ganz enges Zusammenwirken der Kurie mit dem Kaiser. Andererseits verleideten nun den Vätern des Konzils die Unruhen des Krieges, die Durchmärsche der Truppen, die Verteuerung der Lebensmittel den Aufenthalt in Trient, während die Kurie wie früher neben dem Krieg das Konzil für entbehrlich halten mochte. Beides gefährdete die Politik des Kaisers, der ganz richtig empfand, daß man die Lauen und Zweifelhaften eher durch die Forderung einer Unterwerfung unter das Konzil als unter den Spruch des Papstes gewinnen werde. Er wollte außerdem selbst wirklich die Reformen und wegen der Gutwilligen ein maßvolles Vorgehen des Konzils. Wer hätte noch die Protestanten zum Besuch des Konzils vermocht, wenn dieses jetzt schon zur Definition der entscheidenden Kontroverslehre von der Rechtfertigung schritt, wenn durch eine unwiderrufliche Festlegung die Tür zu einer Verständigung vorzeitig ins Schloß fiel?

An einer anderen empfindlichen Stelle seiner Politik wurde der Kaiser seinerseits zur Vorsicht gemahnt. Er dachte, nicht nur die Waffen, sondern auch den Wirtschaftskrieg gegen die unbotmäßigen Handelsstädte zu wenden. Als er aber den Arrest ihrer Waren auch in den Niederlanden befahl, trat der Fall ein, der ihn vor Jahren gegenüber den Kaufleuten von Antwerpen schon einmal zum Einlenken gezwungen hatte, die Gefährdung einer seiner wichtigsten Geldquellen. Die Königin Marie war so bestürzt, daß sie offen mit ihrer Demission drohte; sie ließ durch Cornelius Schepper dem Kaiser sehr eindringlich den Ernst der Lage vorstellen, und der Kaiser beschied sich.

Denn seine internationale Lage war zwar noch immer denkbar günstig, aber wer verbürgte ihm die Dauer dieses Zustandes? Die Könige von Frankreich und England waren verbraucht; daß ihr Tod nahe bevorstand, ahnte niemand. Und konnte nicht gerade der Regierungswechsel einen gefährlichen Umschwung bringen? Der König von Dänemark hielt einstweilen fest an dem Vertrage von Speyer; aber er trat bald auch als Vermittler für die Schmalkaldischen auf; konnte er nicht noch einen Schritt weitergehen in seiner Parteinahme?

Vor allem war die Hauptaufgabe des Kaisers bisher nicht gelöst. Den Donaufeldzug konnte man nur als ungewolltes, wenn auch glücklich beendetes Vorspiel betrachten. Noch immer galt es, Freunde zu gewinnen, Gegner zu versöhnen.

In diesem Zeichen standen während des Dezember die Verhandlungen mit Kurpfalz, gegen die sich der Kaiser lange gesträubt hatte. Der Pfalzgraf war in seiner Jugend kurze Zeit sein Regent gewesen; er hatte ihm unendlich viele Dienste geleistet von der Kaiserwahl an. Sollte das alles vergessen sein? Oder verschärfte das den Zorn des Kaisers? Seit dem Besuch in Speyer hatte auf den Pfalzgrafen kirchlich und politisch mancherlei eingewirkt. Bei einer Zusammenkunft mit dem Herzog von Württemberg hatte er sich zur Stellung eines Hilfskontingents bestimmen lassen, dessen Verpflichtung freilich mit dem Oktober 1546 endete. Immerhin hatten Pfälzer doch gegen den Kaiser in Waffen gestanden. Allein der Kurfürst war nicht erst durch Gewalt zur Unterwerfung gezwungen. Das war im Sinne des Regensburger Abkommens mit Bayern das Entscheidende. Nach Aufzeichnungen Ecks hätte Bayern die Zusicherung der Kur unter allen Umständen gewünscht. Der Kaiser versprach sie damals aber nur für den Fall gewaltsamer Unterwerfung. Bei freiwilliger Ergebung wollte er freie Hand behalten.

Eine solche lag nun vor, und es bedeutete für den Kurfürsten den größten Erfolg, daß der Kaiser ihm die Kur nicht nahm. Freilich mußte der Kurfürst diesen Gewinn durch tiefe Demütigungen erkaufen. Lange verklang sein Werben um des Kaisers Gunst, sogar seine Bitte um Audienz, ungehört. Erst als der Kaiser Mitte Dezember in Schwäbisch-Hall weilte, durfte der Kurfürst zu ihm kommen. Er erlebte einen verletzend kalten Empfang. Der Kaiser las ihm wie einem Fremden aus einem vorbereiteten Zettel in französischer Sprache seine Rüge herunter und redete sich dann in einen solchen Zorn hinein, daß der bis dahin vertrauensselige alte Freund ganz aus der Fassung kam und sich auch seinerseits ungeschickt benahm. Als er vor dem Kaiser ein Knie beugte und Abbitte tat, gab ihm dieser nicht einmal die Hand, was selbst die kaiserliche Umgebung erschreckte. Erst am nächsten Tage ließ sich der Kaiser in vertraulicher Besprechung zu einer Art von Versöhnung herbei.

Das Gesicht Karls V erhält für uns über solchen Szenen eine letzte Härte, eine fast unheimliche Starrheit. Gewiß empfand sein ererbtes Hoheitsgefühl von Jugend auf Unbotmäßigkeiten und Auflehnungen sehr schwer. Aber der Ausdruck seiner Entrüstung wurde immer heftiger und zugleich kälter. Er war von Jahr zu Jahr reizbarer geworden. Die ungeheuren Anstrengungen, die innere Leidenschaft seiner Politik und Kriegführung durch so viele Jahre zehrten an seiner Kraft. Dazu kamen seine unverbesserlichen Diätfehler. Er aß und trank gerade das, was ihm am wenigsten zuträglich war, übernahm sich mittags an schweren Fleischgerichten und trank trotz aller Warnungen mit Vorliebe, aber stets zur Unzeit, kaltes Bier. Seine dadurch verschlimmerten Beschwerden, die oft schmerzhafte Krankheit quälten ihn und verschärften die Bitterkeit seiner Äußerungen. War sein Hochmut an sich nur die Übersteigerung seiner besten Eigenschaften, so lief er doch Gefahr, ihn in Menschenverachtung entarten zu lassen, je mehr sich seine Erfolge häuften und die Schwächen und Unzulänglichkeiten der Menschen noch größer erscheinen ließen, als sie ohnehin waren. Man begann aus seinen Worten und aus seinem Lachen gelegentlich schon den Hohn herauszuhören, die häßlichste aller Überheblichkeiten.

Alles dieses trat nun öfter in Erscheinung. Kurpfalz hatte für Württemberg Fürbitte eingelegt. Der Kaiser überhörte sie. Herzog Ulrich erbot sich selbst mehrmals aufs eifrigste. Als der Kaiser Weihnachten zu Heilbronn verbrachte, empfing er ihn allerdings, demütigte ihn aber noch tiefer als Kurpfalz durch Abbitte und eine schwere Kontribution von 300000 Gulden. Da der alte gichtische Herr nicht mehr zu knien verstand, mußten in seinem Beisein die Räte kniend seine Abbitte verlesen. Es war wenig Gnade dabei.

Aber warum verhielt sich Karl politisch nicht anders gegen Württemberg? Daß er den Pfalzgrafen im Besitz der Kur ließ und die bayrischen Wittelsbacher nicht unnötig mächtig machen wollte, begreift sich. Aber warum kam er nicht auf die Ideen Zevenbergens zurück, warum ließ er die habsburgische Hausmacht nicht wieder tiefer nach Schwaben hineinwachsen zur Verdichtung der vorderösterreichischen Länder? Ganz hat es an dem Gedanken einer Wiedergewinnung Württembergs in diesen Tagen nicht gefehlt, man dachte einmal daran, den Erzherzog Maximilian damit auszustatten. Dann aber überwog der Wunsch nach baldiger Befriedung Oberdeutschlands und nach der blanken Kontribution zum Unterhalt der Truppen. Des Kaisers Denken gegenüber den deutschen Verhältnissen bewegte sich offenbar viel mehr im Universalen als im Territorialen. Den Schmalkaldischen Bund niederzuschlagen, die kaiserliche Autorität aufzurichten, in der Kirchenfrage irgendeinen Weg zur äußeren Einheit zu finden, blieb sein vornehmstes Anliegen.

Nur das Vorfeld der Niederlande umfaßten seine Augen stets unter den Gesichtspunkten des Landesherrn. Hier, in Cleve, hatte er wegen Geldern zuerst eingegriffen; hier hatte er auch das kirchliche Vorgehen gegen die Bischöfe von Köln und Münster betrieben. Ja, noch weiter nach Nordosten, gegen Minden und Bremen, setzte er jetzt eine zweite Armee an unter Josse von Cruningen, seinem Gouverneur von Seeland, dessen Kampf um Bremen und Verden uns noch beschäftigen wird.

Im übrigen schwankte der Kaiser während der Befriedung Oberdeutschlands in bezug auf seine nächsten Maßnahmen. Wir erfahren das Nähere aus seinen Briefen an König Ferdinand vom Januar und Februar 1547. Diese Briefe sind eigentlich Selbstgespräche, wie ja die vorwiegende Form im kaiserlichen Lebensdrama früh der Monolog gewesen ist. Er bat um Rat, mündlich oder schriftlich, aber er verarbeitete alles doch bei sich allein; er wurde sich seiner Gedanken bewußt, wenn er schrieb oder Anweisungen gab zum Schreiben.

Er habe Württemberg Verzeihung gewährt, schrieb er dem Bruder, da die Schmalkaldischen noch immer mit Truppen gerüstet seien und eine gewaltsame Eroberung Württembergs mit seinen festen Plätzen gefährlich und zeitraubend gewesen wäre, es auch nicht scheinen dürfe, als verfolgten sie eigene Interessen. Nun stehe die Hauptaufgabe doch noch vor ihnen, ihre Autorität in Deutschland herzustellen und das Reich dadurch auch nach außen widerstandsfähiger zu machen. Zunächst wolle er eine kurze Zeit in Ulm rasten. Er befinde sich dort mitten zwischen Bayern, Österreich, Italien und der Schweiz nach allen Seiten zur Hand, könne mit seinen Garnisonen einen Druck ausüben auf Ulm und auf Augsburg und das Weitere mittlerweile überlegen: Ob er nämlich jetzt schon die Forderung zur Rückkehr zur alten Religion für jedermann erheben solle, da ja die Rebellen längst dergleichen als seine Absicht ausgesprengt hätten; oder aber darauf verzichten und den Krieg gegen sie weiterverfolgen, sie nach Gebühr strafen und erst nach ihrer Entwurzelung Deutschland ordnen; oder, ob es sich mehr empfehle, zunächst mit den Freunden und den Unterworfenen einzeln oder auf einer Tagung zu verhandeln, etwa auf dem bereits in Aussicht genommenen Reichstage, um bei der deutschen Verfassung zu bleiben und vorerst die Justiz zu ordnen, sich die

Besetzung des Reichskammergerichtes übertragen zu lassen und unter dem Eindruck der allgemeinen Unterwerfung einen Reichsbund aufzurichten gegen die Geächteten nach Art des alten Schwäbischen Bundes? Damit würde man dann am besten den Machenschaften des Königs von Frankreich begegnen, mit dem die Protestanten durch den sächsischen Kanzler, einen Hessen und Jacob Sturm konspirierten, um mit ihm und England eine Liga zu schließen. So schrieb der Kaiser am 9. Januar.

Es war die Zeit, da er von den Anstrengungen des letzten Jahres wirklich ermüdet Ruhe suchte. Seit dem 2. August hatte er an die vierzig Male das Nachtquartier gewechselt, viele Nächte im Lager verbracht. Den Austrag der Dinge in Kursachsen glaubte er noch Ferdinand und Moritz überlassen zu dürfen, zumal ihn zwischendurch alte Sorgen und neue Erregungen in seinen anderen Ländern beschäftigten. Die Verschwörung des Fiesco in Genua gegen die Doria und seine wachsende Verstimmung gegen die Farnese lenkten ihn wieder auf Oberitalien, auf Parma und Piacenza, auch auf Siena. Den Juan de Vega hatte er zum Vizekönig von Sizilien gemacht, den unternehmungslustigeren Ferrante Gonzaga zum Nachfolger des am 31. März 1546 verstorbenen Marchese del Vasto in Mailand; das ließ auf weitere Pläne schließen. Doch lag alles noch im Schatten.

Am 2. Februar schien die Lage soweit geklärt, daß sich der Kaiser unter dem Eindruck der Hilferufe von Ferdinand und Moritz entschlossen zeigte, selbst nach Kursachsen zu ziehen unter Zurücklassung von Garnisonen in Augsburg und Frankfurt. Verfügbare Truppen wollte er schon voraus senden. Doch schwankte er nochmals, und erst am 10. und 11. März ließ er Ferdinand und Marie wissen, daß er nun doch dem Bruder zu Hilfe eilen wolle.

Damit verlegte der Kaiser die Entscheidung auf den sächsischen Kriegsschauplatz. Hier hatte sich Moritz nach monatelangen Verhandlungen wirklich entschlossen, sich an der Eroberung der Lande seines Vetters zu beteiligen. Man spricht gern, wenn auch mit berechtigtem Ingrimm, von einem Meisterstück der habsburgischen Politik, in dem Kaiser und König einträchtig zusammenspielten. Man darf dabei aber weder vergessen, ein wie dankbares Objekt Moritz und seine Räte für ihre Staatsklugheit und Menschenkenntnis waren, noch umgekehrt, wie überlegsam auch Moritz sich in seiner gewiß selbstgewählten, aber doch überaus schwierigen Lage behauptete. Er wollte um der Untertanen und der fürstlichen Macht willen die Kirchenreformation grundsätzlich festhalten, er wollte es politisch mit keiner Seite ganz verderben und außerdem möglichst großen Gewinn davontragen. Seine Zähigkeit war der habsburgischen ebenbürtig; er brach einmal die Verhandlungen ab und gab Ferdinand anheim, zu tun was er für recht halte. Seine Schwäche lag dagegen sowohl in dem Drängen seiner überwiegend habsburgisch gesinnten alten Räte, wie in dem eigenen unüberwindlichen Verlangen nach dem unrechten Gut. Die deutsche Geschichte verfolgte mit diesem kühnen und begabten Menschen ihre rätselhaften Wege. Er mußte durch all das Unrecht hindurch, um über immer neuen Verlegenheiten, die zum Teil schon im Bereich des Gewissens empfunden wurden, doch zur weltgeschichtlichen Figur zu werden. In diesem Augenblick wurde seine Begehrlichkeit das Opfer der kaiserlichen Politik. Als nach langen Vorverhandlungen der beiderseitigen Räte Moritz von Ende September bis zum 5. Oktober in Prag weilte, war es bald um ihn geschehen. Alle Vorstellungen seiner Glaubensgenossen, die feierliche Botschaft des Herzogs Ernst von Lüneburg, der Eindruck ihrer gerüsteten Truppen auf seine Räte hatten versagt; auch die Bitten der hessischen Frauen und eine letzte männlich herbe Mahnung seiner Tante, der Herzogin von Rochlitz, Philipps Schwester.

Und doch verlief auch der Krieg in Sachsen zeitweise keineswegs zur Befriedigung der Kaiserlichen. Jetzt sollte sich zeigen, wieviel ungenutzte Reserven noch auf der protestantischen Seite lagen.

Zwar die Überraschung der kaum geschützten böhmischen Lehen Kursachsens durch die Truppen Ferdinands führte leicht zu ihrer Eroberung. Dabei gelang es Moritz, erst Plauen, dann Zwickau durch Ergebung in seinen Schutz vor dem Einmarsch der Fremden zu bewahren. Sein eigenes Vorgehen gegen die kursächsischen Lande hatte ebenfalls Erfolg. Nur den westlichen Teil, Gotha, Eisenach und Coburg gewann er nicht. Dagegen nahm er Halle auf Grund der kaiserlichen Mandate unter dem Titel der Schutzherrschaft. Überall machte er Zusagen wegen der Religion. Schließlich traf er schon Anstalten, Wittenberg zu belagern.

Mittlerweile war aber Kurfürst Johann Friedrich herangekommen. Fürsorglich und klug richtete er seinen ersten Stoß nicht auf die Wiedergewinnung der eigenen Lande, sondern gegen die albertinischen. Schon am 23. Dezember marschierte er ein. Damit zogen die fremden Besatzungen von Weimar, Jena und den anderen ernestinischen Gebieten von selbst ab. In Halle wurde der Kurfürst mit Jubel empfangen. Dann belagerte er das albertinische Leipzig, das sich jedoch rühmlich verteidigte, so daß er in der Nacht vom 26. auf den 27. Januar wieder abziehen mußte. Das Entscheidende wurde auch für ihn der Geldmangel. Doch bedeutete er noch nicht die eigentliche Krisis. Vielmehr sah sich Moritz weiter genötigt, nach allen Seiten um Hilfe zu rufen. In Prag hielt man zurück, da er sich über die böhmischen Truppen zu oft und mit zu starken Ausdrücken beklagt hatte. Man verübelte es ihm auch, daß er es noch immer nicht wagte, den ihm im Oktober vom Kaiser verliehenen kurfürstlichen Titel zu führen; er war dem ausgewichen durch die noch unerfüllte Forderung einer Mitbelehnung seines Bruders August.

Der Kaiser vertröstete ihn auf den Markgrafen Albrecht Alcibiades, der wirklich im Anmarsch war. Am 24. und 25. Januar stand er bei Zwickau. Moritz lag still in Chemnitz. Der Kurfürst in Altenburg. Zwischen den Gegnern dehnte sich der Muldeabschnitt mit seinen Übergängen; beide Teile richteten ihre Aufmerksamkeit darauf. Am 25. Februar besetzte der Markgraf Stadt und Schloß Rochlitz an der Mulde mit ungenügenden oder wieder zersplitterten Kräften. Der Kurfürst erhielt davon Kundschaft; vielleicht, aber nicht sicher, durch die dort residierende Herzogin auch die Anregung, zu kommen. In einem Nachtmarsch rückte er heran, überraschte am 2. März in der Frühe den Markgrafen und nahm ihn selbst gefangen. Der Weg nach Böhmen lag offen, von wo dem Führer des Protestantismus die lebhaftesten Sympathien entgegenschlugen. Aber der Kurfürst benutzte diese Möglichkeiten nicht; sie hätten in der geraden Linie seiner bisherigen Offensive gelegen und den Krieg in Ferdinands keineswegs botmäßige Lande vorgetrieben. Er wagte es nicht, zum Teil aus guten Gründen, lag vielmehr den ganzen März über still in Geithain zwischen Altenburg und Rochlitz.

Es wurde sein Verhängnis, daß sich eben jetzt Vergleichsverhandlungen anspannen, zunächst durch Joachim von Brandenburg, von ihm selbst alsbald durch ein ergebenes Schreiben an den Kaiser aufgenommen. Der Kaiser lehnte natürlich schroff ab. Dafür aber mischten sich die beiderseitigen Stände ins Spiel, die albertinische und die ernestinische Ritterschaft. Neben den Landständen schalteten sich auf der albertinischen Seite die Räte ein, bereits in der unehrlichen Absicht, Zeit zu gewinnen. Denn wenn der Kaiser erst da war, mußte sich das militärische Übergewicht rasch zu Ungunsten des Kurfürsten verschieben. Der Kufürst ging in die ihm halb unabsichtlich, halb bewußt gestellte Falle. Er versäumte es, in das eigene Land zu ziehen und sich zur Verteidigung einzurichten.

In der Tat war der Kaiser unterwegs. Er hatte sich in Ulm nur bis zum 4. März aufgehalten, dann nochmals 14 Tage in Nördlingen, um über Öttingen ins Fränkische zu ziehen.

Von dem Umfang seiner politischen Sorgen nach seinen unausgesetzten Korrespondenzen mit Spanien, Italien und den Niederlanden jeweils ein vollkommenes Bild zu erhalten, ist weder möglich noch nötig. Er lief immer Gefahr, sich darin zu verstricken. Eben deshalb lag seine größte Leistung im Augenblicke darin, sich von ihnen zu lösen und folgerichtig zu handeln. Am meisten erregte ihn in den letzten Wochen und Monaten das Verhalten der römischen Kurie, weil sich die päpstliche Politik auch militärisch auswirkte. Schon die für den Papst naheliegende, aber in die kaiserliche Politik gar nicht passende Proklamierung des Protestantenkrieges, besonders durch die Breven an die Schweizer, hatte zu Auseinandersetzungen geführt. Der ewige Streit um die Leitung oder Verlegung des Konzils verschärfte sie. Der päpstliche Nuntius Verallo war der Lage nicht gewachsen und mußte sich von Granvelle öfters unsanft anfassen lassen. Dem Papste war eine Mitwirkung bei allen Abmachungen mit den Protestanten zugesagt, und Verallo reklamierte sein Recht. Doch war eine solche bei der Art des Kaisers, die das Kirchliche hinausschob, undurchführbar.

Als die Schwierigkeiten beim Konzil unerträglich wurden, schlugen Mendoza und Madruzzo selbst eine sechsmonatige Vertagung vor, um einer Verlegung des Konzils auszuweichen. Mendoza, der am 3. Dezember Trient verließ, um seine Stellung als Botschafter an der Kurie anzutreten, faßte seine Eindrücke noch unterwegs in Entrüstung und Bekümmernis dahin zusammen, daß dieses Konzil unter der Tyrannei der Legaten mehr Unheil stifte als Luther. Zusammen sorgten diese Väter nur für die Interessen Roms, jeder einzelne für die eigenen. Jetzt berieten sie den Artikel von der Rechtfertigung mit vollkommener Leichtfertigkeit. Sollte man wirklich glauben, rief er aus, daß diese dürftige Gesellschaft vom Heiligen Geiste geleitet würde? Habe das Konzil aber einmal gesprochen, so gebe es kein Zurück mehr. Der Zustand der Kirche mit allen Mißbräuchen befestige sich hoffnungslos.

Der Kaiser war in solchen Fragen zurückhaltender, wie seine Weisungen an Mendoza erkennen lassen, aber es verletzte auch ihn doch tief, daß trotz seines Einspruchs am 13. Januar das Dekret von der Rechtfertigung angenommen wurde. Als nun vollends ein Breve vom 22. Januar die päpstlichen Hilfstruppen unter salbungsvollen Glückwünschen zu den Erfolgen des Kaisers rücksichtslos abberief, obwohl alle Welt wußte, daß der Zweck des gemeinsam begonnenen Krieges noch keineswegs erreicht war, schüttete er seinen ganzen Zorn gegenüber dem Nuntius aus. Er merke wohl, sagte er, daß der Papst ihn in diesen schweren Krieg hineingebracht habe, um ihn nun sitzen zu lassen. Unter bitterböser Anwendung eines bekannten Sprichwortes auf den Papst fügte er hinzu: Jungen Leuten möge man die Franzosenkrankheit verzeihen, bei Greisen sei sie unerträglich. Auf weitere Ausführungen wollte der Nuntius antworten, aber der Kaiser schnitt ihm das Wort ab und verließ das Zimmer.

Es hat welthistorisch etwas Erschütterndes, daß der Papst den Kaiser im Stiche ließ in dem Augenblicke, da dieser zum letzten entscheidenden Schlage gegen die Führer des Protestantismus ausholte.

MÜHLBERG. WITTENBERG. HALLE 1547

Am 28. März 1547 brach der Kaiser aus Nürnberg auf. Am 1. April war er in Weiden, in den nächsten Tagen zur Vereinigung mit Ferdinands und Moritz Truppen in Tirschenreuth vor dem Böhmer Wald. Man wollte auch gegen die Böhmen demonstrieren und erreichen, daß diese im Lande blieben und nicht dem alten Kurfürsten zuzögen, der sich seinerseits von ihnen löste. Über Eger ging es durchs Elstertal auf Plauen, dann Mulde abwärts gerade auf den Kurfürsten los.

Dieser hatte seine Truppen in den letzten Wochen zu kleinen Erfolgen und Requisitionen verzettelt. Die Vereinigung der gegnerischen Truppen zu hindern, versuchte er nicht einmal. Er hielt sich still bei Meißen an der Elbe. Er wußte wohl, daß der Kaiser herannahe, aber nichts über dessen nächste Absichten. Am 12. April überschritt er die Elbe. Er meinte am rechten Ufer des Stromes sicher zu sein und zog, willens sich nach Wittenberg oder Magdeburg zu begeben, nordwärts auf Mühlberg. Der Kaiser kam ihm so von selbst in die linke Flanke, als er sich von Colditz und Leisnig her am 23. April der Elbe näherte. Man wußte, was die Kurfürstlichen nicht beachteten, daß von dem nahen Schirmenitz nach Mühlberg eine Furt durch die Elbe führte; wichtig, da man nur ungenügenden Brückentrain besaß.

Die kaiserliche Armee, durch die langen Märsche nicht ermüdet, bewegte sich in Kriegsordnung vorwärts. Am 24. April brach man bei Nacht und Nebel auf, ganz früh. Bei der Avantgarde der Kaiser, Moritz und sein Bruder August. Im zweiten Treffen Ferdinand und Erzherzog Maximilian. Das kaiserliche Haus stellte sich stattlich dar, mit großem Gefolge. Auf die Reiter folgte das Fußvolk. Noch am Vormittag lag dichter Nebel über der Elbe. Es war Sonntag und der Kurfürst beim Gottesdienst. Als man zwischen 10 und 11 Uhr beiderseits der nahen Feinde ansichtig wurde, beschloß der Kurfürst, der sich am rechten Elbufer noch immer sicher wähnte, seinen Marsch beschleunigt fortzusetzen; der Kaiser dagegen, den Angriff einzuleiten. Der Kurfürst machte auch jetzt keine Anstalten, das hohe Elbufer zu halten, schickte vielmehr fast die ganze Artillerie voraus. Nur seine Brückenschiffe ließ er flottmachen und verteidigen. Aber da gerade daran dem Kaiser viel gelegen war, entbrannte um sie ein heftiger Kampf. Der Kaiser war Zeuge. Seine Augen ermunterten die Spanier zu den größten Kühnheiten. Bis an die Brust im Wasser rückten die Schützen vor, das Feuer von den Schiffen zu erwidern und niederzukämpfen; dann warfen sich die Entschlossensten selbst entkleidet ins Wasser mit den Degen zwischen den Zähnen, um die Schiffe im Nahkampf zu nehmen. Reiter mit ihren Pferden schwammen durch die Fluten. Als das Gewehrfeuer aufgehört und ein Bauer den Kaiserlichen die eigentliche Furt gewiesen, die das Durchkommen erleichterte, zogen sie hinüber, wobei sich die Hauptmasse der Fußknechte und des Trosses außerdem der inzwischen hergestellten Brücke bediente.

Nachdem die weit überlegene Macht des Kaisers auf dem rechten Ufer aufmarschiert war, gab es erst recht kein Treffen mehr, sondern nur eine zunehmend heftige Verfolgung. Der Kurfürst hoffte, vor der Dunkelheit noch die schützenden Wälder des Lochauer Jagdreviers zu erreichen. Aber man näherte sich einander schon derartig, daß Herzog Moritz, der das Vermitteln nicht lassen konnte, den schneidigen Lersner durch die Schießerei zum Kurfürsten eilen ließ, um ihn zur Ergebung zu bestimmen. Zornig antwortete dieser, man halte ihn wohl für den Braunschweiger. Es war in der Tat für alles zu spät. Denn als die Kursachsen zur Erleichterung für das letzte Entweichen in den Wald noch einmal Halt machten und ein paar Reitergeschwader zu früh den Abwehrangriff begannen, folgte bald der Zusammenstoß, der das Fußvolk ganz ungeordnet fand und die Kursächsischen völlig auseinandersprengte. Im Reitergetümmel wurde auch der Kurfürst leicht verwundet und gefangen. Es war wohl Thilo von Trotha, dem er seinen Degen gab. Aber Alba nahm den Fürsten, wie einst Lannoy den König von Frankreich, und führte ihn zum Kaiser.

Die beiden Herren zu Pferde und in Rüstung. Der Kurfürst lüftete den Hut, den er statt des verlorenen Helmes trug, bedeckte sich aber sofort wieder, als er sah, daß der Kaiser seinen Gruß nicht erwiderte. Bei seiner Anrede „Allergnädigster Kaiser" fiel dieser ihm dafür sogleich ins Wort: „Ihr hättet uns besser längst dafür gehalten", und dann zum Schluß „ich werde Euch halten nach Gelegenheit und Eurem Verdienst, geht hinweg." Spanier erhielten die Wache.

Man mochte von den spöttischen Lippen des Kaisers den Triumph lesen, den er innerlich erlebte. Dieser 24. April war wieder einer der ganz großen Tage seines Lebens. Er hatte den Erfolg beharrlich, hartnäckig, mit allen Mitteln, aber auch mit Einsatz von Ruhe und Gesundheit, von Leib und Leben erkämpft; er hatte den Übergang über die Elbe mit geleitet und befeuert; war mit hinausgezogen in diesen Abendkampf. So ließ er sich für die Seinigen später durch Tizian malen, als Sieger von Mühlberg, hoch zu Roß, gepanzert, mit der Feldbinde und der Lanze, nicht ohne das Goldene Vlies, leuchtend im Schimmer der Rüstung.

Die Nacht verbrachte der Kaiser wieder in Schirmenitz auf dem linken Ufer, und von hier aus nahm er am nächsten Tage auch den Weitermarsch auf, über Torgau, um die Elbe erst nahe bei Wittenberg erneut zu überschreiten.

In Wittenberg erwartete den Kaiser ein entschlossener Widerstand. Hier wären wohl auch geistliche Kräfte entbunden worden, obwohl der Reformator selbst schon vor Jahresfrist die müden Augen geschlossen hatte. Der Kaiser mochte eine Belagerung scheuen, zumal er mit Geschütz schlecht versehen war. Die Lage schien gespannt. Zur Verteidigung entschlossen war auch des Kurfürsten Sohn, Johann Friedrich der Mittlere auf dem Grimmenstein bei Gotha. Man hatte die unruhigen Böhmen im Rücken, und nach den letzten Monaten war nicht abzusehen, was sich bei einem längeren Verlauf der Kämpfe im Lande gegen den Kaiser und Moritz regen würde.

Da kamen der Kaiser und seine Berater rascher zum Ziele durch ein brutales Verfahren, das nun freilich allem Reichsrecht Hohn sprach und sich aus der Erinnerung nicht so bald verlieren sollte. Hatte er die süddeutschen Fürsten und Städte gedemütigt, so suchte er die Wettiner einzuschüchtern durch ein Todesurteil. Ein Gerichtshof, der diesen Namen nicht verdiente, sprach das Urteil gegen den Kurfürsten. Der Kaiser setzte die Vollstreckung aus und begann Verhandlungen. Dabei benahm sich der alte Kurfürst in allem so würdig und gefaßt, daß er sich bald die Achtung erzwang. Er ließ sich auch auf ein Diktat nicht ein, sondern verhandelte in Ruhe und Zähigkeit. Die Kur und die Kurlande versuchte er nicht mehr zu retten, sonst aber möglichst viel für seine Söhne, selbst die spätere Rückgewinnung der Kur durch Gesamtbelehnung beider Linien. Vor allem sträubte er sich gegen die Anerkennung dieses Trienter Konzils, und der Kaiser begnügte sich wirklich mit der Verpflichtung auf das Reichskammergericht und die späteren Reichstagsabschiede. Der Kaiser mochte hoffen, die Konzilsbeschlüsse darin einbauen zu können, die Wettiner, bei den Reichstagsabschieden nach wie vor mitzureden. Der Kurfürst bestritt auch die Rechtmäßigkeit der Acht. Bei den Verhandlungen leistete Kurfürst Joachim von Brandenburg hilfreiche Hand.

So hart die Bedingungen auch blieben, zur Wahrung seines Lebens, zur Erhaltung seiner Söhne bei fürstlichen Ehren und Landen und in der zuversichtlichen Hoffnung auf eine spätere Rettung des Evangeliums, unterschrieb der Kurfürst die Wittenberger Kapitulation vom 19. Mai 1547. Am 23. erfolgte die Übergabe der Stadt zu ehrenvollen Bedingungen. Am 4. Juni erhielt Moritz, der ja die frühere Urkunde nicht angenommen hatte, noch einmal in feierlicher Form die sächsische Kur und die Kurlande. Sein Verrat hatte dem Kaiser in der Tat entscheidende Dienste geleistet.

Indessen, mit dem Zerfall des Widerstandes an der Donau, mit seinem Niederschlagen an der Elbe war das Reich noch keineswegs unterworfen, noch weniger befriedet. Magdeburg beharrte im Widerstande, und auch die andere erzbischöfliche Stadt Norddeutschlands, Bremen, hatte sich soeben in großartiger Verteidigung heldenhaft bewährt.

Josse von Cruningen war bis zum 12. Februar über Tecklenburg, Osnabrück, Lippe, Hoya, Schaumburg und Minden heranzogen, überall Herr der Lage. Am 27. rastete er eine kleine Meile von Bremen, dessen Erzbischof, Kapitel und Ritterschaft ihm entgegenkamen, während die Stadt Verhandlungen abwies. Am 19. März lag er noch vor den Mauern, völlig vergeblich. Er klagte über fehlende Munition, am 30. auch über Meuterei wegen Geldmangel. Der Kaiser gab ihm noch von Eger aus neue Weisungen wegen Hamburg. Aber Cruningen selbst fiel vor den Mauern von Bremen. Auch der blutjunge Herzog Erich II von Calenberg, mit dem der Kaiser am 14. März einen Dienstvertrag abgeschlossen hatte, mußte unverrichteter Dinge abziehen, und erlebte dann noch in der blutigen Schlacht bei Drakenburg an der Weser, hart nördlich von Nienburg, am 23. Mai eine furchtbare Niederlage durch das Entsatzheer Christophs von Oldenburg und Albrechts von Mansfeld. Nach Gebet und Psalmengesang hatten die Protestanten unter Führung der Grafen und der Prediger die feste Stellung des Herzogs berannt und genommen. Erich rettete sich mit knapper Not durch die Weser; seine Leute fielen oder ertranken oder ließen sich fangen. Die Unglücksbotschaft erreichte den Kaiser noch vor Wittenberg und beunruhigte ihn sehr wegen seiner weiteren Pläne, vor allem wegen Hessen.

Da entlasteten ihn erneut die Vielgeschäftigkeit des neuen Kurfürsten und die Mutlosigkeit des Landgrafen selbst, der sich hätte an den Taten aufrichten sollen, die sich so nahe seinem eigenen Lande abspielten. Aber er hatte sich ohne Not, freilich immer wieder durch Moritz verlockt, schon viel zu tief in den Gedanken an Verhandlung und Gnade eingelebt; er konnte innerlich nicht mehr zurück. Der einst so stolze Fürst, der zu Beginn des Schmalkaldischen Krieges noch einmal einen tapferen Aufschwung genommen hatte, sank von Stufe zu Stufe, nicht ohne Schuld von Moritz, den er jetzt in seinen Erfolgen bewundern mochte, nachdem er selbst ihn einst auf die schiefe Bahn geführt hatte.

Bei den ersten Vertragsverhandlungen mit Moritz hielt sich der Landgraf noch einigermaßen; er wollte keinen Separatfrieden, losgelöst von den anderen Schmalkaldischen. Bald wurde er weicher, erschreckt durch die Erfolge des Kaisers. Als Moritz vorsichtig bei König Ferdinand anklopfte, ließ dieser keinen Zweifel darüber, daß der Kaiser, wenn überhaupt, die Ergebung des Landgrafen nur unter den allerschwersten Bedingungen annehmen würde. Der Landgraf wiegte sich bis zum April in der Hoffnung, daß man ihn zur Bekämpfung des Kurfürsten gebrauche; er kam sich groß vor, das abzulehnen, ehe man ihn noch darum gefragt hatte. Moritz war schamlos genug, es doch zu tun. Unausgesetzt korrespondierten sie.

Den Kaiser erfüllten natürlich ganz andere Ideen. Aber er ließ Moritz gewähren; hielt er doch damit Philipp von energischer Rüstung ab. Vor Wittenberg gesellte sich zu dem Eifer des Schwiegersohns die Bemühung seines Altersgenossen und Schwagers, Joachim von Brandenburg. Persönliche Besprechungen führten nicht weiter. In dem Entwurf „Ergebung auf Gnade und Ungnade" strich Philipp die „Ungnade" einfach durch, ging dann aber bedingungsweise doch wieder darauf ein. Der Kaiser lehnte jede Bedingung ab. Philipp schwankte von einem Tage auf den anderen. Er ging nun selbst weiter in seinen Erbietungen. Sie gelangten durch Ebeleben an die Kurfürsten, an den Bischof von Arras und Dr. Seld, der nach und nach an die Stelle des verstorbenen Naves trat. Am 2. Juni wurde dem Kaiser eine Formulierung vorgelegt, wonach die Kurfürsten versichert sein wollten, dem Landgrafen werde „solche Ergebung weder zu Leibesstraf noch zu ewiger Gefängnus" gereichen. Der Kaiser, an den sie mehrmals bittend herantraten, billigte die Form.

Die Kurfürsten versprachen danach viel mehr als sie irgend durften, wenn sie dem Landgrafen vorspiegelten, er werde über die Artikel hinaus „weder an Leib, noch Gut, mit Gefängnis oder sonst" beschwert werden. So kam der Landgraf in gutem Glauben, während die Kurfürsten bodenlos leichtsinnig handelten, wenn sie vorgaben, Arras anders verstanden zu haben als jene klare Formulierung lautete. Erinnerte sich der Landgraf nicht, wie Moritz vor zwei Jahren an dem Braunschweiger gehandelt hatte?

Der Landgraf kam also. Er verhandelte am 19. Juni vormittags mit Arras, fand freilich die Artikel nochmals verschärft. Die Kurfürsten redeten ihm zu. Vergebens baten sie den Kaiser, dem Landgrafen nach dem Fußfall die Hand reichen zu wollen. Gleichwohl redeten sie ihm zu.

Am Abend um 6 Uhr folgte die große Szene. Der Kaiser im Thronsessel, umgeben von stattlichem Gefolge; der Landgraf mußte knien, während sein Kanzler Günterode die Abbitte verlas. Dann erteilte Dr. Seld die kaiserliche Antwort, wie verabredet lediglich mit der Zusage, daß der Landgraf nicht mit „ewigem Gefängnis" gestraft werden solle. Sie hörten es alle. Der Kaiser verfuhr danach. Er gab dem Landgrafen, als er ohne Wink schließlich von selbst aufstand, nicht die Hand.

Dafür lud der Herzog von Alba ihn mit Arras und den Kurfürsten zum Nachtmahl. Nach dem Essen führte man Philipp in ein besonderes Gemach mit Bewachung. Die Kurfürsten protestierten. Moritz lärmte, beklagte sich, verbrachte die Nacht bei seinem Schwiegervater, trotz Warnung. Der Kaiser bestand auf seinem Recht. In ihm mochten Erinnerungen an sein Erlebnis mit König Franz auftauchen. Er sagte den Kurfürsten am 21. geradezu, für die Durchführung der Kapitulation könne er nur den Landgrafen selbst als Geisel brauchen.

Nun hatte der Kaiser sein eigentliches Ziel, zuletzt sogar in unblutigen Verhandlungen erreicht. Begleitet von den gefangenen Häuptern des Schmalkaldischen Bundes, zog er zum Reichstage nach Augsburg. Arras schrieb der Königin Marie, ein Kampf gegen die vielen festen niederdeutschen Städte lohne sich nicht, da man bei ihnen doch nicht das Geld für die Abdankung der Kriegsleute finde. Dieses wollte sich der Kaiser auf eine andere Art verschaffen. Ihm schwebte ein Reichsbund vor, nach Art des Schwäbischen Bundes. Er hatte für die Gründung auch zwei schwäbische Städte ausersehen, Ulm und Augsburg.

Die Reichsverfassung und die Niederlande
Der Streit um das Konzil
und das kaiserliche Interim 1548

In der Idee eines Reichsbundes verband sich etwas Allgemeines mit dem Besonderen. Der Kaiser wollte sich in seiner gegenwärtigen Lage stärken, militärisch und finanziell. Aber er wollte auch der Reichsverfassung nachhelfen im Sinne kaiserlicher Herrschaft.

Seit dem 13. Jahrhundert bemühte man sich darum, in der Reichsverfassung Schritt zu halten mit der Entwicklung der Landesherrschaften und der Städte. Die Könige und Kaiser bedienten sich desselben Mittels wie die Fürsten und Städte, der bündischen Vereinigung unter dem Namen des Landfriedens. Denn die „landschädlichen" Leute waren nicht mehr einzelne arme Teufel, sondern die Herren selbst, die in großen Fehden ihre Herrschaften ausbauten oder sich wie die Städte ihrer Haut zu wehren suchten. Der Schwäbische Bund, der von 1487 bis 1533 bestanden hatte, durfte im Lande Schwaben zugleich als ein Werkzeug habsburgischer Politik bezeichnet werden, einer Kaiserpolitik, wie Karl sie verstand.

Mit diesen Ideen war er groß geworden. Er und seine Berater ahnten ganz richtig, daß die Verfassung des Reiches nur noch eine bündische sein konnte. Aber irgendeiner Exekutive bedurfte auch dieses Reich. Die periodischen Reichstage führten wegen der Verteilung der Lasten mehr auseinander als zueinander. Dagegen sollte ein Reichsbund mit Aufgeboten und Geldleistungen im Namen des Kaisers wenigstens die landschaftliche Friedensfürsorge sicherstellen als ein sichtbares Organ der Reichsgewalt.

Noch mitten im Kriege, schon am 9. Januar 1547 entwickelte der Kaiser seine Gedanken dem Könige Ferdinand. Am 13. Juni ließ er die Beratungen darüber zu Ulm eröffnen. Seine Kommissare waren der Kardinalbischof von Augsburg, Markgraf Hans von Küstrin, Johann von Lier und Heinrich Haß. Die Verhandlungen gingen träge vonstatten. Die Stände fingen die Wünsche der kaiserlichen Kommissare auf durch Entwürfe, ließen sie aber liegen.

Dann wurde die ganze Angelegenheit auf den Reichstag nach Augsburg übernommen. Der Kaiser kehrte aus Sachsen zurück, um ihn selbst abzuhalten. Er wollte die Summe ziehen aus all den aufregenden Geschehnissen des letzten Jahres. Doch mußte er sich auch auseinandersetzen mit den großen Veränderungen außerhalb Deutschlands und ihren Folgen. Am 28. Januar 1547 war Heinrich VIII von England gestorben. Die römische Kurie trug sich allen Ernstes nochmals mit dem Gedanken, die katholischen Fürsten gegen England zu sammeln; da zwang sie der bald folgende Tod des Königs Franz (am 31. März), mit den geplanten großen Legationen doch noch zu zögern. Sonderbare, von Furcht und Eifersucht getragene Unruhe dieses päpstlichen Greises, der eben den Kaiser im Stiche gelassen hatte und nun aufs neue seine Hilfe begehrte, obwohl er ihn noch dazu durch die Behandlung des Konzils aufs tiefste empörte. Wirklich konnte es nichts Törichteres geben als die stillschweigende Ermächtigung an die Legaten, das Konzil nach Bologna zu verlegen und dann die Heuchelei, sich ganz unbeteiligt zu stellen, als die Legaten am 11. März davon Gebrauch machten. Selbst Juan de Vega äußerte sich entrüstet. Am Kaiserhofe kam es vollends zu bösen Auftritten. Der Nuntius wurde an die Minister verwiesen, da der Kaiser meinte, er würde sich sonst im Zorn zu Äußerungen hinreißen lassen, die wahr seien, aber ihm selbst nicht erwünscht. Es war nicht Temperament der Jugend sondern der Überreizung, das er zügeln wollte. Aber sachlich gab er nicht nach. Seinen Gesandten in Rom wies er unverzüglich an, gegen etwaige konziliare Akte in Bologna feierlich zu protestieren.

So war die Lage, als der Kardinal Sfondrato am 4. Juli 1547 den von Halle/Saale aufwärts durch Ostfranken nach Augsburg ziehenden Kaiser in Bamberg traf und von ihm empfangen wurde. Auf die Ausführungen wegen England antwortete der Kaiser kurz ablehnend, ihn gehe Deutschland näher an und er habe nach seinen letzten Erfahrungen keine Lust, die Geschäfte anderer zu besorgen. Vom Konzil meinte der Legat, scheinbar einlenkend, daß man es vielleicht zurückverlegen könnte, falls die Deutschen sich ihm bindend unterwürfen und einstweilen die kaiserlichen Bischöfe auch nach Bologna gingen. Der Kaiser wurde über diese wirklich naiven Zumutungen so erregt, daß der Legat ganz bestürzt fragte, ob er sich nicht lieber zurückziehen solle. Der Kaiser antwortete trocken, er möge tun, was ihm beliebe.

Das Ergebnis der Besprechungen Sfondratos mit dem Kaiser und seinen Ministern war überraschend. Es ging ihm wie einst Cervino. Die Haltung des Kaisers, die Ehrlichkeit seines Zornes und die Einheitlichkeit in den Anschauungen des ganzen Hofes verfehlten nicht ihren Eindruck auf ihn. Er riet zum Einlenken. Da auch Frankreich nirgends Miene machte, die päpstliche Politik zu stürzen, empfahl selbst die Kardinalskongregation dem Papste die Rückkehr der Väter nach Trient. Aber der eigensinnige alte Herr lehnte das ab; noch am 15. September sollte in Bologna eine feierliche Session stattfinden.

Mendoza lebte in dem Gedanken des Protestes. Er sprach ganz offen davon. Und sein Kaiser bestärkte ihn jetzt. Er werde, ließ er schreiben, falls es nicht anders gehe, selbst ein neues Konzil berufen, alles Bisherige für nichtig erklären und dann endlich mit der Reform der Kirche beginnen.

In solcher Stimmung eröffnete der Kaiser den Augsburger Reichstag am 1. September mit jenem Glanze, der oft genug die innere Schwäche überdeckt. Hauptverhandlungsgegenstände waren die Punkte, die wir schon aus Karls Schreiben an seinen Bruder kennen, Reichskammergericht, Reichsbund, Kirchenfrage.

Die Rechtspflege als vornehmsten Inhalt seiner Souveränität wollte der Kaiser befestigen. Hatte er an den Einzelheiten auch persönlich so wenig Anteil wie früher an der peinlichen Halsgerichtsordnung, die den Namen der *Carolina* durch die folgenden Jahrhunderte trug, so war das Grundsätzliche ihm doch im tiefsten Sinne gemäß. Unter der Reform des Reichskammergerichtes verstand er die Ernennung der Beisitzer und die Abwälzung der Kosten auf die Stände, die daran in der Tat interessiert waren, um die Reichssachen nicht an das Hofgericht gelangen zu lassen. Nicht minder wichtig die Ausarbeitung einer Reichskammergerichtsordnung als Richtschnur für die tägliche Arbeit.

Alles dieses wurde im wesentlichen nach Wunsch des Kaisers erledigt. Es war, als seien die Stände in die Gebiete des allgemeinen Wohles ausgewichen, um in den schweren Fragen der politischen und kirchlichen Reichsverfassung frei zu bleiben.

Die Kirchenfrage nahm eben jetzt eine noch schärfere Wendung durch das völlige Zerreißen des Bandes, das den Papst noch an den Kaiser knüpfte. Das Ungestüm des Ferrante Gonzaga, das Hetzen der Doria und anderer Gegner der Franzosen gegen Pier Luigi Farnese, die Unbeliebtheit dieses nach den alten Rezepten eines Signore lebenden Emporkömmlings im Lande selbst, wirkten zusammen zum Erfolge einer ganz in den hergebrachten Formen sich abspielenden Verschwörung, der am

10. September Pier Luigi zum Opfer fiel. Gonzaga nahm Piacenza wieder zu Mailand. Der päpstliche Vater war erbittert. Die heillose Verquickung des Weltlichen mit dem Geistlichen aber sollte das Familienunglück der Farnese auf die Kirche übertragen.

Paul III warf sich vollends den Franzosen in die Arme, wünschte nur noch die Mitwirkung Venedigs vor dem Abschluß eines Bundes. Alle Ideen einer „Befreiung Italiens", die vor zwanzig Jahren so elend gescheitert waren, lebten wieder auf, während die Kaiserlichen wie einst in den Tagen der letzten Hohenstaufen oder neuerdings in den Jahren nach 1526 sich mit den Gedanken an eine Besetzung des Kirchenstaates trugen.

In Augsburg gab der Kaiser jene förmliche Erklärung vom 18. Oktober ab, daß er für die Rückkehr des Konzils nach Trient sorgen werde und daß er erwarte, daß auch „die Stände der Augsburgischen Konfession an solchem Concilio erscheinen". Endlich bat er zu überlegen, „wie mittlerzeit bis zu Austrag des allgemeinen Konzils die Stände in gutem Wesen beieinander leben möchten". Die Fürsten verpflichteten sich wirklich auf dieses noch zu haltende Konzil, entsprechend dem, was der Reichstag seit mehr als 25 Jahren gefordert hatte. Nur die Städte äußerten Bedenken, die der Kaiser übersah.

Am 6. November 1547, fast genau anderthalb Jahre nach seiner ersten Mission, reiste Madruzzo als Vertreter des Kaisers von Augsburg nach Rom. Am 25. November hatte er mit Farnese und Mendoza eine Audienz. Der Papst erhielt widersprechende Gutachten. Schroff verteidigte der Kardinal Monte die Rechte des Konzils. Wieder kündigte Mendoza den Protest an. Dann beschloß man in Rom, der Versammlung von Bologna die Entscheidung zu überlassen. Sie war in sich klar und folgerichtig, aber sie verzichtete auf jede Verständigung mit Deutschland.

Nun schritt der Kaiser zu dem längst vorbereiteten Protest, in Bologna wie in Rom. Am 16. Januar 1548 erschienen seine Prokuratoren Francisco Vargas und Dr. Velasco vor den Vätern des Konzils, um in aller Form Verwahrung einzulegen. Man ließ sie zu, damit es nicht scheine, als wolle man die Freiheit der Rede versagen. Sie ergingen sich in langen und drohenden Ausführungen, die in den Worten gipfelten: „Wir verkünden Euch ausdrücklich, daß unser Kaiser den Stürmen trotzen wird, die der Kirche durch Eure und des Papstes Schuld bevorstehen; daß er die Kirche in seinen Schutz nehmen und alles das tun wird, was ihm sein kaiserliches Amt, sein Recht und seine Pflicht auferlegen." Der Kardinal Monte antwortete gefaßt und würdig. Aber die Väter behielten von dem Vorgang einen nachhaltigen Eindruck und wurden geneigt, innerlich ihren allzu stolzen Beschluß zu revidieren.

In Rom aber wiederholte Diego Mendoza den Protest vor versammelten Kardinälen. Er schonte dabei auch die Person des Papstes nicht. Dieser ließ sich erneut Gutachten geben und beraten. Auf das Ergebnis sollte die Welt noch lange warten. Im Augenblicke ruhte das Konzil.

Das war die Voraussetzung für die kaiserliche Ordnung des sogenannten Interims oder die „Erklärung, wie es der Religion halben im heiligen Reich bis zu Austrag des gemeinen Konzils gehalten werden soll", — verkündet mit dem Abschied vom 30. Juni. Man erkennt aus dem Erlaß dieser 26 Kapitel, wie sehr sich der Kaiser seit 1530 daran klammerte, mit seinem Namen, wenn nicht die völlige Zurückführung Deutschlands in die alte Kirche, so doch ihre Anbahnung durch Herstellung eines tragbaren Zustandes zu verbinden. Der im Grunde ohnmächtige Versuch, durch eine papierene Ordnung dieser Art der weltgeschichtlichen Bewegung der deutschen Reformation beizukommen, hatte seine Schwächen schon in dem Motiv des Ärgers über das völlige Versagen von Papst und Konzil, mit dem die Kühnheit und das Augenmaß für das Durchführbare nicht Schritt hielten. Und doch war er besser, gewissenhafter, sachlicher, als die leidige Familienpolitik der Farnese oder die sture Art der altkirchlichen Theologen und Kanonisten, die eine Zerreißung der Christenheit hinnehmen oder nur mit Gebot und Gewalt hindern zu können glaubten. Die Unzulänglichkeiten des Kompromisses lagen auf der Hand. Für die Konfessionisten war die Herstellung des alten kirchlichen Zustandes mit dieser flau redigierten katholischen Glaubenslehre, die alle Sakramente, Messen, Heiligen und Bilder in sich schloß, unannehmbar; nichts bezeichnender, als die Beibehaltung des Fronleichnamsfestes, worin wir früher selbst bei einer Verständigung über die Transsubstantiation schon die Grenzen des Tragbaren erkannten. Die stillschweigende Anerkennung der Säkularisationen mußte den Geistlichen weitergehende Besorgnisse erwecken, und die mageren Zugeständnisse von Priesterehe und Laienkelch, obwohl später von der bayrischen und österreichischen Ritterschaft und zeitweilig von ihren Regierungen ungestüm gefordert, wurden von den altkirchlichen Ständen begierig zum Anlaß genommen, auch von ihrer Seite heftigsten Widerspruch zu erheben. Wie immer war es Bayerns unversöhnlicher Kanzler Eck, der dem Kaiser die größten Schwierigkeiten bereitete. Erst als der Kaiser den Altkirchlichen zugestand, daß die Ordnung nur eine Vergleichsform sein solle für die Konfessionisten, beruhigten sie sich.

In Wahrheit war nichts gewonnen, und der Kaiser mußte bald erleben, daß ihm sein Interim vielfach ins Gesicht abgelehnt wurde, vor allem von dem gefangenen Kurfürsten; in weiterer Ferne hielt man sich fast nirgends daran. Daß dem geistigen Wesen, zumal bei einer so lockeren Verfassung, durch Gebote nicht beizukommen war, zeigte sich schon jetzt.

Allein es handelte sich ja einstweilen nur um ein Interim. Noch glaubte der Kaiser, das Versprechen des Reichstags und einzelner mächtiger Fürsten zu besitzen, daß sie sich dem Konzil unterwerfen würden, das es deshalb galt, möglichst bald in der versprochenen Form herzustellen. Bis dahin freilich wollte der Kaiser nicht nur die Glaubenslehre und die Kirchenbräuche auf seine Art festlegen sondern auch in das disziplinäre Gebiet durch seine Reform des Klerus übergreifen. Wiederum ein undurchführbarer Versuch im Rahmen der alten Ordnungen, die für diesen Kaiser nun einmal bindende Kraft besaßen; unmöglich als Eingriffe von außen in ein organisches Gefüge, das sich nur selbst reformieren konnte oder bleiben mußte, wie es war.

Und doch denkwürdig im Sinne unzähliger Christgläubigen vergangener und nachfolgender Jahrhunderte, die wie der Kaiser mit ganzer Seele an der lebendigen Kirche hingen und gerade deshalb mit tiefem Schmerze die grobe Verweltlichung ihrer geistlichen Diener und die zerrüttenden Spannungen mit der Gegenwart empfanden und sich dem Traume hingaben, als könne man die Dinge dieser Welt aus gerechtem Zorn, aus sorgender Liebe und gutem Willen allein bessern oder gar heilen.

Der Kaiser verschloß sich nicht ganz der Einsicht, daß er seine wirklichen oder vermeintlichen Erfolge zuletzt doch der Macht verdankte. Der geistlichen Dinge sollte er auch damit nicht Herr werden. Aber als die entscheidende Voraussetzung für jedes Gebot, für jede Hoheit, hatte er von frühauf die Macht erkennen müssen; nicht das Wort oder den Vertrag. Sie allein hatte ihm in Kämpfen von mehr als dreißig Jahren seine Reiche befriedet, Spanien und Italien in seine Hand gegeben, die Türken abgewehrt, die Niederlande erhalten und abgerundet, zuletzt auch Deutschland scheinbar weithin unter seine Gebote gebeugt.

Diese Macht wollte er nun befestigen, ihr Dauer verleihen. Dafür sah er zwei Wege vor sich, Ausbau der Reichsverfassung und Zusammenschluß seiner Hausmacht mit dem Reich. Auf dieser Stufe, in den Jahren 1547/48, bewegten sich seine Gedanken, auch die dynastischen, durchaus im Geiste der deutschen Reichsverfassung, in bündischen Formen. Erst als er damit scheiterte, suchte er neue Wege.

Die Ansätze von Ulm festzuhalten und zu entwickeln, scheuten seine Räte keine Mühe. Liest man aber die langwierigen Verhandlungen, die sich in den Augsburger Ratsstuben durch den ganzen Winter 1547/48 hinzogen, so bemerkt man, daß die Pause in den Beratungen und ihre Fortführung unter den abweichenden Bedingungen des Reichstages die Sache nicht gefördert haben. Die unverblümte Forderung eines starken

Kriegsvolks in der Hand des Kaisers war keine Empfehlung für den Reichsbund, der ihm das sichern sollte. Auch die Einsicht der kaiserlichen Räte, daß die kleinen Reichsstände williger waren als die mächtigen Reichsfürsten, trug nur Spannungen in den Fürstenrat. Als es der Kaiser im Februar 1548 nach der wenig freundlichen Haltung im Kurfürsten- und Fürstenrat nochmals mit einem gemischten Ausschuß versuchte, besiegelte er das Scheitern des ganzen Planes.

Nur der „Vorrat", eine vom Kaiser am 19. Mai verlangte, schließlich in der Höhe eines Römermonats zur Aufbringung kaiserlicher Truppen bewilligte Geldreserve blieb als Rest des Planes. Man hat sehr richtig bemerkt, daß die Tage einer monarchischen Reichsreform endgültig vorbei waren, wenn sie nicht einmal diesem Kaiser auf der Höhe seiner Macht gelang. Vielleicht ging es so, wie oft im Leben, daß ein in lebendiger Entwicklung begriffener Prozeß sich beschleunigt in dem Augenblick, da man mit harter Hand versucht, ihn aufzuhalten. Dem Landesfürstentum als der stärksten Macht in diesem Reiche waren aus seinen Kämpfen mit den Städten, Rittern und Bauern, vor allem aus der kirchlichen Bewegung so nachhaltige Kräfte zugeströmt, daß es erst recht seine Stärke erkannte, als es von diesem gewalttätig gewordenen Kaiser vor die Verfassungsfrage gestellt wurde.

Eben deshalb verwickelte sich das Problem der Reichsverfassung dadurch vollends zur Unlösbarkeit, daß ja der Kaiser selbst ein Territorialherr war, der sich, wie alle anderen, seiner Macht gegen das Reich bediente. Die Hausmacht durch das Reich zu stärken und gegen das Reich zu entwickeln, war der ärgerliche Widerspruch, in dem sich stets ein königlicher Landesherr bewegte. Wie aber, wenn er, wie Ferdinand, zugleich Landesherr von Gebieten war, die zwar im gleichen Raume lagen, aber nicht zum Reiche gehörten, oder doch nur in lockeren Formen, wie die Krone Böhmen. Vollends für die Niederlande lagen die Dinge schwierig. Das Herzogtum Burgund, Flandern und Artois gehörten von Haus aus nicht zum Reiche; die übrigen Provinzen waren zwar Teile des Reichs, aber im burgundischen Staatsverband ihm tatsächlich entfremdet. Diese Stellung zu klären, war ein Anliegen ebenso des Reiches wie des Kaisers.

Karl V suchte die Lösung jetzt noch in einer Form, die beiden Teilen Genüge zu tun schien. Die Anregung war von der Königin Marie durch ihre Instruktion für den kaiserlichen Rat Viglius van Zwichem vom 28. August 1547 ergangen. Sie nahm Bezug auf ältere Meinungsverschiedenheiten, wies darauf hin, daß einige Provinzen Mitglieder des westfälischen Kreises seien, daß sie aber nicht zu sagen vermöge, „was es eigentlich für eine Bewandtnis habe mit dem burgundischen Reichskreis" und welche Länder dazu gehörten.

Diese Fragen, sowie die Rechte und Pflichten der Niederlande gegenüber dem Reich wurden im burgundischen Vertrage vom 26. Juni 1548 im Einvernehmen mit den Reichsständen dahin geklärt, daß fortan alle Teile der Niederlande ausschließlich den burgundischen Kreis bilden sollten, eximiert vom Reichskammergericht und den Beschlüssen der Reichstage, gleichwohl im Genusse des Reichsschutzes auch nach außen, dafür verpflichtet zu Reichsaufgeboten in Truppen oder Geld, und zwar in der doppelten Höhe eines kurfürstlichen Anschlags, im Falle der Türkenhilfe sogar mit dem dreifachen Satze. Diese Bestimmungen ergaben sich aus dem Gange der Debatten, lagen aber ganz in der bisherigen Richtung der Politik des Kaisers, seine Erblande in den Schutz des soldatenkräftigen Reiches zu stellen und bei der Gegenleistung vor allem die seinem Bruder zugute kommende Türkenhilfe zu betonen.

Täuschen wir uns nicht, so bedeuteten diese Jahre auch den Höhepunkt in dem inneren Verhältnis der habsburgischen Brüder zueinander, wie es sich aus dem diplomatischen und kriegerischen Zusammenwirken im Schmalkaldischen Kriege ergeben hatte und jetzt noch in einer klaren Nebeneinanderordnung ihrer Reiche zum Ausdruck kam.

Die Dynastie und das politische Testament von 1548

Als der Kaiser im letzten Winter wieder einmal die Feder ansetzte zu einem politischen Testament für seinen Sohn Philipp mit dem Datum des 18. Januar 1548, „weil meine Schwachheit und die kaum überstandenen Lebensgefahren es mir angezeigt erscheinen lassen, Euch Ratschläge zu geben für den Fall meines Todes", da konnte er sich nicht genug darin tun, dem Sohne immer wieder und in erster Linie das gute Verhältnis zu der verehrungswürdigen Person seines Bruders Ferdinand und das Vertrauen zu dessen Söhnen ans Herz zu legen.

In diesem Testamente bestimmte er auch, unter ausdrücklicher Bezugnahme auf den Wunsch seines Bruders, endgültig die Ehe seiner ältesten Tochter Maria mit Ferdinands ältestem Sohn Maximilian. Er empfahl seinem Erben angelegentlichst, sich in allen Fragen der großen Politik auf den Oheim zu stützen, dessen kaiserliche Autorität zu stärken, „wie wir ihn stets gefördert haben, noch im letzten Kriege". Philipp, der hier immer nur als König von Spanien betrachtet wird, könne zur Türkenabwehr nichts beisteuern; diese sei Sache Deutschlands, einschließlich der Niederlande. „In Deutschland", sagte Karl dem Sohne, „findet Ihr auch immer gute Soldaten, wenn Ihr sie entsprechend bezahlt. Erst wenn sie Euch hier fehlen sollten, greift zu den Schweizern, die Ihr gemäß der Erbeinung mit dem Hause Burgund freundlich behandeln solltet."

Im übrigen kehren in diesem Testament die alten Gedanken des Kaisers wieder, das Rückgrat seiner politischen Haltung. Nur, daß sie sich hier zum ersten Male zu einer großartigen Übersicht über das ganze europäische Machtsystem erweitern und auch die transozeanischen Gebiete mehrfach und eindringlich heranziehen.

„Angesichts der Unsicherheit der menschlichen Dinge kann ich Euch keine allgemeine Regel geben, es sei denn das Vertrauen auf die Hilfe des Allmächtigen. Ihr gewinnt sie in der Verteidigung seines heiligen Glaubens. Nach all den Mühen und Leistungen für die Zurückführung der Abgewichenen in Deutschland habe ich mehr und mehr als das einzige Mittel das Konzil erkannt, dem sich diese Stände unterworfen haben. Sorgt dafür, daß es fortgesetzt wird, unter Ehrerbietung gegen den apostolischen Stuhl. Aber gegen die Mißbräuche der Kurie auf Kosten Eurer Staaten geht mit Klugheit vor. Wählt für die Kirchen und Benefizien gebildete und würdige Männer zum Segen der Kirche und zur Entlastung Eures Gewissens, und sorget, daß sie bei ihren Kirchen residieren und ihre Pflichten erfüllen. Behütet auch den Frieden und meidet den Krieg, es sei denn, daß er Euch aufgezwungen werde zu Eurer Verteidigung; schon wegen der ungeheuren Lasten für Eure Erblande, die ich Euch unversehrt, ja vermehrt hinterlasse. Leider mußte ich von den Gütern und Rechten der Krone manches aus der Hand geben, das Ihr versuchen solltet, wieder zu erlangen."

„Da der Friede aber weniger von Euch, als von den anderen abhängt und am schwersten ist für jemanden, dem Gottes Güte so viele und so große Reiche und Herrschaften verliehen hat, so gebe ich Euch das Folgende zu bedenken. An Papst Paul III kennt Ihr selbst seine Unzuverlässigkeit in Verträgen und seinen Mangel an Eifer für die Christenheit, besonders in Sachen des Konzils. Trotzdem ehret seine Würde. Da der Papst alt ist, beachtet für die Wahl seines Nachfolgers die Anweisungen, die ich meinem Botschafter in Rom gegeben habe. Schwierigkeiten mit den Päpsten wird es dauernd geben, in Neapel, in Sizilien und in bezug auf die Pragmatica für Castilien; wachet darüber! Mit den Venezianern haltet gutes Verständnis. Den Herzog von Florenz habe ich gefördert, und er ist mir ergeben, da er uns auch familiär durch das Haus Toledo nahe steht. Ferrara neigt zu Frankreich und erfordert Vorsicht, während der Herzog von Mantua zuverlässig ist und pfleglich behandelt werden sollte, da er von den Kriegen sehr gelitten hat. Für ganz besonders wichtig haltet Genua; hier müßt Ihr klug und geschickt vorgehen. Siena und Lucca werden hoffentlich im Schutz des römischen Königs bleiben."

„Frankreich hat niemals seine Verträge gehalten, sondern stets versucht, mir zu schaden. Auch der junge König scheint seinem Vater folgen zu wollen. Gleichwohl tut alles Erdenkliche, um den Frieden zu erhalten, auch um der Christenheit und der Untertanen willen. Die Franzosen werden immer neue Vorwände suchen, die förmlichen Verzichtleistungen auf Neapel, Flandern, Artois, Tournai und Mailand zu bestreiten. Laßt von Euren Rechten nie auch nur das Geringste fahren; dann würden sie gleich alles verlangen. Diese französischen Könige haben zu allen Zeiten die Hand ausgestreckt nach den Ländern ihrer Nachbarn. Verteidigt Mailand mit guter Artillerie, Neapel mit Eurer überlegenen Flotte und denkt daran, daß die Franzosen immer bald entmutigt sind, wenn ihnen etwas nicht im ersten Anlauf gelingt. Die oft unruhigen Neapolitaner muß man stets an die Heimsuchung durch die Franzosen erinnern, sie sonst gerecht und maßvoll behandeln. Doch könnt Ihr niemals spanische Truppen in Italien entbehren. Denkt an den Unterhalt der Grenzfestungen auch in Spanien und Flandern, wo die Zitadellen von Gent und Cambrai wichtig sind. Wegen der Franche Comté, die zuletzt neutral gemacht war gegen Frankreich, bedürft Ihr der Anlehnung an die Schweiz und an Österreich. Unsere Ansprüche auf das Herzogtum Burgund, unser Stammland, habe ich um des Friedens willen ruhen lassen, doch dürft Ihr nicht darauf verzichten. Hesdin ist einen Krieg nicht wert."

„Was die Franzosen zur Zeit am heftigsten ablehnen, ist die Rückgabe der von ihnen weggenommenen Teile der Länder des Herzogs von Savoyen. Ich habe mich stets für die Rückgabe eingesetzt, schon um der verwandtschaftlichen Beziehungen willen, aber erst recht wegen Italien. Denn von Piemont aus werden die Franzosen dieses stets beunruhigen und immer wieder ihre Begehrlichkeit auf Mailand und Neapel richten. Piemont soll sich auch weiter auf keine Abtretungen einlassen; der gegenwärtige Zustand ist besser als eine Vergleichung. Truppenhilfe zur Rückgewinnung der Länder ist nur mit der größten Vorsicht zu geben, nur unter den günstigsten Umständen, bei französisch-englischen Verwicklungen und einer Mitwirkung der Schweizer; zur Zeit ist sie angesichts der Sorgen in Deutschland und des Friedensbedürfnisses der Regentschaft in England nicht möglich."

Zu England sollte das gute Verhältnis nach den Verträgen erhalten werden, ohne in dem ewigen und unüberwindlichen Gegensatz der Engländer und Franzosen Partei zu nehmen. Bei Schottland handelt es sich vorzüglich um Sicherungen des Handels und Verkehrs. Auch gegenüber Dänemark müßte es sein Bewenden haben bei den letzten Verträgen unter Verzicht auf eine Einmischung in das Verhältnis zu dem alten Könige, dessen Schicksal man schon um seiner Töchter willen erleichtern sollte, ohne ihm aber die volle Freiheit zu lassen. Die Pflege seiner Flotte möge sich der Sohn angelegen sein lassen, schon zur Abwehr der Piraten auf dem Mittelmeer, auch zur Fernhaltung der Franzosen von den Neuen Indien, während die Freundschaft mit Portugal gerade deshalb zu pflegen wäre. „Laßt nicht ab, Euch zu unterrichten über diese fernen Lande zur Ehre Gottes, zur Pflege der Gerechtigkeit und zur Bekämpfung der dort eingerissenen Mißbräuche." Von seinem Vizekönige Antonio Mendoza habe er sich noch neuerdings ausführlich berichten lassen.

Endlich und vor allem empfahl der Kaiser seinem Sohne durch dieses Testament sehr dringend eine neue Ehe. „Ihr könnt nicht überall sein. Sorget für gute Vizekönige und beaufsichtigt sie so, daß sie ihre Instruktionen nicht überschreiten; Ihr sollt gewiß nicht auf alle Klagen eingehen, die gegen sie laut werden; noch weniger dürft Ihr sie übersehen."

„Das Beste ist aber immer, die Reiche durch die eigenen Kinder an sich zu fesseln. Deshalb solltet Ihr mehr Nachkommenschaft haben und eine neue Ehe schließen." Zur Gemahlin empfahl der Kaiser jetzt doch die Tochter des Königs von Frankreich, zum Schutz des Friedens und der Verträge, auch als Mittel zur Herstellung Savoyens auf friedlichem Wege. Nach ihr käme Jeanne d'Albret in Betracht, natürlich unter Verzicht ihres Hauses auf Navarra; sie sei reizend und klug. Dagegen würden die naheliegenden Ehen mit einer Tochter Ferdinands oder der Königin Eleonore keine neuen Freundschaften einbringen. Für Maria bleibe es bei dem Erzherzog Maximilian, für Juana bei Portugal.

Für die Niederlande wäre das Beste, daß die Königin Marie, die in Krieg und Frieden ausgezeichnete Regentin, sie in der Hand behielte, aber da sie um ihre Entlassung bitte, könnte man daran denken, diese Länder dem Ehepaar Maria und Maximilian als Regenten zu übergeben. Darin läge freilich die Gefahr, daß Maximilian für sich selber sorgte; deshalb möchte er sich dazu erst entschließen, nachdem Philipp zu diesen Ländern und zu dem Erzherzog in ein persönliches Verhältnis getreten sei.

„Ich empfehle Euch nochmal in aller Form die Erfüllung meiner Testamente und Codicille, sowie derjenigen der verstorbenen Kaiserin. Ich bitte Gott, Euch zu behüten und zu seinem Dienst zu lenken, damit er Euch seine ewige Glorie schenken kann. Empfanget meinen Segen!"

Es ist der Ton des reif gewordenen Alters, der dieses politische Testament erfüllt. Er klingt auch aus jenem anderen, fast noch ausdrucksvolleren Dokument, das wir aus denselben Augsburger Tagen besitzen, dem wundervollen Münchener Porträt von der Hand des Tizian.

Etwas müde, in sich zusammengesunken, doch mit angespanntem Blick, sitzt da der Kaiser in dem sammetüberzogenen Holzsessel vor einem Brokatteppich, wie in offener Halle, mit dem Ausblick in eine überaus stimmungsvolle Landschaft, die zusammen mit den ganz klaren großen Linien des Vordergrundes die Vorstellung des Außerordentlichen erweckt. Das ist der weltbeherrschende Kaiser, der uns gleichwohl ganz schlicht, ganz menschlich nahe ist, einfach in Kleidung und Haltung, ohne jede Pose. Er ist einsam und nachdenklich. Wir spüren wohl irgend etwas Enges in diesem Gesicht, in diesen Lippen, in dieser stets gleichen Haltung der Hände, und empfinden doch in allem das Gesammelte und Innerliche dieses Wesens. Die Jahre und Erlebnisse haben ihre Spuren hinterlassen. Man würde diesem Manne mehr als 48 Jahre geben. Er hat früh das Memento mori kennengelernt, in seiner Familie, als Witwer, an der Seite seiner für ihn zeitlebens toten Mutter, von Krankheit über das Maß heimgesucht, reizbar, oft geschüttelt von Erregungen über große und kleine Dinge, aber ehrlich bestrebt sich zu beherrschen, seine Pflichten zu erkennen, seine Maßnahmen auf das sorgfältigste zu prüfen, immer im Gefühl seiner ungeheuren Verantwortung vor Gott, aber auch vor seinen Ländern, vor den kommenden Generationen der Herrscher aus seinem erlauchten Hause.

12. ENTTÄUSCHUNGEN
UND ABSCHIED VOM LEBEN

Als Karl V im Sommer 1550 langsam den Rhein hinauffuhr, um sich noch einmal zu einem Reichstag nach Augsburg zu begeben, diktierte er auf dem Schiffe seinem Begleiter Wilhelm van Male die ersten Blätter der Erzählung seines Lebens. Er begann ganz zwanglos und unvermittelt und doch sehr bezeichnend: „Seit dem Tode König Philipps gab es verschiedene Kriege in den Niederlanden, in denen Kaiser Maximilian mit gewohnter Tapferkeit die Franzosen besiegte." Damit ging seine *Vita nuova*, sein wahres Leben an, das seinen Sinn erhielt nicht aus irgendeinem inneren Erlebnis, sondern allein aus der rechtlich erheblichen Tatsache seiner Berufung zur Regierung mit dem Tode des Vaters. Wie er dann noch unterwegs und später in Augsburg Jahr an Jahr reihte, nach und nach breiter wurde, kein familiäres oder persönliches Erlebnis von Bedeutung vergaß, seine Taten und Leiden, Reisen und Gichtanfälle mit der gleichen fast pedantischen Genauigkeit buchte, gab er sich mit der Annäherung an die Gegenwart immer mehr dem politischen Interesse hin. So wurde die Darstellung langsam gehaltvoller, ausführlicher, mehr durchsetzt von Urteilen, wo er sich in der Erinnerung den letztvergangenen Dingen, der Auseinandersetzung mit Cleve, mit Frankreich, mit dem Papste und den deutschen Protestanten zuwandte. Er versenkte sich noch einmal in alle diese Kämpfe. Die Kriege von 1543, 1544, 1546 und 1547 waren ihm noch lebendige Wirklichkeit. Die Memoiren gehen fast in ein Kriegstagebuch über, das wohl auch zugrunde lag. Dieses Verweilen bei den Operationen, Überlegungen, einzelnen Kampfhandlungen, den Unterlassungen der Gegner und der eigenen Führung kennt keine besondere Tendenz; es ist nichts als die stolze Erinnerung an diese Tage der Erfüllung und das Nachzittern der Gespräche darüber.

Der mittelalterliche Mensch in Karl V in seiner kirchlich-religiösen Haltung und der Betrachtung seiner selbst im Spiegel des Sohnes ist uns genügend in seinen politischen Testamenten entgegengetreten. Die Memoiren dagegen haben etwas Renaissancehaftes in ihrer Tatsächlichkeit, ihrem Pragmatismus, ihrem Anschluß an die Ideale humanistischer Geschichtsschreibung nach Art des Livius, Sallust oder Cäsar, besonders in der Bevorzugung des Kriegsgeschichtlichen. Auch in der Schätzung des Nachruhms. Hier ist die Stelle, wo das früh entwickelte Hochgefühl des burgundischen Edelmanns mit seinem heißen Begehren nach Ehre und Ruhm übergegangen scheint in das antike Verlangen nach dem Weiterleben in der Geschichte. Nicht umsonst begleiteten ihn überall seine Kosmographen, Chronisten und Historiker, seine Dichter und Maler; er schätzte den Gechichtsschreiber des Schmalkaldischen Krieges, Don Luis d'Avila, der ihn verherrlichte. Man erkennt aber deutlich, wie der Kaiser diese innere Umformung mit Unbehagen und Gewissensbedenken empfand, wenn er später den Jesuiten Francisco Borja fragte, ob diese Beschäftigung mit dem eigenen Leben nicht sündhaft sei.

Ein Renaissancemensch ist er bei aller Berührung mit ihrer Kultur nie geworden. Van Male hoffte vergebens auf den Auftrag zur Übersetzung der Autobiographie in das Lateinische und zur Veröffentlichung. Der Kaiser behielt diese Blätter unter Verschluß, sandte sie 1552 seinem Sohn nach Spanien und beschäftigte sich später noch mit ihnen. Dann sind sie verschollen, nachdem wenigstens eine portugiesische Übersetzung davon gemacht war. Nur in dieser Form haben wir sie.

Hören wir aus dem Schluß dieser Denkwürdigkeiten in ihrem trokkenen Stil die Erzählung dessen, was sich an den Augsburger Reichstag von 1548 anschloß.

„Vor der Abreise des römischen Königs ordneten die Majestäten unter sich die Verheiratung der ältesten Tochter des Kaisers mit dem ältesten Sohne des Königs, seines Bruders, der sich gegenwärtig König von Böhmen nennt. Und wie der Kaiser die Absicht hegte und den Wunsch, den Prinzen von Spanien, seinen Sohn, kommen zu lassen, damit er selbst seine Länder kennen lerne und seinen Untertanen bekannt werde, so bat er seinen königlichen Bruder und seinen königlichen Schwiegersohn, freundlich darin zu willigen, daß dieser nach Spanien ginge, sich dort verheirate und während der Abwesenheit des Prinzen verweile, um im Namen des Kaisers jene Königreiche zu regieren, womit sie einverstanden waren. Alsbald reiste der König von Böhmen von Augsburg ab, um über Italien und dann zu Schiff von Genua nach Barcelona, zu Lande nach Valladolid zu kommen, wo die Hochzeit gefeiert wurde."

„Der römische König begab sich kurz danach zu seinen Angelegenheiten. Der Kaiser blieb noch einige Tage, um das zu ordnen, was noch übrig war. Nachdem auch das geschehen, reiste er von Augsburg ab, beließ aber 2000 Spanier in den festen Plätzen von Württemberg, zog aber die Truppen aus Augsburg zurück. Als derartig für alles gesorgt war, nahm er die Richtung über Ulm, wo er ebenfalls die Garnison aufhob, um einen Teil mit sich zu nehmen, wandte sich nach Speyer und dann Rhein abwärts nach Köln. Das war das neunte Mal, daß er diesen Weg zurücklegte, und das achte Mal, daß er in die Niederlande heimkehrte. Er traf seine Schwester zu Löwen, begab sich von dort nach Brüssel, um sich den Geschäften insbesondere der Niederlande hinzugeben."

In der Tat verweilte der Kaiser nun von Ende September 1548 bis zum Mai 1550, mit Ausnahme einer längeren Rundreise während des Herbstes 1549, in Brüssel. Im Juni 1550 begab er sich zurück ins Reich. Inzwischen hatten sich seine Ansichten über das zukünftige Verhältnis der beiden Linien seines Hauses zueinander, wenn auch nicht grundstürzend geändert, so doch einseitig geklärt.

Prinz Philipp und die spanische Sukzession 1550

In den Testamenten von 1543 und 1544 schwankte der Kaiser noch in bezug auf eine dauernde Vereinigung der Niederlande mit Spanien. Inzwischen hatte er ihr Verhältnis zum Reich neu geregelt, eine Statthalterschaft Maximilians erwogen, aber zu Gunsten einer Einführung Philipps in diese Länder wieder verworfen. Dafür waren unter dem 29. September 1548 durch die hergebrachten Urkunden und Instruktionen Maximilian und Maria zu Regenten in Spanien bestellt. Hier hatte Maximilian die Kaisertochter heimgeführt, mit der er bis zu seinem Tode in einer trotz aller Störungen glücklichen Ehe lebte, aus der nicht weniger als 15 Kinder hervorgingen. Doch behielt er an seinen spanischen Aufenthalt keine freundlichen Erinnerungen. Die Jahre wurden ihm später erst recht vergällt durch die Dinge, die sich während seiner unfreiwilligen Abwesenheit im kaiserlichen Hause zutrugen.

Don Philipp hatte ihm die spanischen Reiche noch übergeben, sich dann auf Anordnung des Kaisers einen burgundischen Hofstaat angelegt, was alle Chronisten als ein besonders bemerkenswertes Ereignis buchten. Die Titel und das Zeremoniell wurden unter Preisgabe der altcastilischen Traditionen in allen Einzelheiten geändert. Die berühmte spanische Etikette der Folgezeit ist also guten Teils burgundisches Erbe.

Philipps Reise über Italien, Trient, München und Augsburg an den Rhein und in die Niederlande glich einem Triumphzug. Herausgeputzte Ehrenpforten, wie man sie einst dem Sieger von Tunis auf seinen Wegen errichtet hatte, galten nun dem unbekannten Erben der Kronen seines Vaters. Der zarte, unkriegerische und gewissenhafte, aber etwas leblose Jüngling nahm die Huldigungen verlegen, steif und unfreundlich entgegen; man dachte allgemein, es sei Hochmut.

Die Niederlande fand er in einem Zustande des Aufschwungs nach den fürchterlichen Erlebnissen der ersten vierziger Jahre. Zwar hatte die Freundschaft mit England ungünstig auf das Verhältnis zu Schottland gewirkt, doch stärkten und entwickelten die Niederlande in der Abwehr der Seeräuberei ihre eigene Flotte. Noch stand man im Frieden mit Frankreich und zugleich im Genuß des burgundischen Vertrages mit Deutschland. Die Generalstaaten schickten sich an, dem Kaiser sehr bedeutende Beden zu bewilligen. Er vollendete die pragmatische Sanktion über die Vereinigung aller Teile dieser Erblande und empfing in Ehren seine verwitwete Schwester Eleonore, die einen überaus unfreundlichen Abschied aus Frankreich hinter sich hatte. Seine Gefangenen hatte der Kaiser in Verwahrung gegeben, Philipp von Hessen in Mecheln, wo ein Fluchtversuch bald das allergrößte Aufsehen erregte und an allen Beteiligten auf das schwerste geahndet wurde. Zwischendurch war es eine Sensation, aber politisch bedeutungslos, daß der vertriebene Muley Hassan aus Tunis beim Kaiser erschien.

Der Herzog von Arschot holte mit großem Gefolge den Prinzen von Spanien aus Bruchsal am Oberrhein zum Einzug in die Niederlande ab. In Namur begrüßte ihn Philibert Emanuel von Savoyen, der des Kaisers besonderes Vertrauen genoß. Die Königin Marie und die Herzogin Christine empfingen den Prinzen im Schloß Tervueren, woran sich eine Truppenparade, richtiger nach dem Stil der Zeit ein Scheingefecht mit Kanonaden, Aufmärschen und Triumphen anschloß. Beim Einzug in Brüssel ritt der Prinz zwischen Savoyen und dem Kardinal von Trient, gefolgt von Alba, Arras, Egmont und Horn, ahnungslos alle noch in ungestörtem Einvernehmen. Der Erbe Oraniens, Wilhelm von Nassau, freite im nächsten Jahre die einzige Tochter von Karls Feldherrn Maximilian Graf von Büren, dessen von ihm selbst fast zeremoniell begangenes Lebensende am 23. Dezember 1548 mit seinen Abschieden, Danksagungen und Ehrentrunken von der Literatur des nächsten Menschenalters rührend oder heroisch ausgeschmückt werden sollte.

Zu diesem prachtvoll derben Niederländer bildete der spanische Prinz einen sonderbaren Kontrast. Er hatte nichts Überströmendes, nichts jugendlich Frisches. Das Trinken bekam ihm schlecht; aus einem Turnier wurde er bewußtlos nach Hause getragen, während er sich in kirchlichen Aufzügen anscheinend nicht genug tun konnte. Und doch sah der Kaiser mit Stolz auf seinen Sohn. Wie er ihn in Spanien schon als Thronfolger hatte annehmen lassen, so ließ er am 2. April 1550 auch die Niederlande ihm als Erben huldigen — eine *Joyeuse entrée*, der einst nur zu viele Tränen folgen sollten. Was dem Kaiser vorschwebte, daß sein Sohn mit Land und Leuten verwachsen möchte, trat nicht ein. Aber der Kaiser fuhr fort, sein eigenes Leben, die eigene Zukunft mit solcher Liebe in diesen Sohn hineinzudenken, daß er in den nächsten Jahren die weitestgehenden Pläne auch für ein Kaisertum Philipps erwog.

Das Neue daran war nicht, wie schon einige Zeitgenossen munkelten und sogar Ferdinand in die Ohren bliesen, daß Karl seinem Bruder die Aussicht auf das Kaisertum oder gar sein römisches Königtum hätte nehmen wollen, sondern daß auf Ferdinand als König und Kaiser in diesen Würden zunächst Philipp und dann erst der gleichaltrige Maximilian folgen sollte. Das Berechtigte in Karls Sinne war die Sorge um die Einheit des Hauses zur Erhaltung dieses Weltreiches, die nach seiner Meinung durch irgendeine rechtliche Form gewährleistet werden mußte, wie es das Alternieren des Kaisertums mit wechselseitiger Vertretung im Königtum gewesen wäre. Man darf nicht vergessen, daß Karl aus ähnlichen Erwägungen und um die hausrechtliche Erbteilung nicht zu tief in den Gesamtbesitz einreißen zu lassen, gegen alle Tradition und aus freien Stücken die Wahl Ferdinands zum römischen Könige durchgesetzt hatte, unter Umgehung seines eigenen damals schon lebenden Sohnes. Aber das war nun einmal geschehen, und das Haus Österreich konnte sich begreiflicherweise gar nicht an den Gedanken gewöhnen, daß nun die Sukzession wieder auf die ältere Linie zurückspringen sollte.

In Karls Plan lag die Vollendung seines Lebenswerkes. Erst wenn der dynastische Grundgedanke einer Erbherrschaft in allen Ländern auch auf das Kaisertum übertragen und damit zugleich alle diese Länder in der providentiellen Idee des Kaisertums vereinigt und geheiligt wurden, war die Weltherrschaft seines Hauses fest begründet; um so fester, je mehr seine Glieder als Könige oder Königinnen, Statthalter oder Regentinnen die einzelnen Länder regierten.

Die Erblichkeit der Krone ist in der deutschen Geschichte bei einer einigermaßen befestigten Dynastie noch immer ganz von selbst eingetreten. Wenn sie aber im Übermaß der Fürsorge für Reich und Haus, dazu noch in Verbindung mit fremden Ländern, rechtlich festgelegt werden sollte, wie einst unter Heinrich VI in Verbindung mit Neapel und jetzt sogar auch noch mit Spanien, dann regte sich der Widerstand der Fürsten auf das äußerste. Indessen, bevor der Plan des Kaisers noch an die entscheidende Stelle, die Kurfürsten, herangebracht wurde, scheiterte er im Grunde schon an dem zähen Widerstand der österreichischen Linie Ferdinands, seiner Söhne und natürlich aller ihrer Räte und Diener, in denen die uralte Hagenstimmung des Gefolges erwachte. Welche Demütigung, von der höchsten Stelle verdrängt werden zu sollen! Der aufgeräumte Maximilian, auf den sein königlicher Vater zeitweise mit Kummer blickte, wurde durch diesen Grundsatz bei den Seinen und im Reiche zu unerwartetem Ansehen gebracht. Die Erblichkeit der Krone im Hause Österreich hat der Kaiser damit, anders als er es sich dachte, in der Tat gesichert.

In ernsthafte Besprechungen traten die habsburgischen Geschwister — denn Marie erwies sich dabei als ganz unentbehrlich — erst seit dem Frühjahr 1550. Die Königin, ganz erfüllt von dem Hausgedanken und dem Kaiser völlig ergeben, redete ihrem Bruder Ferdinand am 1. Mai in Güte zu, sich den Vorteilen einer durch das römische Königtum Philipps gewährleisteten Verbundenheit des Gesamthauses nicht zu verschließen; der Kaiser erwäge seinerseits noch das Für und Wider.

Auf dieser Stufe einer fast akademischen Erörterung des Erbproblems bewegt sich eine undatierte, meist etwas später angesetzte Denkschrift über den Schutz des Reichs und des Hauses gegen die ihnen drohenden Gefahren. Die Schrift wirft fünf Fragen auf, beantwortet sie dialektisch und zieht am Schluß ihre noch sehr zurückhaltenden Folgerungen. „Ist es nötig", beginnt sie, „schon zu Lebzeiten von Kaiser und König die Nachfolge zu regeln?" Unzweifelhaft, damit man den Gefahren einer zwiespältigen Wahl oder der Wahl eines Machtlosen oder eines Ketzers begegne. „Was ist von einem Nachfolger zu fordern?" Außer den Tugenden eines Königs vor allem eine große Hausmacht, da das Reich keine Mittel besitzt, wohl aber habgierige Nachbarn, wie Frankreich und die Türken. „Wo findet man eine solche Persönlichkeit?" Nur im Hause Habsburg, wie eine Übersicht über die deutschen Fürstenhäuser ergibt. „Ist es nötig, die Kaiserwürde in diesem Hause dauernd zu erhalten?" Ganz sicher, trotz unvermeidlicher Belastung der Erblande und der Ströme von Gold, die Spanien für das Reich opfert. Denn die durchlauchtigsten Fürsten dieses Hauses haben stets ihr Eigenes für das Wohl gemeiner Christenheit hingegeben. Auch die Dekretale gegen die Erblichkeit wird nicht verletzt, da ja die Wahl des wirklich Besten bleiben soll, wofür freilich nur dieses Haus die innere Berufung mitbringt. „Wer endlich ist der Geeignetere, der demnächstige König von Böhmen und Ungarn oder derjenige von Spanien mit seinen Nebenländern?"

Damit war die entscheidende Frage gestellt, die zunächst — gemäß dem kaiserlichen Für und Wider — mit erstaunlicher Unbefangenheit beantwortet wurde. Das Wesentliche bleibe ihre Verbundenheit und, „daß eine Hand die andere waschen müsse", wie man sage. Im übrigen sprächen für Maximilian die Nähe seiner Erblande, die Vertrautheit mit den deutschen Fürsten und ihrer Sprache, auch seine Erfahrungen in Krieg und Frieden. Philipp dagegen, als dem Herrn entlegener Reiche und fester Plätze in Spanien, Indien, Italien und Afrika, sei Volk und Sprache fremd, er selbst durch die spanischen Soldaten vielleicht sogar verhaßt. Dafür sei aber Italien die andere Hand des Reiches, Sitz von Kaisertum und Papsttum, das nur von hier aus geschützt werden könne; wie denn auch Frankreich nur von hier und von den Niederlanden aus im Zaum zu halten sein würde. Im übrigen seien Soldaten nie Engel, und was Philipps spanische Sprache und Erziehung betreffe, so habe das einst auch von Ferdinand gegolten, der doch ein guter Deutscher geworden sei. Von seinem weisen Vater geleitet, würde Philipp seinem Weltreich in allen Teilen die Freiheit lassen.

Über die Schwierigkeiten des Planes, heißt es zum Schluß, dürfe man sich keinen Täuschungen hingeben, aber hätten solche nicht auch der Königswahl Ferdinands entgegengestanden? Das Entcheidende sei und bleibe das vollkommene Einvernehmen ihrer Majestäten selbst und ihrer Kinder.

Daran fehlte es freilich von Anfang an.

Die Majestäten trafen sich in Augsburg schon einige Wochen vor der Eröffnung des Reichstags. Der Kaiser, den Philipp begleitete, suchte Ferdinand die Initiative zuzuschieben. Der König versagte sich dem. Frühere Andeutungen und die Entfernung Maximilians hatten ihn stutzig, mißtrauisch und unfrei gemacht. Ja, gegenüber dem Drängen durch Arras und schriftlich durch die Königin Marie verlangte er die Zuziehung auch Maximilians. Keine Zurede half. Der Kaiser ließ die Königin kommen; sie traf am 10. September ein, erreichte aber auch nichts anderes. Maximilian wurde beschieden, die Unterredung einstweilen abgebrochen; die Königin reiste wieder ab.

Das war die erste Enttäuschung für den Kaiser, der sich die Dinge leichter gedacht hatte. Die Herbsttage flossen träge dahin. Am 20. August hatten die Stände auf die kaiserliche Proposition vom 26. Juli geantwortet wegen Konzil, Interim, Befriedung des Reiches. Die Opposition war wieder lebhafter als vor zwei Jahren. Am 27. August hatte der Kaiser mit dem Tode des alten Granvelle, wie man sagte, „seine Seele verloren". Der gewandte Bischof von Arras besaß doch nicht das Ansehen seines Vaters. Außerdem gab es noch die unaufgelösten Reste des Schmalkaldischen Krieges im Bremischen, in den gräflichen Haufen von Oldenburg und Mansfeld, vor allem in der Haltung Magdeburgs, viel bewundert, viel gescholten, ganz gewiß ein Herd allgemeiner Unruhe, da die mutige Stadt sich zugleich des Interims und des benachbarten Fürstentums erwehrte. Man wußte am Reichstage keinen anderen Rat, als den Kurfürsten Moritz mit der Exekution der Acht zu beauftragen, Geld aus dem „Vorrat" zu bewilligen und diesen durch die Stände wieder auffüllen zu lassen. Das alles vollzog sich unter viel Ärger und Widerreden. Dazu litt der Kaiser im Oktober erneut schwer an der Gicht. Im November ließ er den Ständen durch den Reichsvizekanzler Seld scharf ins Gewissen reden. Sie bewilligten nun, aber in wachsender Abneigung gegen die „Spanier", mit denen sie bald auch den „schwarzen" Bischof von Arras auf eine Stufe stellten. Im Dezember erklärten sie sich notgedrungen bereit zur Beschickung des Konzils, das der neue Papst, selbst früher erster Präsident des Konzils, geneigt war, in Trient wieder zusammentreten zu lassen.

Die Wahl des Kardinals Monte zum Papste hatte die Welt überrascht. Die Kaiserlichen waren zunächst für den Kardinal Pole eingetreten, und er war der Wahl schon ganz nahe gewesen, wie wir auch aus den eingehenden Berichten Mendozas an den Kaiser wissen. Dann hatten die Franzosen den Ausschlag für Monte gegeben, der am 7. Februar das Papsttum als Julius III antrat und sich kaiserfreundlicher erwies, als man gedacht. Er sandte alsbald den Pedro de Toledo an den Kaiserhof, später den Erzbischof Pighino von Siponto als Nuntius. Im Spätsommer verhandelte dieser in Augsburg. Man verständigte sich über das Konzil. Aber die Angelegenheit von Parma und Piacenza machte wie immer große Sorgen, zumal sich hier das Haus Farnese auf Frankreich zu stützen schien.

Die Franzosen, deren aufmerksamer Beobachter Marillac seinen König über die wahren Stimmungen im Reich und in Augsburg trotz gelegentlicher Irrtümer doch vortrefflich auf dem laufenden hielt, bezogen langsam wieder ihre alten Stellungen gegen den Kaiser in Deutschland, in Italien, an der Kurie, an der niederländischen Grenze und im Mittelmeer. Einst Freunde des Chair-ed-Din Barbarossa, förderten sie nach seinem Tode ebenso den nicht minder tollen Seeräuber Dragut, der selbst Galeerensklave gewesen war, aber freigekauft nun keck mit eigenen Schiffen die Königreiche Sizilien und Neapel behelligte. Eben in diesem Herbste 1550, am 10. September, hatten der Vizekönig Juan de Vega und Andrea Doria gegen seine Sitze Monastir und Mahedia, südlich Tunis auf der Breite von Malta, jubelnd begrüßte Erfolge, die nur leider im nächsten Jahre schon wieder rückgängig gemacht wurden.

Genug, auf dem Kaiser lasteten wieder alle alten Sorgen seiner weiten Reiche, als er sich anschickte, die Verhandlungen wegen der spanischen

Sukzession jetzt im erweiterten Familienrate aufzunehmen. Sie wurden erschwert durch Ferdinands vertraglich berechtigtes Verlangen nach dem Besitz Siebenbürgens, was neue Türkendrohungen und entsprechende Forderungen auf Türkenhilfe zur Folge hatte. Der Kaiser sah darin eine Störung der von ihm geforderten Reichshilfe gegen Magdeburg und die letzten Gegner in Niedersachsen.

Am 10. Dezember war Maximilian in Augsburg angekommen, nachdem er auf der Reise aus Spanien mehrfach von den Franzosen mit ausgesuchter Freundlichkeit begrüßt worden war. In Augsburg zeigte er sich gegenüber dem Kaiser zurückhaltend. Den Prinzen Philipp mied er. Die Österreicher fühlten sich in der Verteidigung einer Stellung, die sie seit vielen Jahren in gutem Glauben innehatten. Der Kaiser aber, der gewinnend sein konnte, hatte doch keineswegs die Gabe, persönliche Schwierigkeiten mit leichter Hand zu lösen. Man ging in dem engen Raum dieser Augsburger Häuser umeinander herum, und als nun gar an Stelle der mündlichen Aussprache das Briefschreiben trat, was meist erst auf dem Höhepunkt einer Spannung erfolgt, da schien mit der zur Schau getragenen Entfremdung und den unabänderlichen geschriebenen Worten das Zerwürfnis unheilbar zu werden. Nochmals war die letzte Hoffnung Maries Vermittlung.

Karl schrieb ihr am 16. Dezember einen langen wirklich verzweifelten Brief mit eigenhändiger Nachschrift voll Kummer und nachzitternder Erregung. Er habe den Brief nicht selber schreiben können, weniger wegen der Anstrengung für seine Hand, als weil ihn die Darstellung aller dieser Dinge viel zu sehr aufgebracht hätte. Der Ärger werde ihn noch töten. Weder der verstorbene König von Frankreich, noch der gegenwärtige, noch der Connétable hätten ihm je so viel Verdruß gemacht, wie jetzt der eigene Bruder, dem das offenbar auch gar nicht zu Herzen gehe. Gott möge ihrem Bruder die bessere Einsicht und ihm Geduld schenken. Von Marie erwarte er, wenn nicht Hilfe, so doch Trost.

Marie kam, und nun begann ein neues Ringen, wohl wie früher, in den Fuggerschen Gemächern. Der leidige Streit um die Türkenhilfe war zum Überfluß inzwischen noch durch Spannungen in der württembergischen Frage erschwert. Ferdinand hatte gegen den am 6. November verstorbenen Herzog Ulrich von Württemberg als Lehnsherr einen Felonieprozeß wegen des Schmalkaldischen Krieges angestrengt, dessen Aussichten ohnehin zweifelhaft waren; jetzt trat selbst der Kaiser für den Erben Herzog Christoph ein und sträubte sich wegen der Kosten gegen die weitere Besetzung; Württemberg ging Ferdinand zum zweitenmal und damit endgültig verloren.

Über das, was die Geschwister besprachen, liegt ein Bündel intimer, leider undatierter Aufzeichnungen vor, Billets, Notizzettel, Artikel, meist von der Hand der Königin oder Ferdinands. Alles vollzog sich im höchsten Geheim, und tatsächlich hat damals niemand etwas Zutreffendes erfahren, so neugierig auch die Räte und auswärtigen Gesandten aus angeblichen Andeutungen oder Mienen der hohen Herrschaften etwas zu schließen versuchten. Auch wir kennen nicht alle Phasen der Erregung und Vermittlung, sondern in der Hauptsache nur die Ergebnisse in den ebenfalls ganz eigenhändigen Verbriefungen der Geschwister vom 9. März 1551.

Danach verpflichtete sich Ferdinand, als Kaiser von den Kurfürsten die Wahl Philipps zum römischen Könige zu erwirken, womöglich mit der gleichzeitigen Bitte, sie möchten nach Philipps Krönung Maximilian wählen; sollte das Letztere Schwierigkeiten machen, wollte man vorerst davon abstehen. In den Vorverhandlungen hatte Ferdinand umgekehrt die Inaussichtnahme der Wahl Maximilians zur Beruhigung der Kurfürsten vorgeschlagen.

Prinz Philipp übernahm gegenüber Ferdinand die Beistandspflicht gegen alle Feinde und Rebellen auch in den Erblanden, ebenso seine Hilfeleistung zur Beilegung der Religionssache, — gegebenenfalls durch das Konzil, falls dieses dann noch nicht zum Abschluß gekommen sein sollte. Während Ferdinand versprach, als Kaiser seinen Neffen zum Statthalter in Italien zu ernennen, gab hinwiederum dieser die Erklärung ab, als solcher seine Pflichten gewissenhaft zu erfüllen, auch auf die Erstbelehnung aller Reichsstände, sowie auf jede Verleihung der großen Lehen von Mantua und Montferrat, Piemont, Florenz und der Reichslehen von Ferrara zu verzichten. Nach seiner Königswahl sollte Philipp außerdem eine Tochter Ferdinands als Gemahlin heimführen.

Von Maximilian, dessen Zuziehung und Verpflichtung auch Marie für unerläßlich hielt, verlangte man anscheinend nichts Schriftliches: man begnügte sich mit seiner mündlichen Erklärung, und ein Brief der Königin zeigt, daß er ihnen allen Genüge tat.

Am 26. Mai nahm der Infant Abschied von seinem Vater, um nach Spanien zurückzukehren. Der Volkswitz erzählte, der Kaiser habe die Tränen der Bevölkerung über den Abschied des Prinzen mit indischem Gold aufwiegen wollen. In Genua traf sich Philipp mit Maximilian, der nunmehr auch seine Gemahlin in seine deutsche Heimat einholen durfte. Sie hatte ihm inzwischen ihr erstes Kind geboren, Anna, die später als vierte Gemahlin Philipps II die Mutter seines ersten lebensfähigen Erben werden sollte.

Der Kaiser blieb den Sommer über in Augsburg und begab sich erst Ende August nach Innsbruck. Hier besuchten ihn Maria und Maximilian auf der Rückreise, als das Verhängnis schon über ihm heraufzog. Innsbruck sollte seine erste Schicksalsstadt werden.

WETTERZEICHEN. INTERIM UND KONZIL 1551/52
DER FÜRSTENBUND UND HEINRICH II VON FRANKREICH

Es war noch in Augsburg, daß Karl V den Erfolg oder Mißerfolg der ersten Werbungen an die deutschen Kurfürsten erlebte, die man in der Kaisersache verabredet hatte, mochten immer die Verbriefungen erst auf eine fernere Zukunft lauten. Karl sollte an die rheinischen Kurfürsten, Ferdinand an Sachsen und Brandenburg, beide im gemeinsamen Namen botschaften. Dadurch wurde das Nähere auch den Fürsten und Räten bekannt. Leider machte es gleich einen ärgerlichen Eindruck, daß Ferdinand den vom Kaiser gewünschten Dr. Gienger krankheitshalber nicht absenden konnte und durch umständliche Rückfragen wegen des Ersatzes den Anschein des alten Widerwillens gegen den Plan überhaupt erweckte. Als es dann schließlich zur Mission Schlicks an Moritz und Joachim, des Reichsvizekanzlers Seld an Köln und Mainz, Veltwyks an Kurpfalz und des Herrn von Lier an Trier gekommen war, blieb das Ergebnis bei allen freundlichen Worten im Grunde genommen die Ablehnung.

Der alte Kurfürst Friedrich von der Pfalz ergriff die Gelegenheit, Veltwyk aus längst vergangenen Tagen zu erzählen, von Maximilian und von Karls Königswahl, wo er der große Mann gewesen war. Er unterließ es aber auch nicht, auf die tiefen Verstimmungen im Reich gegen die Spanier hinzuweisen, insbesondere auf den Unwillen über das arrogante Buch des Don Luis d'Avila vom Schmalkaldischen Krieg und vieles andere.

Die Kurfürsten von Mainz und Trier waren schon unterwegs nach Trient.

Denn das hatte des Kaisers folgerichtige Zähigkeit doch erreicht, daß das Konzil wirklich nach Trient zurückberufen und am 1. Mai 1551 erneut eröffnet worden war, daß dort nicht nur vornehme deutsche Prälaten, sondern auch Oratoren protestantischer Fürsten und Städte erschienen — am 22. Oktober Gesandte von Württemberg, am 11. November der Geschichtsschreiber der Reformationszeit Johannes Sleidanus aus Straßburg, zugleich im Namen einer Reihe von anderen Städten. Am 9. Januar 1552 trafen sogar die Bevollmächtigten des Kurfürsten Moritz von Sachsen ein.

Freilich, was konnte die Teilnahme von ein paar Protestanten jetzt noch bedeuten? Die römische Kurie hatte mit dem Heilmittel des Konzils viel zu lange gewartet und zuletzt trotz der Bitten des Kaisers seine Beschlüsse überstürzt. Die Stände taten dem Begehren des Kaisers Genüge, aber das Erscheinen ihrer Oratoren war, wie sich bald zeigen sollte, trotz aller Verschiedenheiten in ihren Äußerungen im ganzen doch mehr eine feierliche Bestätigung des erfolgten Bruchs, als irgend eine Aussicht auf Verständigung.

In der dreizehnten Session vom 11. Oktober war das Dekret über das Sakrament des Altars im Sinne der Transsubstantiation definiert worden; nur Laienkelch und Kinderkommunion auf Wunsch des Kaisers noch zurückgestellt. Beschlüsse über Beichte und Letzte Ölung folgten. Eine Revision der grundlegenden bisherigen Dekrete war nach Lage der Dinge ausgeschlossen. So blieb die einzige bedeutungsvolle Handlung der Protestanten in Trient der Protest.

Die Entscheidung über die kirchlichen und politischen Streitfragen lag längst allein in Deutschland. Das Trienter Konzil diente der katholischen Kirche und der Gegenreformation. Für die deutsche Reformation war es zu spät. Damit war, nach seinen eigenen Worten, die letzte Hoffnung des Kaisers gescheitert.

Seine kirchlichen Ordnungen in Deutschland aber, die dem Frieden dienen sollten, peitschten erst recht den Widerstand auf, der sich daran täglich erprobte. Man erkannte überall das Halbschlächtige und Ungenügende des Interims weit über die Kreise der Theologen und Pfarrer hinaus, in den Häusern des Adels, in den Stuben der Bürger und auf dem Lande unter den Bauern und Fahrenden. Überall nur Spott und Hohn und, daß man in der Stellungnahme dazu die Gesinnung der Menschen erkennen könne.

Diese volkstümlichen Stimmungen gaben Rückhalt und Mut. Aber die Entscheidung über die Zukunft brachten sie nicht. Selbst die Haltung von ganz Niedersachsen, von Bremen bis Magdeburg, ja der gesamten Küstenlandschaften von Friesland bis Preußen mit ihrer Rückendeckung an den Norden stellte wohl eine breite Zone des Widerstandes dar, aber auch hier fragte es sich, wer ihn gestalten würde.

Moritz hatte sich die Vollstreckung der Reichsacht gegen Magdeburg übertragen lassen um den Preis der Schutzherrschaft. Das gab ihm zugleich die Möglichkeit, Truppen an der Hand zu halten und vom Reichstag fern zu bleiben. Noch erschien er als Organ des Kaisers, und die erste Gruppe des Widerstandes, der Fürstenbund des Markgrafen Hans von Küstrin, des Herzogs Albrecht von Preußen und des Herzogs Johann Albrecht von

Mecklenburg vom 26. Februar 1550 fühlte sich durchaus im Gegensatz zu ihm. Sie wollten Magdeburg entsetzen. Als Moritz von ihren Musterplätzen im Stifte Verden hörte, ritt er im Januar 1551 kurz entschlossen hin, nahm für sich, was er brauchen konnte, und zerstreute die übrigen. Der Kaiser belobte ihn ausdrücklich dafür.

Aber schon im Februar überzeugte sich Markgraf Hans von dem gemeinsamen Gegensatz zum Kaiser und im Laufe der nächsten Monate auch von der gewaltigen Überlegenheit dieses jugendlichen, wendigen und tatkräftigen Fürsten. Sie verbanden sich auf breiter Grundlage. Ein starkes Werbemittel, entscheidender Grund für die Hessen und wichtig für Moritz, wurde die Befreiung des Landgrafen, für alle die Abschüttelung „der viehischen, unerträglichen und ewigen Servitut, wie in Hispania". Über Hessen und unmittelbar pflegte Moritz auch die Beziehungen zu Frankreich. Vom alten Fürstenbund blieben noch Johann Albrecht und Markgraf Hans. Hinzu trat als lärmender, Schrecken verbreitender Spießgeselle der Markgraf Albrecht von Brandenburg-Kulmbach, der zugleich die alte Idee des Protestantismus, den Kampf gegen das geistliche Fürstentum wieder aufnahm.

Nichts hatte der Kaiser seit Jahren, besonders seit dem Vorstoß gegen Württemberg, so sehr gefürchtet, wie das Zusammengehen deutscher Fürsten mit Frankreich. Ihre Trennung hatte ihm 1543/44 die größten Erfolge eingetragen; ihre Vereinigung sollte für ihn lebensgefährlich werden. Manchmal gefällt es der Geschichte auch, Vergeltungen augenfällig zu machen. Das geschah nun, als in der Lochauer Heide, der Stätte von Karls Triumph über Johann Friedrich am 24. April 1547, in dem Jagdschloß, das später Annaburg genannt wurde, Anfang Oktober 1551 der entscheidende Vertrag zwischen den Kriegsfürsten und dem Gesandten des französischen Königs Jean de Fresse, Bischof von Bayonne, verabredet wurde, der den Kaiser zu Fall brachte.

Es darf uns hier nicht beschäftigen, wie schwierig sich im einzelnen die Verhandlungen anließen, besonders zwischen dem vorsichtigen Markgrafen Hans und dem schnellfertigen, skrupellosen Moritz. Auch die Hessen klagten nach Hause: „Der Teufel hat, wo er gekonnt oder vermocht, sein Hinderung nicht allein hundert-, sondern wohl tausendfältig ingeworfen." Der Markgraf schied nach einer erregten Szene am Abend des 3. Oktober aus. Aber Moritz, Johann Albrecht, die hessischen Räte und der Bischof hielten an ihrem Abschluß fest.

Danach sollte der französische König monatlich 80 000 Kronen beisteuern, für die ersten drei Monate sogar im voraus 240 000 Kronen zur Aufstellung der Truppen. Dafür „wird für gut erachtet", heißt es in dem

Protokoll, „daß die königliche Majestät zu Frankreich aufs allerfürderlichste die Städte, so zum Reich von alters gehören und nicht deutscher Sprache sein, als nämlich Cammerich, Toll in Lothringen, Metz, Verdun und was derselben mehr wären, ohne Verzug einnehmen und die als Vicarius des heiligen Reiches, zu welchem Titel wir seine königliche Majestät zukünftig zu befördern geneigt sein, inhabe und behalte, doch vorbehalten dem heiligen Reich seine Gerechtigkeit, so es auf dieselben Städte hat, damit die also wieder aus des Gegenteils Hand gebracht".

Von den Bistümern ist nicht die Rede; auch die Städte sollten dem Reiche nicht verloren gehen, vielmehr nur unter dem Titel des Reichsvikariats besetzt werden. Natürlich war es eine Preisgabe von Reichsgut auch in dieser Form. Aber es war nicht einfach ein Tribut an die französische Ausdehnungspolitik, sondern ein wenn auch gefährliches Mittel der Kriegführung, ohne das man im Augenblick nicht glaubte, zum Ziele kommen zu können.

Der militärische Grundgedanke des Bündnisses mit Heinrich II war offenbar das, was man im schmalkaldischen Krieg verfehlt hatte, nämlich die innere Linie zu gewinnen, den Kaiser von seinen Verbindungen mit den Niederlanden abzuschneiden, sich womöglich am Rhein die Hand zu reichen, im übrigen aber im Schutze dieses strategischen Planes geradenwegs auf den Kaiser loszumarschieren. „Fürter wollen wir rücken nach der Kaisers Person", sagten sie.

Daß dieser Plan zugrunde lag und daß er in Sachsen erdacht worden ist, ergibt sich am deutlichsten aus der fürstlichen Erklärung zum Lochauer Vertrag, wonach die deutschen Fürsten sagten: „Aus trefflichen Ursachen haben wir für nutz und gut angesehen, bitten auch nochmals und raten mit Treuen, daß Ihre Majestät eigener Person oder sonst mit einem ziemlichen Haufen herausziehe und sich unserem Haufen also genahe, daß im Fall der Notdurft diese beiden Haufen unverhindert zusammenstoßen und mit gesamten Kräften, was Gott haben will, ausrichten und dem Faß den Boden ausstoßen."

Die Abrede von Lochau wurde im Vertrag von Chambord am 15. Januar 1552 in demselben deutschen Text auch von Heinrich II verbrieft. Am 3. Februar erging von Fontainebleau aus sein Manifest, — gedruckt in Marburg! Am 14. Februar trafen Moritz und Wilhelm von Hessen die letzten militärischen Verabredungen zu Friedewalde, und im Zuge dieser Abmachungen schrieb der junge Landgraf seinem Schwager Moritz am 15. März von den soeben unmittelbar aus Frankreich erhaltenen Mitteilungen des Königs, der am 20. März in Toul sein wollte; „von dannen wollt er zum allereilendsten an den Rhein ziehen, soweit seine Majestät die Städte, nämlich Metz, Verdun, Toul, nicht hindern würden". Sie erscheinen also nicht als Ziel, sondern als Hindernis auf dem Wege zum Rhein. Der König von Frankreich sprach mit seiner Behauptung, „er hätte in Italien und den Niederlanden genug zu schaffen", durchaus seine damalige Meinung aus. Er folgte dem Drängen der Kriegsfürsten an den Rhein, wobei ihm die ungeheure Bedeutung der lothringischen Bischofsstädte als Brückenpfeiler zum Rhein hin erst recht bewußt wurde, nachdem er sie teils durch Einschüchterung teils durch Betrug überraschend und ohne Verluste besetzt hatte.

Was aber tat der Kaiser?

Er schlug alle Gerüchte von feindlichen Bewegungen gegen ihn in den Wind. Mit einer Überlegenheit, die sich sonderbar aus Eigensinn und grenzloser Verachtung der Fürsten zusammensetzte, wies er alle Warnungen seiner aufmerksamen Schwester und seines Bruders Ferdinand lächelnd ab. Marie schrieb schon Anfang Oktober von den Verhandlungen zwischen Moritz, dem jungen Landgrafen und Frankreich, also in denselben Tagen, da die Fürsten mit dem Bischof von Bayonne in dem Jagdschloß auf der Lochauer Heide zum Abschluß kamen. Auch Ferdinand und Herzog Christoph von Württemberg warnten durch Briefe und Gesandte. Der Kaiser verachtete die ältere Fürstengeneration, die ihm seit mehr als zehn Jahren in der Tat wenig Ursache zur Bewunderung gegeben hatte. Die jüngere glaubte er sich vollkommen ergeben; es sollte auch nicht lange dauern, daß die Brandenburger einer nach dem anderen an seine Seite zurückkehrten. Moritz lud er noch zu Besprechungen ein; es war schon ein sonderbares Maß von Vertrauensseligkeit, daß er ihn wirklich erwartete.

Am 17. November 1551, als Moritz längst in Magdeburg eingezogen war, unter schönen Gründen sein Kriegsvolk an der Hand behielt und mit Frankreich in den letzten Abmachungen stand, legten die deutschen Kurfürsten und Fürsten beim Kaiser nochmals Fürbitte für den Landgrafen ein. Das Schicksal bot sich ihm zum letzten Male an. Er lehnte rundweg ab.

Am 25. Februar entschuldigten die kursächsischen Räte den Aufschub der Reise ihres Herrn wegen der Gefahren, wiederholten aber die Fürbitte für den Landgrafen. Der Kaiser ließ am 4. März antworten, der Kurfürst möge unbesorgt kommen, dann würde sich alles regeln. Am 17. März hielt Moritz den Kaiser weiter hin.

Nachgerade verdichteten sich die Gerüchte zu handgreiflichen Tatsachen. Anfang März 1552 wurde die Königin Marie von dem Kurfürsten von Mainz um Hilfe angegangen gegen Hessen. Allein die Kriegs-

fürsten marschierten gar nicht an den Rhein, worüber der König von
Frankreich sehr ungehalten war, sondern sie schwenkten schon vom Main
her ungeduldig nach Süden ab. In der zweiten Hälfte des März ging es
eilends vorwärts. Am 1. April lagen sie vor Augsburg; am 4. zogen sie
ein, während Ulm seine Tore geschlossen hielt. Dann näherten sie sich
Tirol. Im letzten Augenblick, am 6. April, machte der Kaiser noch einen
Versuch, in die Niederlande zu entkommen. Man fand den Weg am Rhein
schon verlegt. So kehrte er nach Innsbruck zurück, offenbar noch immer
ohne es recht fassen zu können, daß diese Erhebung sich allen Ernstes
gegen seine Person richtete.

Da gab es eine Unterbrechung der Bewegung. Moritz verhandelte.

LINZ UND PASSAU. MORITZ, FERDINAND UND DER KAISER

Schon am 3. März 1552 hatte der Kaiser seinen ersten Kavalier, den
Ritter des Ordens Joachim de Rye, Herrn von Balançon, mit einer von
Arras eigenhändig aufgesetzten Instruktion an seinen Bruder Ferdinand
gesandt. Er bat angesichts der sich häufenden Nachrichten von der Erhebung in Deutschland um Rat und um schleunige Vermittlung. Die Absichten des Markgrafen Albrecht auf Bamberg und Würzburg dürften, so
meinte er, nicht täuschen über den allgemeineren Zug der Bewegung, die
mehr Teilnehmer haben müsse als bloß ihre Führer, da merkwürdigerweise auch die Kaufleute in Augsburg jede Hilfe ablehnten. Weise man in
Wien auf die Türkengefahr hin, so solle Rye antworten, daß diese Erhebung viel gefährlicher sei, weil sie jede Reichshilfe gegen die Türken mit
in Frage stelle. Da es an Geld und Truppen gänzlich fehle, so seien die
Deutschen auf alle Weise durch Verhandlungen zur Ruhe zu bringen.
Wenn Moritz und Albrecht dabei über das Interim und über Gewalt
gegen die Religion klagten, so sollten sie sich vielmehr seiner Wohltaten
erinnern und der Unzuverlässigkeit der Franzosen, die einst Cleve wahrhaftig zur Genüge erfahren habe; auch daran, daß er in der Religion stets
sehr gemäßigt vorgegangen sei. Daß es ihm fern liege, gegen die Goldene
Bulle das Reich erblich machen zu wollen, wisse Ferdinand am besten;
noch weniger denke er daran, die fürstliche Libertät anzutasten. Was die
angebliche Vergrößerung seines Erblandes betreffe, so habe er in Geldern
nur sein Recht wahrgenommen, über Utrecht sich oft genug geäußert und
Lingen teuer gekauft. Dem verschuldeten Markgrafen könnte man Geld
anbieten. Moritz Klagen über die Gefangenhaltung des Landgrafen seien
unberechtigt; der Landgraf würde bei seiner Natur nur neue Unruhen

nach Deutschland gebracht haben; im übrigen habe er ja gerade darüber mit Moritz verhandeln wollen.

Sehr viel heikler als diese ostensible Instruktion war die Geheiminstruktion, die von dem Verdacht ausging, daß Ferdinand, der seinem Bruder über die gegenwärtigen Vorgänge nicht einmal sein Bedauern ausgesprochen, noch weniger einen Finger gerührt habe, etwa selbst im Einvernehmen stünde mit den Verschworenen. Balançon soll gut aufmerken und gegebenenfalls dem Könige ernstlich vorstellen, daß sie als Brüder unbedingt zusammenhalten müßten, und daß der König sich verrechne, wenn er auf diese Leute zähle. Es gelte auch Ferdinands eigene Stellung im Reich und sein Kaisertum. Ähnlich wäre mit Maximilian zu sprechen und ihm zu sagen, welche Gefahr Moritz als „König von Sachsen" im Bunde mit Frankreich für ihn selbst bedeute; daß er aber vielleicht persönlich vermitteln könne und dadurch Ehre und Dank erwerbe.

Die Verdächtigung Ferdinands war sehr unberechtigt trotz dessen Verstimmungen im letzten Jahr. Vielmehr hatte Ferdinand seinerseits schon am 4. März mahnend an Moritz geschrieben, inzwischen auch den Oberstkanzler der Krone Böhmen, Heinrich Reuß von Plauen, zu ihm gesandt. Am 16. März war dieser noch mit Moritz in Leipzig zusammengetroffen, um mit ihm eine Tagung in Linz zum 4. April zu verabreden.

Später bat freilich Moritz noch zweimal um Aufschub dafür. Er spielte mit erstaunlicher Gewandtheit nach beiden Seiten den ungern Gedrängten. Das vorsorglich bestellte Schreiben seines hessischen Verbündeten nutzte er in Wien mit dem fast schamlosen Bedauern aus, daß sich dieser „mit ausländischen Potentaten etwas weit eingelassen". Umgekehrt gab er sich durch seinen weiteren Vormarsch und seine scheinbare Zurückhaltung gegenüber den Botschaften der Habsburger auch seinen Verbündeten als ernsthafter Partner.

Der Kaiser erteilte inzwischen, wieder für Balançon, am 11. und 22. März seine genaueren Instruktionen zu den bevorstehenden Verhandlungen. Einzig die Freigabe des Landgrafen wollte er jetzt zugestehen, freilich erst 14 Tage nach Entlassung des Kriegsvolks und gegen Sicherungen dafür, daß dieses nicht etwa dem Könige von Frankreich zuziehe. In der Religion sollte es bei den Beschlüssen des letzten Reichstages sein Bewenden haben. Karl fügte hinzu, daß er um nichts in der Welt in diesem Punkte gegen Pflicht und Gewissen handeln werde. Viele Einzelheiten, die übrigens ein dickes Heft füllen, würden noch studiert.

Von den Niederlanden her mischte sich die Königin Marie mit Mahnungen ein, ja mit einem glühenden Appell an die Treue Ferdinands. „Bei Gott, Monseigneur", schrieb sie ihm am 9. April, „man muß Vergangenes vergessen können. Ich bitte Euch, Monseigneur, laßt Euch von der Not und von der Bruderliebe alles das selbst sagen, was ich anführen könnte. Denkt doch auch daran, daß seine Majestät nicht gezögert hat, Euch zu helfen, wie schwach und krank sie auch war. Ich bitte Euch, Monseigneur, wiederholt und so tief ich nur kann, so schnell wie möglich zu handeln."

Ferdinand strafte die wenn auch zurückhaltenden Verdächtigungen der Geschwister gegen seine Treue weiterhin Lügen. Er war nicht in der Lage und auch nicht der Mann dazu, nach Art seines Bruders das Unmögliche zu ergreifen. Aber er scheute in den nächsten Monaten keine Mühe. Jetzt kam er von Preßburg über Wien nach Linz, gab sogar von unterwegs Ratschläge für die Behandlung des Kurfürsten von Brandenburg und seines Bruders Hans, sowie in bezug auf die Freilassung Johann Friedrichs, die deutlich erkennen lassen, daß er bei aller alten Verbundenheit mit seinem Nachbarn Moritz darauf bedacht war, gegen diesen umfassendere Sicherungen zu schaffen.

Am 19. April, Dienstag nach Ostern, begannen die Verhandlungen zu Linz, zu denen der König mit seinen Söhnen, der Kurfürst mit dem Herzog von Bayern und dem Bischof von Passau erschienen. Den Kaiser vertraten Rye und Lazarus von Schwendi. Moritz blieb nach Möglichkeit in der Hinterhand, schob seine Verbündeten und Frankreich vor und gefiel sich, wie früher, wenn auch mit mehr Glück, in der Rolle eines Vermittlers; nur daß er mit immer neuen Forderungen seiner Leute aufwartete, die es ihm ermöglichten, den mit bescheidenen Ansprüchen eingeleiteten Verhandlungen nach Lage der Dinge möglichst viel abzugewinnen. Ferdinand konnte für den Kaiser die weitergehenden Forderungen wegen Frankreich, der Religion und der Reichsregierung nicht bewilligen. Da Moritz nun selbst eine größere Versammlung wünschte, die ihn aus seiner spürbar gewordenen Isolierung befreien sollte, eine solche auch dem Kaiser zum Zeitgewinn nur lieb war, so einigte man sich nach etlichem Botenwechsel mit Berichten und Weisungen zwischen Linz und Innsbruck verhältnismäßig leicht auf einen neuen Tag, jetzt zu Passau am 26. Mai, und auf Annahme der Mitwirkung weiterer süd- und westdeutscher Fürsten.

Die Bedingungen für die Freigabe des Landgrafen mußte Moritz als unerfüllbar erkennen. Wie hätten seine Verbündeten bei so magerem Erfolg in die Entlassung ihres Heeres gewilligt? Auch die Zusicherungen in der Religion, daß nämlich erst auf einem Reichstage beschlossen werden sollte, „durch welche friedlichen Mittel die spaltige Religion verglichen werden könne", waren völlig unzulänglich, zumal auf einem Reichstage die altkirchliche Majorität noch immer den Ausschlag geben mußte. So war im Abschied von Linz am 1. Mai sachlich nichts endgültig beschlossen. Moritz verpflichtete sich nur zur Bemühung um einen Waffenstillstand für die neue Tagung, vom 11. Mai ab. Das war unverbindlich, aber man hatte allerseits Zeit gewonnen.

Daß Moritz im Schutze der nächsten beiden, durch keine Waffenruhe geschützten Wochen etwas anderes vorhatte, als bloß zu verhandeln, läßt sich nachweisen. Er rüstete sofort zum Vormarsch auf Innsbruck. Daneben freilich botschaftete er auch an den König von Frankreich, um dessen Beteiligung an den neuen Verhandlungen zu erreichen. Die Waffenruhe schob er hinaus.

Das am meisten Befremdende bleibt seine offene Botschaft an Frankreich. Sie gefährdete die weitere Geldzahlung, die er doch brauchte, wenn er dem Vorstoß nach Tirol Nachdruck geben wollte. Wie er sich das dachte, ist nicht vollkommen klar. Vielleicht erwartete er die letzte Entscheidung schon von Passau und von der Mitwirkung der Neutralen, zumal der Rheinländer, die vor allem Frankreich fürchteten. Aber er konnte nur dann hoffen, ihnen gleichzeitig die Furcht vor dem Kaiser zu nehmen und dem Ungestüm seiner Verbündeten ein Ziel zu geben, wenn er inzwischen versuchte, den Kaiser völlig mattzusetzen.

Es war ein großes Spiel, das er wagte. Denn der Kaiser hatte abgesehen von seinen unerschöpflichen Hilfsquellen das sehr wirksame Mittel, den „gewesenen Kurfürsten" von Sachsen gegen ihn auszuspielen. Zwischen dem verbündeten Frankreich, das er enttäuschte, und den Habsburgern, mit denen er auf die Dauer rechnen mußte, tastete Moritz, dessen Handeln sich nicht rational erfassen läßt. Aber wenn man sich auch nicht unterfangen soll, alle großen Entschließungen der Geschichte, zumal bei so problematischen Naturen wie Moritz, ergründen zu wollen und das Logische für das historisch Richtige auszugeben, so bleibt doch die Hauptrichtschnur für sein Vorgehen erkennbar. Er brauchte nach der unerschütterlichen Haltung des Kaisers in Linz mit Rücksicht auf die schwachen Stände mehr Lärm und auch für sich einen sichtbaren Erfolg. So ließ er den Markgrafen Albrecht gewähren und im Mai Nürnberg angreifen und seine berüchtigten Verträge mit Bamberg auf 80 000 Gulden und 20 Ämter, mit Würzburg gar auf 220 000 Gulden erpressen, während er selbst sich mit den übrigen Verbündeten durch Oberschwaben auf Füssen wandte. Bei Reutte drängten sie die Kaiserlichen auf die Ehrenberger Klause zurück und nahmen dann diese durch Umgehung am 19. Mai. Am 23. standen sie in Innsbruck.

Der ungeschützte Hof war über den Brenner entwichen. Der Kaiser zog vom Eisack- in das Rienztal und über die Wasserscheide von Innichen ins obere Drautal. Am 24. war er in Lienz, vom 27. an in Villach, wo ihm die Wege über Pontebba nach Italien oder ostwärts nach Krain und der Steiermark offen standen. Die Flucht vor dem Feinde war für den alten

Edelmann und Souverän unsagbar bitter. Aber wie so oft ermannte er sich in der Not und besann sich auf seine unendlichen Möglichkeiten. Briefe und Boten gingen in alle Welt. In Italien war Friede gemacht. Von Neapel liefen 200 000 Dukaten ein; Anton Fugger, der den Hof begleitete, streckte 400 000 Dukaten vor und erwirkte bei den Genuesen Stillstand für Zahlungen.

Die zunächst unvollkommenen Rüstungen kamen langsam in Gang. Markgraf Hans, eben noch an Moritz Seite, hatte schon am 19. Februar aus anderen Gründen den Besuch des kaiserlichen Hofmarschalls Hans Böcklin erhalten, des Schwiegervaters von Schwendi. Man fand sich gegen Moritz, der auch hier der „kleine König" hieß, und der Kaiser hätte bei richtiger Einschätzung der Lage und bestimmten Zusagen in der Religion schon damals einen Degen gegen seine Feinde haben können. Hans war entrüstet über die Manifeste der Kriegsfürsten, vor allem der Franzosen. „Glaube Dir der Teufel", schrieb er an den Rand. Er urteilte, daß diese Fürsten, „die Religion nicht meinen, noch weniger Gottes Wort vor etwas halten." Seine Wünsche und die kaiserliche Werbung kamen sich entgegen; wie immer umständlich, trat er doch in Verhandlungen über eine kaiserliche Pension. Unmittelbarer rüstete Ferdinand. Über Berg sollten spanische und italienische Truppen heranziehen. Aus Spanien ließ der Kaiser den Herzog von Alba kommen.

Wollte der Kaiser schon jetzt den Gegenschlag führen und die Verhandlungen von Passau durchkreuzen? Das lag weder in seinem, noch in Ferdinands Interesse. Als Hauptgegner betrachtete er stets Frankreich. Gegen dieses aber mußte er stärker sein. Darüber darf jedoch nicht übersehen werden, daß der langsam rüstende Kaiser gegenüber Passau an Freiheit gewann.

Nun hebt sich für ein paar Szenen wirklicher Größe noch einmal der Vorhang.

Die Haltung des Kurfürsten Moritz nahm in Passau zu an Stil, und der Kaiser blieb ihm erst recht gewachsen. Wiederum erging neben einem eigenhändigen Schreiben an Ferdinand eine ausführliche Instruktion für Rye am 4. Juni. Neben Rye wurde der Vizekanzler Seld abgeordnet. Alle Entscheidungen aber behielt sich der Kaiser vor. Seine Hauptpunkte waren wie früher die Freigabe des Landgrafen vierzehn Tage nach Auflösung der Heere, Ablehnung fürstlicher Vermittlung mit Frankreich und Verschiebung der Religions- und Reichssachen auf einen Reichstag. Die Zeit arbeitete für ihn.

An Moritz Haltung war das Wichtigste, daß er jetzt ganz offen selbst als Träger sowohl der Forderungen des Tages wegen des Landgrafen,

Frankreichs und der Kriegsvölker, wie der allgemeinen Reichsbeschwerden in Sachen der Religion und der Libertät auftrat. Damit wurde er vom ehrgeizigen Spieler zur historischen Figur. Durch ihn wurden in Passau die letzten großen Fragen und Lösungen der Reformationszeit schon so geformt, wie sie drei Jahre später die Verhandlungen über den Augsburger Religionsfrieden bestimmen sollten.

Ferdinand sträubte sich mit heftigem Kopfschütteln gegen die Zuziehung des französischen Gesandten, ließ aber den Ständen die Freiheit, ihn zu hören, womit der Fall erledigt war, denn Jean de Fresse zog sich nach seiner Rede selbst von Passau zurück; der „spitznäsige Bischof" hatte auch bei den Kriegsfürsten geringe Sympathien. Die französische Frage gestaltete sich danach verhältnismäßig leicht. Das gesamte Fürstentum rückte wieder wie 1544 von Frankreich ab.

Schwieriger war die Erledigung des Landgrafen. Als Ersatz für die von dem Kaiser geforderte Frist von vierzehn Tagen wurden allerlei Vorschläge gemacht. Moritz und die Fürsten aber forderten die Freigabe des Landgrafen und die Entlassung der Truppen Zug um Zug.

Wegen der Religion wies Moritz auf die Unbrauchbarkeit sowohl des Konzils wie des Reichstages wegen ihrer Stimmverhältnisse hin. Er forderte also die Nationalversammlung, das alte Anliegen seit 1524. Sollte aber auch eine Nationalversammlung nicht zum Ziele führen, so blieb seine entscheidende Forderung „ein unbedingter, für und für währender Friede". Man verschob die Sache selbst auf den Reichstag, aber man beschloß hier schon allgemein den unbedingten Frieden. Wegen des Schutzes der Güter der Geistlichen machte Moritz die Einschränkung, „soweit sie noch im Besitz sind", lief damit natürlich Gefahr, einen Teil der Versammlung abzusprengen. Doch gab er sich zufrieden mit privaten Zusicherungen des Königs.

Umgekehrt blieben die Neutralen in bezug auf die Reichsbeschwerden einig. Auch über der Begnadigung aller an den letzten Kriegen Beteiligten entstand wohl Zeitverlust, aber eigentlich keine nachhaltige Meinungsverschiedenheit.

Zum Schluß aber gab es doch noch eine peinliche Überraschung. Gleich dem Kaiser hatten auch die Kriegsfürsten ihre Zustimmung vorbehalten. Moritz sagte das erst jetzt, am 22. Juni, und es blieb nichts übrig, als sich zu fügen. Am 24. reiste er ab, die Zustimmung einzuholen. Er versprach inzwischen Waffenruhe. Unter der Hand hatte er Ferdinand gebeten, daß der Kaiser den gewesenen Kurfürsten nicht freigäbe, was aber inzwischen längst geschehen war; nur daß der alte Herr dem Hofe freiwillig folgte.

Das schwerste Stück des Vertrages stand also noch bevor, die Anerkennung durch die beiden Lager, Kriegsfürsten und Kaiser.

Moritz eilte in das Lager der Verbündeten vor Eichstätt. Markgraf Albrecht wütete mit Worten nach seiner Manier und gebärdete sich völlig unzugänglich. Aber auch Landgraf Wilhelm war zunächst ablehnend, und Moritz mußte ihn bereden. Johann Albrecht wünschte mehr Rücksicht auf Frankreich. Man machte also Vorbehalte. Aber die Annahme schien doch gesichert. Da mußte, nach Moritz Rückkehr am 3. Juli, Ferdinand gestehen, daß der Kaiser seinerseits abgelehnt habe. Moritz gab sich entrüstet, war es wohl auch. Die Neutralen traten auf seine Seite.

Verzweifelt begab sich Ferdinand, immer gefährlicher bedrängt von den Türken, gegen die ihm Moritz helfen wollte, am 8. abends noch einmal nach Villach und beschwor den Bruder. Karl setzte den Tränen Ferdinands das Pathos einer unerschütterlichen Überzeugung entgegen. Ferdinand hatte Gegenwart und Zukunft zu verlieren, Karl die Ewigkeit. In Nebenpunkten, auch in solchen, die er gänzlich verurteilte, gab er nach, aber nicht in der Hauptsache, Religion und Reichsregierung. Den unbedingten Frieden wollte er nur bis zu einem Reichstage gewähren und die Reichsbeschwerden selbst entscheiden, nicht durch die Fürsten. Mehr konnte Ferdinand nicht erreichen. Bei strömendem Regen brach er wieder auf und eilte die 200 Kilometer nach Passau zurück.

Jetzt lag die Entscheidung zum zweiten Mal bei Moritz und den Kriegsfürsten, die inzwischen noch einen starken Eindruck zu ertrotzen versuchten durch Belagerung des von den Kaiserlichen verteidigten Frankfurt. Dahin also begaben sich am 16. und 17. Juli die Gesandten der Stände und des Königs.

Würden die Kriegsfürsten den verstümmelten Vertrag annehmen? Vor Frankfurt hatten sie keinen Erfolg und durch Erpressungen von Geschützen und Munition in der Nachbarschaft gewannen sie auch keine Freunde. Gleichwohl lehnte der Landgraf nun erst recht ab. Aber was wurde dann aus seinem Vater? Moritz war aufgebracht, enttäuscht, aber er wollte annehmen. Er hatte sich von Frankreich schon zu weit getrennt und zu feste Bindungen und Hoffnungen auf der habsburgischen Seite. Der Kaiser war inzwischen wirklich gerüstet und konnte jeden Augenblick den früheren Kurfürsten gegen ihn loslassen. So gewann Moritz noch einmal den jungen Landgrafen, unter Verzicht auf die übrigen. Am 2. August unterzeichneten beide. Am 3. hob Moritz sein Lager auf. Als die Soldaten Schwierigkeiten machten, ließ er das Lager in Brand stecken. Er selbst zog südwärts zu den königlichen Musterplätzen gegen die Türken.

Nun war es wieder am Kaiser, Bedenken zu erheben. In der Tat hatte ja nur ein Teil der Kriegsfürsten angenommen, und allerlei Befürchtungen lagen nahe. Erneut flehte Ferdinand und erreichte diesmal sein Ziel. Der

Kaiser ratifizierte den Vertrag in der von Moritz und dem Landgrafen angenommenen Form zu München am 15. August.

DER KAISER VOR METZ

Ganz hingegeben an die großen Entscheidungen in Deutschland, haben wir die Angelegenheiten der weiteren Welt vorübergehend aus den Augen verloren. Das Verhältnis des Kaisers zu Julius III war gut geblieben. Sie dachten an eine Zusammenkunft. Freilich auf den einmal erwogenen Besuch des ihm so nahen Konzils glaubte Karl verzichten zu sollen, um nicht den Schein einer unberechtigten Einflußnahme zu erregen. Im übrigen war dies Konzil in seinem Sinne letzten Endes unwirksam geblieben; auf die Nachricht von dem Anrücken der Kriegsfürsten hatte es sich vollends aufgelöst. Karl sollte seinen Wiederzusammentritt nicht mehr erleben.

Bei der Bindung des Papstes an den Kaiser spielte der Streit um Parma und Piacenza eine entscheidende Rolle. Hier bestand noch immer das Bündnis der Farnese mit Heinrich II. Der Papst entzog Ottavio am 22. Mai 1551 den Lehnsanspruch auf Parma und geriet darüber mit ihm in Krieg, wobei er sich auf den Kaiser stützte. Beide litten freilich unter dem Druck der Finanzen und im Winter 1551/52 neigte der Papst zum Frieden mit Frankreich und Ottavio; am 29. April kam ein solcher zustande und am 10. Mai trat auch der Kaiser bei. Aber alle Versuche des Papstes, zwischen Frankreich und dem Kaiser einen allgemeinen Frieden herbeizuführen, scheiterten. Während Heinrich II entsprechend dem Vertrag von Chambord in Lothringen einfiel und sich in den Bischofsstädten befestigte, zog der Pirat Dragut zusammen mit dem französischen Gesandten Aramont vor Neapel, wurde Ferdinand wegen Ungarn und Siebenbürgen in einen neuen Türkenkrieg verwickelt. Um das Maß der Sorgen vollzumachen, verdrängten auch die Senesen ihre kaiserliche Besatzung, gestützt auf Frankreich; Heinrich II übernahm durch den Kardinal von Este die Schutzherrschaft, während sich der Vizekönig von Neapel anschickte, durch den Kirchenstaat zu marschieren und anzugreifen.

Mit Frankreich also stand der Kaiser wieder auf allen Fronten im Kriege. Denn auch an der niederländischen Grenze gab es die üblichen Feindseligkeiten. Wieder ging es um Hesdin, Thérouanne, Renty; aber auch um die Grenzorte von Luxemburg, Damvillers, Yvoy, Montmédy.

Welthistorisch das Wichtigste war die Festsetzung Heinrichs II in Metz. Diese Stadt fühlte sich wie fast alle großen Bischofsstädte des Reiches als Freistadt, als Stadt des Reiches; sie führte den Reichsadler im Wappen. Ihr Regiment war seit langem streng aristokratisch in den Händen weniger sogenannter Paraigenfamilien, die in der Stadt ihre burgartigen Häuser, wie das gut erhaltene Hotel S. Livier, und auf dem Lande ihre Seigneurien besaßen. Konfessionell waren gerade sie gespalten. Selbst innerhalb einer der reichsten Familien, derjenigen der Heu, war ein Teil altkirchlich geblieben, ein Teil der Reformation zugewandt. Die Neugläubigen wären an der Reichszugehörigkeit der Stadt ebenso interessiert gewesen wie ihre Gegner, der Kardinal Lenoncourt als Reichsbischof. Aber der Bischof war nach seinen gesellschaftlichen Verbindungen ebenso wie die meisten Paraigenfamilien durchaus französisch gesinnt. Bei solchem Zwiespalt in den kulturellen, konfessionellen und politischen Beziehungen legten die Metzer den größten Wert auf ihre „Neutralität", insbesondere auch gegenüber den Niederlanden, die mit den vorgeschobenen luxemburgischen Herrschaften südlich von Diedenhofen, etwa dem Dorf Marange, in die unmittelbare Umgebung von Metz reichten. Schon 1543 hatte der Kaiser seinen niederländischen Rat Boisot einmal nach Metz gesandt, um die Bürger vor reformatorischen Neigungen zu warnen und im übrigen an ihre Reichspflichten zu erinnern, was in seinen Augen das Verhältnis zu dem kaiserlichen Herrn der Niederlande in sich schloß.

Von Süden aber rückte die französische Territorialpolitik in diesem aufgelockerten Grenzgebiet kleiner und großer, geistlicher und weltlicher Herrschaften ebenfalls längst bis an die Stadt, hier mit dem Verlangen nach dem Besitz der Herrschaft Goin und mit dem Kampf um die Abtei Gorze. Als der Connétable im April 1552 heranzog, bemächtigte er sich rücksichtslos gegen die Regentin-Witwe Christine der öffentlichen Gewalt sogar im Herzogtum Lothringen, und als ihm die kaiserliche Besatzung von Gorze Schwierigkeiten machte, ließen seine Leute Kanonen auffahren, erzwangen die Kapitulation und hieben die Besatzung gleichwohl nieder.

Dann erfolgte das Entscheidende. Auf dem Weitermarsch bat der Connétable die eingeschüchterte Stadt um Lagerplätze für seine Armee von rund 38 000 Mann und nur für sich und sein Gefolge um Quartier in Metz selbst. Allein Montmorency rückte nicht nur mit einigen Dienern, sondern mit 1500 Mann bester Truppen ein. Das war Mißbrauch des Vertrauens und der Schwäche, denn die Metzer hätten gut getan, ihre Tore verschlossen zu halten wie die Straßburger. Aber sie bauten auf ihre Neutralität und hatten versäumt zu rüsten. Nun war es zu spät. Die Besatzung verließ die Stadt nicht mehr. Vielmehr setzte der Herzog von Guise, den der bald nachfolgende König zum Gouverneur von Metz machte, die Stadt mit der Zeit in einen ausgezeichneten Verteidigungszustand.

Guise machte aus der längst über ihre Mauern gewachsenen Stadtburg mit ihren bis an die nächsten Höhen ausgedehnten Vororten die geschlossene moderne Festung. Er verfuhr mit beispielloser Rücksichtslosigkeit, wenn auch echt französisch unter Wahrung einer gewissen Form. Alle Vorstädte wurden erbarmungslos zerstört, besonders die Gebiete der späteren Montigny und Sablon, wo die berühmten Abteien und Kirchen von St. Arnulf, St. Symphorian, St. Peter und St. Clemens offen in der Landschaft lagen. Aber aus dem alten Arnulfskloster, wo Karls des Großen Gemahlin Hildegard, sein Sohn Ludwig der Fromme und fünfzehn weitere Glieder des Geschlechts ruhten, erhob man die Gebeine, um sie in feierlicher Prozession in das neue St. Arnulfskloster innerhalb der Mauern zu übertragen; die Bevölkerung hatte Genugtuung und Schauspiel zugleich.

Diesem Rasieren des Vorgeländes entsprach die Verstärkung der Stadtbefestigung selbst. Auch hier wurden alle Gebäude und Häuschen, die an den Mauern klebten, entfernt, die Befestigungswerke ausgebessert und modernisiert, Vorräte von Schanzzeug, von Holz, Brettern, Säcken und Faschinen aufgehäuft. Alle diese Dinge wußte die Königin Marie durch ihre Generale und Kundschafter; sie stützte sich darauf bei ihren späteren Ratschlägen.

Denn der Kaiser, der über München, Augsburg, Ulm nach Straßburg und durch das Elsaß gezogen war, überall freundlich, gnädig, dankbar für Ergebenheit, begleitet von frischen Truppen, die er mit anderen im Niederelsaß allmählich zusammenzog, schwankte noch lange in bezug auf seine nächsten Pläne. Es ging ihm ähnlich wie im Herbst 1541, wo es eigentlich auch viel zu spät geworden war zur Fahrt nach Algier, er aber die einmal aufgewandten Rüstungskosten doch irgendwie verwerten wollte, jetzt gewiß auch ungeduldig, einen Gegenschlag zu tun gegen den Überfall, der ihn so verletzend getroffen hatte.

Von Weißenburg aus schrieb er am 23. September einen erst neuerdings bekannt gewordenen Brief an die Königin, der seine Lage sehr genau kennen lehrt. Er bedankt sich für die Antwort auf seine früheren Fragen. Inzwischen erfahre er von dem Grafen Egmont, der mit seiner Armee in das Luxemburgische gezogen war, daß Markgraf Albrecht, der nach anderen rheinischen Stiften in der letzten Zeit Trier belästigte, weitergezogen sei auf Metz. Das wurde für den Kaiser das Stichwort. Er stellte der Schwester — wie sich selbst — die Frage, ob er ihm nachziehen sollte, um die Stadt angesichts ihrer großen Bedeutung für die Franzosen „mit Pionieren zu belagern und zu nehmen. Denn sie haben von hier den Weg nach Deutschland offen bis zum Rhein und können mir den Weg verlegen von Oberdeutschland in die Niederlande, ganz zu schweigen von der Bedrohung Diedenhofens und des ganzen Landes Luxemburg. Sie können von Metz aus auch den Verkehr hindern zwischen den Niederlanden und der Franche Comté. Ihre Befestigungsarbeiten sind wohl noch nicht vollendet, und man hätte die Hoffnung, die Stadt zu nehmen". Auf der anderen Seite gab er zu, daß die Jahreszeit weit vorgeschritten sei, die Beschaffung der Lebensmittel für seine große Armee immer schwieriger werde, wogegen man Metz für gut besetzt und verproviantiert halte, und der Mangel an Geld eine allzu lange Belagerung hindern würde. Alles dieses bat er sie, durch ihre Leute noch genauer festzustellen und zu beurteilen.

Die erbländischen Gesichtspunkte waren für Karl bei seinem Unternehmen gegen Metz, wie man sieht, die entscheidenden.

Marie riet am 28. September nochmals ganz entschieden von dem Unternehmen ab. Ihre Gegenvorschläge, die Truppen in Trier und Lothringen überwintern zu lassen und alles für das nächste Frühjahr vorzubereiten, waren vernünftig. Aber der Kaiser folgte nicht ihr, sondern verhängnisvollerweise seinem ersten militärischen Berater, dem Herzog von Alba, der wirklich aus Spanien herbeigeeilt war. Und Alba befand sich in der verführerisch günstigen Lage, für sein Zureden zum Zuge gegen Metz ein neues, völlig überraschendes Moment anführen zu können.

Der Kaiser war ausgezogen gegen die letzten Feinde, die gegen ihn noch im Felde standen. Das waren nach Abschluß des Passauer Vertrages der König von Frankreich und der Markgraf Albrecht Alcibiades. Was Metz raumpolitisch bedeutete, das stellte militärisch die Armee des Markgrafen dar, Gefährdung Luxemburgs, Blockierung des freien Verkehrs zwischen den Niederlanden und dem Oberrhein oder der Franche Comté.

Welcher Erfolg also, wenn der Markgraf, statt ein gefährlicher Feind zu bleiben, auf die Seite des Kaisers trat! Dann war die Macht des Gegners gespalten, die des Kaisers verdoppelt. Eben dieses winkte jetzt dem Herzog von Alba. Am 8. Oktober konnte er von Anerbietungen Albrechts durch den Grafen von Nassau-Saarbrücken berichten. Am 15. Oktober wagte er es, durch Arras dem Kaiser zur Aussöhnung mit dem Markgrafen lebhaft zuzureden. Ein Unternehmen auf Metz mit dem Markgrafen in der Flanke sei sehr gewagt. Ihn gewähren zu lassen auf Kosten der Niederlande oder der geistlichen Reichsstände unverantwortlich. Aber, so meinte Alba sehr optimistisch, nach Gewinnung des Markgrafen könne der Kaiser von Frankreich einen Frieden bekommen „günstiger als je ein Fürst vorher".

Sehr peinlich war nur der von dem Markgrafen verlangte Preis. Er begehrte nichts weniger als die Bestätigung der von ihm im Mai erpreßten Verträge mit Bamberg und Würzburg, die der Kaiser inzwischen in aller Form kassiert hatte. Der Kaiser verhehlte sich das Pflichtwidrige und politisch Untragbare einer solchen Bestätigung keineswegs, aber er mochte glauben, zunächst den Markgrafen von Schlimmerem zurückzuhalten, nach seinem Siege aber auch mit ihm irgend eine glückliche Lösung finden zu können. Genug, er folgte dem bösen Geist der Versuchung und konfirmierte am 24. Oktober jene Verträge, worauf die durch Schwendi geführten Verhandlungen mit dem Markgrafen am 10. November zum Abschluß kamen. Der Markgraf trat auf die kaiserliche Seite mit einer Armee von rund 15 000 Mann.

Dem Kaiser war sehr unbehaglich dabei zu Sinne. Wie es ihn Überwindung kostete, bei der ersten Begrüßung dem Markgrafen die Hand zu geben, so quälten ihn Gewissensbisse wegen der Verträge. In einem erschütternden Brief an die Königin Marie vom 13. November öffnete er ihr sein Herz. „Wir waren alle sehr entmutigt", schrieb er ihr, „bis auf den Herzog von Alba, der stets der Meinung war, man müsse alles versuchen. Ich habe zugestimmt, denn ich sehe ein, daß ich bei einem Verzicht auf diese Unternehmung meine Armee auflösen müßte, und der ganze Aufwand nutzlos vertan wäre. Gott wolle seinen Segen geben. Denn wenn man hier keinen Erfolg hätte, würde es sehr schlimm sein." Alba habe mit dem lothringischen Gouverneur Bassompierre gesprochen und den Eindruck gewonnen, daß die Franzosen nach der Gefangennahme des Herzogs von Aumale durch den Markgrafen zum Frieden geneigt seien. „Gott weiß, wie mir zumute ist, da ich gezwungen war, diese Abmachungen mit dem Markgrafen einzugehen, aber Not kennt keine Gebot" — nécessité n'a point de loi.

So bezog man Stellungen gegen Metz. Die Armee des Markgrafen blieb auf dem linken Moselufer als lockere Einschließungstruppe. Die kaiserliche Armee im Südosten und die niederländische der Herren von Egmont, de Boussu und anderer im Nordosten.

Metz auf der schmalen, stellenweise steil abfallenden Landzunge zwischen Mosel und Seille war eine im ganzen leicht zu verteidigende Stadtburg, hinter den breiten Moselarmen im Westen und Nordwesten ebenso sturmfrei, wie in den Steilabhängen über der Seille nach Osten. Ein Versuch nach den ersten Rekognoszierungen von hier aus gegen die Pforte St. Barbe vorzudringen, erwies sich als undurchführbar. Deshalb blieb zwar die niederländische Armee auf dem rechten Seille- und Moselufer am St. Julien im „Lager der Königin Marie", die Hauptarmee aber überschritt auf der Magnybrücke die Seille, um Metz von Süden her, also auf der Breite zwischen den Flüssen anzugreifen. Hier waren die Befestigungswerke von der hochgelegenen Ecke der späteren Zitadelle über der Mosel bis hinab zum „Deutschen Tor" an der Seille verhältnismäßig schwach. Aber der Herzog von Guise hatte längst gerade ihnen seine Hauptaufmerksamkeit zugewandt, verlegte sein Quartier an diese Front und war mit dem Erfolg des guten Beispiels bis zum Ergreifen von Hacke und

Schaufel selbst mit am Werk. Auch außerhalb der Mauern schob man Schanzen vor, wie man sich denn diese Belagerung keineswegs vorstellen darf als ein baldiges Heranrücken der Feinde bis unter die Mauern. Vielmehr spielte sich der Kampf wochenlang vorzüglich im Vorgelände ab. Hier arbeiteten sich die Kaiserlichen ihrerseits mit Parallelen an die Festung heran im Schutze verschanzter Batterien. Am 20. November, bei kaltem und noch schönem Wetter kam der Kaiser, bis dahin durch seine Krankheit in Diedenhofen festgehalten, selbst zu den Truppen. Auf einem weißen Zelter hielt er Musterung. Das alles sah man deutlich von der Stadt aus, wo man ein genaues Kriegstagebuch führte. Nun schien der letzte Nachdruck in die Belagerung zu kommen. Vom 23. November ab richteten sich alle Rohre auf das Mauerstück westlich der Porte Champenoise. Am 24. wurden aus 36 Geschützen nicht weniger als 1448 Schuß abgegeben, wie man in der Stadt zählte; man anerkannte sogar die Artillerie des Juan Manrique.

Aber ihr fehlte doch der letzte Erfolg. Zwar das Eckbollwerk der Tour d'Enfer wurde auf zwanzig Fuß aufgerissen, weil man die schwächste Stelle des Mauerwerks am Kamin getroffen hatte; auch von der Stadtmauer stürzten nach und nach breite Teile ein, so daß die Angreifer eines Tages mit lautem Geschrei schon zum Sturm auf die Bresche anliefen. Als sich aber Staub und Rauch gelegt hatten, sahen sie hinter den zusammengestürzten Mauern ein noch stärkeres Bollwerk, das frisch angelegt war.

Mittlerweile wurde auch das Wetter ganz schlecht, Regen und Schnee, bald empfindliche Kälte. Die südländischen Soldaten litten von den Unbilden der Witterung um so mehr, als sie in den zerstörten Vorstädten nur schlechte Quartiere hatten, wogegen die Verteidiger in der von allen überflüssigen Essern befreiten Stadt Raum und Pflege genossen.

Während der ganzen ersten Hälfte des Dezember versuchten es die Kaiserlichen mit großer Hartnäckigkeit, die in der Tat immer weiter zertrümmerten Mauern sturmreif zu machen. Ohne Erfolg. Nun blieben nur noch die Minen, erklärte man im Hauptquartier. Die Belagerung war jetzt stellenweise ganz nahe herangekommen, und unter der Tour d'Enfer hörte man bereits das unheimliche Klopfen, das jedem Grabenkämpfer aus der Zeit des Stellungskrieges geläufig ist. Man setzte Minen und Gegenminen. Aber auch der Minenkrieg führte zu nichts.

Der Herzog von Guise verteidigte die Festung nicht nur technisch sondern auch moralisch glänzend. Er ermunterte und richtete auf. Das Wetter schien mit ihm im Bunde zu stehen. Auf der kaiserlichen Seite sanken die Hoffnungen. Der Kaiser selbst, untergebracht in dem herrschaftlichen Hof de la Horgne, der heute noch als Ferme besteht, von den Niederlanden vorsorglich, aber nur zu gut verpflegt, wütete wie gewöhnlich gegen seine

Gesundheit, so daß ihn bei der Nässe, Kälte und Aufregung seine Krankheit täglich mehr quälte. Der gebildete Kammerdiener van Male jammerte in Briefen an den Herrn de Praet über die Schwäche der Ärzte, die Fürsorge der Königin und die Unsitte des Kaisers, frühmorgens gekühltes Bier zu trinken; er sage dem Kaiser oft, aber vergebens, das könnten selbst starke Männer nicht vertragen.

Das Hauptquartier gab die Hoffnung auf militärische Erfolge langsam auf. „Der Kaiser spricht davon, alles aufzugeben und nach Spanien zu ziehen", schrieb der Bischof von Arras an die Königin am 17. Dezember. Aber am Weihnachtstage wagte er noch eine letzte Hoffnung: „So oft schon sind in den Angelegenheiten des Kaisers glückliche Wendungen eingetreten, wenn man es am wenigsten erwartete. Gott gebe es!"

Auch das Wunder blieb aus. Darüber bemächtigte sich aller Teile des kaiserlichen Heeres Niedergeschlagenheit und Unmut. Sie schalten auf den Herzog von Alba, der sie in dieses mörderische und hoffnungslose Unternehmen hineingeführt hatte. Der Kaiser aber, in seiner Art resigniert und ruhig, sah sich genötigt, in den ersten Tagen des Januar 1553 die Aufhebung der Belagerung anzuordnen. Sie vollzog sich ohne Störung. Der Kaiser blieb bis zum 13. Januar in Diedenhofen. Am 6. Februar war er wieder in Brüssel.

Lösung vom Reich

Metz war dem Kaiser die zweite Schicksalsstadt geworden. Hatte er sich von dem Erlebnis in Innsbruck leidlich erholt — Metz überwand er nicht mehr. Die altburgundische Politik gegen den lothringischen Raum brach vor Metz zum zweiten Mal zusammen, wie für Karl den Kühnen vor Nancy. Aber auch die Reichspolitik. Am meisten das persönliche Hochgefühl des Kaisers. Es war, als hätte der Himmel seine Hand von ihm abgezogen. Ihn quälten nicht nur Scham und verletzter Stolz über das kostspielige und gänzlich gescheiterte Unternehmen. Ihn quälte auch das Gewissen. Schon bei der Annahme des Passauer Vertrages glaubte er seinem Bruder zuliebe in Bezug auf die Begnadigungen und auf einzelne kirchliche und weltliche Rechtsverhältnisse weiter gegangen zu sein, als er durfte; die Herstellung der kassierten Verträge des Markgrafen ließ ihm vollends keine Ruhe. Im Laufe der nächsten Monate diktierte er deshalb dem Reichsvizekanzler Seld seine Revokation der Verträge von Passau und Metz in die Feder — ein historischer Rückblick auf das Jahr 1552 und aus seinem eigenen Munde ein gewichtiges Dokument für das, was den Kaiser damals innerlich am meisten beschäftigte.

„Als gedachter Herzog Moritz", so beginnt das Schriftstück, 1551 zusammen mit dem Markgrafen Albrecht Magdeburg belagerte, gelangten bereits Hinweise auf ihr geheimes Verständnis mit Frankreich an ihn. Doch glaubte er noch, daß bei den deutschen Fürsten Wort und Werk im Einklang stünden; wenn früher Fürsten sich gegen ihn empörten, so geschah das doch nicht hinterlistig. Dann hörte er Näheres über die Klagen des Kurfürsten wegen des Landgrafen, wegen der Religion und des Konzils, obwohl doch „sonst viele Leute dafür hielten, daß ihm für seine Person weder die eine noch die andere Religion angelegen sei, und wir seinerseits das Konzil allein der geliebten und hochbegehrten Einigkeit wegen in unserem christlichen Glauben förderten."

Moritz erbot sich zu kommen, heißt es weiter, unterließ seinen Besuch aber unter nichtigen Vorwänden. Er betrieb Rüstungen und ließ die schmählichen Ausschreiben mit ergehen. Dann folgten Verhandlungen zu Linz und zu Passau, zwischendurch, trotz Waffenruhe, der Einfall in Tirol und die Plünderung der Sachen seines Hofgesindes. Gleichzeitig fielen die Franzosen ins Land, die Türken griffen an und rühmten sich des Einverständnisses mit den Franzosen.

Erst in Passau habe man gehört, daß Moritz gar nicht für alle verhandele. Auf das dringende Bitten des von den Türken bedrängten römischen Königs und der gehorsamen Stände, „die sich auch diesmals ganz kleinmütig und trostlos erzeigt", habe er den Vertrag angenommen mit Ausnahme zweier Artikel, die sein Gewissen und die kaiserliche Hoheit berührten. „Darauf wäre Herzog Moritz auf seinem Teil schuldig gewesen, all sein Kriegsvolk entweder zu trennen oder unserem Bruder, dem römischen Könige, folgen zu lassen." Es ist aber zu diesem höchstens die Hälfte gekommen. Die andere „hat sich an den Markgrafen gehängt, der mit ihrer Hilfe die Stifte Mainz, Trier und Speyer jämmerlich verheert und verderbt hat". Einige hätten sich sogar zu Frankreich geschlagen oder zu den braunschweigischen Junkern; man hätte es sich also sparen können, für alle diese in Passau seine Begnadigung zu erwirken.

Auf seinem Zuge gegen Metz sei ihm dann aus aufgefangenen Briefen bekannt geworden, was friedlichen Reichsständen von dem Markgrafen drohe, so daß ihm nichts übrig geblieben, als von zwei Übeln das kleinere zu wählen und mit dem Markgrafen zu verhandeln.

So behielten die Verträge von Passau und von Metz eine Reihe von unerträglichen Ungerechtigkeiten, die er nur der Not gehorchend angenommen habe. Er hoffe, zusammen mit den Reichsständen diese Dinge wieder gutzumachen. Sollte er aber vorher sterben oder bei den Ständen nichts erreichen, „so wollen wir gleichwohl dasjenige, was in den angeregten Verträgen unser eigenes Interesse und den Nachlaß uns begegneter hoher Beleidigung betreffen mag, was wir auch sonsten ordentlicher aufrichtiger Weise bewilligen mögen, hiermit abermals zum Überfluß ratifiziert und genehm halten, aber außerhalb desselben hiermit vor Gott und der ganzen Welt öffentlich protestiert und bezeugt haben, daß alles dasjenige, was in beiden Verträgen wider Gott, wider Recht, unseres und des heiligen Reiches Abschiede und Ordnungen, auch gegen alle Billigkeit sein möchte, aus lauter unbilligem Zwang und Besorgung eines Böseren ergangen ist und hiermit gänzlich kassiert, widerrufen und abgetan" sein soll.

Die undatierte Erklärung ist von dem Kaiser nicht mehr veröffentlicht, anscheinend auf Bitte Ferdinands, der sich am 29. Dezember 1553 gegenüber den am Kaiserhofe umlaufenden Gerüchten von der Annullierung des Passauischen Vertrags durch den Kaiser nochmals wegen seines Anteils daran rechtfertigte und durchblicken ließ, daß er für seine aufopfernde Arbeit besseren Lohn verdient hätte — mit der fast herkömmlich ergebenen eigenhändigen Nachschrift: „Gott weiß, daß ich nichts anderes wünsche, als Euch in allem gehorsam zu sein!" Aber dem Kaiser mag die Veröffentlichung nahe genug gelegen haben angesichts der Erregung, die seine Verträge mit dem Markgrafen in Deutschland ausgelöst hatten. Die Reichsstände beider Konfessionen und von den österreichischen Räten besonders Johann Ulrich Zasius begleiteten die Maßregeln des Kaisers seit diesen Verträgen mit Argwohn und lautem Unwillen. Was war der Sinn dieser großen Rüstungen und der gnädigen Haltung des Kaisers bald gegen diese, bald gegen jene unter den Fürsten oder den Städten? Daß dieser Mann mit seinen jetzt 53 Jahren gebrochen war an Körper und Spannkraft, wollten sie nicht glauben. Krank war er lange, aber bisher war er so oft überraschend und gewaltig aufgetreten, daß sie bei ihm nichts für unmöglich hielten.

Besonders Moritz, der aufmerksamste und unruhigste aller politischen Köpfe seiner Zeit, machte sich auf alles gefaßt. Der gewesene Kurfürst und seine Söhne schienen ihm immer selbstbewußter zu werden. Wollte der Kaiser sie als seine Werkzeuge benutzen? Oder die spanische Sukzession nun doch mit Gewalt erzwingen, sobald er sich von Metz wieder erholt hätte? Warum ließ er den Markgrafen, den er so freventlich wieder ins Recht gesetzt hatte, weiter in Franken auftrumpfen und wüten? Moritz sah die süd- und westdeutschen Fürsten zusammenrücken und Ende März ihren Heidelberger Bund schließen mit der Verpflichtung zu gegenseitiger Hilfe. Er selbst bereinigte sich mit Heinrich von Wolfenbüttel in den Verträgen vom 24. März, trat auch mit Böhmen und einigen Nachbarn in den Egerschen Bund vom 6. Mai — alles Vorkehrungen, man wußte nicht recht, gegen wen. Gegen die bedrückende Unsicherheit, gegen die Störung des Landfriedens, und sei es im Namen der Religion, wohl gar gegen den Kaiser? In zuverlässigen Akten findet sich nicht eine Spur von Anhaltspunkten dafür, daß der Kaiser sich des Markgrafen gegen alte Feinde oder zur Durchführung der spanischen Sukzession hätte bedienen wollen. Aber auch dafür nicht, daß Moritz höhere Ziele im Auge gehabt hätte, als sich in allem zu behaupten.

Das Entscheidende war doch etwas Allgemeineres. Diese deutschen Stände besannen sich endlich darauf, daß sie sich untereinander vertragen mußten, wenn sie ihre seit dreißig Jahren gewaltig gestärkte landesfürstliche Macht erhalten und befestigen wollten. Jahrelang hatten sie sich auf das schärfste mit Wort und Tat befehdet, insbesondere hatten die Altkirchlichen frühzeitig ein kriegerisches Vorgehen vom Kaiser verlangt oder die Neigung, sich selbst an einer solchen Abrechnung ernstlich zu beteiligen. Der Kaiser dagegen versuchte es teils gezwungen, teils aus Neigung so lange wie möglich mit friedlichen Mitteln. Nun war sein Fehlschlag für sie alle eine große Lehre. Der Weg zum Augsburger Religionsfrieden wurde frei.

Moritz hatte dafür die entscheidende Formel „des unbedingten, für und für währenden Friedens" geprägt. Seit Passau wuchs seine Gestalt immer mehr ins Große. Er wußte wohl was er tat, als er dem Könige gegen die Türken diente; und doch war es nicht bloß klug. Er wußte wohl auch, weshalb er im Bunde mit Heinrich von Braunschweig dem tollen Markgrafen gerüstet entgegenzog, mochte er immer in ihm einen Vorkämpfer des Kaisers argwöhnen; er bekämpfte und besiegte in ihm die zerstörenden Kräfte des alten, schließlich käuflich gewordenen Raubrittertums, das für den Aufbau des Fürstenstaates der Reformation untragbar geworden war. Die Gunst des Schicksals ließ ihn zwei Tage nach dem Siege über den Markgrafen bei Sievershausen, am 11. Juli 1553 unter den erbeuteten Fahnen, Gott ergeben, enden. Er sühnte heroisch was er getan. Größeres konnte er nach menschlichem Ermessen nicht erwarten.

Auch der Kaiser gab den Weg zum Religionsfrieden frei. Er entäußerte sich noch nicht des Kaisertums, aber er schied aus der Reichsregierung aus und überließ sie ausdrücklich und vollkommen seinem Bruder. Zu dem versprochenen Reichstage lud er zwar noch ein, auch den Papst, aber er lehnte es ab, den Tag zu besuchen mit der denkwürdigen und sicher aufrichtigen Begründung vom 8. Juni 1554 — „wie es sich unter Brüdern gehört, und mit der Bitte, nichts anderes dahinter zu suchen —, es ist nur die Sache der Religion, bezüglich deren ich jene unüberwindlichen Bedenken habe, die ich Euch im einzelnen mündlich, zuletzt bei unserem Zusammensein in Villach dargelegt habe". Daß auch Ferdinand als guter christlicher Fürst nichts bewilligen werde, was sein Gewissen beschweren könnte, bezweifelte er nicht. Um ihm aber seine Teilnahme zu zeigen, habe er eine Denkschrift aufsetzen lassen über alle Punkte, die den bevorstehenden Reichstag beschäftigen könnten. Diese sehr gehaltvolle Denkschrift besitzen wir gleich der Rechtfertigung der Verträge von Passau und Metz in der eigenhändigen Aufzeichnung des Reichsvizekanzlers Georg Sigismund Seld, eines geborenen Augsburgers, der nach langem Studium im Auslande eine Zeitlang in bayrischen Diensten gestanden hatte, nach dem Tode von Naves aber in der Reichskanzlei unentbehrlich geworden und in den letzten Jahren dem Kaiser auch persönlich zunehmend nahe getreten war. Die Denkschrift entwickelte aus enger Verbundenheit mit dem Kaiser und doch nicht ohne Kritik in großen Zügen noch einmal die Gesichtspunkte, unter denen Karl V die Reichssachen, insbesondere die Kirchenfrage, betrachtete. Sie ist also für uns auch eine Art von politischem Testament für Deutschland, von Epilog auf diese Reichsregierung.

Über die altkirchlichen Fürsten lautet das Urteil wie schon 1530; sie denken nur an sich selbst; die geistlichen Fürsten sind jeder Reform abhold, und wohl deshalb hat Gott sie in den letzten Kriegen so besonders heimgesucht. Auch Päpste und Kardinäle und ihr sehr oberflächlich geleitetes Konzil erfahren eine mehr oder minder scharfe Kritik. Dagegen besteht noch immer die alte Neigung, durch Religionsverhandlungen auf paritätischer Grundlage zu dem Ziele einer möglichsten Annäherung und damit zum Frieden und zur Einigkeit zu gelangen. Im Jahre 1530, sagt Seld, blieben 13 Artikel unverglichen, zu Worms und Regensburg 1541 nur noch 5 bis 6. Das ist etwas äußerlich, aber bezeichnend. Die Geschichte aller Häresien, des Arianismus so gut wie des Hussitentums lehre, daß sie mit der Zeit an Stärke verlören. Daß das Interim ein Fehlschlag war, gesteht Seld zu, doch hält er die gleichzeitige Reformation des Klerus noch immer für eine segensreiche Sache. Nur hätte der Kaiser die widerstrebenden Prälaten natürlich nicht „an den Haaren dazu heranziehen können". Zu einem Konzil, wie dem von Trient, würden die Lutheraner nie kommen; auch nach Meinung frommer Männer sei es niemals frei gewesen; durch das Fernbleiben anderer Mächte fehlte den „Kaiserlichen", womit offenbar die Opposition gemeint ist, der nötige Rückhalt. Nationalversammlungen seien unkanonisch, Provinzialsynoden nur für disziplinäre Dinge da. Reichstage aber schöben die Dinge immer nur von einem Mal zum anderen.

Von den weltlichen Dingen gelte, daß die Autorität der Stände gewachsen sei, diejenige des Kaisers gesunken. Seine Macht beruhe auf den Erblanden. Diese würden ringsum von Franzosen, Türken und Moresken angegriffen und dauernd bedroht. Die Sorge für den Landfrieden durch die Reichsacht und die Exekution der Reichskreise sei ganz unzulänglich. „Gut war der Vorrat von 1548, doch hat man ihn, durch Moritz Heimtücke verleitet, an die unglückselige Magdeburger Sache verschwendet." Gut war auch einmal der Schwäbische Bund, aber die verschiedenen Bünde gegeneinander stören nur. Was die Angelegenheit des Markgrafen betreffe, so bedenke man zu wenig, in welcher Verlegenheit der Kaiser sich damals durch die Schuld der Fürsten befand. Herstellung des Besitzstandes von 1552 wäre noch immer das Gerechteste.

Endlich die Gravamina der Stände über die Reichsregierung, die Verwendung von Ausländern, fremdes Kriegsvolk und Verschleppung der Geschäfte. Das Verschleppen, gerade durch den Kaiser, wird zugestanden. Im übrigen habe er immer deutsche Reichsvizekanzler gehabt, und niemand könne ihm verbieten, daß er seine vornehmsten Berater in den allgemeinen Angelegenheiten auch für Deutschland heranziehe. Habe er durch Belehnung seines Sohnes mit Mailand und Siena angeblich Reichsgut entfremdet, so habe er mit Genua, Florenz und Piacenza doch das Reichsgut wieder vermehrt. Die Klagen der Kurfürsten über Verletzung ihrer Rechte seien ganz unbegründet. An Erblichkeit des Reiches durch Beseitigung der Wahl denke der Kaiser nicht. Streitigkeiten zwischen den Ständen, wie Österreich und Württemberg, habe er beigelegt; um andere, wie zwischen Hessen und Nassau, bemühe er sich seit Jahren. Die Behandlung des Landgrafen sei hart gewesen, aber der Kaiser habe auch genügend dafür büßen müssen.

Alle diese Darlegungen dienten nur zur Information der kaiserlichen Kommissare, die Ferdinand auf dem Reichstage unterstützen sollten und wissen mußten, was sie vorkommendenfalls zu sagen hätten. Irgend eine Verantwortung für den Ablauf der Dinge sollten sie nicht übernehmen. Der Kaiser versicherte immer wieder, daß er Ferdinand alles endgültig überlasse. Noch am 8. April 1555 schrieb er, daß er für seine Person feierlich Protest einlege gegen alles, „wodurch unsere wahre alte christliche und katholische Religion beleidigt, verletzt, geschwächt oder beschwert würde". Wiederholt bezog er sich auf die Besprechungen von Villach und die anschließenden Korrespondenzen. Er verbat sich, daß man ihn frage oder gar Anweisungen einhole für die Behandlung der Religionssache.

Daß Karl V den Kaisertitel einstweilen beibehielt, war Rücksicht auf Ferdinands dringende Bitte, für den es wertvoll war, immer noch eine letzte Stelle zu haben, auf die er sich beziehen konnte. Eben deshalb blieb es eine bloße Form, daß der Augsburger Religionsfrieden vom

25. September 1555 mit der endgültigen Anerkennung der reichsrechtlichen Gleichberechtigung der Augsburgischen Konfession neben der katholischen noch unter dem Namen des Kaisers Karl V erging. Mit der reichsrechtlichen Begründung zweier Konfessionen in Deutschland hatte er, wie mit dem ganzen Reichstagsabschied, innerlich nichts mehr zu tun; sie war nicht der Abschluß seiner Regierung, sondern der Anfang der Regierung Ferdinands I und damit einer neuen Zeit.

Die Abdankung des Kaisers
und seine Rückkehr nach Spanien 1555/56

In Spanien führte nach der Abreise Maximilians und der Infantin Maria wieder Prinz Philipp die Regentschaft mit den kaiserlichen Instruktionen vom 23. Juni 1551 in der dafür üblichen Form. Drei Jahre blieb Philipp im Lande. Dann wurde er durch eine scheinbar welthistorische Wendung aufs neue abberufen. Zu seiner Vertreterin bestellte er jetzt im eigenen Namen am 12. Juli 1554 seine jüngste Schwester Juana, Infantin-Witwe von Portugal, Mutter des Erben Don Sebastian. So haben nacheinander alle drei Kinder Karls V für ihn in Spanien regiert.

Philipp aber begab sich am Tage nach der Ausfertigung jener Instruktionen zur Vermählung mit seiner Tante Mary, die durch den Tod ihres Halbbruders Edward VI am 6. Juli 1553 zur Königin von England berufen war und bei den nicht unerheblichen Widerständen im Lande durchaus der Anlehnung an eine starke Macht bedurfte. Der Kaiser, für den die Mitwirkung bei der Herstellung der Legitimität und der alten Kirche in England ein berauschender Gedanke war, hatte der Königin durch seinen Gesandten Simon Renard jede Unterstützung zugesagt, besonders aber ihr die Ehe mit seinem Sohne nahegelegt, nachdem er dessen freudige Zustimmung dazu sofort erhalten hatte. In großer Feierlichkeit verlobte sich die Königin am 30. Oktober mit dem abwesenden Infanten in ihrem Kabinett unter Ausstellung des allerheiligsten Sakraments in Gegenwart des kaiserlichen Gesandten. Ihr spanisch katholisches Blut mag in dem Erben Spaniens den ihr von Gott gesandten Gemahl gesehen haben.

Daß auch der römische König sich für seinen Sohn Ferdinand um die Hand der Königin von England bemühte, hinter Philipp aber zurückstehen mußte, wird am österreichischen Hofe die Erinnerungen an die Sukzessionsverhandlungen nicht gerade versüßt haben. Ferdinand erklärte freilich, daß er gern zurückgetreten sei, und es mag ihn wirklich beruhigt haben, daß Karl ihm antwortete, in den Vorteilen der englischen Heirat für seine Niederlande sehe er einen Ersatz für die zur Zeit bei den Kurfürsten offenbar doch nicht erreichbare Sukzession Philipps im Reiche. Maximilian aber seufzte über seinen gefügigen Vater in einem Briefchen an seinen Schwager Herzog Albrecht von Bayern: „Gott geb, daß Seine Majestät sich einmal tapfer gegen die kaiserliche Majestät erzeige und nit so kleinmütig wie bisher. Mich wundert nur, daß Seine Majestät so blind ist und nit merken will, wie untreulich und unbrüderlich die kaiserliche Majestät mit ihm umgehet."

Für Philipps Wiederverheiratung hatte der Kaiser lange an Margarete von Frankreich gedacht. Zuletzt waren die Verhandlungen wegen seiner Vermählung mit Eleonores Tochter Maria von Portugal ziemlich weit gediehen, aber abgebrochen angesichts der hohen Pflichten und Hoffnungen, die das kaiserliche Haus in England zu haben glaubte. Nun kam Philipp mit 70 Schiffen und dem Herzog von Alba als Obersthofmeister nach England. Karl hatte ihn soeben zum Könige von Neapel gemacht, damit auch er den Königstitel trage, wie seine Gemahlin. Schon am 25. Juli 1554 erfolgte die Trauung in Winchester. Welch unerhörte Aussichten für das Haus Habsburg!

Angesichts dieser Ereignisse hielt es der Kaiser für angezeigt, die Sukzession in den Erblanden neu zu regeln. Er tat das in seinem fünften und letzten Testament vom 6. Juni 1554, dem freilich wie früher noch eine Reihe von Codicillen folgen sollte. Es ist schon in der großen, den Kaiser beherrschenden Stimmung geschrieben, daß er sich nun wirklich von der Welt trenne um der letzten Ruhe willen, nicht ohne seine Dynastie noch selbst in ihrer für den Niederländer wertvollsten Macht befestigt zu sehen. Er empfahl Gott seine Seele, wünschte Bestattung an der Seite seiner Gemahlin zu Granada, verordnete 30 000 Seelenmessen und 30 000 Dukaten Almosen. Auch legte er dem Erben die Vollstreckung der Testamente seines Vaters und seiner Großeltern Maximilian und Marie ans Herz, ebenso die Bezahlung aller Schulden aus den Renten der drei Ritterorden von Spanien. Zur Beruhigung seines Gewissens wünschte er Nachforschungen über seine Rechte auf Piacenza und auf Navarra.

Seinem Sohn und Erben empfahl er wie früher die Erfüllung seiner Pflichten gegenüber Gott und seiner heiligen Kirche, die Förderung der Inquisiton, die Pflege der Gerechtigkeit, die Fürsorge für die Untertanen, besonders für die Kleinen und Bedürftigen gegen die Mächtigen und Granden. Auch andere Anliegen, die den Kaiser früh beschäftigten, kehren wieder, wie die Versorgung der Inquisitoren mit Kanonikaten, damit sie nicht angewiesen seien auf den Gewinn aus den Gütern der Angeklagten; ferner die Rückgewinnung verlorener Domanialgüter und Kronrechte, soweit irgend möglich.

Für Spanien verfügte er die strengste Primogenitur der männlichen Erben, wobei für Don Carlos, der ja seine Mutter bei der Geburt verloren hatte, auch eine Regentschaft vorgesehen war. Die Kinder Philipps und der Mary aber sollten wie in England, so auch in den Niederlanden herrschen, mit Einschränkungen nur, wenn es sich um eine Tochter handeln würde.

Das Testament rechnete mit neuen ungeheuren Möglichkeiten. Die Vereinigung Englands mit den Niederlanden in einer Hand und zugleich in der doppelten dynastischen Anlehnung an das Reich und an Spanien, das war eine Umschließung Frankreichs, die es wirklich fast erdrückte. Hier liegen neben der fortlaufenden Verkettung der Ereignisse vielleicht die tiefsten Gründe für das leidenschaftliche Kampfbegehren Heinrichs II und seiner Generale in den nächsten Jahren und die noch viel heftigere Gegnerschaft des Neapolitaners Pauls IV aus dem Hause Carafa, der am 23. Juli 1555 an Stelle Julius III und des ihm in wenigen Wochen im Tode gefolgten Papstes Marcellus den Stuhl Petri besteigen sollte; denn er sah auch den Kirchenstaat völlig umklammert ohne eine ebenbürtige Gegenmacht.

Grenzenloses Ruhebedürfnis und Todesgedanken drängten den Kaiser immer wieder zur Ausführung seiner so oft erwogenen Pläne, sich jeglicher Regierung, ja aller Weltlichkeit überhaupt zu entäußern. Aber die auf allen Seiten aufgetürmten Wetterwolken hielten ihn von Monat zu Monat zurück.

Die französischen Truppen überschritten an mehreren Stellen die Grenzen der Niederlande, nahmen Marienburg, Bouvines, Dinant. Philibert Emanuel von Savoyen, jetzt kaiserlicher Oberbefehlshaber, stemmte sich den Franzosen entgegen. Der Kaiser selbst ließ sich in einer Sänfte ins Feld tragen und nahm noch teil an dem Entsatz von Renty. Gleichzeitig liefen die aufregendsten Nachrichten aus Italien ein. Der Marchese von Marignano und Herzog Cosimo von Florenz erwehrten sich der Franzosen unter dem alten Gegner der Kaiserlichen Pietro Strozzi. Sie verfolgten die Franzosen bis vor Siena, das Blaise de Monluc verteidigte. Nach bangen Monaten gab es hier wenigstens einen großen Erfolg in der Kapitulation Sienas am 2. April 1555. Aber auch das änderte nichts an der Haltung Frankreichs.

Ein Versuch der Königin von England, zwischen dem Kaiser und Frankreich in Gravelingen zu vermitteln, scheiterte. Die französischen Vertreter griffen, wie beide Teile es seit vierzig Jahren getan hatten, von den Tagesfragen sogleich in die allgemeinsten Möglichkeiten. Sie forderten nicht nur Piemont und Savoyen, sondern auch Asti und Mailand für den jungen Herzog von Orléans — nun schon die dritte Generation dieses Titels mit denselben Ansprüchen. Navarra begehrten sie für den Herzog von Vendôme, Anton Bourbon. Die Kaiserlichen dagegen wollten umgekehrt Savoyen und Piemont herstellen, gegebenenfalls mit der Hand der Schwester Heinrichs II für Philibert Emanuel, dafür Mailand zwar für Don Carlos behalten, aber nach alten Rezepten unter Verbindung mit Elisabeth von Frankreich. Das alles zerschlug sich, und nach einer kurzen Waffenruhe wüteten die alten Kämpfe.

Auf dem Boden Italiens erhob sich Paul IV wie ein anderer Gregor VII oder Innocenz III, abgehärtet, asketisch, leidenschaftlich, aber großartig in Worten und jetzt auch in dem Rausch der Herrschaft und des fürstlichen Daseins. Radikal wie in seinen kirchlichen Reformbestrebungen auch in den politischen Anschauungen eines Italieners der alten Zeit, zum letzten Mal in diesem Jahrhundert derartig erfüllt von den Ideen einer „Befreiung Italiens", ohne doch aus den Rivalitäten und Privatfehden der alten Kardinalsfamilien herauszufinden und ohne die Möglichkeit, sich der Spanier anders zu erwehren als durch die Franzosen. So erklärte er die Spanier für die Brut der Mauren und Juden, meinte von dem kaiserlichen Botschafter Bernardino Mendoza, ihm genüge zu wissen, daß er der Bruder des Diego sei. Dagegen vertraute er blind und entschlossen den Franzosen, die in Neapel immer noch zu Italienern geworden seien. Er wollte auch Florenz wieder befreien; dafür eiferte er so gut gegen die Colonna, Sforza di Santafiore, wie gegen das Haus Medici. Die Gesandten des Königs von Frankreich, Lansac und der Kardinal von Lothringen, fanden bei ihm begierige Aufnahme. Seine Politik gipfelte schließlich in dem Geheimvertrag mit dem Kardinal von Lothringen wegen Übertragung Neapels an einen Sohn des französischen Königs vom 15. Dezember 1555; Sizilien sollte an Venedig fallen, denn der Papst verstand unter Italien nur die vier Mächte Mailand und Venedig, den Kirchenstaat und Neapel.

Auch der Kaiser ließ nun Ernst machen. Er sandte den Herzog von Alba nach Italien und ließ vernehmen, wenn die Tollheiten seiner Heiligkeit nicht aufhörten, so fühle auch er sich frei vor Gott und der Welt. Wieder wie vor zwanzig oder dreißig Jahren bedrohten die Generale des Kaisers den Kirchenstaat und Rom.

Mitten in solchen Stürmen, die eine Wiederkehr aller alten Lebenskämpfe des Kaisers anzukündigen schienen, entschloß er sich nun doch zur Abdankung. Der Tod seiner Mutter am 13. April 1555, die langsam zur Gewißheit gewordene Unfruchtbarkeit der Königin Mary, was das Scheitern aller englischen Pläne bedeutete, die immer noch zunehmenden körperlichen Beschwerden, die tatsächlich seit Jahr und Tag erfolgte Abwendung von Deutschland, das mit dem Augsburger Religionsfrieden eigene Wege ging, wirkten in ihm zusammen. Er begann mit der Niederlegung der Souveränität des Ordens vom Goldenen Vlies am 22. Oktober 1555. Am 25. folgte die Übergabe der Niederlande an König Philipp im großen Saal des Schlosses von Brüssel. Es war eine erlauchte und ernst gestimmte Versammlung, vor der Karl, gestützt auf Wilhelm von Oranien, in Trauerkleidern erschien. Um ihn die Ritter des Ordens, die Generale, Räte und Statthalter der Niederlande, Philibert Emanuel von Savoyen, die Herzogin Christine von Lothringen, Erzherzog Ferdinand von Österreich, König Philipp und die Königinnen Eleonore und Marie.

Der Staatsakt wurde eingeleitet mit einer förmlichen Verkündigung des kaiserlichen Willens durch den Rat Philibert von Brüssel. Dann erhob sich der Kaiser selbst. Er gab, wie früher so oft, mit einem Zettel in der Hand einen Rückblick auf sein Leben. Vor vierzig Jahren sei in demselben Saale seine Emanzipation ausgesprochen. Dann sei er berufen zur Nachfolge seines Großvaters Ferdinand in Spanien, seines Großvaters Maximilian im Reich. Er fand die Christenheit zerrissen, seine Reiche umgeben von feindlichen Nachbarn, deren er sich zeitlebens zu erwehren gehabt habe. Neunmal sei er nach Deutschland gezogen, sechsmal nach Spanien, viermal nach Frankreich, zweimal nach Afrika und zweimal nach England. Jetzt rüste er zur letzten Fahrt nach Spanien. Es schmerze ihn tief, daß er den Seinen nicht den Frieden hinterlasse, der stets sein letztes Ziel gewesen sei. Er habe alles eingesetzt, Ruhe, Leben und die Mittel seiner Staaten. Jetzt versagten ihm die Kräfte, seine Gesundheit sei ruiniert; schon vor der letzten Fahrt ins Reich habe er sich am Ende gefühlt. Aber die unendlichen Sorgen und Unruhen in der Christenheit hätten ihn immer wieder angetrieben, alles aufs Spiel zu setzen, was er habe. Nachdem es dem Könige von Frankreich und einigen Fürsten mißlungen sei, ihn gefangen zu nehmen, habe er versucht, Metz zurückzugewinnen, mitten im Winter, aber Kälte, Nässe und Schnee hätten das Unternehmen zum Stehen gebracht. Es liege in Gottes Hand, zu nehmen und zu geben. Er danke Gott, daß er ihm so oft geholfen habe. Nun fühle er sich todmüde, wolle seine Länder an König Philipp geben, wie das Reich an Ferdinand.

Dann folgte der alle Anwesenden überwältigende Schluß der Szene, als er seinen Sohn zum Festhalten am Glauben der Väter und zur Pflege von Frieden und Recht ermahnte. Er selbst habe oft geirrt, aus Jugend, aus Eigensinn, aus Schwäche. Aber mit Willen habe er niemandem Unrecht tun wollen. Soweit es doch geschehen, bitte er um Verzeihung.

Bleich sank er in seinen Sessel nieder. Im Saale hörte man das Schluchzen der Ergriffenheit, sah die Tränen der hohen Damen, auch des Kaisers, der sich deswegen entschuldigte; sah, wie sich der Sohn und Erbe dem Vater zu Füßen warf und sein Gelöbnis ablegte im Sinne des Vaters. Dieser zog ihn zu sich empor, um ihn zärtlich zu umarmen. Danach wandte sich der Prinz zur Versammlung, beklagte, die Sprache des Landes nicht besser zu verstehen, und ließ den Bischof von Arras in seinem Namen reden. Auch die Königin Marie nahm das Wort und verabschiedete sich. Sie wollte mit Eleonore zusammen dem Bruder nach Spanien folgen. Die Königinnen waren gleich ihm in schweren Schicksalen, Marie in unermüdlicher Tätigkeit verbraucht. Auch ihr dankte der Kaiser bewegt.

Wo erlebt es die Weltgeschichte sonst, daß eine ganze Generation freiwillig vom Schauplatz abtritt? Und in solcher Form. Das Jahrhundert der Hochrenaissance gab auch seinen weltgeschichtlichen Szenen ihren Stil. Es erlebte sich selbst in einer bisher unerhörten Bewußtheit und Ausdrucksfähigkeit.

Auf die Abdankung in den Niederlanden ließ der Kaiser am 16. Januar 1556 die Übergabe von Castilien folgen, von Aragon, von Sizilien und den Neuen Indien. Auch für diese Vorgänge liegt uns seit kurzem der anschaulichste Bericht vor. Dieses Mal vollzog sich der Akt nicht im großen Saal, sondern im Wohngemach des Kaisers. Der Kreis war enger, die Stimmung ähnlich. Karl knüpfte an den Staatsakt vom 25. Oktober an. Nur betonte er jetzt noch mehr seinen Wunsch, ganz dem Dienste Gottes zu leben. Er bekannte sich damit noch einmal deutlich zu der alten Zeit, die Gott besser zu dienen glaubte in der Einsamkeit, als durch den Einsatz im Leben. Förmlich übergab der alte Kaiser seinem Sohn eine Kassette mit seinen Testamenten und Codicillen und sprach dabei ausdrücklich von jener Urkunde im Anschluß an seine Instruktionen von 1543, durch die er für den Fall einer Gefangenschaft seine Auslösung verboten hatte. Im übrigen sei er kein *letrado,* also kein Jurist, aber er erinnere sich aus einer Lektion des heiligen Augustinus, daß Testamente erst gültig würden durch den Tod des Testators. Er habe nur noch einen Rest des Lebens und diesen lediglich zur Sühne seiner Sünden, zur Entlastung seines Gewissens.

Von dem Sekretär Erasso wurden die Staatsakte für Castilien und Leon, sowie für die Neuen Indien in spanischer Sprache durch Notariatsinstrument festgehalten und verlesen; von Vargas diejenigen für Aragon, die Inseln und Sizilien in lateinischer Sprache. Der Übergabe des Goldenen Vlieses entsprach die Niederlegung der drei Großmeisterschaften von Santiago, Alcantara und Calatrava, ebenfalls zugunsten Philipps.

In den Tagen der Abdankung bewohnte der Kaiser in seinem Bedürfnis nach Ruhe, aber auch nach ausdrucksvoller Symbolik ein vornehmes, aber kleines Haus im Park des Schlosses. Hier erlebte er den Abschluß des Waffenstillstandes von Vaucelles mit Frankreich und seine Ratifikation. Hier also empfing er den Admiral von Frankreich, Gaspard de Coligny, zur Übergabe seines Beglaubigungsschreibens, kaum noch imstande, den Faden des Briefes mit kranken Fingern aufzureißen. Er scherzte über seine geschwundene Kraft, rühmte sich seiner Abstammung aus dem Hause der Valois und erzählte von den Jahren, da auch er noch ein Kavalier gewesen sei, eitel auf seine Erscheinung, wie in Neapel 1536.

Eigentümlichste Berührung der Zeiten, daß gerade die späteren Führer der Hugenotten und des Freiheitskampfes der Niederlande, Oranien und Coligny, Helden und Opfer zugleich, das Zusammenbrechen der letzten großen Persönlichkeit der alten Generation so unmittelbar erlebten.

Maximilian und Karls Tochter Maria erschienen zur Verabschiedung in den Niederlanden. Karl hatte sich sehr danach gesehnt und oft gemahnt; er begehrte auch seinen Bruder Ferdinand noch einmal zu sehen. Dazu kam es nicht. Dafür sandte der Kaiser durch Oranien mit Schreiben vom 12. September 1556 die Übergabe des Kaisertums zur Verfügung seines Bruders. Er versicherte ihn seiner unveränderlichen brüderlichen Gesinnung und überließ ihm die Bestimmung des richtigen Zeitpunktes. Erst im Februar 1558 sollten die Kurfürsten die kaiserliche Abdankung annehmen und Ferdinand erheben. Über die Vorteile der spanischen Sukzession, zum mindesten eine enge Verbindung zwischen Ferdinand und Philipp von Spanien, verbreitete sich noch einmal ein umfangreiches Aktenstück. Aber wir sehen nicht, daß es zu irgend einer Abrede, auch nur zu einem wirklichen Versuch der Regelung in diesem Sinne gekommen wäre.

In Spanien war inzwischen der Name des neuen Souveräns ausgerufen. Allenthalben sollten die Flaggen wehen und die Proklamationen verlesen werden. Als erster Grande des Reiches huldigte der kleine Don Carlos seinem abwesenden Vater. Er rief vor dem entfalteten Königsbanner, das man ihm hielt, den alten Ruf: *Castilla, Castilla, por el rey don Felipe!*

Am 8. August 1556 schied der Kaiser aus Brüssel. Philipp begleitete ihn bis Gent. Am 28. August trennten sie sich, um sich niemals wiederzusehen. Von Seeland aus, wie auch früher, steuerten 56 Segel mit dem Kaiser, den Königinnen und einem noch immer ziemlichen Gefolge nach Spanien. Das Kaiserschiff war mit allen denkbaren Bequemlichkeiten ausgestattet. Am 28. September abends landeten sie in Laredo, einem kleinen Hafen an der Nordküste östlich Santander. Von hier ging es über Burgos nach Valladolid. Empfänge verbat sich der Kaiser. Nur sein Enkel Don Carlos durfte ihn unterwegs kurz vor Valladolid, in Cabezon, begrüßen. Immerhin, in Burgos hatten alle Glocken geläutet und die Fenster waren illuminiert; der Connétable von Castilien hatte aufgewartet. In Valladolid empfing der Kaiser die Regentin, seine Tochter Juana. Dann eilte er bald weiter südwärts über den Paß von Tornavacas auf beschwerlichen Gebirgspfaden in die Landschaft Estremadura, das Flußgebiet des Tajo, westlich von Toledo.

In der Vera de Plasencia, den Berglehnen, die gegen Süden der Sonne geöffnet, gegen Norden von der Sierra de Gredos geschützt sind, nahm der kleine Hof zunächst in Jarandilla, dem Schloß des Don Garcia Alvarez de Toledo, Grafen von Oropesa, Quartier. Es war ein schöner Herbst, und der Kaiser gab sich, wie vielleicht nur in den Tagen seiner jungen Ehe zu Sevilla und Granada, von den Zimmern und Terrassen des Schlosses ganz den Blumen, den Früchten, der Sonne hin. Am 25. November besuchte er zum ersten Male das Hieronymitenkloster Yuste, neben dem für ihn die kaiserliche Villa erbaut wurde.

San Jeronimo de Yuste

Karl V hatte während seiner früheren spanischen Jahre nur einmal den Süden aufgesucht, Sevilla, Cordoba und Granada. Einmal war er von Algier in Cartagena gelandet, um über Murcia, Albacete und Ocaña nach Madrid zurückzukehren. Einmal war er nach Valencia gekommen zur Entgegennahme der Huldigung. Aber große Teile des Landes sind ihm zeitlebens fremd geblieben. Weitaus am meisten weilte er in Altcastilien, in der Landschaft um die Cortesstadt Valladolid, in Tordesillas, Palencia, Tudela und Burgos. Von hier aus hatte er sehr oft die Fahrt nach dem Osten hin und zurück gemacht, den Duero aufwärts über Aranda, Calatayud und Saragossa, und weiter zu den Cortes nach Monzon oder über den Montserrat zu den Häfen von Barcelona und Palamos. Aber sehr häufig hielt er sich auch im Gebiet des Tajo, um Madrid auf, wo alle Straßen zusammenliefen, wohin man auch von Barcelona über Saragossa, Calatayud und Siguenza gelangte. Hier um Madrid, in dem nahe gelegenen Alcala, in Aranjuez am Tajo und flußabwärts in Toledo, Talavera und Oropesa fand man ihn oft. Von Oropesa ging es südlich über die Sierra nach dem vornehmsten Kloster der Hieronymiten, der Santa Maria de Guadalupe. Westlich von Oropesa aber, ziemlich nahe diesem Hauptgebiet von Neucastilien, lagen Jarandilla und San Jeronimo de Yuste — gar nicht irgendwo in unbekannter Wildnis, nur ein wenig abseits von dem

Raum, in dem der Hof sich oft bewegte, wo die Kaiserin gelebt hatte und gestorben war.

Der Orden der Hieronymiten hatte zwar etwas ausgesprochen Spanisches, war aber mit seiner Augustinerregel und seiner vornehm kontemplativen Haltung ähnlichen Kongregationen in der ganzen Christenheit nahe verwandt. Er war einer der meistbegüterten in den Königreichen, Wächter vornehmer Heiligtümer, wie Guadalupe, und auch Wächter der königlichen Grabstätten.

Alles dies mag zusammengewirkt haben, den Kaiser zu bestimmen, sich eine Wohnstätte in Anlehnung an das Kloster Yuste vorzubereiten. Von den Fenstern und Gärten von Jarandilla sah man das Kloster in geringer Entfernung liegen und die höfische Dienerschaft, die ohnehin mit einiger Beklemmung den stillen Tagen entgegensah, bemerkte mit Sorgen, wie sich auch bei schönem Wetter die Nebel um die Höhen des Klosters ballten, vollends wenn starke Regen von Süden her gegen die Gebirge schlugen. Als aber der Kaiser an jenem 25. November den Stand der Bauten und Einrichtungen in Augenschein nahm, machte sich alles freundlicher und sonniger, als man gedacht hatte. Es schien doch eine schöne und stille Zuflucht zu werden.

Am 5. Februar 1557 nachmittags zog der Hof endgültig in Yuste ein.

Die Villa des Kaisers war nach dem Raumgefühl der Renaissance aufs einfachste gegliedert, im Unter- und Obergeschoß je vier lichte herrschaftliche Zimmer. Eines der Zimmer des Obergeschosses hatte einen unmittelbaren Zugang zu der nördlich etwas höher dahinter liegenden Klosterkirche, so daß der Kaiser sich bequem dorthin begeben, aber auch von seinem Zimmer aus den Hochaltar von der Südseite erblicken konnte. Nach Ost und West dehnten sich, morgens und abends der Sonne zugewandt, Terrassen mit Gartenanlagen, auf denen der Kaiser oft im Freien saß. Zwischen Gruppen von Bäumen und dem westlich gelegenen Wäldchen öffnete sich die Aussicht breit nach Süden. Mauern umschlossen das Anwesen, in dem rieselnde Bergwasser den Pflanzen Nahrung und den Menschen Erfrischung boten.

Im Innern kostbarer Hausrat, niederländische Gobelins, auserlesene Teppiche, Ölbilder, Werke der Kleinkunst und eine Menge von Instrumenten und Uhren auf schönen und kostbaren Möbeln. Keine Rede also von einem asketisch mönchischen Leben oder gar einer äußeren Gemeinschaft mit dem Kloster. Wohl aber war alles abgestimmt auf das unendliche Ruhebedürfnis und die innere Sammlung des zum Greise gewordenen kaiserlichen Herrn.

Die überwiegende Menge des Gefolges und der Dienerschaft wohnte entweder in einem Flügel des Klosters oder in dem ganz nahen Dorfe

Quacos. Außer dem Haushofmeister oder Majordomo, Don Luis Mendez de Quijada, Herrn von Villagarcia, dienten dem Kaiser sein Sekretär Martin de Gaztelu, der Arzt Dr. Mathys aus Brügge und sein Landsmann Wilhelm van Male, Diener, Vorleser, Helfer und Tröster. Sie alle waren eifrige Briefschreiber, und wir haben aus dem ganzen Leben des Kaisers nicht so genaue Kenntnis seines körperlichen Befindens, seiner täglichen Beschäftigungen, der eintreffenden Briefe und Besuche, wie aus diesen Jahren.

Von den Mönchen, die vielfach gemäß den Wünschen des Kaisers nach ihren Singstimmen und sonstigen Gaben von anderen Klöstern eingetauscht wurden, dienten einige dem Kaiser ganz besonders. Doch behielt er seinen eigenen Beichtvater Juan de Regla, mit dem er oft viele Stunden in geistlichen Gesprächen verbrachte. Die Bibliothek war bescheiden, doch fehlte neben den Erbauungsbüchern, neben Boethius und Augustinus, auch die weltliche Literatur nicht ganz; der Kaiser hatte seine astronomischen Bücher, seine Karten und seinen Cäsar bei sich, auch des Burgunders Olivier de la Marche Taten Karls des Kühnen, sowie seine eigenen Aufzeichnungen und Bände seiner Itinerare. Eine französische Übersetzung der Heiligen Schrift hatte er sich von der Inquisition eigens gestatten lassen, da ihre Lektüre in der Landessprache sonst verboten war.

Mit einer Apanage von jährlich 20 000 Dukaten war der kleine Hof von etwa 50 Personen, der ohnehin aus der Nachbarschaft, von der Regentin und sonst fortwährend mit guten Sachen versorgt wurde, unschwer zu führen. Man hielt einige Haustiere und diente der Tafel auch durch die Jagd. Gäste wurden in Quacos oder in Jarandilla untergebracht. Nur als die beiden Königinnen ihren kaiserlichen Bruder einmal zur beiderseitigen Freude besuchten, ließ er ihnen ein Zimmer in seiner Villa selbst einrichten.

Der Klosterfrieden von Yuste blieb nicht ungestört. Philipp, Juana, die Staatssekretäre und alten Diener des Kaisers waren doch zu sehr an das Wort des lange so gewaltigen Herrschers gewöhnt, als daß sie ihn nicht mit laufenden Berichten geehrt, mit Briefen und Bitten fortgesetzt bestürmt hätten. So schlug der Lärm der großen Welt, wie das Rollen ferner Fronten, in auf- und abschwellenden Erregungen auch an die kaiserlichen Ohren. Und er hatte zu lange und zu leidenschaftlich in den Händeln dieser Welt gelebt, als daß sie ihn nicht immer wieder innerlich berührt hätten.

Gelegentlich bestimmten die dringenden Schreiben und Botschaften oder die Bedeutung der Nachrichten selbst den Kaiser noch zu Eingriffen in das Getriebe der Welt, wenn er auch beharrlich jede Bitte ablehnte, in irgendeiner Form die Regierung, sei es in Spanien oder sonstwo, wieder zu übernehmen. Als Frankreich die Waffenruhe von Vaucelles brach und Paul IV gegen alle Anhänger des Kaisers im Kollegium der Kardinäle, ja allgemein in Italien eiferte, und der Herzog von Alba in den Kirchenstaat wirklich eingerückt war, um die spanisch kaiserlichen Interessen auch in bewährten Freunden wahrzunehmen, äußerte Karl seine lebhafte Unzufriedenheit über einen zu früh geschlossenen Vergleich, der nur dazu dienen konnte, daß sich die Carafa mit den Franzosen verbanden. Er mahnte die Regentin zur Verteidigung der Grenzen und beriet sie dabei.

Als dann gar das von ihm Gefürchtete eintrat und das Bündnis zwischen Frankreich und dem Papste den jungen Philipp in ernste Bedrängnis brachte, griff der alte Kaiser noch einmal ungeduldig ein. Ende März 1557 erschien bei ihm Philipps Vertrauter Ruy Gomez, später Herzog von Eboli, um Rat und Hilfe zu holen. Der Kaiser, vom Zorn erfüllt über die Verschleppung der Geldbeschaffung für seinen Sohn und die Undurchsichtigkeit der Verhältnisse bei der *Casa de contratacion* in Sevilla, wandte sich so gebieterisch nach allen Seiten, daß bald viele Hunderttausende von Dukaten flüssig wurden. Gestützt auf diese Mittel, die Erfolge Albas, die Haltung Cosimos, wurde die Lage in Italien gegen die Guise, Brissac und Ferrara hergestellt, während an der niederländischen Grenze Philibert Emanuel und Graf Egmont die Möglichkeit erhielten, aus dem Ringen um St. Quentin am 10. August einen der glänzendsten Erfolge des Jahrhunderts davonzutragen. Karl nahm an allem den unmittelbarsten, durch keine klösterlichen Stimmungen gedämpften Anteil.

Vollends in einer vorwiegenden Familiensache, dem Regentschaftsstreit in Portugal zwischen seiner Schwester Katharina als Witwe des letzten Königs Juan III und seiner Tochter Juana, der Infantin-Witwe und Mutter des Thronerben Don Sebastian, gab er die letzte Entscheidung zugunsten Katharinas, wohl auch weil er im Sinne Philipps die Regentin Juana in Spanien nicht entbehren zu können glaubte.

Noch viel gewichtiger der Plan Karls, schon jetzt Vorsorge zu treffen für den Fall, daß der kleine Don Sebastian vorzeitig stürbe, da dann das Haus Portugal allein auf dem Kardinal-Infanten Heinrich und etwa Eleonores Tochter Maria stand. Karl sandte den früheren Hofmarschall der Kaiserin, den ehemaligen Herzog von Gandia, jetzt als Priester der Gesellschaft Jesu nur noch Pater Francisco Borja, nach Portugal und erreichte das Einverständnis Katharinas mit einer Pragmatica zugunsten des Don Carlos, der in der Tat von Mutter und Großmutter her Erbe von Portugal sein mußte, falls Don Sebastian vor ihm aus dem Leben schied. Die Stimmung in Portugal ließ Katharina freilich auf den Vollzug verzichten, aber Karls Sorge ergriff doch bereits begierig den paniberischen Gedanken, der sich auf anderem Wege unter seinem Sohne Philipp später verwirklichen sollte und das Weltreich der Kolonien verdoppelte.

Wir schweigen von den kleinen Vorfällen in Yuste selbst, die uns die reichliche Korrespondenz und die breite Chronik der Mönche überliefern. Die Königin Eleonore erlebte das so lange gewünschte Wiedersehen mit ihrer Tochter Maria, um bald danach in Talaveruela für immer die Augen zu schließen, am 18. Februar 1558. Noch einmal besuchte nun die doppelt vereinsamte Königin Marie den kaiserlichen Bruder in seiner Villa und weilte bis zum 16. März. Der Kaiser hatte sich auf Wunsch Philipps bereit erklärt, Marie zur Wiederübernahme der Regentschaft in den Niederlanden zu bestimmen, und es war ihm bei der Verschlimmerung seiner Krankheit eine lebhafte Freude, daß sie zusagte. Ihre Gesundheit hinderte sie dann freilich doch, der Zusage Folge zu geben. Die ärgsten Sorgen für die Niederlande vergingen auch, da Egmont am 13. Juli noch den Sieg von Gravelingen über die Franzosen unter de Thermes erfocht, als dieser von Dünkirchen nach Calais durchbrechen wollte. Nun zeichneten sich doch die ersten Umrisse einer allgemeinen Beruhigung der Welt ab, die im nächsten Jahre zum Frieden von Cateau-Cambrésis und damit einstweilen zur Versöhnung von Frankreich und Spanien führte.

Quijada lebte vielfach abwesend von Yuste in Villagarcia bei seiner Frau Magdalena Ulloa. In ihrem Hause wuchs auch der ursprünglich dem Musiker Massi in Pflege gegebene Sohn der Barbara Blomberg auf, den sie noch Jeronimo nannten. Als Magdalena im Sommer 1558 ihrem Manne nach Quacos folgte, und der noch unerkannte Kaisersohn Dienst als Page tat, wird er in seiner frischen blonden Erscheinung mit den lebhaften blauen Augen eine späte Freude seines Vaters gewesen sein. Jedenfalls sorgte dieser durch ein besonderes Codicill für seine Zukunft und durch ein Legat für seine Mutter.

Im Sommer zog sich der Kaiser teils durch die unüberwindlichen Eigenwilligkeiten seiner Ernährung, teils durch Unvorsichtigkeit gegenüber den sehr kühlen Morgenwinden dieser Gegend eine gefährliche Erkältung zu und eine Verschlimmerung der Gicht in allen seinen Gliedern. Es folgten die letzten schmerzhaften Wochen, und die Berichte von Yuste sind jetzt erfüllt von Sorgen. In dieser Zeit ließ der Kaiser einmal eine umständliche Totenfeier für seinen Vater und seine Großeltern veranstalten, die den Anlaß gegeben hat zu der späteren Legende von der Totenfeier für seine eigene Person mit all ihren schauerlichen und unsinnigen Ausgestaltungen.

Der Kaiser litt bereits derartig unter seinem Zustande, daß er Besuche scheute. Die Regentin Juana kündigte sich an, aber er lehnte ab. Aus eigenem Antrieb erschien aus der Nachbarschaft der alte Freund Don Luis d'Avila, Großkomtur von Alcantara. Dann fügte es der Zufall, daß als Bote Philipps einer der früheren Prediger des Kaisers, Carranza, jetzt Erzbischof von Toledo, in Yuste erschien, als der Zustand des Kaisers schon sehr besorgniserregend geworden war. Für den Sekretär Gaztelu wurden beschleunigt die Rechte eines Notars erwirkt, und es gelang noch in den nächsten Tagen, das Codicill mit dem letzten Willen des Kaisers und seinen Bestimmungen über Hausrat und Dienerschaft abzuschließen und auszufertigen. Jetzt wollte der Kaiser unter dem Hochaltar von San Jeronimo selbst beigesetzt sein, vereint mit der Kaiserin, doch überließ er die letzten und entscheidenden Anordnungen auch dafür seinem Sohne. Sehr ernst und sehr hart ermahnte er Regentin und Sohn zum Vorgehen gegen die Lutheraner, von denen man soeben zwei gefährliche Herde in Sevilla und Valladolid entdeckt hatte. Beide gingen von Theologen aus, die der Kaiser einstmals schätzte, und die mit ihm in Deutschland gewesen waren, Constantin Ponce de Leon und Augustin Cazalla. So berührten den Kaiser bis zum letzten Atemzuge noch jene schwersten Fragen der Christenheit, an denen er in Deutschland gescheitert war.

In den Briefen des Dr. Mathys verfolgen wir durch den August und September Tag für Tag das Leben und den Krankheitszustand des Kaisers, wie ihn frische Früchte erfreuten, er aber zur Verzweiflung des Arztes dazwischen immer noch das ihm am wenigsten Zuträgliche begehrte. Gegen Mitte September wurde der Zustand hoffnungslos. Man überlegte die letzte Ölung. Der treue Quijada sträubte sich dagegen, so lange er konnte. Als aber der Zustand des Kaisers das Ende stündlich befürchten ließ, mußte auch er sich in das Unvermeidliche fügen. Karl nahm die ganze Folge der geistlichen Handlungen, die von der Kirche für die Sterbenden bestimmt sind, mit inbrünstigem Verlangen hin. Nach altem Brauch ließ er geweihte Kerzen vom Montserrat bereitstellen, auch das kleine Kruzifix, das schon die Kaiserin in ihrer letzten Stunde mit den sterbenden Fingern umklammert hatte. Der Erzbischof von Toledo reichte es ihm mit dem Hinweis auf den Kreuzestod Christi als entscheidende Quelle der Gnade, — was dem altkirchlichen d'Avila als sehr protestantisch erschien und später noch in dem Inquisitionsprozeß gegen den Erzbischof ausgespielt werden sollte. Einer der Brüder des Klosters traf die Stimmung der frommen Umgebung des kaiserlichen Sterbebettes besser, wenn er von dem Heiligen des Tages, Matthaeus, hinüberlenkte zu dessen Bruder Matthias, dem Geburtstagsheiligen des Kaisers. Im Schutze dieser beiden Apostel, sagte er, könne der Kaiser ruhig in das Jenseits hinübertreten. Es war der 21. September, an dem Karl seinen letzten Atemzug tat.

Gläubig und zuversichtlich hatte er seinem Ende entgegengesehen. Er bewährte sich bis zuletzt als der Mann der tiefsten mittelalterlichen Frömmigkeit, als den wir ihn zeitlebens kennengelernt haben, hingegeben allen harten und kleinen Werken der Entsühnung, begierig, durch seine Mönche und durch die Almosen an die ländliche Bevölkerung, durch Seelenmessen nach seinem Tode und andere Bestimmungen seines Testamentes des ganzen reichen Heilsschatzes der Kirche teilhaftig zu werden. In seinem letzten Codicill war auch verordnet, daß der Hochaltar der Klosterkirche die „Gloria", das heißt das große Bild der Trinität erhalten sollte, das von Tizian für den Kaiser gemalt war und das zu den Hauptstücken seines Nachlasses gehörte. Es gibt kein Zeugnis, das so augenfällig und so großartig das Innerste des alten Kaisers offenbart. Das mächtige Tafelbild zeigt in den Höhen des Himmels die göttliche Dreieinigkeit. Zur Seite die Gottesmutter. Vor ihr und um sie herum die Chöre der himmlischen Heerscharen, Engel, Heilige und Selige. Inmitten dieser Geborgenen, die der Anschauung Gottes schon gewürdigt sind, wagte es der Kaiser sich selbst darstellen zu lassen. Ihm zur Seite die verewigte Gemahlin, beide von Engeln geleitet, anbetend, schon im Zustande der Verklärung. Die abgelegte Kaiserkrone zu ihren Füßen. Das war der demütigste und doch stolzeste Ausdruck des kaiserlichen Lebensgefühles, der Gewißheit seiner Berufung durch Gottes allerhöchsten Willen, eine gewaltige Vision im Stil des Trecento, mit dem sich die Gegenreformation über die Hochrenaissance hin innerlich verbunden wußte.

Von hier fällt der Blick noch einmal auf die Jugend des Kaisers zurück, auf seinen niederländischen Lehrer Adrian von Utrecht, den späteren Papst, und auf seinen Großkanzler Gattinara, dessen Kaiseridee keine andere war als der Kaisertraum Dantes, der Glaube an eine göttliche Weltordnung mit dem Kaisertum und Papsttum je in ihrer Sphäre, beide voll höchster Verantwortung gegenüber der gesamten Christenheit. Nach dem Maße seiner Kräfte, aber mit vollkommenster Hingebung hatte dieser Mann im Sinne solcher Ideen seinen Lebensweg vollführt, — immer ein Mensch, und im täglichen Leben gebrechlich und schwach in Neigungen und Eigenwilligkeiten, aber in den bleibenden Zügen seines Wollens, in der Tapferkeit seiner Haltung doch zur historischen Figur geworden.

Den Zeitgenossen schien ein ganz Großer dahingegangen. Sie maßen ihn nach der Weite seiner Reiche und dem Außerordentlichen seiner Taten; bald auch nach der Weisheit seiner früh bekannt gewordenen politischen Testamente. Für den Sohn und Erben wurde er zum Gegenstand einer fast abgöttischen Verehrung. Philipp II hat für den Tagesheiligen der Schlacht von St. Quentin, den heiligen Laurentius, das Riesenkloster des Escorial errichtet, zugleich als seinen eigenen Wohnsitz schon in seinen

Mannesjahren. In diesem grandiosesten aller Königsgräber sammelte er im Jahre 1574 alle Gebeine der letzten und der eigenen Generation des erlauchten Hauses. Da ruhen nun Karls Mutter Juana, Karl V und Isabella von Portugal zusammen mit ihren früh verstorbenen Söhnen Hernando und Juan, ihrer Schwiegertochter Maria und den königlichen Schwestern Eleonore und Marie.

Register

A

Aachen, Krönungsstadt, 100 f. 264.
Ablaß, in Spanien 72.; in Deutschland (Luther), 91.; bei Karl V, 354.
Acuña, 54.
— Antonio, Bischof v. Zamora, 120 f. 197.
Adorno, Antonio, Doge von Genua, 125. 167.
Adrian v. Utrecht, Karls Lehrer, 39. 45. 49. 537.; Kardinalregent, 49. 59 f. 77 f. 119.; als Papst Hadrian VI, 136 ff. 152. 165—172. 180.
Aguilar, Marques, 54.
— Gesandter in Rom, 320. 331. 389.
Aiguesmortes, Zusammenkunft (1538), 317—325. 343. 345. 389. 433.
d'Aimeries, Großmarschall des Hennegau, 127.
Alarcon, span. Offizier, 185. 187. 195. 215. 225. 347.
Alba, Herzöge; Alvarez de Toledo, 53. 486.—Hernando, 398. 404 ff. 408 f. 462 f. 474. 477. 493. 509. 515 f. 525. 527. 534.
Albany, John Stuart, Herzog, Vormund Jacobs V von Schottland, 135. 160. 180. 266.
d'Albret, Jean, König v. Navarra, 60.
— Marguerite, Gemahlin des Henri d'Albret, 391.
— Jeanne, 361. 419. 423. 432. 444. 488.
d'Albuquerque, Herzog de la Cueva, 53. 267.
Alcabala, Verbrauchssteuer, 163. 384. 386.

Alcala de Henares, östl. Madrid, 412. 531.
Aleander, Hieronymus, 104—107. 123. 309. 349. 363.
Alençon, Marguerite, Herzogin, Schwester v. Franz I, 192.; später Königin v. Navarra (d'Albret), 391.
Alerheim, Dorf bei Nördlingen, 463.
Alexander VI, Borgia, Papst (1492 bis 1503), Demarkation, 141. 280.
Algier, 297. 305. 348. 376. 377—380.
Almagro, Genosse des Pizzaro, 283 f.
Alternative, Mailand oder Niederlande an Frankreich, 353. 434. 437. 443.
Alvarado, Unterführer v. Cortes, 145.
Alvarez de Toledo, 53. 486. — Enrique, 446. — Francisco, 446. 465.
— Garcia, Graf Oropesa, 531. — Pedro, 497. — Pedro, Vizekönig v. Neapel, 307. 446. 512.; vgl. Alba.
Amberger, Christoph, Maler, 258.
Amboise, Kardinal, 41.
Amerika, Entdeckung, 52. — Zu Frankreich, 280, 307. 434. 488. — Deutsche, 140. 280 ff.; vgl. Indien.
Amsdorf, Theologe, 373.
Andelot, Jean, Grand-écuyer, 441. 447.
de los Angeles, Francisco Quiñones, Franziskanergeneral, Kardinal Santa Croce, 137. 199. 216. 218. 229.
Anglerius, Petrus Martyr, 34. 69. 445.
Anhalt, Fürst Wolfgang, 249. 265.
Anna von Ungarn, Gemahlin Ferdinands I, 82. 112. 115. — von Österreich, ihre Tochter, 434. 454. 457.—
Tochter Maximilians II, 499.

541

d'Annebault, Admiral v. Frankreich, 432.
Antwerpen, 18. 288. 355. 397. 412. 465.
Aragon, mit Valencia und Cataluña, Königreich, 52. 404. 529. — Königl. Rat, 163. 409. — Finanzen, 384. f.
— Cortes, 70 f.; in Monzon, 163. 299. 319. 394. 404.
— Don Fernando, 165.
Aramont, frz. Gesandter in der Türkei, 512.
Ariost, Lodovico, 290.
v. Armerstorff, Johann, kaiserl. Rat, 86.
Arras, Bischofsstadt, (Vertrag 1435), 19. 134. 186.; (1482), 31.
— Bischof, Anton Granvelle, später Kardinal, 411. 433. 439. 477 f. 493. 496 f. 505. 515. 518. 529.
Arschot, Herzog, Philipp de Croy, Erbe Chièvres, 320. 393. 399. 401. 493.
Artois, Landschaft, 131. 138. 160. 233. 320. 356. 484. 487.
de l'Aubespine, Sekretär v. Franz I, 432.
Augsburg, Stadt, 248. 262. 468. 491. 505. — Reichstage, (1530) 252 ff.; (1547/48) 480f.483.; (1550) 490ff.; (1555) 523 f.
— Bischof, Otto Truchseß, 426. 453. 455 f.
Augsburgische Konfession (Confutatio), 246 ff. 255 ff. 333. 426.
Augsburgischer Religionsfrieden (25. Sept. 1555), 521. 523 f. 528.
Aumale, Herzog, Bruder von Guise, 516.
d'Austria, Georg, Sohn Kaiser Maximilians, Erzbischof v. Valencia, Coadjutor v. Lüttich, 295. 390. 392. 424.
— Juan, Karls natürlicher Sohn, 453.; als Kind Jeronimo, 535.
d'Avila, Luis, Großkomtur v. Alcantara, 459. 491. 500. 536.
de Ayala, Diego Lopez, 60.

B

Badajoz, Bistum in Estremadura, 49. 52 f. 63.; vgl. Manrique, Dr. Mota, de Mesa.
Baden, Markgraf Christoph, 31. — Markgraf Philipp, 248.
Balançon, Herr von Rye, 39. 226. 505 f. 509.
de Balbi, Jean, Gesandter nach Persien, 298.
Bamberg, Bistum, 508. 515.
Barbarossa, Chair-ed-Din, Herr v. Algier und Tunis, 60. 292. 297 ff. 304. 347 f. 497.
Barcelona, (Friede v. 29. Juni 1529), 230. 253.
Des Barres, Guillaume, Sekretär Margaretes, 232 ff.
Barroso, Sekretär und Gesandter in Portugal, 164 f.
Bassompierre, lothr. Gouverneur, 516.
Bastidas, Rodrigo, 279.
Bauernkrieg in Deutschland, 159 ff. 245.
Bave, kaiserl. Kabinettssekretär, 430.
Bayard, Ritter, 131. 178.
— Gilbert, Bischof v. Avranches, 209. 232.
Bayern, Herzöge Wilhelm und Ludwig, 84. 87. 113. 160. 205. 248. 264. 272. 294. 311. 334. 341. 370 f. 423. 449. 460.; zu Hessen, 264. 334. 341. 454.; zu Ferdinand, 272. 286 f. 299. 332. 334. 453 f.
— Herzog Albrecht, 454. 457. 507. 525.
— Kur, 454. 466.
Bayonne, s. de Fresse.
de Bazan, Alvaro, span. Admiral, 297. 305.
Beaurain, Ferry, Herr von Roeulx († 1524), 45. — Adrian, Grandmaître, 68. 88. 173. 187. 272. 301. 320.; vgl. Croy.
Beccadello, Luigi, päpstl. Sekretär, 445.
Beden, ständische Steuer, 493.
Beichlingen, Truppenführer, 461. 462.
Belalcazar, Sebastian, Gouverneur in Quito, 282.
du Bellay, Sieur de Langey, 274. 389.

— Jean, Kardinal, 310.
Bemelberg, Konrad, 210. 429.
Bergen, in Norwegen, 116. 268.
Bergen op Zoom, an der Osterschelde, 397.
Berghes, Herren von Walhain und Zevenbergen, 30. — Jean († 1530), 86. 96. 133 f. — Anton, 267. — Cornelius, Bischof v. Lüttich, 390. — Maximilian, s. Zevenbergen.
Berssele oder Borsele, 184.; vgl. Lalaing-Hoogstraeten.
Biberach, schwäb. Reichsstadt, 265.
Bicocca, bei Mailand (Schlacht 27. April 1522), 167.
Blarer, Ambrosius, 365.
Blioul, Greffier des Ordens, 146. 267.
Blomberg, Barbara, Regensburger Bürgerstochter, 453. 535.
Böhmen, Königreich, 454. 470 f. 484. — Königswahl (23. Okt. 1526), 205.
Bogota, Stadt der Chibchas, 281 f. — Audiencia, 282.
Boisot, Charles, niederl. Rat, 421. 513.
Boleyn, Anna, 219. 294.
Bologna, Konkordat (1516), 123. — Kaiserkrönung (24. Febr. 1530), 235 ff. — Konzil, 479.
Bomy, südl. Thérouanne, Waffenstillstand (30. Juni 1537), 321. 356.
Bonnivet, franz. Admiral, 121. 178.
Bonvalot, François, Abt von St. Vincent, Schwager Granvelles, 331. 359. 411. 423.
Borja, s. Gandia.
Boulogne sur-Mer, 431. 434.
Bourbon, Charles, Connétable de France, 131. 161. 172 ff. 185. 188.; († 6. Mai 1527), 209 f.
Bourbon-Vendôme, Anton, s. Vendôme.
Bourg en Bresse, Savoyen, 312. — Grabkirche in Brou, 37.
Bourgogne, s. Burgund.
de Boussu, Jean, Grand-écuyer, 267. 398 f. 516.
Bouton, Claude, 22. 30.
Brandenburg, Kurfürst Joachim I, 84. 91. 109. 248 f. 254. 261. 264. 266. 375.

— Joachim II, 275. 339. 348 ff. 368. 373. 375 f. 402. 416. 427. 450. 471. 475. 477. 507.
— Hans von Küstrin, sein Bruder, 416. 449. 479. 501 ff. 507. 509.
— Hans der Ältere, Gemahl der Germaine de Foix, 64. 165.
— Casimir, Markgraf in Franken, 84 f. 113. 246.
— Albrecht Alcibiades, sein Sohn, 416. 450. 457. 471. 502. 505. 508. 511. 514 ff. 519. 521.
— Georg, Casimirs Bruder, 246. 248.
Braunschweig-Lüneburg, Herzöge in Celle, Heinrich der Mittlere, 86.
— Otto, Ernst und Franz, seine Söhne, 113. 248. 265. 449. 470.
Braunschweig-Wolfenbüttel, Heinrich der Jüngere, 86. 203. 226. 248. 264. 334. 341. 362. 370. 402. 416. 448 f. 520 f.
— die Junker, seine Gegner, 519.
— Calenberg, Erich II, 476.
— Grubenhagen, Philipp, 265.
Bremen, Stadt und Bistum, 265. 468. 476.
de Briarde, Lambert, Präs. d. Rats von Mecheln, 291. 356.
Brienne, Graf, 432.
Brissac, Comm. von Vitry, 431.
Brück, Gregor, kursächs. Kanzler, 107. 428.
Brügge, in Flandern, 23. 28. 131 ff. 146. 233.
Brüssel, in Brabant, 18. 34. 49. 111. 397. 492. 528.
— Philibert, Rat von Brüssel, 528.
Bucer, Martin, Theologe, 264. 363. 365. 368. 372. 418. 453.
Bugia, Küstenstadt östl. Algier, 297. 380.
Bullinger, Heinrich, Theologe, 418.
Bund, kaiserlicher, 338. — Schmalkaldischer und katholischer, s. d.
Büren, Floris d'Egmont, Herr von Isselstein († 1539), 43. 62. 64. 160. 330.
— Maximilian, sein Sohn († 1550), 320 f. 330. 393. 457. 460—463. 493.

543

da Burgo, Andrea, aus Cremona, österreich. Rat, 115. 229.
Burgos, alte Hauptstadt Castiliens, 96. 220. 530 f.
Burgund, Herzogtum, 17 ff. 49. 134. 146. 150. 484.; vgl. Niederlande. — Verzicht Karls, 301. 359. 487. — Höfische Kultur, Etikette, 20 ff. 39 f. 162. 492.
— Herzöge und Herren von Geblüt, 23 f. 30. 64. 146.
— Karl der Kühne, 17. 19. 26. 361. 518.
— Marie, seine Tochter, 17. 26 ff. 525.
— Adolf, Herr von Beveren und Vere, 64. 157. 356.
— Antoine, Herr de la Roche, 22.
Burgundischer Vertrag mit dem Reich (26. Juni 1548), 485. 492.
Busleyden, Erzieher und Rat Philipps des Schönen, 40.
Busseto, bei Parma (Zusammenkunft vom Juni 1543), 413 ff.
Busto, Bernabe, Chronist, 432.

C

Calais, Fürstentage und Kongresse, (1520), 96. 98.; (1521), 131 ff.
Calvin, Jean, 286. 365. 428.
Cambrai (Cammerich), Bischofsstadt, 18. 389. 421. 487. 503. — Liga (1508), 41. 48. — Damenfrieden (3. Aug. 1529), 232 f. 433 f.
Camerino, Herrschaft im Apennin, 364. 413. 443.
Campegio, Lorenzo, Kardinallegat, 89. 153. 252. 254. 257. 262.
— Tomaso, Nuntius, 368.
Canada, 434.
del Cano, Sebastian, 140.
Canterbury, Bündnis (29. Mai 1520), 97.
Capito, Wolfgang, Theologe, 368.
de Cardona, Ramon, 60.
Carignan, südl. Turin, 429.
— im Luxemburgischen, s. Ivoy.
Don Carlos, Philipps Sohn (geb. 8. Juli 1545), 443. 526 f. 530.

v. Carlowitz, Christoph, albertin. Rat, 417.
— Georg, älterer albertin. Rat, 363.
Carolina, peinliche Halsgerichtsordnung Karls V (1532), 273. 480.
Carondelet, Jean, Ratspräsident, Erzbischof v. Palermo, 45. 138. 267.
Carpi, Graf, 124. 127. 132.
— Herrschaft, 188.
Carracciolo, Nuntius, 90. 104. 222.
Carranza, Erzbischof v. Toledo, 536.
Cartagena, Bischof (Silicio), 407. 410.
Cartier, Jaques, franz. Seefahrer, 280. 434.
Carvajal, Lorenzo Galindez, 60. 69. 228.
de las Casas, Bartolome, Chronist der Neuen Indien, 61. 141 f. 380.
Castelnuovo, an der Bucht v. Cattaro, 272. 347.
Castiglione, Baldassare, Nuntius, 162. 197. 200. 208.; († 1529), 230.
Castilien, Königreich, 52. 70 ff. 529. — Dynastie, 33 f. 72. — Cortes, 70. 72. 163. 170 f. 299. 319. 394. 404.
— Finanzen, 384 ff. 394. 409. — Königl. Rat, 163 f. 199. 391. 405. 410.
Cataluña, aragon. Königreich, 52. 73. 385.
Cateau-Cambresis (Frieden 1559), 535.
Catolicos, Titel Ferdinands und Isabellas, 71. 199.
Cebu, ostind. Insel, König, 140.
Ceresole, bei Sommariva in Piemont, (Schlacht 1544), 429.
Cervino, Marcello, Kardinallegat, 369. 414. 445. 480.; als Papst Marcellus, 526.
Chair-ed-Din, s. Barbarossa.
de Chalon, Philibert, Fürst von Oranien (1503—1530), 210. 213. 224 ff. 240.
— Claudine, seine Schwester, Gemahlin Heinrichs von Nassau, 48.
— René, ihr Sohn († 21. Juli 1544), 430 f.
Châlons, an der Marne, 430 f.
Chambord, Schloß bei Blois, 503. 512.

Chantonney, Thomas, Sohn Granvelles, 420.
Chapuys, Eustache, Gesandter, 252. 311. 331. 344.
Châtellerault, südl. Tours, 361.
la Chaulx, Charles de Poupet, 39 f. 133. 137. 163. 164. 175. 185. 217. 234.
Cherchel, Küstenort westl. Algier, 297.
Chieregati, päpstl. Nuntius, 152.
Chièvres, Guillaume de Croy, Herzog von Arschot, 31. 39 ff. 45 ff. 61 f. 74. 97. 105.; († 1521), 109. 117. 124. 128.
Christian, s. Dänemark.
Christine, von Dänemark, 157.; Herzogin von Mailand, 285 f. 307. 311. 334. 344. 361.; von Lothringen, 371. 429. 452. 493. 513. 528.
Cifuentes, Graf, Gesandter in Rom, 288. 311. 320. 331.
Clemens VII, Medici, Papst (1523 bis 1534), 178. 180. 199. 201 f. 209 f. 215. 228 ff. 236 ff. 286. 290 ff. 292. 300.
Cles, Bernhard, Bischof v. Trient und Kanzler Ferdinands, 249. 254. 335.
Cleve, Grafen, Herzöge von Jülich und Berg, Johann, 101. 231. 266.; († 6. Febr. 1539), 361.
— Wilhelm, 343. 350. 360 ff. 375. 382. 390. 392. 398. 401 f. 418 ff. 457. 505.
— Adolf, Schwanenritter, 24.
— Anna, 362.
— Gerhard, 361.
— Philipp, s. Ravestein.
de los Cobos, Francisco, Staatssekretär, Großkomtur v. Leon, 163. 241 f. 254. 270. 322. 330. 385. 404 f. 409 f. († 10. Mai 1547)
Cochlaeus, Johannes, Theologe, 257. 365.
Cöln, Kurfürst Hermann von Wied, 83. 91. 102. 247. 263. 418 f. 450. 451. 455. 468. 500.
Cognac, Schloß westl. Angoulême in der Charente, Liga (1526), 198 ff. 208. 228 f.
Colditz an der Mulde, südöstl. Leipzig, 473.

de Coligny, Gaspard, Admiral, 306. 530.
Colonna, von Genzano, 167. 202. 207. 209. 218. 527.
— Ascanio, 414. — Pirro, 429. — Pompeo, 202. 218. — Prospero, 128. 176. — Vespasiano, 297. 308. — Vittoria, 190. 308.
Columbus, 52.
Commercy, an der Marne, nordwestl. Toul, 429.
de Commines, Philipp, 12. 26. 95.
Contarini, Gasparo, venezian. Gesandter, 40. 161. 180. 185. 228. 347.; Kardinal, 310. 370. 372 ff. 402.
Cordoba, Gonzalo Hernandez, Gran Capitan, 53. 56. 84.
Coro, Hafen in Venezuela, 281.
Coron, Küstenstadt am Peloponnes, 297.
Cortes, Hernando, Eroberer v. Mexiko, 79. 142 ff. 224. 278. 380. 434.
Cosimo, Herzog v. Florenz, 320. 486. 526 f. 534.
Coulinot, Jean, franz. Gesandter, 208.
Courteville, Jean, Bailli v. Lille, 84.
Crépy, bei Laon, zwischen Soissons und St. Quentin, (Frieden 1544), 431—435. 444.
Croy, Herren von Sempy, 64. — Beaurain, s. d. — Chimay, 40. 86. — Porcean, 64. 68. — Chièvres, s. d. — Arschot, s. d.
Cruciger, Caspar, 365.
v. Cruningen, Josse, Statthalter von Seeland, 160. 468. 476.
Santa Cruz, Kosmograph und Chronist, 69. 161. 184. 226. 306. 319. 491.
Cruzada, Ablaßgelder, 60. 64. 217. 229. 384. 387.
de la Cueva, Alonso, 208.

D

Damvillers, luxemburg. Grenzfeste, 393. 397. 512.
Dänemark, Christian II, 13. 44. 116. 133. 156 f. 230. 252. 268 f. 294. 487. — Prinz Hans, sein Sohn, 157.

545

269. — Christine und Dorothea, dessen Schwestern, s. d.
— Friedrich I († 1533), 156 f. 268 f. 293.
— Christian III, 293 ff. 333. 392. 396. 420. 425. 466. — Johann, sein Bruder, 293.
Dellys, Küstenort östl. Algier, 297.
Demarkation, Alexanders VI, 141; der Kosmographen, 280.
Dessauer Bündnis (Juli 1525), 203.
Deutsches Reich. — Verfassung, 82 f. 478 ff. 483 f. — Erbreichsgedanke, 444. 494 f. 505. 523. — Kurfürsten, Kaiserwahl, 82 f. 87 f. 91 f. 100. 263. 454. 494 f. 500. — Landesfürstentum und Städte, 99 f. 154. 203. 244 ff. 256. 264. 284. 521. — Reichsregiment, 106. 114. 152. 155.
— Reichstage, Worms (1521), 102 ff.; Nürnberg (1522/24), 152. 246.; Speyer (1526), 203 ff. 249.; Regensburg (1527), 222.; Speyer (1529), 247.; Augsburg (1530), 252 ff. 254.; Regensburg (1532), 272.; Regensburg (1541), 370 ff.; Speyer (1542), 388 f.; Nürnberg (1542/43), 416 ff.; Speyer (1544), 422 ff.; Worms (1545), 439.; Regensburg (1546), 453 ff. 455.; Augsburg (1547/48), 480 f.; (1550/51), 496 f.; (1555), 523 f.
— Konfessionelle Spaltung, 250. 334 f. 374 f. 388. 402. 416. 455. 458. 482 f.
— Landfriede, 478. 523. — Carolina, 273. 480. — Polizeiordnung, 273. — Finanzen, 383. 452. 484. 497. — Koloniale Betätigung, 280 ff.
Diaz, Alfonso und Juan, 453.
Diedenhofen, Mosel, 421. 513. 517 f.
St. Dizier, Marne, Belagerung, 430.
Santo Domingo, Audiencia, 141. 279.
Doria, Genueser Nobili; Andrea, 225 ff. 267. 272. 297 f. 304. 323. 330. 346 ff. 379. 469. 480. 497. — Filippino, 225.
Dorothea von Dänemark, Gemahlin des Pfalzgrafen Friedrich, 157. 294. 332. 344. 450.
Dragut, Pirat, 497. 512.

Drakenburg, an der Weser, (Schlacht am 23. Mai 1547), 476.
Düren, clevische Festung, 398. 418.
Dürer, Albrecht, 38. 116. 139.

E

Eck, Johannes, Theologe, 255. 257. 365. 372.
v. Eck, Leonhard, bayr. Kanzler, 264. 334. 341. 466. 482.
Edward VI, König von England, 524.
Egerischer Bund (6. Mai 1553), 520.
Egmont, Grafen, vgl. auch Büren, Geldern.
— Johann († 1528), heiratete die Erbin von Gavre, 45. 48.
— Lamoral († 1558), 30. 493. 514. 516. 534. 535.
Ehinger, Kaufleute aus Konstanz, 280 f.
Ehrenberger Klause, bei Reutte in Tirol, 429 f. 508.
Eleonore, Karls Schwester (1498 bis 1558), 34. 36. 38. 64 f. 67.; in Portugal, 84. 110. 164. 173.; Königin von Frankreich, 178. 194. 198. 212. 233. 287. 321. 323 f. 423. 432. 438. 488. 493. 528 f. 535.
Elsaß, 13. 114. 154. 274. 513.
Embrun, de Tournon, Erzbischof, 194.
Encabezamiento, Kopfsteuer, 163. 384.
Encomiendas, Privatherrschaften in den Indien, 141.
Enghien, Herzog, Sieger v. Ceresole, 429.
England; zu den Niederlanden, Handelsverträge, 33. 41. 49. 95.; zu Schottland, 135. 160. 179. — Dänische Pläne, 344 f. — Angriff auf England, 232. 348. — Kirchenfragen, 132. 219. 230. 276. 292. 343 f. 348. 524.
— Mary, Tochter Heinrichs VII, 41. 97.
— Heinrich VIII, 41 f. 61. 83. 89. 95. 96 f. 132. 190.; (Vertrag v. Moore), 192.; 199. 207. 219. 252. 292 ff. 343 f. 362. 400. 431.; († 28. Jan. 1547), 479.

— Katharina von Aragon, seine Gemahlin, 97. 219 f. 230. 252. 293. 299.; († 8. Jan. 1536), 311.
— Mary, ihre Tochter, 133. 164. 179. 219. 299. 311. 392. 400. 444.; Gemahlin Philipps II, 524 f. 526. 527.
Enriquez, Fadrique, Admiral v. Castilien, 53. 119.
Epernay, Marne, 430.
Erasmus von Rotterdam, 49. 105. 112. 214. 245. 259. 351.
Erasso, span. Sekretär, 529.
Escorial, Kloster und Gruftkirche bei Madrid, 537.
d'Etampes, Herzogin, 391. 394. 424. 438.

F

Faber, Johann, Bischof v. Wien, 257. 365.
v. Falaix, 399.
Farnese, Alexander, Kardinal, 218.; als Papst Paul III, s. d.
— Pier Luigi, Sohn Pauls III, 310. 318 f. 438.; († 10. Sept. 1547), 480 f.
— Alessandro, Enkel Pauls III, Kardinal, 310. 362. 369. 413 f. 422 ff. 439 ff. 463. 465.
— Ottavio, Enkel Pauls III, 320. 364. 413 f. 415. 424. 438. 441. 512.
— Alessandro, sein Sohn, 443. 453.
— Vittoria, 413. 414. 423.
Fasanenfest des Herzogs v. Burgund (1454), 24. 272.
Feige, Johann, hess. Kanzler, 377.
Ferdinand, von Aragon, 12. 35. 48 f. 55 f. 58. 114. 146., († 23. Jan. 1516)
— Infant, Erzherzog, später Ferdinand I (geb. 10. März 1503), 35. 47 f. 51. 67. 111 f. 114 f. — zum Reich, 87. 152. 247 ff. 416. 510 f.
— röm. König, 88. 114. 153. 187. 263 f. 331. 334. 494. — zu Ungarn und Böhmen, 82. 112. 204 f. 249. — zu Italien, 154. 183. 200. 204. 213. — Kirchliches und Protestanten, 336. 348 ff. 364 f. 416. 463. 469. 506 f. 520. 523 f.
— sein Sohn, 354. 430. 438. 528.

Fernitz, bei Graz, Gefecht (13. Sept. 1532), 272.
Ferrara, Herzöge; zu Papst und Kaiser, 95. 123. 125. 186. 201. 209. 234. 247. 249. 486. 499. 534.
Fieramosca, Gesandter Lannoys, 210.
Fiesco, genues. Nobile, 469.
Figueroa, Gesandter in Genua, 331.
Flandern, 18. 19. 34. 138. 233. 320. 355 f. 396. 484. 487.
v. Flersheim, Philipp, Bischof, 452.
Florenz, Stadt, Herrschaft der Medici, 95. 125. 166. 199. 218. 230. 238. 240. 527. 534.; vgl. Cosimo, Medici.
de Foix, André, Herr v. Esparre, 120 f.
— Lautrec und Lescun, seine Brüder, s. d.
— Françoise, Frau v. Chateaubriand, 120.
— Germaine, s. d.
de Fonseca, Alonso, Erzbischof v. Toledo, 214.
— Antonio, 119.
— Juan, Bischof, 142.
Franche Comté, 18. 487. 501. 515.
Frankfurt; Anstand (1539), 349 ff. 362. 371. — Bundestag d. Schmalkaldischen, 350. 449 ff. — Belagerung, 511.
Frankreich, zu Burgund, 17 f. 19. 27. 29 ff. 32. 40 f. 133 f. 186. 191. 193. 300 f. 359 f. 487.
Frankreich, Karl VIII, 31. 32.
— Ludwig XII, 41. 43. 360.
— Franz I, 41. 47. 61. 83. 94. 96. 112. 127. 168. 180. 183 f. 187—195. 198 f. 300. 323 f. 360. 420. 434 f.; († 31. Mai 1547), 479. — zu den Türken, 234. 292. 298. 321. 389. 395. 414 f. 434. — zu Amerika, 280. 307. 434. 488.
— Louise von Savoyen, seine Mutter, 97. 130. 173. 187. 192. 232 f. 286. 312.
Dauphin († 10. Aug. 1536) und Orléans, 194. 286. 307. 312 ff. 318. 320. 432.; als Heinrich II, 487. 503. 512. 515. 526.
— Angoulême, seit 1536 Orléans, 307 f. 314. 320. 359 f. 392. 396 f. 413.

432. 434. 438.; († 9. Sept. 1545), 443.
— Margarete, s. d.
— Elisabeth, später Gemahlin Philipps II, 527.
Fregoso, franz. Agent, 378. 389.
de Fresse, Bischof v. Bayonne, 502. 504. 510.
Frias, Herzöge, s. Velasco.
Friedewalde, in Hessen, 503.
Friedrich II, Kaiser, 425. 428.
Friesland, zu den Niederlanden, 18. 84. 160. 231. 401.
Fronleichnamsfest, 254. 363. 373. 482.
v. Frundsberg, Georg, Landsknechtsführer, 167. 183. 206. 209 f.
— Caspar, sein Sohn, 206.
Fuenterabbia, an der Bidassoa-Mündung, 121. 134. 169. 171. 179.
Fugger, Anton, 498. 509. — Bankhaus, s. Wirtschaftliches.
Fürstenberg, Grafen. — Friedrich, 39.
— Wilhelm, 174. 350. 429. 430.

G

Gandia, Herzog, 406.; als Jesuit späater Francisco Borja, 491. 534.
Gattinara, Mercurino (1465—1530); im Dienst Margaretes, 38.; Karls Großkanzler, 74 f. 89. 111. 128 ff. 132. 142. 162. 190. 195. 217. 220. 230. 385. 436. 537. — Denkschriften, 93. 111. 126. 129. 169. 175. 185. 191. 193. 211 f. 232. — Autobiographie, 127. 211. 212. 227. — Stil, 227. — Kirchliches, 105. 107. 186. 199. — gegen Wolsey, 129. 132. 186. 191. — Kardinal, 180. 189. 235. — Tod (5. Juni 1530), 240.
— Bartolomeo, Kanzler v. Aragon, 207.
Gavre, s. Luxemburg.
de Gaztelu, Martin, Sekretär und Notar, 533. 536.
Geldern und Zütphen, 18. 27. 194. 233. 360. 401. 419. 505.
— Karl von Egmont, 27. 44. 62. 86. 100. 343. 360 f. († 30. Juni 1538)
Genf, Bischofsstadt, zu Savoyen, 307. 312. 434.
Gent, in Flandern, 27 f. 34 f. 355 ff. 487. — Gravesteen, Prinzenhof, Zitadelle, 34. 357. 358. 359. 487. — Vertrag mit Dänemark (1533), 293. 344 f. 392.
Genua, 469. 486. 523. — Galeeren, 224 f. — Vgl. Doria und Fiesco.
Germaine de Foix, Königin v. Aragon, 58; Markgräfin v. Brandenburg, 97.; Gemahlin des Fernando de Aragon, 165. 178.
v. d. Gheenst, Johanna, 136.
Ghinucci, Kardinal, 310.
Giberti, Giovanni Matteo, päpstl. Datar, 125. 189.
Giengen, an der Brenz, westl. Donauwörth 463.
Gienger, österr. Rat, 500.
Giovio, s. Jovius.
Giron, Pedro, Chronist, 54. 119.
Glajon, Herr v. Stavele, 399.
Glapion, kaiserl. Beichtvater, 106 f. 146.
Goin, Herrschaft südl. Metz, 513.
Goldenes Vlies, 23 f. 43. 63 f. 73. 266 f. 308. 440. 451. 528.
Goletta, Hafenfestung v. Tunis, 304 f.
Gomez, Ruy, später Herzog v. Eboli, 534.
Gonzaga, Ferrante, Vizekönig v. Sizilien, 267. 290. 346 f. 379. 412. 422. 429. 431. 438.; Gouverneur v. Mailand, 469. 480 f.; vgl. Mantua.
— Giulia Colonna, 297.
Gorcum, Vertrag (3. Okt. 1528), 231.
de Gorrevod, Laurent, 38. 45. 96. 142. 163. 176.
Gorze, Abtei südwestl. Metz, 513.
Goslar, Stadt, 363. 370. 402.
Gouffier, Artus, Grandmaître de France, 75.
Granada, 57. 146. 162. 197. 220. 354. 385. 525.
Granvelle, Nicolaus, Perrenot (1486 bis 1550), 193. 198. 221. 230. 241. 254. 259. 322. 330. 337. 365 ff. 372 f. 389. 390 ff. 400. 411. 414. 416 ff. 431. 439. 452.; (†) 496. — Denkschriften, 300. 301. 307. 390.
— Anton, Bischof v. Arras, s. d.

— Thomas, Herr v. Chantonney, s. d.
Gravamina deutscher Nation, 104. 106.
203. 256. 510.
Grave, Vertrag (10. Dez. 1536), 360 f.
Gravelingen, Fürstentage, 98. 526.;
Schlacht (13. Juli 1558), 535.
v. Greiffenklau, Richard, Kurfürst v.
Trier, 85. 159. 247.
Grimaldi, Agostino, Herr v. Monaco,
212.
Grimani, päpstl. Flottenführer, 347.
Gropper, Johann, Theologe, 368. 372.
Großwardein, Vertrag (24. Febr. 1538),
323. 365.
Gruthuys, Geschlecht in Brügge, 22. 30.
Guaman Poma, 141 f.
Guevara, Diego, 46.
— Fra Antonio, Beichtvater Karls, 403.
Guicciardini, Francesco, 201.
Guidiccione, Nuntius, 309.
Guinegate (Enguinegate), südl. Thérouanne, Schlacht (1479), 27.;
(1513), 42.
Guines, südl. Calais, Friede (6. Juni
1546), 455.
de Guise, Herzog, franz. General, 396.
513 f. 516 f. 534.
Günterode, hess. Kanzler, 477.
de Gurrea, Miguel, 122.
Guttierez, Alonso, Finanzmann, 170.
193.
de Guzman, Herzöge, 54.
— Pedro Nuñez, 51.
— Nuño, 279.

H

Hadrian VI, s. Adrian v. Utrecht.
Hagenau, Landvogtei, 84. 91. 100.
114. 154. 267.; Stadt 41. — Religionsgespräch 365. 371.
Halberstadt, Stift, 449. 456.
Halle, Stadt, 470.
van Ham, Maynaert, 398.
Hamburg, Tagsatzung, 269.
Hamptoncourt, Waffenstillstand
(15. Juni 1528), 232.
Haneton, Philipp, Audencier, († 1522),
96. 133.

Hannart, Jean, Herr v. Likerke,
(† 1539), 154 ff. 157. 293. 331.
Harrach, Graf, Hofkanzler Ferdinands, 206.
Haß, Heinrich, kaiserl. Rat, 479.
Hassan, Aga (Algier), 379.
— Muley (Tunis), 299. 305. 493.
Hedio, Caspar, Straßburger Theologe,
418.
Heerwesen. Führer, 330. — Sold, 71.
150 f. — Truppenstärke, 71. 126.
348. 429. 460 f. — Kriegführung,
128. 150 ff. 160 f. 220. 304 f. 316 f.
347 f. 408. 430 f. 458 ff. — Belagerungen, 304. 430 f. 513 ff. —
Pioniere, 412 f. 429. 517. — Artillerie, 304 f. 329. 382. 429. 458.
461 f. — Brückentrain, 429. 473 f.
— Flotte, 304. 330. 347. 387.
Heidelberger Bund (März 1553), 520.
Heinrich IV, Kaiser, 428. 436.
Heinsberg, jülichsche Festung, 401.
Held, Matthias, Reichsvizekanzler,
335 ff. 341 f. 362.
Helding, Michael, Mainzer Weihbischof, 445.
de Herrera, Miguel, Gesandter, 190.
201.
Hesdin, in Artois, Schloß und Stadt,
24. 131. 169. 193. 320. 359. 433.
487. 512.
Hessen, Landgraf Philipp, 159. 203.
247 ff. 261. 265. 275. 332. 334. 341.
342. 350. 366 f. 369. 373 ff. 399.
416 f. 425 f. 450. 452. 455. 457 bis
478. 493. 502. 505 f. 509 f. —
Doppelehe 367. 375 f. 402. 417. —
zu Braunschweig 343. 402. 426.
448 f. — zu Nassau 248. 251.
523.
— Agnes, seine Tochter, 417.
— Wilhelm, sein Sohn, 503. 511.
v. Heusenstamm, Sebastian, Kurfürst
v. Mainz, 452.
Hieronymiten, span. Orden, 142. 351.
531 f.
Hildesheimer Stiftsfehde, 86.
Hofämter und Ordnungen, 25. 45 f.
162 f. 492. — Gastmähler, Feste

549

und Turniere, 24. 39. 45. 67 f. 97. 106. 153. 306. 319. 354. 373. 406. 438. — Jagden, 39. 45. 192. 371. 453.
Hofmann, Melchior, Wiedertäufer, 295.
Hohermut, Georg, aus Speyer, 282.
Holland, 18.
Holstein, s. Dänemark.
Honeine (Rachgoun), Hafen im westl. Algier, 297.
Hoogstraeten, Ort, 397. — Familie, 30. 146. 157. 269.; vgl. Lalaing.
Horn, Montmorency, Familie, 30. 493.
von Hutten, Ulrich, 158. 214.

I

Ichtershausen, Zusammenkunft (4. Juli 1546), 458.
Idiaquez, span. Kabinettssekretär, 423. 430.
Indien, westind. Inseln und Mittelamerika, 61. 119. 139 ff. 177. 224. 278 ff. 307. 380. 488. 529. — Indienrat, 141. 177. 241. 405. — Casa de contratacion, 141. 385. 534. — Einnahmen, 385. 408 f.
Ingolstadt, an der Donau, 461 f.
Innsbruck, Residenz, 112. 500. 505. 508.
Inquisition, s. Spanien.
Intercursus magnus, 33. 49.; malus, 41. 97. 344.
Interim (1548), 482 f. 497. 501. 505. 522.
Isabella, Königin v. Castilien († 1504), 12. 34. 35. 51. 55 f.
— Karls Schwester († 18. Jan. 1526), 35.; Königin v. Dänemark, 44. 116. 156 ff.
— Infantin v. Portugal, Karls Gemahlin († 1. Mai 1539), 13. 164. 196 f. 224. 228. 252. 254. 270. 282. 286. 303. 351. 536. 538.
Isny, Stadt in Schwaben, 265.
Isselstein, s. Büren, Egmont.
Italien, nationaler Gedanke, Staatensystem, 166. 188 ff. 201 f. 209. 291. 306. 527.

J

Jarandilla, Schloß des Grafen Oropesa, 531 f.
Jativa, südl. Valencia, 121. 190.
Johann Albrecht von Mecklenburg, 501 f. 511.
Johanniter, s. Malta und Rhodos.
Jovius, Paulus, Bischof v. Como, Geschichtsschreiber, 459. 462.
Juan, Infant von Spanien, 33 f. 406.
— d' Austria, s. d.
Juana, Karls Mutter, 33 ff. 66 f. 118. 354. 405.; († 13. April 1555), 527.; 538.
— Karls Tochter, 351. 353. 488. 524. 531. 533 ff.
Juden, Hebräisten, 369. — in Spanien, 55. 57 f. 193. 527.
Jülich, Herzog, s. Cleve. — Stadt, 419.
Julius II, della Rovere, Papst (1503 bis 1513), 71.
Julius III, Monte, Papst (1550 bis 1555), 497. 512. 526.; vgl. Monte.

K

Kaaden, Frieden (29. Juni 1534), 275.
Kalefeld, 449.
Kappel, Schlacht (11. Okt. 1531), 265.
Karl V (geb. 24. Febr. 1500, gest. 21. Sept. 1558)
— Name und Ahnen, 35. 92. 108. 302.
— Mündigkeit und Regierungsantritt, 44. 49. — Kaiserwahl, 82 ff. 87. 92. 101. — Krönungen, 102. 239. — Eintritt in die Politik, 43. 65. 68 f. 87 f. 101. 178. — Erziehung durch Chièvres, 38 f. 69. 73 f. 109.; durch Gattinara, 109. 126. 175. 303.; durch Loaysa, 241 f. — Heiratspläne, (französ.), 41. 47. 62 f. 94.; (engl.), 41. 43. 98. 124. 132. 191.; (portugies.), 119. 182. 186. 191. 197. — Kinder, 351. — Tod Isabellas, 351. — Todesgedanken, 146. 239. 485. 526. 535. — Abdankungen, 527 bis 530. — Krankheiten und Tod, 396. 421.

550

438 f. 467. 497. 517. 528. 530. 535 f.
— Grabstätte, 146. 354. 536. 538.
— in Spanien, 66 ff. 77.; (1522), 122.
161 ff.; (1533), 273. 299. 302.;
(1536), 319.; (1539), 354.; (1542),
380.; (1556), 530 f. — in England,
97. 138. — in Deutschland, (1520),
100 ff.; (1530), 252 ff.; (1541),
370 ff.; (1543), 418.; (1544), 422 ff.;
(1545), 439 f.; (1546), 451.; (1550),
490. — in Italien, (1529), 235 ff.;
(1532), 273. 290.; (1535), 306.;
(1541), 378.; (1543), 412 ff. — in
Tunis und Algier, (1535), 303 ff.;
(1541), 378. — in Frankreich, (1539),
354.; (1544), 429 ff.
— Verhältnis zu Burgund, s. d. — zu
Frankreich, 42. 106. 112. 127 bis
136. 151. 172 ff. 178. 301 f. 312 f.
317. 319 f. 351 f. 429 f. 487. 512.
— zu England, 41 f. 96. 138 f. 182.
186. 232. 237 f. 252. 400. 403. 420.
487. — zum Reich, 101. 106. 113 f.
418. 468. — zum Kaisertum und
Weltreich, 11. 88 f. 93. 103. 110 ff.
213. 277 f. 494. — zu den Neuen
Indien, 139 f. 380. 488.
— zum Papsttum, 12. 122 f. 168. 239.
257 f. 311. 405. 412. 424. 436. —
zu Leo X, 90 f. 122 ff.; zu Hadrian VI, s. d.; zu Clemens VII,
180. 189. 202. 207 f. 212. 214—218.
228 ff. 290 f. 413.; zu Paul III,
308 ff. 401 f. 413. 422 ff. 428. 447.
454 f. 471 f. 486.; zu Julius III,
497.; zu Paul IV, 527. — zur Kirchenreform, 257 f. 405. 424. 435.
446. 486. — zum Konzil, 201. 204.
207. 229. 253. 311. 336. 339. 442 f.
444. 446. 464 f. 481. 486. 497.; zum
Nationalkonzil, 153. 253. 346. 389.
— zur deutschen Reformation, 103.
107 ff. 200. 230. 243. 257. 270.
332 f. 343. 412. 422. 424 f. 536. —
zu Religionsgesprächen, 229 f. 350.
363 ff. 443. — Katholizismus und
Reformwille, 242. 270. 336. 343.
373 f. 424. 480. 483. — Rücksicht
auf protestant. Kaufleute, 154 f.
288. 465 f. — zur Türkenabwehr,
236. 273. 298. 302 f. 322 f. 345.
395. — zum kaiserl. Bund, 337 f.
478. — zum kathol. Bund, 339. 377.
— Kabinett und Räte, 12. 132 f.
163 f. 175. 177. 217. 240 f. 317 f.
330 f. 407 ff. 415. 444. — Granden,
411. — Beichtväter, 130. 365.; Pavye, 40. 43. 49.; Glapion, 106. 146.;
Loaysa, 177. 208. 216 f. 228. 240 f.
253. 257. 262. 410.; Guevra, 403.;
de Soto, 446 f.; de Regla, 533.
— Testamente, 146. 228. 267. 352 ff.
358. 366. 403 ff. 429 f. 439 f.
485 ff. 525 f. 529. 536.
— Eigenhändige Schriftstücke, 14. 68.
88. 108. 181 ff. 208. 221 f. 239.
257 f. 301. 305. 387 f. 403. — Memoiren, 253. 290. 351. 419. 440.
451. 459. 490 f. — Briefwechsel mit
Margarete, s. d. — mit der Kaiserin, 252. 254. 270 f. — mit Ferdinand, 88. 200. 236 ff. 286 f. 292.
299. 318. 321. 322. 323. 332.
343. 346. 355. 361 f. 380. 382. 402.
414. 421. 447. 468. 504. 520. — mit
Marie, 267. 269. 285 f. 305. 382.
393. 399. 432. 433. 435. 440. 456 f.
498. 514. — mit Nassau, 68. —
mit Granvelle, 382. 390.
— Länder, Titel, Wappen, Siegel, Münzen, 93 f. — Plus ultra, 46. 68. 94.
— Bilder, 110 f. 135 f. 258. 290.
474. 488 f. — Sprachen, 72. 79. 106.
170. 175. 217. 221. 260. 314. 406.
496. — Allgemeine Interessen, Renaissancehaftes, 39. 161 f. 290. 319.
406. 490 f. 532 f. — Militärisches,
393 f. 395. 408. 412. 429. 430.; Artillerie, 304. 329. 382. — Finanzen,
138. 154 f. 193. 383 ff. 405. 408 f.
412. 420.
— Persönliches, Haltung und Ideen,
Höfisches, 39. 43. 45. 88. 161. 185.
197. 216. 241 f. 418. — Kleidung,
46. 67. 101. 130. 239 f. 258 f. 290.
370. 528. — Untugenden und
Schwächen, 241 f.; Unmäßigkeit,
467. 517 f. 535. — Mut, Ruhm und
Ehre, 88. 129 f. 182. 242. 302 f.
378. 404. 407 f. 451. 461. — Durch-

bruch zu Eigenem, 65. 130. 135. 162. 169. 178. 181. 240. 303. 381. 488.
— Bedächtigkeit, Verschleppung, 164. 266. 391. 459. 523.; Erregbarkeit, 423 f. 447. 466 f. 479. 498.; Laune, 68. 439. 462.; Blickweite, 393. 419. 435. 471. — zu Frauen, 13. 64 f. 68. 136. 197. 224. 252. 265 f. 270. 285 f. 306. 308. 344. 351. 355. 406. 453. — Dynastische Idee, 13. 110 f. 284 ff. 329. 352 f. 406. 411. 483. 488. — Fürstliche Empfindlichkeit, 165. 259 f. 358 f. 467. — Religiöses Wesen, 39. 124. 185. 242. 260. 364 f. 407 f. 411. 436. 529. 536 f.
Karl der Große, 92 f. 102. 126. 436. 514.
Karl der Kühne, s. Burgund.
Katharina (Catalina) von Aragon, Königin v. England, s. d.
— Karls jüngste Schwester (1507 bis 1578), 36. 67. 84. 92. 110. 156. 164. 534.
— von Mecklenburg, 417.
Katholischer Bund (10. Juni 1538), 337 f. 340. 371. 377. 449.
Kirchenpolitisches, Gravamina, 102. 104. 203. 256. 510. — Nationalversammlung, 153. 253 f. 389. 427. 443. 510. — Religionsgespräche, 229 f. 363 ff. 372 ff. — Kirchengüter, 427 f. 456. 510. — Religionsfrieden, 200 f. 510. 521. 523 f. 528. — Kirchenbegriff, 245.
Köln, s. Hermann v. Wied.
Komorn an der Donau, nordwestl. Budapest, 417.
Konstantinopel, 161. 346. 348.
Konstanz, 265.
Konzil, Idee, 289 f. 309. — Deutsche Forderung, 204. 371. 389. 427. 449. 481. 496. — Kaiserl. Forderung, 207. 227. 253. 289. 301 f. 307. 314. 336. 363. 414. 434. 436. 440. 500. 519. — Haltung der Päpste, Clemens VII, 229. 315. 338.; Paul III, 309 f. 315. 338. 445. 501. 522.; Julius III, 497. — England und Frankreich, 301. 343 f. — Protestanten, 337. 339. 497. 500. — Ausschreibungen und Verhandlungen in Trient, 315. 339. 439. 444 f. 464 f. 472. 512.
Kopenhagen, 156. 294.
Konfessionen, 246.
Kosmographen, 141. 319. 491.
Kreuzzugsidee, 24. 89. 194. 236. 239. 345 f.
Kriegführung, s. Heerwesen.
Kurfürsten, s. Deutsches Reich.

L

Laienkelch und Priesterehe, 255 f. 364. 482. 501.
Lalaing, Herren v. Montigny und Hoogstraeten; Antoine, 30. 45. 64. 86. — Charles, 267. — Philipp, Erbe Antoines, 357.
Lalemand, Jean, Herr v. Bouclans, Kabinettssekretär, 163. 180. 194. 207. 211. 217. 241.
Landrecy, an der Sambre, 420. 429.
Landriano, zwischen Mailand und Pavia, Sieg Leyvas (1529), 228. 235.
— Graf, 390.
Landshut, an der Isar, 460.
Lang, Matthaeus, Bischof v. Gurk, Erzbischof v. Salzburg, 70. 85. 101.
Lannoy, Herren v. Maingoval, Molembais und Sanzelles, 45.
— Charles, Großmarschall, Vizekönig v. Neapel, 46. 64. 68. 133. 146. 162. 172. 184. 187 f. 194. 198 ff. 201. 209 f. 215 f.; († 23. Sept. 1527), 216.; 233. 330.
— Philipp, sein Erbe, 267. 320.
Lansac, franz. Gesandter, 527.
de Lanuza, Juan, aragon. Rat, 42 f.
Lauffen, am Neckar, Gefecht (12./13. Mai 1534), 275.
Lautrec, 120. 128. 167. 219. 223 ff.; († 16. Aug. 1528), 225.; vgl. Foix.
Lauwereys, Josse, Ratspräsident, 138.
Leipzig, Stadt, 470. — Religionsgespräch, 363.
Leisnig, an der Freiberger Mulde, westl. Döbeln, 473.

Lenoncourt, Kardinalbischof v. Metz, 513.
Leo X, Medici, Papst (1513—1521), 89. 95. 102. 122 ff. 166 f.
v. Lersner, hess. Edelmann, 474.
Lescun, 120. 128. 167.; vgl. Foix.
Leyva, Antonio, kaiserl. General, 128. 180. 183 f. 185. 188. 209. 222 f. 226. 228. 272. 291.; (†) 316.
Lienz, an der Drau, Tirol, 508.
Lier, Stadt zw. Mecheln und Antwerpen, 158. 252.
v. Lier, Johann, 400. 479. 500.
Liga, heilige, (1511), 41. 59. 128.; (1523), 172.
— von Cognac (22. Mai 1526), 199. 208. 218. 228.
Ligny, am Ornain, 429 f.
Lindau, Stadt, 265.
Lingen, an der Ems, 505.
Link, Wenzeslaus, Theologe, 365.
Linz, an der Donau, Vertrag (1534), 287.; Tagung (1552), 506 f.
Loaysa, Don Garcia, Bischof v. Osma, Beichtvater Karls, Präs. d. Indienrats, Kardinal, 177. 208. 216 f. 228. 240 ff. 253. 257. 262. 271. 410.
Lochauer Heide, 474.; Vertrag (1551), 502 ff.
Loches, am Indre, (1539), 354.
Longwy, Festung in Lothringen, 400.
Lothringen, Herzogtum, 19. 26. 400. 429. 452.
— Anton, Herzog, 361. 371. 393.
— Christine, Herzogin, s. d.
— Kardinal, 322. 432. 527.
Löwen, Universitätsstadt, 18. 20. 32. 104. 397.
Loyola, Ignatius, 447.
Lübeck, Hansestadt, 117. 157. 268. 293 ff.
Lucca, 486.; Zusammenkunft (1541), 378. 389. 391.
Lund, Erzbischof, Johann v. Weeze, 158. 287. 294. 323. 331. 337. 344. 349. 362. 366. 371.
Luther, Martin, 91. 102 ff. 107 f. 132. 157. 250. 264 f. 271. 374. 425. 428. 436. 475. — zu Karl, 106 ff. 243 f. 271.

Lüttich, Bistum, 18.
— Bischöfe, 70. 390.; vgl. Eberhard v. d. Mark, Cornelius Berghes, Georg d' Austria.
Luxemburg, Stadt und Land, 31. 398. 420. 429. 512. 514.
— Herren v. Auxy, Fiennes, Gavre, 31. 63. 64. 68. 131. 225.
Lyon, Stadt und Hof, 464.

M

Maastricht, 451.
Machiavelli, Niccolo, († 1527), 56. 188. 201.
Madrid, Friede (14. Jan. 1526), 184 ff. 194. 233. 314. 360. 435.
Madruzzo, Christoph, Kardinalbischof v. Trient, 335. 427. 439. 443. 454. 472. 481. 493.
Maestrazgos, Hochmeisterschaften der drei span. Ritterorden (Santiago, Alcantara, Calatrava), 48. 169. 385. 387. 529.
Magdeburg, Stadt und Hochstift, 265. 449. 456. 475. 496 ff. 501 f.
Magelhaens, Fernao, († 27. Apr. 1521), 139 f. 281.
Mahedia, 497.
Mai, Miguel, kaiserlicher Gesandter in Rom, 229 f. 271. 311. 331. 409.
Mailand, Herzogtum; Reichsbelehnung, 41. 166. 360. 424. — Habsburgischer Besitz, 41. 166. 170. 307 f. 366. 411. 414 f. 523. — Bedeutung für Italien, 125, 166. 176. 413 f. — zwischen Kaiser und Frankreich umkämpft, 135. 166. 180. 193. 223. 233. 307. 312 f. 360. 424. 434. 437. 444. 487. 527. — Hoffnungen von Bourbon, 190. 194. 213.; von Bayern, 334.; der Farnese, 413 f. 427.
— Francesco Sforza, Herzog v. Mailand, 125. 128. 167. 179. 199. 213. 222. 237. 239. 285 f.; († 1. Nov. 1535), 307. — Investitur, 176. 188. 239.
— Kastell, 169. 187. 188.

Maingovel, s. Lannoy
Mainz, Kurfürst, 83 f. 91. 203. 247. 263. 271. 452. 455. 500. 504. — Kanzler, 368.
van Male, Wilhelm, 490 f. 518. 533.
Mallorca, Insel, Revolution, 122.
Malta, seit 1530 Sitz des Johanniterordens, 297 ff. 304.
Manrique de Lara, castil. Granden, 53.
— Alonso, Bischof v. Badajoz (1499 bis 1516), 40. 49. 53. 63. 70. 104.; als Erzbischof v. Sevilla, 214.
— Juan, 517.
Mansfeld, Harzgrafen; Albrecht, 265. 476. 496.
— Hugo, 64. 85.
Mantua, Federigo Gonzaga, 286. 339. 486. 499.
— Ferrante, s. Gonzaga.
— Konzil, 339.
Manuel, castil. Granden; Juan, 43. 64. 109. 123 ff. 137. 170. 208. 217.
— Diego, sein Sohn, 46. 109.
Marange, luxemburg. Lehen, nördl. Metz, 513.
Marano, Stadt östl. Venedig, 395. 429. 434.
Marburg, Religionsgespräch (1529), 250. — Universität, 367.
St. Marceau, franz. Gesandter, 124.
Marcellus, Papst, s. Cervino.
Margarete von York, Witwe Karls des Kühnen, 27.
— von Österreich, Tochter Maximilians I, Infantin-Witwe, Herzogin-Witwe von Savoyen, 27. 32. 37 f.; Regentin der Niederlande, 38. 41 ff. 46. 67. 75. 86 f. 96. 102. 111. 117. 133 f. 138. 157. 161. 228. 230 ff. 238.; († 30. Nov. 1530), 265 f.; Briefe an Karl, 235. 238. 266.
— Karls natürliche Tochter, 136.; für Medici, 240. 285.; für Farnese, 320. 413. 415. 443.
— von Frankreich, Tochter von Franz I, 353 f. 359. 394. 433. 444. 488. 525.
— Schwester von Franz I, s. Alençon.
Maria, Infantin, Karls Tochter, Gemahlin Maximilians II, 270. 351. 353. 359. 366. 430. 485. 488. 492. 499 f. 524. 530.
— von Portugal, Eleonores Tochter, 164. 185. 353. 488. 525. 534.
— Gemahlin Philipps II, s. Portugal.
— Ferdinands Tochter, 353. 419. 457.
Marie von Burgund, Tochter Karls des Kühnen, 27. 233. 525.
— von Österreich, Schwester Karls, Königin v. Ungarn, 35. 44. 82. 115. 205. 246. 252.; Regentin d. Niederlande, 267 ff. 285. 287. 295. 317. 320 f. 324. 342. 343 f. 346 f. 356 f. 358. 382. 393—401. 432. 438. 441. 466. 484. 488. 493. 495 f. 506. 515. 528 f. 535. 538. († 18. Okt. 1558)
Marignano, südl. Mailand, Sieg Franz I (1515), 61.
— Marchese, Gian Giac. dei Medici, Leiter der kaiserl. Artillerie, 413. 526.
de Marillac, franz. Gesandter, 298. 497.
von der Mark, Eberhard, Bischof v. Lüttich, Kardinal, 70. 86. 105. 123. 133. 390.
— Robert, sein Bruder, Herr v. Sedan, 48. 62. 123. 127. 131. 194. 233.
de Marliano, Lodovico, Humanist, Bischof v. Tuy, 46. 70. 104. 109.
Marmier, Hugo, Präsident in Dôle, 86.
Marnefeldzug (1544), 429—435.
de Marnix, Jean, 38. 85.
de Marnol, Gesandter in Paris, 331. 394.
Marquina, Pedro, Sekretär Vegas, 447. 451.
Marseille, Belagerung (1524), 180.; (1536), 316. — Hochzeit, 291.
Mary, s. England.
Santa Marta, Gouvernement, 282.
Massarelli, Angelo, Konzilssekretär, 442.
Mathys, Jan, aus Harlem, 295.
— Dr. Arzt, 533, 536.
Mauren, s. Moriscos.
St. Mauris, Professor in Dôle, Schwager Granvelles, Gesandter, († 1550), 331. 444. 455.
Maximilian I, Kaiser († 12. Jan. 1519), 27 ff. 32. 61. 63. 75. 80 ff. 85.

— Schulden und Testament, 113.
115. 152. 525. — in späterer Beurteilung, 88. 90. 103. 110. 169.
176. 396. 490.
— II, Sohn Ferdinands I, später Kaiser, (geb. 1527), 212. 359. 430. 438.
467. 473. 485. 488. 492. 498 ff. 506.
524 f. 530.
Mecheln, Residenz Margaretes, Sitz des Grand Conseil, 18. 38 ff. 138. 397.
493.
Mecklenburg, Herzöge, 294.
— Joh. Albrecht, 501 f. 511.
Medici, Herzöge v. Florenz, 166. 218. 291.; vgl. Florenz.
— Alessandro, Herzog v. Florenz, 125. 235. 285. 320. — Catherina, Gemahlin Heinrichs II, 286. 291. — Cosimo, s. d. — Gian Giacomo, s. Marignano. — Giovanni delle bande nere, 209. — Giovanni, s. Leo X. — Giulio, s. Clemens VII; als Kardinal, 125. 168. — Raphael, 125.
Medina del Campo, Handelsstadt in Castilien, 119. 384.
Medios frutos, Hälfte d. kirchl. Einnahmen, 387. 398.
Meit, Konrad, Bildhauer, 37. 240.
Melanchthon, Philipp, 246. 255 ff. 309. 368. 372 ff. 442.
Memling, Hans, Maler, 22.
Memmingen, Stadt in Oberschwaben, 265.
de Mendoza, Hurtado, castil. Granden, 53.
— Antonio, Vizekönig v. Mexiko, 279. 488. — Diego, Herzog v. Infantado, 220. — Diego, Vizekönig v. Valencia, 77. 121.
— Diego, der Jüngere, Karls Gesandter in Venedig und am Konzil, 331. 414 f. 420. 436. 443. 445 ff. 472. 480 ff. 497. 527. — Bernardino, sein Bruder, 527. — Iñigo, Gesandter in England, 232. 331. — Lope Hurtado, 137. — Rodrigo, Marques v. Zenete, 121. 162.
Mercedes, königl. Gnadenverleihungen, 119.

Merklin, Balthasar, Propst v. Waldkirch, Reichsvizekanzler, 154. 221. 247. 249. 331.
de Mesa, Bernardin, Bischof v. Perpignan, später Badajoz, 96. 133.
Messina, Sizilien, 306.
Metz, Reichsstadt, 397. 421. 429. 503 f. 512—518. 528.
— Vertrag (1552), 515 f.; unveröffentl. Revokation, 518 f.
Mexiko, Neuspanien, 142 ff.; Audiencia, 279.
Mézières, westl. Sedan, 127. 131.
Michelangelo Buonarotti, 190. 240.
Mignanello, Fabio, Nuntius, 349. 440.
v. Miltitz, Karl, 92.
Minden, Stadt an der Weser, 370.
Mirabello, Park bei Pavia, 183.
Mocenigo, venet. Gesandter, 347.
Modena, Herrschaft, westl. Bologna, 218. 230.
Mohacz, am rechten Donauufer, nördl. der Drau, Schlacht (29. Aug. 1526), 204.
Molukken, Gewürzinseln, 139.; Gewürzhandel, 182.
Mömpelgard (Montbéliard), württemberg. Grafschaft südl. Belfort, 274.
Monaco, Sitz der Grimaldi, 211.
de Moncada, Ugo, Vizekönig v. Sizilien, 60. 123. 194. 199. 201 f. 217 f. 224 f. († 1528)
de Monluc, Blaise, 395. 526.
Monmeliano, in Savoyen, 312.
Monreale, Erzbistum, 306. 424.
Monte, Giovanni Maria, Kardinallegat, 445. 481.; als Papst Julius III, 497. 512. 526.
Montepulciano, Geheimkämmerer, 392. 395.
Montezuma, Herrscher v. Mexiko, 139. 144 ff.
Montferrat, Grafschaft, 286. 300. 499.
— Markgraf, 235. 277.
v. Montfort, Wilhelm, 226. 232.
de Montmorency, Connétable v. Frankreich, 180. 194. 287. 316. 321 f. 513.
Montpellier, in Languedoc, Besprechung (Mai 1519), 75. 89.

555

Montserrat, Bergkloster westl. Barcelona, 211. 531. 536.
Monzon, an der Cinca, aragon. Cortesstadt, 163. 221. 396. 531.
Moore, Schloß Wolseys in Richmond bei London, Waffenstillstand, 192.
Moriscos, 52. 56. 57. 121. 165. 171. 177. 297. 527.
Morone, Girolamo, mailänd. Staatskanzler, 128. 188 f. 222.
— Giov., Nuntius, 349. 363 ff. 373.
Morus, Thomas, engl. Kanzler, 49.
Mota, Dr. Pedro Ruiz, Bischof v. Badajoz, 40. 70. 72. († 1521)
Mudejares, maurische Bevölkerung Südspaniens, 57.
Mühlberg, Schlacht (24. April 1547), 473 ff.
Mulert, Dr. Gerhard, Rat, 295.
Muley Hassan, von Tunis, 299. 305. 493.
München, Vertrag (1552), 512.
Münster, in Westf., 296.

N

Najera, Abt, 183.
Narvaez, Pamfilo, 144. 280.
Nassau-Breda, Engelbert, 30.
— -Dillenburg, Heinrich, sein Erbe, 30.; Großkämmerer Karls, 45. 47.; Heirat Oranien, 48.; 62. 68. 86. 105. 127. 146.; Heirat Mendoza, 162.; 208. 217. 225. 235. 240. 251. 272. 287. 300. 317. 320. 330. — Wilhelm, sein Bruder, 251.
— -Dillenburg, Wilhelm, sein Neffe und Erbe, 493. 528. 530.
— -Saarbrücken, 515.
Nationalität und Sprache, 81. 288. 503.; und Rasse, 54 f. 159. 288.; und Dynastie, 80 f.
Nationalversammlung wegen der Religion, 153. 253. 336. 389. 510.
Naturel, Philibert, Kanzler des Ordens, Gesandter, 45. 127.
Nausea, Friedr., Theologe, 365.
Navagero, venetian. Gesandter, 209. 224.

Navarra, Königreich an den Pyrenäen, 48. 59. 73. 120. 127 f. 150. 184. 354. 359. 525.; vgl. d'Albret.
Navarro, Pedro, Truppenführer, 56. 59. 167. 223. 225.
v. Naves, Johann, Reichsvizekanzler, 331. 337. 342. 362. 366. 374. 383. 388. 425. 439. 455. 477. 522.
Neapel, Königreich, zu Spanien, 52. 166. 182. — französ. Ansprüche, 166. 180. 224 ff. 233. 486 f. 512. 527. — päpstl. Investitur, 90. 95. 122. 125. 129. 230. — Vizekönige, vgl.: Cardona, Lannoy, Moncada, Pedro Alvarez. — Besuch Karls, 306. — Rente Ferdinands, 114.
Negereinfuhr nach Amerika, 142. 281.
Niederlande. Staat und Landschaften, 18 ff. 28. 401. 421. — zum Reich, 485. 492. 493. — an Frankreich, 27. 353. 434. 437. — Erbfolge, Maria, 366. 430.; Philipp, 366. 430. 528. — Pragmatische Sanktion, 493. — Behörden und Finanzen, 267 f. 383.
— Stände und Adel, Generalstaaten, 28 ff. 267. 308. 320. 399. 493.
— Städte und Handel, 18. 28. 97. 131. 230 f. 288. 344 f. 355 f. 400.; vgl. Intercursus. — Kirche, 18. 21. 454. 457.; religiöse Erregungen, 104. 295 f. 397. 419. 457. 468.
Niedersachsen, 498. 501.; als Rekrutierungsgebiet, 86.
Nizza, Waffenstillstandsverhandlungen (1538), 322 ff. 389. 434. — Stadt, 415. 429.
Nogarola, Graf, Gesandter, 298.
Noircarmes, kaiserl. Gesandter, 287. 300. 331.
Nördlingen, Reichsstadt, 463.
Norwegen, 116. 268.
Noyon, Friede (13. Aug. 1516), 62 f. 69. 75. 127. 354.
Nürnberg, Reichsstadt, 248. 508. — Reichstage, (1522/24), 152. 246.; (1542/43), 416 ff. — Religionsfrieden, (1532), 272. 332. 349.
Nymwegen, 361. 451.

O

Obernburger, kaiserl. Sekretär, 455.
Österreich, Raum, Erblande, Teilungen, Dynastie, 13. 79 f. 85. 99 f. 111 ff. 113 ff.
Ofen-Pest (Budapest), 370. 378.
Oldenburg, Graf Christoph, 294. 461. 462. 476. 496.
Olivier de la Marche, 22. 25. 533.
Oranien, 48. 393. 397. 398 ff.; vgl. Chalon und Nassau.
Orléans, Herzog, s. Frankreich.
van Orley, Barend, 38. 135.
Orsini, Kardinallegat, 90. 208.
Osiander, Andreas, Theologe, 365.
Oslo (Christiania), Akershus, 268.
Osorio, Grafen von Lemos, 51. 53. 447.
Osorno, Don Garcia Fernandez Manrique, Graf, Präs. d. Rates der Orden, 410 f.
Overyssel, 18. 231. 401.; vgl. Utrecht.
Oxe, Torben, 116.

P

Pace, Richard, engl. Gesandter, 90. 95.
Pacheco, span. Granden, 53. — Pedro, 445.
Pachs, Don Pedro, 122.
v. Pack, Otto, sächs. Rat, 247.
Padilla, Comunerosführer, 118 ff.
Pagny, an der Maas, 430.
Palacios Rubios, 61.
Palamos, Hafen nördl. Barcelona, 211. 319. 412. 531.
Palermo, Sizilien, 306.
— Erzbischof, 138.; vgl. Carondelet.
Palos, Hafen, 52.
Panama, 279.
Pappenheim, Grafen, 101. 333.
Paris, Friede (1515), 48. — Parlament, 138. 320. — Staatsakte, 220 f. 234.
—Marsch auf Paris, (1536), 316.; (1544), 431.
Parma und Piacenza, Fürstentum, umstritten zw. Mailand und Kirchenstaat, 123. 125. 128. 186. 201. 213. 218. 228. 292. 439. 443. 469. 497. 512. 525.

Pasquillus, Figur der öffentl. Meinung in Rom, 315.
Passauer Vertrag, (1552), 505 ff. 509. 511 f.; unveröffentl. Revokation, 518 ff.
Paul III, Farnese, Papst (1534—1549), 309 ff. 319. 322 ff. 338 f. 364. 374. 413 ff. 424. 428. 440. 445. 479 ff. 486.
Paul IV, Carafa, Papst (1555—1559), 526. 527. 534.
Pavia, am Tessin, Schlacht (24. Febr. 1525), 184.
Pavye, Michel, Beichtvater, 40. 49.
Peñalosa, Komtur, 184. 198.
Periz, Vicente, 121.
Perpignan, in Roussillon, 398. 408.
Perrenin, Antoine, Kabinettssekretär, 185. 241. 254.
Persien, diplomat. Beziehung, 298. 301.
Peru, 282 f.
Pescara, Ferrante Francesco d'Avalos, Marchese, 128. 167. 180. 183. 185.; († 3. Dez. 1525), 188 ff.
Pfalz bei Rhein, Kurfürst Ludwig, 84. 221. 247. 266. 271. 368. 427.
— Pfalzgraf Friedrich, 43. 45. 64 f. 84 f. 91. 106. 152. 247. 249. 271 f. 294. 300. 372 f. 383.; zu Dänemark, 294. 332. 344. 392.; als Kurfürst, 84. 427. 450. 452. 466 f. 500.
— Pfalzgraf Ottheinrich, Pfalz-Neuburg, 462.
— Pfalzgraf Philipp, 239. 266. 294.
— Pfalzgraf Wolfgang, Pfalz-Zweibrücken, 416.
Pfirt, österr. Grafschaft im Oberelsaß, 183. 267. 332.
Pflug, Julius, Bischof v. Naumburg, 372.
Philibert von Brüssel, Rat, 528.
Philibert Emanuel, Prinz v. Savoyen, s. d.
Philipp der Gute, Herzog v. Burgund, 23 f.
— der Schöne, Karls Vater, 27. 32—36.
— II, Karls Sohn, (geb. 21. Mai 1527), 212. 266. 352. 366. 401—412. 430. 443. 451. 485. 492—499. 524 f. 528 ff. 533. 537.

557

Pigafetta, Chronist der Magelhaens-Expedition, 140.
Pighino, Erzbischof v. Siponto, Nuntius, 497.
Pinerolo in Piemont, 321.
Pistorius, Johann, Theologe, 372.
Pizarro, Francisco, 224. 278. 282 bis 284.
— Hernando, sein Bruder, 284.
Pizzighettone, Kastell an der Adda, 187.
v. Plauen, Heinrich Reuß, 506.
de Pleine, Gérard, s. la Roche.
Poggio, päpstl. Nuntius, 321.
St. Pol, Stadt an der oberen Tervoise, östl. Hesdin, 320. 359.
— Graf, franz. Heerführer, 226. 235.
Pole, Reginald, Kardinal, 348. 445. 497.
Polen, Jagiellonen, 80. 164. 206. 336. 450.
— franz. Umtriebe, 183.
Ponce de Leon, Constantin, span. luth. Theologe, 536.
Pont à Mousson, Mosel, 430.
Portugal. Dynastie und Land, 33 f. 52.
— König Emanuel, 164. — König Joan, 164. 266. 412. — Luis, Infant, 304. — Sebastian, Infant, 524. 534. — Maria, Gemahlin Philipps II, 403. 412. 443. — Beatrix, von Savoyen, 286.
— Seefahrt und Gewürzhandel, 139 f. 182. 385.
de Praet, Louis de Flandres, kaiserl. Gesandter in England, 173. 186. 191. 331.; in Frankreich, 192. 198. 287. 331.; am Hof, 208. 217. 267. 286. 371. 518.; in Deutschland und den Niederlanden, 231. 234. 369. 373. 377. 382. 394. 399.
de Presseu, französ. Gesandter, 322.
Preußen, Herzog Albrecht, 501.
Prevesa, an der Bucht von Arta, Albanien, Gefecht (27. Sept. 1538), 347.
Priesterehe und Laienkelch, 364. 374. 418. 482. 501.
Protestanten, 243 ff.; Protest (19. April 1529), 249 ff. 442. — zu Frankreich, 273 f. 341. 350. 425.
458. 469. — Krieg, 264. 333. 362. 376. 402. 439. 447. 450. 456 f. 458.
Provence, Ansprüche Karls, 134. 186.; Einfälle, (1524), 179.; (1536), 316.
Pyn, Lievin, Bürger von Gent, 357 f.

Q

Quacos, Dorf bei Yuste, 533. 535.
St. Quentin, Schlacht (10. Aug. 1557), 534.
de Quesada, Gonzalo Ximenez, 279. 282.
de Quijada, Don Luis Mendez, Majordomo, 533. 535 f.
Quiñones, Kardinal, s. de los Angeles.
Quixada, Gutierre, 119.

R

Ravensburg, Reichsstadt, 456.
v. Ravestein, Philipp von Cleve, 29. 64. 86. 232.
Rechtfertigungsdekret, 374. 465. 472.
Regensburg. Reichstage, (1527), 222.; (1532), 272.; (1541), 370 ff.; (1546), 453 ff. 455. — Religionsgespräch, 372 ff. 442. 445. 453. — Regensburger Buch, 372. 374. — Konvent (Juli 1524), 160.
Reggio und Rubiera, Ansprüche des Kirchenstaats, 201. 230.
de Regla, Juan, Beichtvater Karls, 533.
Reichsbund, 478 ff. — Reichsidee, 80. 88 f. 90 f. 243 f. — Erblichkeit der Krone, 444. 494. 505. 523. — Reichskammergericht, 155. 271. 337. 349. 377. 427. 469. 480.
Reiffenberg, Truppenführer, 461. 462.
Religionsgespräche, 350. 363 ff. 372 ff. 442. 453. 456. — Religionsfrieden, 200. 376. 391. 521. 523 f. 528.
Renard, Simon, kaiserl. Gesandter in England, 524.
Renée von Frankreich, Tochter Ludwigs XII, 47. 63. 84. 179.; Herzogin v. Ferrara, 234. 286.
Renty, in Artois, zw. St. Omer und Hesdin, 512. 526.
Reutlingen, Reichsstadt, 265.

Rhodos, Johanniterfeste (gefallen am 21. Dez. 1522), 115. 155. 168.
Rincon und Fregoso, franz. Gesandte, 298. 378. 389.
Robertet, franz. Staatssekretär, 198. 221.
la Roche, Gérard de Pleine, kaiserl. Rat, 45. 86. 96. 133. 154. 163. 175. 178 f.
Rochlitz, Schloß der Herzogin Elisabeth v. Sachsen, 470 f.
Roermond, an der Maas, 361. 419.
de Roeulx, s. Beaurain.
Roggendorf, Truppenführer, 378.
Rom, Sacco di Roma (6. Mai 1527), 210 f. 217. 219. 239.
Ronquillo, Lic., 119.
Rosimbos, niederländ. Rat, 233.
van Rossem, Martin, geldrischer Marschall, 231. 361. 393. 396 ff.
Roussillon, span. Grafschaft nördl. der Pyrenäen, 321. 398.
Rubios, s. Palacios.
Rye, s. Balançon.

S

Saalfeld, Bündnis (24. Okt. 1531), 264.
Sacco di Roma, s. Rom.
Sachsen, Albertiner. — Herzog Albrecht, 31. 160. — Georg der Bärtige, sein Sohn, 31. 62. 113. 203. 247 f. 254. 334. 363. 416. — Johann, dessen Sohn, 39. — Elisabeth von Hessen, seine Gemahlin, 470. — Heinrich, Georgs Bruder und Katharina, seine Frau, 416 f. — Moritz, ihr Sohn, 375. 416 f. 421. 430. 438. 449 f. 456 f. 463—478. 497. 500—512. 519 ff.; († 11. Juli 1553), 521. — August, sein Bruder, 471. 473.
— Ernestiner. — Friedrich der Weise, Kurfürst, 85. 91. 105. 247. († 1525). — Johann, sein Bruder, Kurfürst, 203. 246 f. 251. 261. 265. († 1532). — Johann Friedrich der Ältere, dessen Sohn, Kurfürst, 263. 343. 362. 417. 418. 425. 449. 457. 459 bis 478. 482. 507. 510. († 1554). —
Johann Friedrich der Mittlere, sein Sohn, 475.
— zu Jülich-Cleve, 332. 343. 362. 457.; zu Frankreich, 341. 367. — Kanzler und Räte, Brück, 107. 428.; Dolzig, 251.; Burkhardt, 416.
Sadolet, Kardinal, 402.
Saekularisationen, 256. 482.
Sailer, Hieronymus, 280 f.
Salamanca, Graf Ortenburg, Rat Ferdinands, 153.
Salces, bei Leucate, Waffenruhe (Jan. 1538), 322.
de Salinas, Martin Gesandter Ferdinands, 153. 216.
Salviati, Kardinallegat, 197. 257.
Santiago, Bischofsstadt, Tagung der Cortes, 76.
Sanzelles, s. Lannoy.
Sanzio, Sekretär, 373.
le Sauch, Jean, Gesandter in England, 96. 331.
Sauvage, Jean, Sieur d' Escaubeque, Großkanzler († 7. Juni 1518), 45. 72. 74.
Savoyen, Herzogtum; zwischen Kaiser und Frankreich umstritten, 135. 286. 291. 307. 314. 423. 434. 487. 527.
— Beatrix von Portugal, Herzogin, 286. — Philibert Emanuel, ihr Sohn, 493. 526. 528. 534.
Schenk von Schweinsberg, 264.
Schenk von Tautenburg, 160. 267.
Schepper, Cornelius, Herr v. Eeke, niederl. Rat, 158. 298. 301. 321 f. 331. 366 f. 399. 466.
Schertlin von Burtenbach, Truppenführer, 459 f. 462.
Scheurl, Christoph, aus Nürnberg, 308. 315.
Scheyern, bayer. Kloster, Verhandlungen (1532), 272.
Schinner, Matthaeus, Kardinal, 85.
Schirmenitz, an der Elbe, 473. 474.
Schlick, Caspar, 500.
v. Schlieben, Eustach, brandenburg. Rat, 377.
Schmalkalden, Bekenntnisverhandlungen (1529), 251. 259. — Bundesver-

handlungen und Bund, 264.; (27. Febr. 1531), 265.; 271. 333. 337. 342. 350. 450. — Schmalkaldischer Krieg, 439 ff. 458 ff. 469 ff.
Schomberg (Schönberg), Nikolaus O.P., Erzbischof v. Capua, 178. 180. 310.
Schonhooven, Vertrag über Utrecht (1527), 231.
van Schore, Ludwig, Ratspräsident, 320. 356.
Schorf, Hieronymus, Vertreter Lübecks, 295.
Schottland, 192. 293. 487. 493. — König Jacob V, 135. 266.; vgl. Albany.
Schwäbischer Bund, 87. 99 f. 160. 265. 274. 469. 478. 523.
Schweden, Königreich, 116. 293.
Schweinfurt, Verhandlungen (1532), 271.
Schweiß, Alexander, Notar, 208.
Schweizer Eidgenossen, 95. 487. — zu Habsburg und Württemberg, 87. 100. 274. — zu Frankreich, Papst und Kaiser, 87. 95. 125.
v. Schwendi, Lazarus, 507. 516.
Sedan, s. von der Mark.
Seld, Georg Sigismund, Reichsvizekanzler, 331. 477. 497. 500. 509. 518. 522.
de Selve, Jean, Parlamentspräsident, 194.
de Sempy, Michel, 47, vgl. Croy.
Senlis, Frieden (23. Mai 1493), 32.
v. Serntein, Cyprian, Maximilians Kanzler, 85.
Serravalle, Niederlage Strozzis, 429.
Servicio, 73. 384 f.
Sessa, Herzog, Gesandter in Rom, 331.
Sfondrato, Nuntius und Kardinal, 422 f. 479 f.
Sforza, s. Mailand.
— di Santafiore, Ascanio, Nepot, 310. 527.
v. Sickingen, Franz, Feldhauptmann, 84. 87. 107. 131.; († 7 Mai 1523) 158 f.
Siebenbürgen, 206. 298. 323. 438. 498. 512.

Siebert von Löwenberg, hess. Agent, 366.
Siena, Stadtstaat, 125. 291. 424. 469. 486. 512. 523. 526.
Sievershausen, Schlacht (9. Juli 1553), 521.
Sigbritt Willems, 116.
Sigismund, Kaiser († 1438), 441.
Sisa, span. Verbrauchssteuer, 386. 408.
Sittard, in Geldern, 398.
Sizilien, Königreich, 52. 306. 308. 527. 529. — Vizekönige, s. Gonzaga, Moncada, Vega.
Sleidanus, Johannes, Geschichtsschreiber, 500.
Soderini, Kardinal, 168. 171.
Soissons, Verhandlungen zum Geheimvertrag von Crépy, 435.
Sommestädte, 26. 48. 134.
Sonderburg, Schloß, 269.
de Soto, Pedro, kaiserl. Beichtvater, 446. 448.
Spanien, Land u. Leute, 52 ff. 70 ff. 171. 446. — Granden, 53 f. 58. 117. 121. 162. 176. 386. 409. 525. — kleiner Adel, 54. 117 f. 163. 171. 446. — Letrados, 55. 141. — Justiz, 70. 171. 525. — Corregidores, 58. — Kirche und Prälaten, 57. 71. 73. 385 ff. 440. 447. — Reformwille, 57. 72 f. — Inquisition, 54. 70. 72. 177. 405. 525. — Interdict, 72. 405. — Pragmatica, 413. — Städte und Cortes, 54. 61. 70. 72. 76. 117. 163. 170 f. 386. — Comuneros, 77. 117. 159. 165. — Germania von Valencia, 77. 118. 121. 159. 165. — Glaubens- und Rassefragen, 52. 54. 56. 57 f. 59. 121. 165. 527.; vgl. Juden, Moriscos. — Wirtschaft, 72. 400. — Finanzen und Steuern, 71 ff. 163. 384 ff. 403. 405. 421. 457.
Spanische Sukzession (Deutsche Königswahl Philipps), 114. 492 ff. 494. 497 f. 500. 520 f. 525. 530.
Spengler, Lazarus, Nürnberger Theologe, 265.
Speyer, geplante Nat. Vers. (1524), 153. — Reichstage, (1526), 203 ff.

249.; (1529), 247 f.; (1542), 388 f.; (1544), 422 ff. — Fürstentage (1546), 452.
v. Stavele, Philipp, Sieur Glajon, 399.
Stenay, an der Maas, nördl. Verdun, 393. 434.
Straßburg, 100. 248 f. 265. 463. 513 f.
Strozzi, Pietro, aus Florenz, 429. 464. 526.
Sturm, Jakob, Stadtmeister von Straßburg, 251. 372. 377. 450. 469.
Suleiman (Soliman), Sultan (1520 bis 1566), 115. 204. 229. 272. 297 f. 376. 378.; vgl. Rhodos.

T

de Tavera, Don Juan Pardo, Erzbischof v. Toledo, Präs. d. königl. Rates v. Castilien, 224. 270. 302. 354. 404 f. 409.
Tenes, bei Algier, 297.
Tetrapolitana (Vierstädtebekenntnis), 255. 265.
Thérouanne, nördl. St. Omer, östl. Boulogne, 27. 42. 193. 512.
Tiepolo, venet. Gesandter, 347.
Tizian, 197. 290. 413. 488. 537.
Tlascala, Mexiko, 144 f.
Tlemcen, Algier, 292. 297.
Toledo, Erzbistum, 57. 70. 120. — Rente für Medici, 125. 239.
— Alvarez de, s. d.
Tordesillas, 36. 66. 118. 120. 354. 393.
— Vertrag mit Portugal (1494), 280.
Torgau, an der Elbe, 474. — Bündnis (Febr. 1526), 203.
Toul (Toll), an der Mosel, Reichsbistum, 430. 503.
Toulon, Besuch d. türkischen Flotte, 415.
Tournai, an der Schelde, Bistum, 42. 89. 131. 135. 266.
Transsilvanus, Maximilian, kaiserl. Rat, 154. 295.
Transsubstantiation, 363. 373. 482. 501.
Trapani, Sizilien, 306.

Trient, Reichsbistum, 79. — Konzilsstadt, 389. 414. 445. 464. 472. 500. — Bischof, s. Cles, Madruzzo.
Trier, Erzbistum, Kurfürst, 85. 159. 247. 455. 500.; vgl. Greiffenklau.
v. Trotha, Thilo, 474.
Truchseß von Waldburg, Otto, Bischof v. Augsburg, Kardinal, 426. 453. 455 f. 479.
Tunis, 299. 304 f. 425.
Tunstal, engl. Gesandter, Bischof v. London, 126. 191.
Türkennot und Abwehr, 112. 115. 272 f. 322. 370. 388 f. 414. 417. 498. 511. 512. — Frankreich zu den Türken, 234. 249. 292. 298. 321. 389. 395. 414. 415. 434.

U

Ulm, Reichsstadt, 248. 265. 341. 468. 479. 492. 505.
Ungarn, Königreich, 82. 112. 115. 155. 205 f. 298. 414. 438. 512.
— Ludwig und Marie, 64. 82. 112. 115. 204.
— Verhältnis zu Oesterreich, 206. 512.
Urbino, Herzog, 209.
Utrecht, Bistum, 18. 48. 231. 334. 342. 401. 505. — Ordenskapitel, 451.

V

Vaca, Luis, Karls Lehrer, später Bischof d. Canarias, 39.
Vaison, Bischof, Gesandter von Clemens VII, 230.
Valdes, Alonso, Sekretär, 207. 212. 214. — Juan, sein Bruder, 214.
— Hernando, Präs. d. Rates von Castilien, 404. 410.
Valencia, Königreich, 57. 70. 73. 76 f. 165. 200.; (Huldigung 1528), 226. 531. — Vizekönige, 165. 266.; vgl. Mendoza. — Germania, 77. 118. 121. 159. 165.
Valenciennes, Stadt, 18. 355. 358.
Valladolid, Cortesstadt, 67. 70. 384. 530.
Vargas, span. Sekretär, 454. 481. 529.

561

Vasquez, Antonio, aus Avila, 119.
del Vasto, Marchese, Neffe Pescaras, 185. 224. 267. 272. 304.; Statthalter in Mailand, 412. 429. 469.
Vaucelles, Waffenstillstand (1555), 530. 534.
Vaudemont, Graf, Bruder des Herzogs v. Lothringen, 452.
de la Vega, Garcilaso, 306. — Pedro Laso, 77. 119.
de Vega, Hernando, Großkomtur v. Castilien, 163. 175.
— Juan, kaiserl. Gesandter in Rom, 415. 422. 424. 440. 444. 446 f.; Vizekönig v. Sizilien, 469. 479. 497.
Velasco, castil. Granden, Herzöge v. Frias, 53. 266.
— Don Iñigo, Connétable, 119. 212.
— Dr., Prokurator, 481.
Velasquez, Diego, Gouverneur, 143 f.
Velez de la Gomera, a. d. Nordküste Marokkos, 297.
Veltwyk, Gerhard, kaiserl. Rat, 84. 331. 368 f. 372. 374. 414. 438. 500.
de Vely, franz. Gesandter, 307. 322.
St. Venant, in Artois, 320.
Vendôme, Herzog und Herzogin, Bourbon, 232. 396. 527.
Venedig, Republik von San Marco, 79. 199. 228. 239. 312. 321. 346. 395.
— Berichte der Gesandten, 347 f. 457 f.
Venezuela, 280 ff.
Venier, venetian. Gesandter, 347.
Venloo, in Geldern, 361. 419. 420.
Verallo, Hieron., Erzbischof v. Rossano, Nuntius, 472. 479.
Verdun, 503 f.
Vergerio, Pietro Paolo, Nuntius, 309. 338.
Vermeyen, Maler, 306.
Vesalius, Andreas, Leibarzt des Kaisers, 396.
de Veyre, Pierre, kaiserl. Gesandter, 215. 217 f.
de Viamonte, Francisco, 321.
Vicenza, Konzilsstadt, 389.
de Victoria, Francisco, Staatsrechtslehrer, 289.
Villach, in Kärnten, 508. 511. 522 f.

Villalar, Sieg über die Comuneros (23. April 1521), 120.
Villaviciosa, in Asturien, 65.
de Villena, Pedro Ruiz, 70 f.
Villers, Bailli von Dijon, 432.
St. Vincent, Abt, s. Bonvalot.
Viseu, Portugal, Bischof, päpstl. Legat, 402.
Vitry, an der Marne, 430.
Vittoria, in den baskischen Provinzen, 198.
v. Vlaten, Verteidiger von Düren, 418.
Vogler, brandenburg. ansbach. Kanzler, 249. 251.
Vorrat, Reichsreserve, 484. 497.
Vorst, Peter, päpstl. Nuntius, 338 f.
de Vozmediano, Juan, Finanzmann, 193.

W

Waldkirch, Propst, s. Merklin.
Wallerfangen, an der Saar, 452.
Waltham, bei Southampton, 146.
Walluf, am Rhein, 461.
Wasa, Gustav, König v. Schweden, 293.
Wassenaer, niederl. Adelsfamilie, 30. 62. 64. 131.
v. Weeze, Johann, Erzbischof v. Lund, 158. 287. 294. 323. 331. 337. 344. 349. 362. 366. 371.
Weißenfelder, bayr. Rat, 264. 334.
Welser, Bankhaus, 275. 280 f.
Werdenberg, Grafen, 31. 64. 127. 131. 174.
Wicel, Theologe, 363.
Wiebrechtshausen, Kloster bei Northeim, 449.
v. Wied, Hermann, Kurfürst von Köln, 102. 247. 418 f. 450. 451. 455. 468. 500.
Wiedertäufer, 249. 256. 295.
Wien, 17. — Türkenabwehr, 235. 272.
Windsor, Schloß, Vertrag (16. Juni 1522), 138.
Wirtschaftliches; Metall und Münze, 71. 302. 409. — Getreideimport, 157. 288. 400. — Stapel- und Handelsfreiheit, 288. 295. — Weltwirtschaft, 94. — Staatsbilanzen, 93.

98. 175. 386 ff. — Schulden, 171.
386. — Fugger, 87. 91. 99. 113. 280.
387. 509. — Welser, 275. 280 f.
Wittenberg, Concordie, 351. — Wittenberger Kapitulation (19. Mai 1547), 475.
v. Wolkenstein, Michael, Rat Maximilians, 64. 85.
Wolsey, Erzbischof v. York, Kardinal, 89, 96. 97. 124. 129. 131 ff. 138. 160. 191 f. 219 f.
Worms, Reichstage, (1521), 102 ff.; (1545), 439. 442. 455. — Edikt, 107 f. 244 f. — Türkentag, 351. 362. — Religionsgespräch, 365. 371. 442.
Wotton, engl. Gesandter, 425.
Wullenweber, Jürgen, 293. 295.
Württemberg, Herzogtum, 99 f. — Gewinn und Verlust für die Habsburger, 99 f. 274 f. 299. 467 f. 498.
— Ulrich, Herzog, 87. 274. 334. 466 f.
— Christoph, Herzog, 274. 498. 504.
Würzburg, Bistum, 508. 515.

X

Ximenez de Cisneros, Erzbischof v. Toledo, Regent, 51. 56. 57 f. 59 ff. 66 f. 69. 73. 142.

Y

Yuste, Kloster San Hieronymo, 531 bis 537.

Yvoy, heute Carignan, luxemburgisch. Grenzort, 393. 397. 420. 512.

Z

Zamora, Cortesstadt, 77.
— Bischof, 120. 197.; vgl. Acuña.
Zapolya, Johann, Woiwode v. Siebenbürgen, 206. 247. 272. 298. 323. 332.; († 21. Juli 1540), 365.
Zasius, Johann Ulrich, österr. Rat, 520.
Zeitz, Tag der Erbverbrüderung (1537), 339.
Zevenbergen, Maximilian, Herr v. Berghes, 64. 85. 87.; Denkschrift, 99 f. 467.
Ziegenhain, hess. Schloß, 449.
Ziegler, Nikolaus, Reichsvizekanzler, 85. 221.
Zumel, Dr., Abgeordneter von Burgos, 72.
Zuñiga, castil. Granden, 53.
— Herzog von Bejar, 386.
— Juan, Pate und Erzieher Philipps II, 46. 212. 404 ff. 409 f.
— Francisco, Graf Miranda, 267.
Zürich, Reformation, 265.
Zütphen, 361. 419. 451.
Zweikampf, 220 f. 314 f.
van Zwichem, Viglius, 435. 484.
Zwingli, Ulrich, 245. 249. 255. 265.

Verzeichnis der Abbildungen

1 Kaiser Karl V. Gemälde von Tizian. (Mit Genehmigung der Bayerischen Staatsgemäldesammlungen, Alte Pinakothek, München)
2 Die Eltern Karls: Philipp der Schöne (1479-1506) und Juana von Spanien (1479 bis 1555). Flügel eines flämischen Triptychons des 15. Jahrhunderts »Das Jüngste Gericht«; Musée Royaux des Beaux-Arts, Brüssel
4 Porträt Karls V. von einem unbekannten flämischen Meister der Zeit; Rijksmuseum, Amsterdam
5 Isabella von Portugal (1503-1539); Ausschnitt aus dem Gemälde von Tizian (1477-1576) aus dem Jahre 1548; Prado, Madrid
6 Karl V. und Papst Clemens VII. bei den Krönungsfeierlichkeiten in Bologna, 1530; Holzschnitt von N. Hogenberg
7 Brief Karls an Jakob Fugger zur Eröffnung der Finanzverhandlungen über die Kaiserwahl, 1519; Fugger-Archiv, Augsburg
8 Franz I., König von Frankreich (1594-1647); Hinterglasbild von Caillemas, 15. Jahrhundert
9 Kanzler Nicolas Perrenot de Granvella, Gemälde von Tizian, 1548; Musée des Beaux-Arts, Bésançon
10 Brief Kaiser Karls V. in spanischer Sprache an Anton Fugger, 1552; Fugger-Archiv, Augsburg
11 Zwei der legitimen Kinder Karls V. Links Juana von Österreich (1535-1573), Regentin von Spanien; Gemälde von Antonio Moro, 1555; Prado, Madrid
12 Rechts der erstgeborene Sohn Philipp, von 1556 an König von Spanien; Gemälde von Tizian, 1553, Museo di Capodimonte, Neapel
13 Kaiser Karl V. bei der Schlacht von Mühlberg, 1547; Gemälde von Tizian; Prado, Madrid
14 Karl nach seiner Abdankung in San Juste. Flämischer Teppich des 17. Jahrhundert. Palais Granvella, Bésançon
Umschlagbild: Ausschnitt aus dem Gemälde von Tizian in der Alten Pinakothek, München

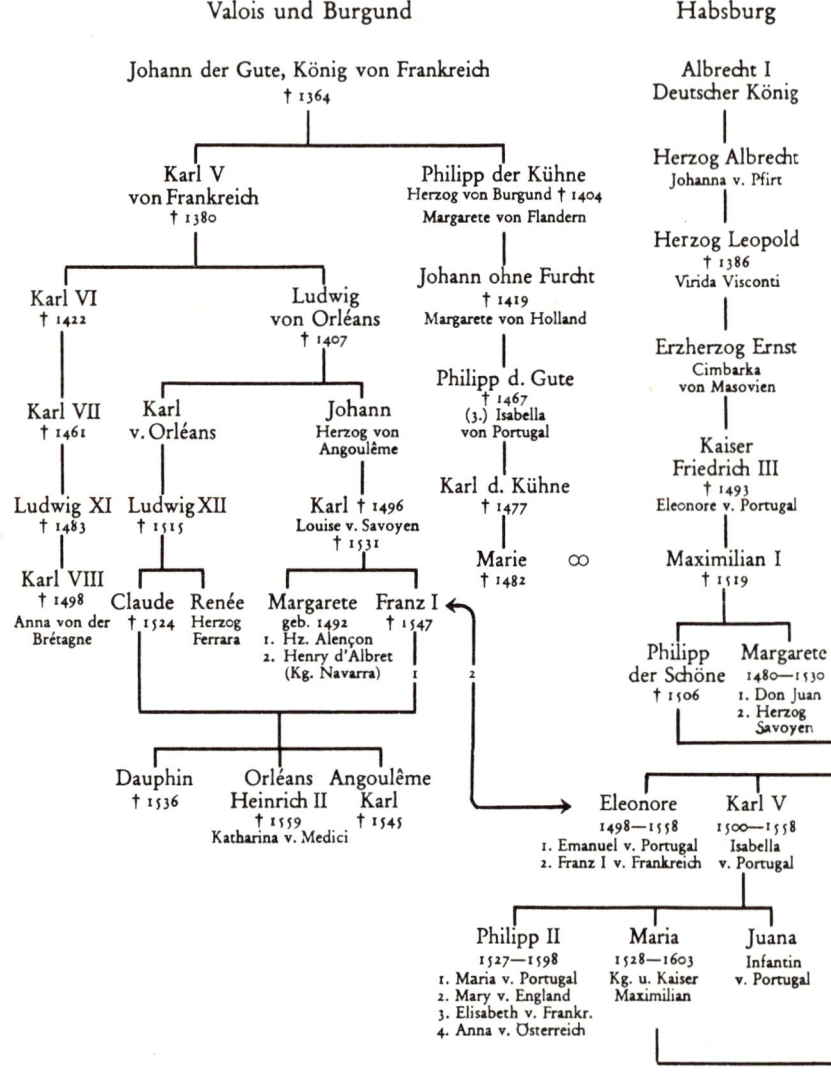

Stammtafeln der Häuser von Frankreich, Burgund, Österreich, Spanien und England

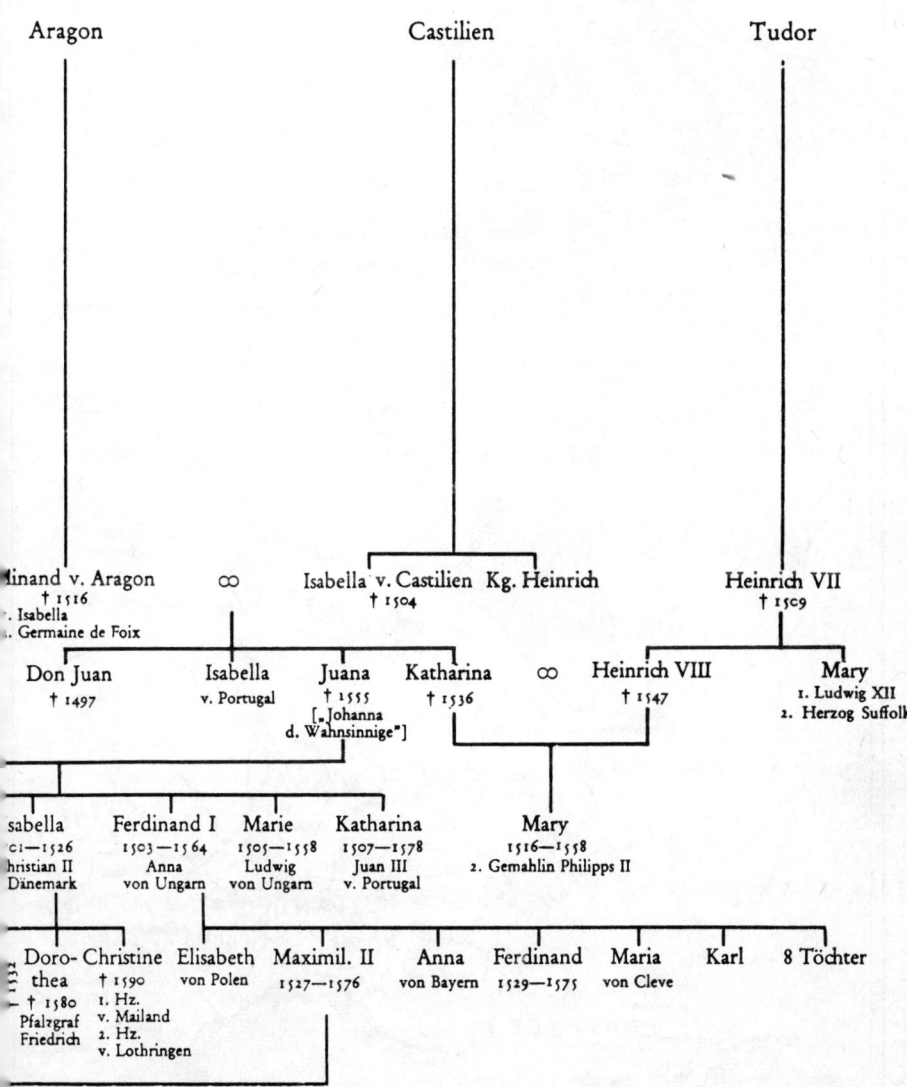

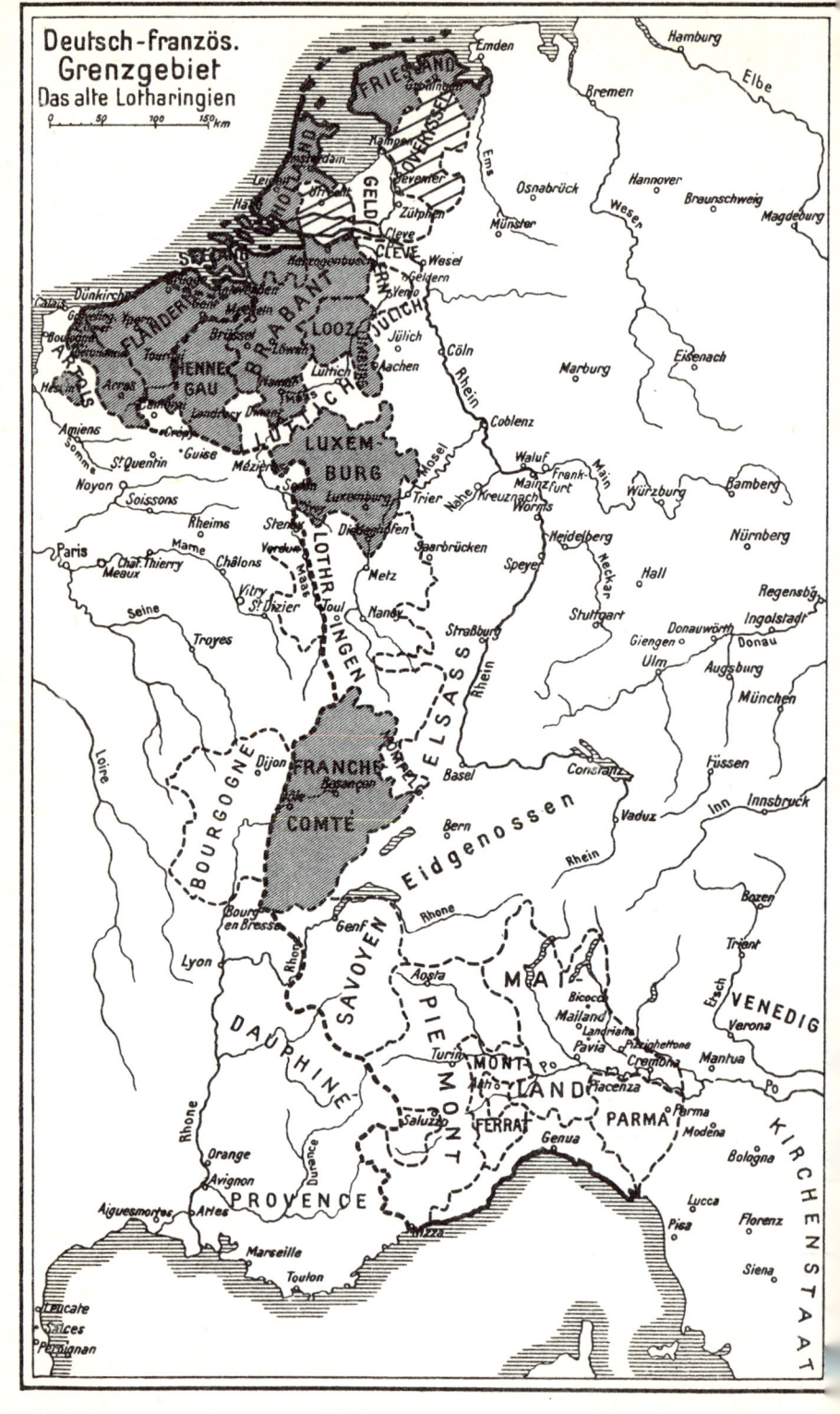